Über dieses Buch Der bekannte Freud-Schüler Theodor Reik beschäftigt sich in seinem umfangreichen Buch mit den widersprüchlichsten Phänomenen der Natur, mit den Fragen und Problemen der Liebe in ihren verschiedensten Erscheinungsformen. Auf der Grundlage zahlreicher Fallgeschichten, denen er im Laufe seiner langen Praxis begegnet ist, untersucht Reik die vielen Äußerungsformen, die Liebe und Sexualität annehmen können, und versucht dem mächtigsten menschlichen Bedürfnis auf den Grund zu gehen, dem Bedürfnis nach körperlicher und gefühlsmäßiger Zuwendung und Liebe. So geht er Fragen nach wie: Warum suchen manche Menschen Liebe, andere nicht? Was veranlaßt Männer und Frauen, Ehe- und Familienleben zu vermeiden? Warum sind Frauen verletzlicher als Männer? Wie können Leid und Schmerz sexuelle Lust erzeugen? Kann Liebe und Anerkennung einer Gruppe die Liebe eines einzelnen ersetzen? Der Autor setzt sich weiterhin mit den emotionalen Unterschieden bei Mann und Frau auseinander und untersucht Störungen und Abwege des Liebesgefühls in Form von Masochismus, Homosexualität, Impotenz, Eifersucht usw. Ein Aufklärungsbuch voll von überraschenden Einsichten und Beobachtungen, das gerade auch den interessierten Laien ansprechen kann.

Der Autor Theodor Reik, 1888 in Wien geboren, studierte Psychologie, Literaturwissenschaft, Philosophie und Religionswissenschaft. 1910 lernte er Sigmund Freud kennen und wurde einer der ersten Schüler des Psychoanalyse-Begründers, der ihn nachdrücklich unterstützte und förderte. Von 1918 bis 1934 arbeitete Reik zusammen mit Hanns Sachs und Otto Rank an den Psychoanalytischen Instituten von Wien und Berlin. 1934 emigrierte Reik nach Holland und 1938 in die Vereinigten Staaten. Er starb 1969 in New York, wo er bis zuletzt als psychoanalytischer Praktiker tätig gewesen war.

Theodor Reik

Von Liebe und Lust

Über die Psychoanalyse romantischer und sexueller Emotionen

Aus dem Amerikanischen
von Joachim A. Frank

Fischer Taschenbuch Verlag

Anmerkung des Übersetzers:
Die Shakespeare-Zitate sind den klassischen Übersetzungen von Dorothea Tieck *(Macbeth, Die beiden Veroneser)*, August Wilhelm von Schlegel *(Romeo und Julia, Hamlet, Der Kaufmann von Venedig, Ein Sommernachtstraum)* und Wolf Graf Baudissin *(Othello, Antonius und Kleopatra)* entnommen.

6.–7. Tausend: November 1990

Deutsche Erstausgabe
Veröffentlicht im Fischer Taschenbuch Verlag GmbH,
Frankfurt am Main, Dezember 1985
Titel der amerikanischen Originalausgabe »Of Love and Lust«
Erschienen bei Farrar, Straus and Company, New York

Teil zwei der amerikanischen Originalausgabe mit dem
Titel »Masochism in Modern Man« ist bereits in deutscher Fassung erschienen.
Titel: »Aus Leiden Freuden; Masochismus und Gesellschaft«
(Fischer Taschenbuch Nr. 6768).

Umschlaggestaltung: Buchholz/Hinsch/Hensinger
Gesamtherstellung: Clausen & Bosse, Leck
Printed in Germany
ISBN 3-596-26785-4

Inhalt

Anmerkung des Autors: Thema und Variationen

Mephisto sagt im langen Gelehrtengewand Fausts zum Schüler, grau sei alle Theorie und grün des Lebens goldner Baum. Es steckt eine teuflische Wahrheit in diesem Farbkontrast zwischen Theorie und praktischer Erfahrung – eine verführerische Halbwahrheit. Nur die Theorie, die nicht auf dem Boden lebendiger Erfahrung gedeiht, ist grau; nur die Theorie, die der Spekulation entspringt, ist ein Treibhausgewächs. Wo immer Theorie nicht auf dem Boden der Erfahrung wächst, ist sie nicht lebensfähig; sie schrumpft und welkt. Die psychoanalytische Theorie hat ihre tiefen Wurzeln im Humus der klinischen Praxis, und sie behält ihre natürliche Farbe. Freuds psychoanalytische Theorien sind das Ergebnis einer Höchstleistung synthetischer Intelligenz, welche die in vielen Jahren analytischer Praxis gewonnenen Einsichten zusammenfaßt. Sie sind außerdem in ihren besten Teilen Kunstwerke. Dennoch ist an ihnen nichts Künstliches. In den wenigen Fällen, in denen er den festen Boden des Empirischen verließ, erkannte Freud seinen Fehler bald, und er korrigierte ihn. Er hatte gelernt, eine anfängliche Neigung zur Spekulation und bloßen Theorie zu bemeistern. Er stellte aufkeimende Theorien in der Erfahrung der täglichen analytischen Praxis immer wieder auf die Probe.

Ich werde nie vergessen, wie er uns, seine Studenten in Wien, ermahnte, nicht unserem theoretischen Wissen zu trauen, nicht vorgefaßten Ideen zu folgen, sondern immer mit einem für neue Eindrücke und Einsichten offenen Geist an das Material unserer Praxis heranzugehen. Er sagte oft, man müsse die Dinge wieder und wieder betrachten, bis sie selbst zu sprechen beginnen. Die lange, selbstkritisch überprüfte Beobachtung war für ihn – und wurde für uns, seine Anhänger – die wichtigste Voraussetzung für die Forschung. Er konnte Argumente gegen die Gültigkeit analytischer Theorien zurückweisen, weil er wußte, daß diese Theorien auf dem festen Boden tausender individueller Erfahrungen aufgebaut waren. Ich erinnere mich noch an einen Vortragsabend der Wiener Psychoanalytischen Vereinigung, in dessen Verlauf er eine Bemerkung über einen Vortrag machte, in dem der wissenschaftliche Charakter der Psychoanalyse angezweifelt wurde, weil sie nicht wie andere Zweige der

Psychologie durch das Experiment verifiziert werden könne. Wenn die Natur einer Wissenschaft von einem solchen Beweis durch Experimente abhänge, meinte er, würde die Astronomie nicht den Namen einer Wissenschaft verdienen. Es sei, wie man höre, ziemlich schwierig, mit den Planeten Experimente anzustellen.

Die hier gesammelten Beiträge stellen Fortsetzungen der Forschungen Freuds dar und stützen sich auf die Untersuchungsmethoden, die ich durch sein Beispiel und seine Worte von ihm gelernt habe. Das Vorbild seiner Arbeitsmethode war für mich besonders wichtig bei der Aufstellung der in diesem Buch enthaltenen Theorien über den Masochismus. Sie gründen sich auf Material, das ich in vielen Jahren analytischer Praxis beobachtete und geduldig durch das Sieb neuer Erfahrungen gehen ließ.

Die drei Teile, in denen das ausgewählte Material dargeboten wird, sind voneinander unabhängig. Sie wurden zu verschiedenen Zeiten entworfen und niedergeschrieben. Dennoch sind sie durch einen unsichtbaren Faden miteinander verbunden. Sie versuchen die geheimen Wege zu ergründen, auf denen Männer und Frauen das Glück suchen. In der amerikanischen Umgangssprache gibt es den Ausdruck »Nummer eins« für »ich«. Oberflächlich betrachtet, beschränkt sich die Suche nach Glück auf die Erreichung der Ziele von »Nummer eins« – die Befriedigung unserer Triebe, die Erlangung von Macht, sexueller Lust, Reichtum und so fort. Doch wir alle wissen, daß auf diesem Weg das Glück nicht zu finden ist. Wir alle wissen, daß das, was wir Glück nennen, nichts Beständiges ist und nur Stunden oder gar nur Minuten währt. Das Beste, was man von diesem flüchtigen Zustand erreichen kann, ist an eine Bedingung gebunden: die Selbstvergessenheit, die Notwendigkeit einer Verwandlung, durch die »Nummer eins« nicht nur seinen numerischen Wert verliert, sondern überhaupt nicht mehr zählt. Der kleine Anteil Glück, den der Mensch erlangen kann, existiert nur insofern, als er imstande ist aufzuhören, an sich selbst zu denken. Das geschieht in der Liebe, in der Begeisterung, im Rauschzustand, im Tiefschlaf. Das Ich ist in diesen Zuständen psychologisch so gut wie nicht vorhanden, es ist verschwunden oder in etwas anderem aufgegangen.

Am leidenschaftlichsten wird das Glück durch die Liebe gesucht – genauer gesagt, durch die *romantische* Liebe. (Ich bedaure, daß ich dieses wichtige Adjektiv in meinem Buch bei der Diskussion der Psychologie der Liebe nicht oft genug verwendet habe.) In der romantischen Liebe geht das Subjekt ganz gewiß verloren. Das Ich existiert kaum noch. Es geht im geliebten Menschen auf. Doch das Gefühl der äußersten emotionalen Hingabe hat seine Wurzeln in dem dunklen Untergrund unbewußter Tendenzen, vor denen wir zurückscheuen. Die psychologische Analyse der romantischen Liebe bestätigt Freuds Feststellung, daß das, was wir idealisieren, intim verbunden ist mit Neigungen, die wir verabscheuen. Ich bin in diesem Zusammenhang nicht näher auf den innersten emotionalen Grund eines anderen Gefühls eingegangen, das – ähnlich wie die Liebe – den Menschen sich selbst vergessen läßt: ich meine den Enthusiasmus, die Hingabe an eine Idee, das sich selbst – oder *das* Selbst – Aufgeben.

Das Selbst, das Ich, verschwindet oder scheint jedenfalls zu verschwinden in Augenblicken der höchsten Befriedigung der Sinne, beispielsweise auf dem Höhepunkt des sexuellen Genusses. Der Auerhahn sieht während der Balz den Jäger nicht. Es zeigt sich, daß nicht die Liebe, sondern der Geschlechtstrieb stärker ist als die Furcht vor dem Tod. Die seltsamste und bedeutsamste sexuelle Perversion, bei der die größte Lust aus Erniedrigung und Schmerz gewonnen wird, ist sicherlich ein Untersuchungsgegenstand, der allein schon durch seinen paradoxen Charakter das Interesse des Psychologen verdient. Er erregte schon am Beginn meiner analytischen Praxis mein wissenschaftliches Interesse, und ich studierte viele Fälle von sexuellem und sozialem Masochismus, bevor ich es wagte, eine neue Theorie über dieses krankhafte Verhalten zu veröffentlichen. Seit dem Erscheinen der englischen Ausgabe *Masochism in Modern Man* im Jahre 1941 haben viele Psychiater und Psychologen auf dieses Buch Bezug genommen und seine wesentlichen Untersuchungsergebnisse, die sich auf viele Jahre analytischer Erfahrungen gründeten, ergänzt und modifiziert. Es befriedigt mich, daß das Kernstück meiner Theorie auch von scharfer Kritik als gültig anerkannt wurde.

Ein Vorschlag, der an mich herangetragen wurde, bewog mich, einen Seitenweg zu verfolgen, der von den Themen Masochismus und romantische Liebe abzweigte. Hilda Holland lud mich ein, zwei Artikel zu einem Sammelband beizutragen, den sie unter dem Titel *Why Are You Single?** herausgab. Beim Studium dieses entscheidenden Problems versuchte ich festzustellen, warum manche Männer und Frauen nicht heiraten, und ich beschäftigte mich mit den verschiedenen Faktoren, die zur Umgehung der Ehe und des Familienlebens führen.

Dieses spezielle Thema leitete zu einem allgemeineren Forschungsobjekt über, mit dem ich mich in Gedanken schon seit vielen Jahren beschäftigt hatte: der emotionalen Verschiedenheit von Mann und Frau. Denn wenn auch jedermann grundlegende Unterschiede in den emotionalen Einstellungen der Geschlechter kennt und anerkennt, so haben sich doch nur wenige Beobachter auf die weniger sichtbaren und unauffälligeren Ursachen für diese verschiedenen Einstellungen konzentriert. Die ausgetretenen Pfade meidend, versuchte ich wenig bekannte Orte zu finden, von denen aus man einen weiten Ausblick genießt. Ich hoffe, daß die hier

* Farrar, Straus & Co., 1949.

dargestellten Beobachtungen und Erfahrungen dazu beitragen werden, die große Divergenz zwischen Männern und Frauen zu erkennen und uns ihrem Verständnis ein wenig näherzubringen.
Die Welt ist klein, sagt man. Wir sollten wenigstens eine ungefähre Vorstellung davon haben, wie ihre andere Hälfte lebt.

New York, April 1957 Theodor Reik

Erster Teil
Ein Psychologe sieht die Liebe

I Liebe oder was immer es ist

1

Im Jahre 1927 gewann ich eine neue und überraschende Einsicht in den Ursprung und in die Natur der Liebe – eine zugleich abenteuerliche und gewagte Einsicht. Einige ihrer Implikationen waren im Hinblick auf ihren Charakter und ihre Folgen geradezu atemberaubend. Ich bin ein vorsichtiger und ängstlicher Mensch, und diese meiner Natur so widersprechenden Implikationen erschreckten mich durch ihre Kühnheit. Ich sah die Schwierigkeiten voraus, die mich erwarteten, wenn ich sie weiterverfolgte, und ich hatte eine Ahnung, daß es mir nicht gelingen werde, sie zu überwinden. Nachdem ich mir einige Notizen zu dem Thema gemacht hatte, verließ mich der Mut, und ich legte sie in eine der Mappen, in denen ich meine fehlgeschlagenen intellektuellen Versuche versteckte. (Ich habe viele solche Mappen – hübsche Einbände für meine Unzulänglichkeiten.)

Es gibt merkwürdige Koinzidenzen, die keine Zufälle sind. Zweimal wurde ich ermahnt, an meiner Abhandlung weiterzuarbeiten und sie zu beenden. Sechs Jahre später, an einem Sommernachmittag des Jahres 1933, ging ich in Wien in den Augarten. Ich liebe diesen stillen Park, vielleicht, weil ich als Kind dort spielte. Ich setzte mich im Schatten der Kastanienbäume auf eine Bank und versuchte zu lesen. (Hatte ich schon eine Vorahnung, daß ich den Park nicht wiedersehen sollte? Mit einem Einmarsch der Nazis in Österreich war zu rechnen, und ich machte schon Pläne, nach Holland zu gehen.) Aber ich war geistesabwesend und konnte mich nicht auf die philosophischen Erörterungen meines Autors konzentrieren.

Dann näherten sich zwei alte Herren meiner Bank. Einer trug einen weißen Backenbart wie der alte Kaiser Franz Joseph und erinnerte mich ein wenig an meinen Vater, der in meinen Jünglingsjahren gestorben war. Der andere war glattrasiert und schien jünger zu sein, obwohl auch er die Siebzig offensichtlich schon überschritten hatte. Beide hatten eine schöne, von geistiger Arbeit und Sorgen gezeichnete Stirn. Ihre Ausdrucksweise verriet, daß sie dem gebildeten oberen Mittelstand angehörten. Der bärtige Herr sprach von Schwierigkeiten, die sein Enkel in seinen Beziehungen zu einem Mädchen hatte. Der Glattrasierte zeigte sich nicht sonderlich beeindruckt. Er meinte: »Es wird halt die übliche Spermien-Ekstase sein.« Sein Freund mit dem Backenbart antwortete nicht gleich, so als wollte er seine Erklärung abwägen. Dann sagte er leicht resigniert: »Nein, das ist es nicht. Oder vielmehr nicht nur das... Es ist Liebe oder was immer es ist.«

Wenige Minuten darauf verließ ich die Bank und ging durch die Alleen zum Ausgang des Parks. Die Worte »Liebe oder was immer es ist« verfolgten mich. Ich grübelte über den Satz nach. Plötzlich erinnerte ich mich an die Abhandlung, die ich sechs Jahre zuvor zu schreiben begonnen hatte. Sobald ich nach Hause kam, suchte ich den Entwurf, konnte ihn aber nicht finden. Daher beschloß ich, noch einmal von vorn zu beginnen. Ich schrieb einige Seiten und versuchte, den Gedanken Form zu verleihen, die mir in der langen Zwischenzeit gekommen waren. Aber ich war noch nicht imstande, die Hindernisse zu überwinden, die ich ursprünglich vorausgesehen hatte, und unzufrieden mit mir selbst, legte ich auch diesen neuen Entwurf in eine Mappe. Und in dem Wirrwarr und den Nöten der nächsten Jahre schwieg die Stimme, die die Fortsetzung meiner Abhandlung verlangt hatte.

Als ich schon einige Zeit in New York gelebt hatte, hörte ich eines Abends im Metropolitan Opera House Mozarts *Hochzeit des Figaro*. Ich überließ mich dem Zauber dieser Melodien, und alle Probleme meines Lebens und des schrecklichen Krieges in Europa verblaßten. Die Worte drangen kaum in das Bewußtsein ein. All die unwahrscheinlichen Geschehnisse und verspielten Intrigen, die leichtfertigen Irrtümer, die Verwirrungen und Kümmernisse, die auf der Bühne dargestellt wurden, waren nur der äußere Rahmen zu dem, was diese Musik sang und schluchzte. Nun kam die große Arie des Cherubino:

Die ihr die Triebe
des Herzens kennt,
sagt, ist es Liebe,
was hier so brennt?

Auf dem Heimweg summte ich die Arie in der Winternacht leise vor mich hin, und plötzlich schienen die Worte eine Bedeutung zu haben, die sie zuvor nicht gehabt hatten. Cherubinos Frage war nicht mehr eine rein rhetorische, sondern eine echte: »Die ihr die Triebe des Herzens kennt...« Die Worte und die Melodie klangen nicht mehr spielerisch, sondern herausfordernd: Nun, ihr Psychologen und Analytiker, die ihr es wissen müßt – ist das Liebe? Und was ist Liebe? Wißt ihr es wirklich?

Vergeblich versuchte ich die Frage abzuschütteln, die Melodie aus meinem Gedächtnis zu verbannen. In meinem Arbeitszimmer beschloß ich, noch einen gewissen Brief zu beantworten, bevor ich schlafen ging, aber ich fand ihn nicht auf meinem Schreibtisch. Ungeduldig begann ich in

den Schubladen nach ihm zu suchen, und in meiner Hast warf ich mehrere Mappen auf den Boden. Ich sammelte die Blätter ein und las mechanisch, was auf ihnen geschrieben stand. Auf einem, das ich gerade aufgehoben hatte, las ich: »Liebe oder was immer es ist.« Es war der Entwurf, den ich vor sieben Jahren geschrieben und den ich für verloren gehalten hatte. Es gibt eben merkwürdige Koinzidenzen, die keine Zufälle sind.
Ich vergaß den Brief, den ich suchte, und las diesen ersten Entwurf zu Ende. Er mußte natürlich korrigiert werden, viele Abschnitte waren zu ändern und vieles war hinzuzufügen... Ich schrieb bis zur Morgendämmerung. Die Arie des Cherubino verfolgte mich nicht mehr. Ich hatte ihre Herausforderung angenommen. Wann immer ich nun diese Melodie höre, kann ich mich wieder ihrem süßen Zwang hingeben. Seit jener Nacht sind vier Jahre vergangen. Hier ist nun das Buch; nicht fertig, aber einigermaßen zu einem Ende gebracht.
Ich hörte einmal einen Diplomaten sagen, eine politische Erklärung müsse drei Forderungen gerecht werden: Sie sollte angenehm, notwendig und wahr sein. Wenn sie nicht alle drei Voraussetzungen erfülle, so müßten zumindest zwei gegeben sein. Eine dürfe man im Notfall vernachlässigen, versicherte der Diplomat, aber auf keinen Fall zwei. Eine psychologische Idee sollte ähnliche Eigenschaften haben: Sie sollte neu, verifizierbar und richtig sein. Soviel ich weiß, ist die hier dargelegte These neu. Ich habe keine Theorie kennengelernt, die ihr ähnelt. Ich glaube auch, daß sie verifizierbar ist. Jeder psychologisch geschulte Beobachter, der sich mit dem Material frei von Vorurteilen befaßt und moderne Untersuchungsmethoden anwendet, ist imstande, es zu prüfen und zu verifizieren. Es steht mir nicht zu, darüber zu urteilen, ob auch die dritte Eigenschaft vorhanden ist. Wie der Diplomat will ich mich zufrieden geben, wenn meiner Idee wenigstens zwei der nötigen Eigenschaften zugeschrieben werden. Und es ist eine seltsame Idee, die auf den folgenden Seiten um gastliche Aufnahme bittet.

2

Der hier dargelegte Gedankengang ist das Endergebnis vieler Beobachtungen und Erfahrungen bei der Ausübung der Psychoanalyse und im täglichen Leben, die jahrelang immer und immer wieder überprüft wurden. Der neue Ansatzpunkt ist unabhängig von den Theorien anderer Forscher. Er ist nicht aus Spekulationen abgeleitet, sondern er wurde gleichsam in den dunklen, stillen Wassern der Tiefsee entdeckt. Dies ist nicht das Buch eines Gelehrten, sondern eines Wahrheitssuchers. Ich behaupte nicht, das ganze Problem gelöst zu haben, aber ich glaube, daß meine Erklärung befriedigender ist als die vorausgegangenen. Ich kenne nicht alle Antworten; ich kenne nicht einmal alle Fragen. Manche dunkle

Stellen und Ungewißheiten bleiben übrig. Einige Bindeglieder fehlen. Ich habe auf sie hingewiesen in der Hoffnung, daß andere Forscher, die klüger sind oder mehr Glück haben als ich, imstande sein werden, sie zu finden. Der Gesamtplan liegt nun vor. Er wird zweifellos noch geändert werden. Aber hier ist eine Antwort auf eine der ältesten Fragen. Wenn sie sich als richtig erweist, ist sie kein unbedeutender Beitrag zum Thema, sondern ein Gedanke, der den Kern des Problems erfaßt.

In Platons *Symposion* sind die Gäste einhellig der Meinung, daß es nötig sei, die Natur des Eros zu ergründen. Sie behaupten, man könne seinen Charakter bestimmen, wenn man festzustellen vermöchte, wer seine Eltern seien. Ins moderne Denken übertragen, bedeutet dies, daß wir das Wesentliche über die Liebe wissen würden, wenn wir alles über ihren Ursprung wüßten. Woher kommt die Liebe? Lassen wir die metaphysischen Gedanken der Philosophen und die hochfliegenden Träume der Dichter beiseite und bitten wir die Wissenschaft um eine Antwort. Die moderne Psychologie und vor allem die Psychoanalyse sehen in der Liebe eine abgemilderte und zielgehemmte Form des Geschlechtstriebes. Ich werde zu beweisen versuchen, daß diese Anschauung falsch ist und daß Ursprung und Natur der Liebe auf diese Weise nicht erklärt werden können. Nachdem wir die Herleitung von der Sexualität verworfen haben, ist es unsere Aufgabe, eine bessere These aufzustellen, die an die Stelle der unbefriedigenden Auffassung der Psychoanalyse tritt. Lastet aber, wenn die Liebe ihren Ursprung nicht in der Sexualität hat, nicht das ganze Gewicht des Mysteriums auf ihr? Trennt man das Sexuelle von ihrer Genese, so scheint sie nicht mehr irdisch zu sein. Natürlich können wir nicht die phantastische Vorstellung von Dichtern akzeptieren, die in der Liebe eine undefinierbare und ungreifbare Macht sehen, und ebensowenig die Spekulationen von Philosophen, die Liebe als etwas Überirdisches, Transzendentales begreifen. Solche Vorstellungen verleiten dazu, sich in Verallgemeinerungen zu flüchten. Aber Verallgemeinerungen sind keine Antwort. Würde die Liebe nicht wie einer der Cherubim sprechen, die einmal, wie Montaigne berichtet, einen Prälaten besuchten? Der höfliche Kirchenfürst lud seine Gäste ein, sich zu setzen. »*Asseyez-vous, mes enfants.*« Aber die flatternden Cherubim antworteten: »*Monseigneur, nous n'avons pas de quoi.*« (Wir haben nichts, womit.) Keine Sorge! Das Lieben ist nichts so Ätherisches oder Engelhaftes. Es ist von dieser Welt. Und es hat genug »womit«.

Ich muß der Diskussion zwei Bemerkungen vorausschicken, um andere Mißverständnisse zu vermeiden. Die erste lautet: Ich setze voraus, daß Liebe nur als Gefühlsregung eines Menschen für einen anderen Menschen möglich ist. Wenn ich sage: »Ich liebe Schweinekoteletts«, meine ich nicht das gleiche, wie wenn ich sage: »Ich liebe Jane.« Das ist jedermann klar. Wenn ich sage: »Ich liebe Erdbeereis«, erweitere ich die Bedeutung des Wortes auf unzulässige Weise. Ich will in Wirklichkeit sagen, daß ich Erdbeereis mag, daß es mir schmeckt. Eine solche Bemerkung klingt pedantisch und spitzfindig. Aber Unklarheiten des sprachlichen Ausdrucks können weitreichende Folgen haben.

Es gibt noch andere falsche Anwendungen des Wortes, die an sich unbedeutend sind, aber zu Mißverständnissen führen. Genaugenommen handelt es sich auch um eine Bedeutungserweiterung, wenn ich sage: »Ich liebe die Schönheit« oder »Ich liebe die Tugend«. Ich liebe nicht die Schönheit oder die Tugend in ihrer abstrakten Form, als platonische Idee, als Vision ohne Bild. Ich liebe sie insofern, als sie sich in Männern und Frauen zeigen, mit anderen Worten, ich liebe Menschen, die schön oder tugendhaft sind. Es bestehen selbstverständlich keine Einwände gegen die Verwendung eines Ausdrucks wie »Ich liebe das Gute, das Schöne, das Edle« – aber was ich damit, wenn auch nicht immer bewußt, meine, ist, daß meine Vorstellung von Schönheit und so fort das Ergebnis meiner Erfahrungen mit schönen, guten und edelgesinnten Menschen ist. Die Liebe zur Menschheit bedeutet Liebe zu vielen oder, wenn man so will, zu allen Menschen. Sogar die Liebe zum eigenen Land und Volk ist eine Abstraktion, die aus vielen bewußten und unbewußten Erlebnissen und Erinnerungen resultiert. Uncle Sam, John Bull, Marianne sind Personifizierungen von Nationen, aber in Wirklichkeit sind sie Vertreter des Amerikaners, Engländers und Franzosen, wie wir sie kennen. Unbewußt denken wir trotz der abstrakten Vorstellung an eine bestimmte Person.

Wir erleben die Entwicklung einer ähnlichen abstrakten Idee in unserer eigenen Zeit. Wir feiern den Muttertag und senden unseren Müttern Grüße und Geschenke. Doch offensichtlich steht hinter der Idee die persönliche Beziehung eines jeden einzelnen zu seiner Mutter.

Die zweite Voraussetzung, die als gewiß angenommen werden kann, ist, daß Liebe nur möglich sein kann, wenn in der individuellen Entwicklung eine bestimmte Phase erreicht wurde. Die Liebe ist nichts Angeborenes und Ursprüngliches. Sie ist eine Erfahrung, die erst im späteren individuellen Leben erworben wird. Man kann Liebe nicht einen Instinkt wie Hunger oder den Geschlechtstrieb nennen. Sie ist die Frucht einer späteren psychischen Entwicklung. Sie ist unmöglich, bevor unter den Mitgliedern einer Gruppe ein gewisses Differenzierungsstadium erreicht wurde. Der entscheidende Faktor ist das Hervortreten des Individuums als Person aus der sozialen Gruppe, was bedeutet, daß die Menschen nicht nur ein soziales Bewußtsein entwickelt haben, sondern sich auch der Unterschiede innerhalb derselben Gruppe bewußt geworden sind. Dabei kommt es darauf an, daß die Menschen die Unterschiede zwischen einer Person und einer anderen nicht nur bemerken, sondern auch bewerten. Die Ethnologen versichern uns, daß viele Halbzivilisierte solche

persönlichen Verschiedenheiten sehr deutlich wahrnehmen, ohne ihnen jedoch irgendeinen Wert beizumessen.
Es genügt also nicht, persönlicher Unterschiede gewahr zu werden. Es bedarf einer Unterscheidung von Werten. Solange ein Mensch einem anderen Menschen begegnet und ihn nicht als anderes Individuum mit einer anderen, eigenen Veranlagung sieht, ist Liebe psychologisch nicht möglich. Der Unterschied muß gefühlt werden, wenn er auch nicht bewußt zu werden braucht. Wenn das Objekt mir genau gleicht, besteht keine Notwendigkeit, es zu lieben. Wie soll es, wenn der andere Mensch genauso ist wie ich, möglich sein, ihn zu lieben – außer nach der psychoanalytischen Theorie, daß wir im anderen nur uns selbst lieben? Muß eigens betont werden, daß die Differenzierung als solche nichts damit zu tun hat, daß der andere dem anderen Geschlecht angehört? Ein liebender Mann betrachtet die geliebte Frau nicht nur als ein bestimmtes Exemplar der weiblichen Spezies. Er sieht in ihr eine einzigartige Vertreterin ihres Geschlechts, die nicht mit anderen verglichen werden kann.
Ich möchte meine Idee in Form einer klinischen Beschreibung darstellen, in dem kühlen, leidenschaftlichen Geist der psychologischen Forschung. Beim Studium dieser Leidenschaft ist Leidenschaft fehl am Platze. Ich möchte die Voraussetzungen, die Entstehung und Entwicklung der Liebe darlegen, wie ein Botaniker das Erdreich beschreibt, in dem eine Pflanze wächst, und die Pflanze selbst, die Knospen treibt, blüht und verwelkt. Ich weiß natürlich, daß eine solche Behandlung nicht immer möglich sein wird, aber sie ist das Ziel, das ich vor Augen habe.

3

Liebe ist eines der meiststrapazierten Wörter unseres Vokabulars. Es gibt kaum einen Bereich der menschlichen Existenz, in dem dieses Wort nicht zu Tode geschunden wird. Es beschreibt nicht nur die Gefühle zwischen den Geschlechtern, sondern drückt auch die Gefühle unter den Mitgliedern einer Familie aus. Es bezeichnet das Gefühl für den Nachbarn, den Freund, ja sogar für den Feind, für die gesamte Menschheit, für das Heim, die soziale oder rassische Gruppe, die Nation, für alles, was schön und gut ist und für Gott selbst. Es ist geradezu unglaublich, daß es so viele Aufgaben zu erfüllen vermag. »*L'amour*« in französischen Komödien ist offensichtlich nicht dasselbe wie »Liebe« in der Heiligen Schrift.
Die Vielfalt der Bedeutungen dieses Wortes, seine Anpassungsfähigkeit und seine rasche Veränderlichkeit sind erstaunlich. Es wird verwendet, um die Vernarrtheit eines Knaben und eines Mädchens zu beschreiben – zugleich aber auch die edelsten und am höchsten vergeistigten Ziele des Menschen. Es wird in der Psychologie und in der Philosophie gebraucht,

in der Religion, in der Ethik und Erziehung, auf sozialen Gebieten aller Art. Es ist unerläßlich, wo immer Menschen zusammenleben. Aber man merkt ihm sein Alter an, und es zeigt die Zeichen des häufigen Gebrauchs und des Verschleißes.

Der Gegenstand, über den am meisten geredet und geschrieben wird, bleibt ein Geheimnis. Liebe wird stündlich überall auf diesem Erdball erlebt und ist dennoch unbekannt. Daß sie jeder an sich erfahren hat, macht es nicht leichter, sie zu verstehen. Was jeden Tag geschieht, bleibt oft unbekannt, während seltene Ereignisse und außergewöhnliche Erlebnisse ihre Natur rascher enthüllen. Meine Behauptung am Beginn dieses Buches lautet, daß die Liebe eine unbekannte psychische Macht ist, daß ihr Ursprung noch nicht entdeckt ist und daß ihr Wesen noch nicht verstanden wird. Wenn es stimmt, daß die Wissenschaft die Topographie des Nichtwissens ist, wie Oliver Wendell Holmes einmal sagte, dann ist die Region der Liebe ein großer weißer Fleck auf der Karte.

Welche Wissenschaft qualifiziert ist, uns die gewünschte Information und Einsicht zu geben, steht außer Zweifel, aber die Psychologie scheint sich zu diesem Thema auszuschweigen. Warum? Sind die Psychologen nicht gewillt oder nicht fähig, die nötigen Kenntnisse zu vermitteln? Können uns die Psychologen nicht sagen, welcher Art diese Emotion ist, welches ihre Natur ist und was ihr ihre Macht verleiht? Ist das Thema zu weitläufig, zu schwer faßbar, entzieht es sich der Beschreibung? Die Liebe ist vielleicht nichts Greifbares, aber die unaufhörliche Suche nach dem Ungreifbaren und seine Erforschung ist doch eine der wesentlichen Aufgaben der neuen Psychologie. Wo man über keine Zahlen und Fakten verfügt, liegen die wichtigsten Probleme, mit denen sich die Psychologie auseinanderzusetzen hat.

Muß die Psychologie das Feld räumen und es wieder den Philosophen, Poeten und Propheten überlassen, Christus und dem heiligen Paulus, Platon und Schopenhauer, Shakespeare und Goethe? Oder finden die Psychologen, das Thema sei ihrer Aufmerksamkeit nicht wert? Das ist unmöglich. Wir wissen nur zu gut, daß wir die verborgenen Triebfedern des menschlichen Lebens nicht verstehen können, solange wir dieses Problem nicht gelöst haben. Selbst wenn wir die Liebe als Illusion betrachten – ist es dann nicht unsere Aufgabe, Illusionen zu untersuchen, zu ergründen, was sie darstellen und welcher Art ihre Ursprünge und ihre Dynamik sind? Die Psychologen befassen sich heute sehr gründlich mit der Sexualität, aber hinsichtlich der Liebe herrscht eine Verschwörung des Schweigens. Sie weichen dem Thema aus, sie scheinen in Verlegenheit zu geraten, sooft es erwähnt wird. Nichtsdestoweniger glaube ich nicht, daß es unter den Psychologen ein Tabu hinsichtlich dieses Themas gibt. Wenn sie uns in bezug auf die Genese und das Wesen der Liebe im dunkeln lassen, so muß das daher rühren, daß sie selbst im dunkeln tappen.

Was ist das, was wir Liebe nennen? Bizets Carmen erklärt, sie sei »ein Zigeunerkind«: »*L'amour est l'enfant de Bohème, il n'a jamais connu de loi.*« Sie hat also nie ein Gesetz gekannt. Wenn es weder Sinn noch Verstand in der Liebe gäbe, könnte sie nicht Gegenstand wissenschaftlicher Forschung sein. Aber verhält es sich so? Auch dieser Wahnsinn muß Methode haben. Die Liebe kann sich ebensowenig den Gesetzen der Psychologie entziehen, wie ein Tisch sich von der Schwerkraft lösen und zur Decke emporschweben kann. Viele Phänomene scheinbar geheimnisvoller Natur wurden verständlich, sobald man ihre verborgenen Gesetze entdeckt hatte. Wir sind heute imstande, die Natur der sonderbarsten Ideen von Geistesgestörten zu verstehen, die Geheimnisse hysterischer und zwanghafter Gedanken und Handlungen, die Mysterien längst untergegangener Religionen, die Sitten und Gebräuche primitiver australischer Stämme. Und dennoch ist die Psychologie nicht in der Lage, den Ursprung und die Natur eines Erlebnisses zu entdecken, das alle Menschen kennen. Muß die Liebe ein Problemkind der Wissenschaft und eine Fremde in den Mauern der Psychologie bleiben?
Ich behaupte, daß das letzte ernsthafte Buch, das in diesen geheimen Bereich eindrang, Stendhals *De l'amour** war. Es wurde 1822 geschrieben – vor sehr langer Zeit also, wenn man die psychologische Bedeutung des Themas bedenkt. Seit damals wurde nichts von wirklichem Wert, nichts, was Ursprung und Natur der Liebe erhellt hätte, von den zahllosen Forschungsreisen heimgebracht.
Und Freud? Hat sich die Psychoanalyse nicht eingehend und tiefschürfend mit der Liebe befaßt? Nein. Sie befaßte sich mit der Sexualität, und das ist etwas ganz anderes. Freuds großer Beitrag zu unserem Wissen ist die Entdeckung der Gesetze, die psychische Vorgänge bestimmen, der Dynamik der unbewußten Gedanken und Impulse und der psychologischen Methode, die es uns ermöglicht, ans Licht zu bringen, was in den Tiefen des menschlichen Geistes geschieht.

4

Bevor wir zu Freuds Ansichten über die Liebe kommen, muß ich einen Fehler korrigieren, der in Analytikerkreisen recht oft begangen wird. Es sei daran erinnert, daß seine Meinung über dieses Thema während der vierzig Jahre der Psychoanalyse nicht dieselbe geblieben ist. Seine Ansicht änderte sich sogar beträchtlich. Anfangs war sie einfach und konsequent. Es wurde damals angenommen, wenn auch nicht ausdrücklich formuliert, daß Liebe mit Sexualität identisch sei. Freud sprach damals vom Liebesobjekt, wenn er das Sexualobjekt meinte, und von Liebes-

* Letzte deutsche Ausgabe: *Über die Liebe*, München 1951.

wahl, wenn er die Wahl des Sexualpartners meinte. Er kam vom Medizinstudium her und gebrauchte den Ausdruck Libido im ursprünglichen Sinne von Energie des Geschlechtstriebs. Er nahm sozusagen an, daß dieser Trieb Zuneigung und Anziehung einschließe. Ich kann nicht genau sagen, wann und unter welchen Einflüssen er diese beiden Ausdrücke absichtlich erweiterte. Später erklärte und verteidigte er oft seine neue Anwendungsweise der beiden Wörter, am deutlichsten in seiner *Massenpsychologie und Ich-Analyse*. Dort sagt er, Libido sei »die als quantitative Größe betrachtete ... Energie solcher Triebe, welche mit all dem zu tun haben, was man als Liebe zusammenfassen kann«.* Als »Kern des von uns Liebe Geheißenen« bezeichnet er die Geschlechtsliebe, und Freud unterscheidet nicht zwischen dieser Liebe und der Eltern- und Kindesliebe und der Freundschaft.

Die Rechtfertigung liegt für ihn darin, daß all diese Strebungen Ausdruck derselben Triebregungen sind, die zur geschlechtlichen Vereinigung drängen. Sie sind nur von diesem sexuellen Ziel abgedrängt oder an der Erreichung dieses Ziels gehindert worden, haben aber noch genug von ihrem ursprünglichen Wesen bewahrt, so daß ihre Identität leicht erkennbar ist. Durch diese Erweiterung des Liebesbegriffs löste die Psychoanalyse einen Sturm der Entrüstung aus, obwohl sie nichts Neues geschaffen hatte. Platons Eros sei genau dasselbe wie die Libido der Psychoanalyse, sagte Freud, und der Apostel Paulus habe in seinem Brief an die Korinther die Liebe in demselben erweiterten Sinn verstanden. Diese Liebestriebe werden in der Psychoanalyse Sexualtriebe genannt – »a potiori und von ihrer Herkunft her«.** Und Freud fügt pointiert hinzu: »Die Mehrzahl der ›Gebildeten‹ hat diese Namengebung als Beleidigung empfunden und sich für sie gerächt, indem sie der Psychoanalyse den Vorwurf des ›Pansexualismus‹ entgegenschleuderte. Wer die Sexualität für etwas die menschliche Natur Beschämendes und Erniedrigendes hält, dem steht es ja frei, sich der vornehmeren Ausdrücke Eros und Erotik zu bedienen. Ich hätte es auch selbst von Anfang an so tun können und hätte mir dadurch viel Widerspruch erspart. Aber ich mochte es nicht, denn ich vermeide gern Konzessionen an die Schwachmütigkeit. Man kann nicht wissen, wohin man auf diesem Wege gerät; man gibt zuerst in Worten nach und dann allmählich auch in der Sache.«***

In den Nachträgen zu demselben Werk wiederholt Freud, daß die zärtlichen Gefühlsbindungen, die wir Liebe nennen, von ihren ursprünglichen sexuellen Zielen abgelenkt werden, dabei aber immer noch einige

* Gesammelte Werke, Bd. XIII, S. 98.
** Ibid., S. 99.
*** Ibid., S. 99.

von ihnen festhalten. Auch der zärtlich Anhängliche, der Freund, der Verehrer sucht die körperliche Nähe und den Anblick der »im paulinischen Sinne« geliebten Person. Was wir allgemein Liebe nennen, ist eine Synthese dieser zielgehemmten und sexuellen Strebungen, eine Koexistenz von direkten und indirekten sexuellen Strebungen. Freud wird es nie müde zu betonen, daß zielgehemmte Liebe ursprünglich eine ausgesprochen sinnliche Liebe war und es im Unbewußten des Menschen auch weiterhin ist.* Selbst wenn diese Liebesneigungen im Gegensatz zu den rein sexuellen stehen, bleibt klar, daß ihre Herkunft auf die Sexualität zurückzuführen ist.

Später arbeitete Freud die große Hypothese über den Eros aus, der tatsächlich dasselbe bedeutet wie bei Platon, aber in biologischen Begriffen ausgedrückt ist: Eros ist die große Kraft, die Leben schafft, zusammenhält, was getrennt wird, und seine Erneuerung gegen die Kräfte der Zerstörung sichert. Etwa zur selben Zeit, in der Freud diesen Begriff entwikkelte, antwortete er auf die Frage einer französischen Zeitschrift nach seiner Ansicht über die Liebe jenseits des sexuellen Bereichs, er habe bisher noch nicht den Mut gefunden, allgemeine Feststellungen über die Liebe zu treffen, und glaube auch, daß unser Wissen dafür nicht ausreiche.** Er fand den Mut nie, und am Ende seines Lebens gestand er: »Wir wissen wirklich sehr wenig über die Liebe.«

Freud leugnete nicht, daß er den Begriff des Sexuellen erweitert hatte. Er betonte es vielmehr. Er sah darin den ersten großen Schritt zur Begründung seiner Theorie der Triebe. In seiner Schrift »Über ›wilde‹ Psychoanalyse« tadelt Freud einen Arzt, der einer neurotischen geschiedenen Frau, die er behandelte, als Kur einen Liebhaber empfahl. Er kritisierte diesen Kollegen vor allem deshalb, weil er die Lehren der Psychoanalyse mißverstanden hatte und glaubte, Sexualität bedeute nichts weiter als Sexualität im üblichen Sinne. »Der Begriff des Sexuellen umfaßt in der Psychoanalyse weit mehr«, erklärte Freud in diesem Zusammenhang. »Er geht nach unten wie nach oben über den populären Sinn hinaus. Diese Erweiterung rechtfertigt sich genetisch; wir rechnen zum ›Sexualleben‹ auch alle Betätigungen zärtlicher Gefühle, die aus der Quelle der primitiven sexuellen Regungen hervorgegangen sind, auch wenn diese Regungen eine Hemmung ihres ursprünglichen sexuellen Zieles erfahren oder dieses Ziel gegen ein anderes, nicht mehr sexuelles, vertauscht haben. Wir sprechen darum auch lieber von *Psychosexualität*, legen so Wert darauf, daß man den seelischen Faktor des Sexuallebens nicht übersehe und nicht unterschätze. Wir gebrauchen das Wort Se-

* Vgl. dazu viele Abschnitte in *Vorlesungen zur Einführung in die Psychoanalyse, Beiträge zur Psychologie des Liebeslebens* etc.

** Siehe Reik, *From Thirty Years With Freud*, Rinehart 1940.

xualität in demselben umfassenden Sinne wie die deutsche Sprache das Wort ›Liebe‹.« *

Der Arzt muß den Tadel hinnehmen, und mit Recht, aber ist Freud ganz unschuldig? Ist er nicht mitverantwortlich für den Irrtum oder das Fehlurteil? Der junge Arzt hatte unrecht, aber nur deshalb, weil Sexualität für Freud etwas anderes bedeutete als für den Mann auf der Straße oder den durchschnittlichen Arzt in seinem Sprechzimmer. Ich bin, wenn ich es auch nicht beweisen kann, davon überzeugt, daß Freud das Wort Sexualität ohne besondere Absicht und vorherige Überlegung gebrauchte. Natürlich war die Vorstellung vorhanden, daß die Liebe einem primitiven Geschlechtstrieb entspringe, aber das war eher ein biologisches Vorurteil als eine psychologische Einsicht.

Freud betont wiederholt, er dehne die Bedeutung des Wortes Sexualität so weit aus, daß sie Zuneigung, Freundschaft und Liebe mit einschließt. Aber gebraucht er das Wort mit Recht auf diese Weise? Ich meine, dieser Gebrauch ist weder richtig noch zu rechtfertigen. Der Ausdruck Sexualität oder Geschlechtlichkeit hat immer die Triebe und Handlungen bedeutet, die der biologischen Notwendigkeit entspringen, eine bestimmte Spannung im Organismus zu entladen – einen Mensch und Tier gemeinsamen Instinkt oder Trieb. Der Ausdruck Libido wurde schon lange vor Freud verwendet, aber nur um die Energie dieses instinktiven Bedürfnisses zu bezeichnen. Freud überdehnte die Bedeutung beider Ausdrücke.

Ist wirklich eine allgemeine Heuchelei daran schuld, daß die Menschen den Begriff Sexualität im Zusammenhang mit Freundschaft, Liebe und Zuneigung ablehnen, oder fühlen sie, daß Sexualität und Liebe nicht dasselbe sind? Ist es wirklich nur Prüderie, was sie dazu veranlaßt, die Theorie von der Identität der beiden Bedürfnisse abzulehnen? Oder ist es nicht vielmehr das unbestimmte, aber starke Gefühl, daß die Annahme einer totalen Wesensgleichheit falsch ist? Ich vermute, sie fühlen irgendwie, daß der Gedanke mit den Tatsachen unvereinbar ist. Ich scheue nicht davor zurück, einen Spaten einen Spaten zu nennen, aber ich zögere, einen Rechen einen Spaten zu nennen, auch wenn sie nebeneinander in demselben Schuppen stehen. Und genau das tut Freud. Das Ganze klingt nach einem der Sonderlinge, die Alice auf der Rückseite des Spiegels findet. Wenn er ein Wort verwende, sagt Humpty Dumpty verächtlich, dann bedeute es das, was er wolle, nicht mehr und nicht weniger. Aber Alice ist skeptisch und meint, die Frage sei, ob man Wörtern so viele verschiedene Bedeutungen geben dürfe. Eben! Das ist auch hier die Frage.

Freud sagte, er verwende das Wort Sexualität in derselben Bedeutung, in

* S. Freud, »Über ›wilde‹ Psychoanalyse«, Ges. Werke, Bd. VIII, S. 120.

der Platon das Wort Eros gebrauchte. Wäre Sexualität tatsächlich in diesem Sinne gemeint gewesen, so hätte es Freud später nicht nötig gehabt, einen eigenen Eros-Begriff zu prägen und zwischen Eros und Sexualität zu unterscheiden. In einer Abhandlung, die er im Sommer 1938, ein Jahr vor seinem Tode, schrieb, sagte Freud: »Das Beste, was wir vom Eros, also von seinem Exponenten, der Libido, wissen, ist durch das Studium der Sexualfunktion gewonnen worden, die sich ja in der landläufigen Auffassung, wenn auch nicht in unserer Theorie, mit dem Eros deckt.« * Eros ist also auch nach Freuds späteren Anschauungen nicht mit Sexualität identisch. In seinem späteren Leben wurde ihm klar, daß Liebe eine eigene psychische Kraft ist, wenn er es auch nie offen zugab.
Aber selbst wenn Freud das Wort Sexualität in derselben Bedeutung verwendet hätte wie Platon - wäre es darum eher zu rechtfertigen? Platon war Philosoph, Freud Wissenschaftler. Wir gestehen Platon, der vor 2300 Jahren lebte, Irrtümer zu, die wir einem Psychologen unserer Zeit nicht nachzusehen bereit sind. Der eine wollte in einer umfassenden metaphysischen Spekulation die Rätsel der Welt lösen, während der andere genau definierte psychologische Probleme auf wissenschaftliche Weise zu klären versuchte. Wenn ein alter griechischer Philosoph Mutmaßungen über die Natur einer Substanz anstellt, so ist das etwas völlig anderes als die Untersuchung derselben Substanz durch einen modernen Chemiker. In Platons schöner, großartiger Schau hat Eros seinen Platz; aber er kann nicht denselben Platz haben, wenn er in einer modernen Analyse psychischer Prozesse, die ein wissenschaftliches Bild von den Vorgängen im tiefsten Bereich des menschlichen Geistes schaffen will, mit dem Sexualtrieb gleichgesetzt wird. Was Platon dachte und sagte, hat eine andere Bedeutung als das, was ein moderner Psychologe denkt und sagt. Der eine hat Visionen und spricht in Bildern. Der andere beobachtet analytisch und detailliert und beschreibt psychische Fakten.
Ich glaube, daß Sexualität und Liebe dem Ursprung und der Natur nach verschieden sind, und ich werde mich bemühen, es in diesem Buch zu beweisen, soweit psychologische Behauptungen dieser Art bewiesen werden können – und sie können sehr weitgehend bewiesen werden.
Was Freud Sexualität im erweiterten Sinne nannte, ist eine Legierung aus Metallen von sehr unterschiedlichen Beschaffenheiten und Werten. Ich möchte hier die vorläufige Feststellung treffen, daß sie eine Mischung aus dem biologischen sexuellen Bedürfnis, gewissen Ichtrieben und der noch unbekannten Substanz ist, die wir Liebe nennen. In einem anderen Buch habe ich versucht, die Natur des rohen Sexualtriebs darzustellen und zu beschreiben, wie die Liebe hinzutritt – und welche psychologischen und sozialen Bedingungen erfüllt werden müssen, damit die Sexualität, die

* S. Freud, *Abriß der Psychoanalyse*, Ges. Werke, Bd. XVII, S. 73.

Ichtriebe und das jüngste Bedürfnis, Liebe, zusammenkommen und miteinander verschmelzen können. Ich werde mich hier auf einen Bereich beschränken, doch zuerst müssen die Demarkationslinien gezogen werden.

Ist aber die Ansicht der älteren und modernen Psychologen, daß Liebe eine andere Form von Sexualität – sozusagen eine verkleidete Sexualität – sei, nicht doch gerechtfertigt? Bezeugt das nicht jede Leidenschaft eines jungen Paares, ja jede Verliebtheit? Nein. Die überzeugendsten Fälle beweisen lediglich, daß Sexualität und Liebe oft zusammen auftreten und auf dasselbe Objekt gerichtet sind. Wir sind es gewohnt, Liebe und Sexualität in Gedanken zu assoziieren, aber das beweist nicht ihre Identität. Es beweist nur, daß man sie oft vereint findet, daß sie koexistieren, daß sie oft zusammentreffen. Aber Zusammentreffen bedeutet nicht Identität. Zwei Emotionen können so eng miteinander vermengt sein, daß man sie als eine empfindet, doch das läßt sie nicht wirklich eins werden, und es bringt auch nicht ihre spezifischen Eigenschaften zum Verschwinden.

Whisky wird gewöhnlich mit Sodawasser getrunken, aber die Mischung der beiden macht nicht Whisky aus Sodawasser oder Sodawasser aus Whisky. Manche können sich Sodawasser ohne Whisky nicht vorstellen, aber auch sie werden nicht leugnen, daß die beiden Flüssigkeiten eine unabhängige Existenz, verschiedene Eigenschaften und einen unterschiedlichen Geschmack besitzen. Whisky kann auch ohne Sodawasser genossen werden, und Sodawasser läßt sich mit einer ganzen Reihe anderer Flüssigkeiten mischen. Außerdem sind die verschiedensten Mischungsverhältnisse möglich. Das gleiche gilt für Liebe und Sexualität, die ebenfalls in verschiedenen Verhältnissen gemischt sein können. (Leider werden wir nie aufgefordert zu sagen, »wann es genug ist«.) Eine Verwechslung von Whisky und Sodawasser ist unwahrscheinlich, es sei denn, man hat von ersterem schon zu viel gehabt. Ebenso ist es möglich, im Zustand heftiger Verliebtheit Liebe und Sexualität zu verwechseln. Was mich erstaunt, ist, daß einem ein solcher Irrtum im nüchternen Geist wissenschaftlicher Forschung unterlaufen kann.

Die Psychoanalytiker zweifeln offensichtlich nicht daran, daß es Sexualität ohne Liebe gibt – »Sex pur«. Was sie entschieden bestreiten, ist, daß es Liebe ohne Sexualität geben kann. Ihre Ansicht ist nie widerlegt worden. Es ist so, als wollte man annehmen, daß ein Angeklagter schuldig sei, solange nicht seine Unschuld bewiesen wurde. Zweifellos gibt es eine Kommunikation, ein Bindeglied, zwischen Liebe und Sexualität. Die tägliche Erfahrung zeigt es. Die Kluft zwischen ihnen wird von einem Bogen oder einer Brücke überspannt, aber ich glaube, daß es zwei verschiedene Bereiche gibt, die unterschieden werden müssen.

5

Wir kehren zu Freuds Annahme zurück, daß Sexualität Liebe, Zärtlichkeit, Nächstenliebe und Sympathie mit einschließt. Was oberflächlich betrachtet von gleicher Art zu sein scheint, läßt bei genauerer Analyse tiefe Unterschiede erkennen. Die Lage kann mit der von Chemikern verglichen werden, die eine bestimmte Substanz lange für homogen hielten, bis eine neuerliche Untersuchung ergab, daß sie es nicht ist. Es zeigte sich, daß sie eine Mischung aus zwei verschiedenen Substanzen, eine Verschmelzung sehr unähnlicher Komponenten darstellt.
Ich wähle ein sehr einfaches Beispiel: unser gewöhnliches Kochsalz, und dieses Beispiel ist keineswegs unzutreffend.
Hielt man das Salz nicht jahrtausendelang für eine kostbare, heilige Substanz? Es war das Symbol für Freundschaft, Treue und Zuneigung. »Zwischen uns ist Salz«, sagen die Araber, wenn sie von einer herzlichen, treuen Freundschaft sprechen. Der »Bund des Salzes«, den man in der Bibel findet, galt als heilig und voll Bedeutung. Beinahe zweitausend Jahre lang wurde Salz für eine einzige, homogene Substanz gehalten. Heute wissen wir, daß es eine chemische Verbindung von Natrium und Chlor ist. Jeder Gymnasiast weiß heute, daß das zwei verschiedene Elemente sind, er könnte demonstrieren, daß Salz eine Verbindung von beiden ist, und ebenso weiß er, daß diese beiden Elemente, isoliert und jedes für sich, für die verschiedensten Zwecke gebraucht werden können.
Was haben wir an Tatsachen? Sie müssen wir zuerst erfassen. Zusammensetzen können wir sie später. Wir wollen zwischen Sexualität und Liebe unterscheiden, wie der Chemiker in der Verbindung Salz das Element Natrium vom Element Chlor trennen würde. Um die Unterschiede klar hervorzuheben, ist es am besten, Liebe und Sexualität einander in ihren extremsten Manifestationen, wo sie nicht verschmolzen sind, gegenüberzustellen.
Sexualität ist ein Trieb, ein biologisches Bedürfnis, das im Organismus entsteht und an den Körper gebunden ist. Sie ist einer der großen Triebe, die wie Hunger und Durst durch chemische Veränderungen im Körper gesteuert werden. Die Zeit ist nicht fern, in der wir Libido in chemischen Begriffen erklären werden – und nur in chemischen Begriffen. Der Sexualtrieb ist von inneren Sekretionen abhängig. Er kann in den Genitalien und in anderen erogenen Zonen lokalisiert werden. Sein Ziel ist die Beseitigung einer physischen Spannung. Er ist ursprünglich nicht auf ein Objekt gerichtet. Später ist das Sexualobjekt einfach ein Mittel, die Spannung zu erleichtern.
Keines dieser Merkmale ist in der Liebe zu finden. Wenn wir nicht die Anschauung der Ungebildeten akzeptieren, daß die Liebe im Herzen wohne, können wir ihr keinen bestimmten Ort zuweisen. Sie ist gewiß

kein biologisches Bedürfnis, denn es gibt Millionen Menschen, die sie nicht fühlen, und viele Jahrhunderte und Kulturformen, in denen sie unbekannt ist. Wir können keine inneren Sekretionen oder spezifische Drüsen nennen, die für sie zuständig sind. Die Sexualität kennt ursprünglich kein Objekt, die Liebe in jedem Fall. Sie ist eine sehr bestimmte emotionale Beziehung zwischen einem Ich und einem Du.

Was ist das Ziel des Sexualtriebs? Wir sagten es schon: die Beseitigung einer *physischen* Spannung, eine Entladung und *Entlastung*. Was ist das Ziel des Sehnens, das wir Liebe nennen? Die Beseitigung einer *psychischen* Spannung, *Erleichterung*. In diesem Gegensatz zwischen Entlastung und Erleichterung liegt einer der wesentlichen Unterschiede. Sexualität will Befriedigung; Liebe will Glück.

Die Sexualität zeigt sich als ein Menschen und Tieren gemeinsames natürliches Phänomen. Die Liebe ist das einer kulturellen Entwicklung und nicht einmal bei allen Menschen anzutreffen. Wir wissen, daß der Sexualtrieb periodischen Schwankungen unterworfen ist und zu- oder abnimmt. Das ist ganz offensichtlich bei Tieren, aber Reste seiner ursprünglichen Natur sind auch beim Menschen noch leicht zu erkennen. Nichts dergleichen kann man von der Liebe sagen. Der Sexualtrieb kann sein Objekt beliebig wählen, die Liebe nicht. Liebe ist immer eine persönliche Beziehung. Das ist bei der Sexualität nicht notwendigerweise der Fall.

Das Sexualobjekt kann einem gleichgültig, langweilig oder sogar verhaßt werden, sobald die Befriedigung erreicht und die Spannung reduziert wurde. Das Liebesobjekt nicht. In den extremsten und gröbsten Fällen kann der Sexualpartner als eine Art Anhängsel der eigenen Genitalien, als bloßes Sexualobjekt erscheinen. Der Gegenstand der Liebe wird jedoch immer als Person und Persönlichkeit gesehen. Das Sexualobjekt muß gewisse körperliche Eigenschaften haben, die erregend wirken. Wo sie fehlen, bleibt man gleichgültig. Anders verhält es sich mit dem Liebesobjekt. Es muß gewisse psychische, geistig-seelische, Eigenschaften besitzen, die hoch bewertet und vom bloßen Sexualobjekt nicht verlangt werden. Selbst wenn das Objekt sowohl geliebt als auch sexuell begehrt wird, kann man oft zwischen der sexuellen Anziehung und der Anziehung der Persönlichkeit unterscheiden, und man weiß, daß es sich um verschiedene Dinge handelt. Der Geschlechtstrieb ist auf Lust und Genuß aus, die Liebe sucht Freude und Glück.

Wenn wir wiederum nur die extremen Erscheinungen betrachten, so ist der Sexualtrieb im höchsten Grade selbstsüchtig; er gebraucht das Objekt nur um der Befriedigung willen. Die Liebe ist nicht uneigennützig, aber es ist sehr schwierig, ihre selbstsüchtigen Ziele zu nennen, wenn man davon absieht, daß man glücklich sein möchte durch das Glück des anderen. In keinem Falle aber kann Liebe nur selbstsüchtig oder so selbstsüchtig wie die Sexualität sein. Sie wäre dann keine Liebe. Sie ist immer um das Wohlergehen oder Glück des anderen besorgt, bedauert seine Abwesenheit, möchte mit ihm zusammen sein, fühlt sich einsam ohne ihn, fürchtet ein Unglück oder Gefahren für ihn. Nichts davon ist in der bloßen Sexualität vorhanden. Wenn das Individuum nicht durch sexuelle Begierde erregt ist, wird die Anwesenheit des Sexualobjekts nicht gewünscht und seine Abwesenheit nicht bedauert. Das gleiche trifft zu, nachdem die sexuelle Befriedigung erreicht wurde. Ich habe Männer sagen hören, das einzige, was sie nach einem befriedigenden Geschlechtsverkehr wünschten, sei, alleingelassen zu werden – und »allein« bedeutet, daß das Sexualobjekt sie verläßt. Ein Mann sagte: »Frauen sollten wie Sterne sein – spät am Abend erscheinen und früh am Morgen verschwinden.« Ein solcher Wunsch ist in bezug auf einen geliebten Menschen undenkbar.

Sexualität (wir sprechen noch immer von der gröbsten Form) ist unkritisch. Sie will »eine Frau«. Und sie stellt bescheidene Ansprüche. Liebe dagegen trifft immer eine Wahl. Sie ist sehr kritisch. Sie besteht auf »dieser Frau« und keiner anderen. Es gibt keine unpersönliche Liebe. Die sinnlich begehrte Person und die innig geliebte, das Sexualobjekt und das Liebesobjekt, könnten zwei verschiedene Menschen sein. Das Sexualobjekt kann unter dem Druck der sexuellen Bedürfnisse alle Wünsche auf sich vereinigen. Es kann für Augenblicke zum Idol werden. Es kann aber nicht idealisiert werden. Das vermag nur die Liebe. Während des Krieges schrieb ein amerikanisches Mädchen, das sich über die Gerüchte ärgerte, daß die australischen Mädchen eine starke Anziehungskraft auf die in Übersee stationierten amerikanischen Soldaten ausübten, ihrem Freund: »Was haben sie, was wir nicht haben?« Er antwortete: »Gar nichts außer einem: Sie sind hier.« Diese Antwort wird man gewiß nicht von der Liebe erwarten, aber ohne weiteres von der Sexualität. Abwesenheit, Trennung macht das Herz zärtlicher. Auf den bloßen Sexualpartner übt Abwesenheit – jedenfalls im Normalfall – keine ähnliche Wirkung aus. Sexualverkehr gibt Befriedigung. Liebe gibt Trost.

Das sexuelle Ziel ist nicht notwendigerweise identisch mit dem Ziel der Liebe. Unlängst sagte eine Patientin von ihrem Partner: »Er ist nicht der Mann, den ich liebe, aber der Mann, der mir sexuelle Befriedigung gibt.« Sexualität ist ein leidenschaftliches Interesse an einem anderen Körper, Liebe ist ein leidenschaftliches Interesse an einer anderen Persönlichkeit oder deren Leben. Sexualität fühlt keinen Schmerz, wenn ihr Objekt verletzt wird, und keine Freude, wenn es glücklich ist. Es ist möglich, eine andere Person im Sexualleben zu besitzen, aber nicht in der Liebe. In der Liebe kann man einen anderen Menschen nicht besitzen, man kann ihm nur gehören. Man kann einen anderen zum Geschlechtsverkehr zwingen, aber nicht zur Liebe.

Könnte man von Sexualpartnern sagen, sie seien »zwei Herzen, die im gleichen Takt schlagen«? Würde man nicht eher an andere Körperteile denken? Könnte man, ohne sich lächerlich zu machen, behaupten, daß ein zielgehemmter Sexualtrieb niemals endet? Könnte man ewige sexuelle Anziehung schwören? Jupiter lacht über die Schwüre der Liebenden, aber über solche vom Sexualtrieb inspirierten Schwüre würden alle Götter und Sterblichen lachen. Würde es nicht komisch klingen, wenn der junge Cherubino in Mozarts Oper fragte: »Sagt, ist es der Sexualtrieb, was in mir brennt?« Man sollte meinen, daß es gewisse Zeichen gibt, die einem jungen Mann helfen, die Frage sehr leicht zu entscheiden, so daß kein Zweifel übrigbleibt. Der einzige Zweifel, der bestehen könnte – und besteht –, ist, ob er nur sexuelles Begehren empfindet oder Liebe.

Sexualität ist an das Zeitelement gebunden, an den Rhythmus von Ebbe und Flut, dem der Trieb unterliegt. Nach dem Orgasmus verschwindet das sexuelle Begehren mehr oder minder rasch. Nichts in der Liebe ist damit vergleichbar. In der Sexualität gibt es ein Bedürfnis nach Abwechslung, in der Liebe nicht. Das Sexualobjekt kann leicht ersetzt werden, das Liebesobjekt nicht. Es gibt viele mögliche Sexualobjekte, aber nur eines, das geliebt wird. »Die Welt ist voller Menschen, ja, doch du, du warst nur einmal da.«

Ihre Beziehung zur Zeit enthüllt die Sexualität als Trieb, denn wir erkennen in ihr den zyklischen Charakter der Bedürfnisse der Gewebe wie beim Hunger und Durst. Wir sehen hier die Ergebnisse der Aktivität innerer Reize, die durch chemische Veränderungen innerhalb des Körpers aktiviert werden. Hunger ist mit Kontraktionen der Muskeln der Magenwände verbunden. Durst geht auf Trockenheit der Mundschleimhäute zurück, der Sexualtrieb auf organischen Druck. Wo sind aber die organischen Reize für die Liebe, die Bedürfnisse innerhalb des Organismus, die physischen Spannungen, die den Organismus veranlassen, die schmerzhaften und unangenehmen Reize zu beseitigen? Wo ist die Analogie zum Hunger? Wenn man hungrig ist, erwecken der Anblick und der Geruch von Speisen eine starke Begierde. Nach der Sättigung verschwindet der Appetit für eine Weile. Der Anblick und der Geruch der Speise, die man eben erst genossen hat, lassen einen gleichgültig. In dieser Hinsicht ist der Sexualtrieb eindeutig dem Hunger vergleichbar. Der Trieb verschwindet nach der Befriedigung. Es gibt eine Spannung, einen Spasmus, eine Entladung und ein Absinken, und all das ist zeitlich scharf definiert. In der Liebe spielt die Zeit nicht dieselbe Rolle. Die Liebenden werden sich ihrer erst im Augenblick der Trennung bewußt. »Es war die Nachtigall und nicht die Lerche...«

Sexualität und Liebe sind so verschieden, daß sie getrennten Forschungsgebieten angehören, die Sexualität der Biochemie und Physiologie, die

Liebe der Psychologie der Emotionen. Sexualität ist ein Trieb. Liebe ist ein Begehren (das heißt ein Wunsch, der sich auf ein klar bewußtes Objekt bezieht).

Ist Liebe keine Leidenschaft? Gewiß, aber entspringen Leidenschaften nur der Sexualität? Gibt es für uns Sterbliche keine anderen Leidenschaften, die ebenso heftig und mächtig sind wie der Sexualtrieb? Ist es nicht möglich, daß sie sich mit den sexuellen Strebungen vermengen? Daß alle Philosophen von Platon bis Schopenhauer und alle Psychologen von Spencer bis Havelock Ellis und Freud behauptet haben, die Liebe sei ihrem Ursprung nach sexueller Natur, macht aus der Behauptung noch keine Wahrheit. Alle ihre Anschauungen müssen mit einer Reihe von Tatsachen verglichen und auf ihre Richtigkeit geprüft werden.

Die Behauptung, daß Liebe zielgehemmte Sexualität sei, ist mehr eine Flucht vor dem Problem als eine Einsicht in dieses. Liebe ist keine verwischte Kopie der Sexualität, unbewußt sexuell in ihrem Wesen, vom selben organischen Trieb abgeleitet. Liebe kann schon bestehen, bevor man einen Menschen sexuell begehrt. Sie kann die Sexualität überdauern und überleben. Es gibt alte Eheleute, in denen das sexuelle Begehren erloschen ist und die einander innig lieben. In anderen Fällen wird die sexuelle Befriedigung mit einem bestimmten Partner nicht mehr gesucht, aber die Liebe dauert fort. Und man kennt Beispiele dafür, daß das sexuelle Begehren noch sehr lebendig ist, während die Liebe längst gestorben ist. Wäre Liebe nur zielgehemmte Sexualität, so könnte man sie sich nicht bei Männern und Frauen vorstellen, die keinerlei Hemmungen kennen und ihre sexuellen Wünsche bis zur Orgie ausleben. Ebensowenig wäre sie möglich, wenn der Sexualtrieb völlig erloschen ist. Und warum sollte es schließlich einen heftigen Wunsch nach Liebe geben, wenn das Sexualleben völlig befriedigend ist? Oder: wenn Liebe nur eine Art von stehengebliebener sexueller Entwicklung wäre, wie könnte dann der Wunsch zu lieben gleichzeitig mit sexueller Erschöpfung oder der Erfüllung jedes normalen und perversen Drangs bestehen? Der Gipfel der sexuellen Befriedigung ist Ekstase; der Gipfel der Liebe ist Glückseligkeit.

Lassen wir uns nicht dadurch zu einem Trugschluß verleiten, daß Liebe und Sexualität so oft vereint sind. Selbst wo sie sich überschneiden, selbst wo der sinnliche Trieb und Zärtlichkeit miteinander verschmelzen, kann eine genauere Beobachtung zeigen, daß ihre Qualitäten unterscheidbar sind. Sind wir nicht imstande, uns Liebe ohne Sexualität und Sexualität ohne Liebe vorzustellen? Selbst wenn es wahr wäre, daß in jeder Zuneigung ein sexuelles Element enthalten ist, kann es doch so unendlich klein sein, daß es bedeutungslos ist.

Es gibt grundsätzliche Unterschiede zwischen einem Menschen, der Sexualität entbehrt, und einem Menschen, der Liebe entbehrt. Liebe ist

nicht eine verwaschene Version der Sexualität, sie ist kein anämisches Überbleibsel, sondern etwas gänzlich anderes.
Ich weiß, daß Sexualität für Freud etwas anderes bedeutete als für die meisten, die ihn studieren und darin eben bloße Sexualität sehen und sonst nichts. Aber das Wort hat sich als stärker erwiesen als Freuds Absicht, seine Bedeutung zu ändern. Das Ergebnis der Verwirrung war katastrophal.
Was sich hinter den Emotionen der Liebe verbirgt, ist nicht der sublimierte oder gehemmte Sexualtrieb. Wenn die Katze aus dem Sack ist, wird man erkennen, daß sie ein ganz anderes Tier ist.

6

Ein alter österreichischer Dichter fragt, wo die Liebe herkommt, und er antwortet, sie komme nicht, sie sei da. Das mag poetisch klingen, ist aber, nüchtern betrachtet, Unsinn. Die Psychologen können sich mit einer solchen Antwort nicht zufriedengeben; sie müssen feststellen, *wie* Liebe entsteht. Freud beantwortet die Frage wie folgt: Ursprünglich gibt es nur ein einziges Liebesobjekt – das eigene Ich. Die Liebe zu anderen Menschen ist eine spätere Entwicklung, und die Selbstliebe bleibt das Liebesreservoir, aus dem Teile anderen Menschen gegeben werden, wie man gewisse Beträge von einem Bankkonto abhebt. Das Ergebnis ist ein Gegensatz zwischen Ichliebe und Objektliebe. Je mehr auf der einen Seite ausgegeben wird, desto weniger bleibt auf der anderen Seite übrig.
Freud nennt diese primäre Form der Selbstliebe, die selbstgenügsam ist, Narzißmus. Der Ausdruck ist der griechischen Mythologie entnommen. Narziß, der schöne Sohn eines Flußgottes, verliebt sich in sein eigenes Spiegelbild im Wasser. Die seltsamste Version der Sage scheint die zu sein, daß der Jüngling, als er sich in sein Bild verliebte, nicht wußte, daß es sich um ihn selbst handelte.
Der Begriff Narzißmus wurde von dem deutschen Psychiater P. Naecke geprägt, der ihn 1898 erstmals für eine sexuelle Perversion verwendete, bei der ein Mensch seinen eigenen Körper so behandelt, wie er normalerweise mit dem Körper eines Sexualobjekts umgehen würde. Er betrachtet sich selbst mit sexueller Lust, streichelt sich etc.
Freud gab dem gewagten Ausdruck einen neuen Sinn, aber unglücklicherweise paßte die neue Bedeutung nicht mehr zu dem Wort. Naecke und Havelock Ellis wandten es auf die eben beschriebene Perversion an. Bei Freud bedeutet es weder diese perverse Einstellung noch eine sexuelle Betätigung, die den eigenen Körper zum Gegenstand hat. Dafür hatte er schon einen anderen Ausdruck: Autoerotik. Mit »Narzißmus« beschrieb Freud einen primären und normalen Zustand der Selbstliebe,

eine übliche Phase in der Entwicklung der Liebe. Wir werden alle als Narzisse geboren, und der Säugling, versichert er, ist »absolut narzißtisch«.

Aber bei Freud selbst schwankt das Wort zunächst in seiner pathologischen Bedeutung und bezeichnet sowohl eine Übergangsphase in der Kindheit als auch eine normale Einstellung beim Erwachsenen. Seine Schüler und Anhänger sprechen von einer narzißtischen Sensibilität, einer narzißtischen Verwundbarkeit (obwohl Narziß in seiner tiefen Bewunderung für sich selbst gar nicht verwundbar war), von einem verletzten oder gekränkten Narzißmus und so fort. Sie sprechen von Narzißmus, wenn sie einen Menschen beschreiben wollen, dessen Selbstbewunderung so groß ist, daß es ihn nicht im geringsten kümmert, was die Leute von ihm denken. Andererseits nennen sie aber auch jemanden narzißtisch, der das Lob und die Anerkennung seiner Mitmenschen weit mehr als alles andere braucht. Es ist gerade so, als suchten sie absichtlich Ausdrücke, die einander widersprechen. Das Wort narzißtisch bedeutet zuerst das eine, dann das andere, dann wieder etwas ganz anderes, bis es zuletzt gar nichts mehr bedeutet.

Es gibt übrigens mehrere Fassungen der Narziß-Sage. Nach der ältesten verliebt sich der Jüngling, als er in einen Teich blickt, in sich selbst, weiß aber nicht, daß er sein eigenes Spiegelbild sieht. Einer anderen Version zufolge hat Narziß eine Zwillingsschwester, die ihm sehr ähnlich sieht und die er innig liebt. Als sie stirbt, findet er Trost darin, sein eigenes Spiegelbild in einer Quelle zu betrachten. In der dritten Version weist der Jüngling seine männlichen Bewunderer ab. Der Gott Eros ist über ein so empörendes Verhalten erzürnt und bestraft den Jüngling, indem er ihn in seiner eigenen Person zugleich zum Liebenden und Geliebten macht. So ist Narziß dazu verurteilt, die unerwiderte Sehnsucht zu fühlen, die er in anderen Jünglingen geweckt hat.

Man fragt sich, was in diesen verschiedenen Fassungen der Sage auf eine normale, primäre, echte Selbstliebe hinweist. Ist die Selbstbewunderung des Jünglings unabhängig von seinem Erleben der Außenwelt? Ist sie primitiver Natur und entspringt sie in ihm selbst? In der älteren Fassung liebt er sich selbst, ohne zu wissen daß er der Geliebte ist. Er sieht einen schönen Jüngling im Spiegel des Teiches. Ist das primäre Selbstliebe? Er sieht nicht sich selbst, sondern einen Traum von sich, ein Ideal, das aber ein Fremder ist. Und ist es völlig bedeutungslos, daß er sich als Sohn des Flußgottes im Wasser gespiegelt erblickt? Solche kleinen Einzelheiten gelten bei anderen analytischen Deutungen von Sagen als höchst bedeutsam. Warum nicht auch hier? Ist es irrelevant, daß der Jüngling in einer anderen Version seine Schwester anbetet und sich selbst nur als ihr Ebenbild bewundert? Und hat es nichts zu bedeuten, daß er in der dritten Geschichte zuerst von anderen Jünglingen bewundert und geliebt wird?

Es scheint, daß Narziß selbst nicht primär narzißtisch ist. Daß er sich in sich selbst verliebt, ist nicht der Ausdruck eines ursprünglichen Bedürfnisses, sondern das Ergebnis und die Fortsetzung der Liebe und Bewunderung seitens anderer. Seine Selbstliebe ist nur der Reflex der Liebe, die sein Vater oder andere Jünglinge für ihn fühlen. In diesem Falle hätten wir eine *im Grunde homosexuelle Sage*, die durchaus mit der im alten Griechenland weitverbreiteten Neigung übereinstimmt. (In diesem Zusammenhang ist allerdings die *heute* am besten bekannte Fassung der Sage bemerkenswert: Der schöne Jäger Narziß verschmäht die Liebe der Nymphe Echo. *Aphrodite* bestraft ihn, das heißt die Zurückweisung der heterosexuellen Liebe, dadurch, daß er sich in sein eigenes Spiegelbild verlieben muß, während in der beschriebenen dritten Fassung ihr Sohn *Eros* die Ablehnung der homosexuellen Liebe bestraft. Anm. des Übers.)
Die ein wenig melancholische Geschichte scheint eigentlich mehr darauf hinzuweisen, was für Folgen es hat, zu sehr geliebt und bewundert zu werden, und weniger auf Selbstliebe. Es ist seltsam festzustellen, daß Narziß ursprünglich weder in sich selbst verliebt noch absolut und primär »narzißtisch« ist. Inwiefern ist diese Sage geeignet, der Vorstellung von einer allgemeinen, primitiven Phase der Liebe in der Entwicklung jedes einzelnen den Namen zu geben?
Doch wenden wir uns von den mythologischen Gestalten ab und den Tatsachen der menschlichen Seele zu. Ist es richtig, daß es in der frühen Kindheit eine echte, elementare Phase gibt, in der das Kind oder der Säugling nur sich selbst liebt? Das Wort Narzißmus wäre dann zwar unglücklich gewählt, aber es würde einer realen Tatsache entsprechen. Freud gibt selbst zu, daß eine direkte Untersuchung und Beobachtung von echtem Narzißmus unmöglich ist. Seine These ist also eine Rekonstruktion aufgrund von Beobachtungen im späteren Lebensalter. Diese werden entsprechend der vorgefaßten Idee einer primitiven, ursprünglichen Selbstliebe des Säuglings interpretiert. Der Säugling liebt aber nicht sich selbst, da er ursprünglich gar nicht als eigenes Individuum existiert. Er ist ein Egoist ohne Ego. Er ist selbstsüchtig ohne ein Selbst. Das Kind ist sich in diesem Stadium, psychologisch gesehen, seiner selbst nicht bewußt. Es wird sich erst nach und nach entdecken. Wo es aber kein Selbst gibt, kann es auch keine Selbstliebe geben. Zu sagen, daß der Säugling nach der Geburt »absolut narzißtisch« sei und nur sich selbst liebe, hat ebensoviel Sinn wie die Behauptung, daß er die ganze Welt liebe. Wenn ein Säugling durch ein Wunder sprechen und denken und dennoch psychisch ein Säugling bleiben könnte, so wäre er nicht imstande, in bezug auf sich selbst den Ausdruck »Nummer eins« (»ich«) zu gebrauchen. Das würde bedeuten, daß es noch andere »Nummern« gibt, zwei oder drei. Der Säugling kann vielerlei sein, aber ganz gewiß nicht »echt narzißtisch«. Das ist ein Märchen nicht für, sondern über Kinder.

Welche Phänomene lassen sich an Kindern beobachten, die als Manifestation von Selbstliebe gedeutet werden könnten? Vielleicht die Selbstgenügsamkeit und das Selbstvertrauen kleiner Kinder? Aber das gleiche beobachten wir auch an einem Kätzchen oder an einem jungen Hund, und sie sind sich ihrer selbst nicht bewußt. Manchmal fragt man sich, ob das Wort nicht den Eindruck des Beobachters beschreibt, anstatt die psychische Einstellung des Beobachteten zu deuten.
Selbstverständlich gibt es dann im späteren Leben des Kindes genug Phänomene, die so, das heißt als Selbstliebe, gedeutet werden können, aber auch nur, wenn man sich mit Oberflächlichkeiten zufriedengibt. Viele Kinder scheinen in einem gewissen Alter sich selbst zu bewundern und zu lieben und ihren Körper so zu behandeln, als wäre er ein Liebesobjekt. Eine solche Einstellung ist aber bei weitem keine allgemeine Entwicklungsphase. Sie tritt gelegentlich auf und ist dann die Folge bestimmter Erlebnisse. Wir wollen weder die Existenz noch die Bedeutung solcher Phänomene leugnen. Wir leugnen aber die Bedeutung, die ihnen die Psychoanalyse als Ausdruck einer elementaren und echten Selbstliebe zuschreibt. Ich behaupte, daß eine solche vermeintliche Selbstliebe eine spätere, sekundäre Bildung ist, der Natur und dem Ursprung nach gänzlich abhängig von Erlebnissen mit anderen Personen, vor allem den Eltern und Kindermädchen.
Das kleine Kind ist das Objekt der Liebe und Zärtlichkeit seiner Mutter. Es wird später selbst so lieben, wie es von seiner Mutter geliebt wurde. Es wird der Mutterersatz in seiner Liebe zu sich selbst sein. Das Wesen des sogenannten Narzißmus liegt darin, daß man sich selbst mit den liebenden Augen eines anderen sieht. Dieses Phänomen bedeutet nicht den Ausdruck der Selbstliebe, sondern eher den Wunsch des Selbst, geliebt zu werden. Und diese »Selbstliebe« ist nur der Reflex der Liebe und Bewunderung der Mutter, des Vaters oder des Kindermädchens für das Selbst. Man kann sich nicht selbst lieben außer stellvertretend für einen anderen liebenden Menschen in der Erinnerung an dessen Zuneigung und mit der Sehnsucht nach ihr. Diese »Selbstliebe«, die in Wirklichkeit die Liebe eines anderen zu einem ist, stellt somit eine spätere, sekundäre Bildung dar wie etwa das Selbstmitleid, das ebenfalls unbewußt das Mitleid der Mutter oder eines anderen liebenden Menschen mit einem voraussetzt.
Das Kind, das sich selbst liebt, übernimmt die Rolle der Mutter oder des Vaters. Es bewundert und liebkost sich, wie sie es taten. Die unerläßliche Voraussetzung für die Selbstliebe ist somit die Erinnerungsspur der Liebe der Mutter. Es braucht keine bewußten Erinnerungen zu geben, aber es findet eine unaufhörliche Verarbeitung der Eindrücke des früheren wiederholten Erlebens statt. Der Ursprung der Selbstliebe in der mütterlichen Zuneigung und die Abhängigkeit von ihr sind so offen-

sichtlich, daß wir den Begriff Narzißmus als einen sehr unbefriedigenden Entwurf streichen können, der kein korrektes Bild des wahren Sachverhalts vermittelt.

Die Entstehung der Selbstliebe des Kindes kann beinahe beobachtet werden. Man braucht nur ein kleines Mädchen anzusehen, dessen Mutter gesagt hat: »Was für ein hübsches Kleid mein Mädchen heute anhat!« Oder einen Jungen, der vom Vater für seine Tüchtigkeit gelobt wurde. Das Mädchen wird sich als Erwachsene bewundernd im Spiegel betrachten, wenn es ein neues Kleid trägt. Und der kleine Junge wird später sagen: »Was für ein großer Junge ich bin!« Mehr noch: unsere Selbstliebe wird weiterhin von der Reaktion anderer abhängig und immer eine unbewußte Vorwegnahme dieser Bewunderung oder Wertschätzung sein. Sie wird oft der Ersatz für die Liebe sein, die man vermißt, der Ausdruck der Sehnsucht nach ihr. Sie gründet sich auf das Erlebnis, geliebt worden zu sein, und nimmt dieses Erlebnis vorweg in einer Notlage, das heißt, wenn der liebende Mensch fehlt. Das Ich nimmt dann die Stelle dieser fehlenden und vermißten Person ein, so wie ein Schauspieler in ein und demselben Stück zwei Rollen spielen kann.

Eine echte, elementare Selbstliebe gibt es nicht, weil dieses Gefühl ein Ersatz ist. Es ist nicht die Sache selbst, sondern ihr Abbild in einem Spiegel, ein reflektiertes Phänomen. Zwei Personen sind zugleich anwesend, wenn nicht in Wirklichkeit, so doch in der Phantasie: das Ich, das geliebt wird, und der andere – er oder sie –, der liebt und durch die Person ersetzt wird, die sich selbst bewundert. In dem Ausdruck »Ich liebe mich selbst« oder »Ich liebe mein Ich« steht das »Ich« für eine andere, unbekannte oder manchmal auch bekannte, Person. Bei der Analyse eines jungen Mädchens stieß ich einmal auf einen unvermutet starken Widerstand, als sie versuchte, ihre Gefühle während eines Gesprächs mit einem Mann zu beschreiben, in den sie verliebt war. Sie hatte große Schwierigkeiten, auszudrücken, was sie in einem bestimmten Augenblick fühlte, als der Mann sie plötzlich ansah, nachdem sie gerade etwas gesagt hatte. Schließlich sagte sie: »Ich fühlte mich süß.« Sie meinte damit, daß ihr in diesem Augenblick bewußt wurde, daß der Mann sie süß fand und daß ihr dieses Gefühl guttat. Bedeutet das, daß es Ausdruck echter, elementarer Selbstliebe ist? Sicherlich nicht. Das Mädchen erkannte den bestimmten Eindruck, den der Mann in diesem Augenblick von ihr hatte. Ihr wurde bewußt, wie er sie ansah, und dann betrachtete sie sich mit seinen Augen. Die Gefühlsschattierung würde dieselbe gewesen sein, wenn das Mädchen allein gewesen wäre und sich die Szene, in einer Wiederholung, nur vorgestellt hätte. Der Mann wäre dann zwar körperlich, aber nicht psychologisch abwesend gewesen. Niemand, der sich selbst liebt oder bewundert, ist allein. Ein anderer Mensch mag nicht sichtbar sein, aber er ist das Objekt der Vision. So verbirgt sich hinter der Selbstliebe

das unbewußte Wissen, daß man geliebt wird oder geliebt werden wird.
Diese glückliche Phantasie ist in den meisten Fällen ihrem Wesen nach ein Trost oder eine Kompensation. Der Ersatzcharakter der Selbstliebe kann auch die Form von Trotz annehmen, nämlich: Wenn du mich nicht liebst, liebe ich mich selbst. Die Psychoanalytiker sprechen von einem verletzten Narzißmus, aber Narzißmus kann sich nur als Ersatz entwikkeln. Einen ursprünglichen Narzißmus gibt es nicht. Die Analytiker, die ihn als eine ursprüngliche, echte Phase diskutieren, verwechseln das Pflaster auf der Wunde mit der gesunden Haut, weil beide eine ähnliche Farbe haben.
Eine endgültige Beurteilung der Situation ergibt sich aus der Einsicht, daß Selbstliebe eine psychische Formation ist, die nicht in den Bereich der Liebe fällt. Die beschriebenen Phänomene gehören an sich in den Problemkreis des Geliebtwerdens. Sie lassen sich auf unbewußte Phantasien und lebhafte Vorstellungen von einem zukünftigen Geliebtwerden reduzieren. Es braucht nicht betont zu werden, daß die beiden Prozesse, psychologisch gesehen, sehr verschieden sind.
Einen analytischen Versuch, das Problem zu lösen, will ich erwähnen, weil er einen anderen Gedankengang verfolgt. Dr. T. D. Suttie (*The Origins of Love and Hate*, London 1935) meint, daß das Kind den Willen und die Kraft mit auf die Welt bringt und von Anfang an ein instinktives Bedürfnis nach Gesellschaft zeigt. Ich gebe zu, daß Frau Dr. Suttie da etwas sah, was noch keiner von uns bemerkt hatte. Das Dumme ist nur, daß wir es auch nicht bemerken konnten, nachdem sie uns darauf aufmerksam gemacht hatte. Wir suchten nach einem solchen ursprünglichen Bedürfnis nach Gesellschaft beim Säugling und fanden es nicht. Es ist höchst unwahrscheinlich, daß der Säugling eine solche angeborene Liebe besitzt, aber wenn er sie besitzt, weigert er sich, sie den Psychologen zu verraten.
Am Ende dieses Weges angekommen, empfinde ich das starke Bedürfnis, mich vor dem Genie Freuds zu verbeugen. Meine kompromißlose Ablehnung einiger seiner Theorien über die Sexualität hat meine Bewunderung für sein Werk und meine Liebe zu seiner Person nicht im geringsten beeinträchtigt. Seine Größe beruht nicht auf einer Theorie, sondern auf der unvergleichlichen Tiefe seiner psychologischen Einsichten. Die Menschen loben und tadeln ihn für etwas Falsches. Als Psychologe, der die menschlichen Emotionen erforscht und Licht in ihre dunkelsten Winkel bringt, hat er nicht seinesgleichen. Niemand kann ihn ersetzen.
Seit mehr als dreißig Jahren widme ich mich der Psychoanalyse, und ich habe mein Bestes getan, um das Werk Freuds fortzusetzen. Man kann für die Ideen eines anderen sterben, aber leben kann man nur für die eigenen

Ideen. Ich verstand erst ziemlich spät, daß eine direkte Fortsetzung nicht möglich ist. Was er schuf, gehört allen Zeiten, aber unsere Zeit fordert Neugeschaffenes. Das ist das Gesetz des Wandels. Eine Schubert-Sinfonie ist nicht die Fortsetzung des sinfonischen Werkes Beethovens, das das Ende einer Entwicklung darstellt, sondern etwas Neues, von einem neuen Inhalt Erfülltes.

Es gibt Psychoanalytiker, die erklären, eine neue und fundamentale psychologische Einsicht sei nach Freud nicht mehr möglich; er habe das letzte Wort gesprochen. Eine kleine Geschichte mag als Antwort darauf dienen. Johannes Brahms und Gustav Mahler gingen einmal in Bad Ischl spazieren. Der alte Meister behauptete, es gebe keine großen Komponisten mehr und das Ende der schöpferischen Musik sei gekommen. Die beiden waren gerade auf der Brücke über die Ischl angelangt. Mahler zeigte in den Fluß hinunter und sagte: »Sehen Sie, da kommt die letzte Welle!«

II Ursprung und Wesen der Liebe

1

Zunächst möchte ich die Beschaffenheit des Bodens beschreiben, auf dem die kostbare Pflanze der Liebe gedeiht. Ich werde diese Bedingungen – die psychische Bereitschaft – viel stärker hervorheben als die Autoren, die sich vor mir mit diesem Thema beschäftigt haben, weil ich ihre Bedeutung so hoch einschätze. Die Psychologen scheinen wie die Liebenden selbst zu denken, daß die Liebe die Menschen als etwas Unvermeidliches überkommt, daß sie ein Blitz aus heiterem Himmel ist. Und die Liebenden scheinen anzunehmen, daß dieses Erlebnis die Lösung aller Probleme darstellt. Sie vergessen dabei zu erwähnen, daß es vorher tatsächlich Probleme gab.

Ich will diese Analyse nicht mit dem Wesen der Liebe beginnen, sondern mit einer Untersuchung dessen, was ihrem Erscheinen vorausgeht, so wie ein guter Biograph nicht mit der Geburt seines Helden beginnt, sondern uns zuerst eine Vorstellung davon vermittelt, wer seine Vorfahren waren und welcher Herkunft er ist. Die erste Frage lautet daher: Wer verliebt sich? Und die zweite: Warum verliebt er sich? Die Antwort auf die erste Frage scheint leicht zu sein: jedermann. Die zweite Frage läßt sich scheinbar ebenso leicht beantworten: Weil es einen liebenswerten Menschen gibt. Es scheint nur auf eine günstige Gelegenheit nach dem Schema »Mann trifft Frau« anzukommen.

Aber so leicht ist unsere Neugier nicht befriedigt. Wir wollen wissen, was für eine Art von Mann. Wir wollen seine psychische Einstellung, bevor er der Frau begegnete, kennenlernen. Wir können ebensowenig sagen, daß sich jeder Mann und jede Frau – so unterschiedlich sie auch sein mögen – zu einem bestimmten Zeitpunkt verliebt, wie wir behaupten können, daß jedes Kind notwendigerweise die Masern bekommt. Es muß sich um ein sehr persönliches Erlebnis handeln, das durch verschiedene Faktoren im Innern des Individuums bestimmt wird und das Ergebnis seiner emotionalen Geschichte ist. Wie jemand liebt und wann und unter welchen besonderen Bedingungen, hängt davon ab, was für eine Art von Mensch er ist, in welcher psychischen Situation er sich befindet und wie stark oder schwach seine einander widersprechenden Neigungen sind. Es gibt keine Liebesgeschichte als solche. Die Liebe ist eine Geschichte innerhalb einer Geschichte.

Aber wie steht es dann mit der Liebe auf den ersten Blick? Deutet nicht allein schon ein Ausdruck wie »sich verknallen« die Plötzlichkeit und Heftigkeit der Leidenschaft an? Wir neigen dazu, uns vorzustellen, daß die Liebe einen Menschen wie ein Schlag trifft oder daß plötzlich eine Falle zuschnappt. Der erste Vergleich ist ebenso falsch wie der zweite. Es gibt keinen Schlag, keinen *coup de foudre*, wie die Franzosen sagen; auch nicht bei der Liebe auf den ersten Blick. Alles ist vorbereitet. Niemand geht in die Falle. Er oder sie springt vielmehr hinein. Man kann ein Mädchen zu einer Freundin sagen hören: »Ich könnte mich in ihn verlieben, wenn ich wollte.« Was für eine Art von Sichverlieben ist das? Man kann allenfalls sagen, daß ein Mensch nicht fällt, sondern sich fallen läßt. (Der Autor bezieht sich auf die englische Wendung für »sich verlieben« = to *fall* in love. Anm. des Übers.) Ich spreche hier von den verschiedensten Arten von Liebe, von einer vorübergehenden Verliebtheit bis zur dauerhaften Zuneigung, von einer flüchtigen Neigung bis zur Leidenschaft Romeos für Julia. Ich schließe sogar die Fälle mit ein, in denen sich Menschen verlieben und wieder »entlieben«, als wäre das Ganze eine Art von Gesellschaftsspiel oder gymnastischer Übung.

Der normale Lebensrhythmus schwankt im allgemeinen zwischen einer gewissen Zufriedenheit mit sich selbst und einem leichten Unbehagen, das von der Erkenntnis der eigenen Unzulänglichkeiten herrührt. Wir möchten gern ebenso schön, jung, stark oder klug sein wie andere, die wir kennen. Wir möchten gern so viel erreichen wie sie und sehnen uns nach ähnlichen Vorteilen oder Positionen, nach ebensoviel oder noch mehr Erfolg. Mit sich selbst völlig zufrieden zu sein, ist die Ausnahme und nicht selten nur ein Nebelvorhang, den wir für uns selbst und natürlich für andere produzieren. Irgendwo in diesem Nebel lauern ein Gefühl der Unzufriedenheit mit uns selbst und eine leichte Abneigung gegen uns selbst. Ich behaupte nun, daß eine Steigerung dieses Geistes der Unzufriedenheit eines Menschen besonders anfällig für das »Sichverlieben« macht. Wir können den Grad der Verschlimmerung des Zustandes nicht messen. Er variiert in den einzelnen Fällen. Solche Veränderungen gehen nicht plötzlich vor sich, sondern häufig so allmählich, daß die Freunde und oft die Betroffenen selbst nichts davon bemerken.

Ein Mensch verliebt sich daher, er »fällt in die Liebe«, um nicht in eine noch tiefere Grube zu fallen. Für den, der verliebt *ist*, steht alles zum besten, aber schlecht geht es dem, der im Begriff ist, sich zu verlieben. Es kommt nicht von ungefähr, daß Faust verzweifelt ist, als er die Vergeblichkeit seiner Versuche erkennt, in die Geheimnisse der Welt einzudringen, bevor er Gretchen begegnet, deren Liebe Jugend und Glück verspricht.

Solche Stimmungen durchlaufen die ganze Skala der Unzufriedenheit von der Dämmerung bis zur Dunkelheit, von dem Wunsch, allem (oft auch sich selbst) zu entfliehen, bis zu echtem Lebensüberdruß. Manchmal hat jemand nur den Wunsch, seine Umgebung zu ändern, denn das Glück ist dort, wo man nicht ist, wie es in dem Schubert-Lied heißt. Ein Schatten ist auf das Ich gefallen, auch in scheinbar ganz unbedeutenden Dingen, denn auch in ihnen ist ein psychischer Mißklang vorhanden, aber das Unbehagen ist tiefer verborgen, auch vor dem eigenen Ich. »Ich mag nicht Joe sein«, sagte ein Patient, kurz bevor er sich verliebte. Man empfindet eine innere Unruhe, ein Mißfallen an sich selbst, ein Gefühl der eigenen Unzulänglichkeit. All das ist für die Situation charakteristisch.

Man kann nun fragen: Wie kommt es, wenn Liebe einem solchen Zustand der Unzufriedenheit entspringt, daß so viele Menschen, die in diesem Gemütszustand leben, sich *nicht* verlieben? Meine Antwort lautet, daß Liebe nur eine der Möglichkeiten ist, dieses Unbehagen zu beenden. Der mit sich selbst Unzufriedene kann sich auch »verhassen«. Das heißt, er kann feindselige Gefühle gegen andere hegen, die mit sich selbst zufriedener sind. Er kann die Abneigung gegen sich selbst in Abneigung gegen andere verwandeln. Andere Möglichkeiten versprechen noch mehr Erfolg. Er kann etwas leisten oder erreichen, was seine psychische Notlage beseitigt oder erleichtert und ihn mit neuem Selbstvertrauen und neuer Selbstachtung erfüllt. Dann kann er auch weniger strenge Forderungen an sich selbst stellen. Gerade durch diese Forderungen wird nämlich die Unzufriedenheit innerhalb des eigenen Ichs geschürt. Man mag sich fragen, warum dieser Weg nicht öfter gewählt wird. Es scheint, daß Männer wie Frauen die anderen Lösungen vorziehen. Wir können nur annehmen, daß sie der Stolz daran hindert, die Forderungen zu reduzieren, die sie an sich selbst stellen.

All diese Methoden, die innere Verstimmung zu beseitigen oder zu erleichtern, können mit den verschiedenen therapeutischen Maßnahmen verglichen werden, mit denen man eine spezifische Krankheit behandelt. Wir können den Vergleich sogar noch weiter treiben. Die Liebe hat alle typischen Merkmale einer Erholung von einer unbewußten Niederlage, unter der das Ich leidet. Oder besser gesagt: Sie ist ein Versuch zu genesen. Die Wiederherstellung der Gesundheit ist das angestrebte, aber nicht immer erreichte Ziel. Eine glückliche Liebe bedeutet, daß die versuchte Kur Erfolg hatte. Eine Zunahme der inneren Unzufriedenheit ist die Gefahr, die droht, und sie zeigt an, daß das Unternehmen gescheitert ist.

Was uns zur Liebe treibt, ist also ein Bemühen, innerer Unzufriedenheit zu entgehen. Sie nimmt die Stelle eines ursprünglichen Strebens nach Selbstvervollkommnung ein und ist mit dem Ehrgeiz verwandt. Zu lieben, erfüllt dieses Streben und wird als Leistung empfunden. Das klingt nicht sehr romantisch, aber wir haben uns vorgenommen, das Wesen der Leidenschaft sachlich zu betrachten. Wir wollen keine Gefühle über Tatsachen, sondern Tatsachen über Gefühle wissen.

2

Ich habe versucht, auf eine allgemeine Weise die emotionale Situation des Menschen zu beschreiben, der ein Liebender sein wird, bevor er es tatsächlich ist. Wir haben gesehen, daß eine Stimmung der Unzufriedenheit, der Unvollständigkeit vorhanden ist, eine Art Sehnsucht oder Einsamkeit, ein Gefühl des Mangels. In den meisten Fällen ist diese Verfassung der Ruhelosigkeit unbewußt, aber manchmal überschreitet sie die Bewußtseinsschwelle in Form eines Unbehagens oder einer ständigen Unzufriedenheit oder eines Bewußtseins, erregt zu sein, ohne zu wissen, warum. Man braucht nur ein paar Zentimeter tiefer zu graben, um die Ursache dieser Störung zu finden. Soweit ich es beurteilen kann, kommt sie aus einer einzigen Quelle; aus einer einzigen, weil diese all die verschiedenen Fälle erklärt: Es ist das Unvermögen, den Forderungen zu entsprechen, die wir an uns selbst stellen. Was für Gründe wir auch immer uns selbst oder anderen nennen, es ist dieses Gefühl unserer persönlichen Unzulänglichkeit oder Untüchtigkeit, das den Boden vorbereitet.

Wenn wir ehrlich sind, müssen wir zugeben, daß wir nur selten mit uns, mit unseren körperlichen und geistigen Qualitäten, mit unseren Leistungen und unserer Stellung im Leben zufrieden sind. Neben dem Menschen, der wir wirklich sind, haben wir im Geiste das Bild des Menschen, der wir sein möchten. Wenn wir genauer hinsehen, erkennen wir auch mit schonungsloser Klarheit, wie weit wir hinter diesem Bild zurückbleiben. Wir nennen dieses Bild das Ichideal. Dieser Ausdruck ist vielleicht passender als der von Freud verwendete Begriff Überich. Ichideal ist weniger abstrakt als Überich, wenn auch beide Wörter zwar nicht dieselben, aber doch ähnliche Nebenbedeutungen haben. Ich bin auch der Meinung, daß der Begriff Ichideal nicht so leicht mißbraucht werden kann wie der andere.

Wir behandeln dieses Bild unseres idealisierten Ichs nicht immer gleich. Manchmal lehnen wir uns sogar dagegen auf. Aber die meiste Zeit, vor allem in der Jugend, betrachten wir es viele Stunden lang bewundernd und liebevoll, oder wir hüten es als einen sehr kostbaren, geheimen Schatz. Andererseits scheint das Bild uns zu betrachten, mit kalten und oft mißbilligenden Blicken. Nur selten bemerken wir so etwas wie Befriedigung und Anerkennung in seiner Einstellung uns gegenüber. Wir versuchen, eine Ähnlichkeit zwischen ihm und uns zu entdecken, werden aber beinahe immer enttäuscht. Bisweilen machen wir uns vor, daß wir dem Bild gleichen, aber zugleich wissen wir, daß unsere Persönlichkeit der Gestalt, die wir geschaffen haben, nicht entspricht. Dieses fiktive Ich ist nicht das, was wir sind, sondern was wir sein möchten.

Jeder von uns hat ein solches Bild entworfen. Es sollte ein Selbstporträt werden, aber es wurde nicht wirklichkeitsgetreu ausgeführt. Wir blickten in den Spiegel, während wir daran arbeiteten, und malten nicht so sehr, was wir sahen, sondern was wir gern in uns gesehen hätten. Tatsächlich mißfiel uns sogar, was wir wirklich sahen, und so malten wir ein schmeichelndes Bild. Es ist nicht nur selbstgemacht, sondern auch nur für den eigenen Gebrauch bestimmt. Unseren Freunden mögen wir es nicht zeigen. Wir halten es geheim. Wir schämen uns, weil es unserem wahren Gesicht so wenig ähnelt.

Das Ichbild ist eine psychische Errungenschaft unserer späten Kindheit, ein Ergebnis unserer zunehmenden Erkenntnis, daß wir nicht sind, was wir gern wären. Selbstverständlich ist diese Einstellung uns selbst gegenüber konditioniert durch die Einstellungen uns gegenüber, die wir an anderen wahrnehmen. Wir lernen früh, uns mit den kritischen Augen zu sehen, mit denen uns Erwachsene betrachten. Kinder spüren früh genug den Gegensatz zwischen dem, was sie tun, und dem, was sie tun sollten. Das Kind möchte sich anpassen, die Forderungen der Mutter erfüllen, aber diese Bereitschaft steht in einem verzweifelten Widerspruch zu seinen kraftvollen Impulsen und Wünschen.

Später kommen natürlich Zeiten, in denen wir unser Ichideal aus den Augen verlieren, ja sogar Zeiten, in denen wir uns gegen es auflehnen und es über Bord werfen möchten. Doch das gelingt nur selten. Es begleitet uns während des größten Teils unseres Lebens und ermahnt uns, seine Ziele zu erreichen – Ziele, die erst allmählich aufgegeben werden, wenn das Alter naht. Wir erkennen dann schließlich, daß seine Ziele vielleicht doch zu hoch gesteckt waren, daß uns nicht mehr genug Zeit bleibt, um alle Schulden zu begleichen, und wir resignieren. Die Persönlichkeit jedes Individuums wird bestimmt von seinen tatsächlichen Eigenschaften, seinem Ichideal und seiner Einstellung zur Diskrepanz zwischen den beiden. Wenn man alle Ichideale der Menschen sammeln könnte, würde man wissen, was die Menschheit gern sein möchte. Man hätte eine vollständige »Ideologie« des Menschen. Könnte man in einer großen Schau alle Anstrengungen der Menschenrasse beobachten, das Ichideal zu erreichen, das so nah ist und doch so fern, so würde man den ewigen Kampf um Anerkennung und Erfüllung, die Siege und die Niederlagen der Sterblichen überblicken.

Keine Phantasie ist nur phantastisch. Kein Vorstellungsvermögen kann Bilder aus dem Leeren erzeugen. Ein Kind der Phantasie hat Eltern in der Wirklichkeit. Ein Phantasiewesen wie der Sphinx besteht aus dem Körper einer Löwin oder eines Löwen und dem Kopf eines Mannes. Die phantasievollsten Bilder der griechischen und indischen Mythologie sind

aus verschiedenen Stücken des wirklichen Lebens zusammengesetzt. Dieses Bild-Ich, das Ichideal, hat ebenso seine Vorbilder in der Wirklichkeit. Wir sehen die Beispiele unserer Eltern und Lehrer, der repräsentativen Männer und Frauen, die wir später bewundern. Aber wichtiger als sie sind in diesen entscheidenden Jahren, in denen das Ichideal geformt wird, die Vorbilder, die man uns vor Augen hält: die Vorzüge und Tugenden anderer Kinder, der Geschwister, der Spielkameraden und Freunde, der Helden in Büchern oder Filmen. Wir betrachten sie mit widerwilliger Bewunderung und mit Neid, denn so hohen Maßstäben konnten wir nie gerecht werden. Im Vergleich mit ihnen werden wir uns unserer Unzulänglichkeiten schmerzlich bewußt. Später treten andere Gestalten an ihre Stelle und werden zu Beispielen für Leistungen, die wir vollbringen, für gute Eigenschaften, die wir besitzen möchten.
Ich nenne diese der Wirklichkeit entnommenen Vorbilder Ichmodelle, weil sie einen starken Einfluß auf unsere jugendliche Persönlichkeit ausüben. Die Eindrücke, die das Ich, das zu schwach ist, sich so mächtigen Einflüssen zu widersetzen, unbewußt von ihnen bewahrt, liefern das Material für das Ichideal, das wir in uns aufbauen. Alle diese Bilder werden unsterblich gemacht in der einen riesenhaften Gestalt, die wir verehren. Einige der Ichmodelle werden ungeachtet der späteren Entwicklung unbewußt unversehrt erhalten wie alte Bauwerke, die in demselben Boden freigelegt werden, auf dem neue Häuser errichtet wurden. Sie haben tatsächlich einen unauslöschlichen Charakter. Was wir in der späten Kindheit und in der Adoleszenz bewunderten und erstrebten, bleibt für unser ganzes Leben wichtig.
Die Persönlichkeiten, die den Kern dieser Ichmodelle bilden, leben, während das Ichmodell selbst ein seltsames Produkt aus Wirklichkeit und Phantasie, Tatsachen und Erdichtung ist. Die Eigenschaften lebender Menschen erscheinen darin stark übertrieben, ihre negativen Seiten werden ignoriert oder vernachlässigt, ihre Leistungen überschätzt. Man sieht hier gleichsam den Beginn der Idealisierung, die wir später mit einem Liebesobjekt vornehmen. Die Ichmodelle, diese Zwischenformen von Wahrheit und Tagträumen, können mit den Helden und Heldinnen der Erzählungen und Dramen verglichen werden, bei denen die Wirklichkeiten und Möglichkeiten lebender Vorbilder miteinander verschmelzen. Das heranwachsende Mädchen stellt sich vor, daß es sehr schön, anmutig und gütig, der Junge, daß er stark, tapfer und heldenmütig sein wird – so wie die erwählten Vorbilder. Die Gestalten in diesen Tagträumen sind gewiß nicht identisch mit wirklichen fremden Personen, aber sie sind auch nicht identisch mit dem Träumer (der Träumerin), so wie er (oder sie) ist. Sie sind sein oder ihr Wunsch-Ich.
Die von den Psychoanalytikern allgemein akzeptierte Narzißmus-Theorie behauptet, daß jeder ursprünglich in sich selbst verliebt sei. Damit

wäre die Schaffung eines Ichmodells eine psychologische Unmöglichkeit. Es spiegelt den Menschen ja nicht, wie er ist, sondern wie er sein möchte. Diese Phantasie entspringt aber nicht einer überströmenden Selbstliebe, sondern einer Unzufriedenheit mit sich selbst, und sie stellt einen Versuch dar, dieses unbehagliche Gefühl mit den Mitteln zu besänftigen, welche die Vorstellungskraft bietet.

Das Ichmodell ist eine Erweiterung des Tagträumers. Es ist die Gestalt, die er sich wünscht, der Vorläufer des Ichideals. Die Grenzen zwischen diesen beiden Darstellungen sind zunächst fließend. Das Ichmodell eines Jungen kann ein Baseball-Champion sein, das eines Mädchens ein Filmstar. Der Junge wird zum Baseballfanatiker, das Mädchen schwärmt für die Schauspielerin. Statt des Filmstars kann es auch eine Lehrerin oder ein älteres Mädchen sein. Hier sind die Wurzeln der kindlichen Liebe, die vor der Jugendliebe kommt. Die Fortsetzung des Ichmodells, das aus lebenden Menschen geformt wird, ist das Ichideal, das über die Wirklichkeit erhoben wird und mehr oder weniger vom wirklichen Leben abweicht. Später gibt es zahllose Übergänge von einem Typ zum anderen.

Das folgende ist ein repräsentatives Beispiel für die Entstehung eines Ichmodells in der frühen Kindheit. In der Analyse erinnerte sich ein Mann, daß er vom Alter von sechs Jahren an einen etwas älteren Vetter, der eine Kadettenschule besuchte, als Vorbild hatte. Seine Mutter und seine Tante rühmten den abwesenden Vetter, Louis, als Verkörperung aller Tugenden und guten Manieren. Er wurde als ruhiger Junge geschildert, der seinen Eltern und Vorgesetzten stets gehorchte und deren volle Billigung fand. Der Jüngere hörte diese begeisterten Berichte und begann seine Tagträume um den bewunderten Vetter zu spinnen. Er war kleiner als Louis, schüchtern und zart gebaut, während sein Ichmodell kräftig und selbstsicher war. Er wurde oft getadelt, während man Louis mit vielen Worten lobte.

Diese Glorifizierung des Vetters ließ ihn als ein Wesen erscheinen, dessen hervorragende Eigenschaften und Leistungen in und außerhalb der Schule unerreichbar waren. Die Tagträume entwickelten sich in einer seltsamen Richtung. Der Jüngere verbrachte viel Zeit damit, sich vorzustellen, was Louis tat, was für Dinge er zu jeder Stunde des Tages vollbrachte. In dem Wunsch, die Beschäftigungen des unbekannten Freundes zu beobachten, begann der kleine Junge, sich einen anderen Jungen auszudenken, den er William nannte. Er machte William zu Louis' Freund, zwar jünger als dieser und mit ihm nicht zu vergleichen, aber doch seiner Freundschaft würdig. William besuchte in der Vorstellung des Jungen eine ähnliche militärische Erziehungsanstalt und suchte manchmal Louis auf. Er war im Dienst, in der Schule und beim Spiel mit ihm zusammen. Nach und nach schien William mit Louis zu wetteifern, aber er tat es auf bescheidene Weise und war zuletzt immer der Unterlegene. Dieser eigentümliche Tagtraum änderte sich mit den Jahren nur wenig. Später dauerten Williams

Besuche bei Louis länger, William wurde mit größeren Gaben ausgestattet und nahm an Bedeutung zu. Er reichte sozusagen näher an Louis heran, und allmählich begann er, sich dem älteren Jungen gegenüber zu behaupten.

Man kann in diesem Bericht erkennen, wie aus dem Ichmodell ein Ichideal wird, wie sich ein Beispiel, das man dem bewundernden Jungen ständig vor Augen hält, in ein aus der Ferne verehrtes Liebesobjekt verwandelt. Louis, ein Junge aus Fleisch und Blut, wird beinahe ein »Superjunge«. Die Erfindung der Figur Williams, der einen auf eine höhere Ebene transponierten Doppelgänger des Tagträumers darstellt, kennzeichnet den Wunsch, dem verehrten Objekt nahe zu sein. Der Junge stellt sich mit seinem geringen Selbstvertrauen nicht vor, daß er selbst dieses höhere Wesen besuchen könnte; er ist zu schüchtern, um das auch nur in der Phantasie zu versuchen. Er denkt sich daher gleichsam einen besseren Stellvertreter aus, ein verbessertes Ich. In dieser neuen Gestalt wagt er, sich als Freund und Kamerad des verehrten Louis zu sehen. William wird dann immer bedeutender, er bekommt sogar einen Platz in der Nähe des Helden des Tagträumers zugewiesen. Es ist klar, daß die Liebe zu Louis ihren Gipfel überschritten hat.

Wir haben hier die Entwicklung von der Bewunderung eines lebenden Objekts bis zu seiner Einsetzung als Ichmodell verfolgt. Louis blieb lange ein Liebesobjekt, das aus der Ferne angebetet wurde wie ein Stern und ebenso unerreichbar war. Der Trend zurück zum Leben wird schon durch die Erfindung Williams angedeutet, der einem durchschnittlichen Jungen viel näher kommt als der makellose Louis. Dieser veränderte »Zwischencharakter« enthüllt auch einige der Tendenzen, die sich hinter der Verehrung des Ideals verbergen – ein konkurrierender Ehrgeiz, ein Hang zur Nacheiferung. William, das »Double«, wird in den späteren Phasen der Phantasievorstellungen mehr und mehr zu einem Rivalen von Louis. Wenn man die hier skizzierte Entwicklung umkehrt, lassen sich einige wichtige Lücken ausfüllen. Es muß in der anfänglichen Bewunderung ein gewisser Groll enthalten gewesen sein, eine Spur von Neid oder Eifersucht, bevor Louis idealisiert wurde.

Einige Jahre später lernte der Tagträumer seinen Vetter tatsächlich kennen. Die beiden Jungen spielten zusammen, und Louis, der nicht nur älter, sondern auch klüger war als der andere, versäumte keine Gelegenheit, seinen Bewunderer zu übertrumpfen. Eine gewisse Kälte machte sich in ihrer Beziehung bemerkbar. Es gab Streit. Die Zuneigung war verschwunden. Louis wurde sogar zu einem Objekt der Feindseligkeit. Fälle wie dieser sind psychologisch gesehen in mehr als einer Hinsicht lehrreich. Sie gewähren nicht nur Einblick in die Bildung des Ichmodells und Ichideals, sondern auch in die Entstehung der Liebe.

Warum beschäftige ich mich so lange mit der Bildung des Ichideals? Weil von diesem Phantom aus zwei getrennte Linien direkt zum Kern unseres Problems führen. Die erste zeigt die Ursache der Mißstimmung oder des Unbehagens, die, wie ich schon sagte, unbewußt der Liebe vorausgehen. In allen Fällen hat dieses Unbehagen den Charakter einer Unzufriedenheit mit sich selbst. Wir können nun sagen: Es gründet sich auf die Erkenntnis, daß wir unserem Ichideal nicht gerecht werden und von der Erfüllung unserer Wünsche weit entfernt sind.

Die Stimmung, die sich aus dieser Enttäuschung ergibt, versetzt einen – sofern sie nicht allzu verzweifelt ist – mehr als alles andere in die Bereitschaft, sich zu verlieben. Liebe ist ein Ersatz für einen anderen Wunsch, für das Streben nach Selbsterfüllung, für den vergeblichen Drang, das eigene Ichideal zu erreichen. Die Nichtverwirklichung dieses Strebens macht die Liebe möglich, aber sie macht die Liebe auch notwendig, denn die Spannung innerhalb des Ichs steigt. Die Erreichung des Ichideals würde einen selbstzufrieden und selbstgenügsam machen und die innere Not beseitigen. Wenn wir diese hartnäckige Stimme in uns für immer zum Schweigen bringen könnten, würden wir vielleicht ein Leben ohne Liebe, aber ein glückliches Leben führen. Das ist jedoch für kultivierte Menschen kaum möglich. Daher ist die Liebe in Wirklichkeit das Zweitbeste, eine Entschädigung dafür, daß wir das Ichideal nicht erreichen. Aber sie ist keine Selbstliebe nach der Narzißmus-Theorie. Tatsächlich kommt sie dem Selbsthaß näher. Sie ist Liebe zum Ichideal, das in der eigenen Person nie erreicht werden wird.

Die zweite Linie führt zum Übergang vom Ichideal zum geliebten Menschen. Das Ichideal tritt von der Bühne der Phantasie ab, sobald das Liebesobjekt auftritt, so wie ein Wachtposten von einem anderen abgelöst wird. Wie wir nun wissen, war dieses Phantom-Ich nicht nur reine Phantasie. Stücke des Vorbilds wurden von lebenden Personen genommen, die zu Ichmodellen wurden. Unter gewissen psychologischen Voraussetzungen kann die Entwicklung auch umgekehrt verlaufen. Das Phantom-Ich, dieses zweite Ich, kann wieder lebendig werden. Das Liebesobjekt nimmt dann den Platz ein, den in unserer Seele das Ichideal ausfüllte. Mit anderen Worten: Lieben heißt, das Ichideal gegen ein äußeres Objekt eintauschen, gegen einen Menschen, der alle Eigenschaften in sich vereint, die wir einmal selbst zu besitzen wünschten. Der unbewußte Prozeß, durch den das vor sich geht, ist seinem Wesen nach eine Projektion. Wie man ein Bild auf eine Leinwand oder eine reflektierende Fläche werfen (projizieren) kann, so kann man das eigene Idealbild auf eine andere Person projizieren. Dieser Prozeß erleichtert den psychischen Druck, indem die Last von den eigenen Schultern abgeworfen wird. Projektion bedeutet allgemein eine Erleichterung psychischer Bedrängnis, was wir in vielen, ganz verschiedenen Fällen beobachten können. Der Asket in der Wüste fühlt sich nicht mehr verantwortlich für die sexuellen

Versuchungen, die ihn quälen. Eine äußere Kraft, der Teufel, der Böse ist es, der ihn mit wollüstigen Visionen heimsucht. Es handelt sich nicht mehr um einen Konflikt in seinem Inneren. Er ringt mit Satan. Das ist die wohltätige Wirkung der Projektion.

Doch es ist erstaunlich, wie selten die Menschen gewillt sind, ihre inneren Forderungen zu mäßigen, wie sehr sie auf Leistung bestehen. Es scheint, daß wir ein zwingendes Bedürfnis haben, die geheimen Leistungsansprüche zu erfüllen, die wir von der Kindheit an in uns tragen.

Neulich sah ich im Central Park in New York einen kleinen Jungen auf einen Felsen klettern. Von der bescheidenen Höhe herab, die er erreicht hatte, rief er triumphierend: »Mutter, schau doch, wo ich bin!« Auf demselben Spaziergang sah ich eine halbe Stunde später ein kleines Mädchen, das seiner Mutter zeigte, wie hübsch es mit Blumen im Haar aussah. Während ich weiterging, wurde mir bewußt, daß das Verhalten der beiden Kinder das der ganzen Menschheit spiegelte. Wie das Reis gebeugt wird, so neigt sich der Baum. Wir benehmen uns wie der kleine Junge, wenn wir Männer werden. Der Wunsch nach Anerkennung stirbt nie in uns. Wir alle wollen geschätzt und bewundert werden in unseren Tagträumen, in denen wir heimlich unser Ichideal aufpolieren. Es spielt dabei keine Rolle, ob wir unserem Freundeskreis imponieren wollen oder davon träumen, daß unsere Heimatstadt stolz auf uns sein soll oder daß uns die Nachwelt rühmt. Letzten Endes denken wir alle, in den Begriffen eines Erwachsenen natürlich: »Schau doch, wo ich bin!«

Dieses Bedürfnis ist für viele, vielleicht die meisten unserer Leistungen auf den verschiedensten Gebieten verantwortlich. Wenn wir etwas erreichen oder einfach nur eine Arbeit gut verrichten, läßt diese innere Spannung für eine Weile, wenn auch nicht für lange, nach. *»L'appétit vient en mangeant«*, und wir wollen noch mehr erreichen. Unser Unvermögen, den inneren Ansprüchen gerecht zu werden, führt dann zu erhöhter Spannung und macht uns noch unzufriedener mit uns selbst. Wir wissen nicht, warum ein Mensch mehr dazu neigt, nach Erfolg im Beruf zu streben, als ein anderer, der ihn in der Liebe findet – die ja auch eine psychische Leistung ist. Wahrscheinlich schlagen wir auf unserer Suche nach Glück beide Richtungen ein.

Das erste Liebesobjekt ist somit ein glorifiziertes Ich, das Phantom-Ich, das wir uns in unseren Tagträumen vorstellen. Das zweite ist die Verkörperung dieses ersehnten Bildes in einem wirklichen Menschen. Das Ichideal wurde mit Hilfe äußerer Einflüsse aufgebaut und durch lebende Personen stimuliert. Es ist eine Rückkehr auf Umwegen zu dem alten Vorbild, wenn nun das Original des Ichideals in der äußeren Welt, im Liebesobjekt, gesucht und gefunden wird. Das neue Ideal ist, streng genommen, nur die Erneuerung des alten in anderer Form.

Hier stehen wir nun vor einer neuen Schwierigkeit. Wenn wir uns versuchsweise an diese Auffassung halten, finden wir keinen Platz für die stärkste Form der Liebe: die zwischen den Geschlechtern. Man nennt den geliebten Menschen zwar das bessere Ich, aber kann es sein, daß auch bei dieser Art von Liebe – der wichtigsten für die Gesellschaft und die Kultur – die Emotion ein Ersatz für den Wunsch ist, dem Ichideal zu entsprechen? Ist auch diese Liebe nur das Zweitbeste? Ja, ich glaube, daß die hier skizzierte Auffassung auch in diesem Falle gilt. Sie wird natürlich modifiziert und durch den starken Faktor der Sexualität komplizierter.

Noch eine andere Frage muß hier gestellt werden: Warum wählen wir nicht den natürlichsten Weg, wenn wir dieses innere Unbehagen verspüren, das von der Nichterfüllung unseres verborgenen Ichideals herrührt? Warum werden wir nicht bescheidener oder toleranter uns selbst gegenüber? Auf diese Frage werde ich später eine Antwort geben.

Ich habe die Tatsache hervorgehoben, daß die geliebte Person ein Ersatz für das Ichideal ist. Zwei Menschen, die einander lieben, tauschen ihre Ichideale aus. Daß sie einander lieben, bedeutet, daß jeder sein eigenes Ideal im anderen liebt. Ohne dieses Phantom gäbe es keine Liebe auf der Welt. Wir verlieben uns, weil wir das (Ideal-)Bild nicht erreichen können, das unser besseres Ich und das Beste von uns ist. Aus dieser Auffassung geht hervor, daß die Liebe selbst nur auf einem gewissen kulturellen Niveau oder nachdem ein gewisses Stadium in der Persönlichkeitsentwicklung erreicht wurde, möglich ist. Allein die Schaffung eines Ichideals kennzeichnet schon den menschlichen Fortschritt. Wo Menschen voll und ganz mit ihrem eigenen Ich zufrieden sind, ist Liebe unmöglich.

Die Übertragung des Ichideals auf einen anderen Menschen ist der charakteristischste Zug der Liebe. Die Entwicklung beginnt also mit einem Streben nach Selbstvervollkommnung, das frustriert wird. Sie endet damit, daß wir die Vollkommenheit, die wir selbst nicht erreichen konnten, in diesem zweiten Ich finden. Das Liebesobjekt wird zum Inhaber aller Werte. Das Bild wird Fleisch in der geliebten Person. Waren wir zuvor Sklaven im harten Dienst eines Ideals, so sind wir nun einem wirklichen Menschen verfallen.

Gibt es nicht noch eine andere Veränderung, wenn wir einen Menschen an die Stelle des unerreichbaren Ichideals setzen? Dieses Ideal war ein Phantom, und das Liebesobjekt ist ein wirklicher, lebendiger Mensch. Aber ist das wirklich so? Nein. Auch das Liebesobjekt ist weitgehend ein Phantom, ein Haken, an den wir alle Selbstillusionen hängen, die zu erfüllen wir uns sehnten. Die lebendige Person ist sozusagen nur der Stoff, aus dem wir eine Phantasiefigur schaffen, wie der Bildhauer eine Statue aus dem Stein meißelt.

Während ich diese Zeilen schreibe, hat jemand im Zimmer nebenan das Radio eingeschaltet. Ich höre eine nicht unangenehme Tenorstimme einen neuen Schlager singen: »Ich werde nie wissen, warum ich dich so liebe.« Wenn der Sänger mit einer vorläufigen Antwort zufrieden wäre, könnten wir sie ihm geben. Er liebt sie so, weil sie seinem geheimen Ichideal entspricht.

3

Wir haben bezüglich des Ursprungs der Liebe einige seltsame Dinge entdeckt: den vorausgehenden Zustand des Unbehagens oder der Unzufriedenheit mit sich selbst, die innere Spannung, die daraus resultiert, und die Versuche, sie zu beseitigen oder zu erleichtern. Bevor er sich verliebt, befindet sich der Mensch in keiner beneidenswerten psychischen Verfassung, sondern in einer emotionalen Notlage. Der Mann verliert seine Seele an ein Mädchen, um sie zu retten. Wir haben festgestellt, daß der Leidende manchmal versucht die innere Verstimmung dadurch zu überwinden, daß er etwas leistet oder etwas für sich und andere Wichtiges vollbringt. Eine andere Möglichkeit, die inneren Forderungen zu erfüllen, ist die Erweiterung und Bereicherung des Ichs durch Liebe. Wenn beide Wege blockiert sind, muß er zwangsläufig psychisch krank werden, denn um gesund zu bleiben, muß man imstande sein zu arbeiten und zu lieben.

Es war merkwürdig festzustellen, daß Liebe nicht einem Reichtum und Überfluß des Ichs entspringt, sondern ein Ausweg aus innerer Not und Armut ist. Überrascht entdeckten wir, daß unsere erste Liebe nicht entweder auf einen anderen Menschen oder auf uns selbst gerichtet ist, sondern auf ein imaginäres Idealich, auf ein Bild von uns selbst, wie wir sein möchten. Noch seltsamere Entdeckungen erwarten uns, je tiefer wir uns ins Dunkel vortasten und in die Geheimnisse des Menschenherzens eindringen.

Wir haben schließlich den Augenblick erreicht, in dem ein Mensch seinem künftigen Liebesobjekt begegnet. Um jemanden zu lieben, müssen wir ihn bewundern. Wir brauchen nicht einmal zu wissen, daß wir ihn bewundern. Es genügt, daß wir uns angezogen und fasziniert fühlen. Es scheint jedoch, daß Bewunderung ein notwendiges Gefühl der beginnenden Liebe ist. Ich behaupte selbstverständlich nicht, daß Bewunderung zu Liebe führen muß, sondern nur, daß sie eine absolut unerläßliche Voraussetzung ist. Aber ist das nicht offensichtlich? Zweifellos. Warum wird es eigens erwähnt, wenn es doch auf der Hand liegt? Weil Dinge, die man für selbstverständlich erklärt, selten sorgfältig untersucht werden. Das Offensichtliche ist ein ausgezeichnetes Versteck für Dinge, die im Verborgenen bleiben möchten. Und was für eine Art von Bewunderung ist das eigentlich? Sicherlich keine kühle, leidenschaftslose, unpersönliche Wertschätzung. Sie hat einen entschieden anderen Charakter, sie kommt dem

Kern der eigenen Persönlichkeit viel näher. Sie bringt eine Saite im eigenen Innern zum Klingen, rührt etwas auf, macht einen ruhelos oder sehnsüchtig. Sie läßt gewisse dunkle Wünsche erwachen, stellt geheimnisvolle Forderungen. Sie hat etwas von einer Herausforderung an sich.

Es ist die Art von Bewunderung, die macht, daß man sich klein und minderwertig vorkommt, unwürdig im Vergleich mit dem Liebesobjekt. Gleichzeitig regt sie den Wunsch an, wie das Liebesobjekt zu sein oder von ihm Besitz zu ergreifen – entweder mit ähnlichen Eigenschaften ausgestattet zu sein oder eine solche Persönlichkeit zu besitzen. Sie ist nicht Hochachtung oder irgendeine andere Form von Wertschätzung. Sie hat etwas Herausforderndes, sagte ich, ja sogar etwas Erschreckendes. Sie ist nicht nur erregend, sondern auch inspirierend; nicht nur inspirierend, sondern auch irritierend. Mit anderen Worten, wir bewundern auf diese Weise nur jemanden, dem wir gleichen oder den wir besitzen möchten. Das sind nicht zufällige oder sekundäre Züge dieser Bewunderung, sondern ihre wesentlichen Merkmale.

Diese Beschreibung drückt die positive Seite der Art von Bewunderung aus, die ich meine. Wo ist die negative Seite? Sie wird sichtbar, wenn man bedenkt, daß wir die bewunderte Person sein oder ihre Eigenschaften oder persönlichen Vorzüge besitzen möchten; wenn man bedenkt, daß wir uns, verglichen mit dem Liebesobjekt, minderwertig fühlen. In alledem steckt etwas Begehrliches. Die Bewunderung hat etwas Besitzergreifendes oder Gieriges an sich und zugleich auch etwas Ablehnendes, Widerstrebendes, ja sogar Mißgünstiges. Folgt man diesem Faden bis in den Bereich der unbewußten Prozesse, so findet man dort ein Gefühl, das sonst Neid oder Eifersucht genannt wird. *Mit anderen Worten, die Kehrseite oder die falsche Seite dieser Bewunderung für das Liebesobjekt ist Neid.*

Ich möchte diesen Gegenstand ausführlicher behandeln, der der erste wichtige Teil meiner neuen Auffassung ist, um alle Mißverständnisse und Fehldeutungen zu vermeiden. Ist Neid notwendigerweise mit Bewunderung verbunden? Gewiß nicht. Er ist es nur bei dieser besonderen Form, die einem den Wunsch eingibt, wie das Objekt zu sein oder es zu besitzen. Aber nur diese Art führt später zur Entwicklung der Liebe. Was bedeutet das und warum muß es so sein? Sagten wir nicht, daß der Mensch mit sich selbst unzufrieden ist, seine Unzulänglichkeiten schmerzhaft spürt, nicht sein kann, was er sein möchte, oder nicht leisten kann, was er leisten möchte? In dieser Verfassung begegnet er einer Persönlichkeit, die die Verkörperung all dessen ist, was er zu sein und zu erreichen wünscht. Sie hat so viel; oft scheint es, daß sie alles hat. Wie sollte seine Bewunderung nicht einen mißgünstigen, unfreiwilligen ablehnenden Beigeschmack haben? Kann sie ganz frei von Neid sein? Er wäre kein Mensch, wenn er anders fühlte. Er wäre vielmehr ein Ausstellungsstück für ein naturkundliches Museum, eine bemerkens-

werte Ausnahme von der Spezies Mensch. So ist unsere Natur im Grunde beschaffen.
Dies ist die einzige Art von Bewunderung, die unsichtbar und untrennbar von Neid begleitet ist. Andere Arten sind zumindest relativ frei von dieser mächtigen unterirdischen Komponente. Respekt und Hochschätzung für diese oder jene Eigenschaft oder Begabung bei einem anderen Menschen braucht nicht mit Neid verbunden zu sein. Teilweise fehlt der Bewunderung oft diese Beimischung. Es ist durchaus möglich, an jemandem diesen oder jenen Vorzug zu bewundern, ohne den leidenschaftlichen Wunsch zu hegen, dieser Mensch zu sein. Ich kann, zum Beispiel, das Können eines Tennis-Champions bewundern, ohne den dringenden Wunsch zu verspüren, selbst einer zu sein. Andererseits kann ich den Wunsch haben, gut Tennis zu spielen, ohne *er* sein zu wollen. Ich bewundere ihn, aber meine Bewunderung beschränkt sich auf ein bestimmtes Gebiet. Ich wünsche mir nicht, der Tennis-Champion zu sein, und ich bin auf ihn als Persönlichkeit nicht neidisch oder eifersüchtig. Selbst glühende Bewunderung braucht nicht unbewußten Neid zur Folge zu haben. Ich kann mich für die Sinfonien Beethovens begeistern und mir in meinen Tagträumen leidenschaftlich wünschen, ein Künstler wie er zu sein und die fünfte oder die siebente Sinfonie komponiert zu haben. Nichtsdestoweniger möchte ich nicht Beethoven sein oder sein heftiges Temperament und sein menschenfeindliches Naturell haben. Ich würde mein Leben nicht gegen sein tragisches Schicksal tauschen wollen. Ich möchte nur seinen göttlichen Genius haben, nicht seine Persönlichkeit. In diesem Falle ist meine Bewunderung beschränkt, so wie es mein unbewußter Neid oder meine unbewußte Eifersucht wäre, *wenn* sie geweckt würde.
Die Bewunderung oder der Neid als psychologische Voraussetzung des Liebens, als unbewußte *conditio sine qua non* der Entwicklung der Liebe, hat zwei bedeutsame Eigenschaften. Sie, beziehungsweise er, richtet sich auf die gesamte Persönlichkeit, auf alle Gaben des Liebesobjekts, und führt zu dem Wunsch, entweder wie dieser Mensch oder selbst dieser Mensch zu sein. Nur diese rückhaltlose und uneingeschränkte Bewunderung ruft die besondere Art von Neid hervor, die meiner Ansicht nach die feste, unbewußte Grundlage der Liebe bildet. Eine solche Bewunderung sieht nicht die negativen Seiten eines Menschen, seine Schwächen und Fehler. Diese Eigenschaften stören uns nicht, denn wir sind so sehr von der Überlegenheit des Liebesobjekts fasziniert. Jungen und Mädchen in der Adoleszenz neigen oft dazu, auf solche Weise von einer hervorragenden Leistung oder einem hervorragenden Wesenszug der oder des Angebeteten fasziniert zu sein. Sie sind auf großmütige Weise blind für die negative Seite des Charakters des Objekts. Um eine reife Persönlichkeit mit der beschriebenen Art von Neid zu erfüllen, ist mehr vonnöten.
Natürlich braucht sich auch diese Form unbewußten Neides nicht wei-

terzuentwickeln oder zur Liebe zu führen. Ich werde bald noch andere psychologische Umstände beschreiben, die für diese bestimmte Entwicklung nötig sind. Aus dem unbewußten Neid muß nicht nur keine Liebe werden, er kann sogar Haß und erbitterte Feindschaft zur Folge haben. Ebenso kann er sich in bewußten Neid und Eifersucht verwandeln, und er kann so empfunden und bewältigt werden. Es ist möglich, daß er mit der Zeit nachläßt und verschwindet, besonders wenn man in anderen eigenen Leistungen und Eigenschaften Trost findet. Ein Trostmechanismus kann daher helfen, das unangenehme Gefühl zu überwinden, hilflos eine Niederlage zu erleiden. Man lernt diese psychische Dynamik kennen, wenn man auf die Bemerkungen achtet, die Frauen in ihren aufrichtigeren Augenblicken über die überlegenen Eigenschaften ihrer Freundinnen oder Rivalinnen machen. Ihre Worte stimmen unbewußt mit diesem Mechanismus überein. »Ja, sie hat schöne Augen, das stimmt, aber sie hat nicht meine Figur.« Auf diese Weise wird die ewig weibliche Frage: »Was hat sie, was ich nicht habe?« in der Notlage beantwortet, in der die Vorzüge einer anderen Frau anerkannt werden müssen. Durch eine solche Tröstung kann das Ich – und nicht nur bei Frauen – die Neidgefühle überwinden, welche die Schwelle der bewußten Empfindungen zu überschreiten drohen. Die andere Methode, diesen Neid zu bezwingen – die Methode, mit der wir uns hier beschäftigen –, ist die Liebe.

Aber ist nicht der Neid eine bösartige Emotion und die Liebe eine sehr gutartige? Zweifellos. Ich habe auch nicht behauptet, daß Neid ein bewußtes Element der Liebe sei, sondern nur, daß er einer der wichtigsten Faktoren ist, die notwendigerweise der Entstehung der Liebe vorausgehen. Eine Rose wächst aus einem Boden hervor, der mit übelriechendem Mist gedüngt wurde. Duftet sie darum weniger süß? Es ist freilich erstaunlich und überraschend, und es mag für viele unglaublich klingen, daß unsere erste emotionale Annäherung an einen Menschen, den wir lieben werden, eine Art von Neid oder Eifersucht ist. Aber vergessen wir nicht, daß dieses Gefühl völlig unbewußt ist. Und vergessen wir nicht, daß die Liebe, sobald sie einmal geweckt wurde, diese flüchtigen Emotionen des Neides überwindet. Ja gerade ihre Abwesenheit ist dann das wichtigste Merkmal der Liebe. Die Neigung, Besitz zu ergreifen, existiert nicht mehr. In der Liebe gibt es keinen Unterschied zwischen Mein und Dein. Neid ist gerade die Emotion, die dem Geist der Liebe völlig fremd und fern ist. Aber das ist bereits eine Errungenschaft der Zuneigung, und so weit sind wir noch nicht. Wir haben es hier noch mit den unbewußten Motiven zu tun, die der zu diesem Ziel führenden psychischen Entwicklung zugrunde liegen.

Aber warum wählen wir überhaupt das Wort Neid und sagen nicht lieber Nacheiferung? Wenn es nur um Worte ginge, hätte ich gegen den Ausdruck Nacheiferung anstatt Neid nichts einzuwenden. Aber es geht um mehr. Nacheiferung hat andere Bedeutungsinhalte als Neid. Der Ausdruck deutet nicht auf das Bewußtsein hin, dem anderen unterlegen zu sein, und ebensowenig besagt er, daß der andere etwas hat, was einem fehlt und was man begehrt. Er bedeutet nicht, daß einem der andere etwas voraus hat, was irritiert. Es ist richtig, daß er einen viel freundlicheren Klang als Neid hat, aber es ist nicht richtig, daß dieser freundlichere Klang hier auch angebracht ist. Selbst wenn wir einräumen könnten, daß die Emotion der anfänglichen psychischen Spannung zunächst als eine Art von Nacheiferung beginnt, müßten wir hinzufügen, daß sie rasch in Neid ausartet, da es keine Möglichkeit gibt, mit einem Menschen zu wetteifern, den man als sehr überlegen betrachtet. Das Liebesobjekt fordert unbewußt zum Wettbewerb heraus und entmutigt ihn zur gleichen Zeit.

Zwischen der zukünftigen Liebe und dem Objekt besteht ein Gegensatz, der noch nicht erwähnt wurde und höchst verwirrender und provozierender Natur ist. Während der Bewunderer unzufrieden mit sich selbst, voller Dissonanzen und innerlich hin und her gerissen ist, erscheint ihm das Objekt kühl, beherrscht und zurückhaltend. Die Anziehungskraft eines solchen Menschen, der seinen Schwerpunkt in sich selbst hat, wird vom anderen mit seinem geschwächten Selbstvertrauen sehr stark empfunden. Der Eindruck der Selbstgenügsamkeit ist nicht der geringste der Faktoren, die Neid wecken. Die Gelassenheit und Gemütsruhe, die offenbare Unerschütterlichkeit des Objekts haben eine irritierende Wirkung. Sie erscheinen als das genaue Gegenteil der eigenen Verfassung. Die Gleichgültigkeit und Zurückhaltung einer Frau, ihre Beherrschtheit und Unabhängigkeit, ihre Ruhe und Sicherheit wirken auf einen Mann als Herausforderung. Etwas an ihrer bloßen Existenz und Gleichgültigkeit scheint uns den Zwiespalt in uns selbst noch deutlicher bewußt zu machen. Daß sie so ruhig und nicht aus der Fassung zu bringen ist, scheint uns zu erregen und zu verwirren, es verärgert uns ein wenig, ja beinahe beleidigt es uns, und das ist eine ausgezeichnete Mischung, um die Liebe vorzubereiten. Zwischen Anziehung und Flucht, zwischen dem Wunsch, sie zu bekommen, und dem Wunsch, sie loszuwerden, wächst das Gefühl der eigenen Unvollständigkeit und Ruhelosigkeit. Die Herausforderung wirkt unbewußt. Die Frau scheint etwas Unergründliches an sich zu haben, das den Wunsch weckt, sie besser kennenzulernen. Sie scheint so kühl und gelassen zu sein, so distanziert, so gleichgültig in bezug auf den Eindruck, den sie auf uns macht. Ihre Distanziertheit wird unerträglich ärgerlich und verlockend zugleich. Sie quält und reizt uns, weil sie nicht die gleiche Sehnsucht empfindet wie wir. Wir möchten soviel Gleichmut haben wie sie. Wir begehren ihn und seine Besitzerin. Es ist ein Wunsch, diese Frau zu ergreifen, eine Gier, eine Art von Gefrä-

ßigkeit in unserem Neid. Diese Tendenzen arbeiten unbewußt an der Vorbereitung der Liebe, ähnlich wie Enzyme, diese Katalysatoren, ohne die Leben unmöglich wäre. Ihr Vorhandensein ist eine notwendige Bedingung für das Sichverlieben.
Wir sehen nun deutlicher die Verbindungsfäden, die Beweise für die Behauptung, daß uns die verborgene Unzufriedenheit mit uns selbst besonders empfindlich und geneigt macht, Neid oder Eifersucht zu fühlen, wenn wir jemandem begegnen, der die uns fehlenden Eigenschaften besitzt und so zufrieden und beherrscht zu sein scheint. Dieses Objekt ist noch kein Ersatz für das Ichideal, aber es kann später einer werden, wenn Liebe an die Stelle des Neides und der mißgünstigen Bewunderung tritt. Die Beziehung zum beneideten Objekt läßt sich am ehesten mit der vergleichen, die wir in unserer Jugend zu Personen hatten, die wir als Ichmodelle betrachteten. Erinnern wir uns, daß diese Ichmodelle manchmal wirklich unsere Liebesobjekte wurden, sofern sie sich nicht in Gegenstände unseres Hasses verwandelten. Wir erkennen hier, daß unsere psychische Annäherung an das zukünftige Liebesobjekt einer Rückkehr, einer Regression zu den Gefühlen gleichkommt, die wir als Kinder für unsere Ichmodelle hegten. Schon damals war die Natur dieser Gefühle nicht so einfach, wie es den Anschein hatte. Schon damals ging Neid unserer Zuneigung voraus. Jetzt erkennen wir, daß wir auf einem schon ausgetretenen Pfad gehen. Vergessen wir nicht, daß auch damals unsere Unzufriedenheit auf den Vergleich der eigenen Person mit anderen zurückging. Warum sind wir nicht ebenso schön, klug, selbstsicher und beliebt? Oder um es in Form eines Wunsches auszudrücken: Wären wir doch ebenso begabt, schön, tapfer und begünstigt!
Wir stellen ohne Erstaunen fest, daß Neid und Eifersucht starke Emotionen sind. Was uns erstaunt, ist, daß sie sich als geheime Vorläufer der Liebe entpuppen. Es überrascht uns, daß Neid und eine bestimmte Art von Bewunderung nur zwei Seiten desselben psychischen Phänomens sind, wobei der Neid die Kehrseite darstellt. Wir sind erstaunt, weil uns seine Existenz und Wirkung in diesem Zusammenhang nicht bewußt war. Wenn aber der Neid eines der nötigen vorbereitenden Elemente für die Liebe ist, wäre es dann nicht richtig, daraus zu folgern, daß Menschen, die nicht imstande sind, andere zu beneiden, auch nicht lieben können? Allerdings. Wir kommen auf diese seltsamen Fälle noch zu sprechen.
So haben wir nun der unbewußten Unzufriedenheit in uns eine weitere Voraussetzung der Liebe hinzugefügt, die bei der Begegnung mit dem zukünftigen Liebesobjekt in Erscheinung tritt, nämlich die Existenz und Wirkung verdrängten Neides. Mit anderen Worten deutlicher ausgedrückt: die anfängliche Bewunderung für das Objekt schloß den Wunsch

ein, dieses Objekt zu sein oder zu haben, mit ihm den Platz zu tauschen. Nicht nur die vorzüglichen Eigenschaften des anderen Menschen – ob sie tatsächlich vorhanden sind oder ob wir sie uns nur einbilden, ist dabei gleichgültig – lösen diesen Wunsch aus, sondern auch unsere Erkenntnis, daß wir selbst diese Eigenschaften nicht besitzen. In diesem Wunsch, die eigene Persönlichkeit gegen die des anderen auszutauschen, wird schon, wenn auch in einem schwachen Licht und kaum erkenntlich, ein wesentlicher Wunsch sichtbar, den man später, wenn Liebe an die Stelle des Neides getreten ist, als erfüllt empfindet: der Wunsch, mit dem geliebten Menschen eins zu sein, mit ihm zu einem einzigen Wesen zu verschmelzen.

Diese neue Auffassung von der Liebe hat weitreichende Folgen. Wenn ich sage, daß ich meine Frau liebe, muß sie eine Kombination von Eigenschaften an sich gehabt haben, um die ich sie beneidete oder auf die ich eifersüchtig war: ihre Hübschheit, ihr entschlossenes Auftreten, ihre guten Umgangsformen, ihr Charme, ihr freundliches Wesen – lauter Eigenschaften, die mir leider fehlen. Andererseits bedeutet die Tatsache, daß meine Frau mich liebt, daß ich Gaben oder Eigenschaften besessen haben muß, um die sie mich einmal beneidete, so sonderbar und geheimnisvoll es mir auch vorkommt, daß ich solche beneidenswerten Eigenschaften haben soll. Wenn diese Auffassung richtig ist, so ist unbewußter Neid ein unvermeidlicher Vorläufer jeder Art von Liebe. Es ist leicht zu verstehen, daß das Tier auf die Schöne neidisch war. Es ist weniger verständlich, muß sich aber so verhalten haben, daß auch die Schöne auf das Tier neidisch war.

Die Liebe scheint nun in ihren ersten Phasen mehr und mehr einem Eisberg vergleichbar zu sein, von dem nur ein kleiner Teil aus dem Wasser ragt, während der größere, das Gleichgewicht haltende Teil nicht sichtbar ist.

Es führt ein langer Weg von unbewußten Neidgefühlen und von verdrängter Eifersucht zu Liebe und Zärtlichkeit. Alles ist in Nebel gehüllt, und wir wissen nicht, wo wir weitergehen sollen. Die Entdeckung, daß es verborgene Neidgefühle geben muß, bevor sich Liebe entwickeln kann, ist so überraschend, daß wir das Recht auf eine kleine Atempause haben.

4

Verblüfft durch die Entdeckungen, die wir soeben erörtert haben und die durch sorgfältige Beobachtungen immer wieder überprüft und verifiziert wurden, suchte ich vergeblich nach ähnlichen Anschauungen bei Psychologen und Psychoanalytikern. Ich muß gestehen, daß meine Suche ein wenig begrenzt war, und ich zweifle nicht daran, daß es psycho-

logische Autoren geben wird, die diesen Teil meiner These schon vorweggenommen haben, aber ich habe keine Bücher und Abhandlungen von ihnen gefunden.
Anscheinend muß man das Reich der wissenschaftlichen Psychologie und Psychiatrie verlassen, um wenn schon nicht ähnliche Ideen, so doch Ansichten zu finden, die, in einem aphoristischen Satz oder einigen Versen ausgedrückt, unserer Auffassung nahekommen. Man entdeckt ähnliche Gedanken in den Reden oder Schriften großer Persönlichkeiten auf den Gebieten der Religion und Philosophie, mehr in Form von Anspielungen als direkten Feststellungen, und man weiß nicht recht, ob sie in dem hier erörterten Sinne gemeint sind oder ob sie eher eine unbewußte Einsicht der Autoren als ein psychologisches Wissen enthüllen. Sollen wir, zum Beispiel, annehmen, daß der Satz, den der Apostel Paulus an die Korinther schrieb, zu unserer These gehört? »Die Liebe eifert nicht«, sagt Paulus, »sie suchet nicht das Ihre« (1. Korinther, 13, 4/5). Das betrifft eher die Liebe selbst als ihre Vorbereitunsstadien. Immerhin zeigt es aber einen Gedankengang in unserer Richtung. Es ist eine psychologische Tatsache, daß die Liebe durch die vollständige Überwindung des anfänglichen Neides gekennzeichnet ist. Was die wahre Liebe anbetrifft, hat Paulus recht. Der Neid fällt nur durch seine Abwesenheit auf. Von seinem früheren Vorhandensein sind keine Spuren zurückgeblieben. Der Satz aus dem ersten Brief an die Korinther betrifft nicht das Wesentliche meiner These, aber er soll uns trotzdem willkommen sein und vermerkt werden. Er liefert eine Bestätigung in indirekter und negativer Form.
Ich bin sicher, daß die Dichter, die der psychologischen Forschung immer ein Stück voraus sind, unserer Auffassung in den flüchtigen Augenblicken näherkommen, in denen die Dunkelheit der psychischen Szenerie blitzartig erhellt wird. Natürlich erscheinen diese Einsichten nicht in einer allgemeingültigen, wissenschaftlich brauchbaren Form. Sie sind wertvoll, weil sie in den wenigen Sekunden ihrer Dauer enthüllen, was sich in den unbewußten Tiefen der menschlichen Natur verbirgt. Das Element des unbewußten Neides in der Anziehung und Zuneigung war dem Dichter, der *Othello* schrieb, nicht unbekannt. Der Mohr selbst berichtet, wie er Desdemonas Liebe gewann, indem er ihr die Geschichte seiner Erlebnisse und Abenteuer erzählte:

> Sie wünschte, daß sie's nicht gehört, doch wünschte sie,
> Der Himmel hätte sie als solchen Mann geschaffen.

In Goethes *Wilhelm Meister* findet man die erstaunliche Bermerkung, man könne vor den überlegenen Eigenschaften eines Menschen keine andere Sicherheit finden, als daß man ihn liebe. Ist das nicht ein seltsamer Ausdruck? Warum sollten wir eine Zuflucht brauchen, wenn wir einer Persönlichkeit begegnen, deren Überlegenheit wir anerkennen? Worauf

Goethe anspielt, ist klar: Wenn wir der Versuchung neidischer und eifersüchtiger Gefühle gegenüber einem solchen Menschen nicht nachgeben wollen, müssen wir ihn eben lieben. Die Liebe wird hier als Ausweg aus der Gefahr eines auf andere Weise unvermeidlichen Neides charakterisiert, den Überlegenheit in uns weckt. Goethes edle Natur konnte solche Gefühle des Neides und der Eifersucht nicht dulden. Daher dieser Satz, der eine psychologische Einsicht enthält. Er drückt sie nicht klar aus, aber er gibt uns einen Wink, den wir zu schätzen wissen.

Zumindest einen großen Philosophen gibt es jedoch, der als erster Schöpfer dieses wesentlichen Teils eines Liebesbegriffs betrachtet werden muß. Wir müssen beinahe 2400 Jahre zurückgehen, um ihm zu begegnen: Platon.

Im *Symposion* hat gerade der Dichter Agathon gesprochen und den Gott Eros überschwenglich als den »schönsten und besten« gepriesen. Sokrates sagt halb ironisch, Agathon habe eine bewunderungswürdige Rede gehalten, aber er, Sokrates, könne keine Lobrede halten, er könne nur die Wahrheit sagen. Er wolle Agathon einige Fragen stellen, bevor er mit seiner eigenen Rede beginne. Was folgt, ist eine geistige Übung, ein Quiz im alten Athen. Die beiden Männer diskutieren nicht so sehr: sie führen ein Streitgespräch. Der alte Philosoph und Sophist versucht, Agathon von seiner Glorifizierung des Eros abzubringen und das Zugeständnis zu erhalten, daß man liebe, »wessen man bedürftig ist und es nicht hat«. Agathon räumt es ein. »Bedürftig also ist Eros der Schönheit und hat sie nicht?« fragt Sokrates. »Notwendig«, antwortet der Dichter. »Und wie? Das der Schönheit Bedürftige und sie keineswegs Besitzende, sagst du etwa, sei schön?« fragt Sokrates wieder. »Nicht füglich«, antwortet der nichtsahnende Dichter. Aber nun sitzt er bereits in der Falle. »Behauptest du also noch, daß Eros schön sei, wenn sich dies so verhält?« * fragt der Seelenfänger. Der Dichter muß nun gestehen, daß er selbst nicht verstand, was er sagte. Er muß auch noch gelten lassen, daß Eros des Guten bedürftig und selbst nicht gut ist. Mehr als diese Zugeständnisse will Sokrates nicht. Was er meint, ist einfach genug: Ich liebe jemanden nicht deshalb, weil ich schön und gut bin, sondern weil der andere diese Eigenschaften besitzt und ich nicht. Denn wenn ich mich selbst für so schön und gut hielte wie ihn, würde ich ihn nicht lieben.

Als wäre er nicht damit zufrieden, es nur einmal gesagt zu haben, legt Sokrates dasselbe noch einmal in der Wiedergabe des großen Gesprächs dar, das er vor langer Zeit mit der weisen Priesterin Diotima hatte, die

* Diese und alle folgenden Zitate aus dem *Symposion* in der Übersetzung von Friedrich Schleiermacher. Hier: *Platon*; *Sämtliche Werke*, Bd. II, Rowohlts Klassiker Nr. 14, Hamburg 1957.

seine Lehrerin gewesen war. Damals pries Sokrates Eros mit beinahe den gleichen Worten, die soeben Agathon gebraucht hatte und sagte, daß er »ein großer Gott sei und von den Schönen.« Diotima bewies ihm jedoch, daß Eros weder schön noch gut ist. Wir folgen ihren Schlüssen im Bericht ihres Schülers: (Diotima): »Denn sage mir nur, meinst du nicht, daß alle Götter glückselig und schön sind? Oder hättest du das Herz zu sagen, daß irgendein Gott nicht schön und glückselig sei? – Beim Zeus, ich gewiß nicht, sprach ich. – Und glückselig nennst du doch, die das Schöne und Gute besitzen? – Freilich. – Vom Eros aber hast du doch eingestanden, daß er aus Bedürfnis nach dem Schönen und Guten eben das begehre, dessen er bedürftig ist? – Das habe ich eingestanden. – Wie konnte also ein Gott sein, der unbegabt ist mit Schönem und Gutem? – Auf keine Weise, wie es scheint. – Siehst du nun, sagte sie, daß auch du den Eros für keinen Gott hältst?«

Sokrates stellt nun die wesentliche Frage, er berührt das Hauptproblem. Welchen Ursprung hat die Liebe, wie entsteht sie? Nachdem er gehört hat, daß Eros kein Gott ist, sondern ein großer Dämon, möchte er wissen: »Wer aber ist sein Vater und seine Mutter?«

»Weitläufiger ist dies zwar zu erzählen«, anwortet die Priesterin, und als Frau fügt sie hinzu: »... doch ich will es dir sagen.« Was folgt, ist kein Märchen, sondern eine Geschichte von den Göttern auf dem Olymp. Sie klingt phantastisch für unsere Ohren. Aber wenn man die Ausschmükkungen, die mythologische Tarnung beiseiteläßt, findet man hier eine Theorie der Enstehung der Liebe, deren Tiefgründigkeit seither von keinem Philosophen oder Psychologen mehr erreicht wurde.

»Als nämlich Aphrodite geboren war, schmausten die Götter ...« berichtet Diotima. Unter den Gästen befand sich auch Poros, der Gott des Überflusses und Sohn der Schlauheit, Metys. Als sie gespeist hatten, erschien Penia, die Armut, um zu betteln, wie sie es bei solchen Gelegenheiten gewohnt war. Sie stellte sich an die Tür. Poros, der Überfluß, war vom Nektar berauscht und ging in den Garten des Zeus hinaus und versank in einen schweren Schlaf. »Penia nun, die ihrer Dürftigkeit wegen den Anschlag faßte, ein Kind mit Poros zu erzeugen, legte sich zu ihm und empfing den Eros.« Diotima erläutert dann die Eigenschaften und Schicksale des Eros, die eine Folge seiner Herkunft sind: »Als des Poros und der Penia Sohn aber befindet sich Eros in solcherlei Umständen: Zuerst ist er immer arm und bei weitem nicht fein und schön, wie die meisten glauben, vielmehr rauh, unansehnlich, unbeschuht, ohne Behausung, auf dem Boden immer umherliegend und unbedeckt, schläft vor den Türen und auf den Straßen im Freien und ist der Natur seiner Mutter gemäß immer der Dürftigkeit Genosse. Und nach seinem Vater wiederum stellt er dem Guten und Schönen nach, ist tapfer, keck und rüstig, ein gewaltiger Jäger, allzeit irgend Ränke schmiedend, nach Einsicht strebend, sinnreich, sein ganzes Leben lang philosophierend, ein arger Zauberer, Giftmischer und Sophist, und weder wie ein Unsterblicher geartet noch wie ein Sterblicher, bald an demselben Tag blühend und gedeihend, wenn es ihm gut geht, bald auch hinsterbend, doch aber wieder auflebend nach seines Vaters Natur.«

Nach Diotimas Beschreibung scheint Eros ein seltsames oder drolliges Geschöpf zu sein, etwa wie der Schäfer Strephon, Iolanthes Sohn, in der Operette von Gilbert und Sullivan – halb ein Elf, halb ein gewöhnlicher Sterblicher. Aber das Ganze soll wohl bedeuten, daß die Liebe ihre Natur von einem Augenblick zum andern ändert.

Zweifellos beschreibt Diotima in ihrer bildhaften Sprache den Wechsel der Stimmungen und Eigenschaften des verzweifelten, des hoffnungsvollen und des befriedigten Liebenden. Sie stellt die Unzufriedenheit dem Glück gegenüber, die Armut den Reichtümern, die diese Zustände kennzeichnen.

Wie die Armut in ihrer Not betteln geht, wie der Arme etwas vom Überfluß erbittet, so sucht der Liebende sein Liebesobjekt. Die emotionale Beziehung zwischen ihnen ist zuerst die eines Hungernden zu dem, der im Überfluß lebt. Oder in die heutige Sprache übersetzt: die der Habenichtse zu den Habenden.

5

Soviel ich weiß, hat seit Platon kein Philosoph oder Psychoanalytiker erkannt, daß die Liebe janusköpfig ist, daß das eine ihrer Gesichter die Züge leidenschaftlicher Bewunderung trägt, während das andere das eines grünäugigen Ungeheuers ist. Wir müssen uns auf unsere eigenen Erfahrungen verlassen und sie mit Hilfe des lebendigen Materials verifizieren, das uns durch die unbewußten Prozesse von Männern und Frauen geboten wird.

Bevor wir tiefer in diese Bereiche vordringen, müssen wir aber die besonderen Eigenschaften des Neides untersuchen. Diese Emotion wurde von den Psychologen lange vernachlässigt und erhielt nicht die Aufmerksamkeit, die sie aufgrund ihrer Bedeutung für die menschliche Natur verdient. Sie ist eine der stärksten Leidenschaften in der Kindheit. Wenn sie später im Leben nicht so offen an die Oberfläche tritt, so bedeutet das nicht, daß sie verschwunden sei, sondern nur, daß sie unterdrückt wird.

Es ist eine psychologische Tatsache, daß niemand gern zugibt, daß der Neid einer seiner Charakterzüge ist. Man würde lieber verraten, daß man feindselige, aggressive, niederträchtige oder perverse Gefühle hegt, daß man von dieser oder jener Leidenschaft besessen ist, als daß man voller Neid steckt. Man schämt sich seiner mehr als jeden anderen »Lasters«, das in gesellschaftlicher Hinsicht viel schädlicher sein kann. Es muß einen oder mehrere Gründe für diesen Widerwillen geben, eine menschliche Schwäche einzugestehen, an der wir alle Anteil haben. Mindestens einen dieser Gründe kann man augenblicklich erraten. Wenn wir andere Emotionen oder Leidenschaften zugeben, entblößen wir damit nicht notwendigerweise unser mangelndes Selbstvertrauen, unsere Kleinheit und Bedeutungslosigkeit, unser Gefühl der Minderwertigkeit im Vergleich mit anderen. Wir gestehen andere Schwächen zwar mit verschämter Miene, aber sie müssen nicht als beschämend empfunden werden. Sie bedeuten nicht das Eingeständnis, daß wir uns geringer einschätzen als den Nächsten. Wer aber sagt, daß er von Neid verzehrt wird, sagt auch, daß es ihm an Kraft und Mut fehlt, daß er eine geringe Meinung von sich selbst hat, daß er sich, verglichen mit anderen, unfähig fühlt – oder diesen Anschein erweckt er jedenfalls. Wer grausame oder gemeine Gedanken gesteht, kann sich bis zu einem gewissen Grad seiner Selbstachtung bewahren, auch wenn er solche Gedanken verurteilt. Wer aber seinen Neid gesteht, gibt seinen völligen Mangel an Selbstachtung zu (oder so scheint es). Wenn man gesteht, daß man töten wollte, gesteht man einen Fehler, ein Versagen ein. Gibt man aber zu, wie neidisch man ist, so bekennt man offenbar, daß man seiner eigenen Ansicht nach ein Versager ist. Das eine Geständnis ist erniedrigend, das andere macht einen klein.

Noch andere Eigenschaften sind mit dem Neid verbunden, wenn wir ihn verdrängen und uns seines Vorhandenseins nicht bewußt sind. Der Neid ist scharfsichtig, nicht blind wie die Liebe. Kein Vorteil und keine Leistung seines Objekts entgeht seiner Beobachtung. Nicht die geringste Fähigkeit, kein Anzeichen von Begabung, keine noch so geringfügige Verbesserung der Position bleibt unbemerkt. Und alles wird in der Phantasie vergrößert. Wir können nun unsere frühere Feststellung umkehren: eine gewisse Art von Bewunderung ist die Kehrseite des Neides. Mit der glühenden Bewunderung, von der wir zuvor sprachen, verhält es sich ebenso: Sie beobachtet alles und übertreibt die kleinste Begabung, die unbedeutendsten Fähigkeiten, die bescheidensten Leistungen ihres Objekts.

Wer beneidet, gibt ausdrücklich zu, daß er den anderen sehr bewundert. Wer immer das beneidete Objekt verflucht, lobt es zugleich mit seiner Beschimpfung. Und hier ist eine weitere Eigenschaft: Neid dieser heftigen Art kann nicht lange unverändert bleiben. Nur zwei Entwicklungen sind für bewußten Neid möglich. Entweder wird er von der betreffenden Person zurückgezogen, die dann zum Gegenstand der Gleichgültigkeit wird, oder er muß zu Haß und Feindseligkeit führen. Wenn der Neid verdrängt wurde, ist nur die zweite Entwicklung möglich, denn unser Unbewußtes kennt die Kategorie der Gleichgültigkeit nicht. Wir assoziieren in unseren Gedanken Neid mit Haß. Einen freundlichen Neid gibt es nicht.

Kann dann aber das Vorstadium jeder Art von Liebe unbewußter Haß oder unbewußte Feindseligkeit sein? So ist es. Es klingt paradox, bis man bedenkt, daß es ein unzufriedenes Ich gibt, das ein beneidetes Objekt braucht, und daß die Feindseligkeit aus diesem Neid entsteht, der vom Objekt Besitz ergreifen möchte. Not schafft Gier. Es ist eine Art von Gier, eine Begehrlichkeit, eine Neigung zum Ergreifen und Besitzen, die unbewußt der Liebe vorausgeht und in ihr stirbt. Das ist die Natur der Bakterien, die diese Krankheit verursachen, das sind die Mikroorganismen, die man nur unter dem Mikroskop des Psychologen sehen kann. Sie waren zuvor nicht sichtbar, und ich muß sie hier zum Zweck der Untersuchung vergrößern. Die unbewußte Feindseligkeit ist bereits ein Symptom, das durch diese unsichtbaren Bazillen hervorgerufen wird, die sich unaufhörlich bewegen und am Werk sind wie die echten.

Neid der beschriebenen Art – dieses emotionale Besitzergreifen – stellt sich hier als der Mikroorganismus dar, der die Infektion verursacht, und unbewußte Feindseligkeit ist das erste Symptom. Gefühle der Aggressivität oder des Hasses zeigen, daß der Bazillus virulent ist und sein Werk im emotionalen System begonnen hat, in das er eingeführt wurde. Wie der Kampf zwischen dem Eindringling und dem Organismus ausgehen wird, hängt wie beim Verlauf einer Infektionskrankheit von vielen Faktoren ab. Verfolgen wir diese Entwicklung in dem besonderen Fall, in dem die Bakterien, nachdem sie am Werk waren, emotional besiegt und absorbiert werden, so sehen wir die Liebe als wunderbares Ergebnis eines Genesungsprozesses und nicht als Krankheit.

Der Vergleich läßt sich noch weiter ausspinnen. Der Infizierte weiß gewöhnlich nicht, daß Bakterien in seinen Körper eingedrungen sind, und er spürt nichts von ihren ersten Wirkungen. Wir wissen, daß es für die verschiedenen Krankheiten unterschiedliche Inkubationszeiten gibt – von wenigen Tagen im Fall der Diphtherie bis zu Monaten und sogar Jahren bei Schlafkrankheit und Lepra. Zu diesen allgemeinen Unterschieden kommen noch individuelle Abweichungen, bei denen die körperliche und sogar die seelische Verfassung eines Menschen eine beträchtliche Rolle spielt. Das eine Kind bekommt die Masern nach acht Tagen, sein Spielgefährte nach vierzehn Tagen.

Wenn man nun die Liebe mit der Genesung von einer durch Neid oder Eifersucht verursachten Infektionskrankheit vergleicht, müssen wir annehmen, daß es vor dem Ausbruch der Krankheit eine Art Inkubationszeit gegeben hat. Liebe auf den ersten Blick scheint dieser Annahme zu widersprechen, aber das kommt vielleicht nur daher, daß die Infektion sehr rasch erfolgte. Die Inkubationszeit zwischen der Berührung mit dem Krankheitserreger und dem Auftreten der ersten Symptome scheint sehr kurz zu sein. Aber solange wir nicht mehr über das Tempo emotionaler Prozesse dieser Art wissen, können wir nicht sagen, warum das Sichverlieben in dem einen Fall so rasch geht und in einem anderen so lange dauert. Die emotionale Verfassung des einzelnen, bevor er sich verliebt, ist einer der entscheidenden Faktoren. Soviel steht fest.

Wir haben Haß oder Feindseligkeit mit den ersten Symptomen einer ansteckenden Krankheit verglichen. Symptome dieser Art sind manchmal offen sichtbar, aber während der Inkubationszeit nicht immer als solche zu erkennen (z. B. Mattigkeit, Verstimmung, erhöhte Temperatur). In den meisten Fällen werden die anfänglichen Symptome kaum bemerkt. Sie werden zumeist als unerheblich abgetan. Oft sind sie auch gar nicht feststellbar. Die Feindseligkeit gegen das Objekt kann mit diesen nicht wahrnehmbaren ersten Symptomen verglichen werden, weil diese Emotion im allgemeinen unbewußt bleibt. Aber ebenso wie bei den Infektionskrankheiten gibt es auch viele Fälle von Liebe, in denen die ersten Symptome an der Oberfläche erscheinen und nicht übersehen werden können. Manche mögen einwenden, daß solche Anzeichen von Groll oder Feindseligkeit nur Ausdruck eines besonders leidenschaftlichen Charakters und nicht regelrechte Vorläufer der Liebe seien. Aber es verhält sich eher so, daß diese Emotion, die bei den meisten Menschen oft nicht festgestellt werden kann, bei heftigen Charakteren eben auffällt. Die Tatsache, daß die Märchen und Sprichwörter der meisten Völker darauf hinweisen, daß feindselige oder aggressive Gefühle oft die Liebe ankündigen, spricht zugunsten dieser Annahme.

Die Feindseligkeit ist die Vorläuferin jeder Liebe, aber selbstverständlich folgt ihr nicht immer Liebe. Emotionale Spannung als notwendige Bedingung, ohne die keine Liebe entstehen kann, blieb den meisten Psychologen unbekannt, nicht aber den Dichtern. Ich kann beweisen, daß sie vor Jahrhunderten entdeckt, aber von der modernen Psychologie nicht wiederentdeckt wurde.*

Kurz nach 1900 erschienen viele populäre Erzählungen, in denen der Held oder die Heldin ein und dieselbe Person zuerst haßte und dann liebte. Dieses Schema übertreibt, vereinfacht und verflacht den emotionalen Prozeß. Es zieht seine Komplexität und Vielseitigkeit nicht in Betracht. Diese Erzählungen sind eher dazu angetan, die Tatsache zu verschleiern – und nicht zu enthüllen –, daß unbewußter Neid und Konkur-

* Hier zwei repräsentative Beispiele: La Rochefoucauld verstand diesen Gemütszustand, wie seine 1665 erschienenen *Betrachtungen oder moralischen Sentenzen und Maximen* zeigen, besser als die moderne Psychologie. Er meinte, wenn man die Liebe nach ihren Wirkungen beurteile, so gleiche sie mehr dem Haß als der Freundschaft. In den *Table-Talks* von S. T. Coleridge, die vor mehr als 150 Jahren geschrieben wurden, findet sich der tiefe Satz: »Sympathie begründet Freundschaft, aber in der Liebe gibt es eine Art von Antipathie oder gegensätzlicher Leidenschaft. Jeder strebt danach, der andere zu sein.«

renzgeist die Samen sind, aus denen der Antagonismus keimt; daß sie in Erscheinung treten, wenn es dem Helden oder der Heldin nicht gelingt, den anderen, widerstrebenden Menschen in Besitz zu nehmen oder zu beherrschen. Dennoch verdienen diese Geschichten unsere Beachtung, denn sie zeigen, daß ihre Autoren das vage Gefühl hatten, daß Abneigung oder sogar Haß der Liebe näher ist als eine leichte Zuneigung oder Sympathie. Oft findet man in diesen anspruchslosen Liebesgeschichten eine Beschreibung der Emotion, die ich als die Herausforderung durch das (Liebes-)Objekt charakterisiert habe. So falsch und sentimental sie auch sein mögen, sie enthalten Szenen, die beweisen, daß das, was Liebe wird, nicht immer im Geist der Freundschaft begann, daß eine Romanze oft als entschiedene Antipathie anfängt und daß sie die Form eines Wettstreits, eines Kampfes annimmt, in dem Wille gegen Wille steht.

Endet dieser verborgene Haß, sobald Liebe die Stunde regiert? Nein, er verschwindet nur wie manche Flüsse, die an anderen, fernen Orten wieder hervortreten. Bei den Streitigkeiten Liebender hat in Wirklichkeit die Liebe den Charakter eines Zwischenspiels, während Feindseligkeit die Haupthandlung des Stücks beherrscht. Und verwandelt sich die Liebe nicht oft wieder in Haß, wenn sie endet? Wenn es auf dieser Welt keine größere Raserei gibt als in Haß verwandelte Liebe, so zeigt sich darin nur die verstärkte Kraft der ursprünglichen Emotion, die von der Zuneigung beiseite gedrängt worden war.

Selbstverständlich muß sich aus Neid und Feindseligkeit nicht Liebe entwickeln. Es gibt andere Betätigungsfelder für diese verdrängten Emotionen, aber sie sind die unbewußten Voraussetzungen für eine tiefe Zuneigung. Mit anderen Worten, wenn man nicht hassen kann, ist man auch nicht imstande zu lieben. Wenn man nicht beißen kann, kann man nicht küssen. Wenn man nicht verfluchen kann, kann man nicht segnen. Wer kein guter Hasser sein kann, wird ein schlechter Liebhaber sein.

Das Gleichgewicht zwischen diesen Kräften ist sehr heikel, der Übergang von der einen zur andern leicht. Liebe schließt Feindseligkeit nur oberflächlich betrachtet aus. In Wirklichkeit schließt sie sie mit ein. Das Gegenteil der Liebe ist nicht Feindseligkeit, sondern Gleichgültigkeit, und der Übergang von dieser zur Liebe ist schwieriger als der von Widerwillen und Groll. Die Gefahr, sich zu verlieben, ist nicht vorüber, wenn man einen Menschen zu hassen glaubt. Sie kann vorhanden sein, wenn man in einer Frau einen Vamp oder eine Xanthippe sieht – oder wenn man einen Mann in Gedanken einen Schuft oder Schweinehund nennt. Die Gefahr ist vorbei, wenn man einen Mann oder eine Frau auf die Dauer nicht anders sieht, als andere ihn oder sie sehen. Ein Mensch kann attraktiv bleiben als ein wahrer Teufel, aber nicht als bedeutungsloses Mittelmaß. Ich hörte einmal eine Frau sagen: »Wenn ich ihn nicht gerade hasse, liebe ich meinen Mann von Herzen.«

Unsere alte falsche Vorstellung von der Liebe bereitet uns viel Unglück und Kummer, solange wir jung sind. Wir nehmen uns selbst Gefühle von Groll und Haß übel, die wir manchmal gegen geliebte Menschen hegen. Wir glauben, daß eine solche Emotion nicht das Recht hat, neben unserer starken Zuneigung zu existieren, nicht einmal für die Dauer weniger Minuten. Wir fürchten, daß das Erscheinen eines so unwillkommenen Gastes unsere Gefühle ernsthaft gefährdet. Aber manchmal auf jemanden böse zu sein oder Feindseligkeit gegen ihn zu empfinden, bedeutet keineswegs, daß man diesen Menschen nicht mehr liebt.
Dieser irrige Eindruck entsteht nur durch unsere falsche Vorstellung von Zuneigung und unsere geheime Einbildung, die uns glauben macht, wir seien mehr als nur schwache Menschen. Wir haben nicht das Recht, uns für Muster an Tugend zu halten, für so edel, daß es in uns neben der Zuneigung keinen Groll und keine Feindschaft geben kann. Wir müssen nicht nur Nachsicht mit den Schwächen anderer haben, sondern auch mit unseren eigenen. Niemand von uns ist dazu ausersehen, Jesus Christus oder die Heilige Jungfrau zu sein oder zu werden. Gegenüber der eigenen Feindseligkeit, dem eigenen Ärger so intolerant zu sein, verrät eine versteckte Arroganz. Menschen sind keine Engel und am allerwenigsten Friedensengel. Feindseligkeit bleibt die stille, aber aktive Teilhaberin der Liebe. Wenn man dem Problem wirklich auf den Grund geht, stellt man fest, daß es gar nicht so leicht ist, diejenigen, die man liebt, auch zu mögen.

6

Bevor wir weitergehen, sind einige Worte der Warnung und Besinnung angebracht. Sie erscheinen mir ratsam, da wir uns dem Wendepunkt dieser These nähern, aber sie gelten ebenso auch für das Vorausgegangene. Wenn wir von unbewußten Prozessen sprechen, laufen wir immer Gefahr, Eigenschaften und Eigentümlichkeiten unseres bewußten Denkens und Fühlens auf ein gänzlich anderes Gebiet zu übertragen. Wir müssen zwangsläufig Ausdrücke und Wörter gebrauchen, die aus unserem bewußten Leben stammen, wenn wir beschreiben, was in diesem »unterirdischen« Reich geschieht, weil uns keine anderen Wörter zur Verfügung stehen. Es bleibt jedoch ein unbefriedigender Versuch, etwas zu begreifen, was sich unseren Bemühungen beinahe entzieht. Die Bedeutung, die wir den Wörtern geben, ist nur annähernd richtig, so wie eine Übersetzung aus einer anderen Sprache nicht alle Nebenbedeutungen mit übertragen kann, die die Wörter im Original haben.
Der tiefgehende Unterschied zwischen den bewußten und den unbewußten Prozessen, der die Übersetzung so unzulänglich macht, ist immer in Betracht zu ziehen. Wenn ich sage, daß zuerst ein Groll, eine

Feindseligkeit gegen das Liebesobjekt vorhanden ist, so müßte ich eigentlich hinzufügen: Wenn wir das, was im Bereich der verdrängten Regungen vorgeht, in die Sprache der bewußten Emotionen übersetzen könnten, würden *diese* Ausdrücke der Bedeutung des Prozesses am nächsten kommen. Dieses Merkmal des nur »beinahe« Richtigen in der Interpretation rechtfertigt keine falschen oder absurden Übersetzungen. Es gibt nicht so etwas wie eine vollständige Kenntnis der Idiome des Unbewußten, und wer sich der Beherrschung dieser prähistorischen Dialekte rühmt, gleicht einem Menschen, »der in mehreren Sprachen Unsinn reden kann«.

Aber selbst mit dem Eingeständnis, daß die Beschreibung notwendigerweise nur »beinahe« richtig ist, haben wir noch nicht alle unsere Schwächen zugegeben. Wir müßten außerdem noch jedesmal hinzufügen, daß die Existenz und Aktivität eines bestimmten Gedankens oder Impulses gleichzeitig das Vorhandensein und die Existenz des Entgegengesetzten im unbewußten Prozeß einschließt. Gegensätze schließen einander auf dieser Ebene des primitiven Denkens nicht aus. Es ist so, als könnte ein Wort wie »mit« zugleich auch sein Gegenteil, »ohne«, bedeuten oder als könnte »Ich liebe dich« auch »Ich hasse dich« heißen. Die besprochene unbewußte Feindseligkeit in den Vorstadien der Liebe bedeutet auch schon Anziehung und beginnende Zuneigung. Andere Eigentümlichkeiten der unbewußten Prozesse sollten wir ebenfalls ständig im Auge behalten: zum Beispiel die Leichtigkeit, mit der man von einem Gedanken zu einem anderen übergeht, und die Übertragung ganzer Gedankengänge auf ein scheinbar sehr fern liegendes Gebiet. Man beachte den leichten Übergang von dem Wunsch, wie ein anderer Mensch zu sein, zu dem Wunsch, diesen Menschen zu besitzen, sich seine Begabungen und Eigenschaften einzuverleiben.

Wenn wir unbewußte oder, besser gesagt, verdrängte Gedanken oder Impulse in die Sprache unseres täglichen Lebens übertragen, übertreiben wir ihre Intensität, weil sie nur so wahrnehmbar werden können. Damit will ich nicht sagen, daß wir ihre emotionale Wirksamkeit übertreiben, aber wir vergrößern sie. Die virulentesten Bazillen, mit denen wir die Emotionen des Neides und der Eifersucht in den Anfangsstadien der Zuneigung verglichen, sind unsichtbar und können nur durch ein Mikroskop beobachtet werden. Bei unserer Beschreibung dessen, was unbewußt geschieht, bevor wir lieben, müssen wir ähnliche Vergrößerungsgläser benutzen, um die Entwicklungen in vergrößertem Maßstab zu sehen, weil sie sonst nicht wahrnehmbar wären. Wenn wir das scharfe Glas der Analyse beiseitelegen, verblassen unbewußte Emotionen des Neides, der Eifersucht und Besitzgier zur Bedeutungslosigkeit; aber wie wir von den Bazillen her sehr wohl wissen, sind sie nach wie vor höchst wirksam.

Was geschieht mit der inneren Spannung im Menschen, mit den Wellen der Feindseligkeit, die er unbewußt gegen sein Objekt empfindet? Selbstverständlich gibt es eine beinahe instinktive Reaktion, um sich von dem emotionalen Druck zu befreien. Das Ich versucht, das Bild des geliebten/gehaßten Menschen auszutreiben, der ein so willkommen/unwillkommener Eindringling ist und uns stört, ärgert, erregt und irritiert. Das Ich attackiert dieses Bild, es will den Usurpator verjagen, der jeden Gedanken, jede Emotion zu beherrschen und den ganzen inneren Haushalt zu verändern droht. Wir ahnen unklar voraus, daß diese Idee oder dieses Ideal, wenn wir es nicht vertreiben, von allem Besitz ergreifen wird, was wir sind und was wir haben. Es wird unsere Seele totalitär regieren.

Man versucht, den geliebten Menschen auszuschalten, dessen Zurückhaltung nur seine Anziehungskraft erhöht hat. Das Ringen mit dem Objekt ist wie der Kampf gegen einen Dämon im Dunkeln. Was dort in den Tiefen stattfindet, ist ein regelrechter Angriff, der mit viel Kraft und Mut und allen Waffen verletzten Stolzes unternommen wird. Die emotionale Unabhängigkeit des Ichs ist bedroht, und es ist bereit, seine Freiheit mit aller Energie zu verteidigen. Der Angriff dient dazu, dem Objekt seine Überlegenheit zu nehmen, sein Bild zu besudeln, all seine häßlichen Aspekte ans Licht zu bringen und es in den Schmutz zu zerren. Der Kampf tobt im Innern des Menschen, der sich seiner in den meisten Fällen nicht bewußt ist.

Der Eindringling läßt sich jedoch nicht leicht austreiben. Das Bild verteidigt hartnäckig den Boden, den es schon in uns gewonnen hat. Die Vorstellung von seinen vorzüglichen Eigenschaften und Gaben, die unsere Bewunderung und unseren Neid erregten, bleibt unerschüttert. Das Ziel des psychischen Kampfes ist die Beseitigung oder Vernichtung des Objekts in uns. Es muß ausgestoßen oder einverleibt werden, sonst fürchten wir, daß wir unsere Seele nicht mehr unser eigen nennen können. Der wütende Angriff auf das Objekt in uns kann den Charakter einer plötzlichen Revolte haben oder ein harter, lange währender Kampf sein. Er kann die Form einer vollständigen Vernichtung oder eines nie endenden Zweifels am Wert des Objekts annehmen.

Wenn das eingedrungene Bild seine Stellung innerhalb des Ichs noch nicht gefestigt hat, kann der Angriff Erfolg haben. Das Bild wird überwältigt, und Liebe kann sich nicht entwickeln. Im Augenblick fühlt das Ich eine gewisse Erleichterung, so als wäre es von einer dunklen Drohung befreit worden. Dann kehrt die alte Unzufriedenheit zurück, das frühere Unbehagen ist wieder da. Das Ich hat in dem Kampf auf Leben und Tod seine Unabhängigkeit bewahrt, aber das Individuum fühlt sich wieder allein und draußen in der Kälte. Die emotionale Lage ähnelt der, die sich das kleine Mädchen vorstellte, als es einen einzelnen Spatzen im

Schnee umherhüpfen sah. Es rief: »Schau dir den armen kleinen Vogel an, Mutter! Er hat keinen Käfig!«
Was geschieht aber sonst, in der Mehrheit der Fälle, in denen der Prozeß nicht mit Gleichgültigkeit oder Abneigung endet, sondern zu Liebe und Zärtlichkeit führt? Das ist sehr einfach zu beschreiben. Der Angriff ist wirkungslos geblieben, die Revolte wurde niedergeschlagen und die Kräfte des Angreifers sind erheblich geschwächt worden. Der Eindringling wurde unter großen Verlusten zurückgeworfen. Das ist der Wendepunkt der »unterirdischen« Geschehnisse. Der zurückgeschlagene Angriff läßt das Ich nicht in derselben Lage wie vorher zurück. Er hat die Offensivkraft des Ichs geschwächt. Aber der kurze, heftige oder lange, erbitterte Kampf hat auch die Fähigkeit des Ichs, sich zu verteidigen, geschwächt. Und in diesem Augenblick beginnt der Gegenangriff.
Das ist eine kritische Stunde in der Geschichte einer Seele – und eine, in der für das Individuum und seine emotionale Entwicklung Geschichte gemacht wird. Die große Gegenoffensive schreitet rasch vorwärts. Die zurückweichenden Streitkräfte des Ichs werden verfolgt und durch den Gegenstoß vernichtend geschlagen. Lassen wir den bildhaften Vergleich: Auf das Unvermögen der feindseligen und aggressiven Tendenzen, ihr Ziel zu erreichen, folgt eine Reaktion und Überreaktion der Zärtlichkeit und Sehnsucht nach dem Objekt. Das Pendel schwingt nun weit in der entgegengesetzten Richtung aus. Die Revolte gegen den Eindringling, der Versuch, sich von den feinen Ketten zu befreien, die einen gefangenhielten, ist fehlgeschlagen, und die Liebe hat gesiegt. Das Bild des Objekts beherrscht nun, strahlender als je zuvor, das Gefühlsleben. Das dunkle, verlockende Bild, das in Herz und Sinn in den Hintergrund gedrängt worden war, steht nun im vollen Licht. Es wird zur Besessenheit, und die Gedanken des Liebenden sind nicht nur mit ihm beschäftigt, wenn das Objekt anwesend ist, sondern ebenso und noch mehr in seiner Abwesenheit. Nichts kann den Liebenden mehr aufhalten, und es gibt keine Furcht und kein Zögern mehr. Eine Kraft, die stärker ist als sein bewußter Wille, treibt ihn vorwärts und läßt ihn die Nähe der geliebten Person suchen. Ihre Befangenheit macht ihn kühn, ihre Zurückhaltung fordert ihn zur Eroberung heraus. Die Welle der Rebellion, die aus verborgenen Quellen hervorbrach, geht unter in dem überwältigenden Sog. Die Reaktion gegen das Aufsteigen unbewußter Feindseligkeit siegt. Jeder Widerstand wird beiseitegefegt. Ein vollständiger Umschwung mit allen Anzeichen einer Läuterung findet statt, eine Erhebung mit dem Charakter einer Katalyse. Die Zuneigung, die aus einer so starken Reaktion entsteht, wird durch den Widerhall nur noch stärker.
Die Auffassung, daß Liebe das Ergebnis einer Gegenreaktion auf das Wirken von verdrängtem Neid und verdrängter Feindseligkeit ist, ist allen geläufigen Vorstellungen der Psychologie so fern, daß es schwierig

ist, sie in den präzisen Ausdrücken der Sprache der Psychologie zu formulieren. Nicht Zweifel oder Mangel an Mut läßt uns zögern, sondern eben der Umstand, daß diese Auffassung nie zuvor formuliert wurde. Zwei Schlüsse können wir immerhin ziehen, die meiner Ansicht nach unausweichlich sind:

1. *Liebe entsteht nicht aus dem Geschlechtstrieb, sondern gehört in das Reich der Ichtriebe.*
2. *Liebe ist ihrer wesentlichen Natur nach eine emotionale Reaktionsbildung auf Neid, Besitzgier und Feindseligkeit.*

Diese Charakterisierung gilt für alle Arten von Liebe, Verliebtheit und Leidenschaft, Zärtlichkeit für die Ehefrau, freundschaftliche und liebevolle Gefühle für den Nächsten. All das gründet sich auf die Überwindung des Neides und des Wunsches zu herrschen, der Feindseligkeit und der Eifersucht. Wir verstehen, daß der Akzent auf dem Triumph über diese unbewußten Emotionen liegen muß, auf der Intensität der Gegenreaktion auf sie oder der Endgültigkeit des Sieges der entgegengesetzten Gefühle.

Rückblickend fragen wir uns, wie wir das so lange übersehen konnten. Was sonst könnte die Liebe sein? Man braucht nur den Charakter der Liebe und ihre am stärksten ausgeprägten Merkmale zu betrachten. Sie sind alle Ausdruck des Gegenteils von Neid, Feindseligkeit und Zerstörungsdrang. Echte Liebe kennt keinen Neid. Sie freut sich am Glück, an den Leistungen und den guten Eigenschaften des Liebesobjekts. Liebe ist nicht feindselig, sondern der höchste Ausdruck der Zärtlichkeit. Die Kennzeichen der Reaktion sind so deutlich und sie rücken so sehr in den Vordergrund, daß wir uns nicht einmal vorzustellen vermögen, wie es anders sein könnte. Der Sieg ist so triumphal, daß es nie einen Kampf gegeben zu haben scheint. Die Herrschaft der Liebe ist so unangefochten und unanfechtbar, daß niemand glauben kann, daß sie einem Gegner abgerungen wurde.

Wir kennen viele ähnliche Reaktionsbildungen in der Psychologie und Psychopathologie. Oft wird eine starke Emotion nicht durch einen ausgeglichenen Zustand ersetzt, sondern sie schlägt in eine noch stärkere, entgegengesetzte Emotion um. Es scheint, daß während der Aktion gesammelte weitere Verstärkungen die kommende Reaktion verschärfen und daß der Gegenschlag heftiger wird als der ursprüngliche. So verwandelt sich oft eine Regung grausamer Befriedigung in Mitleid und Mitgefühl. Eine Depression wird durch eine manische Stimmung überwunden. Die Liebe selbst zeigt im Bereich der normalen Psychologie alle Anzeichen einer solchen manischen Verfassung. Sie ist in den menschlichen Emotionen die wichtigste Reaktionsbildung, die wir kennen.

»Ich liebe dich« bedeutet daher nicht »Ich hasse dich nicht«, sondern »Ich habe alle meine feindseligen Emotionen und Herrschaftsgelüste in

Zärtlichkeit für dich verwandelt«. Araber und Israeli grüßen einander mit dem Wort *Salaam*, beziehungsweise *Schalom*, was soviel wie »Friede« bedeutet. Es ist heute Ausdruck der Freundschaft und des guten Willens, war aber ursprünglich die Versicherung, daß der Sprechende keine aggressiven und feindseligen Absichten hatte.
Es ist nicht unwahrscheinlich, daß das, was heute nur ein unbewußter Prozeß ist, einmal bewußt erlebt wurde – in den prähistorischen Zeiten, in denen durch die Jahrtausende hindurch die Liebe in der Gesellschaft entstand und Gestalt annahm. Was sich heute im Bereich der menschlichen Emotionen abspielt, war vielleicht einmal eine Aufeinanderfolge von Geschehnissen, eine Auseinandersetzung, in der Wille gegen Wille stand, ein Wettstreit, auf den Zuneigung folgte. Es gibt noch Spuren einer solchen Entwicklung. Viele tiefe und dauerhafte Freundschaften in den alten Sagen werden zwischen Rittern erst geschlossen, nachdem sie zuvor einen erbitterten Zweikampf ausgetragen haben. Noch heute klingt am Beginn so mancher Freundschaft zwischen jungen Männern ein Echo dieser früheren Bräuche nach. Und geht nicht oft auch der Liebe zwischen den Geschlechtern eine Auseinandersetzung voraus? Wollte Isolde nicht Tristan töten? Die Szene, in der sie das Schwert zieht und es, überwältigt von der dunklen Gegenwelle, fallenlassen muß, wirkt auf uns wie eine bildliche Darstellung dieser Konflikte, die in uns allen vorhanden sind, aber nicht an die Oberfläche des Bewußtseins dringen. Bevor sie Zärtlichkeit und Zuneigung Platz machen, herrschen aggressive und mörderische Wünsche und Regungen gegen das geliebte und gehaßte Objekt. Wir sind hier an der geheimsten Stelle in den unterirdischen Bereichen angekommen. Wir finden ein Skelett im Schrank des Gewölbes, und es ist die Leiche des Partners. Das unvergleichliche Wunder, das romantische Liebe vollbringt, ist, daß sie diese Leiche nicht nur wieder zum Leben erweckt, sondern zu einem verklärten, strahlenden Leben, das es zuvor nicht gegeben hatte.

7

Es kann nicht unsere Aufgabe sein zu beschreiben, wie man sich fühlt, wenn man liebt. Dieses Thema müssen wir den Liebenden und den Dichtern überlassen. Wir können nicht die wunderbare Veränderung schildern, die mit dem Erscheinen der Liebe in einem Menschen vor sich geht. Wir können nur versuchen zu verstehen, warum sie zustandekam, und sie in psychologische Begriffe zu kleiden. Unsere Neugier möchte wissen, was da geschah und was aus den emotionalen Tendenzen wurde, denen wir zuvor begegneten. Wie verändert der neue Zustand das Ich? Was wurde aus der anfänglichen Unzufriedenheit mit sich selbst, aus dem Unbehagen oder der Verstimmung? Wo ist nun das Phantom des

Idealichs? Wo sind der Neid und die Eifersucht geblieben, diese starken Strebungen des Ichs? Bestehen Besitzgier und Feindseligkeit unter dem neuen Regime weiter? Hat die Liebe wirklich alles besiegt, oder gibt es nicht doch noch eine Unterströmung? Wir wissen, daß eine große Reaktion all diese Emotionen hinweggefegt, daß eine Flut sie fortgeschwemmt hat. Sie sind verschwunden. Aber heißt das, daß sie nicht mehr da sind oder daß sie sich nicht mehr offen zeigen?

Was das Reich der bewußten Gefühle und Emotionen betrifft, war die Reaktion vollkommen überwältigend, aber ein Teil der alten Regungen ist unzerstörbar im Unbewußten zurückgeblieben. Der Fliegende Holländer der alten Sage wird erlöst werden, wenn ihn eine Frau liebt. Das Wunder der Ekstase löscht alles andere aus. Festzustellen, daß man liebt, ist wie eine Offenbarung. Es ist, als wäre man in einem dunklen Labyrinth um eine Ecke gebogen und hätte mit einemmal den Ausgang vor sich. Dieses Gefühl hat nur sehr wenige Entsprechungen im emotionalen Leben. Die Gewißheit der Erlösung im religiösen Empfinden ist mit ihm vergleichbar. Sie gibt dem wahrhaft Gläubigen einen inneren Frieden, eine Sicherheit und ein Selbstvertrauen ähnlicher Art. Wie Gott in der Religion, so wächst die Gestalt des geliebten Menschen zu gigantischen Proportionen an, während das Ich immer kleiner wird. Oder vielmehr: Das Ich wird beinahe von diesem größeren Ich absorbiert, es wächst in und mit ihm. Nur kleine Reste des früheren Mangels an Glauben, des alten Defätismus bleiben zurück. Sie beschränken sich auf gelegentliche Ängste, daß man des Liebesobjekts nicht würdig sein könnte. Diese Ängste sind wie ein schwaches Echo des ursprünglichen Mangels an Selbstvertrauen, aber diese Art von Kleinmütigkeit hat nicht den Charakter der Minderwertigkeit, sondern den der Bescheidenheit angesichts des Liebesobjekts. »Wär' ich du und wärst du ich, sag mir nur, wie liebt' ich dich?« Durch ein Spiel der Phantasie tauscht hier der Liebende den Platz mit der Geliebten, und er kann nicht begreifen, was sie an ihm liebt oder was an ihm liebenswert sein könnte. In dieser umgekehrten Situation könnte er einen Menschen wie sich nicht lieben. Aber von dieser Ausnahme abgesehen, fühlt sich der Liebende selbstsicher und voll Mut. Er möchte klüger, edler und begabter sein als er ist, nur um des Liebesobjekts willen. Er hat das Gefühl, daß er nicht geliebt wird, weil er es verdient, sondern trotz der Tatsache, daß er keine Verdienste vorzuweisen hat. Er möchte wachsen und ein besserer Mensch werden, um dem Liebesobjekt zu gefallen.

Ein Gefühl der Minderwertigkeit kann zurückbleiben, aber nur in bezug auf den geliebten Menschen. Im *Kaufmann von Venedig* sagt Porzia:

> Ihr seht mich, Don Bassanio, wo ich stehe,
> So wie ich bin: obschon, für mich allein,

Ich nicht ehrgeizig wär in meinem Wunsch,
Viel besser mich zu wünschen; doch für Euch
Wollt ich verdreifacht zwanzigmal ich selbst sein,
Noch tausendmal so schön, zehntausendmal
So reich. –
Nur um in Eurer Schätzung hoch zu stehn,
Möcht ich an Gaben, Reizen, Gütern, Freunden
Unschätzbar sein; doch meine volle Summa
Macht etwas nur: das ist, in Bausch und Bogen,
Ein unerzognes, ungelehrtes Mädchen ...

Der Liebende empfindet eine neue Demut, während er zugleich voll Selbstvertrauen ist. Manchmal sieht sich eine Frau in ihren Tagträumen sogar schöner und bezaubernder für ihr Liebesobjekt. Gelegentlich treten die alten Phantasien von einem besseren und anziehenderen Ich wieder auf; Bilder, wie man gern aussehen möchte, andere Verkörperungen des eigenen Ichs, die der Liebende verzückt betrachten würde. Diese Demut schließt ein neues Gefühl des Selbstvertrauens nicht aus, während das Zentrum der Schwerkraft in der Person des oder der Geliebten liegt. Sie schließt es ebensowenig aus, wie die fromme Gottergebenheit die Gewißheit ausschließt, in Seiner Gnade zu ruhen und Seiner Güte teilhaftig zu sein. Wer liebt, besitzt eine neue Freiheit. Ich hörte einmal eine Dame erklären: »Wenn ich Wein trinke, läßt er mich nicht Dinge sagen, die ich nicht sagen sollte. Er läßt mich vielmehr Dinge sagen, die ich längst hätte sagen sollen, aber nicht zu sagen wagte.« Das ist genau der Geist des neuen Mutes, der auf alle anderen Forderungen verzichtet und alle Schulden tilgt. Jeder Zustand der Liebe ist von einer solchen Veränderung des inneren Tonus des Ichs begleitet. Nicht ein auf die Drüsen zurückgehender Faktor hat die Person verwandelt, sondern eine emotionale Veränderung läßt die Drüsen anders arbeiten.
Es ist nicht wahr, daß das Wunder nur in der Einbildung geschieht. Man betrachte eine Frau, bevor und wenn sie liebt. Sie ist ein anderer Mensch, und eine solche Wirkung hätte kein Schönheitssalon zustandegebracht. Oder man sehe sich einen Mann an, der nicht einmal liebt, sondern nur verliebt ist. Er hält sich aufrechter, wirkt jünger und fühlt sich sicherer. Er hat eine vibrierende Lebhaftigkeit an sich und strahlt Wohlbefinden aus. Wenn man liebt, fühlt man sich auf dem Gipfel der Welt, und man meint, daß einem nun nichts Schlimmes mehr passieren kann. Ein verborgenes Licht scheint in einem zu brennen, das nicht nur das Feuer der Leidenschaft ist. Es ist, als fühlte sich der Liebende gefeit gegen »die Pfeil' und Schleudern des wütenden Geschicks«. Er ist voller Spannkraft, voller Leben. Er fühlt sich nicht nur lebendig, sondern neugeboren; er spürt ein neues Leben, das so voller Freude und Kraft ist, daß er nicht

geht, sondern zu schweben scheint. Im Zustand der Unzufriedenheit und Verstimmung, der der Liebe vorausging, rang der Mensch um eine Weltanschauung, die ihn trösten und die sein Selbstvertrauen stärken konnte. Jetzt braucht er dergleichen nicht. Der junge Romeo, den Bruder Lorenzo mit »der Trübsal süßer Milch, Philosophie« trösten will, ruft: »Hängt die Philosophie! Kann sie nicht schaffen eine Julia ...«

Nichts wird in der Liebe neu geboren. Sie kann die angeborene Natur nicht ändern, aber sie kann latente Begabungen entwickeln und das Beste, was ein Mensch in sich hat, ans Licht bringen. Dante hat daher, psychologisch gesehen, recht, wenn er von seiner ersten Begegnung mit Beatrice sagt: *»Incipit vita nova.«* Für ihn war sie eine emotionale Wiedergeburt, sie bewirkte eine Regeneration.

Aber wie ist das möglich? Die Unzufriedenheit, die eine psychologische Vorbereitung für die ganze Entwicklung war, gab dem Menschen oft den Wunsch ein, sein Wesen zu ändern, sich seiner Persönlichkeit zu entledigen und ein anderer zu werden. Die Liebe hat diesen Wunsch erfüllt, nicht nur durch die Veränderung in ihm selbst. Die Liebe hat die schwere Last des Ichs von ihm genommen. Sie hat ihn entselbstet, von dem Druck befreit, sich selbst mit sich herumzutragen. Durch ihre magische Verwandlung wird eine Erlösung bewirkt, die nur mit der Erlösung im religiösen Sinne vergleichbar ist. Die tief innerliche Befriedigung eines zuvor ruhelosen Menschen, der seinen Frieden in Gott gefunden hat, der seine Konflikte und sein Schicksal Gott anvertrauen kann, entspricht der emotionalen Verfassung des Liebenden. »Ruhelos ist unser Herz, bis es in Dir ruht«, sagt der heilige Augustinus, der die unmittelbare Wirksamkeit der Gnade verkündete. So kann der Liebende zur Geliebten sprechen. Die emotionale Aufwallung in ihm kommt zu einem großen Teil daher, daß er imstande ist, sich von dem Konflikt zu befreien, den er seit seiner Kindheit in sich trägt.

Gott ist das höchste und allgemeinste Ichideal eines Stammes, eines Volkes oder eines großen Teils der Menschheit. Ebenso wird der geliebte Mensch zur Verkörperung des Ichideals eines einzelnen. Er hat den Platz dieses Phantoms eingenommen. Der Konflikt, der uns so lange verfolgt hat, selbst wenn wir uns dessen gar nicht bewußt waren – und besonders dann –, existiert vorerst nicht mehr. Es ist ein Segen in der Selbstvergessenheit wie in der völligen, vorbehaltlosen Hingabe an den Glauben und an Gott. Das Ende der inneren Spannung läßt einen neuen Strom emotionalen Lebens entspringen. Die romantische Liebe ist ein Glaube, in dem wir uns entspannen und ausruhen, und ihr Erscheinen ist eine in ihrer Wirkung ebenso überwältigende Offenbarung wie ein Wunder, das uns von oben zuteil wird. Der Mensch fühlt sich auserwählt wie der wahre Gläubige, so als hätte ihn etwas über seine Kümmernisse und Sorgen hinausgehoben. Wenn man ihn fragt, wie es ihm gehe, brauchte er nicht zu antworten »sehr gut« oder »ausgezeichnet«; er könnte sagen: »Das geht mich nichts an«, denn sein Ich ist anderswo, es ist mit einer anderen Person verschmolzen. Dabei handelt es sich nicht um eine Identifikation mit dem anderen, sondern vielmehr um ein Verschwinden des beschwerlichsten Teils des Ichs und einen Ersatz durch die Geliebte, die zu seinem Zentrum wird. Sie ist ein superlatives Ich, das ihn mit einem neuen Gefühl des persönlichen Wertes erfüllt, seine Persönlichkeit erweitert, ihm Selbstvertrauen gibt. Keiner, der sich als Niemand fühlt, kann sagen: »Ich liebe dich.« Man muß sich selbst gewinnen, bevor man sich verschenken kann. In diesem Sinne bedeutet Lieben: werden, was man sein möchte.

Jede tiefe Veränderung in uns ändert auch unsere Umwelt. Sie verändert sich mit uns. Nach einer religiösen Bekehrung nehmen alle Dinge Bedeutung an, und die Güte und Schönheit der göttlichen Schöpfung ist in ihnen. Ebenso erscheinen alle Menschen und Dinge in einem neuen Licht und nehmen eine neue Würde an, wenn man liebt. Alle scheinen freundlich zu sein und eine verborgene Bedeutung zu haben. Es gibt keinen Platz mehr für Gleichgültigkeit ihnen gegenüber. Ich habe beschrieben, wie das Wesen des Glücklichseins in der Liebe durch die Befreiung von dem schwierigen und manchmal lästigen Idealich bestimmt wird – von der Aufhebung der Tyrannei des Ichs dadurch, daß man das Ideal im Partner verkörpert findet. Es ist ein Verlust in dem Sinne, daß man eine Last los wird, und ein Gewinn insofern, als man Hoffnungen, die man beinahe schon aufgegeben hatte, erfüllt sieht. Das zweite Ich ist nicht ein Ersatz und eine Fortsetzung des eigenen, tatsächlichen Ichs, sondern dessen Erweiterung, Vergrößerung und Bereicherung. Das Idealich verschwindet, wenn man liebt. Es verschwindet in seiner Erfüllung. Alle Strahlen werden in dem einen Brennpunkt des geliebten Menschen gesammelt. Das Ich hat seine Schale zerbrochen. Nur einige schwache Echos erinnern noch an den früheren Zustand, in dem nicht ein lebendiger Mensch, sondern ein Phantasiebild regierte. Der Liebende hat manchmal das Gefühl, alles sei nur ein Traum, es könne nicht wahr sein. Es ist kein Traum, es ist wahr. Aber es *war* ein Traum. Man vergleicht Traumgestalten nicht später mit lebendigen Menschen, aber manchmal erinnern einen lebendige Menschen an einen Traum, den man hatte. Das ist so, weil die Phantasie da war, bevor das Objekt erschien. Es gibt auch keinen Vergleich mit anderen Objekten, weil für einen solchen Vergleich der Maßstab fehlt. Ich verstehe nicht, warum man die Liebe manchmal einen »Egoismus zu zweit« nennt. Sie ist eher ein »Idealismus zu zweit«, die Erfüllung der Ideale zweier Menschen.

Das Gefühl des Einsseins zweier Menschen, einer emotionalen Einheit, ist ein seltsames Phänomen, wenn man bedenkt, daß es einer Situation der Uneinigkeit entsprang. Eine in sich zerstrittene Familie wurde durch den Prozeß der Vereinigung mit einer anderen zu einer Einheit. Ursprünglich gab es ein Bestehen auf den Grenzen des Ichs, einen Unwillen, sich selbst aufzugeben, eine schreckliche Angst vor dem Verlust der eigenen Individualität und kostbaren Einzigartigkeit. Nun scheint es so, als verspräche gerade die Selbstaufgabe das Heil und als bedeutete es eine geistige Gefahr, sich ängstlich für sich selbst behalten zu wollen. Das Paradoxon aus dem Lukas-Evangelium ist hier angebracht: »Denn wer sein Leben erhalten will, der wird es verlieren; wer aber sein Leben verliert um meinetwillen, der wird's erhalten« (9, 24.). Menschen, die leidenschaftlich lieben, bestehen nicht mehr auf ihren Rechten und ihrer Macht. Sie versichern uns, daß sie nicht zwei, sondern eins sind. Diese Verschmelzung zweier Persönlichkeiten, dieses Verschwimmen der Grenzlinien zwischen den Individuen, ist von Tausenden von Dichtern verherrlicht worden. Hier ein schönes Beispiel aus dem fernen Osten. Kuan Tao-Sheng, die Frau des großen chinesischen Malers Chao Mang-Fu, fühlte, daß ihr Mann ihr seine Liebe entzogen und sich einer Geliebten zugewandt hatte. Sie schrieb das folgende Gedicht:

Nimm einen Klumpen Ton,
Befeuchte ihn, knete ihn,
Mach eine Statue von dir,
Eine Statue von mir.
Zerschlage sie dann, zerdrücke sie,
Gib Wasser dazu,
Vermenge sie und forme draus
Eine Statue von dir,
Eine Statue von mir.
Dann sind in meiner Stücke von dir
Und in dir Stücke von mir.
Nichts wird uns jemals trennen.

Wie gut beschreibt dieses Gedicht den gegenseitigen Austausch der Bilder (oder Statuen) und die Verschmelzung zweier Menschen. Chao Mang-Fu war von dem Gedicht so gerührt, daß sich seine Zuneigung wieder seiner Frau zuwandte.

Vergessen wir nicht, daß diese Verschmelzung die zärtlichste Art ist, vom anderen Besitz zu ergreifen, obwohl sie gleichzeitig die Selbstaufgabe bedeutet. Auf diesem indirekten Weg hat das Individuum seinen ursprünglichen Wunsch erfüllt, den anderen zu besitzen oder der andere zu sein. Und es hat so auch das andere Ziel erreicht: aus der Gefängniszelle seiner eigenen Individualität befreit, für die Dauer der Leidenschaft aus seiner Einzelhaft entlassen zu werden. Es hat die Ich-Erfüllung und Ich-Vervollständigung in Form einer *pénétration pacifique* erlebt, in der sich das Ich und das Du vereinigt haben. Besitzergreifen auf der höchsten

Ebene vollbringt hier das Wunder, ein Individuum aus zweien zu machen. Marie de France fühlte das: *»Ni moi sans vous, ni vous sans moi.«* Dieses Gefühl der Unteilbarkeit der Liebe hat sogar die Kraft, die Bedeutungsinhalte alltäglicher Wörter zu ändern. »Du« und »Ich« werden austauschbar, und »Wir« kann zum persönlichen Fürwort der Einzahl werden. Eine merkwürdige Änderung in der Einstellung zum eigenen Namen findet statt, die das Ergebnis der Metamorphose der Person ist. Wir betrachten den Namen unbewußt als einen wesentlichen Teil von uns, den wir sehr schätzen. Wir reagieren empfindlich auf Entstellungen in der Aussprache und Schreibung und sehen ihn nicht gern mit anderen verwechselt, so als wäre in ihm ein Stück unserer Individualität enthalten. Erstaunt bemerken wir daher, daß leidenschaftliche Liebe bereit ist, auf dieses Privileg des Namens zu verzichten, so als hätte der Ausdruck einer eigenen Persönlichkeit keinen Wert mehr. »Isolde ist nicht mehr, Tristan nicht mehr, und kein Name kann uns mehr trennen.« Diese Erklärung enthüllt die Tendenz, die Trennwand niederzureißen, die durch die verschiedenen Namen der Liebenden gebildet wird. Es ist kein Zufall, daß derselbe Wunsch, den Namen als symbolische Grenze der Individualität zu beseitigen, wieder in Shakespeares Stück erscheint. Julia sagt:

> Dein Nam ist nur mein Feind. Du bliebst du selbst
> Und wärst du auch kein Montague ...
> ... Oh, ändre deinen Namen!

Romeo [wäre er selbst] wenn er auch anders hieße ...

> Er würde doch den köstlichen Gehalt
> Bewahren, welcher sein ist ohne Titel.
> O Romeo, leg deinen Namen ab,
> Und für den Namen, der dein Selbst nicht ist,
> Nimm meines ganz!

Romeo ist sofort bereit. Er will neu getauft werden und hinfort nicht mehr Romeo sein.

> Mein eigner Name, teure Heil'ge wird,
> Weil er dein Feind ist, von mir selbst gehaßt.
> Hätt ich ihn schriftlich, so zerriß ich ihn.

In diesen beiden Liebestragödien, die zeigen, wie sich Haß in Leidenschaft verwandelt, erscheint der gleiche Eifer, den eigenen Namen zu verlieren, als wäre er das Symbol der Trennung. Aber der Name des anderen ist auch ein lieber, zärtlicher Klang und wird in Gedanken tausendmal wiederholt. Er wird gerufen und beschworen, wie ein Gott bei seinem Namen angefleht wird. Er ist ein »silbersüßer Laut«, den der andere ausspricht. Der Name ist so die Brücke zwischen den Liebenden, die sie einander näher bringt. Aber er ist auch der Abgrund, der sie trennt. Der Name bezeichnet nicht nur den anderen. Er ist auch ein Symbol dafür, daß er der andere bleibt trotz aller Bemühungen, sich zu vereinigen, eins zu werden. Er versinnbildlicht die Unmöglichkeit, die Schranken der Individualität zu überwinden, und den Schmerz darüber. Sie sehnen sich so sehr danach, eins zu sein, und bleiben doch zwei. Sie bleiben getrennt in der intimsten Vereinigung. Sie zittern beim Gedanken an Trennung, aber kann die Liebe, wenn sie zusammen sind, das Wunder des Einsseins wirken?

Nicht nur die Liebenden, alle Dinge werden durch die Leidenschaft umgeformt. Alle werden bezaubernd, weil er oder sie unter einem Zauber steht. Nicht nur wer liebt, sondern die ganze Welt liebt einen Liebenden. Seine Empfindsamkeit ist geschärft, und er hat das Gefühl, daß ihm eine neue Welt eröffnet wurde, von der er noch nichts gesehen und gehört hat. Nichts ist dann trivial und schal. Alles ist neu für ihn, und die Natur selbst trägt den einzigartigen Stempel seiner Leidenschaft. Er fühlte sich so lange als Fremder in dieser Welt, und nun fühlt er sich in ihr zu Hause. Er entdeckt sie neu. Was er hört und sieht, nimmt eine neue Bedeutung an oder gewinnt eine alte zurück, die lange verloren war. Alles scheint ihm freundlich zuzunicken und ihn zu erkennen. Alle Menschen erscheinen ihm liebenswert, weil er liebt. Die Welt entfaltet sich vor ihm. Er fühlt sich als Eingeweihter und empfindet überströmende Zuneigung zu allem, was lebt. Wieder findet sich hier die Analogie zur ehrfurchtsvollen, anbetenden Haltung des Gläubigen, der die Schönheit und den tiefen Sinn der Schöpfung Gottes in allen Dingen, den größten und den kleinsten, bewundert. Es wäre möglich, die umfassende Liebe, in die der heilige Franz von Assisi alle Wesen, sogar Läuse, einschließt, mit Romeos Weltbetrachtung zu vergleichen. Wie Gott für den einen Seine ganze Schöpfung heiligt, so verwandelt für den anderen Julias Gegenwart alles, »und jeder Hund und Katze und kleine Maus, das schlechteste Geschöpf, lebt hier im Himmel, darf ihr Antlitz sehen«. In dieser Berauschtheit der Seele und der Sinne erscheinen Menschen und Dinge, als lernte man sie neu kennen. Alles wird von dem neuen Leben berührt, das der Liebende in sich fühlt und das alle Dinge veredelt.

Zeit und Ort gewinnen eine neue Bedeutung, so als borgten sie diese vom Liebesobjekt und von ihm allein. Es sieht so aus, als änderten sich unsere Vorstellungen von Zeit und Ort mit der neuen Ich-Einstellung. Der Zeitsinn wird von der An- oder Abwesenheit des Objekts beherrscht.

Wir sagten schon, daß das Ichideal in dem geliebten Menschen erfüllt wird. Aber der Drang zur Selbsterfüllung ist nicht tot, er ist nur abgestumpft. Die Unzufriedenheit, die Ängstlichkeit und das Mißvergnügen an sich selbst sind verschwunden. Der Liebende hat eine neue Würde gewonnen. Besitzenwollen und Gier wurden aufgegeben, aber ein Teil dieser Emotionen hat sein Ziel auf einem Umweg erreicht. Die Liebe selbst ist eine Mischung von Zärtlichkeit und Beherrschung, von Hingabe an das Objekt und Besitzergreifen.

Was wird aus Neid und Eifersucht? Als in der emotionalen Reaktionsbewegung die Flut einsetzte, schwemmte sie diese Regungen in einer Woge der Zärtlichkeit hinweg. Sie fallen ebensosehr durch ihre Abwesenheit auf wie die entgegengesetzten Neigungen durch ihre Anwesenheit und Vorherrschaft. Das letzte Überbleibsel des Besitzsinnes drückt sich manchmal in dem Unwillen aus, die Gesellschaft des Liebesobjekts mit anderen zu teilen. Der tiefe, starke Zwang des Neides machte dem Wunsch Platz zu geben und sich der Gaben und Leistungen des Partners, des zweiten und besseren Ichs, zu erfreuen. Man kann nicht auf sich selbst neidisch sein. Wenn man zuvor dem anderen die Privilegien oder Vorzüge mißgönnte, freut man sich nun an seiner Freude. Das Objekt hat einen zuvor erregt, nun macht es einen froh. Zuvor war man schweigsam, nun ist man gesprächig. Nun ist man nicht nur an ihrem (oder seinem) Wesen interessiert, sondern an ihrem (seinem) Wohlbefinden. Anstatt eifersüchtig auf die überlegenen Eigenschaften des anderen zu sein, ist man stolz auf sie, als wären es die eigenen. Man empfindet sie als die eigenen.

Man hört oft, die Vollkommenheit der Liebe liege darin, daß sie so »selbstlos« sei. Darüber läßt sich streiten, aber die Frage sollte nicht dialektisch diskutiert werden, sondern aufgrund psychologischer Untersuchungen. Der Prüfstein der Liebe ist nicht die völlige Anwesenheit von Feindseligkeit und Grausamkeit, sondern von Neid und Gier. Es ist kein entscheidendes Kriterium, wenn man über das Leiden eines Menschen, der einem nahesteht, bekümmert ist. Es gibt auch Kummer und Schmerz im Mitleid, und Mitleid ist nicht Liebe. Wir können diese Emotionen für Menschen aufbringen, die uns nichts bedeuten. Meiner Meinung nach ist die Liebe auf ihrer höchsten und leidenschaftlichsten Ebene ganz und gar selbstsüchtig, solange man den anderen als einen Teil seiner selbst empfindet. Ich fühle nicht altruistisch, wenn ich mich über die Freude eines geliebten Menschen freue. Das ist dieselbe Freude, die ich empfinde, wenn ich mir vorstelle, daß ich jemandem, der mir lieb ist, eine Freude mache. Werde ich daran gehindert, meiner Partnerin Freude zu geben, so ist es, als würde die Freude mir vorenthalten. Es stimmt nicht, daß wir stellvertretend Freude empfinden. Wir genießen sie direkt selbst, aber dieses Selbst ist ein anderes geworden; es hat den anderen Menschen in sich aufgenommen.

Während unser primitiver Wunsch darauf gerichtet ist, zu nehmen, was ein anderer hat und was wir begehren, kennt die leidenschaftliche Liebe nur den Wunsch zu geben und zu geben. Ein unstillbarer Durst danach bringt das Wunder zustande, daß Geben seliger ist denn Nehmen. Die Sorge um das Glück des anderen ist unser Glück geworden. Wer könnte mehr verlangen? Julia fühlt: Ihre Huld ist

So grenzenlos ...
So tief ja wie das Meer. Je mehr ich gebe,
Je mehr auch hab ich: beides ist unendlich.

Wer haßt, ist wütend, weil er nicht nehmen kann, weil er dem anderen nicht entreißen kann, was er haben möchte. Wer liebt, ist dankbar, wenn er geben darf. Wir sind hier bei dem eigentlichen Kriterium tiefer Liebe angekommen. Ich überlasse einem anderen Menschen nicht nur etwas, was ich selbst haben möchte, sondern es macht mir mehr Freude, daß *er* (oder sie) es besitzt, als wenn ich es selbst hätte. Der negative Beweis ist leicht erbracht. Wenn mir etwas ohne *sie* weniger Freude macht, so kommt das daher, daß sie und ich es nicht gleichzeitig haben. Mein Vergnügen wird durch das Bedauern darüber gemindert, daß sie nicht da ist, um mit mir dieselbe Musik, dasselbe Schauspiel zu genießen. Es wäre nicht korrekt zu sagen, daß ich das Vergnügen mit der Geliebten teilen möchte, denn das würde voraussetzen, daß jeder von uns einen Teil davon besitzt, was eine Trennung und Aufteilung bedeutet. Ich teile die Freude nicht mit ihr, sondern ich empfinde ihre Freude als meine eigene.

Die Psychologie der Liebe macht sogar die seltsame Tatsache möglich, daß ich mich an etwas, was mich sonst gleichgültig ließe, erfreue, weil sich das geliebte Wesen daran erfreut. Der Unterschied ist in diesen Fällen leicht zu spüren. Sie gehen mit Ihren Kindern in ein Kasperltheater, das kindisch oder dumm ist, aber das wird Ihnen gar nicht bewußt. Es gefällt Ihnen, weil es den Kindern gefällt. Sie hören sie über die Witze lachen und empfinden Zärtlichkeit für sie. (Es gibt zwei Arten von unsterblicher Musik: die Melodien der großen Meister und das unbeschwerte Lachen kleiner Kinder.) Vergleichen Sie diese Situation mit einem gelegentlichen unfreiwilligen Besuch einer Kinder-Matinée. Es ist möglich, daß Sie auch hier das herzliche Gelächter der Kinder ansteckt und daß Ihnen die Vorstellung gefällt, aber das ist ein eindeutiger Fall von Identifikation. Sie *teilen* die Gefühle der Kinder, fühlen aber selbst nicht wie sie. Sie fühlen sich ihnen überlegen, während Sie das Schauspiel genießen, und das ist ein Gefühl, das mit Liebe absolut nichts zu tun hat. In dem einen Fall haben Sie teil an der Freude der Kinder, in dem anderen freuen Sie sich mit ihnen gemeinsam. Dieses »Gemeinsam« zeigt den besonderen Charakter der Zuneigung an. Es ist eines der magischsten Wörter unserer Sprache.

Ein anderes Beispiel, das die unterschiedlichen Gefühlsstimmungen veranschaulicht: Einer Gastgeberin macht es Freude, wenn ihre Gäste finden, daß das Abendessen, das sie für sie zubereitet hat, vorzüglich ist. Sie genießt das Essen mit ihnen. In der Liebe genießt man in der bloßen Vorstellung eine köstliche Speise, die die Geliebte ißt. Es ist kein geteilter, sondern ein völlig eigener, selbstsüchtiger Genuß. Was sie ißt, macht einen nicht satt, aber ihr Genuß macht einen glücklich. Wer behauptet, Liebe sei altruistisch, erliegt einem schweren Irrtum. Sie ist so selbstsüchtig wie das Atmen, aber das Selbst hat sich verändert: Es hat einen anderen Menschen in sich aufgenommen.

Bewußter Neid scheint das Gefühl zu sein, das mit Liebe oder tiefer Zuneigung völlig unvereinbar ist, was meiner Meinung nach höchst bedeutsam für deren Natur und Ursprung ist. Hier hat die Gegenbewegung oder Reaktion ihren Gipfel in einer Art von Umkehr der ursprünglichen Tendenzen erreicht, die abgelehnt wurden. Der Liebende ist dankbar dafür, daß er geben darf. Er dankt der Geliebten für die Annahme seiner Gaben. Geben bedeutet zugleich nehmen und geben. Daher ist auch der Gedanke des Opfers dem Geist der innigsten Liebe fremd. Ein Opfer bringen bedeutet, einem anderen etwas geben, obwohl man es selbst schätzt. Die reinste Liebe schätzt etwas nur insofern, als es zum Besitz des geliebten Menschen werden kann. Die Figur des sich aufopfernden oder in den Hintergrund tretenden Liebenden ist daher ein Widerspruch in sich selbst, wenn wir die höchsten Maßstäbe an die Liebe anlegen. Eine Tat, die als Opfer empfunden wird, bedeutet nicht wahre Liebe. Wenn der Liebende in dem, was er für die Geliebte tut, ein Opfer und ein Verdienst sieht, ist das Gold schon mit weniger edlen Metallen verfälscht. Aber eine solche Legierung ist vielleicht für den täglichen Gebrauch ebenso nötig und unvermeidlich wie für Goldschmuck in Form von Ringen oder Armbändern.

Die Feindseligkeit ging in Zärtlichkeit über, aber ein Teil bleibt unversehrt erhalten. Dinge wie Streit unter Liebenden oder der rasche Übergang von Zärtlichkeit zu Heftigkeit gehören in diesen Bereich. Nicht das Fehlen von Feindseligkeit, sondern die Abwesenheit von Neid entscheidet, wie tief man liebt.

Was die erste Liebe kennzeichnet, ist die Mischung aus Stolz und Demut. Ein schönes junges Mädchen, das in seiner Schüchternheit ungewöhnlich zurückhaltend war, versuchte mir einmal zu beschreiben, wie es die Liebe kennengelernt hatte. Es war zwischen den beiden jungen Menschen nicht viel gesprochen worden, aber danach gingen sie Hand in Hand wie berauscht durch die Straßen. Sie fühlte, wie ihr das Herz weit wurde, und war ganz ruhig. Alles schien gelöst zu sein. Sie konnte die Fragen beantworten, die sie gequält hatten. Ereignisse und Dinge, die belanglos gewesen waren, waren plötzlich voller Bedeutung. Eine ihnen beiden gemeinsame Welt öffnete sich. Sie konnte nicht ausdrücken, was sie fühlte, aber er sprach aus, was sie dachte, als wäre er Gedankenleser.

»Ich dachte nicht mehr darüber nach, ob es richtig oder falsch war, daß ich ihm einen Gutenachtkuß gegeben hatte. Es spielte keine Rolle, nichts spielte mehr eine Rolle.« Sie hatte versprochen, ihm sofort zu schreiben, da er in ein Ferienlager fahren mußte. Aber sie konnte ihm nicht schreiben. Nachdem sie zu Bett gegangen war und das Licht gelöscht hatte, konnte sie ihm in der Dunkelheit sagen, was sie fühlte: »Ich werde mich noch in vielen Dingen ändern, aber ich werde dich immer lieben.«

Einige Tage später hielt sie es nicht mehr aus. Sie erzählte ihrer Mutter, was in ihrem jungen Leben geschehen war. Aber dann sprach sie davon, daß sie oft nicht recht wußte, ob sie den jungen Mann wirklich liebte, daß sie ihre vielen Schwächen nur allzu gut kannte und ihrer selbst nicht mehr sicher war. Die Mutter hörte ruhig zu und sagte dann: »Diese Zweifel gehen vorüber. Hab nur Vertrauen zu dir selbst!« Wer hatte der Frau, die sonst nicht sehr klug war, das unseren Psychologen unbekannte Geheimnis verraten, daß man selbstbewußt sein muß, um zu lieben, und daß Zweifel an der eigenen Zuneigung oft auf mangelndes Selbstvertrauen hinweisen?

8

Man sagt, daß man die Qualität eines Puddings nicht beim Essen erkennt, sondern erst einige Stunden später. Die Zeit wird zeigen, ob es Liebe oder nur eine vorübergehende Verliebtheit war. Die Zeit wird aber auch zeigen, was wahre Liebe ist. Und warum sollte sich die Liebe nicht ändern in einer Welt, in der sich alles ändert und in der Leben ohne Veränderung unmöglich ist? Die Idee der Dauer, der Unveränderlichkeit des Charakters ist auch im Bereich der Liebe reine Phantasie. Bei der Beurteilung dieses Gefühls, das eine der Hauptquellen menschlichen Glücks ist, sollte man seine Macht und seine Grenzen erkennen. Dabei darf man aber seinen Wert nicht von seiner Dauer abhängig machen. Die Zeit, die es dauert, ist nicht sein Kriterium. Die Philosophen, die der Liebe die Qualität der Dauer zuschreiben, begehen denselben Fehler wie ein britischer Labour-Führer im Unterhaus, der eine schier endlose Rede hielt. Der Vorsitzende, Lord Snell, bemerkte anschließend: »Reden brauchen nicht ewig zu dauern, um unsterblich zu sein.« Manchmal hat man den Eindruck, daß Liebende die unbewußt vorausgeahnte kurze Zeit, die ihnen gegeben ist, durch die Heftigkeit ihrer Leidenschaft kompensieren. Die Liebe Romeos und Julias dauerte nur einige Tage, die Tristans und Isoldes nur einige Wochen. Wer wagte zu sagen, sie hätten nur eine flüchtige Verliebtheit und nicht wahre Liebe erlebt?

Im Gegensatz zu anderen Psychologen ging ich bei meinen Untersuchungen nicht vom Wesen der Liebe aus, sondern von dem, was vor ihr kommt. Ich hoffte, ihr Wesen transparent zu machen, indem ich beschrieb, woher sie stammt. Bei meiner Schilderung der vorausgehenden Phasen zeigte ich den Boden, in dem ihr Same aufging, das stille Leben des aufwärts drängenden Sprosses, den Kampf, gegen den Widerstand der dunklen Erde ans Licht zu gelangen, und das Knospen und Erblühen der Liebe. Im Gegensatz zum Blühen muß man das Welken sehen. Die Art, wie sie welkt, sagt uns ebensoviel über diese kostbare Blume, wie wir aus dem Studium ihrer frühesten Phasen erfuhren. Was der Liebe widerspricht, führt zu ihrem Verfall und wirft ein Licht auf ihren Ursprung. Die Art, wie sie welkt und schrumpft, zeigt in umgekehrter Reihenfolge, wie sie begann und ihre Blüte erreichte. Ihr Ende liegt in ihrem Anfang.

Im Rahmen dieser Auffassung erschien die Liebe als eine große emotionale Reaktionsbildung. Die Zuneigung erreichte ihr Ziel nach einem heftigen inneren Kampf, aus dem sie über einen mächtigen Gegner triumphierend hervorging. Es gab ein regelrechtes Handgemenge, bei dem eine Zeitlang Freund und Feind schwer auseinanderzuhalten waren. Der Gegner wurde geschlagen, aber er kapitulierte nie wirklich. Es wäre trivial zu sagen, daß Liebe kein statischer Zustand ist, aber es ist wichtig, sich vor Augen zu führen, daß die Liebe die Vorherrschaft gegen einen hartnäckigen Widerstand gewann und immer noch gegen plötzliche Angriffe ihres alten Feindes verteidigt werden muß. Wenn die Liebe stirbt, erliegt sie der zunehmenden Stärke dieser Angriffe von innen her. Der Liebende geht denselben Weg hinunter, den er heraufkam. Das Ende kann ein langer, trauriger Prozeß des Niedergangs und des Zerfalls sein. Es kann relativ schmerzlos sein oder Kummer und Qualen mit sich bringen. Es ist manchmal ein ebensolcher Kampf wie der anfängliche, aus dem die Liebe siegreich hervorging, ein Kampf, bei dem der ganze Mensch einen großen inneren Aufruhr erlebt und außer Fassung gerät. Es ist grausam gegenüber dem anderen, wenn der Prozeß der Loslösung mitleidlos vollzogen, und manchmal noch grausamer, wenn er voll Mitleid geplant wird. Die alten Bakterien sind wieder virulent geworden. Sie befallen das Material der Liebe, das sie zersetzen und zerstören.

Wir haben das Bild einer rückläufigen Entwicklung vor uns und finden die Bestätigung eines psychologischen Gesetzes, das ich so formuliere: Alle emotionalen Zustände neigen dazu, auf dem Weg ihrer Entwicklung zu ihrem Ursprung zurückzukehren. Der Beobachter kann erkennen, daß die Rückwärtsbewegung dieselben Phasen durchläuft, die er zuvor in der anderen Richtung gesehen hat. Manchmal scheint es so, als würde die eine oder andere Etappe übersprungen, aber dieser falsche Eindruck entsteht dadurch, daß der ganze Prozeß, der eine bemerkenswerte Geschwindigkeit hat, unbewußt verläuft.

Die meisten Menschen neigen dazu zu denken, daß der Liebende eine Enttäuschung oder Ernüchterung in bezug auf das Objekt erlebt und plötzlich entdeckt, daß er und sie nicht gut zusammenpassen. Er wurde sozusagen rasch reich und ist nun mit einemmal verarmt. Aber selbst wenn es zuträfe, daß das Liebesobjekt an den veränderten Gefühlen schuld ist, kann dies nicht der einzige Faktor sein. Das wäre eine zu grobe Vereinfachung des Sachverhalts. In vielen Fällen ändert sich das Liebesobjekt nicht wesentlich, aber die Augen, die es betrachten, sehen neue, unangenehme Züge, oder sie sehen die alten nicht mehr, die reizend und einnehmend waren. Manchmal läßt sich beweisen, daß dieselben Eigenschaften, die einmal als anziehend empfunden wurden, nun widerwärtig, ja geradezu abstoßend wirken. Das Objekt braucht sich dabei nicht wirklich verändert zu haben. Sein Bild hat sich verändert. Was hat den Zauber gebrochen?

Dieses Bild war einmal so stark, daß wir entweder blind für die Fehler des anderen waren oder sie als beinahe unerheblich betrachteten. Außerdem sahen wir so viele überragende Eigenschaften, daß sie die kleinen Fehler und Schwächen bei weitem aufwogen. Der Liebende war zuvor nicht kritisch. Er wollte das Objekt nicht ummodeln, selbst wenn er seine Schwächen sah, denn die Liebe in ihrer Blüte wünscht an dem geliebten Menschen nichts zu ändern. Er ignorierte die kleinen Unvollkommenheiten oder betrachtete sie als nebensächlich. Mit einem Idealbild vor Augen schmückte er seine Geliebte mit lauter guten Eigenschaften aus – und dann hat er unversehens ein ganz anderes Bild vor sich. Die Entwicklung geht rasch, beinahe unmerklich, oder in großen Sprüngen vor sich. Nun nimmt er an jeder Kleinigkeit Anstoß und rügt jeden kleinen Fehler. Ist er vom Objekt enttäuscht, das sich als Mensch und nicht als Gottheit entpuppt? Gewiß, aber das ist nicht alles. Er wird auf den Boden der Wirklichkeit zurückgebracht. Aber was geschieht mit dem Bild, dem idealen, besseren Ich? Es gibt zwei Möglichkeiten, zwischen denen unterschieden werden muß. Die erste ist die Trennung zwischen dem Bild und der tatsächlichen Persönlichkeit des geliebten Menschen. Die zweite ist der Ersatz des einen Bildes durch ein anderes Bild.

In den frühesten Phasen am Beginn der Liebe mußte die Vorstellung vom wirklichen Objekt gegen das Bild ankämpfen, das schon vorhanden war, bevor der geliebte Mensch erschien. Die Folge davon war, daß das Bild des wirklichen Menschen durch die Phantasie verändert und in Übereinstimmung mit dem schon vorhandenen Bild umgemodelt wurde, bis sich die beiden deckten. Nun geht der umgekehrte Prozeß vor sich. Die Vorstellung vom tatsächlichen Objekt, die Erkenntnis, was er oder sie tatsächlich ist, beginnt sich langsam oder plötzlich vom Bild zu lösen. Sie steht nun neben der vorausgegangenen Idealisierung und wird bald einen schmerzlichen Kontrast bilden. Die Frau, wie man sie jetzt sieht, ist nicht mehr identisch mit dem Bild, das man vorher von ihr hatte. Das bedeutet aber nicht notwendigerweise, daß sie sich wirklich stark verändert hat. Solange das ursprüngliche Bild bestehen bleibt, hält sich die Liebe mit unglaublicher Hartnäckigkeit. Sie gibt ihre innere Position nicht leicht auf. Sie verteidigt sie zäh gegen neue Empfindungen und oft sogar gegen die Vernunft. Der Liebende denkt dann an einen Menschen und spricht mit einem Menschen, der gar nicht mehr da ist. Aber wenn die Trennung der Vorstellung von der Person von ihrem idealisierten Bild endgültig vollzogen ist, gibt es auch keine Liebe mehr.

Der zweite Fall liegt ganz anders, obwohl seine emotionalen Wirkungen ähnlich sind. Er hat mehr mit einer Änderung des Ichs des Liebenden zu tun. Das plötzliche oder langsame Ende einer Zuneigung ist immer das Scheitern einer Mission. Das Ich zog aus, um die Forderungen seines Idealichs zu erfüllen, und alle seine Bemühungen waren auf dieses Ziel gerichtet. Es fand es in der geliebten Person. Sie personifizierte einstweilen das Ideal. Dieses Ideal, oder vielmehr sein Bild, ist jedoch etwas Zerbrechliches. Psychoanalytiker betonen gern, daß das Ideal unerreichbar ist, weil es die Möglichkeiten übersteigt, die einem Sterblichen gegeben sind. Ist es so hoch gesteckt, daß kein Individuum es erreichen kann? So ist es. Es ist nicht mehr menschlich, sondern übermenschlich. Was die Analyse nicht aufzeigen konnte, ist eine andere Seite des Ichideals, eine innere Schwierigkeit, die seine volle Verwirklichung unmöglich macht. Und diese Eigenschaft ist es, die, auf das Objekt übertragen, unvermeidlich zu einer teilweisen oder vollständigen Enttäuschung führt. Das Ideal ist eine unbeständige Mischung aus widersprüchlichen Zügen. Und dieser innere Widerspruch tritt zutage, wenn die Liebe nachläßt.

Nehmen wir an, das Idealbild Ihrer Geliebten oder Frau war das der Keuschheit und Bescheidenheit. Zufällig ist sie keusch und bescheiden. Aber selbst wenn sie makellos wie Cäsars Gattin wäre, würde sie Ihrer Kritik nicht entgehen. Warum? Weil Sie unbewußt gleichzeitig die große Kokotte, die Maitresse wünschten und ersehnten, der kein Laster fremd ist. Sie wollten zugleich auch Zügellosigkeit und Frivolität oder gar die Schamlosigkeit der Prostituierten. Sie wußten es nur nicht. Es könnte möglich sein, diese widersprüchlichen Züge in derselben Person zu vereinigen, aber nur selten in den gewünschten Proportionen. Man lebt vertraut, wenn auch unbewußt, mit diesen gegensätzlichen und widersprüchlichen Eigenschaften, die abwechselnd auf der Bühne der Phantasie auftreten. Es scheint, daß immer dann, wenn jemand der Verwirklichung des einen Ideals nahekommt, der Wunsch nach einem anderen, oft dem ersten entgegengesetzten Ideal erwacht. Ein Mädchen träumt von einem tapferen Soldaten, einem Helden, einer Art Ritter. Sie findet die Verwirklichung oder Verkörperung dieses Bildes in ihrer realen Welt, aber nun wünscht sie, daß der Mann zugleich ein Intellektueller und zärtlich und äußerst rücksichtsvoll sei. Eine andere verliebt sich in einen gutaussehenden Schürzenjäger, Salonlöwen und Charmeur, aber sie entdeckt dann rechtzeitig oder auch zu spät, daß er nicht gerade der treueste Ehemann ist, der nur für ihre Reize Augen hat. Nein, das Ideal ist nicht erreichbar, weil kein Mensch die übertriebenen Forderungen nach gewissen Eigenschaften erfüllen kann. Es ist unerreichbar, weil es so viele Eigenschaften in ihrer vollkommenen Form einschließt, die einander widersprechen und oft ausschließen. Die Situation wird noch komplizierter durch die bemerkenswerte psychologische Tatsache, daß uns nur ein Teil des Ideals bekannt ist. Es ist sozusagen nur ein Teil des Bildes sichtbar, während der andere Teil im Schatten liegt. Es finden sich unbewußte Züge in diesem Bild, die uns nicht einmal gefallen würden, wenn sie erkennbar wären.

Ist das Ende der Liebe wirklich nur die Folge einer Enttäuschung durch die geliebte Person? Es ist oft eher das Ende der Übertragung eines Bildes auf diese Person, die Zurückziehung des Bildes. Dieser Prozeß der Auflösung eines von uns selbst geschaffenen Bildes verbirgt sich oft hinter der Behauptung, der Mensch habe sich geändert. Daneben besteht die Möglichkeit, daß das eine Bild durch ein anderes abgelöst wird und wir die Veränderung nicht bemerken, die in uns und nicht im Objekt stattgefunden hat. Selbstverständlich gibt es genug Fälle, in denen sich die wirklichen Menschen als unbefriedigende Objekte erweisen, und es gibt Fälle, in denen sich der Charakter eines Menschen ändert, aber die Frage bleibt, ob das Ende der Liebe nur auf solche Veränderungen im erwählten Objekt zurückgeht. Vielleicht sind in den meisten Fällen Veränderungen dessen, der wählt, ausschlaggebend.

Liebende fragen sich manchmal, ob die Schuld wirklich bei ihnen liegt, und antworten immer: Nein, die Schuld liegt beim andern. Manchmal ist es besser, sich diese Frage nicht zu stellen, denn dann hört man auch keine Lügen über sich selbst. Dürfen wir aber mit Recht annehmen, das Ende der Liebe komme als sicheres Ergebnis natürlicher Gesetze, so unvermeidlich wie die Aufeinanderfolge von Frühling, Sommer und Herbst, wie die Gezeiten des Meeres, Ebbe und Flut? Oder wäre es besser, nicht nach diesem Gesetz zu suchen und sich dem Wort des Dichters anzuschließen:

> Das sei hier unter uns gesagt:
> Die eine Liebe grünt, wenn eine andre welkt.
> Dies Jahr weiß nichts von den vergang'nen Tagen,
> Das Morgen hat dem Gestern nichts zu sagen.

Aber ein solcher Standpunkt, der in den Bereich biologischer Betrachtungen gehört, wird der Frage nicht gerecht, die eine rein psychologische ist. Selbst wenn wir zugäben – was nicht der Fall ist –, daß es einen den Vorgängen in der Natur ähnlichen Rhythmus gibt, würde uns dessen Vorhandensein nicht von der Verpflichtung entbinden, seine besonderen

psychologischen Manifestationen zu erklären. Es besteht die Möglichkeit, daß nicht eine merkliche Veränderung im Objekt das Ende der Liebe verursacht, aber es muß eine Veränderung im Subjekt vor sich gehen. Das ist eine unerläßliche Voraussetzung für die Entwicklung, die wir als »sich entlieben« bezeichnen. Wir sind daher gezwungen, unsere Aufmerksamkeit noch einmal dem Ich zuzuwenden.
Die Liebe war ein Versuch, die Forderungen unseres Idealichs zu erfüllen. Dieser Drang trat an die Stelle des ursprünglichen Strebens nach Selbstvollendung. Das Versagen der romantischen Liebe, ihr Verblassen, ist weitgehend die Folge davon, daß wir bezüglich der Erfüllung dieser Forderung mit Hilfe eines anderen Menschen frustriert werden. Wenn wir für den Augenblick ausschließen, daß das Liebesobjekt tatsächlich enttäuschend war, müssen wir uns wieder mit der emotionalen Situation des Liebenden befassen. Eine Veränderung in ihm hatte, wie wir uns erinnern, die Liebe möglich gemacht, eine Veränderung, die vom Charakter seines Objekts so gut wie völlig unabhängig war. Das Ich war unzufrieden, weil es seinen selbsterdachten idealen Ansprüchen nicht genügen, weil es nicht über seinen eigenen Schatten springen konnte. Der geliebte Mensch trat an die Stelle dieses Idealichs. Das Objekt muß nun alle Erwartungen, Hoffnungen und Forderungen erfüllen, die das Ich nicht selbst zu befriedigen vermochte. Aber dieses Objekt ist eine eigene Persönlichkeit, nicht nur ein Instrument des Wunschdenkens des Liebenden. Wir lassen hier beiseite, daß der geliebte Mensch seine eigenen Hoffnungen, inneren Forderungen und Schwächen hat. Der Liebende brauchte dringend das Objekt, diesen Ersatz für sein eigenes Ichideal. Alle seine Gedanken und Regungen waren darauf gerichtet, diese eine Frau zu bekommen. Warum konzentrieren sich nun alle seine Wünsche darauf, sie wieder loszuwerden?
Es ist schwer, mit ihr auszukommen. Aber war es nicht auch schwer gewesen, mit sich selbst auszukommen? Er hatte eine schwere Zeit mit ihr durchzustehen. Aber hatte er es zuvor leicht mit sich selbst? Er braucht eine Engelsgeduld, um sich mit ihren Unzulänglichkeiten und Schwächen abzufinden. War er seinen eigenen gegenüber so tolerant? Hier zeigt sich der psychologische Zusammenbruch hoher und widersprüchlicher Ich-Forderungen. Sie wurden verschoben und auf die geliebte Person übertragen, und auf diese Übertragung folgt Unzufriedenheit. Eine Zeitlang schien es, als wäre die Liebe eine Erlösung. Sie versprach und brachte auch eine Aufhebung des Ichs. Der emotionale Konflikt endete, die Unzufriedenheit mit sich selbst verschwand. Doch nun kehrt sie zurück. Sie war nur zusammen mit den eigenen Unvollkommenheiten auf das Objekt verlagert worden. Man ist nun zutiefst unzufrieden und innerlich entzweit mit ihr (oder ihm), wie man es vorher mit sich selbst war. Je höher die Ansprüche sind, die man an sich selbst

stellt, desto schwieriger wird es für das Objekt, ihnen zu genügen. In Fällen, in denen kein anderes Ventil gefunden wurde als die Liebe, in denen alle Hoffnungen auf diese eine Karte gesetzt wurden, ist die Zuneigung zum Erlöschen verurteilt, nachdem sie der verwirrten Seele Erlösung versprochen hat. Wenn die idealen Forderungen sehr hoch sind und auf das Liebesobjekt konzentriert werden, kann man keine dauerhafte Erfüllung finden. Die vielen Unglücklichen, die so hohe Ambitionen haben und alle ihre Hoffnungen und ihre ganze emotionale Energie auf die Liebe setzen, fangen sich im Netz ihrer eigenen Phantasie. Diese Träume sind zum Verblassen und Verlöschen verurteilt. Nicht nur ist kein Objekt imstande, sie zu verwirklichen: sie können ihrer eigentlichen Natur nach durch kein äußeres Objekt verwirklicht werden.
Die Lösung emotionaler Probleme kann jeder nur in sich selbst finden. Niemand kann sich für immer auf einen Menschen als Ideal konzentrieren. Das ist eine vergebliche Jagd nach einem Phantom, das sich nicht fassen läßt. Der Weg führt notwendigerweise von der Liebe zum Verzicht und zur Resignation.
Die Midas-Hand der Liebe verwandelte alles in Gold. Die Zurückziehung der Liebe macht aus dem Gold wieder Staub. Die Kritik am Objekt ist im weitesten Ausmaß eine auf die andere Person verschobene Selbstkritik, ein Selbsturteil und eine Selbstverurteilung. Und dieses Urteil wird um so härter und unbarmherziger ausfallen, je höher die an das eigene Ich gestellten Forderungen und Ansprüche waren. Das mag erstaunlich klingen, aber unsere tägliche psychoanalytische Praxis bestätigt es.
Das Sich-Entlieben bedeutet daher in Wirklichkeit das Erwachen aus einem Traum, aus dem Tagtraum von einem besseren Ich. Das Liebesobjekt stellt nicht mehr das Ideal dar. Das heißt, es wird dem Ichideal nicht gerecht, dessen Stelle es einnahm. Der Gegensatz zwischen dem Bild, das man vom Objekt hatte, und seiner wirklichen Persönlichkeit spiegelt nur den Abgrund zwischen dem Ichideal und dem wirklichen Ich wider. Man verabscheut und haßt im Objekt sich selbst, den Teil von sich selbst, von dem man sich befreien wollte, als man sich verliebte. Joseph de Maistres Bemerkung, daß eine Schlacht nur verloren ist, weil man sie für verloren hält, läßt sich gut auf die Liebe und ihre Folgen anwenden. Man muß allerdings hinzufügen, daß auf diese Weise auch Schlachten gewonnen werden. (Anatole France versicherte, Marschall Joffre habe erst aus den Zeitungen erfahren, daß er die Marneschlacht im Ersten Weltkrieg gewonnen hatte.) Der Sieg wie die Niederlage in der Liebe hängt ganz von uns selbst ab.
Der Wechsel des Ichideals spielt auch eine entscheidende Rolle in den Fällen, in denen jemand eine Zuneigung von einem Objekt ab- und einem anderen zuwendet. Der andere Mensch scheint nun das unbe-

wußte Ichideal besser zu verkörpern als der frühere. Nach der Enttäuschung erkennt er, daß die Liebe eine Illusion war. Wenn er dem guten alten Schema folgte und sein Heil in der Liebe suchte, erkennt er vielleicht jetzt in seiner Enttäuschung, daß er ein heilloser Narr war. Ohne die Glorie der Liebe steht das Ich wieder dort, wo es vorher war – oder beinahe dort. Der Mensch fühlt sich wieder unwürdig. Wieder ist er das Opfer von innerer Zwietracht und Depressionen. Er gehört wieder zu den Habenichtsen dieser Welt.
Die Natur hat überall einen *Horror vacui*, auch in der emotionalen Sphäre. Die Freiheit von Not und Mangel wird auch hier ersehnt. Aber alles, was der Mensch in der Liebe gewonnen hat, oder beinahe alles, ist wieder verloren. Das Gefühl des Einsseins ist wie durch Zauber verschwunden. Jeder lebt wieder in seiner eigenen Welt, aus der der andere ausgeschlossen ist. Der andere ist wieder irgendein Mann oder irgendeine Frau, nicht mehr und manchmal sogar weniger. Die beiden führen ein getrenntes Leben, in dem nicht das Bedürfnis besteht, Erlebnisse miteinander zu teilen. Das Dasein ist wieder traurig, schwierig und freudlos geworden. Selbst während der Zeit der Liebe gab es plötzlich Augenblicke einer unbestimmten Angst und Qual. Die Liebenden fühlten die Unfähigkeit, die Schranken der Individualität, die sie trennten, zu überschreiten, jene unsichtbare Grenze, die durch ihre verschiedenen Naturen entstand. Ihre Zuneigung hat nicht mehr den Überschwang, die Leidenschaft und Kraft der ersten Zeit. Es hatte zuvor schon Augenblicke gegeben, in denen sie ahnten, daß es keinen Ausweg aus der Einsamkeit des Menschen gibt. Aber nun sind sie davon überzeugt. Ich bin ich, und du bist du, und wir werden getrennt bleiben. Zuletzt erscheint das Objekt als ein Wesen, von dem man nichts weiß und für das man sich nicht mehr interessiert. Zwischen dem einen und dem andern steht eine Mauer. Das Ich ist eine Insel ohne dauerhafte Verbindung mit dem Festland.

9

Das Ende der Liebe beginnt mit dem Auftreten derselben Phasen wie am Anfang, aber in umgekehrter Reihenfolge. Wieder gibt es Gereiztheit und Groll gegenüber dem Objekt, Widerwillen, der sich bis zu unaussprechlichem Abscheu steigern kann. Die im Schwinden begriffene Liebe ist dem Haß näher als der Gleichgültigkeit, und der Haß tritt als Nachspiel auf, so wie er das unbewußte Vorspiel zur Liebe war. Wieder kommt es zur Auflehnung gegen die emotionale Abhängigkeit vom Objekt. Sogar zur Zeit der Liebe gab es plötzliche und rätselhafte Strömungen der Feindseligkeit, aber sie verschwanden wieder rasch wie Wolken, die die Sonne für einige Minuten verdunkeln. Doch nun erscheint der ganze Horizont wieder schwarz wie vor einem Gewitter. Man kann wieder den Versuch beobachten, das Objekt abzuwerten und herabzusetzen, aber nun hat dieser Versuch Erfolg. Man wiederholt in Gedanken die Worte und Handlungen des Objekts, fühlt sich in seinem Stolz verletzt, und die scharfe Kritik, die durch die Liebe verhindert wurde, wird laut. Dinge, die einen zuvor entzückten, machen einen ungeduldig, kleine Gewohnheiten reizen einen. Man möchte den anderen verletzen, ja manchmal sogar das einst so geliebte Gesicht schlagen. Das ist die Wahrheit, und es hat keinen Zweck, die emotionale Situation zu beschönigen oder abzumildern. Grausame und boshafte Gedanken gegen das Objekt kommen auf, der Wunsch nach Rache, die Versuchung, es verächtlich zu behandeln.

Es ist, allgemein gesprochen, bemerkenswert, wie oft und wie hartnäckig in dieser Phase bewußte oder unbewußte Rachephantasien auftreten, so als hätten sie schon lange gewartet, als hätten sie nur so lange gebraucht, um an die Oberfläche zu kommen. Es ist, als ob man grimmig sagte: Jetzt werde ich *dich* leiden lassen. Die Liebe ist wieder eine Art von Qual wie am Anfang, aber sie ist keine wonnige Qual mehr. Ein Streit zwischen Liebenden ist nun nichts mehr, was vorübergeht. Er ist ein Glied in einer Kette. Er schmerzt nicht nur, er reißt immer wieder alte Wunden auf. Nachdem man geliebt hat und nicht mehr liebt, nach vielen Ehejahren ohne Sympathie hat das Bild, das Dante von den Qualen der Verdammten malte, seine Schrecken verloren. Man ist überzeugt, daß man es leicht mit der Hölle aufnehmen könnte. Die Worte und das Schweigen sind wieder voller Spannung. Zuvor gingen die Liebenden ineinander auf. Jetzt sind sie zusammengekettet. Man hört in ihren Gesprächen das Rasseln von Eisen und erkennt, daß die Kette bald nach der einen, bald nach der anderen Seite gezogen wird.

Wenn die Theorie über den Beginn der Liebe eines weiteren Beweises bedurfte, könnte er in diesen Endphasen gefunden werden, in denen die alten Emotionen zurückkehren und die früheren Tendenzen wiedererscheinen. Es gibt jedoch einen wesentlichen Unterschied, der nicht allein durch die Entwicklung und den Verfall der Liebe bedingt ist. Bei den ersten Regungen der Liebe, als der Mensch noch vergeblich versuchte, ihr zu entkommen, waren Neid, Spannung und Groll unbewußt. Nun, wenn die Liebe endet, sind die gleichen Regungen vorhanden, aber sie erreichen in den meisten Fällen die Ebene des Bewußtseins. Man spürt und kennt sie. Zuvor war man nicht gewillt, sie wahrzunehmen, und auch jetzt zögert man, ihre volle Wirkung und Bedeutung anzuerkennen. Aber man kann sie nicht lange verleugnen. Als eine Frau einmal gefragt wurde, ob sie eine andere kenne, antwortete sie: »Ja, vom Wegsehen.« Auf die gleiche Weise wird man sich zuerst dieser Gefühle bewußt: indem man wegsieht.

Der Stoff der Liebe zerfällt in seine verschiedenen Bestandteile wie eine

Verbindung, die bei der chemischen Analyse bestimmten Reagenzien ausgesetzt wird. Die Antigefühle werden nun bewußt den ursprünglichen Gefühlen gegenübergestellt. In der Liebe entdeckte man ständig neue, einnehmende Eigenschaften, und mit jeder Entdeckung nahm die Begeisterung zu. Nun entdeckt man immer neue Schwächen und Fehler, und der Abscheu wird stärker. Zuvor richtete sich das Streben darauf, eine Einheit zu werden, ein Stück. Jetzt möchte man den anderen in Stücke reißen. Die Engelsgeduld in der Liebe steht im Gegensatz zur schroffen Ungeduld, wenn sie endet. Das Leben war voller Farbe, jetzt ist es wieder grau und trostlos. Man fühlte sich bedeutend und kommt sich nun unbedeutend vor. Die persönliche Unsicherheit ist wieder da. Je größer zuerst der Erfolg war, desto verheerender ist nun die Niederlage. Die große Enttäuschung zeigt, daß die Liebe ein falscher Reichtum des Ichs war, der nun dahin ist. Sein Verschwinden läßt das Ich in Elend und Verzweiflung zurück.

Während die Liebe nachläßt, nimmt wie am Anfang die Spannung zu. Wenn es keine Spannung mehr gibt, ist die Liebe tot. Das letzte, was man empfindet, ist Neid. Der Liebende versteht, daß er für seine Zuneigung einen Preis zu zahlen hat, daß das Objekt eine Art Tribut zu fordern scheint. Und dann tritt in der Beziehung eine Art von Geiz in Erscheinung. Der Mann gönnt seiner einstigen Geliebten die Zeit und die Aufmerksamkeit nicht mehr, die er ihr widmet, ja nicht einmal das Geld, das er für sie ausgibt. Er vergleicht ihre Vergnügungen mit seinen eigenen, fühlt sich gekränkt, wenn sie ihr Leben genießt, ärgert sich, wenn sie beliebt ist, und nimmt ihr die Freizeit übel, während er arbeiten muß. Neid ist das letzte Stadium vor der Gleichgültigkeit. Wenn man diese letzten Stadien mit den ersten vergleicht, erkennt man, daß sie einander entsprechen, nur ist alles auf den Kopf gestellt. Was unten war, ist nun oben. Aber das Ende der Liebe liegt in ihrem Anfang.

Es scheint daher so, als gäbe es eine unvermeidliche rhythmische Bewegung, die mit der Unzufriedenheit mit sich selbst, mit dem Erstaunen über das Objekt, mit Bewunderung, Neid und Feindseligkeit beginnt, was alles zu der starken Reaktionsbildung der Liebe führt, auf die wiederum eine Gegenbewegung folgt, die denselben Weg in der umgekehrten Richtung zurückgeht. Wir müssen uns wohl oder übel diesem Zyklus unterwerfen. Wer dagegen aufbegehrt und sich weigert zu lieben, glaubt, er sei damit dem Übel ausgewichen. Aber der Ärmste meidet das Schlimme und verfällt nur dem noch Schlimmeren. Denn letzten Endes ist es besser, geliebt und verloren, als nie geliebt zu haben.

Die hier skizzierten Entwicklungen werden unterschiedlich empfunden und aufgenommen, je nachdem, ob man zu dem betreffenden Zeitpunkt jung oder alt ist. Wie schutzlos und verwundbar ist die Jugend in der Liebe! Wenn sie endet, glaubt der junge Mensch, der Himmel stürze ein. Ein älterer Mann sieht oft voraus, wie sie beginnen und enden wird. Während er noch schmeckt, wie süß der Wein ist, weiß er, welche Bitterkeit ihn auf dem Boden des Bechers erwartet. Als junger Mann konnte er zutiefst und auf transzendente Weise glücklich sein. Als älterer Mann erlebt er nicht mehr dieses alles verzehrende Glück in der Liebe, aber der Drang und die Sehnsucht bleiben.

Die Unterschiede sind keine Verschiedenheiten im wesentlichen Charakter der Liebe, sondern sie zeigen sich in den Proportionen der zugrunde liegenden Emotionen. Bewunderung und Neid, Feindseligkeit und Besitzgier findet man bei jungen wie bei alten Menschen, aber sie unterscheiden sich in ihrer Intensität und in der Stärke der Reaktionen, die sie auslösen. Alte Menschen erreichen oft eine Tiefe der Zuneigung, in der auch die deutlich erkannten Schwächen und Unzulänglichkeiten des anderen zärtlich beobachtet und geliebt werden. Wir alle müssen Lehrgeld zahlen, wenn wir lieben, aber später im Leben erkennen wir vielleicht besser, wie schwierig es ist. Die Jugend, die so viel Zeit hat, ist ungeduldig. Wenn man älter wird und reif genug ist, um geduldig zu sein, steht einem nicht mehr so viel Zeit zur Verfügung.

Was hier kurz geschildert wurde, ist nicht das unvermeidliche Ende der Liebe, es ist nur das Ende der Romanze. Es gibt Verwandlungen der leidenschaftlichen Liebe, die in dieser Beschreibung nicht berücksichtigt wurden. Auf die Liebe muß nicht dieses Ende folgen: Es kann ein Nachglühen geben. Die Entwicklung muß nicht den ganzen Weg zurückgehen. Eine neue Art von Gemeinsamkeit, die keine Romanze, aber ebenso wertvoll ist, kann in Form von innerer Ruhe und Harmonie entstehen. Obwohl die Idealisierung und die Leidenschaft vorüber sind, ist die Atmosphäre klar und heiter. Aus dem Liebhaber ist ein Freund geworden. An die Stelle der stürmischen Liebe ist der Frieden einer zärtlichen Zuneigung getreten. Der Nachsommer der Liebe ist sanft und mild. Es gibt eine gegenseitige Identifikation und gemeinsame Erlebnisse, Freuden und Kümmernisse, die zwei Menschen enger verbinden, als es die romantische Liebe je vermochte. Ja sogar über den Abgrund der Feindseligkeit gibt es manchmal eine schmale Brücke zu einer neuen Beziehung. Der schlimmste Feind der Liebe ist nicht die Feindseligkeit, sondern die Gleichgültigkeit, die einer gegenüber dem andern empfindet. Wenn Schweigen und Gleichgültigkeit in das Leben eines Liebespaares getreten sind und die beiden sich fragen, wo die Liebe geblieben ist, gleicht ihre

Lage der eines Mannes, der sein Geld in einen Safe gelegt und die Kombination des Schlosses vergessen hat.
Der Frühling mit seinen Wundern kann nicht ewig dauern. Eine Romanze ist nicht dasselbe wie Liebe. Zuneigung und Zärtlichkeit können ohne Romantik existieren und wirken. Die Liebe kann die Leidenschaft überdauern. Sie braucht nicht zu sterben. Sie kann am Leben bleiben, aber nur, wenn sie ihr Wesen ändert oder vielmehr, wenn sie ihr wirkliches Wesen gewinnt. Es ist nicht nötig, den geliebten Menschen zu idealisieren. Es ist nicht nötig, ihn auf ein Piedestal zu stellen. Die Romantik kann und wird vergehen, aber etwas anderes kann bleiben. Unlängst sah ich in einer Illustrierten ein kleines Bild von vielen Liebespaaren an einem Strand. Zwei Mädchen saßen für sich allein abseits von den anderen, und die eine sagte nachdenklich zu ihrer Freundin: »Meiner Erfahrung nach ist es wichtiger als Liebe, daß du den Burschen wirklich magst.« Das klingt komisch, ist aber voll von einer Weisheit, die nicht aus dem Hirn, sondern aus dem Herzen kommt.

III Der Kreis erweitert sich

1

Wenn Sie zufällig ein Gemälde oder einen Stich von Watteau oder Boucher betrachten, der einen verliebten Schäfer und eine Schäferin zeigt, werden Sie nun die Anziehungskraft der Schäferin nicht mehr als gegeben hinnehmen und wissen wollen, warum der Mann sie erwählte und nicht eine andere. Was sah er in ihr? Was bestimmte die Wahl ausgerechnet dieses Mädchens? Guter Schäfer, sag mir, warum.
Das Problem scheint ganz einfach zu sein. Da sind zwei Menschen, die das Gefühl haben, daß sie füreinander geschaffen und bestimmt sind. Sind sie wirklich nur zwei Menschen? In der materiellen Wirklichkeit gewiß, aber nicht psychologisch gesehen. Die Situation erinnert einen an eine andere, scheinbar sehr fernliegende, die durch einen jener geheimnisvollen, getrennte Bereiche verbindenden Gedankenkanäle zu einem gelangt. Ich glaube, es war ein Zeitgenosse Watteaus und Bouchers, Voltaire, der sich weigerte, sich auf eine bestimmte Diskussion mit einem Herrn einzulassen, weil, wie er sagte, zu viele Personen daran beteiligt seien. Der erstaunte Besucher antwortete, sie seien doch allein und nur zu zweit. Aber Voltaire sagte: »Sie irren sich, Monsieur. Es sind mindestens sechs Personen beteiligt. Da ist der Mann, für den ich Sie halte, der Mann, für den Sie sich halten, und dann der Mann, der Sie wirklich sind; und dasselbe gilt für mich.«
Befinden sich also auf dem Bild des Liebespaares wirklich nur zwei Personen? Das Problem der gegenseitigen Partnerwahl erscheint nicht mehr so einfach, wenn man bedenkt, daß der Faktor des Ichideals und des idealisierten Objekts mindestens ebenso wichtig für die Wahl ist wie die wirkliche Persönlichkeit des Partners.
Gibt es überhaupt ein Problem? Zwei Gruppen von Menschen leugnen es. Die Liebenden und die Dichter meinen, daß die Psychologie hier unangebracht sei. Wenn man ihnen glaubt, gab es keine Wahl, sondern nur die Notwendigkeit. Die Liebenden waren einander im voraus bestimmt. Sie wurden von einer übernatürlichen Macht zusammengeführt. Sie erkannten allen Hindernissen zum Trotz, daß sie einander ergänzten. Wenn es tatsächlich ein Problem gibt, kann es nicht durch die Psychologie gelöst werden. Es gehört in den Bereich der Metaphysik und ist durch wissenschaftliche Forschung unlösbar. Die Wahlverwandtschaften, die

einen Menschen zu einem anderen hinziehen, scheinen unerklärlich zu sein. Das Vorhandensein eines Problems wird aber auch noch von einer anderen Gruppe geleugnet, die erklärt, daß die Liebe überhaupt nur in der Phantasie existiere. Dr. Johnson lachte über die Vorstellung, daß ein Mann Liebe empfinden sollte, die er als »bloße romantische Einbildung« betrachtete. Er meinte, es gebe »fünfzigtausend Frauen auf der Welt, mit denen ein Mann ebenso glücklich sein könnte wie mit einer bestimmten Frau«. G. B. Shaw dachte ebenso, daß die Liebe zu einer bestimmten Frau eine Überschätzung des Unterschiedes zwischen einer Frau und einer anderen bedeute. Aber diese Denkweise, die hier von den beiden Realisten repräsentiert wird und der sich zweifellos Millionen Männer (aber viel weniger Frauen) anschließen, geht doch nicht so weit, die Existenz »einer bloßen romantischen Einbildung« zu leugnen. Dieses Element kann schwer faßbar und trügerisch sein, aber es ist da. Einbildung, Überschätzung oder was immer es sein mag: Es ist die Aufgabe des Psychologen zu erklären, warum gerade dieses bestimmte Objekt gewählt wurde.

Theorien über die allgemeinen und individuellen Bedingungen der Liebeswahl gibt es in Hülle und Fülle. Goethe nahm an, daß Wahlverwandtschaften zwischen einzelnen Männern und Frauen die gegenseitige Anziehung bestimmen. Er meinte, es müsse noch unentdeckte Gesetze geben, die denen der Chemie vergleichbar sind, Kräfte wie die chemischen Affinitäten, die bewirken, daß eine Person von einer anderen angezogen wird. Otto Weininger behauptete, daß die Wahl eines Partners einer mathematischen Formel folge, nach der der Anteil der Männlichkeit und der Weiblichkeit in zwei Individuen einander ergänzen und eine Konstante bilden. M. Schelers Sympathie-Theorien, die viele feine psychologische Beobachtungen enthalten, gehen von zu idealistischen, um nicht zu sagen mystischen Annahmen aus. Die Ansichten Schopenhauers und Freuds haben das eine gemeinsam, daß sie die Liebe als eine sublimierte Erweiterung des bloßen Geschlechtstriebes betrachten. Ich habe darauf hingewiesen, daß diese beiden Bedürfnisse verschiedenen Ursprungs und Wesens sind, sosehr sie auch voneinander abhängig werden können.

Die Bedeutung des Problems für die Psychologie liegt auf der Hand. Es ist in höchstem Maße signifikant, was für eine Art von Partner oder Freund gewählt wird. Die Wahl sagt viel über den Wählenden, weil sie aus den Tiefen seines Wesens kommt. Sage mir, wen du liebst, und ich sage dir, wer du bist – vor allem aber, wer du sein möchtest. Die Prinzipien dieser Wahl enthüllen die intimsten und geheimsten Werte, die den Charakter ausmachen. Ein Ausspruch Montaignes über die Freundschaft stellt die Quintessenz des Problems dar. Auf seine lebenslange Freundschaft mit Etienne de la Boëtie zurückblickend, schreibt Montaigne als alter Mann, wenn man ihn fragte, warum er de la Boëtie geliebt habe, würde er nur antworten: »Ich liebte ihn, weil es er war, weil es ich war.« *(»Je l'aimais parce que c'était lui, parce que c'était moi.«)* Interessant ist, daß sich in der ursprünglichen Ausgabe seiner Werke nicht dieser ganze Satz findet. Montaigne schrieb zunächst nur »weil es er war«. Der zweite Teil des Satzes ist ein späterer Zusatz, der erst 1588 erschien. Was hinzugefügt wurde, macht natürlich den wichtigeren Teil des Satzes aus. Es lenkt die Aufmerksamkeit vom gewählten Objekt auf den Wählenden.

Wir können uns nicht mit der allgemeinen Ansicht in bezug auf die Partnerwahl zufriedengeben, wie sie uns die Volksweisheit bietet, denn diese Weisheit ist leider mehrdeutig. Sie behauptet zum Beispiel, daß sich Extreme gegenseitig anziehen, sagt gleichzeitig aber auch: »Gleich und gleich gesellt sich gern.« Beide Behauptungen können durch die tägliche Erfahrung bestätigt werden. Die Weisheit der Sprichwörter und volkstümlichen Redensarten scheint die verwirrende Komplexität des Problems zu spiegeln. Betrachtet man dazu seine Behandlung durch die Dichter, so gelangt man zu dem Urteil, daß es in der Wahl des Objekts zwar genug Reim, aber wenig Verstand gibt. Die Liebe ist eines der Themen, bei denen über die gegensätzlichsten Meinungen eine allgemeine Übereinstimmung erzielt wird. Wenn man annimmt, daß das Vertraute, Ähnliche oder Verwandte gewählt wird, warum wird dann so oft das Fremde, das Exotische oder Gegenteilige vorgezogen? Desdemona verliebt sich nicht in Rodrigo oder einen anderen venezianischen Edlen, sondern in den Mohren. Andererseits besteht die allgemeine Neigung, jemanden aus dem eigenen völkischen, rassischen oder gesellschaftlichen Kreis zu wählen. Liebe ist gewiß nicht nur eine sentimentale Anziehung der Gegensätze, aber sie ist noch weniger eine der Ähnlichkeit. Gäbe es keine Unterschiede, so würde es auch keine Liebe geben. Sind aber die Unterschiede zu groß, kann sie sich auch nicht entwickeln. Es muß Unterschiede und Ähnlichkeiten einer besonderen Art geben, verborgene Ergänzungen, die noch nicht definiert werden konnten.

Betrachten wir das Problem aus einem neuen Blickwinkel: Der Ausgangspunkt ist das Gefühl der Unzulänglichkeit des Ichs und das Bedürfnis nach einer Ichergänzung oder Ichverbesserung. Es ist das unbewußte, aber machtvolle Streben vorhanden, unser Ichideal zu vervollständigen. Der Partner wird gewählt, weil er zu diesem Zweck gebraucht wird, weil er diesem Bild unseres Ideals entspricht. Aber wenn es so einfach wäre, würde es kein Problem mehr geben. Die Partnerwahl wäre voraussagbar, sie könnte in jedem einzelnen Fall vorhergesehen werden. Es würde genügen, eine Frau oder einen Mann zu fragen, welche besonderen Eigenschaften sie oder er für wünschenswert hält, sie oder ihn das Ideal ausführlich beschreiben zu lassen, um genau voraussagen zu können, wie der Partner aussehen wird. Aber ein solches Experiment würde viele Überraschungen ergeben. Der Mann, der ein gutherziges, nettes, einfaches Mädchen als ersehnte Partnerin beschreibt, verliebt sich in eine verwöhnte Salondame. Ein anderer, der sich zum jungfräulichen Typ hingezogen fühlt, wird zum Sklaven eines Vamps. Die Frau, die sich ein Phantombild von einem ernsten und ehrgeizigen Mann geschaffen hat, der ihr zutiefst ergeben ist, verliebt sich in einen Playboy, der sich nicht im mindesten um sie schert. Nun könnte man sagen, daß in solchen Fällen eben der sexuelle Faktor entscheidend sei, aber es besteht kein Zweifel daran, daß es sich in vielen dieser Fälle um echte Liebe handelt. Das Bild, das sich somit bietet, ist tatsächlich verwirrend. Manchmal sehen wir, daß die Realität des erwählten Objekts einer vorausgegangenen Phantasie mehr oder minder entspricht; aber wir finden eine erstaunliche Anzahl von Diskrepanzen, und oft beobachten wir, daß das genaue Gegenteil des beschriebenen Ideals das erwählte Objekt ist. Manchmal sind wir regelrecht erschrocken, wenn wir sehen, daß die Wirklichkeit dem Bild nicht im geringsten ähnelt. Ist die Liebe dermaßen blind? Verändert und verwandelt die Idealisierung des Objekts den Menschen so sehr, daß wir, ohne es gewahr zu werden, den entgegengesetzten Typ wählen? Zweifellos gibt es solche Fälle, aber sie sind nicht häufig. Und sie treten ziemlich selten bei Frauen auf, die viel realistischer als Männer sind. Die Männer sind die eigentlichen »Idealisten« (im Sinne des Ideals) und die unheilbaren Romantiker in der Liebe. Ich habe nie daran gezweifelt, daß sich Titania im *Sommernachtstraum* in einen Esel verlieben konnte, aber ich halte es für einen der wenigen psychologischen Schnitzer Shakespeares, sie nicht erkennen zu lassen, daß das erwählte Objekt ein Esel war. Frauen sind durchaus bereit, den Tatsachen ins Auge zu sehen, auch unter dem Zauber der Liebe.

Wenn aber zugegeben werden muß, daß das Objekt oft nicht dem Idealbild ähnelt, haben wir dann nicht einen Beweis dafür, daß dieser Teil unserer Auffassung, die Theorie der idealen Ergänzung, falsch ist? Was bewiesen wird, ist nicht, daß sie falsch ist, sondern daß sie unvollständig oder nicht klar genug formuliert ist. Diese Idealbilder, nach denen wir suchen, sind nur bis zu einem gewissen Grade bewußt. Einige von ihnen und gewisse Teile von ihnen haben nie die Schwelle unseres Wachbewußtseins überschritten. Nur Bruchstücke dieser Phantasie-Inseln inmitten der materiellen Wirklichkeit befinden sich über Wasser. Der größere Teil ist untergetaucht und unsichtbar. Manchmal hört man eine Frau sagen: »Ich hätte nie gedacht, daß ich einen wie ihn lieben könnte.« Zu ihrer Verwunderung liebt sie ihn. Wir kennen nur einen Teil dessen, was uns anzieht und was uns abstößt. Wir fühlen uns manchmal auf seltsame Weise zu jemandem hingezogen, den wir noch wenige Augenblicke zuvor abstoßend fanden. Viele Männer glauben, sie seien einem bestimmten Frauentyp ergeben, während sie sich, ohne es zu wissen, nach einem ganz anderen sehnen. Es kann geschehen, daß diese Bilder plötzlich ihren Platz mit dem Gegenteil tauschen, mit Bildern, die wir bewußt verabscheuen und ablehnen. Nicht nur der Dr. Jekyll in uns wählt, sondern auch der Mr. Hyde.

Wir haben in unserem Geist genug Platz für solche Gegensätze. Wir haben auch genug Platz für Veränderungen, die den Verwandlungen unseres Ichideals entsprechen. Als wir kleine Jungen waren, wünschten wir uns leidenschaftlich, Lokführer oder Ritter in König Arthurs Tafelrunde zu werden. Wenn wir erwachsene Männer werden, wünschen wir uns nicht mehr derlei Dinge. Die Objekte, die wir idealisieren, ändern sich mit unserer eigenen Entwicklung. Bemerkenswert ist jedoch, daß frühe und verleugnete oder halb vergessene Typen idealisierter Objekte sehr spät und überraschend wieder auftauchen und ihren Platz neben den heutigen einnehmen können. Unsere Bilder von den Objekten, die wir bewundern, scheinen den großen Kirchen vergleichbar zu sein, zu deren Vollendung Jahrhunderte beitrugen und die zuletzt charakteristische Merkmale von Generationen mit verschiedenen Stilen zeigen. Wir müssen außerdem in Betracht ziehen, daß wir selbst in unserem Ich nicht immer eins sind und daß daher unsere Objektwahl, entsprechend den Spaltungen und widersprüchlichen Zügen unserer Persönlichkeit, oft schwierig wird. Wir können einen Teil einer Persönlichkeit sehr beneiden und bewundern und uns einem anderen Teil gegenüber gleichgültig oder sogar ablehnend verhalten; und wir können einen Menschen wegen dieser anderen Eigenschaften beneiden und bewundern. Hier haben wir den Keim einer Situation, die durch Unsicherheit und durch das Schwanken zwischen mehreren Objekten gekennzeichnet ist. Das eine befriedigt eines unserer Bedürfnisse, das andere erfüllt einen ganz anderen Wunsch. Zusammen gleichen sie verschiedene Unzulänglichkeiten unseres Ichs aus.

Manchmal kommt es vor, daß es zwei Objekte gibt, deren Vorzüge einander ergänzen, und man bedauert, daß die Natur nicht einen einzigen Menschen aus den beiden gemacht hat, die nur zusammen das Ideal zu sein scheinen, dem man zu begegnen hoffte.* Man beobachtet oft, daß ein Mann und eine Frau sich nach einer Enttäuschung in der Liebe oder einer unglücklichen Beziehung in jemanden verlieben, der sich grundsätzlich von dem bevorzugten Typ oder Ideal unterscheidet. Es ist, als wäre die eine psychologische Möglichkeit erschöpft und müßte nun einer anderen Platz machen, die oft die entgegengesetzte ist. Zwei Menschen begegnen einander, das heißt zwei Vergangenheiten, und die Bilder eines ersehnten Partners sind ein wesentlicher Teil ihrer Vergangenheit. Männer und Frauen sollten nicht nur nach den Menschen beurteilt werden, mit denen

* Das scheint auch der eigentliche Sinn von Thomas Manns geheimnisvoller indischer Legende *Die vertauschten Köpfe* (1941) zu sein.

sie umgehen, sondern auch nach denen, mit denen sie Umgang haben möchten.

Die Vorstellung, daß jemand Eigenschaften und Gaben in dem geliebten Menschen findet, die er bei sich selbst vermißt, kann nur in einem allgemeinen Sinne richtig sein. Eine genauere Beobachtung zeigt, daß die gleichen Eigenschaften auch im Liebenden vorhanden sind, aber eben in einer anderen Proportion oder Mischung mit anderen, manchmal nur im latenten Zustand. Sie werden unterdrückt oder verleugnet, ihre Entwicklung wird gehemmt. Sie gehören zum »unterirdischen« Teil der Persönlichkeit, und ihr Ausdruck ist nur schwach zu vernehmen wie das Klopfen von Bergleuten, die in einem tiefen Schacht verschüttet sind. Der andere Mensch, das Liebesobjekt, zeigt diese Eigenschaften in deutlicher, offener Form – oder dieselben Neigungen auf ein anderes Ziel gerichtet. Nicht um bestimmter Eigenschaften willen wird das Liebesobjekt beneidet und bewundert, sondern es wird vielmehr eine bestimmte Konstellation unbewußter Tendenzen in ihrer unterschiedlichen Intensität und Zielrichtung aufgefangen wie Radiowellen in einem Empfänger. Man kennt eine Frau, schätzt ihre vorzüglichen Eigenschaften, ist empfänglich für ihren Charme. Warum ist man nicht in sie verliebt? Sie hält jeden Vergleich mit anderen Frauen aus. Aber eben da liegt der Haken. In der Liebe gibt es keinen Vergleich. Die Liebe duldet keinen Vergleich. Das Objekt steht von den anderen abgesondert für sich allein. Der Liebende ist ein Monotheist, der weiß, daß andere Menschen andere Götter verehren, sich selbst aber nicht vorzustellen vermag, daß es andere Götter geben könnte.

Das Ich sucht nach der geeigneten emotionalen Ergänzung, nach der besonderen psychischen Atmosphäre, die einen Menschen umgibt. Das Liebesobjekt wird daher durch die Neigungs-Konstellationen zweier Individuen determiniert, mit anderen Worten: Es hängt vom emotionalen Potential zweier Menschen ab. Die Frau hat, wie es scheint, ein feineres Unterscheidungsvermögen in bezug auf den Charakter als der Mann. Sie weiß, zum Beispiel, nichts über die Art und den Wert der Arbeit eines Mannes – nehmen wir an, sie interessiert sich für einen Ingenieur –, aber wenn sie ihn bei der Arbeit beobachtet, erkennt sie, was für eine Art von Mensch er ist – oft genauer als die Männer, mit denen er zusammenarbeitet. Doch das sind tiefe Wasser, und wir wissen nicht, ob unser Schiff uns sicher über sie trägt.

Es ist nicht wahr, daß bei unserer Partnerwahl unergründliche Kräfte walten. Wir suchen nach dem Kontrapunkt zu unserer Melodie, nach der komplementären Persönlichkeit, nach einem alten Bild, das in der Person des geliebten Menschen zu Fleisch und Blut wird. Und im tiefsten Sinne suchen wir nach der Vervollkommnung des eigenen Ichs, nach dem Menschen, der den Forderungen entspricht, die wir an uns selbst stellen.

Wir wollen von diesem Menschen geliebt werden, wie wir geliebt würden, wenn wir ideale Menschen wären. Unsere Partnerwahl ist nicht zufällig. Sie wird durch die Einstellung bestimmt, die wir zu uns selbst haben. Bei unserer Wahl spielen keine unbedeutenden Überlegungen eine Rolle. Unsere ganze Persönlichkeit ist an ihr beteiligt, ob wir es wissen oder nicht. Das Objekt ist nicht nur das, was wir ersehnen, sondern auch das, was den Wunsch erfüllt, inneren Frieden zu finden. Es ist sogar noch die Frage, ob wir wählen oder von unbewußten Motiven zur Wahl gedrängt werden.

Zwar treffen wir schließlich durch Versuch und Irrtum die richtige Wahl, aber das kommt daher, daß wir uns in bezug auf unsere Persönlichkeit und unsere inneren Forderungen und die verborgenen Bedürfnisse unserer Natur so sehr täuschen. Es liegt ein tiefer Sinn in den Worten eines weisen Mannes, daß es nicht nur darauf ankommt, »den richtigen Partner zu wählen, sondern der richtige Partner zu sein«.

Was gibt dem Menschen die Kraft und den Mut zu lieben, da er sich doch seinem Liebesobjekt so unterlegen fühlt? Wer zu bescheiden ist und sich für völlig wertlos hält, wagt es nicht zu lieben oder seine Zuneigung zu zeigen. Eine unsichtbare Kluft muß überbrückt werden, man muß sich selbst bis zu einem gewissen Grade akzeptieren, bevor eine Partnerwahl getroffen werden kann. Ist der Unterschied zwischen zwei Menschen wirklich so tiefgehend, daß wir uns bescheiden und entmutigt fühlen müssen, wenn wir Schönheit, Charme und andere Gaben antreffen? Sind nicht auch die überlegenen Wesen, die wir verehren, als hilflose, weinende Säuglinge geboren worden? Sind sie nicht später den gleichen Schmerzen, Schwächen und Einschränkungen unterworfen wie wir, und werden sie nicht sterben müssen wie wir alle, elend und allein im letzten Kampf? Wie klein sind diese scheinbar großen Unterschiede *sub specie mortis*! Sind sie wirklich so wichtig in der kurzen Zeit, die wir hier verbringen, während wir aus dem Nichts kommend ins Nichts gehen?

Ich liebe die Geschichte von der Brautwerbung Moses Mendelssohns, des großen deutsch-jüdischen Philosophen, den Lessing einen zweiten Spinoza nannte. Es ist eine Geschichte von menschlicher Schwäche, aber auch tiefer Zuneigung, und sie beweist, daß die Liebe ein ebenso großer Gleichmacher ist wie der Tod. Der junge Philosoph Mendelssohn weilte vor mehr als zweihundert Jahren zu Besuch in Hamburg. Dort machte er die Bekanntschaft des vornehmen Bankiers Guggenheim und seiner Familie. Mendelssohn, der klein und bucklig war, verliebte sich in Guggenheims reizende Tochter Frumtje.

Nach einem Aufenthalt von mehreren Wochen besuchte er den Bankier in seinem Kontor und fragte ihn, was das Mädchen über ihn gesagt habe. Guggenheim zögerte, aber der junge Philosoph bestand darauf, die Wahrheit zu erfahren. Schließlich sagte der Vater: »Gut, Ihr seid ein Philosoph und Weiser, Ihr werdet es nicht übelnehmen. Das Kind sagte, es sei erschrocken, als es Euch sah, weil ...« Er zögerte wieder. »Weil ich einen Buckel habe?« fragte Mendelssohn. Guggenheim nickte. Der Philosoph sagte, so etwas Ähnliches habe er sich schon gedacht und er wolle dem Mädchen nur noch Lebewohl sagen. Er ging in die Wohnung hinauf und traf sie bei einer Handarbeit an. Sie vermied es während des Gesprächs, ihn anzusehen. Geschickt brachte er sie auf das Thema, das er im Sinn hatte. Sie fragte ihn, ob er auch glaube, daß Ehen im Himmel geschlossen werden. »Gewiß«, antwortete er. »Und mir geschah etwas ganz Ungewöhnliches. Wie Ihr wißt, wird im Himmel bei der Geburt eines Knaben ausgerufen: ›Dieser und jener wird dies und das Mädchen zur Frau bekommen.‹ Als ich geboren wurde, kündigte man mir meine zukünftige Frau ebenso an, fügte aber hinzu: ›Sie wird leider einen schrecklichen Buckel haben.‹ Da rief ich: ›O Herr mein Gott, ein buckeliges Mädchen wird leicht hart und bitter werden. Ein Mädchen sollte schön sein. Guter Gott, gib den Buckel mir und laß sie schön und wohlgestaltet sein.‹« Das Mädchen griff tief bewegt nach Mendelssohns Hand. Sie wurde seine treu liebende Frau.

2

Es ist offensichtlich, daß die beiden Situationen des Liebens und Geliebtwerdens psychologisch verschieden sind. Die Selbstbeobachtung sagt uns, daß die Emotionen sogar in dem glücklichen Fall unterschieden werden können, in dem wir Liebe empfinden und wissen, daß wir geliebt werden. Ebenso klar ist, daß es zwischen den beiden Situationen eine emotionale Verbindung gibt. Wünscht der Liebende nicht, geliebt zu werden? Und reagiert der andere nicht auf diesen Wunsch? Welcher Art immer die Verbindungsfäden sein mögen – es wird vorteilhaft sein, die beiden Situationen zunächst getrennt zu behandeln, um Verwirrung zu vermeiden. Eine solche klare Unterscheidung wird auch durch die Beobachtung gerechtfertigt, daß die beiden Bedürfnisse nicht bei allen Individuen gleichermaßen entwickelt sind.

Man kennt viele Menschen, deren Wunsch, geliebt zu werden, viel stärker ist als der, selbst zu lieben. Manche wenden eine außerordentliche Energie auf, um Gegenstand der Zuneigung zu werden, während sie von dem Glück, selbst Zuneigung zu schenken, nichts zu halten scheinen. Andere wieder finden mehr Befriedigung in dem Gefühl zu lieben, und sie scheinen nicht von dem leidenschaftlichen Wunsch beseelt zu sein, eine entsprechende Reaktion beim Objekt hervorzurufen. »Und wenn ich dich lieb habe, was geht's dich an?« läßt Goethe Philine sagen.* Es

* *Wilhelm Meisters Lehrjahre, IV.*

gibt Menschen, die offen zugeben, daß ihnen die emotionale Bereicherung, die durch die Liebe ausgelöste innere Veränderung viel wichtiger ist als das Gefühl, geliebt zu werden. Der Herzog von La Rochefoucauld muß einer von ihnen gewesen sein, denn er bemerkt in seinen *Maximen*, daß die Freude der Liebe im Lieben liege und daß man glücklicher sei durch die Leidenschaft, die man fühlt, als durch die Leidenschaften, die man in anderen entfacht.

Sind diese gegensätzlichen Typen nur Ausnahmen von der Regel, daß Liebe Gegenliebe will und diese erwünschte Reaktion auslöst? Das ist schwer zu entscheiden, solange wir nicht davon überzeugt sein können, daß es eine solche psychologische Regel tatsächlich gibt. Wir wissen nur – oder zumindest lehrt uns die Erfahrung –, daß es eine funktionelle Beziehung zwischen den beiden Bedürfnissen zu geben scheint, aber was für eine Funktion ist das? Stimmt es, daß Liebe Gegenliebe weckt? Es stimmt sicherlich nicht immer, denn es gibt unerwiderte Liebe und Liebe ohne jede vorausgegangene emotionale Herausforderung durch den anderen. Manchmal scheint es sogar so zu sein, daß das eine Bedürfnis nachläßt, wenn das andere erfüllt wird. Ein Mensch, der geliebt wird, verspürt nicht mehr in demselben Maße den drängenden Wunsch zu lieben.

Es gibt einen alten Sinnspruch, der lautet: »Um geliebt zu werden, liebe.« * Das klingt wie ein praktischer Ratschlag. Zweifellos ist er gut, aber er bringt nicht immer die gewünschte Wirkung. Sie kann nur zustande kommen, wenn gewisse andere psychologische Voraussetzungen gegeben sind. Wir wissen, daß die Bekundung von Liebe wirkungslos sein oder sogar die gegenteilige Wirkung haben kann. Es hat beinahe den Anschein, daß wir uns hier auf einem Gebiet bewegen, wo keine Regeln gelten und die Gesetze von Ursache und Wirkung unberechenbar sind.

Ich glaube, die beste Methode, psychologische Informationen über das Thema zu bekommen, ist, mit einigen einfachen Fragen zu beginnen. Was geschieht, wenn Liebe die erwünschte Wirkung hervorbringt, das heißt, wenn sich der umworbene Mensch angezogen fühlt und schließlich die Liebe erwidert? Wenn wir eine befriedigende Antwort auf diese Frage finden, kann es, scheint mir, nicht mehr so schwer sein, das andere Problem zu lösen – nämlich, warum es in anderen Fällen nicht zu derselben Reaktion kommt, warum die Reaktion ausbleibt oder anders ausfällt. Meiner Ansicht nach ist es ziemlich überraschend, daß sich so oft das erwünschte Ergebnis einstellt.

Wenn meine These richtig ist – das heißt, wenn Liebe immer demselben

* Zweifellos war dieses psychologische Rezept schon den alten Griechen bekannt. Seneca zitiert es und schreibt es dem Stoiker Hekaton (2. Jh. v. Chr.) zu: »Ich kann dir ein Liebesmittel nennen, keine Medizin, keine Kräuter, keinen Zauberspruch einer Giftmischerin: willst du geliebt sein, dann liebe!« Seneca, *Briefe an Lucilius*, I,9,6, übers. von Ernst Glaser-Gerhard, Rowohlt 1965.

emotionalen Muster folgt –, muß der Mensch, der die Zuneigung eines anderen erwidert, dieselben Prozesse durchmachen wie der ursprünglich Liebende. Sie – nehmen wir an, es handelt sich um eine Frau – empfindet Bewunderung und Neid, sie möchte wie der Liebende sein und er selbst sein, sie versucht, nicht ständig an ihn denken zu müssen, ihn abzuweisen und abzuwerten, und unterwirft sich zuletzt der mächtigen emotionalen Gegenströmung. So weit so gut, aber es ist ein entscheidender Unterschied, ob sie sich spontan verliebt oder ob ihre Zuneigung die Antwort auf sein Werben ist. Dieser Unterschied muß sich in einer Divergenz der emotionalen Reaktionen ausdrücken. Um diesen Unterschied klarzumachen, brauchen wir nicht weit nach vergleichbaren Situationen zu suchen. Es gibt deren nicht wenige. Nehmen wir als Beispiel einen Komponisten und Musikhörer. Hat jemand, der eine Sinfonie hört, die gleichen Emotionen wie ihr Schöpfer? Gewiß nicht von vornherein, das heißt, bevor er noch den Konzertsaal betritt. Er hatte seine eigenen Stimmungen, Gefühle und Gedanken, bevor er ins Konzert ging, vielleicht traurige, vielleicht heitere. Er kann von einer deprimierenden geschäftlichen Besprechung gekommen sein, die ihn noch beschäftigt, während die Musiker ihre Instrumente stimmen und er sich auf seinen Platz setzt. Er hört den großen Walzer aus der *Fledermaus* von Johann Strauß, und innerhalb weniger Minuten durchströmt ihn die Lebensfreude dieser Melodie. Das Leben erscheint ihm leicht und zauberhaft. Es liegt eine Verheißung von Glück in der Luft. Er fühlt sich, als hätte er den süßen Wein geschlürft, der aus den Trauben auf den Hügeln um Wien gekeltert wird. Oder er kam von einer Cocktailparty, wo er mit einem Mädchen flirtete, sich in Gesellschaft seiner Freunde wohl fühlte und das Leben schön fand. Nun hört er das Adagio aus Tschaikowskis *Pathétique* und ist tief bewegt. Alles geht unter in Verzweiflung und Reue. Kein Glück ist mehr vorstellbar. Jede Anstrengung scheint vergebens zu sein. Der Tod ist nah, und es gibt kein Entrinnen. Er fühlt sich, als hätte er bitteren Tee aus einem russischen Samowar getrunken.

Was uns hier interessiert, ist nicht das ästhetische, sondern das psychologische Problem. Der Komponist hat seine Emotionen, seine Gedanken und Regungen in der Musik ausgedrückt, die er schuf. Empfindet der Zuhörer die gleichen Emotionen? Was für ein psychischer Prozeß spielt sich in ihm ab? Wir nehmen an, daß seine Emotionen denen des Künstlers vor und während der Komposition seines Werkes gleichen oder ähneln. Diese Emotionen wurden durch die Musik geweckt, aber setzt das nicht voraus, daß der Hörer die gleichen oder ähnliche Erlebnisse gehabt hat wie der Schöpfer der Musik? Die beiden emotionalen Situationen des Komponisten und des Hörers sind grundverschieden in ihrer Richtung. Beim Künstler setzt sich das emotionale Erleben in den musikalischen Ausdruck um, der im Hörer das dieser Art von Musik entsprechende emotionale Erlebnis wieder erweckt. Das Erlebnis wird nicht geschaffen, es wird erneuert. Das Werk verursacht nicht die Emotionen. Es ruft sie hervor, weckt sie aus ihrem Schlaf. Wenn der Zuhörer mit anderen Gedanken beschäftigt ist, von anderen Emotionen bewegt wird, werden die Bemühungen des Komponisten versagen. Sein Ruf wird vergeblich sein, sein Zauber wird nicht wirken. Im allgemeinen wird das Zuhören einer Induktion oder sekundären Erregung der in der Musik ausgedrückten verborgenen Impulse und Emotionen gleichen. Die Gefühle des Komponisten werden dem Hörer nicht nur durch die Melodien, die Harmonien und Disharmonien mitgeteilt, sondern sie teilen sich ihm unbewußt selbst mit. Bei jedem, der ernste Musik hört, findet unbewußt etwas von dem Prozeß statt, den Nietzsche beschrieb, als er *Carmen* hörte: »Ich vergrabe meine Ohren noch *unter* diese Musik, ich höre deren Ursache. Es scheint mir, daß ich ihre Entstehung erlebe ... Und seltsam! im Grunde denke ich nicht daran, oder weiß es nicht, wie sehr ich daran denke.« *

Im allgemeinen besteht eine emotionale Ähnlichkeit zwischen solchen Situationen und der des Liebenden und seines Objekts. Der Liebende weckt die Emotionen, die er selbst fühlt, durch eine Art Induktionsprozeß im Objekt. Wie beim Komponisten und dem Musikhörer fließen die Emotionen in entgegengesetzte Richtungen. Die bewußten oder unbewußten Zeichen und Ausdrücke der Zuneigung bei dem einen wecken als Reaktion Liebe beim anderen. Aber das erklärt nur die allgemeine Natur des Wechselspiels. Die spezifischen Bedingungen werden klarer, wenn wir die Situation vor dem Erscheinen des Liebenden betrachten. Wie der Komponist nicht die Emotionen des Zuhörers schuf, so schafft auch der Liebende nicht die Emotionen der Zuneigung bei dem anderen Menschen. Sie waren potentiell schon vorhanden. Das Ich besaß eine verborgene Bereitschaft für sie. Es erwartete, geliebt zu werden, und hatte unbewußt schon lange auf Liebe gewartet. Aber ist die Entdeckung, daß man geliebt wird, nicht eine Überraschung? Kommt es dem geliebten Menschen nicht wie ein Wunder, eine Offenbarung vor? Ja, aber auch ein Wunder kann unbewußt erwartet werden.

Wenn wir uns selbst gegenüber ganz ehrlich wären, würden wir zugeben, daß wir mit der heimlichen Erwartung durchs Leben gehen, daß die Welt eines Tages plötzlich unsere verborgenen vorzüglichen Eigenschaften, unsere guten Absichten und unsere guten Taten erkennen wird. Im Innersten glauben wir, daß die Menschen unsere Vorzüge entdecken werden, so wie in der katholischen Legende die Menge in Alexandria plötzlich entdeckte, daß das Herz eines einfachen Mannes, der durch die Straßen ging, glühte, und an diesem Wunder erkannte, daß er ein Heiliger

* Nietzsche, *Der Fall Wagner*, 1888.

war. Die psychologische Voraussetzung für die Erwartung eines Wunders ist offensichtlich. Wir alle sehnen uns nach Wertschätzung und Bewunderung. Jeder von uns erwartet, daß er früher oder später Anerkennung finden wird. Jeder hat es gern, wenn man ihn gern hat.

Neben der unbewußten Erwartung haben wir eine fundamentale Unsicherheit in uns. Wir sprachen davon im Zusammenhang mit der Unzufriedenheit mit uns selbst, dem Gefühl des Ungenügens, das von der Nichterfüllung der an uns selbst gestellten Forderungen herrührt. Diese Unsicherheit wird beseitigt durch das Gefühl, geliebt zu werden. Wer sich der Zuneigung eines andern sicher fühlt, gewinnt eine höhere Selbstachtung und mehr Selbstvertrauen. Diese Sicherheit gibt ihm den Mut zu lieben. Wer lieben will, muß ein gewisses Selbstvertrauen haben. Geliebt zu werden, gibt dem Menschen die Gewißheit, daß er Wert besitzt, daß er liebenswert ist. In diesem Sinne kann man sagen, das Gefühl, geliebt zu werden, kommt wirklich einem Wunder gleich.

Es scheint, daß bei Frauen das Bedürfnis, geliebt zu werden, größer ist als bei Männern. Das hat nichts mit einer »narzißtischen« Einstellung zu tun, wie die Psychoanalytiker meinen, sondern damit, daß Frauen im allgemeinen unsicherer sind als Männer, obwohl sie es viel besser zu verbergen verstehen als diese. Frauen wollen das Gefühl haben, gebraucht zu werden. Sie wollen die Gewißheit, daß man sie braucht. Ihrer gut verborgenen Unsicherheit viel stärker ausgeliefert als Männer, wollen Frauen immer und immer wieder hören, daß und wie und warum sie geliebt werden. Es ist, als müßte ein alter Zweifel zerstreut werden. Sie wissen besser als Männer, daß das, was die Männer von ihnen denken, wichtiger ist als das, was sie wirklich sind. Sie formen sich oft nach dem Bilde um, das sich ein Mann von ihnen macht. Sie haben insgeheim Angst, daß der geliebte Mann entdecken könnte, wie schwach und verwundbar sie sind.

Sie wissen sehr gut, daß sie keine Engel sind, aber sie wissen auch, daß sie sich vor den kurzsichtigen Männern wie Engel aufführen müssen. Nicht die Frau, sondern der Mann ist so labil in seiner Zuneigung, weil sein Ichideal um so viel höher ist. Frauen haben daher im allgemeinen nicht einen so starken Drang, ihren Partner zu idealisieren. Sie können Männer lieben, obwohl sie ihre Schwächen und Unzulänglichkeiten erkennen. Für Männer ist das im umgekehrten Fall viel schwieriger. Deshalb geben Frauen ihre Fehler und menschlichen Schwächen so ungern zu, auch wenn sie sich ihrer bewußt sind. Sie spüren die psychologische Notwendigkeit des Mannes, seine Geliebte zu einem Ideal zu erheben. Frauen schützen sich mit ihrem Stolz, weil ihre tiefere Unsicherheit und Verwundbarkeit einen solchen Stolz notwendig macht. Sie brauchen häufiger als Männer die Versicherung, daß sie geliebt werden, bevor sie selbst lieben können. Empfindlich für jede kleine Unaufmerksamkeit und

Vernachlässigung, jeden Mangel an Wertschätzung, fürchten sie, dem Werben des Mannes zu leicht nachzugeben. Diese so oft gerechtfertigte Angst läßt sie warten und zögern, erhöht ihren Widerstand und zögert ihre Reaktion auf die Werbung hinaus.

Wenn somit die Reaktion auf das Geliebtwerden eine Antwort auf einen Ruf ist wie die Antwort des Musikhörers auf die in einer Melodie ausgedrückten Emotionen, muß es früher Erlebnisse gegeben haben, die wieder geweckt wurden, als der Mensch erkannte, daß er geliebt wird. Es ist leicht zu sagen, daß derjenige, der geliebt wird, selbst durch Liebe reagiert. Er gibt wieder, was er bekommen hat. Es wäre zu einfach zu sagen, daß uns das Gefühl, geliebt zu werden, an die Liebe erinnert, die wir als Kind von der Mutter erhielten, und somit alte Emotionen weckt. An einer solchen psychologischen Erklärung ist etwas sehr Wahres, aber sie ist nicht die ganze Wahrheit. Sie geht von einer falschen Voraussetzung aus. Es ist richtig, daß wir nicht lieben könnten, wenn es in uns nicht eine Erinnerung, eine größtenteils unbewußte Erinnerung, daran gäbe, daß wir einmal geliebt wurden. Aber wir könnten auch nicht lieben, wenn dieses Gefühl, geliebt zu werden, nicht irgendwann einmal dem Zweifel ausgesetzt gewesen wäre, wenn wir seiner immer sicher gewesen wären. Mit anderen Worten, Liebe wäre nicht möglich, wenn man nicht geliebt worden wäre und dann die Gewißheit, geliebt zu werden, verloren hätte. Ein Mensch, der nie geliebt wurde, wäre unfähig, selbst zu lieben. Aber ein Mensch, der immer und von allen geliebt wurde, wäre ebenso unfähig zu lieben. Die erste Behauptung kann man leicht akzeptieren, die zweite überrascht, und ihre psychologischen Folgen sind weitreichend.

Das Bedürfnis, geliebt zu werden, ist nicht elementar. Es wird mit Bestimmtheit durch Erfahrung in der späteren Kindheit erworben. Besser gesagt: durch viele Erfahrungen oder durch die Wiederholung ähnlicher Erfahrungen. Ich glaube, daß diese Erfahrungen oder Erlebnisse negativer Art sind. Dem Kind wird bewußt, daß es nicht geliebt wird oder daß die Liebe seiner Mutter nicht bedingungslos ist. Es lernt, daß seine Mutter mit ihm unzufrieden sein kann, daß sie ihm ihre Zuneigung entziehen kann, wenn es sich nicht nach ihren Wünschen benimmt, daß sie ärgerlich oder böse sein kann. Ich glaube, daß dieses Erlebnis beim kleinen Kind Angst auslöst. Die Möglichkeit, die Mutter zu verlieren, trifft das Kind mit einer Stärke, gegen die es ebenso machtlos ist wie gegen ein Erdbeben.

Sicherlich ist es ein schreckliches Erlebnis, wenn das Kind zum erstenmal erfährt, daß es keine bedingungslose Situation ist, von der Mutter geliebt zu werden. Ich glaube nicht, daß dieses Erlebnis mit der Enttäuschung in der Liebe eines Erwachsenen verglichen werden kann, weil das Ich des Kindes um soviel schwächer und von der Mutter abhängig ist. Vielleicht klingt ein schwaches Echo einer ähnlichen emotionalen Reaktion in den Gefühlen eines Erwachsenen nach, der die Gewißheit hatte, geliebt zu werden, und dann plötzlich von dem geliebten Menschen verlassen wird. Das Erlebnis, nicht mehr geliebt zu werden, ist für das Kind ein solcher Schock, daß es erst nach vielen Wiederholungen verstanden wird. Dann beginnt das Kind zu erkennen, daß eine so schreckliche Situation eintreten kann, wenn es sich auf eine Weise benimmt, die nicht den Wünschen der Mutter entspricht, wenn es unartig und unfolgsam ist. Es versucht, diese furchtbare Folge zu vermeiden, nachdem es die zunächst gewiß nicht erkannte Verbindung zu seinem eigenen Verhalten hergestellt hat. Jede Versuchung, verbotenen Regungen nachzugeben, wird nach und nach von der Angst, Liebe zu verlieren, begleitet. Das Kind würde vielleicht nie das Bedürfnis, geliebt zu werden, empfinden, ohne dieses Versagen und die Angst nach dem scheinbaren Entzug der Mutterliebe erlebt zu haben.

Diese Angst ist ursprünglich nicht identisch mit der Furcht vor Strafe. Ich kenne ein kleines Mädchen, das, wenn es unartig gewesen war, bestraft werden wollte, weil es die Gewißheit hatte, daß seine Mutter es dann wieder lieben würde. Es läßt sich leicht erraten, was der Angst des Kindes zugrunde liegt: die Furcht davor, alleingelassen zu werden. Diese Furcht – ein Echo der Drohung: »Wenn du nicht artig bist, gehe ich fort« – ist es, die später im Leben so oft bei dem Gedanken empfunden wird, daß uns ein Mensch, der uns lieb ist, verlassen könnte. Dieses Gefühl begleitet uns durch das ganze Leben. Nicht nur der achtzigjährige Anatole France starb mit dem Ruf *»Maman!«* Tausende von Soldaten rufen so auf dem Schlachtfeld um Hilfe. Die Angst davor, alleingelassen zu werden, ist im Alter ebenso groß wie in der frühen Kindheit. Sie liegt unserem Wunsch zugrunde, geliebt zu werden.

Dieses Erlebnis und diese Angst wecken in uns immer wieder den Wunsch, geschätzt und geliebt zu werden. Im tiefsten Grunde wollen wir geliebt werden wie einst von unserer Mutter. Diese Forderung ist ebenso hartnäckig wie unvernünftig und unerfüllbar. So können wir nicht mehr geliebt, die Liebe der Mutter kann nicht durch eine andere ersetzt werden. Ein Mann fragte einmal seine Geliebte, ob sie ihn noch lieben könnte, wenn er plötzlich arm wäre. »Natürlich«, antwortete sie. Dann fragte er, ob sie ihn noch lieben könnte, wenn er durch einen Unfall zum Krüppel würde. Auch diese Frage wurde bejaht. Aber der Mann gab sich noch nicht zufrieden. Er wollte wissen, ob ihre Liebe unverändert bliebe, wenn er zu alledem noch taub, blind und wahnsinnig würde. Der Frau riß schließlich die Geduld und sie sagte: »Warum, um alles in der Welt, sollte ich einen verarmten, verkrüppelten, tauben und blinden Idioten lieben?« Eben, warum sollte sie? Nur eine Mutter kann ihr Kind allem zum Trotz lieben.

Wir wissen, daß diese Angst später eine soziale Note erhält, daß sie von der Mutter auf andere Personen verlagert wird, auf deren Meinung wir

Wert legen. Sie wird in Form von Schuldgefühlen erscheinen, sooft wir Gefahr laufen, von der Gesellschaft abgelehnt zu werden, weil wir uns nicht ihren Forderungen entsprechend verhalten. Auf dem Grunde dieser sozialen Angst liegt die Furcht davor, ausgeschlossen, alleingelassen zu werden.

Die Gewißheit des Kindes, geliebt zu werden, wird oft durch die Möglichkeit erschüttert, daß ihm die Mutter oder eine andere Person ihre Liebe entziehen könnte. Es scheint, daß ein beträchtlicher Teil unserer Kindheit von dieser Furcht überschattet wird. Ich werde eine Szene, deren Zeuge ich vor zwanzig Jahren wurde, nicht leicht vergessen. Die kleine Tochter einer Bekannten hatte man in dem Glauben gelassen, sie sei von ihrer Mutter nicht geboren, sondern in einem Warenhaus gekauft worden. Die Kleine war unartig gewesen, und die Mutter hatte ihr gedroht, sie zurückzugeben und gegen ein braveres Kind auszutauschen. Sie schluchzte herzzerbrechend und rief: »Nicht austauschen! Hilde ganz brav.« Es scheint, daß die Schwierigkeit, ein Musterkind zu werden, später zu einem wichtigen Faktor bei der Schaffung des Phantoms eines Idealichs wird, das im Sinne der Erziehung vollkommen ist. So verbinden wir die Schaffung des Ichideals mit dem Wunsch, geliebt zu werden. Aus dem Bedürfnis nach Zuneigung wurde das Streben nach Vollkommenheit. Und nun sind wir wieder bei der Unzufriedenheit mit sich selbst angelangt, das der Ausgangspunkt unserer Untersuchung war.

Liebe wäre nicht möglich ohne das vorausgegangene Erlebnis des Geliebtwerdens und das andere – vielleicht noch wichtigere – Erlebnis, nicht mehr geliebt zu werden. Der Eifer, das Paradies zurückzugewinnen, entspringt der Erinnerung, daß es der Mensch einmal besaß und verlor. Mit der vorausgegangenen Diskussion ist auch die Frage beantwortet, welches Bedürfnis zuerst kommt. Das zu lieben oder das, geliebt zu werden? Selbstverständlich tritt der Wunsch, geliebt zu werden, nicht nur in der Entwicklung des Kindes früher auf, aber er ist und bleibt auch das stärkere Bedürfnis. Wenn das stimmt, ergibt sich die neue Frage: Welcher Art ist die Verbindung zwischen diesem und dem anderen heftigen Drang zu lieben? Scheinbar ist diese Frage schon vor langer Zeit beantwortet worden, aber psychologische Probleme dieser Art sind bemerkenswert zählebig.

Ich habe versucht zu zeigen, wo die Liebe ihren Ursprung hat, daß sie eine Gegenreaktion auf Regungen des Neides, der Besitzgier und der Feindseligkeit darstellt. Wie paßt die neue Einsicht, daß das Bedürfnis zu lieben nach dem Erlebnis des Nichtgeliebtwerdens erworben wird, in dieses Konzept? Sie widerspricht ihm sicherlich nicht. Sie ergänzt es nur. Dieses frühe Erlebnis geht der Entstehung des Bedürfnisses voraus und beantwortet auch die Frage, warum eine solche Sehnsucht nach Zuneigung überhaupt in der Seele des Menschen erscheint. Die neue Einsicht läßt uns verstehen, daß Lieben ursprünglich ein Versuch ist, die glückliche Gewißheit wiederzugewinnen, geliebt zu werden. Diese Bemühung hat ihre Ursache in der Unzufriedenheit mit uns selbst und dem Unvermögen, das lästige Ich gegen ein besseres, ein Musterich einzutauschen.

Es scheint, daß die Diskussion der Beziehung zwischen der Situation des Liebenden und des Geliebten noch mehr und noch tiefere Einsichten enthüllen kann. Sie hilft uns, den emotionalen Prozeß besser zu verstehen, vor allem das noch ungelöste Problem der Reaktionsbildung. Die allgemeinen Umrisse sind klar. Der andere erscheint anfangs nicht so sehr als liebenswert, sondern als beneidenswert. Er ist zunächst das Objekt eifersüchtiger, possessiver und aggressiver Regungen. Nachdem diese Tendenzen ihr Ziel nicht erreichen konnten, tritt offenbar die mächtige und geheimnisvolle Gegenwelle der Zärtlichkeit auf, die wir Zuneigung nennen. Wir sehen den Prozeß nun in einem neuen Licht, von dem neuen Gesichtspunkt aus, daß es sein Ziel ist, geliebt zu werden.

Das Kind, das die Unzufriedenheit und den scheinbaren Liebesentzug seiner Mutter erlebt, reagiert auf diese Bedrohung zunächst mit Furcht. Es versucht, das scheinbar Verlorene durch den Ausdruck von Feindseligkeit und Aggressivität zurückzugewinnen. Es will seinen kostbarsten Besitz mit all der Heftigkeit seines kindlichen Charakters zurückerobern: die Liebe der Mutter. Der verzweifelte Versuch, diese Liebe zurückzugewinnen, hat die Natur primitiver Besitzgier. Er hat beinahe reflexartige Züge. Er will das Objekt ergreifen, es festhalten, sich anklammern. In dieser Anstrengung steckt mehr Feindseligkeit und Besitzgier als Zärtlichkeit. Der Umschwung kommt erst nach dem Mißerfolg zustande – wenn das Kind erkennt, daß seine Bemühungen vergeblich sind. Und nun geschieht etwas sehr Seltsames, was unserem bewußten Denken fremd ist, aber dem kindlichen Wesen sehr nahe liegt. Anstatt direkt nach dem Objekt zu greifen und es auf aggressive Weise in Besitz zu nehmen, identifiziert sich das Kind mit dem Objekt, wie es vorher war. Das Kind tut das gleiche, was die Mutter in der vergangenen glücklichen Zeit mit ihm tat. Der Prozeß ist sehr aufschlußreich, weil er das Schema der Liebe im allgemeinen formt. Der kleine Junge zeigt nun in seinem eigenen Verhalten, was er sich von seiner Mutter wünscht, wie sie sich ihm gegenüber verhalten soll. Er kündigt seinen Wunsch an, indem er Zärtlichkeit und Zuneigung seiner Mutter zeigt, von der er vorher beides bekommen hat. Er versucht, das Gefühl der Verzweiflung und des Verlustes zu überwinden, indem er die Rolle der Mutter übernimmt. Der Junge versucht zu zeigen, was er wünscht, indem er es selbst tut: Sieh her, ich möchte, daß du so zu mir bist, so zärtlich und liebevoll. Selbstverständlich ist diese Haltung nicht das Ergebnis einer Überlegung oder vernunftmäßigen Planung, sondern ein emotionaler Prozeß durch Identifikation, ein natürlicher Rollentausch mit dem unbewußten Ziel, die Mutter dazu zu verleiten zu tun, was er wünscht. Er zeigt durch seine eigenen Handlungen, wie er geliebt werden möchte. Es ist eine primitive Darstellung durch Rollenumkehr, ein Beispiel dafür, wie man tun könnte, was er von der Mutter erwartet. In dieser Darstellung liegt die Erinnerung an die Aufmerksamkeiten, die Zärtlichkeiten und Liebkosungen, die er einmal von der Mutter oder anderen liebevollen Menschen bekommen hat. Die psychische Dynamik des Prozesses ist primitiv genug, aber sie ist für die kindliche Einstellung so eigentümlich, daß wir uns anstrengen müssen, sie zu begreifen, weil wir Erwachsenen die Gabe verloren haben, unsere Einstellung so leicht gegen eine andere auszutauschen. Der Mechanismus hat die Natur einer Darstellung der von einer anderen Person gewünschten Haltung, indem man sie selbst agiert. Der Junge, der sich nun seiner Mutter gegenüber liebevoll verhält, zeigt ihr, wie sie zu ihm sein sollte. Er möchte zärtlich behandelt werden und hat keine andere Möglichkeit, diesen drängenden Wunsch auszudrücken, als ihn zu agieren, ihn in aktiver Form zu zeigen. Seine Leidenschaft entspricht somit nicht so sehr seinen eigenen Wünschen als vielmehr den Wünschen, die er in anderen Personen erwecken möchte.

Diesem Agieren geht eine unbewußte Phantasie voraus, der Wunsch in bezug auf die Art und Weise, wie das Objekt handeln sollte. Daraufhin verkörpert das ungeduldige Ich die Rolle dieser anderen Person, beschwört das erwünschte Verhalten des Objekts herauf und präsentiert es ihm. Die individuelle Art des Werbens enthüllt die Art von liebevoller Behandlung, die ein Mensch erhalten möchte. Die Liebe beginnt als unbewußte Phantasie des Geliebtwerdens.

Diese Darstellung ist eine aktive Form, die Rollenumkehr ist eine Vorwegnahme der erwünschten Haltung des Objekts. Später wird sie den Charakter der Liebe im allgemeinen bestimmen. Unbewußt verhalten wir uns alle so, wenn wir lieben. Durch unsere Aufmerksamkeiten und unsere Zärtlichkeit gegenüber dem Objekt zeigen wir, was wir selbst bekommen, was wir passiv erleben möchten. Wir alle spielen sozusagen zwei Rollen in diesem köstlichen Spiel. Unsere Schaustellung von Liebe ist die Vorwegnahme der Liebe, die wir von der anderen Person wünschen. Es ist, als müßten wir zeigen: Ich möchte, daß du so vernarrt in mich bist. Es ist offensichtlich, daß wir in diesem Zweirollenstück eine Phantasie ausagieren. Wir sind zugleich der andere Mensch, nach dessen Liebe wir uns sehnen, und der Geliebte, der wir sein möchten. Unsere Liebe ist eine unbewußte Reklame dafür, wie wir geliebt werden möchten. Wir handeln an dem anderen so, wie wir möchten, daß er an uns handelt. Auf diese Weise geben wir unbewußt zu erkennen, was wir vermissen und wonach wir uns sehnen.

Damit haben wir die tiefste Bedeutung der Liebe entdeckt. Ihr Ziel ist, geliebt zu werden. Dieses Ziel wird zunächst in Form der aggressiven Eroberung verfolgt. Erreicht wird es in der Zweirollen-Darstellung, die zuerst nur in der Phantasie vorhanden ist und später in den Beteuerungen, Aufmerksamkeiten, Zärtlichkeiten, liebevollen Worten und Handlungen gegenüber dem Objekt agiert wird.

3

In der Kindheit ist die Liebe auf nur wenige Personen beschränkt – auf die Eltern, das Kindermädchen, einen Spielgefährten. Das Kind will von diesem kleinen Kreis, der seine ganze Welt darstellt, geschätzt und bewundert werden. Eine Welt wird nicht durch ihre Größe und Ausdehnung im materiellen Sinne gekennzeichnet, sondern durch die Fähigkeit des Individuums, sich ihren Umfang vorzustellen. Für meinen zweijährigen Enkel war die Entdeckung, daß andere Menschen Väter haben, eine Offenbarung. Er hatte gedacht, es gebe nur einen Papa.
Der Personenkreis, von dem das Kind geliebt, geschätzt und anerkannt werden möchte, erweitert sich nach und nach und schließt Lehrer, Freunde und Bekannte und die Bande auf dem Spielplatz mit ein. Später dehnt er sich auf noch größere Gruppen aus. Ein Mann sucht gesellschaftliche Anerkennung nicht nur bei seinen Angehörigen und Freunden, sondern darüber hinaus auch in der Gemeinde, der Nation, auf dem Kontinent, in der ganzen Welt, je nach Art und Ausmaß seines Ehrgeizes. Von einer Frau geliebt zu werden, ist nur eine Form desselben Bedürfnisses; es ist auf eine einzige Frau beschränkt. Man könnte auch sagen, das Bedürfnis nach sozialer Anerkennung sei die Erweiterung eines ursprünglichen Wunsches, von *einer* Person bewundert und geschätzt zu werden. Dieses Bedürfnis ist in jedem von uns in der einen oder anderen Form lebendig. Wir alle sehnen uns nach gesellschaftlicher Anerkennung. Der Dichter oder Komponist mag sein Werk in eine Schublade legen und beschließen, es nie zu veröffentlichen: bei der Planung und während der Arbeit hat er sich dennoch unbewußt oder bewußt ein Publikum, viele Leser oder Zuhörer, oder auch nur einen, vorgestellt – das genügt. Er mag die Freude schöpferischen Wirkens in seiner Einsamkeit gespürt haben, aber unbewußt war er nicht allein. Er hat ein unsichtbares Publikum. Die Wirklichkeit ist in diesem Fall weniger wichtig als die psychologische Bedeutung. Niemand schafft für sich allein, denn Leistung ist wie Liebe sozialer Natur. Der Wunsch nach sozialer Anerkennung ist die allgemeinste Form des individuellen Bedürfnisses, geliebt zu werden. Er kann stark genug werden, um das andere Bedürfnis zu verdrängen, nämlich das, von einer bestimmten Person oder mehreren Personen geliebt zu werden, so als hätte die Gesellschaft die Stelle dieser

Individuen eingenommen. Es ist eine bemerkenswerte Entwicklung, daß eine Gruppe oder eine große Anzahl von Menschen gelegentlich einen Ersatz für die Anerkennung und Bewunderung durch eine einzige Person bieten kann, nach deren Wertschätzung man sich ursprünglich gesehnt hat.

Mich interessierte ein bestimmtes Problem, von denen es auf diesem Gebiet so viele gibt: das Problem der emotionalen Wirkungen plötzlicher gesellschaftlicher Anerkennung. Was empfindet ein Mensch, der in einem bestimmten Augenblick zu seiner Überraschung feststellt, daß er Gegenstand der Bewunderung und gesellschaftlichen Anerkennung ist? Ich war an diesem kleinen psychologischen Problem vor allem interessiert, weil ich beobachtete, daß die emotionalen Reaktionen ganz verschiedener Menschen beinahe die gleichen sind. Die individuellen Abweichungen sind unerheblich.

Einige Beispiele aufs Geratewohl. Das erste stammt aus jüngster Zeit. Meine kleine Tochter Miriam feierte unlängst ihren fünften Geburtstag. In dem kleinen Berghotel, in dem wir diesen Sommer unseren Urlaub verbrachten, war das Mädchen bald der Liebling aller Gäste geworden. Sie war keineswegs scheu und sehr gesellig, unterhielt sich freundlich mit jedermann, und ihre unbefangene, zutrauliche Art gewann ihr die Herzen im Sturm. Durch einen Zufall erfuhr ein Hotelgast, eine Dame, daß Miriam Geburtstag hatte. Sie trug auch selbst zur Verbreitung dieser Information bei, denn sie sagte zum Direktor, zur Serviererin und zu dem Gast: »Ich wette, Sie wissen nicht, was für ein Tag heute ist.« Worauf sie ihnen mitteilte, daß sie Geburtstag hatte. Sie war auch nicht verlegen, als ihr einige Gäste am Frühstückstisch gratulierten und kleine Geschenke gaben. Beim Mittagessen gab es eine kleine Szene im Speisesaal, in dem die Gäste – nicht viel mehr als hundert – an kleinen Familientischen aßen. Bevor der Nachtisch serviert wurde, klatschte der Hoteldirektor in die Hände und bat um Aufmerksamkeit. Dann hielt er eine Rede. Er sagte, dies sei ein besonderer Tag, an dem der jüngste Gast Geburtstag habe, ein Gast, den alle liebten, und er bitte alle Anwesenden zu gratulieren. Er schüttelte meiner Tochter die Hand, sie lächelte, offenbar geschmeichelt, und dankte ihm höflich. Dann ging die Tür auf, und eine Serviererin brachte eine schöne Geburtstagstorte mit fünf brennenden Kerzen herein. Sie stellte die Torte auf den Tisch. Die Gäste begannen wie eine große Familie zu singen: »Happy birthday to you ...« Die kleine Miriam, die bis jetzt glücklich gewesen war und sich wegen der vielen Geschenke geschmeichelt gefühlt hatte, reagierte plötzlich seltsam. Ihre Augen füllten sich mit Tränen, als sie sah, daß ihr jeder zulächelte und für sie sang. Sie versuchte das Gesicht im Schoß ihrer Mutter zu verstecken und kroch dann plötzlich unter den Tisch, wo sie weinte, aber durch das Tischtuch vor allen Blicken verborgen war.

Es war klar, daß das sonst so unbeschwerte und mutige kleine Mädchen zugleich erschüttert und gerührt war und vor Scham weinte. Als sie noch am selben Abend von ihrer Mutter gefragt wurde, warum sie sich so benommen hatte, sagte sie: »Es war zu viel. Alle Leute sahen mich und sangen für mich.«

Ich möchte ihre Haltung mit der eines um siebzig Jahre älteren Mannes vergleichen. Anatole France war sehr bescheiden und mochte keine Ehrungen. Dennoch wurde er auf seiner Reise durch Nordafrika gefeiert und verehrt wie ein Gott. Die Reise von Marokko nach Tunis, die der Besichtigung der Altertümer dieser Länder gewidmet war, wurde zu einer einzigen Ovation. Vom kleinen Dorf, wo der Lehrer und die Schulkinder bereitstanden, um dem alten Mann einen Strauß Wiesenblumen zu überreichen, bis zu den großen Städten, in denen sich auf Banketten die geistige Elite um ihn versammelte, war die Reise eine ständige begeisterte Demonstration seiner vielen Tausende von Bewunderern. Jede Stadt tat ihr Bestes, um ihn zu ehren. Sein Freund und Reisebegleiter Michel Corday berichtet vom Empfang in Tebessa, im alten Minervatempel, einer ausgezeichnet erhaltenen Ruine aus der Römerzeit. Zu beiden Seiten der großen Treppe stand eine Reihe von Mädchen. Sie waren in antike weiße Gewänder gekleidet und hielten große grüne Palmzweige in den Händen. Quer über die Brust trug jede eine Schärpe aus malvenfarbigem Satin, auf der in goldgestickten Buchstaben eines der Werke von Anatole France stand. Der alte Schriftsteller mußte durch dieses reizende Spalier die Treppe hinaufgehen. Er weinte.*

Welcher Art ist die Emotion, die der große Schriftsteller und das Kind gleichermaßen empfanden? Sie fühlten, wie sich ihnen die Kehle zuschnürte, und dann mußten sie weinen. Es ist offensichtlich, daß sie durch die unerwartete Ehre gerührt waren, die ihnen zuteil wurde. Aber warum die Tränen? Man könnte sagen, daß plötzliches Glück die Menschen zum Weinen bringt, doch wir wollen diesen psychologischen Vorgang besser verstehen. Er muß sich von dem Fall unterscheiden, in dem eine Ehrung erwartet wird. Daß sie überraschend kommt, muß ein entscheidender Faktor sein. In einem Buch, das ich vor vielen Jahren veröffentlichte**, stellte ich die Theorie auf, daß die Emotion der Überraschung empfunden wird, wenn sich eine alte, unbewußt gewordene Erwartung verwirklicht und plötzlich erfüllt. Man hatte, zum Beispiel, einmal einen starken Wunsch, der frustriert und – was die bewußte Erinnerung anbetrifft – längst begraben wurde, und dann fällt seine Erfüllung plötzlich vom Himmel. Man hat ein Gefühl der Überraschung und zu-

* Michel Corday, *Anatole France – D'après ses confidences et ses souvenirs,* Flammarion, Paris 1927, S. 67.

** Theodor Reik, *Der Schrecken,* Wien 1926.

gleich die Erkenntnis eines unbewußten Wunsches (oder einer unbewußten Furcht). In unserem besonderen Fall muß es sich um einen alten Tagtraum gehandelt haben, geliebt und allgemein anerkannt und geschätzt zu werden, um einen Traum, der unerwartet in Erfüllung ging. Aber in beiden Fällen waren die Betroffenen auch irgendwie darauf vorbereitet, da sie eine gewisse Ehrung erwarteten. Während seiner triumphalen Reise war der berühmte Schriftsteller darauf gefaßt, bei jedem Aufenthalt geehrt zu werden. Das Kind sah ebenfalls voraus, daß manche Gäste ein paar freundliche Worte sagen und ihm Süßigkeiten schenken würden etc. Es scheint also, daß die erwähnte Bedingung des Unerwarteten gar nicht gegeben war. Tatsächlich verhält es sich jedoch so, daß Anatole France und die kleine Miriam zwar Aufmerksamkeiten erwarteten, aber auf eine so außergewöhnliche Feier nicht vorbereitet waren. Daher war das Element der Überraschung in beiden Fällen gegeben. Die Großartigkeit der Feier überwältigte sie und versetzte ihnen den emotionalen Schock. Sie waren vorbereitet, aber die Heftigkeit ihrer Emotionen kann nur als eine Resonanz früherer Tagträume gedeutet werden, in denen sich der große alte Mann und das kleine Mädchen vorstellten, einmal sehr geliebt zu werden.

Nachdem wir uns nun mit dem Faktor der Überraschung als Intensivierung der Emotion beschäftigt haben, bleibt noch die Frage zu beantworten, warum die beiden zu Tränen gerührt waren. Würden wir nicht eher einen Ausdruck des Glücks erwarten – ein Lachen, eine triumphierende Miene oder einen anderen Gesichtsausdruck tiefer Befriedigung? Das Argument, daß sich tiefe Freude auch in Tränen ausdrückt, ist gerechtfertigt, aber es gilt nicht für alle Fälle des großen Glücks, und es enthebt uns nicht der Aufgabe, diese besondere Art von Emotion zu erklären.

Mehrere emotionale Faktoren sind hier vereint: Überraschung, Stolz und Scham. Das Ergebnis ist das Aufwallen eines Gefühls überströmenden Glücks zusammen mit Rührung. Meine psychologische Analyse dieser ziemlich komplizierten emotionalen Situation ist sicherlich nicht erschöpfend. Ich lege sie dennoch vor, weil sie die einzige ist, die ich kenne. Als ich die psychologische Literatur konsultierte, entdeckte ich, daß noch niemand versucht hat, diese seltsame Gefühlsmischung zu erklären. Daß im Endergebnis der Überraschungsfaktor wirksam wird, steht fest, aber er trägt nur zur Intensität des Erlebens bei. Ein alter Wunsch wird plötzlich erfüllt, ein vergessener Tagtraum wird wahr. Die Tatsache, daß die Verwirklichung einmal erwartet und daß dann auf sie verzichtet wurde, ist sicherlich wichtig, aber noch wichtiger für die psychologische Auswertung ist die unbewußte Motivation für diesen Verzicht. Ich nehme an, daß die meisten von uns die Resignation für nötig halten, nicht nur wegen des Versagens der Außenwelt, die sich weigert, die Verdienste oder Gaben, die man hat, anzuerkennen, sondern auch als Reaktion auf das Fehlen ebendieser Verdienste und Gaben. Es ist, als wollten die Menschen, mit denen wir Umgang haben, uns nicht anerkennen und schätzen, weil wir es gar nicht verdienen. Ihre Zurückhaltung ist nur der Ausdruck ihrer negativen Einschätzung unserer Person. Wir betrachten ihre mangelnde Wertschätzung nicht nur als Ausdruck der Vernachlässigung oder Gleichgültigkeit, während wir unseren Wert sehr wohl kennen – das geschieht nur bewußt –, sondern als ihren Urteilsspruch. Sie drücken durch ihre Haltung ihr Urteil aus, daß wir die erwartete allgemeine Anerkennung nicht verdienen. Diese unbewußte Deutung der negativen Reaktion oder der fehlenden oder unzureichenden Reaktion der Gesellschaft auf unsere Bemühungen, kann zu den verborgenen Gefühlen der Wertlosigkeit zurückverfolgt werden, die wir mit uns herumtragen.

Wenn uns eine überraschende und große gesellschaftliche Anerkennung zuteil wird, rührt unser Glücksgefühl nicht nur von der Erfüllung eines alten unbewußten Wunsches her. Es ist mehr als das. Wir sind gerührt, weil unser Gefühl der Wertlosigkeit und unser Schuldgefühl von uns genommen werden. Plötzlich erhalten wir unmißverständliche und überzeugende Zeichen dafür, daß uns die Gemeinschaft, sei sie klein oder groß, unsere Gedankenverbrechen verziehen, daß sie uns freigesprochen hat. Mehr noch, sie ist gern bereit, unsere Verdienste und Anstrengungen anzuerkennen. Wir werden wieder gerechtfertigt und treten aus dem Schatten in die Sonne. Wir sind den anderen nicht nur willkommen, sondern wir werden von ihnen geschätzt, bewundert und anerkannt, das heißt geliebt. Das alles läßt sich mit der Erlösung eines Sünders durch Gottes Gnade vergleichen.

Dieses Gefühl der plötzlichen Vergebung löst die tiefe Befriedigung, das Glücksempfinden aus. Ein solches Erlösungswunder kann nur durch Liebe zustande kommen – und was ist die gesellschaftliche Anerkennung anderes als eine verallgemeinerte Liebe? Es kann durch den Glauben zustande kommen – und was ist der Glaube anderes als das Bewußtsein, daß Gott die Menschen liebt? Die unbewußten Schuldgefühle werden durch eine Welle des Glücks, durch die Überzeugung, geliebt zu werden, aufgelöst. Dann aber, mitten in diesen stolzen Empfindungen, erreicht uns ein Echo, eine Erinnerung an frühere Gefühle, die uns glauben machten, daß wir unwürdig seien und nicht wert, anerkannt und geliebt zu werden. Aus dieser Erinnerung ergeben sich widerstreitende Gefühle. Es ist, als wollte man sagen: »Aber ich verdiene soviel Glück und Liebe nicht!« Der Gegensatz zwischen der gegenwärtigen tiefen Befriedigung und dem verborgenen Leiden der Vergangenheit ist das, was den Menschen wirklich rührt. Ihm ist so, als würde ihm eine so große Ehre nicht deshalb zuteil, weil er sie verdient, sondern obwohl er sie nicht verdient. Die Lage ist der eines Sünders vergleichbar, der an sich die Gnade Gottes erfährt. Mitten in der Gewißheit, durch ein Wunder gerettet worden zu sein, taucht wieder die demütige Erinnerung auf, daß er sich für verdammt hielt, daß er eine strenge Strafe verdient haben würde. Stolz mischt sich mit Demut in dem seligen Gefühl, an der Erlösung der Heiligen teilzuhaben, während man ihrer unwürdig ist. Diese Mischung von Hochgefühl und Bedrücktheit gibt der Situation ihren bittersüßen Geschmack. Etwas von dieser Demut im Frohlocken, ein leiser Zweifel, ob solche Freude verdient ist, wird manchmal auch bei der ersten Vereinigung Liebender empfunden. Und hier wie dort übertönen die lauter werdenden Klänge des Triumphes das Echo der alten Melodie.

4

Bei der Beschreibung der Ausgangsphase der Liebe erschien das Wirken der inneren Unruhe und Unzufriedenheit als das entscheidende Element. Je besser wir seine Natur verstehen, desto offenkundiger wird seine Bedeutung, nicht nur in den Vorphasen, sondern auch bei der emotionalen Bildung der Liebe selbst. Im Gegensatz zu anderen Auffassungen betont unsere die Tatsache, daß es eine Abstoßung weg von sich selbst gibt, die wichtiger ist als die Anziehung durch das erwählte Objekt. Irgendeine Kraft im Menschen zwingt ihn, vor sich selbst davonzulaufen, sich selbst loszuwerden. Sie treibt ihn dazu, seiner eigenen Gegenwart entkommen zu wollen. Es gibt mehrere Möglichkeiten, die innere Unzufriedenheit oder die Abneigung gegen sich selbst zu betäuben. Man kann sich betrinken und sich so als ein anderer fühlen. Man kann sich für ein politisches oder religiöses Anliegen begeistern und sich so selbst vergessen. Oder man kann sich in eine schöpferische Stimmung versetzen, in der man das Gefühl hat, daß nicht der deprimierte oder unzufriedene Mr. Smith den Roman schreibt, sondern ein anderer.

In der Liebe löst sich dieses lästige Ich auf und verschmilzt mit einem anderen Menschen. Die meisten Psychologen, die sich mit dem Thema Liebe befassen, vernachlässigen diesen wesentlichen Punkt des emotionalen Aufbruchs oder sehen ihn überhaupt nicht. Sie beobachten die psychische Bewegung, die auf das Objekt zielt, aber sie übersehen, daß die Richtung von Anfang an festgelegt wird, wenn man sich von sich selbst abwendet. Es ist offensichtlich, daß zwei Faktoren das Ergebnis der Bemühungen eines Menschen, seine innere Dissonanz zu überwinden, bestimmen, nämlich die Intensität der ursprünglichen Unzufriedenheit mit sich selbst und die Energie, die man aufbringt, um sich aus der unangenehmen Lage zu befreien. Wenn die hier dargelegte These richtig ist, gibt es zwei Arten von Menschen, die unfähig sind zu lieben: die Selbstzufriedenen und Selbstgenügsamen und diejenigen, die allzu unzufrieden mit sich selbst sind.

Gibt es Menschen, die so selbstzufrieden und selbstgenügsam sind, daß sie nicht lieben können oder, besser gesagt, nicht zu lieben brauchen? Zweifellos gibt es, zum Beispiel, geniale Menschen, Forscher, Komponisten, Schriftsteller, Philosophen und Männer der Religion, die vollkommen in ihrer Arbeit aufgehen. Sie haben eine andere Methode, sich selbst zu entrinnen, gewählt, denn manchmal empfinden auch sie wie alle anderen ihr Ich als störend. Ihre Fähigkeit zu lieben ist dadurch eingeschränkt, daß die Arbeit das Ich ganz in Anspruch nimmt. Aber wie steht es mit den Millionen, die nicht auf solche Weise schöpferisch sind, die keine so starken, ihre ganze psychische Energie aufbrauchenden Interessen haben?
Wir können uns mit dieser Frage leichter beschäftigen, wenn wir zu einem anderen Punkt zurückkehren. Wir sagten, daß jeder, der liebt, anfangs unbewußt neidisch oder eifersüchtig auf das Objekt gewesen sein muß. Er muß das Objekt bewundert haben und sich beim Vergleich minderwertig vorgekommen sein. Hier gelangen wir nun zu dem folgenden psychologischen Schluß: Wer nicht neidisch sein kann, ist unfähig zu lieben. Das ist eine seltsame Feststellung, aber sie erscheint mir, sofern sie unbewußte Emotionen betrifft, unbestreitbar. Die oben erwähnten schöpferischen Menschen sind nicht unfähig, Neid zu empfinden, aber sie gehen entweder so sehr in ihrer Arbeit auf, daß der Neid nur kurzlebig ist, oder sie unterdrücken ihre Eifersucht rasch, indem sie sich auf ihre eigenen Gaben und überlegenen Eigenschaften besinnen. Wir können also unsere vorausgegangene Feststellung erweitern und sagen: Um lieben zu können, muß man imstande sein, längere Zeit Neid zu empfinden und auf die Dauer auf die Person selbst und nicht auf ihre Leistungen eifersüchtig zu sein.
Gibt es Menschen, die außerstande sind, länger als einen flüchtigen Augenblick neidisch und eifersüchtig zu sein? Gibt es Sterbliche, die nie neidisch oder eifersüchtig sind? Ich bezweifle es, ja ich möchte es sogar bestreiten, wenn man vielleicht von Ausnahmen wie Robinson Crusoe auf seiner Insel und ähnlichen Fällen absieht. Es ist sehr fraglich, ob Neid und Eifersucht jemals zu vermeiden sind, wo Menschen mit Menschen zusammenleben. Aber es gibt doch so viele Männer und Frauen, die selbstsicher und offensichtlich zufrieden und zu dieser Zeit gewiß nicht neidisch und eifersüchtig sind? Sind sie unfähig zu lieben? Das muß nicht sein. Ihr Mangel an Unzufriedenheit und ihr Selbstvertrauen können die Folge davon sein, daß sie lieben oder geliebt haben. Sie können etwas Bemerkenswertes erreicht oder geleistet oder sich ganz einer religiösen oder politischen Sache verschrieben haben. Das bedeutet nicht, daß sie nie imstande waren, neidisch oder eifersüchtig zu sein.
Es gibt jedoch Charaktere, die gegen Neid und Eifersucht gefeit zu sein scheinen. Sie scheinen unverwundbar für Cupidos Pfeile zu sein, wie es

die Dichter vor zweihundert Jahren ausgedrückt haben würden. Worin liegt ihr Geheimnis? Sie scheinen den Gaben und Reizen anderer gegenüber gleichgültig zu sein. Aber sind sie es wirklich? Sie finden Gefallen an anderen, während sie selbst über einen gewissen Punkt hinaus emotional unerreichbar sind. Sie sind nicht gefühllos. Sie sind nur lieblos. Man findet Menschen dieser Art vor allem in der Gruppe der, wie die Psychiater sagen, hysterischen Charaktere und paranoiden Persönlichkeiten. Sie sind aber auch zahlreich unter Menschen vertreten, die nicht pathologisch sind. Die meisten sind sich dieser Unzulänglichkeit nicht bewußt. Sie geben äußeren Umständen oder Mängeln ihres Objekts die Schuld an ihrer Frustration.

Die Psychoanalyse kann beweisen, daß ihre Überlegenheit anderen gegenüber und das scheinbare Fehlen aller Regungen des Neides und der Eifersucht nur Selbsttäuschung sind. Ein unbewußter Abwehrmechanismus verleiht gleichsam ihrem Leben einen Zauber gegen starke Gefühle der Zuneigung. Ihre emotionale Distanziertheit, ihre Einbildung und Selbstgefälligkeit sind nur vorgetäuscht, sind Substitute. Sie besitzen nur ein Ersatz-Selbstvertrauen. Sie schützen sich, weil sie sich so schwach und verwundbar fühlen. Sie blasen ein unsicheres Ich künstlich auf. Diese Selbstvergrößerung und diese Haltung des »Ich bin besser als du« verdecken nur schlecht die Einsamkeit, die ein solcher Mensch fühlt, wenn sein Panzer der Selbstgenügsamkeit einen Sprung bekommt. Der französische Ausdruck *cachemisère* (Überzieher, der schlechte Kleidung verbergen soll) drückt treffend die psychologische Natur einer solchen Haltung aus. Die Zurückhaltung dieser Menschen in einer bestimmten Hinsicht ist gewöhnlich mit dem eifrigen Bestreben verbunden, gewisse Eigenschaften aufzubauschen, mit denen sie ihre Umgebung beeindrukken möchten. Sie führen ein Leben aus zweiter Hand, immer darauf aus, Eindruck zu schinden und den Leuten zu gefallen. Daß sie sich bei anderen einschmeicheln, soll oft nur ihren Mangel an Gefühlen echter Zuneigung verbergen. Es ist charakteristisch für solche Menschen, daß sie oft eine Art von Selbstvorwürfen oder Schuldgefühlen empfinden, nachdem sie ihre Überlegenheit wieder einmal besonders auffällig demonstriert haben, so als wären sie sich der Vorspiegelung sehr wohl bewußt.

Sie versuchen vergeblich, die Stimme einer unbestechlichen Beobachtungsstation in ihrem Innern zu übertönen, die sich über ein frustriertes Leben beklagt. Es ist, als wären sie sich im Grunde dessen bewußt, daß ihr Hochmut nur Angabe und ihre Selbständigkeit nur vorgetäuscht sind und daß ihr Stolz nur ihre Schwäche bemäntelt. Eine Dame, die ich einmal in Wien kennenlernte, verstand den Ersatzcharakter dieser Haltungen sehr gut. Sie sagte: »Möge Gott mir immer genug Selbstvertrauen geben, damit ich nicht eingebildet zu werden brauche.«

Der Selbstgenügsame erspart sich die psychologisch notwendigen Emotionen des Neides und der Eifersucht, aber er bringt sich auch um Glück und tiefe Befriedigung. Seine Selbstgenügsamkeit bewahrt ihn vor Kummer, verdammt ihn aber zu einem Leben unter einer Glasglocke ohne die Möglichkeit, sich zu entspannen, sich emotional gehenzulassen. Am Ende ist er seiner selbst überdrüssig. Er befindet sich gewissermaßen im Sitzstreik gegen ein starkes inneres Bedürfnis. Diese selbstgenügsame Starre kommt einer Selbstverleugnung gleich, die Selbstbeschränkung wird zur Askese. Manchmal erweckt ein solcher Mensch den Eindruck des Egoismus, und tatsächlich sagt man von ihm, er sei zu selbstsüchtig, um zu lieben. Aber ist es wirklich Selbstsucht, was ihm tiefe Befriedigung und Freude verwehrt? Nein, was ihn davon abhält zu lieben, ist eher die Angst, seine Unabhängigkeit zu verlieren und sich in eine Notlage zu bringen. Er gestattet es sich nicht, den tiefen Drang zu empfinden, sein Schicksal mit dem eines anderen Menschen zu vereinigen. Er zögert, dem verborgenen Bedürfnis nach Gemeinsamkeit nachzugeben, und zieht die Erweiterung – und Vergrößerung – seines eigenen Ichs vor. Er will sich nicht nur unabhängig, sondern auch bedeutend fühlen, will im Mittelpunkt stehen. Lieben bedeutet aber: den anderen zum Mittelpunkt machen.

Diese Menschen erreichen ihr Ziel, aber unterdessen entflieht ihnen das Leben. Sie empfinden den Mangel an Zuneigung nicht bewußt, aber manchmal fühlen sie sich wie lebende Leichen. Ihr Stolz und die kleinen Befriedigungen, die sie in ihrer Distanziertheit und emotionalen Unabhängigkeit finden, machen sich am Ende nicht bezahlt. Manchmal glauben sie halb und halb an ihre eigene Lüge, und sie schmücken sie mit Halbwahrheiten aus, aber irgendwie wissen sie, daß sie sich etwas vormachen. Manchmal versuchen sie, sich zu verlieben, aber zuletzt stellen sie nur fest, daß es keine Liebe war. Ihre Angst sitzt zu tief, selbst während sie noch mit sich selbst Verstecken spielen. Es kann nur eine vorgetäuschte, unechte Liebe sein, denn niemand, der so viel Angst hat, kann wirklich lieben.

In den meisten Fällen deckt ihre eingebildete Überlegenheit ein unbewußtes Gefühl der Schuld oder Unzulänglichkeit zu. Sie haben Angst davor, sich gehenzulassen und sich auszuliefern, weil sie glauben, es nicht wert zu sein, geliebt zu werden. Unter ihrer Selbstsicherheit verbirgt sich ein schrecklicher Mangel an Selbstvertrauen. Bei der Psychoanalyse braucht man viel Geduld und Verständnis, um den unbewußten Schutzwall abzubauen, den diese Menschen um sich herum errichten. Sie zeigen dem Psychoanalytiker gegenüber dieselbe Selbstgefälligkeit und Selbstsicherheit und dieselbe emotionale Abwehr und Kälte wie gegenüber allen anderen. Ihr vorgespiegeltes Selbstvertrauen und ihre Einbildung müssen beseitigt werden, und man muß zu der tieferen Schicht von innerer Unsicherheit und Minderwertigkeitsgefühlen vordringen. Eine jüdische Redensart drückt sehr gut aus, welcher Art das therapeutische Verfahren sein muß. Man sagt zu einem solchen Menschen: »Mach dich nicht so groß – so klein bist du nicht.«

Der Psychoanalytiker muß nicht nur die oberflächliche Einbildung beseitigen, sondern auch die emotionalen Motive, die diese Haltung scheinbarer Überlegenheit notwendig machen. Er muß das falsche Selbstvertrauen und die Selbstgerechtigkeit durch ein echtes und gerechtfertigtes Gefühl der Sicherheit ersetzen. Seltsamerweise müssen gerade diejenigen ermutigt werden, die ein allzu großes Selbstvertrauen und eine hohe Selbstachtung zu besitzen scheinen. Es ist eine harte Aufgabe. Sie ist nicht leicht zu lösen, und manchmal hat man gar keinen Erfolg. Oft verteidigen solche Menschen ihre Position mit unglaublichem Starrsinn, und sie scheinen den wahren Wert ihrer Persönlichkeit nicht zu erkennen, die sie bereitwillig durch vorgetäuschte Eigenschaften ersetzen. Sie gleichen einer Frau, die ein kostbares altes Tafelservice im Schrank hütet und ihre Gäste mit einem billigen neuen und glitzernden zu beeindrukken versucht. Was ich hier betonen möchte, ist, daß die Haltung der meisten dieser Menschen reine Selbsttäuschung ist. Nur ein paar Zoll unter der Oberfläche der Selbstzufriedenheit und Selbstgefälligkeit stößt man auf Gefühle der Minderwertigkeit und Unzulänglichkeit.

Die anderen, die unfähig sind, Zuneigung zu schenken, sind diejenigen, die sich nicht würdig fühlen, geliebt zu werden. In den meisten Fällen denken solche Menschen, sie seien das Opfer eines unergründlichen Schicksals, das es ihnen nicht erlaubt, ein geeignetes Liebesobjekt zu finden. Sie sind im Innersten unsicher und zweifeln daran, daß irgend jemand sie lieben könnte. Sie gehen kein Risiko ein, weil ihr Selbstvertrauen zu schwach ist. Sie haben oft ein zerstörtes oder verkrüppeltes Ich und stecken voller Mißtrauen, so als hätte ihnen das Leben einen Granatenschock versetzt. Trotz ihres sicheren Auftretens fühlen sie sich unzulänglich und erwarten im voraus, daß man sie ablehnt. Liebe ist unmöglich ohne eine gewisse Selbstachtung. Wer zu sich selbst nicht ein wenig freundlich sein kann, kann niemandem ein Freund sein. Man muß wenigstens einigermaßen gut mit sich selbst auskommen, wenn man mit anderen auskommen will. Diese Kleinmütigen nehmen Ablehnung nicht nur im voraus als gegeben hin, sie provozieren sie manchmal sogar. Da sie sich selbst nicht mögen, sind sie unbewußt darauf vorbereitet, daß auch andere sie nicht mögen. Sie sind furchtsame Seelen, die unter der heftigen Angst leiden, daß sich niemand etwas aus ihnen machen würde, wenn man wüßte, wie niederträchtig oder dumm oder nichtssagend sie sind. Sie verlangen wenig von anderen, weil sie selbst so wenig zu geben haben. Unlängst berichtete mir ein wohlerzogenes Mädchen von einem Erlebnis, das sie zusammen mit einer Gruppe von Jungen und Mädchen ihres Colleges hatte. Sie waren ausgegangen, um sich zu amüsieren.

Nach und nach wurde meine Patientin immer unsicherer. Sie sagte: »Ich wollte mich betrinken, weil ich fürchtete, daß ich nach einer weiteren Viertelstunde ganz uninteressant sein würde.« Viele dieser Menschen versuchen ihrem Gefühl der inneren Unsicherheit dadurch zu entrinnen, daß sie sich auf Affären einlassen, aber Sex ist eine sehr ungeeignete Zuflucht. Die Unfähigkeit zu lieben verfolgt den Menschen und läßt auch sein Sexualleben unbefriedigend werden.

Wir wissen, daß die erste Voraussetzung für die Entstehung der Liebe Unzufriedenheit mit sich selbst, ja sogar ein Mißfallen an der eigenen Person ist. Aber das ist nur der Anreiz. Lieben bedeutet, diese innere Zwietracht überwinden. Man spürt ein Hindernis, aber auch die Energie, es beiseite zu räumen. Es ist, als wäre der Weg zwar durch einen Fluß versperrt, aber man findet die Kraft, eine Brücke über den Strom zu schlagen. Daß man bis zu einem gewissen Grade wieder Mut schöpft, ist eine emotionale Voraussetzung für jemanden, der lieben will. Ein gewisses Selbstvertrauen ist wesentlich. Wer sich für völlig wertlos hält, wird auch von anderen verachtet. Wer sich für unfähig hält und keine Selbstachtung besitzt, kann nicht der Gegenstand von Bewunderung und Neid sein. Er ist nur bemitleidenswert. Aber er kann nicht nur nicht geliebt werden. Er kann auch selbst nicht wirklich lieben. Was ich meine, läßt sich am besten an einem Beispiel zeigen. Wir verbrachten den vorvorigen Sommer auf einer Farm in Pennsylvania. Gleich daneben lag eine andere Farm. Von meiner Veranda aus sah ich oft zu, wie der Hund des Nachbarn seinen Herrn begrüßte, wenn dieser von der Arbeit nach Hause kam. Er sprang an ihm hoch, leckte ihm das Gesicht, wedelte mit dem Schwanz und gab alle Anzeichen von Freude und Zuneigung zu erkennen. Eines Tages begrüßte der Hund den Farmer nicht. Er lag in einer Ecke und leckte eine Wunde. Später erfuhr ich, daß die Wunde durch einige boshafte Jungen aus dem Dorf verursacht worden war, die das Tier mit Steinen beworfen hatten. Wer seine Wunden leckt, kann nicht liebevoll sein.

Wer davon überzeugt ist, nichts Liebenswertes an sich zu haben, kann nicht lieben. Die anfängliche Abneigung gegen sich selbst und die Depressionen, die der Liebe vorausgehen, müssen bis zu einem gewissen Grade überwunden werden, bevor man es wagt, einen anderen Menschen zu lieben. Wir kehren an diesem Punkt zu dem einen Thema oder Leitmotiv zurück, daß die Einstellung eines Menschen zu sich selbst darüber entscheidet, ob er den Mut aufbringt, die Unzufriedenheit mit sich selbst so weit zu überwinden, daß er wenigstens versuchen kann zu lieben. Ich will hinzufügen, daß das Grundelement dieser unbewußt empfundenen Unsicherheit oder Minderwertigkeit ein verborgenes Schuldgefühl ist, das seinen Ursprung nicht nur in verdrängter Feindseligkeit und Gier in bezug auf andere hat, sondern sich auch in einem seltsamen

Teufelskreis immer wieder selbst reproduziert. Nicht unsere boshaften oder niederträchtigen Gedanken, sondern das schlechte Gewissen schafft das Schlechte, das Böse. Wer lieben will, muß tolerant gegenüber seinen eigenen feindseligen und aggressiven Gedanken und Regungen werden. Er muß sich selbst verzeihen, bevor er einem anderen Liebe zeigen kann. Nur ein erwachsener Mensch kann sich selbst verzeihen. Doch hier geraten wir in den Problemkreis der Schuldgefühle. Ihre Verbindung mit der Zuneigung soll in einem anderen Kapitel diskutiert werden.

Die Liebesfähigkeit eines Individuums wird im wesentlichen durch seinen Mut und seine Angst bestimmt. Ich möchte zwei Bemerkungen einander gegenüberstellen, die zwei junge Frauen im Laufe analytischer Sitzungen machten. Ich hörte sie innerhalb einer Woche, und sie erschienen mir damals so paradox, daß ich sie notierte. Die erste Bemerkung stammt von einem intelligenten jungen Mädchen, das sagte: »Ich kann nicht lieben, weil ich nicht hübsch bin.« Das klingt sonderbar, ist aber psychologisch leicht zu verstehen. Dieses junge Mädchen überschätzte sicherlich die körperliche Anziehung und dachte manchmal offenbar, sie sei die einzige wertvolle Eigenschaft in den Augen junger Männer. Sie meinte: Ich weiß, daß ich nicht hübsch bin. Wenn ich versucht bin, mich zu verlieben, fühle ich von Anfang an, daß sich der Mann nicht von mir angezogen fühlen wird. Ich werde also nur Unglück und Frustration erleben. Ich kann es mir nicht leisten, mich zu verlieben, denn ich sehe schmerzlich voraus, daß man meine Gefühle nicht erwidern wird.

Die zweite Bemerkung machte einige Tage später eine verheiratete junge Frau, als sie über die Beziehung zu ihrem Mann sprach. Sie sagte: »Ich weiß sehr gut, daß ich nicht hübsch bin, aber ich liebe John trotzdem.« Das ist gewiß ebenso paradox wie die erste Bemerkung. Was hat ihr vermeintlicher Mangel an gutem Aussehen mit ihrer Zuneigung zu tun? Nicht nur der weibliche Verstand spricht so, sondern auch die Logik eines unbewußten Prozesses, der bedeutet: Ich wage es, meinen Mann zu lieben, obwohl ich nicht hübsch bin, weil ich andere gute Eigenschaften habe, die mich hoffen lassen, daß er eines Tages meine Liebe erwidern wird. Worin besteht der Unterschied in diesen beiden Fällen? Geht es wirklich um die Hübschheit der beiden jungen Frauen? Das kann es nicht sein, denn das Mädchen war sowohl jünger als auch viel hübscher als die verheiratete Frau. Nach Ansicht der meisten ihrer Freunde und Bekannten war sie sogar sehr attraktiv. Aber irgend etwas in ihr verbreitete eine Atmosphäre der Kälte, ließ sie gleichgültig, distanziert und manchmal sogar eingebildet erscheinen. Sie hatte sehr wenige Verehrer. Ihre Klage, daß junge Männer sie nicht mochten, war beinahe gerechtfertigt. Unbewußt schreckte sie sie ab. Als sie durch die Analyse von ihren unbewußten Schuldgefühlen befreit worden war, wurde auch ihr Gefühlsleben

freier, und sie hatte viele Verehrer. Der Unterschied zwischen den beiden Fällen hat also nichts mit der vorhandenen oder mangelnden Attraktivität zu tun, sondern ist eine Frage des Mutes sich selbst gegenüber. In dem einen Fall fehlte der Mut. In dem anderen war er vorhanden und wirkte. Es gibt viele Frauen, deren Selbstvertrauen durch das Wissen geschwächt ist, daß sie weniger attraktiv als andere sind oder diesen und jenen körperlichen Vorzug nicht besitzen. Dann beginnt ein Trostmechanismus zu wirken, wie der psychologische Beobachter leicht bemerken kann, und auf die Frage »Was hat Fräulein X, was ich nicht habe?« und die Antwort »Eine bessere Figur« oder »Natürliche Locken« folgt der tröstliche Gedanke: »Ja, aber man sagt, ich habe hübsche Augen, und mit mir kann man sich besser unterhalten.« Der Erfolg des Trostmechanismus hängt nicht vom Besitz oder Fehlen gewisser Eigenschaften ab – denn letzten Endes hat jede Frau irgendwelche Reize –, sondern vom Mut. Es geht schließlich immer darum, ob jemand seine Selbstachtung wiedergewinnen und seine Angst besiegen kann oder nicht, vor allem die soziale Angst, die wir unbewußte Schuldgefühle nennen.
Diese Anschauung steht im Gegensatz zu den Ideen, die die Anhänger Freuds vertreten. Sie behaupten, daß die Liebesfähigkeit eines Individuums durch Narzißmus, durch seine Selbstliebe, beschränkt wird, daß jemand, der sich selbst zu sehr liebt, keinen anderen lieben kann. Wir behaupten dagegen, daß es keine ursprüngliche und echte Selbstliebe gibt und daß die Fähigkeit eines Menschen zu lieben durch den Mangel an Selbstvertrauen, durch die Abneigung gegen sich selbst oder die Selbstverachtung und durch zu wenig »Selbstliebe« beeinträchtigt wird, daß die meisten emotionalen Schwierigkeiten, die wir mit anderen haben, nur Spiegelungen und Manifestationen unserer eigenen inneren Konflikte sind.

5

Es besteht eine enge Verbindung zwischen der Unfähigkeit zu lieben und dem, was man oft unglückliche Liebe nennt. Das eine verhält sich zum andern wie Frustration zum Versagen. Der Ausdruck unglückliche Liebe bezieht sich nicht nur auf die Fälle, in denen Gefühle der Zuneigung nicht erwidert werden, sondern auch auf viele andere, in denen ein Mensch aufgrund eines persönlichen Konflikts versagt. Er weicht der Aufgabe nicht aus, kann aber nicht zu einem guten Ende führen, was er unternimmt. Unglückliche Liebe bedeutet, daß man den Ruf vernimmt, aber den Bestimmungsort nicht erreichen kann. Sie bedeutet das Versagen einer Mission.
Wer unglücklich Liebende und glücklose Liebe im Laufe der Jahre beobachtet hat, gewinnt den starken Eindruck, daß der Mißerfolg zum gro-

ßen Teil nicht auf äußere Umstände zurückgeht, sondern auf einen oder mehrere unbewußte Faktoren, die bei den Liebenden selbst zu suchen sind. Selbstverständlich gibt es oft unglückliche und ungünstige äußere Situationen. Manchmal schließen sie die Möglichkeit, das Ziel zu erreichen, tatsächlich aus. »Nie treffen die Zeit und der Ort und die Geliebte zusammen.« Noch häufiger werden aber solche äußeren Hindernisse unbewußt dazu benutzt, das Mißlingen herbeizuführen. Man wird mißtrauisch, wenn man beobachtet hat, wie sich das eine Liebespaar leicht über Hindernisse hinwegsetzt, die für ein anderes Paar absolut unüberwindlich sind. Man muß zwangsläufig annehmen, daß es unbewußte Tendenzen gibt, die gegen die Erreichung eines bestimmten Ziels wirken, und daß ein Mensch oft unbewußt den Mißerfolg inszeniert, wenn er sein Erlebnis ständig mit verschiedenen Partnern wiederholt.
Solche geheimen Gegentendenzen können sich schon bei der Wahl eines Partners bemerkbar machen – das heißt, die Wahl an sich ist schon falsch – und das Ergebnis im voraus bestimmen. Diese Gegentendenzen können Bande zerstören, die fürs Leben geknüpft zu sein scheinen. Manche Menschen scheinen unbewußt im voraus zu wissen, welcher Partner der unverträglichste sein wird, und ebendiesen wählen sie. Ich spreche hier nicht von flüchtigen Liebeleien und Affären, sondern von etwas, was für echte Zuneigung gehalten wird, nicht von Ausflügen in das Grenzland der Liebe, sondern von Reisen ins Landesinnere. Eine starke anfängliche Anziehung kann unvereinbare Unterschiede des Temperaments und Charakters verbergen. Es besteht kein Zweifel daran, daß in der unglücklichen Wahl eines Partners schon Tendenzen der Selbstvernichtung am Werk sind, oft hinter den Kulissen. Man beobachtet Fälle, die Zyklen aufwallender Liebe durchzumachen scheinen, auf die immer wieder Enttäuschung und Unglück folgen. Jedesmal ist der Mann oder die Frau auf der Suche nach Glück am Anfang sicher, endlich den richtigen Partner gefunden zu haben, und dann kommt wieder die Verzweiflung mit der Entdeckung des neuerlichen Fehlschlags.
Und dann gibt es die anderen Fälle: die Männer und Frauen, die abwechselnd zuerst an sich selbst und dann an ihren Partnern zweifeln, die ihre innere Unsicherheit überwinden, wenn sie lieben, und wieder ihr Opfer werden, sobald die Liebe vorbei ist. Sie steigen aus den Tiefen der Mutlosigkeit empor und werden in eine noch tiefere und dunklere Verzweiflung zurückgeworfen. Es gibt Menschen, die die größten Anstrengungen unternehmen, um ihr Ziel zu erreichen, und dann alles fallen lassen, was sie gewonnen haben. Viele von ihnen suchen wie verrückt nach einem Liebesobjekt, und es gelingt ihnen gerade noch, es haarscharf zu verfehlen. Andere wieder wagen es nicht, den Kampf mit Rivalen aufzunehmen. Sie treten zur Seite und überlassen anderen die Mitte der Straße, anstatt sich zu behaupten. Und man sieht Menschen, die geliebt werden

möchten, dann aber die Zärtlichkeit, die man ihnen gibt, nicht annehmen können, ja sich geradezu verpflichtet fühlen, sie zu zerstören.
Wieder andere vermögen nicht zu entscheiden, welches von mehreren Objekten das richtige, das wahre ist. Psychoanalytiker können von vielen Fällen berichten, in denen ein Mann unbewußt gezwungen ist, zwischen drei oder vier Mädchen hin und her zu schwanken, so als fühlte er ein emotionales Bedürfnis nach Ungewißheit und Zweifel. Es ist offensichtlich, daß er keines dieser Mädchen will. Er ist noch nicht fähig zu lieben. So viele Menschen verwechseln Sexualität mit Liebe, sinnliche Anziehung mit dauerhafter Zuneigung, und sie erkennen den Unterschied erst, wenn es zu spät ist.
Es gibt so viele Möglichkeiten des Scheiterns und der Frustration, daß über die verborgenen Motive, die sie verursachen, ein anderes Buch geschrieben werden könnte und sollte. Sehr oft können diese abortiven Formen der Liebe anfangs nicht von den anderen unterschieden werden. Erst die Entwicklung der emotionalen Beziehung des Paares wird bestimmen, um welche Form es sich handelt. Ein Zweifel, der sich bemerkbar macht, betrifft oft nicht den Wert des Objekts, sondern die eigene Liebesfähigkeit. Wer echte Zuneigung für ein Objekt empfindet, kann nicht zwischen mehreren schwanken, denn Liebe bedeutet die endgültige Wahl *eines* Objekts – zumindest für eine gewisse Zeit. Wer an seiner Fähigkeit, jemanden zu lieben, zweifelt, gleicht dem Knaben, der, nachdem er Mozart vorgespielt hatte, den Meister fragte: »Ratet Ihr mir, ein Wunderkind zu werden?« Mozart verneinte mit aller Entschiedenheit. Verblüfft sagte der Junge: »Aber Ihr, Herr Mozart, seid doch selbst ein Wunderkind gewesen.« Worauf Mozart antwortete: »Ich hab' aber auch niemanden gefragt.« Dieses Beispiel zeigt sehr anschaulich den Unterschied zwischen Selbstvertrauen oder Selbstzuversicht und Selbstzweifel. Wenn man an einem Wunder, das einem geschehen ist, zweifelt, kann man sicher sein, daß es kein Wunder war.
Wann immer die Mission der Liebe scheitert, kann der psychologische Beobachter sehen, warum sie scheitern mußte. Im Zerfall der Liebe können ihre Bestandteile klar erkannt werden. Ihre Auflösung enthüllt die wahre Natur der Stücke, die nicht imstande waren, ein Ganzes zu bilden. Der vorurteilsfreie Leser wird zugeben, daß die Elemente, in die sie zerfällt, die hier aufgestellte Theorie beweisen: nämlich daß die Liebe eine Reaktion gegen ursprünglich vorhandene Regungen des Neides, der Gier, der Feindseligkeit, der Besitzlust und des Drangs zu herrschen ist. Wenn wir die Ruinen eines Gebäudes untersuchen, erkennen wir, aus was für Materialien es errichtet wurde. Der Psychologe weiß, daß auch Luftschlösser durch eine emotionale Anstrengung gebaut werden. Aus nichts wird nichts, nicht einmal ein Phantom oder bloßer Schatten.
Die Widersprüchlichkeit alles Menschlichen wird hier offen sichtbar.

Während ein Gebäude errichtet wird, kann seine endgültige Form nicht vorausgesagt werden. Wird es ein Heim für die Dauer sein oder nur ein vorübergehender Unterschlupf? Ebensowenig kann man voraussagen, ob die Erbauer sich auf die Dauer daran bereichern wollen. Vielleicht verlieren sie nur ihr Geld.

Gibt es eine Möglichkeit, den Menschen zu helfen, diese Fehlschläge zu vermeiden, ein Mittel, das Frustration in Erfolg verwandelt? Ich bin sicher, daß es viele gibt, aber keines, das vollen Erfolg versprechen kann. Die Psychoanalyse kann zweifellos helfen und hat oft auch wirklich Erfolg. Sie ist aber kein Allheilmittel. Sie hat die Schwächen und Unzulänglichkeiten aller menschlichen Bestrebungen. Freud gab das bereitwillig zu und verglich die Situation mit der in der folgenden Anekdote angedeuteten: Ein Mann beklagt sich über die vielen Fehler und Schwächen der Frauen, ihre Eitelkeit, ihre Unbeständigkeit, ihre Koketterie und so fort. Sein Freund hört geduldig zu und sagt dann: »Ja, du hast völlig recht, aber, weißt du, sie sind das Beste ihrer Art, was auf dem Markt zu finden ist.«

6

Der Mensch, dem sich die Liebe nähert, heißt sie nicht als Gast willkommen, sondern er versucht, sie als Eindringling zu verjagen. Die Liebe erscheint zuerst als eine Emotion, vor der man Angst hat, so wünschenswert sie auch dem bewußten Geist erscheinen mag. Wir fühlen, daß da unbekannte Faktoren am Werk sind. Vielleicht können wir am besten etwas über sie erfahren, wenn wir pathologische Fälle betrachten, die zeigen, was unter anderen Umständen, auf eine entstellte und übertriebene Weise, geschieht. Während der Analyse eines jungen Mädchens sah ich, daß sie ein bestimmtes Erlebnis wiederholte, was mich zunächst verwirrte. Sie fühlte sich zu einem Mann hingezogen, ihr Interesse nahm zu, während er um sie warb, und sie hatte das Gefühl, daß sie sich in ihn verlieben werde. Dann geschah immer wieder dasselbe. Sie zog sich plötzlich von ihm zurück. Sie inszenierte einen Streit wegen irgendeiner Kleinigkeit oder dachte sich einen Vorwand aus, um ihn nicht mehr zu sehen, oder brach die Beziehung ohne ersichtlichen Grund plötzlich ab. Ein Analytiker, der sie zuvor schon behandelt hatte, fand eine einfache Erklärung für ihr sonderbares Verhalten. Sie hatte Angst vor der Sexualität. Aber nichts in ihren emotionalen Einstellungen rechtfertigte eine solche Ansicht. Sie hatte vielmehr Angst vor der Liebe. Genauer gesagt: Sie fürchtete sich davor zu lieben.

Ein solcher Fall, der für so viele andere typisch ist, verdient die Aufmerksamkeit der Psychologen, weil er zeigt, daß die emotionale Entwicklung, die zur Liebe führt, nicht nur durch Feindseligkeit, sondern auch durch andere Tendenzen gestört und gehemmt werden kann. Es ist, als hätte das Ich Angst vor einer Gefahr oder einem drohenden Verlust. Ein französischer Autor definierte die Liebe einmal als »Abwesenheit von Angst«. Diese Formulierung ist sehr überraschend. Man ist verblüfft und geneigt, ihr zu widersprechen. Natürlich kann man einen Gedanken nicht durch eine negative Feststellung qualifizieren. Man kann geltend machen, daß die Abwesenheit von Angst keineswegs Liebe bedeuten muß. Man kennt viele Menschen, die man sogar verabscheut, aber man hat keine Angst vor ihnen. Dann aber erkennt man, daß in dieser Behauptung doch eine Wahrheit steckt. Soweit solche Aphorismen ernstgenommen werden können, hat der Gedanke etwas Einleuchtendes. Was ist es? Wir können nicht vor einem Menschen Angst haben und ihn zugleich lieben. Die beiden Emotionen scheinen unvereinbar zu sein. Ein Gefühl der Angst, heftige Scham, ausgesprochenes Mißtrauen schließen Zuneigung aus. Aber empfinden wir nicht alle in einem geringen Grade Mißtrauen und Angst gegenüber anderen? Wir müssen es zugeben und kommen damit zu dem Schluß, daß Liebe die Überwindung dieser allgemeinen Angst bedeutet. Was der französische Autor meint, ist nur, daß ein sehr wesentliches Merkmal der Liebe, eines ihrer Kriterien, das ist, daß man angesichts des geliebten Menschen keine Angst kennt. Er wollte die Liebe nicht definieren, sondern nur eines ihrer Merkmale anführen.

Das Sonderbare ist, daß eine solche unbewußte Angst in vielen Fällen zunimmt, wenn das Individuum die Nähe der Liebe spürt, so als wäre diese Emotion ein Feind. Wovor fürchtet sich das Mädchen in unserem Fall? Sie empfindet eine unbestimmte, aber intensive Angst, wenn sie sich vorstellt, was die Liebe für sie bedeuten könnte. Sie würde bedeuten, daß sie sich selbst völlig aufgibt, daß sie wehr- und schutzlos wird und dem neuen Gefühl ausgeliefert ist. Gibt man ihm nach, so gibt man sich selbst auf. Das Mädchen fühlt, daß es keine emotionalen Vorbehalte geben konnte, wenn man liebte. Aber was bedroht sie? Es ist, als hätte das Ich im voraus gewußt, daß sie durch eine solche bedingungslose Kapitulation verletzt werden und leiden würde. Durch die unglückliche Ehe ihrer Eltern gewarnt, nimmt sie an, daß sie dem Nachlassen der Leidenschaft, der Grausamkeit und Brutalität des Mannes und schließlich der Gefahr, verlassen zu werden, ausgesetzt wäre. Das Ich fühlt sich verwundbar und kennt seine Schwächen.

In vielen Fällen führt diese Angst vor der Liebe zu Reaktionen, die denen auf eine von außen drohende Gefahr ähneln. Ein Mensch, der sich von innen her gefährdet fühlt, versucht fortzulaufen, zu entkommen. Das erwähnte Mädchen fand oft einen Vorwand zu verreisen, oder sie verspürte den dringenden Wunsch, ihre Umgebung zu ändern. Sie schien an ihrer Selbständigkeit zu hängen wie am Leben selbst, aber ihre Reaktionen zeigten auch, daß sie immer stärker den Drang verspürte, sich den Emotionen der Zuneigung hinzugeben, daß sie sich auch danach sehnte, ihre Unabhängigkeit zu verlieren. Sie sah voraus, daß sie sich dem Mann ganz ausliefern würde und daß er ihr nicht so viel Zärtlichkeit bieten würde, wie sie zu geben hatte. Sie fürchtete sich davor, später zurückgewiesen zu werden. Wie so viele Frauen, die das Gefühl haben, daß sie alles für einen Mann tun könnten, daß er sie aber auf die Dauer nicht lieben würde, wollte sie fliehen. In keinem der Fälle konnte sie leugnen, daß sie angefangen hatte, sich etwas aus dem Mann zu machen, oder daß er echte Zuneigung zu erkennen gab. Trotzdem zwang sie eine zunehmende Angst immer wieder, die Beziehung abzubrechen.

Zwei Dinge interessieren uns hier: Was bedeutet ihre Flucht, und was steckt hinter ihrer Angst? Aus welchen Motiven hat sie solche Angst vor der Liebe? Oberflächlich betrachtet, lief sie fort, weil sie Angst davor hatte, einem Mann ihre Zuneigung zu schenken. Jedenfalls war das ihre bewußte Erklärung für ihr sonderbares Verhalten. Sieht man tiefer, so zeigt sich, daß sie die Beziehung zu dem Mann plötzlich abbrach, weil sie fürchtete, sie könnte ihn zu sehr liebgewinnen, und er würde sie daraufhin verlassen. Sie schützte sich gegen einen solchen Schock, gegen den zukünftigen Kummer, indem sie ihm antat, was er ihr antun konnte. Ihr Verhalten zeigte alle Anzeichen einer Flucht nach vorn, eines Abwehrmechanismus, den ich zum erstenmal in der Psychologie des Masochismus beschrieb.* Sie war so verängstigt, daß sie den Spieß umdrehte, sooft sie die Gefahr, sich zu verlieben, stärker empfand. Sie handelte ähnlich wie eine mir bekannte Frau, die ihr Dienstmädchen entließ, sobald es launisch oder unzufrieden zu sein schien. Die Frau hatte solche Angst davor, daß ein Dienstmädchen sie unerwartet verlassen könnte, daß sie es vorzog, sich dieser Spannung gar nicht erst auszusetzen, und daher die Flucht nach vorn antrat.

Aber wovor fürchtet sich das Mädchen wirklich? Warum geht sie nicht das Risiko ein und nimmt und gibt Liebe ohne Angst vor der Zukunft? Hier ist eine tiefere Unsicherheit als die allgemeine vorhanden. Eine mögliche Gefahr lauert in dem Mädchen selbst, und vor ihr muß sie auf der Hut sein. Ihre Angst, von dem Mann erdrückt zu werden, abgewiesen und verschmäht zu werden, hat ihre Wurzeln in ihrem eigenen Gefühl der Unsicherheit. Wie so viele ihres Geschlechts (und nicht wenige Männer) fürchtet sie, daß ihre Unzulänglichkeiten, ihre Schwächen, ja schließlich ihre Wertlosigkeit von dem Mann entdeckt würden, wenn sie ihre Zurückhaltung aufgäbe. Diese Frauen fühlen sich nicht nur ver-

* *Masochism in Modern Man,* Farrar, Straus and Company, New York 1949; dt. Ausg.: *Aus Leiden Freuden, Masochismus und Gesellschaft,* Hoffmann und Campe, Hamburg 1977; Fischer-Taschenbuch Nr. 6768.

wundbar, sie fühlen sich schutzlos und unsicher. Sie weigern sich zu lieben, weil sie befürchten, daß sie nicht liebenswert sind. Der Mann würde sie nicht billigen, ja er würde sie abweisen, wenn sie ihren Gefühlen freien Lauf ließen. Die Angst vieler Frauen nimmt zu, wenn sie feststellen, daß ein Mann sich etwas aus ihnen macht, weil sich dann die Frage ergibt: Wird er sich auch noch etwas aus mir machen, wenn er mich wirklich kennt? Ich sah einmal, wie eine junge Frau während der ersten Monate ihrer Schwangerschaft von dem Gedanken besessen war, ihrem Mann, der sie liebte, davonlaufen zu müssen. Unbewußt hatte sie eine schreckliche Angst davor, daß ihr Mann sie mit dem Fortschreiten der Schwangerschaft sehr häßlich finden und verlassen würde, und sie hielt diese Spannung nicht aus.

Viele Frauen haben unbewußt das Gefühl, daß sie wenig zu geben haben, und sie erschrecken, wenn sie aus dem Schneckenhaus herauskommen sollen, in dem wir im Grunde alle leben. Sie mißtrauen den Männern, die sie lieben; sie versuchen, sie abzuwerten, aber genauer betrachtet mißtrauen sie sich selbst und zweifeln an ihrem eigenen Wert.

Die Scham beschränkt sich nicht auf das Gebiet der Sexualität und der Ausscheidungen. Das Ich fürchtet sich auch davor, in seiner ganzen Schwäche erkannt zu werden, und hat viel zu verbergen. Die Psychoanalytiker würden hier gern eine sexuelle Scham entdecken, aber diese Angst zu lieben ist nicht durch Hemmungen und Ängste sexueller Natur motiviert. Wir haben es hier mit Problemen der tieferen Schichten des Ichs zu tun. Die Psychoanalytiker verhalten sich ihnen gegenüber so hilflos wie ein kleines Kind im Wald, in dem sie nicht Bäume sehen, sondern phallische Symbole.

Wir wissen, daß die Angst zu lieben, die sich auf eine Vorwegnahme der Reaktion des Partners gründet, unbewußt in jedem Fall vorhanden ist, gewöhnlich aber überwunden wird, sobald sich das Ich beruhigt. Vielleicht ist eine solche Beruhigung manchmal sogar ein Faktor bei den Versuchen fortzulaufen. Ein Beobachter wird oft den Eindruck haben, daß die Flucht eine gute Methode ist, einen Verehrer zu bekommen, daß es das Ziel des Davonlaufens ist, eingefangen zu werden.

Nichtsdestoweniger gibt es eine echte Angst vor der Liebe. Aber ist die Liebe alles, was das Ich fürchtet, was es erschreckt? Nein, es gibt darüber hinaus noch etwas anderes, etwas, was wir mit den Kenntnissen, die wir heute besitzen, kaum erreichen können. Das Problem berührt hier den geheimnisvollen Kreis der Ichgrenzen, des letzten dunklen Kontinents der Psychologie. Wir sind uns unserer selbst als Individuen bewußt, als klar abgegrenzte Persönlichkeiten, die sich von anderen unterscheiden. Wir sind vielleicht arm und bereit, alles zu verkaufen, was wir besitzen – alles, nur nicht unsere Seele. Wir sind stolz darauf, wir selbst zu sein, und bieten den stärksten Widerstand gegen den Gedanken auf, jemand anderer zu sein oder jemand anderem zu gehören. Wir ahnen, daß die tiefste Angst vor der Liebe mit der Angst verbunden ist, uns selbst nicht mehr zu besitzen.

Es gibt Dschungel, die undurchdringlich sind. Man muß sie umgehen, um den Weg fortzusetzen, der blockiert zu sein scheint. Solange wir nicht wissen, was das Bewußtsein eines persönlichen Ichs ausmacht, können wir uns dem Problem nicht direkt nähern. Es ist besser, nicht von der Natur dieser undurchdringlichen Angst vor der Liebe auszugehen, sondern von dem Punkt, wo die Gefahr vorüber zu sein scheint. Anders gesagt, von dem Augenblick, in dem man liebt. Wir hören von den Liebenden, daß sie sich nicht mehr als zwei Menschen fühlen, sondern als eine untrennbare Einheit. Sie geben nicht nur zu, daß sie ihre Individualität verloren haben, sondern freuen sich darüber, so als wäre es eine Last gewesen, ein individuelles Ich zu sein, eine Last, die sie nun abgeworfen haben. Es ist, als hätte der Zauber der Liebe die Grenzen des Ichs überschritten, die Schranken des Einzeln- und Alleinseins übersprungen. Um einen Vergleich zu gebrauchen: Es ist, als würden zwei gesunde Kinder, die getrennt gelebt haben, eines Morgens aufwachen und entzückt entdecken, daß sie über Nacht siamesische Zwillinge geworden sind. Für uns nüchterne Betrachter scheint das kein Zustand reiner Freude und Glückseligkeit zu sein.

Das ist aber die emotionale Situation zweier Menschen, die einander lieben, das ist das Ergebnis der Überwindung jener mysteriösen Angst vor der Liebe, die wir nicht verstehen konnten. Wenn das aber die Wirkung des Sieges über diese Angst ist – können wir dann nicht erraten, worum es sich bei dieser Angst handelte? Nach einem allgemeinen Prinzip der Tiefenpsychologie muß es gerade diese Aufgabe der eigenen Individualität sein, die der zukünftige Liebende fürchtete. Was heißt das aber? Wir verstehen es leichter, wenn wir unsere Suche nach einem Schlüssel nicht auf den Zustand der Verliebtheit beschränken, sondern auf andere Zustände ausdehnen, die ihm auf eine allgemeine Weise ähneln. Man kennt andere emotionale Zustände, in denen die Grenzen der Individualität aufgehoben zu sein scheinen und das Ich nicht mehr an die Erde gebunden ist, sondern in der Luft schwebt wie in der Liebe. In diesen Zuständen scheint das Ich auch nicht nur außer sich zu sein, sondern über sich hinaus zu reichen, nicht nur losgelöst, sondern in einem weiteren Bereich verloren. Und seltsamerweise versprechen und gewähren auch diese Zustände dem Menschen Glück.

Drogenabhängige kennen das Glück und sogar die Seligkeit des Ichverlustes, ebenso manche Psychotiker und visionäre Persönlichkeiten. Bis zu einem gewissen Grade fühlen das auch der Künstler in den Augenblicken höchster schöpferischer Tätigkeit und der Begeisterte, der sich ganz einer Sache hingibt, mit der er sich identifiziert. Unter all diesen Bedingungen, deren psychologische Ähnlichkeit mit der Liebe offensichtlich ist, scheint das Selbst in einer Erweiterung seiner Grenzen verloren zu sein. Unter all diesen Bedingungen fühlt sich der Mensch nicht nur bereichert und mächtig, sondern auch so, als hätte das Ich seine Grenzen überschritten und die Ketten zerrissen, die es gefangenhalten.

Und obwohl wir manche dieser Menschen beneiden, die so tiefe und überwältigende Erlebnisse haben – zum Beispiel den Künstler –, haben wir seltsamerweise dennoch das Gefühl, daß wir nicht mit ihnen tauschen möchten. Wir haben eine Art Angst, uns selbst zu verlieren, dieses gegenwärtige, einzigartige Ich. Wir möchten nicht für die Welt verloren sein, und wir sind nicht bereit, den hohen Preis des Verlustes unserer Individualität für das Glück eines ekstatischen Fakirs oder Opiumessers zu zahlen. Wir fürchten die radikalen Veränderungen, die solche Erlebnisse bewirken würden. Wir wollen nicht das Opfer der geheimnisvollen Kraft einer Manie oder einer unverständlichen Leidenschaft sein, der wir uns überlassen müßten. Sagte ich Leidenschaft? Ebendas ist der Ausdruck, den wir oft für eine heftige Liebe gebrauchen.

Wir ahnen, daß es in dem einen wie dem anderen Fall dieselbe Angst sein muß, die Angst, uns zu verlieren, uns aufzugeben. Gleichzeitig begreifen wir, daß eine Verlockung in dem Gedanken liegt, uns zu verlieren und dieses lästige Ich loszuwerden. Sagten wir nicht, daß der Mensch, der lieben wird, unzufrieden mit sich selbst ist, sich danach sehnt, sich selbst zu entkommen, ein anderer sein möchte, einer, der nicht mit allen Arten von Schwächen und Unvollkommenheiten belastet ist?

Beim Nahen der Liebe befindet er sich in einer Situation, die sich mit der eines Kranken vergleichen läßt, der Todesängste vor einer lebensrettenden Operation aussteht. Er freut sich auf sie und fürchtet sie zugleich. Er steht vor der Verheißung eines neuen Lebens, aber auch vor der Drohung der Vernichtung.

Wir mögen mit unserem Ich unzufrieden sein und uns wünschen, anders zu sein, aber dieses Ich ist ein klar umrissenes Ganzes, es ist uns vertraut, und wir fürchten uns davor, es für etwas Unbekanntes aufzugeben. In dem Augenblick, in dem wir es aufgeben müssen, fühlen wir uns in Gefahr und sehnen uns zurück nach unserer verachteten Individualität. Die Angst vor der Liebe nimmt manchmal die Stärke einer Panik an, sie ähnelt manchmal der Angst vor dem Sterben. Es gibt Verbindungsfäden zwischen der einen und der anderen Form von Angst. »Ich wollte sterben und du werden«, sagt die Heldin eines alten Stückes von O'Neill. Viele Menschen fühlen ebenso, wenn sie lieben. Sie möchten fühlen wie der andere, handeln wie er, er sein, aber zugleich möchten sie sich selbst schützen. Sie haben eine tödliche Angst davor, sich aufzugeben.

Gestehen wir offen, daß wir nicht wissen, was dieser geheimnisvollen Angst zugrunde liegt. Wir können kaum mehr als Vermutungen äußern.

Das Problem überschreitet die Grenzen unseres derzeitigen Wissens. Es gab eine Zeit in unserer Kindheit, in der wir dieses kostbare Selbst nicht besaßen, in der wir uns unserer eigenen Persönlichkeit noch nicht bewußt waren – die Ich-lose Zeit. Das Wissen, daß ich ich bin und niemand sonst, ist eine Neuerwerbung, die man mit dem Verlust einigen Glücks bezahlt hat. Der Übergang von der ichlosen Zeit, in der die Grenzen der Individualität noch nicht definiert sind oder empfunden werden, muß ein tiefes Erlebnis sein. Wir haben es vergessen oder irgendwo versteckt, aber nun haben wir unbewußt Angst vor der Möglichkeit, zu diesem alten ichlosen Zustand zurückzukehren. Wir fühlen, daß uns die Veränderung im Kern unserer Existenz treffen, daß sie die Aufgabe eines wesentlichen Teils unserer Persönlichkeit bedeuten würde, so wie wenn man verrückt wird oder sich einer Narkose unterwirft. Die Grenzen des Ichs würden wieder ungewiß und fließend werden. So müde wir auch des alten Ichs sind: das neue fürchten wir. Man selbst sein oder nicht man selbst sein, das ist hier die Frage. Die Alternative ähnelt den Zweifeln des edlen Dänenprinzen: daß wir die Übel, die wir haben, lieber ertragen als zu den unbekannten fliehn. Was der Mensch fürchtet, ist nicht der Verlust der Handlungsfreiheit – oder wenn es so ist, spiegelt sich darin nur eine tiefere Angst –, sondern der Verlust der Individualität. Er möchte frei sein und er möchte festgehalten werden. Der geliebte Mensch ist zugleich Freund und Feind. Frauen, die nahe daran sind, sich in einen Mann zu verlieben, weichen ihm oft aus, weil sie fürchten, sie könnten ihn mehr lieben, als für ihren Seelenfrieden gut ist. Sie fürchten sich vor dem Objekt, aber mehr noch vor sich selbst.

Wenn diese Angst bei heftigen Charakteren oft besonders auffällig in Erscheinung tritt, so kennzeichnet sie im allgemeinen die emotionale Situation eines Menschen, bevor er sich verliebt. Sie spiegelt still die Tiefe seiner Gefühle wider, die Weigerung, erlöst zu werden und zugleich die Sehnsucht danach. Es ist, als scheute ein Pferd vor seinem eigenen Schatten. Aber was ist dieses Selbst, woraus besteht dieses Identitätsgefühl? Was bedeutet es? Wir sind wir selbst und niemand sonst. Erinnern wir uns an die Zeit, in der wir nicht so sicher waren, wer dieses Ich ist? Noch niemand hat dieses Wunder beschrieben: dieses erste Gefühl, ein eigenes Ich zu sein, diesen Beginn einer neuen Zeit für das Kind, das sich nicht mehr als einen Teil, sondern als ein Ganzes sieht und ein neues Lebensgefühl gewinnt. Wir wissen nicht, wie sich das Kind zu dieser Klarheit durchringt, wie am Beginn des Bewußtseins des eigenen Ichs die Dämmerung aus der Dunkelheit hervorbricht. Ist es wirklich ein Prozeß der Vereinigung von Bestandteilen des Ichs, wie die Psychologen behaupten? Ist es nicht eher ein neues Bewußtsein, daß das Ich von dem getrennt ist, was zuvor seine Welt zu sein schien, und einen Gegensatz dazu bildet?

Hier ist etwas, was sich noch unserer Analyse entzieht, etwas, was wir nicht mit den Begriffen unserer psychologischen Forschung klären können. Immer wenn wir solche Punkte erreichen, an denen die Psychologie ihr Scheitern eingestehen muß, stellen wir erstaunt fest, daß die Dichter über den Bereich des Faßbaren hinausgegangen sind. Sie, nicht die Psychiater und Ärzte, sind die Avantgarde der Tiefenpsychologie. Sie haben Wünschelruten, die ihnen sagen, wo die kostbarsten Geheimnisse der menschlichen Natur liegen. Kein Psychologe hätte den Verlust des Selbst in der Liebe so genau beschreiben können wie die schöne Klage:

Bevor du kamst,
War ich ich.

Noch klarer und noch näher der Natur der Angst vor der Liebe, die meine unzulänglichen, plumpen Worte zu beschreiben versuchten, sind die Verse des Delaleddin Rūmi, eines der größten persischen Dichter und Denker, der vor rund 700 Jahren (1207–1273) lebte:

Es schreckt das zarte Herz vor Liebe
Zurück wie vor dem kalten Tod.
Es stirbt, wo wahre Lieb' erwacht,
Das Ich, der dunkle, der eitle Despot.
Laß sterben ihn in schwarzer Nacht
Und atme frei im Morgenrot.

Ja, wenn die Liebe erwacht, stirbt das Ich, dieser dunkle, eitle Despot. In diesen Zeilen ist der Grundgedanke unserer These enthalten. Aber das Ich feiert geläutert seine glorreiche Auferstehung im geliebten Menschen.

7

Der Kern der Unzufriedenheit des Ichs, die die emotionale Situation kennzeichnet, aus der die Liebe entsteht, ist ein unbewußtes Schuldgefühl. Wir fühlen uns nicht nur schuldig, wenn wir in unseren Gedanken eine Untat oder ein Verbrechen begangen haben, sondern auch, wenn es uns nicht gelingt, die Forderungen zu erfüllen, die wir an uns selbst stellen. Das Schuldgefühl ist eine Reaktion nicht nur auf unbewußte Regungen des Hasses und der Feindseligkeit, sondern auch auf das Bewußtsein unserer Unzulänglichkeit.
Die Liebe überwindet diese Unzufriedenheit mit uns selbst. Sie fegt die unbewußten Schuldgefühle hinweg wie die mächtige Woge, die Hindernisse mitreißt, um sie in den Tiefen des Ozeans zu begraben. Der unwiderstehliche Zauber der Liebe ist jenseits von Gut und Böse. Er läßt keine soziale Angst zu – was das Schuldgefühl ja im Grunde ist. Während Se-

xualität mit Schuldgefühlen vereinbar ist, duldet die Liebe sie nicht. Sie bringt alle Gewissensqualen zum Schweigen. Sie wirkt in uns als eine große Sühne, die alle Sünden tilgt. Man kennt durch sie keine Furcht und keine Reue. Sie zerstreut nicht nur Schuldgefühle, die in der Vergangenheit wurzeln, sondern verhindert auch ihre Entwicklung. Uns wird verziehen, und wir werden von unseren Sünden losgesprochen. Liebe ist Erlösung. Was in Liebe und aus Liebe getan wird, kann nicht unrecht sein. Dieses Motiv allein rechtfertigt nicht nur alle Mittel, sondern auch seine eigenen Zwecke. Im Krieg und in der Liebe sind alle Mittel erlaubt.

Verbrechen, die einen Menschen sonst mit furchtbaren Schuldgefühlen erfüllen würden, erscheinen gerechtfertigt im Namen der Liebe. Es ist offenkundig, was eine so ungewöhnliche Situation möglich macht: Das Liebesobjekt ist zur Personifikation des Idealichs geworden. Als solche erlöst es von allen Sünden, ähnlich wie Jesus für den Gläubigen der Erlöser ist. Alles, was für den geliebten Menschen getan wird, geht von der höchsten Autorität aus und verleiht ihm die höchste Sanktion. Nur der Fanatismus, der von ähnlichem emotionalen Charakter ist, wirkt so auf den Menschen. Die Liebe hat die gleiche Gefühlstönung wie die religiöse Errettung. Wer gerettet ist, kann kein Verbrechen begehen. Die Liebe erhebt den Menschen über alle anderen, sie adelt ihn mit neuer Würde und Macht. Der König kann nicht Unrecht tun. Dieses Gefühl ist das genaue Gegenteil des Drucks und der Niedergeschlagenheit, die ein schuldbeladenes Gewissen verursacht. Letzteres zieht einen zu Boden. Wer liebt, schwebt in der Luft. Wer sich einer Schuld bewußt ist, fühlt sich allein und einsam, isoliert, von der Gemeinschaft der Menschen ausgeschlossen. Wer liebt, fühlt sich niemals einsam. Er ist eng verbunden mit allem, was atmet. Mit dem Verschwinden der Schuldgefühle nehmen Selbstvertrauen und Energie erstaunlich zu. Liebende zeigen eine großartige Verachtung der Gefahr, Sorglosigkeit in bezug auf die eigene Sicherheit, eine Abwesenheit jeglicher Todesfurcht. Der Liebende findet seinen Weg zur Geliebten durch Feuer und Wasser.

Ein schuldbeladenes Gewissen macht uns schüchtern und furchtsam. Liebe beseitigt Angst. Während das Gewissen »Feige aus uns allen« macht, macht Liebe Helden aus uns allen.

Wir hätten diese Einsicht, daß Liebe Schuldgefühle beseitigt, auch noch auf zwei anderen Wegen erlangen können. Im ersten Falle würden wir von der Tatsache ausgehen, daß der Verdacht, unfähig zur Liebe zu sein, ein Schuldgefühl hervorruft, ob wir es wissen oder nicht. Beim Studium von Fällen, die einen davon überzeugen, daß das unbewußte Erkennen des Mangels an Liebe ein Schuldgefühl verursacht, versteht man zunächst nicht, warum das so ist. Dann beginnt man zu ahnen, daß das Fehlen von Liebe unbewußt als etwas betrachtet wird, was der Feindseligkeit gleichkommt. Hinsichtlich der emotionalen Reaktion ist das Gefühl, nicht fähig zu sein zu lieben, das gleiche wie das Gefühl zu hassen. Das entspricht der Freudschen Ansicht, daß das Unbewußte keine Verneinung kennt, nicht nein sagen kann.

Wenn man uns Zuneigung und Freundschaft erweist, die wir nicht erwidern können, fühlen wir uns verlegen und ein wenig schuldig. Warum? Man sollte meinen, daß man sich für ein Zuwenig von einer gewissen Emotion nicht zu entschuldigen braucht. Warum sollten wir uns schuldig fühlen, wenn wir Liebe nicht zu erwidern vermögen? Nichtsdestoweniger haben wir das Gefühl, daß wir jemanden enttäuscht haben, der uns vertraut hat, und schuldig sind wegen unseres Unvermögens, emotional zu reagieren. Es scheint so, als drückte unser Mangel an Zuneigung nicht nur Gleichgültigkeit und Interesselosigkeit aus, sondern regelrecht Abneigung, Abscheu oder gar Feindseligkeit. Dasselbe fühlt man, wenn man seine Zuneigung jemandem entzieht, der einem kein Unrecht und keine Kränkung zugefügt hat, sondern sich nach wie vor der Zuneigung würdig erweist. Warum fühlen wir uns in einem solchen Fall nicht nur verantwortlich, sondern schuldig? Sind wir verpflichtet, Zuneigung zu erwidern? Hat der andere ein Recht auf uns, nur weil er uns liebt? Das kann man nicht behaupten, aber wir verhalten uns, als wäre es so.

Ein wohlerzogenes Mädchen, das eine aufrichtige Liebeserklärung erhält und sie abweisen muß, gerät in Verlegenheit und versucht, die bittere Pille zu versüßen. Es kommt selten vor, daß eine Frau kühl und sachlich erklärt, daß sie sich nichts aus dem Verehrer macht, und das Thema wechselt. Ich konnte den Fall eines Mädchens beobachten, das, durch plötzliche und unzweifelhafte Anzeichen echter Liebe seitens eines ungeliebten Mannes überrascht, zu schluchzen begann und weinend davonlief. Später sagte sie, sie sei sich »so gemein« vorgekommen, obwohl sie den Mann nie ermutigt hatte. Sie fühlte sich wie eine Verbrecherin, weil sie einen unschuldigen Menschen, der sie liebte, tief verletzt und gekränkt hatte. Das Gefühl blieb, obwohl ihr später klar wurde, daß sie den ihm zugefügten Kummer überschätzt hatte. Eine andere junge Frau, die mit einem ungeliebten Mann verheiratet ist, den sie aber »ganz gern hat«, gesteht, daß sie sich »wie ein Schuft« vorkommt, weil sie auf seine glühende Liebe nicht reagieren kann. Je schuldiger sie sich fühlt, desto weniger ist sie imstande, seine Zuneigung zu erwidern. Am Ende fühlt sie sich dafür schuldig, daß sie sich schuldig gefühlt hat. Sie klagt oft: »Ich würde ihm so gern geben, was er will, aber ich schaffe es einfach nicht.« In diesem wie in ähnlichen Fällen nimmt die Forderung nach einer Reaktion, die nicht erfüllt werden kann, einen moralischen Charakter an. Man empfindet Angst, so als würde man von einer Gefahr bedroht, die von innen kommt.

Ähnlich fühlen wir uns schuldig, wenn ein Mensch, der uns lieb ist, stirbt, und wir wissen, daß wir ihm unsere Zuneigung nicht bewiesen haben. Jeder kennt dieses schreckliche Gefühl des unwiderruflichen »Zu spät«. In manchen Fällen erreicht unsere durch das heimliche Schuldgefühl verstärkte Sehnsucht nach dem Toten einen Grad von Verzweiflung und tiefer Depression. Man sagt, daß man bei dem Blick zurück in die Vergangenheit hauptsächlich Reue fühlt, und was wir immer wieder bereuen, ist, daß wir denen, die nun tot sind, nicht genug Liebe gegeben haben.

Und haben wir nicht Ursache, uns schuldig zu fühlen, wenn wir nur vorgeben zu lieben? Das ist nicht das gleiche, wie wenn wir Mitleid oder Dankbarkeit heucheln. Es hat eine andere emotionale Qualität. Andere vorgetäuschte Gefühle mögen läßliche Sünden sein, aber Liebe zu heucheln, ist eine Sünde wider den Heiligen Geist. Es ist wie Betrug, wie ein Versprechen, das wir nicht halten können. Liebe vortäuschen heißt einen billigen, minderwertigen Ersatz für Zuneigung geben. Es ist nicht möglich, längere Zeit Liebe zu heucheln. Die Unaufrichtigkeit wird bald gespürt. Das Unbewußte des einen Menschen versteht das Unbewußte des anderen Menschen wie durch drahtlose Telegraphie – ungeachtet aller bewußten Mißverständnisse und Irrtümer. Wer lieben will, muß ganz er selbst sein. Es kommt manchmal vor, daß wir selbst dieses unbewußte Schuldgefühl mit Zuneigung verwechseln. Die innere Forderung zu reagieren wird so drängend, daß wir ihr oberflächlich nachgeben, obwohl wir die Zuneigung nicht wirklich erwidern. Frauen befinden sich manchmal in dieser seltsamen emotionalen Situation. Ein Mann, der aus frustrierter Liebe zu ihnen leidet, tut ihnen leid, und sie geben seiner Werbung aus Mitleid nach. Später beweisen ihnen psychische und physische Reaktionen, daß sie sich getäuscht haben. Nicht Liebe hat sie kapitulieren lassen, sondern ein Schuldgefühl, weil sie die Zuneigung des Mannes nicht erwidert haben. Manche beobachten sich selbst gut genug, um den Unterschied augenblicklich zu erkennen. Eine Frau, die das Gefühl hatte, einen Mann zu verletzen, der schon lange um sie warb, schlief schließlich mit ihm und stellte fest, daß sie völlig gefühllos war. Sie erkannte, daß ihre Kapitulation eine Art Buße dafür war, daß sie ihn gekränkt hatte, und nicht Liebe, wie sie zuerst gedacht hatte. Schuldig fühlen wir uns auch, wenn wir Liebe annehmen, ohne sie zu erwidern. Es ist, als machte man schwere Schulden, ohne imstande zu sein, sie jemals zurückzuzahlen. Lieben erleichtert oder beseitigt Schuldgefühle. Geliebt werden, ohne selbst zu lieben, verursacht oder verstärkt Schuldgefühle.

Vielleicht ist hier der richtige Ort, einige Bemerkungen über die Schüchternheit anzubringen. Sie ist eine Emotion, die man von zwei Seiten betrachten kann. Sie kann gesehen und verstanden werden als eine Art von Angst oder Scheu, anderen gegenüberzutreten, oder als ein Ausdruck

innerer Unsicherheit, der sich besonders dann zeigt, wenn sich die Gelegenheit bietet, anderen Menschen zu begegnen. Unsicherheit ist offensichtlich das primäre Gefühl. Sie scheint sich auf die unbewußte Erkenntnis zu gründen, daß man anderen Menschen gegenüber keine frei strömenden Gefühle hat, daß man sich unter ihnen nicht wohlfühlen kann, so als schämte man sich irgendwie oder als hätte man Angst. Schüchternheit kann sich nicht entwickeln, ohne daß man bei anderen eine kritische Haltung voraussetzt. Eine solche bewußt oder unbewußt eingebildete kritische oder negative Reaktion der anderen weckt Gefühle der Feindseligkeit oder eines lebhaften Ärgers. Die Schüchternheit ist dann die emotionale Reaktion auf diese unbewußten Gefühle. Man weiß, daß Schüchternheit ansteckend ist. Ein schüchterner Mensch kann andere schüchtern machen, so als weckte sein verborgener Antagonismus in ihnen die gleiche Emotion zusammen mit der gleichen Reaktion. Es ist auch eine psychologische Tatsache, daß das Gefühl der Schüchternheit – wenigstens vorübergehend – verschwindet, wenn der Schüchterne offen erklärt: »Ich bin so schüchtern.« Es ist, als zerstreute dieses spontane Geständnis der verborgenen antagonistischen Regungen die Emotion der Schüchternheit, die soziale Reaktion auf die eigenen feindseligen Gefühle.
Mit der Diskussion der Psychologie der Schüchternen sind wir in den Bereich anderer Probleme eingetreten, nämlich den des Schuldgefühls, das die Entwicklung von Zuneigung hemmt oder vollends verhindert. Wir haben davon schon in einem früheren Kapitel gesprochen. Was hier hinzugefügt werden muß, ist die Tatsache, daß der wesentlichste Teil des Gefühls der Unsicherheit, die ein solches Hindernis in der Liebe darstellen kann, ein schuldbeladenes Gewissen ist. Wer es nicht weitgehend überwinden kann, erlangt nicht die innere Freiheit, die nötig ist, um zu lieben. Man könnte auch sagen, daß er nicht zu lieben wagt. Diese Feststellung betrifft nicht nur die Beziehung zwischen den Geschlechtern. Sie ist mindestens ebenso gültig für soziale Beziehungen im allgemeinen. Individuen mit einem zu großen Schuldgefühl können keine Zuneigung zu ihren Mitmenschen entwickeln. Anders gesagt: Wer sich wegen seiner boshaften, grausamen und feindseligen Neigungen gegenüber anderen sehr schuldig fühlt, wer zu strenge moralische Forderungen an sich selbst stellt und wer nicht irgendwie tolerant gegenüber seinen unfreundlichen Gedanken und Regungen sein kann, der ist unfähig zu lieben.

8

Zoologielehrer stellen ihren Stoff gern in der Weise dar, daß sie bestimmen, zu welcher Familie, Gattung oder Art ein Tier gehört. Man macht sich einen Begriff davon, was ein Tiger ist, wenn man hört, daß er zur Familie der Katzen gehört, oder versteht die Natur des Hundes besser, wenn man erfährt, daß er vom Wolf abstammt. Warum sind die Psychologen nicht imstande zu bestimmen, zu welcher Klasse von Emotionen die Liebe gehört? Warum, zum Beispiel, leisten sich Psychoanalytiker den schweren Irrtum, die Liebe als eine bestimmte, zielgehemmte Form des Geschlechtstriebs zu klassifizieren? Das ist so, als wollte ein Zoologe behaupten, die Nachtigall gehöre zur Familie der fliegenden Fische. Liebe ist verwandt mit Begeisterung, Ekstase, Inspiration, brennendem Eifer. Sie ist aus dem Stoff, aus dem die Träume sind. Sie gehört zu derselben Familie wie künstlerische Eingebung und religiöse Inbrunst. Und ich möchte hinzufügen, daß der Fanatismus derselben Gruppe von Gefühlen zugeordnet werden muß, als ein unheimlicher Verwandter, das schwarze Schaf der Familie. Bei allen Mitgliedern der Gruppe findet man die gleiche Ausrichtung auf ein einziges Ziel, die gleiche verzehrende Leidenschaft und Flamme. Inspiration und Verliebtheit werden im Grunde von demselben Funken gezündet.

Lieben bedeutet etwas erreichen, von einem Geist erfüllt sein, der mit dem verwandt ist, der Künstler und Priester inspiriert. Sie bedeutet Schöpfung wie das Werk des Dichters oder des Propheten. Heutzutage glauben jeder kleine Junge und jedes kleine Mädchen, sie könnten lieben, so wie sie Gedichte schreiben könnten. Aber in beiden Fällen sind viele berufen und nur wenige auserwählt. Auf die rechte Weise zu lieben vermag nur das Genie. Die Liebe der Brownings verhält sich zur Verliebtheit eines Playboys wie eines ihrer besten Gedichte zu den stümperhaften Zeilen eines armseligen Verseschmiedes. Der Dilettantismus ist an sich nicht verachtenswert; er kann sogar einen ehrlichen Versuch darstellen, schöpferisch zu sein. Aber es fehlt, allen guten Absichten zum Trotz, die schöpferische Kraft. Was in dem einen Fall tiefen Quellen entspringt, kommt im anderen aus seichten Gewässern.

Jeder Halunke ist davon überzeugt, daß er imstande ist zu lieben wie jeder andere. Er weiß nicht, daß Liebe Schöpfung bedeutet, eine hohe, konzentrierte Aktivität der Phantasie und Willenskraft, eine Kombination von freiem Gefühlsausdruck und Beherrschung. Er hat keine Vorstellung davon, daß Liebe eine Leistung ist, daß lieben etwas vollbringen heißt und daß die Art zu lieben tief in der Persönlichkeit des Liebenden wurzelt. Hier wie bei jedem schöpferischen Akt ist der individuelle Charakter der bestimmende Faktor, der entscheidet, ob das Ergebnis Erfüllung oder Versagen, Blüte oder Verfall ist. Auch bei der künstlerischen Schöpfung bestimmt nicht allein die Begabung des Künstlers, sondern mehr noch sein verborgener Charakter den Wert seines Werkes. Goethe erkannte diesen latenten Faktor, als er sagte, um etwas zu vollbringen, müsse man jemand sein. Man muß eine Persönlichkeit sein, um zu lieben.

Lieben ist eine persönliche Leistung wie der schöpferische Akt, und was es anstrebt, ist von der gleichen emotionalen Art, nämlich die unbewußten Gegentendenzen in sich selbst zu meistern und sich in etwas oder jemandem außerhalb und jenseits des eigenen Ichs zu finden. In beiden emotionalen Strebungen ist dieselbe Suche nach Vollkommenheit vorhanden. Ibsen sagte einmal, schreiben bedeute, über sich selbst zu Gericht zu sitzen. Er hätte hinzufügen sollen: und sich selbst zu vergeben und in der Schöpfung und durch sie Versöhnung zu finden. Man betrachte den unbewußten Prozeß bei der Bildung der Liebe, die Unzufriedenheit mit sich selbst, die Suche nach einem Idealich und die Selbsterfüllung im geliebten Menschen. Es ist ein ähnliches Stück Schöpfung mit denselben Werten.

Diese Werte werden nicht von außen dazu addiert. Sie sind in der Schöpfung selbst und in ihrem Erfolg enthalten. Nicht das Sujet, das der Liebende oder der Künstler wählt, ist der entscheidende Faktor, sondern wie er es behandelt, was er daraus macht. Der große deutsche Maler Liebermann sagte einmal, unmoralisch sei nicht der, der eine Prostituierte malt, sondern der, der sie schlecht malt. Die gleiche Verschiebung der moralischen Werte vom Sujet auf das fertige Werk drückt sich in Emile Zolas Bemerkung aus, daß ein gut geschriebener Satz eine gute Tat sei. (»*Une phrase bien faite est une bonne action.*«) Von einem höheren Standpunkt aus betrachtet, entscheidet nicht der Wert des erwählten Liebesobjekts, sondern die Art, wie es geliebt wird, darüber, ob das geschaffene Werk eine Leistung oder ein Mißerfolg ist. In der Liebe wie in der Kunst braucht der Gegenstand selbst nicht edel zu sein. Die schöpferische Leistung veredelt, ja verklärt ihn.

Wie ich schon sagte, ist die Emotion, die in der Liebe schöpferisch wird, von derselben Art wie die Begeisterung, der »Enthusiasmus«. Dieses Wort kommt aus dem Griechischen und bezeichnet den Zustand eines Menschen, in dem Gott wohnt. Es bedeutet die Vereinigung mit Gott, die den solchermaßen Auserwählten über alle irdischen Dinge hinaushebt. Für die Griechen war der Mystiker »enthusiastisch«, ebenso auch der Seher in der Ekstase der Prophezeiung und der Dichter, in dem Apoll wohnte. Später bedeutete Enthusiasmus direktes intuitives Erfassen des Göttlichen, aber ursprünglich wurde die zum Enthusiasmus führende Vereinigung mit der Gottheit auf eine sehr grobe Weise dargestellt. Sie kam zustande durch Trinken, da sich Dionysos im Wein materialisierte. (Sagen wir nicht trunken vor Liebe?) Sie konnte auch dadurch herbeigeführt werden, daß man den Gott aß. (Der Liebende sagt, er könnte seine Geliebte auffressen.) Zuerst bedeuteten alle Ausdrücke des Enthusiasmus materielle Inbesitznahme des Gottes. Die Plötzlichkeit der Erleuchtung durch Enthusiasmus wird als Garantie der Wahrheit betrachtet. Ist es im Falle der Liebe auf den ersten Blick etwa anders?

Die Ähnlichkeit zwischen diesen beiden Emotionen beschränkt sich nicht auf ihren allgemeinen Charakter. Die Psychologie des Enthusiasmus zeigt, daß eine Phase der Depression mit Gefühlen der Unzulänglichkeit und Unzufriedenheit – die bis zu einem gewissen Grade sogar bewußt werden können – der Verzückung vorausgeht. Auch hier herrscht ein innerer Konflikt. Es wird der Versuch unternommen, die Idee oder die Wahrheit zurückzuweisen, die von der Persönlichkeit Besitz ergreifen würde. Der Widerstand nimmt zu, und dann folgt der plötzliche Gegenschlag, der zuletzt mit der vollständigen Unterwerfung des Ichs und mit seinem Aufgehen in der überwältigenden Emotion endet. Der grenzenlose heftige Überschwang ist das Ergebnis der emotionalen Überreaktion auf den Widerstand, die Bemühung, das Objekt auszutreiben.

Die Fälle einer plötzlichen, tiefgehenden Bekehrung liefern die beste Analogie zur plötzlichen Verliebtheit. Die Begeisterung, der Enthusiasmus des religiösen Eiferers und die Verzückung des Liebenden werden dadurch konditioniert, daß eine Flut reaktiver Gefühle alle Zweifel und jeden Widerstand beiseitegefegt hat. Eine unwiderstehliche Kraft von außen scheint den Betroffenen zu beherrschen und zu lenken, ihn zu durchströmen und über sich selbst hinauszutragen. Der Prophet, der Künstler, der Liebende – sie alle fühlen den Sog des Schicksals. Ihrem Gefühl nach läuft nicht ein psychischer Prozeß ab, sondern es geschieht etwas von ihrem Willen Unabhängiges. Ein Sturm wirbelt sie, wohin er will. Die Inspiration des religiösen Genies und die Emotion des Liebenden sind dem Ursprung und dem Wesen nach miteinander verwandt. Der eine behauptet, daß Gott aus ihm spricht, der andere fühlt sich als gesegnetes Gefäß einer übernatürlichen Macht jenseits seines Begreifens. Ein Wunder ist an ihnen und durch sie geschehen. Da sie solchermaßen ausgezeichnet sind, steigt ihr Selbstvertrauen zu erstaunlichen Höhen empor. Alle Unzufriedenheit ist verschwunden, und die Grenzen des Ichs haben sich so weit ausgedehnt, daß es grenzenlos zu sein scheint. Der veränderte Mensch ist so sehr von einer einzigen überwältigenden Emotion erfüllt, daß andere keinen Platz mehr haben. Der Begeisterte und der Liebende kennen nur einen Gott. Keiner von ihnen kann verstehen, wie es anderen möglich ist, ihr Ideal nicht zu verehren.

Man kann die Liebe eine Leistung nennen, weil sie die Beherrschung der großen Gegentendenzen durch eine unbewußte Willensanstrengung bedeutet. Wie bei der religiösen und der künstlerischen Schöpfung neigen wir auch hier dazu, in der Liebe die Kraft der Imagination und die Überlegenheit des Willens zu unterschätzen, die Widerstände in der menschlichen Seele überwinden. Der Liebende nimmt wie der Künstler ein Stück Wirklichkeit für seine Schöpfung und haucht ihm Leben ein. Diese schöpferische Kraft erreicht ihr Ziel, indem sie mit einem unsichtbaren Feind im Dunkeln, mit dem Gegner im eigenen Ich ringt. Der Liebende wie der Künstler könnte wie Jakob, der mit dem Engel des Herrn rang, sagen: »Ich lasse dich nicht, es sei denn du segnest mich.« Liebe und schöpferische Arbeit erfüllen die Seele mit Freude wie jeder über das eigene Ich errungene Sieg. Für den Liebenden wie für den Künstler bedeutet die emotionale Wirkung der Erreichung des erhabensten Zustandes Glück. Nun da er von Schuld und Not befreit ist, versetzt ihn seine Leistung in Harmonie mit sich selbst und allen anderen.

Doch diese gehobene Stimmung ist nur vorhanden, wenn das Wunder der vollbrachten Leistung geschieht. Sie stellt sich weder früher noch in den Zwischenperioden ein, in denen sich der Liebende, der Künstler oder der Prophet unzufrieden und unsicher fühlt oder an seiner Mission zweifelt. Enthusiasmus kann ebensowenig bewahrt und am Leben erhalten werden wie romantische Liebe. Er verschwindet, wenn er warten muß. Die Liebe und die Kunst beginnen als Spiel, als Laune, aber aus dem Spiel wird Wirklichkeit, die von ihrem Schöpfer Besitz ergreift, bis er »von der Welt vergessen die Welt vergißt«. Kunst und Liebe sind emotionale Genesungsprozesse wie jede Schöpfung. Sie erscheinen manchmal als heiliger Wahnsinn, tatsächlich aber bewahren sie einen Menschen davor, wahnsinnig zu werden. Solange jemand wirklich liebt oder begeistert ist, kann er nicht unglücklich sein. Er ist in guter Hut.

Der Liebende ist ebenso »selbstsüchtig« wie der Künstler bei seiner Arbeit oder der Heilige in seinem Gebet. Sie alle sind nur darauf aus, ihr eigenes Heil zu erlangen. Das schließt alles andere aus. Alle drei Begeisterte brauchen die Reaktion ihres Objekts. Der Liebende hofft, daß seine Zuneigung erwidert, der Künstler, daß sein Werk geschätzt und der Heilige, daß sein Gebet erhört wird. Gleichzeitig aber ist der Wille zu schaffen oder zu lieben von äußeren Reaktionen unabhängig. Er existiert um seiner selbst willen. In der Kunst, in der Religion und in der Liebe ist der Drang nach Selbstvervollkommnung keine Suche nach dem eigenen Ich.

Die Idealisierung des Liebesobjekts ist mit der religiösen Verehrung verwandt. Romeo naht Julia bei ihrer ersten Begegnung als einem »Heiligenbild«, das seine Lippen, »zwei Pilger«, küssen. Seine Liebe löscht alle Vergehen aus. »Nun hat dein Mund ihn aller Sünd entbunden.« Die Erlösung, die die Religion dem Gläubigen verspricht, wird auch dem Liebenden gewährt.

9

Dichter und Schriftsteller des vergangenen Jahrhunderts schilderten oft eine Situation, in der Liebe und Mitleid eng miteinander verbunden erscheinen. Eine Frau verliebt sich in einen Mann, weil er ihr leid tut, oder ein Mann verliebt sich in eine Frau, weil sie so elend und unglücklich ist.

Liebe, Sympathie und Mitgefühl scheinen ineinander überzugehen. Shakespeare wußte es besser als diese Romantiker. Er zieht eine scharfe Linie zwischen den Gefühlen der Liebe und des Mitleids. In *Was ihr wollt* zerstört Viola die Hoffnung, daß ihre Sympathie für einen Verehrer »einen Schritt zur Liebe« bedeute. Sie sagt:

> ... die Erfahrung zeigt,
> Daß man sich oft auch Feinde dauern läßt.

Ich behaupte, daß Mitleid und Liebe unvereinbar sind, das heißt, sie können nicht nebeneinander existieren. Wenn die eine der beiden Emotionen sehr stark ausgeprägt ist, muß die andere weichen. Tiefes Mitleid verträgt sich offenbar nicht mit Liebe. Das scheint allen unseren herkömmlichen Ideen zu widersprechen, aber psychologische Fakten haben mit konventionellen Ansichten nichts zu tun. Meine Behauptung gilt auch außerhalb des Bereichs der Beziehungen zwischen zwei Menschen. Sie betrifft auch die Beziehung eines Menschen zu einer sozialen oder religiösen Gruppe. Es ist offensichtlich, daß man Mitleid für eine unterdrückte rassische oder religiöse Minderheit empfinden kann, ohne ihre Angehörigen zu lieben. Ebenso klar ist, daß man ein sehr tiefes Bedauern für die Armen empfinden und leidenschaftlicher Sozialist oder Kommunist sein kann, ohne deshalb Liebe für die Elenden und Bedürftigen zu fühlen. Ich kenne einen Mann, der voller Mitleid für Arbeiter ist, denen man ihre Rechte verweigert. Ich habe gesehen, wie er, von seinem starken Gefühl getrieben, für sie kämpfte, aber viele Beobachtungen haben mir bewiesen, daß er sich in Wirklichkeit gar nichts aus diesen Menschen macht. Es braucht nicht bewiesen zu werden, daß Zuneigung und Mitleid Emotionen verschiedener Art und von sehr unterschiedlicher Natur sind. Daß sie unvereinbar sind, ist allerdings ziemlich schwer zu beweisen. Sind sie es, weil auf ein und derselben Bühne keinen Platz für zwei Primadonnen ist? Sind beide Emotionen so stark, daß sie sich über einen gewissen Grad hinaus nicht gegenseitig in der menschlichen Seele dulden?

Ich will versuchen, die Unvereinbarkeit von Mitleid und Liebe anhand der in meiner These über die Liebe dargelegten Ansichten zu beweisen. Wir haben angenommen, daß ein Mensch unbewußt neidisch oder eifersüchtig auf einen anderen ist, in den er sich verlieben wird. Er empfindet, wie wir sagten, eine Art von grollender Bewunderung für das Objekt, das als überlegen betrachtet wird. Das Objekt hat Eigenschaften, die dem Liebenden fehlen; es hat Erfolg, wo er versagt; es ist stark und voll Selbstvertrauen, während er sich frustriert, schwach, voll von Widersprüchen und unzufrieden fühlt und an sich zweifelt.

Man vergleiche diese emotionale Situation mit der anderen, in der einem jemand leid tut, der krank oder unglücklich oder mittellos ist. Diesen

Menschen, der uns leid tut, betrachten wir nicht als überlegen. Im allgemeinen fühlen wir uns ihm überlegen. Man kann das bestreiten und behaupten, daß man sich diesem bemitleideten Menschen keineswegs überlegen fühlt, daß die einzige Emotion, deren man sich bewußt wird, Sympathie ist. Aber in diesem Falle ist das Gefühl der Überlegenheit unbewußt. Wer ein wenig introspektiv ist, sich selbst scharf beobachtet und nicht über unangenehme Tatsachen im eigenen Innern erschrickt, wird entdecken, daß dieses Gefühl der Überlegenheit tatsächlich vorhanden ist. Man kann also meine Behauptung korrigieren, aber nur in dem Sinne, daß das Gefühl der Überlegenheit unbewußt ist. Wie könnte es auch anders sein?

Unbewußt fühlen wir uns bevorzugt, wenn wir unsere eigenen Lebensumstände oder unser glücklicheres Los mit der Lage des Bedauernswerten vergleichen. Wären wir in der gleichen oder in einer noch schlimmeren Lage, würde er uns nicht leid tun.

Vergleichen wir den Liebenden mit einem, der Mitleid empfindet, so finden wir oft gegensätzliche Züge. Beim Mitleid blicken wir unbewußt auf das Objekt unserer Emotion hinunter, so als ständen wir auf einer höheren oder vorteilhafteren Ebene. Die Liebe dagegen blickt nach oben. Wir haben keinen Anlaß, auf den Menschen, den wir bemitleiden, neidisch oder eifersüchtig zu sein wie auf den geliebten Menschen. Die Beziehung des Barmherzigen zu seinem Objekt kann durch Gutherzigkeit oder Güte gekennzeichnet sein, aber es ist nicht die Güte des Liebenden. Im Unbewußten ist es die Beziehung des Habenden zum Habenichts. Mit anderen Worten, wir haben die genaue Umkehrung der Situation des Liebenden vor uns. Allmählich erkennen wir, daß Liebe und Mitleid einander psychologisch ausschließen. Es ist auf die Dauer unmöglich, rasch nacheinander nach oben und nach unten zu blicken, sich unterlegen und überlegen zu fühlen, die Empfindungen ständig zu wechseln. Eine innere Entscheidung wird notwendig.

Ich bin bereit, mich mit den Gegenbeweisen auseinanderzusetzen, die man in diesem Punkt anführen wird: Fälle aus dem täglichen Leben, in denen sich jemand in einen Menschen verliebt, der extremes Mitgefühl erweckt. Wie jeder andere auch habe ich Fälle gesehen, in denen Mitleid mit dem Objekt mit Bewunderung, ja sogar mit einem gewissen Neid auf den Leidenden wegen seines Mutes, seiner Geduld oder Würde verbunden zu sein schien. Aber jede tiefgehende psychologische Analyse beweist, daß eine solche Koexistenz von Mitleid und Liebe nur eine Übergangsphase kennzeichnet und zu einem unbewußten Konflikt führt, in dem eine Emotion schließlich die andere überwindet.

Ich beobachtete einmal den Fall eines Mannes, der sich in ein Mädchen verliebte, das an Tuberkulose litt. Sein Mitleid mit ihr, seine Aufmerksamkeiten und Anstrengungen, ihr jede mögliche Hilfe zukommen zu lassen, seine Besorgtheit während der Krankheit waren wahrhaftig rührend. Es besteht kein Zweifel daran, daß er nicht nur um sie besorgt, sondern ihr wirklich zugetan war. Das zeigte sich immer deutlicher, als das Mädchen langsam genas und eine gewisse Unabhängigkeit wiedergewann und seine Hilfe nicht mehr so dringend brauchte wie zuvor. Sie drückte ihm ihre Dankbarkeit und Zärtlichkeit aus und versicherte ihm oft, daß er ihr den Mut zu leben gegeben hatte. Ist ein solcher Fall nicht ein starkes Argument gegen meine These? Nein, denn hier verwandelte sich nicht Mitleid in Liebe und Mitgefühl in Leidenschaft, sondern die Zuneigung wuchs als etwas Neues innerhalb des Mitleids und wurde schließlich so stark, daß sie die frühere Einstellung überwand. Während der Krankheit erkannte der Mann die vorzüglichen Eigenschaften des Mädchens, ihre Geduld und Freundlichkeit, ihre stille Würde. Ihre Gaben erfüllten ihn mit Bewunderung, und die Fortsetzung dieser Art von Bewunderung ins Unbewußte kennen wir als Neid. So entstand die wichtigste Voraussetzung für die Liebe. Mitleid und Zuneigung behaupteten sich nicht nebeneinander. Das Mitleid wich der Liebe.

In allen ähnlichen Fällen kann man dieselbe Entwicklung studieren. Die Geburt der neuen Emotion der Liebe hängt nicht vom alten Gefühl des Mitleids ab. Mitgefühl zeugt nicht Liebe, wie sich das manche Psychologen in ihrer Phantasie vorstellen. Liebe entsteht trotz des Mitleids und ersetzt es schließlich. Sie ist eine neue Pflanze in demselben Boden und wächst rasch über die Pflanze des Mitleids hinaus. Der Mensch, der das Objekt der Barmherzigkeit war, bleibt nicht derselbe, sondern wird zum Liebesobjekt. In dem eben zitierten Fall wurde aus dem bemitleidenswerten Mädchen ein beneidenswertes. Der Mann fühlte sich ihr wirklich unterlegen. Einige Zeit später erlitt das Mädchen einen schweren Rückfall, und die Zuneigung des Mannes nahm langsam wieder die Form des Mitgefühls an. Er konnte nicht dagegen an. Er fühlte, daß sich seine Liebe zurückzog. Gegen seine bewußten Wünsche trat Mitleid an die Stelle der Liebe. Er blieb noch lange auf das Mädchen fixiert, aber die Bindung war nun anderer Art, und mit der Genesung des Mädchens ging die Beziehung allmählich zu Ende.

In jedem Fall dieser Art, den ich untersuchen konnte, geschah psychologisch gesehen das gleiche. Immer wenn Liebe aus Mitleid zu entstehen schien, zeigte es sich, daß die Entwicklung in Wirklichkeit ein neues und unabhängiges Wachstum war, das trotz des Mitleids vor sich ging und seinen Ursprung nicht im Mitleid, sondern in der Bewunderung des Objekts hatte. Zwischen dem Leiden des Objekts und dem neuen Gefühl der Liebe bestand keine Verbindung. Man könnte sagen, daß sich ein Mann in eine Frau verliebte, nicht weil, sondern obwohl sie ihm anfangs leid tat. Sie zog ihn nicht durch ihre Leiden an, sondern durch ihre vor-

züglichen Eigenschaften, ihren Charme und ihren Charakter, die er während ihres Leidens bemerkte. Es ist offensichtlich, daß diese Unterscheidung von größter Wichtigkeit für die psychologische Untersuchung dieses Gegenstandes ist. Die Fälle, die als Gegenbeweis angeführt wurden, entkräften unsere These nicht. Sie beweisen vielmehr die Behauptung, daß Mitleid und Liebe nicht lange koexistieren können. In diesen Fällen folgt die eine Emotion auf die andere. Der Gedanke, daß sie meiner Behauptung widersprechen, beruht auf einem psychologischen Trugschluß und auf ungenauer Beobachtung. Sich vorzustellen, daß sich Mitleid in Liebe verwandelt, ist reine Phantasie.
Man könnte versucht sein, den Gegensatz zwischen Liebe und Mitleid noch ein Stück weiter zu verfolgen. Ausdrücke der Anteilnahme oder des Beileids könnten manchmal mit Manifestationen von Liebe verwechselt werden, aber sie sind etwas anderes und werden gewöhnlich auch so empfunden. Wir können sehr gut zwischen einem Menschen, der uns Mitleid entgegenbringt, und einem Menschen, der uns liebt, unterscheiden. Unser Stolz verbietet uns, Mitleid anzunehmen. Mitleid scheint eine Art von subtiler Kränkung zu sein, und wenn es gezeigt wird, verletzt es unsere Würde. Zeigt eine solche Reaktion nicht auch, daß derjenige, der uns bemitleidet, sich unbewußt eine Überlegenheit anmaßt, die wir ihm nicht zugestehen wollen? Wer wird durch Liebe gekränkt? Jeder möchte geliebt werden. Niemand möchte bemitleidet werden.
Die Bilder der beiden Emotionen können in Begriffen, die uns nun vertraut sind, einander gegenübergestellt werden. Das Liebesobjekt ist die Erfüllung unseres Ichideals. Wir benötigen etwas, was der geliebte Mensch hat. Beim Mitleid benötigt der andere – oder so scheint es zumindest – etwas, was wir zu bieten haben. Bei der Liebe brauchen wir den anderen. Beim Mitleid stellt der andere stillschweigend eine Forderung an uns, er braucht uns. In dem einen Fall fühlen wir, daß wir so viel vom Objekt bekommen können, im anderen, daß wir etwas geben können, was so viel für ihn bedeutet. In der Liebe wollen wir mit dem Objekt eins werden. Beim Mitleid bleiben wir und das Objekt auf getrennten Plätzen. Im ersten Fall besteht die Tendenz zur Vereinigung, im zweiten zur Unterscheidung. Wer liebt, fühlt das gleiche wie das Liebesobjekt. Wer Mitleid hat, versucht mit dem anderen zu fühlen. Eine Mutter bemitleidet ihr Kind nicht, sie leidet nicht mit ihm; sie leidet wie das Kind, das ein Teil ihrer selbst ist. Der Liebende empfindet es unbewußt als Privileg zu geben, aber für den Barmherzigen ist das Geben ein Tribut. Liebe ist Gnade im religiösen Sinne. Mitleid ist eine Art Buße. Niemand hält Liebe für eine Tugend in dem Sinne, in dem viele die Barmherzigkeit für eine Tugend halten, deren »Süße« aus der Selbstgerechtigkeit und Selbstvergrößerung stammt. Wir fiebern nicht und sind nicht außer uns,

wenn wir Mitleid haben. In ihrem heiligen Eifer brennen nur diejenigen, die wir philanthropische Hyänen nennen könnten und die uns in Versuchung führen, Misanthropen zu werden. Wir wissen, warum und wieviel sie zu verbergen und abzubüßen haben.

Mitleid ist oft mit einer Art Sentimentalität vermischt, die der Liebe fremd ist. Sentimentalität ist nicht der Ausdruck echten Gefühls, sondern sein Ersatz, aus billigerem Material gemacht, Beweis und Kompensation für den Mangel an echtem Gefühl. Die Identifikation mit einem anderen Menschen ist bei Liebe und Mitleid nicht nur im Ausmaß, sondern auch dem Wesen nach verschieden. Der Liebende fühlt: Ich könnte du sein! Der Mitleidige fühlt: Das könnte, wäre Gott nicht gnädig gewesen, ich sein. In dem einen Fall sehen wir eine Glücksverheißung, im anderen die Drohung eines Unheils.

Diese psychologische Einsicht lehrt uns, daß Mitleid und Liebe unvereinbar sind. Nimmt das eine zu, nimmt das andere ab oder verschwindet ganz. Wir sehen oft, daß Mitleid soviel Boden gewinnt, wie die Liebe verliert, und oft sehen wir auch das Gegenteil. Es gibt keine Brücke zwischen den beiden Reichen. Die beiden Emotionen können sozusagen in derselben Nachbarschaft leben, aber sie leben in getrennten Häusern mit verschiedenen Atmosphären. Zwischen ihnen befindet sich ein Zaun. Wo Mitleiden herrscht, ist für Leidenschaft kein Platz.

Vielleicht sollte man an dieser Stelle noch einige Worte über einen anderen emotionalen Konflikt hinzufügen. Liebe ist nicht nur mit Mitleid unvereinbar, sondern auch mit Pflicht. Wir schulden den Gefährten, die uns auf dieser kurzen Reise von der Wiege bis zum Grab begleiten, mancherlei, aber Liebe schulden wir ihnen nicht. Liebe kann nicht gefordert werden. Sie kann nur erbeten werden. Die Pflicht widerspricht der Spontaneität, die eine notwendige Voraussetzung der Liebe ist. Allein der Gedanke an Pflicht weckt alle unsere unbewußten Widerstandskräfte. Es gibt keine Liebe, wenn man Bedingungen stellt.

Es ist unmöglich zu sagen: »Ich bin bereit, dich zu lieben, wenn ...« Das Wesen der Liebe ist, daß man freiwillig gibt, nicht unter Zwang. Pflichtgetreue Liebe ist ein Widerspruch in sich selbst, denn Zuneigung bedeutet Ungezwungenheit und Freiheit von Furcht. Der Geist der Liebe verträgt sich nicht mit dem der Pflicht, der einen Menschen zu beherrschen trachtet. Es gibt keine moralische Verpflichtung zu lieben, keine Regel und kein Gesetz. Man kann nicht der Liebe und der Pflicht gleichzeitig und in demselben Maß ergeben sein. Die gutartige Julia, die bereit ist, ihren Eltern zu gehorchen und alle Kindespflichten zu erfüllen, wird über Nacht zu einer Ränke schmiedenden, lügnerischen, hinterhältigen Frau. Die Pflicht, diese ernste Tochter der Stimme Gottes, hat selbst ein rauhes Organ, wenn sie uns ruft. Aber Julias Stimme gilt Romeo: »Mein Leben ist's, das meinen Namen ruft.«

Wie silbersüß tönt bei der Nacht die Stimme
Der Liebenden, gleich lieblicher Musik
Dem Ohr des Lauschers!

10

Nirgends im Laufe unserer Diskussion hat es sich bisher als nötig erwiesen, zwischen verschiedenen Arten von Liebe zu unterscheiden. Ich habe die psychologischen Vorbereitungen auf die Liebe, ihr Wesen und ihre Bedeutung geschildert, und ich habe versucht ihre unbewußte Entwicklung und Dynamik zu skizzieren. Die Liebe erscheint hier als eine Einheit im psychologischen Sinne mit gewissen klar definierten und eindeutigen Merkmalen. Es gibt andere Emotionen, die mit der Liebe verwandt sind und oft mit ihr verwechselt werden, aber sie erfüllen nicht die psychologischen Bedingungen und sollten nicht Liebe genannt werden.

Jemanden mögen und jemanden lieben ist zweierlei. Es gibt viele Bande zwischen den Menschen, aber nur eine bestimmte Beziehung sollte Liebe genannt werden. Andere und verwandte Emotionen sollten andere Namen erhalten, so wie Angehörige derselben Familie verschiedene Namen haben, zum Beispiel James und John Smith. Wie wir noch sehen werden, verwechselt man sogar solche Emotionen mit Liebe, die mit ihr unvereinbar sind. Wir Psychologen kämpfen vergebens gegen diese Verwirrung. Die Schwierigkeit ist rein verbaler Natur und hängt mit der Unzulänglichkeit der Sprache zusammen. Wie kommt es, daß wir freiheitsliebenden Menschen so selten gegen die unerschütterliche Hartnäckigkeit und unerträgliche Tyrannei gewisser Wörter rebellieren?

Der unmittelbare Anlaß für diese Bemerkungen ist die Notwendigkeit, die am meisten gerühmte Form der Liebe zu diskutieren: die einer Mutter zu ihrem Kind. Ist es möglich, auch die Mutterliebe mit unserer These in Einklang zu bringen? Könnte es sein, daß wir auch hier, auf dieser hohen Ebene der Liebe, so verdächtigen Gestalten wie Unzufriedenheit mit sich selbst, Neid, Gier und Feindseligkeit begegnen? Das verträgt sich nicht mit allen unseren früheren und gegenwärtigen Ideen.

Ich bin gewiß nicht der erste, und ich werde nicht der letzte sein, der den Wunsch ausspricht, ein anderes Wort zu besitzen, wenn wir von dem Gefühl sprechen, das eine Mutter ihrem Kind entgegenbringt. Die Armseligkeit der Sprache verfälscht das Bild und täuscht uns. Sie läßt uns an eine Gleichheit glauben, wo es keine gibt. Ich werde mich kurz mit dieser Emotion befassen, nur um zu zeigen, daß sie außerhalb unseres Themenkreises liegt. Am Anfang habe ich darauf hingewiesen, daß Liebe nur zwischen zwei Menschen möglich ist, denen bewußt ist, daß sie getrennte Persönlichkeiten sind. Nach unserer Analyse können wir hinzufügen, daß die Liebe ein Versuch ist, die Kluft zwischen ihnen zu überbrücken, die Trennung zu überwinden und sie in eine Identität zu verwandeln.

Die »Liebe« (oder wie immer wir es nennen wollen) der Mutter zu ihrem Kind ist ursprünglich nicht von dieser Art und gehört nicht dieser psychologischen Kategorie an. Eine Mutter betrachtet ihr Kind nicht als ein völlig getrenntes menschliches Wesen. Die Nabelschnur wird nur in der materiellen Wirklichkeit durchtrennt, aber psychologisch bleibt das Kind noch ein Teil des organischen Lebens der Mutter. Hier sind vitalere Kräfte als Liebe am Werk, Auswirkungen instinktiver Bedürfnisse, die über die temporäre Natur der Leidenschaft hinausgehen.

Das Band zwischen Mutter und Kind, meine ich, ist weitgehend biologischer Natur, was daher kommt, daß das Kind in ihr wuchs und von ihrer Substanz zehrte, daß es ein lebendiger Teil von ihr war und ist. Diese Bindung ist selbstverständlich viel fester, intimer und dauerhafter als das, was wir romantische Liebe nennen. Sie ist nicht so zerbrechlich und läuft auch nicht Gefahr, durch die Zeit zerstört zu werden. Sie ist nicht zum Versagen verurteilt wie die meisten anderen menschlichen Beziehungen. Es kommt sehr selten und nur in pathologischen Fällen, unter außergewöhnlichen Umständen, vor, daß dieses Band zerreißt. Es kommt ja auch vor, daß sich ein Mensch selbst einen Fuß oder eine Hand abschneidet, aber gewiß ist das etwas ganz Ungewöhnliches. Ich weiß nicht, wie wir dieses beinahe vegetative Gefühl nennen sollten, aber das Wort Liebe ist zweifellos fehl am Platz im Lichte unserer Auffassung, die die psychologische Trennung zu einer Vorausbedingung macht. Die Beziehung zwischen Mutter und Kind erfüllt nicht diese Bedingung eines Ich und eines Du, das heißt zweier Personen. Die Liebe kann nicht mit dem Gefühl des Einsseins beginnen. Sie kommt nur dort an.

Ist das alles, was sich über die »Liebe« der Mutter sagen läßt? Gewiß nicht. In dieses Gewebe, an dem schon so lange gearbeitet wird, ist so viel hineingewoben worden, so viel auch von Liebe in dem Sinne, in dem wir sie verstehen. Es liegt nur an unserem Bedürfnis, das Bild zu vereinfachen, daß wir es als eine einzige Figur sehen. Zum Beispiel gibt es einen Zug, den wir immer vernachlässigen und der mit dem Phantasieleben der Mutter verbunden ist. Ich meine die Phantasien und Tagträume, die sich entwickeln, bevor das Kind geboren wird und dann in der langen Zeit, in der es die Mutter pflegt, und wenn es erwachsen und ein selbständiges Wesen wird. Aber wann hören diese Tagträume auf?

Bevor sie Mutter wird, kennt die Frau die gleiche ständige Unzufriedenheit mit sich selbst, die wir alle kennen. Dann geschieht ein Wunder. Es tritt etwas in ihr Leben, was es psychologisch in einem Ausmaß verändert, das über alles hinausgeht, worauf sie durch Hörensagen vorbereitet wurde. Ein neues Leben wächst in ihr, das nicht nur materieller Natur ist, sondern von nun an zum ständigen und zu gewissen Zeiten zum einzigen Gegenstand ihrer Imagination wird. Ein Phantasieleben beginnt, das nur in den Vorstellungen und Tagträumen großer Künstler seinesgleichen hat. In diesen Tagträumen, die lange vor seiner Geburt um das Kind kreisen, erscheinen Züge, die uns aus unserer Untersuchung der Vorphasen der Liebe gut bekannt sind.

Wir finden hier die Übertragung des Ichideals auf das Kind. Es wird das Leben verwirklichen, das seiner Mutter versagt war. Es wird schön, glücklich und erfolgreich sein, und es wird die Welt erobern. Alles wird erfüllt werden, was im Leben der Mutter durch äußere Faktoren und innere Bedingungen frustriert wurde. Es wird die Vollendung des Menschseins darstellen, weil sich gütige Feen über seine Wiege beugen und alle Wünsche erfüllen werden, die die Mutter hatte, als sie nach der Geburt ihres Kindes müde und lächelnd in ihrem Bett lag. Die Ankunft des Kindes verspricht der Mutter eine zweite Chance, die Möglichkeit, ein Leben, das zu einem großen Teil schon verbraucht wurde, noch einmal zu leben. Die Mutter ist wieder glücklich in der Vorfreude auf die Zukunft. In den Tagträumen schwangerer Frauen kann besser als irgendwo sonst die Übertragung des Ichideals studiert werden, die für den Prozeß der Liebe so wichtig ist.

Die einzige Frage ist, ob wir dieses Phänomen eine Übertragung nennen können. Wird das Kind, das sich nun im Schoß der Mutter befindet, nicht wieder die Mutter selbst sein, ein besseres, schöneres, klügeres zweites Ich? Ist das wirklich mit der Verschiebung des Ich-Phantoms auf eine andere Person zu vergleichen? Ist das Kind nicht eher eine Fortsetzung, eine Erweiterung des Ichideals, das zu Fleisch und Blut wird? Die tiefe Befriedigung in diesen Tagträumen und der glückliche Ausdruck im Gesicht der Mutter, das geradezu verklärt erscheint, wenn sie ihr Kind betrachtet, erinnern einen an die Glückseligkeit der jungen Liebe, deren Träume erfüllt wurden. Es sind jedoch noch andere Züge vorhanden, die nicht ins Bild passen.

Wir haben vergessen, daß das Kind, der zukünftige Sohn oder die zukünftiger Tochter, nicht nur ein besseres zweites Ich, sondern auch das Liebesobjekt ist. Bei der Bildung der Phantasien (deren Mittelpunkt es ist) spielt auch der Vater eine beträchtliche Rolle. Das Kind wird gewisse Züge von ihm erben – andere, weniger angenehme Züge werden nicht vererbt –, und diese Züge werden verbessert werden, das Kind wird noch größere Gaben besitzen als sein Vater. Ich hörte einmal eine Bemerkung einer jungen Mutter, die mir psychologisch sehr aufschlußreich zu sein scheint. Ihr Kind war geboren worden, während der Vater bei der Armee war. Nachdem sie den Vater bei seiner Heimkehr begrüßt hatte, sah sie ihn aufmerksam an und sagte: »Wie groß dein Gesicht ist!« Er verstand diese seltsame Bemerkung, die ihn zunächst verblüffte, dann sehr bald. Die junge Mutter hatte so viele Stunden lang aufmerksam das Gesicht des Kindes betrachtet, in dem sie das Bild ihres abwesenden Mannes sah, daß ihr dessen Gesicht, verglichen mit seinem Abbild im Gesicht des Kindes, groß erschien.

Wir wissen, daß in den Tagträumen der Mutter das personifizierte Ichideal nicht gesucht, sondern gefunden wird. Dieses Ideal ist Wirklichkeit geworden, der Traum ist in Erfüllung gegangen. In dieser Erweiterung der Mutter sind alle psychischen und physischen Möglichkeiten, die sie einmal für sich selbst wünschte, potentielle Wirklichkeit geworden. So weit ist die Ähnlichkeit mit dem unbewußten Prozeß beim Finden eines Liebesobjekts auffällig genug. Hier wie dort wird das Ichideal in einem Objekt gefunden und verwirklicht. Ist das Kind aber, psychologisch gesehen, ein selbständiges Objekt für die junge Mutter?

In Wirklichkeit ist es die Erfüllung der Forderungen eines Idealichs in sich selbst, und das ist etwas ganz anderes als der Prozeß in der Liebe, wo man das Idealich in einem anderen Menschen findet. Eine neue Einsicht dämmert uns nun. Die Mutter betrachtet ihr Kind nicht wie ein Liebender seine Geliebte, sondern wie ein Künstler sein Meisterwerk, die vollkommene Erfüllung seines schöpferischen Traums. Man beobachte nur eine Mutter, wie sie, nachdem die Wehenschmerzen vorüber sind, zum erstenmal das Kind betrachtet, das ihr die Schwester zeigt. Sie sieht: Es ist ein richtiges, vollkommenes Kind, und ihr eigenes. Man findet hier den Stolz und die Bescheidenheit eines Künstlers, der etwas geschaffen hat, was seine bewußte Vorstellungskraft übersteigt. Ähnliches muß Gott gefühlt haben, als Er am letzten Tag Seine fertige Schöpfung betrachtete und sah, daß sie gut war. Nein, nicht Gott, denn Er ist allmächtig und allwissend, während eine Mutter nur hoffen und raten kann. In ihrem Blick ist viel mehr stolze Verwunderung. Ein Wunder ist an ihr geschehen, und Wunder geschehen nur an Sterblichen, nicht an Gott.

Das Kind ist ihre Schöpfung, etwas, was sie hervorgebracht hat, was monatelang in ihr gewachsen war, sich aus ihrem Körper ernährt hatte, und nun da ist, um betrachtet zu werden. Das Ganze ist für sie unglaublich. Wie konnte sie, eine unbedeutende, arme, schwache Sterbliche, dieses Wunder schaffen? Ja, das ist der Künstler, der im Augenblick seines stolzesten Triumphes, seiner Selbsterfüllung sein bestes Werk betrachtet. Er sieht es als einen materialisierten Teil dessen, was in ihm und an ihm das Beste und Reichste ist, und zugleich als Teil von etwas, was sein Vermögen übersteigt. »Ich kann es nicht gemacht haben. Das habe nicht ich geschaffen«, rief Haydn, als er mit tränenüberströmten Gesicht seine »Schöpfung« hörte. Die Mutter fühlt, daß ihr Kind ihr Werk ist, die Verwirklichung eines stolzen Traums, und sie ist erfüllt von den Emotionen eines Mannes, der seine beste Leistung betrachtet. Sie hat etwas nach ihrem eigenen Bilde geschaffen, und im Gegensatz zu Gott weiß sie nicht, wie sie dazu imstande war. Allmählich wird uns nun nicht nur die Analogie zwischen den Gefühlen der Mutter für ihr Kind und den unbewußten Phasen der Liebe klar, sondern auch der Unterschied zwischen den beiden Emotionen. Wir haben zwei Möglichkeiten, die Forderungen des Ichideals zu erfüllen. Seine Materialisation kann durch die Wahl eines Liebesobjekts erreicht werden, oder seine Ansprüche können durch unsere Leistungen befriedigt werden. Was die Mutter für ihr Kind fühlt, ist sicherlich eine Kombination dieser beiden Prozesse, aber der größere Teil des Gefühls ist das eines Menschen, der seinen schönsten Traum verwirklicht hat.

Selbstverständlich will ich nicht leugnen, daß es in der Beziehung zwischen Mutter und Kind auch Liebe in dem Sinne gibt, in dem wir sie verstehen, aber diese Emotion entwickelt sich später und neben der ersten, die von größerer Dauer ist. »Die Seele ist ein weites Land«, schrieb Arthur Schnitzler, der immer wieder zeigte, wieviel Platz für verschiedene, verwandte und widersprüchliche Emotionen in uns ist. Später wird die Mutter widerwillig gewahr, daß ihr Kind zu einem selbständigen Menschen herangewachsen ist, der trotz allem von ihr getrennt ist. Dann und erst dann entwickelt sich Liebe in der von uns skizzierten Form.

Eine Mutter ist aber auch unbewußt neidisch und eifersüchtig auf ihr Kind, auf seine besseren Möglichkeiten, zukünftigen Chancen im Leben und größeren Gaben. Tatsächlich empfindet sie sogar eine Art von unbewußter Eifersucht auf den gegenwärtigen glücklichen und sorgenfreien Zustand des Kindes; ein Gefühl, das in dem Lied von Brahms ausgedrückt wird: »O wüßt ich doch den Weg zurück, den lieben Weg ins Kinderland!« Dieser unbewußte Neid führt auch zu einer Art von Groll oder Feindseligkeit, die in krassem Gegensatz zu der tiefen Zuneigung für das Kind steht. Dann setzt die Reaktion ein, und die vollkommene Zurückweisung der negativen Tendenzen hat wie in anderen Fällen eine noch innigere Zärtlichkeit zur Folge. Aber was an den Gefühlen einer Mutter Liebe genannt werden kann, ist ein Zusatz zu dem viel früher entstandenen Gefühl, dem biologischen Band, für das ich keinen Namen habe.

Bei der Betrachtung der emotionalen Beziehung des Vaters zu seinem Kind bin ich nicht so sicher wie bei der Behandlung der Psychologie der Mutter. Man errät, daß sie sozusagen eine verdünnte oder schwächere Lösung derselben Mischung ohne den biologischen Faktor sein muß. Auch hier findet man eine Konzentration von Hoffnungen und Erwartungen und Phantasien, die ihren Ursprung in den Bedürfnissen des Ichideals haben, eine ähnliche Selbsterfüllung in dem kleinen Wesen, das als Fortsetzung des eigenen Selbst empfunden wird. Bis zu einem gewissen Grade sind auch derselbe Stolz und dieselbe Befriedigung in bezug auf das Produkt vorhanden – ich könnte beinahe sagen in bezug auf das eigene

Kunstwerk, die eigene Leistung. Davon abgesehen, entwickelt sich die Liebe aus denselben Wünschen heraus wie anderswo und in anderen Beziehungen.

Und die Kinder? Müßten wir nicht über ihre Liebe zu ihren Eltern sprechen? Das biologische Band, das in der Mutter so stark ist, existiert nicht in ihrem Kind, dessen einzige Verbindung die der Abhängigkeit und der Anhänglichkeit aufgrund der kindlichen Bedürfnisse ist. Das Kind nimmt nicht wahr, daß die Mutter ein eigenes, selbständiges Wesen ist – und Liebe kann nach unserer Definition nur möglich sein, wenn diese Bedingung erfüllt wird. Auch später bemerken wir beim kleinen Kind keine Anzeichen der Liebe zu seiner Mutter, sondern nur den Ausdruck von emotionaler Abhängigkeit und Dankbarkeit. (Man kann jemandem dankbar sein, ohne ihn zu lieben.) Man kann von einer Anhänglichkeit sprechen, die sich aus der Hilflosigkeit des Kindes und der Fürsorge der Mutter ergibt, aber nicht von Liebe.

Alle Anzeichen von Zuneigung, die wir in den folgenden Monaten beobachten, sind sozusagen Nachahmungen. Das Kind reagiert auf die Zuwendung der Mutter. In einer Art von primitiver Identifikation mit der Mutter gibt es zurück, was es bekommen hat. Es spiegelt die Liebe wider, die ihm die Mutter erweist. Könnte man ein solches Phänomen eine Induktion der Liebe, ähnlich dem elektrischen Prozeß, nennen? Es bleibt die Möglichkeit, daß das kleine Kind lernt, die Mutter zu lieben, wie es von der Mutter geliebt wird. Das bedeutet, daß das Kind einen Tausch mit der Mutter macht wie in so vielen anderen Dingen. Es tauscht den Platz mit der Mutter, spielerisch sozusagen, und jeder wird der andere. So kommt die Liebe in das Leben des Kindes. Durch eine solche Umkehr liebt das Kind in der Rolle der Mutter sich selbst in einer anderen Person.

Wenn wir eine solche Möglichkeit akzeptieren könnten – nämlich einen Tausch der Plätze –, dann würden wir hier eine Ausnahme von der emotionalen Entwicklung haben, die wir beschreiben. Würde aber das ganze Phänomen den Namen einer echten und spontanen Liebe verdienen? Wenn wir seinen Ursprung betrachten, sollten wir eher von einer reaktiven Liebe sprechen. Das Kind reagiert demnach auf die empfangene Liebe mit seiner eigenen Liebe wie ein Erwachsener, der lange umworben und mit Aufmerksamkeiten und Komplimenten überschüttet wird. Es ist dann nicht unwahrscheinlich, daß das Kind, wenn es diese Zeichen der Zuneigung vermißt, die Rolle der Mutter sich selbst gegenüber spielt, daß es sozusagen als ihr Stellvertreter die Rolle übernimmt, die die Mutter seinen Wünschen entsprechend ihm gegenüber spielen sollte. Wie ein Schauspieler drückt es durch sein Verhalten einen Wunsch aus, wieder geliebt zu werden, und zeigt, indem es die Mutter liebt, die umgekehrte Situation.

Zweifellos liebt das Kind *später* die Mutter und den Vater mit allen Merkmalen echter Zuneigung. Aber diese Liebe entwickelt sich erst spät und neben der früheren Art der Reaktion. Sie macht die üblichen Phasen durch, beginnt mit der Unzufriedenheit mit sich selbst und führt zuletzt zu einer Reaktion in Form von Zärtlichkeit. Sie wird ebenso in Phantasien vorbereitet wie in allen anderen Fällen, die wir gesehen haben.

Sollte all die selbstaufopfernde Liebe der Mutter, ihre Aufmerksamkeit, ihre Sorge und Fürsorge keine andere emotionale Wirkung haben als die hier beschriebene? Keine andere Folge als die reaktive Liebe des Kindes, die nur spiegelt, was es bekommen hat? Wo ist die dauerhafte und tiefgehende Wirkung der Liebe der Eltern, wenn das Kind erwachsen ist? Es ist unmöglich, daß die psychischen Wirkungen so vieler Jahre der Zuneigung rein oberflächlicher Natur sind. Die langen Jahre der elterlichen Zuneigung müssen die Persönlichkeit des Kindes, des Heranwachsenden und des Erwachsenen beeinflussen. Wir können uns denken, wie tief die empfangene Liebe im stillen auf das Kind einwirkt. Sie kommt zum Vorschein in der Fürsorge und Aufmerksamkeit, die das Kind später selbst gibt, der sogenannten »Selbstliebe«, die nichts anderes ist als eine unbewußte Identifikation mit dem Elternteil, der so zärtlich für es sorgte. Unbewußt lieben wir uns selbst später mit der Zuneigung, die man uns gegeben hat, so als hätten wir diejenigen in uns aufgenommen, die uns liebten und die so in uns weiterleben.

Ist das alles? Gibt es keine tieferen Wirkungen, solche, die intim mit unserem Leben verbunden sind, unsichtbare Spiegelungen der Zuneigung, die uns unsere Eltern schenkten? Ich will diese Frage nicht selbst beantworten. Ich will einen anderen Menschen, der vor dreihundert Jahren lebte, sagen lassen, was es zu diesem Thema zu sagen gibt. Vor einigen Jahrzehnten wurde in Deutschland ein altes, in jiddischer Sprache geschriebenes Manuskript gefunden und veröffentlicht. Es ist die Lebensgeschichte einer alten jüdischen Kaufmannswitwe, einer Mutter von vierzehn Kindern. Sie wollte, daß ihre Kinder erfahren, wie ihr Leben mit all seinen Sorgen und Freuden gewesen war. Was sie schrieb, war natürlich nicht zur Veröffentlichung bestimmt; es sollte nur der nächsten Generation von Nutzen sein. Der Name der Frau war Glückel von Hameln. Sie wurde 1645 in Deutschland geboren, wo sie ihr ganzes Leben verbrachte. Ihre Memoiren werden oft von frommen Gedanken, Ratschlägen für ihre Kinder und gottesfürchtigen und moralischen Überlegungen unterbrochen. Manchmal werden sie durch einfache Fabeln aus dem Schatz der jüdischen Überlieferung veranschaulicht. Hier ist eine davon in gekürzter Form. Sie beantwortet unsere Frage ausführlich. Ein Vogel wollte einmal mit seinen drei Jungen eine windige See überqueren. Das Meer war so weit und der Wind so heftig, daß der Vogelvater seine Jungen eines nach dem anderen in seinen kräftigen Krallen tragen mußte. Als er mit dem ersten die halbe Strecke zurückgelegt hatte, verwandelte

sich der Wind in einen Sturm. Da sagte er: »Mein Kind, du siehst wie ich kämpfe und deinetwegen mein Leben aufs Spiel setze. Wirst du ebensoviel für mich tun, wenn du erwachsen bist, und für mich sorgen, wenn ich alt bin?« Das Junge antwortete: »Bring mich nur in Sicherheit, und wenn du alt bist, werde ich alles für dich tun, was du verlangst.« Da ließ der Vater sein Kind ins Meer fallen, wo es ertrank, und er rief: »Das ist das Schicksal eines Lügners, wie du einer bist.« Dann kehrte er zum Ufer zurück und machte sich mit dem zweiten Jungen auf den Weg. Über dem Meer stellte er ihm dieselbe Frage und erhielt dieselbe Antwort. Daher ertränkte er das zweite Kind mit den Worten: »Auch du bist ein Lügner.« Nun holte er sein drittes Junges, dem er dieselbe Frage stellte, und das dritte und letzte Junge antwortete: »Lieber Vater, es ist wahr, daß du hart kämpfst und dein Leben für mich aufs Spiel setzt, und es wäre unrecht von mir, es dir nicht zu vergelten, wenn du alt bist, aber versprechen kann ich dir nur das eine: Wenn ich erwachsen bin und selbst Kinder habe, werde ich für sie tun, was du für mich getan hast.« Worauf der Vater sagte: »Wohl und weise gesprochen, mein Kind. Ich will dein Leben schonen und dich sicher an die ferne Küste tragen.«
In dieser kleinen Fabel der alten, ungebildeten Frau liegt die Weisheit ihres Volkes, die psychologische Einsicht, die sich in ihrem Sprichwort ausdrückt: »Die Liebe der Eltern gilt den Kindern; die Liebe der Kinder gilt deren Kindern.« Hier haben wir die Antwort auf die Frage nach der tiefgehenden Wirkung der Liebe unserer Eltern auf unser Leben. So werden Mütter und Väter, die schon lange tot sind und vielleicht keine großen Pädagogen waren, zu Erziehern. Wie Licht, das uns von Sternen erreicht, die längst erloschen sind, scheint die Zuneigung, die wir einmal erhalten haben, in unserem Leben und in dem künftiger Generationen fort. Die romantische Liebe und Freundschaften enttäuschen uns, aber die Beziehung zwischen Eltern und Kind, die viel stiller ist als alle anderen, bleibt unauslöschlich und unzerstörbar als stärkste Beziehung auf Erden. Kein Ruf von den Lebenden ist so beharrlich und eindringlich wie die stille Stimme unserer Eltern aus dem Reich der Toten.

II

Die menschliche Sprache, die sonst so fein zu unterscheiden weiß, beweist oft, daß sie ein unzulängliches Ausdrucksmittel geblieben ist. Lieben Sie ihren Freund? Sie fühlen sich versucht zu antworten: »Ja.« Gleichzeitig fühlen Sie, daß Liebe nicht der richtige Ausdruck für Ihre Emotion ist. Sicherlich ist es nicht dasselbe Gefühl, das ein Mann für eine Frau empfindet. Nein, es ist nicht dasselbe, aber nichtsdestoweniger etwas ähnliches. Man versucht zwischen den beiden Gefühlen zu unterscheiden. Man sagt, daß man die Frau liebt, aber den Freund gut leiden kann, sehr gern hat und so fort. Die Tatsache, daß das Objekt dem anderen Geschlecht angehört, bedeutet natürlich einen großen Unterschied. Aber ist das der einzige Faktor? Man spricht mit dem Mädchen, das man liebt, über andere Dinge als mit dem Freund, und selbst wenn man über dieselben Dinge mit ihr spricht, geschieht es auf eine andere Weise, in einem anderen Geist. Und warum ist es schwieriger, mit jemandem befreundet zu sein, der dem anderen Geschlecht angehört? Stört das sexuelle Element die Entwicklung einer solchen Beziehung? Es ist sicherlich nicht wahr, daß sexuelles Begehren die Liebe von der Freundschaft unterscheidet. Haben wir nicht eine scharfe Linie zwischen Liebe und Sexualität gezogen und darauf hingewiesen, daß sich das eine vom anderen unterscheiden kann? Es scheint schon schwierig zu sein, die Unterschiede zwischen Liebe und Freundschaft auch bei Angehörigen desselben Geschlechts festzustellen. Selbstverständlich ist es möglich, einen Menschen desselben Geschlechts zu lieben. Ein Mann liebt, zum Beispiel, seinen Vater, ein Mädchen seine Mutter oder eine Lehrerin, aber das bedeutet nicht, daß das Objekt ein Freund oder eine Freundin ist. Und wie sollen wir einen Satz verstehen, der behauptet, daß es mehr Liebe in der Freundschaft als Freundschaft in der Liebe gibt? Wir fühlen, daß es emotionale Schattierungen und Nuancen gibt, die schwer zu erfassen sind.

Immer, wenn man glaubt, man versteht die Unterschiede, zeigen sich plötzlich Ähnlichkeiten oder Gleichheiten. Man wird in einem solchen Maße verwirrt, daß man einen Augenblick lang glaubt, es gebe klare Unterschiede zwischen Liebe und Freundschaft, und im nächsten Augenblick den Eindruck hat, das eine Gefühl unterscheide sich so geringfügig vom anderen, daß sie beinahe identisch sind. Man nimmt dann an, daß viele Schwierigkeiten ihre Ursache einfach in der Unzulänglichkeit unserer Sprache haben. Sie sind tatsächlich verbaler Natur. Trotzdem gibt es aber gewisse heikle Punkte, die aufgrund ihrer psychischen Natur bewirken, daß sich die beiden Emotionen unterscheiden.

Ich schlage vor, wir sammeln zunächst einmal einige charakteristische Merkmale der Freundschaft, die in der Liebe zu fehlen scheinen oder nur sehr schwach ausgeprägt sind. Wenn es uns gelingt, gewisse Züge zu finden, die bisher noch nicht entdeckt wurden, können wir uns vielleicht eine Vorstellung von den zugrunde liegenden Unterschieden und ihrer Bedeutung machen. Eine solche indirekte Suche könnte uns vielleicht sogar zum Ursprung der Freundschaft hinführen. Ich schlage vor, daß wir diese psychologischen Daten ganz systematisch zusammentragen. Dabei lassen wir uns von den Eindrücken leiten, die wir aus eigener Erfahrung und der anderer gewonnen haben.

Sollen wir mit dem Eindruck beginnen, daß Freundschaft nicht so intensiv ist wie Liebe? Wir werden augenblicklich viele Beispiele dafür finden, daß sich beispielsweise eine Freundschaft zwischen Männern als stärker erwies als die Zuneigung zu einer Frau oder daß die Freundschaft die Liebesbeziehung überdauerte. Wenn wir darauf hinweisen, daß uns eine Freundschaft gewöhnlich nicht in Kummer und Unglück stürzt wie die Liebe, finden wir auch schon Fälle, in denen Freundschaft für manche Menschen den Untergang bedeutete. Nichtsdestoweniger haben wir den entschiedenen Eindruck, daß die Freundschaft nicht so drängend und hartnäckig, nicht so heftig ist wie die Liebe. Man kann einen Freund vermissen und sich nach ihm sehnen, aber die emotionale Temperatur dieses Gefühls ist eine andere als die der Sehnsucht, die uns oft die Liebe einflößt.

Könnte man von einer »leidenschaftlichen Freundschaft« sprechen? Das klingt ein wenig merkwürdig, übertrieben oder lächerlich. Es klingt sogar schon seltsam, wenn wir einen Mann sagen hören, er liebe einen Freund. Heute jedenfalls haben wir das Gefühl, daß das eine Übertreibung ist. Wir wissen aber, daß sich die Sprache der Freundschaft im Laufe der Jahrhunderte gewandelt hat. Wenn wir die heutigen Manifestationen der Freundschaft mit den in der Vergangenheit üblichen Ausdrükken vergleichen, müssen wir erkennen, daß die Sprache der Freundschaft kühler geworden ist. Sie hat den Ausdruck der Begeisterung, des Überschwenglichen, Schwärmerischen verloren. Zu Shakespeares Zeiten hätte man ohne weiteres erklären können, daß man einen Freund leidenschaftlich liebe. Heute paßt das Eigenschaftswort nicht mehr zum Hauptwort. Emersons Essay über die Freundschaft behandelt das Thema noch auf eine überschwengliche Weise, das heißt, so klingt es für unsere Ohren, aber Emersons Zeitgenossen empfanden es nicht so. Wenn wir Romane lesen, die vor hundert Jahren geschrieben wurden, stellen wir fest, daß die Menschen von ihren Freundschaften auf eine Weise sprachen, die uns heute in Verlegenheit bringen würde. Wir sprechen nicht mehr schwärmerisch über diese Emotion. Wir ziehen es vor, überhaupt nicht über sie zu sprechen. Wir mögen keine Beteuerungen der Freundschaften, die einen leidenschaftlichen Charakter haben. Wenn wir hörten, wie Männer über die mit ihrer Freundschaft verbundenen Emotionen in der Sprache Emersons redeten, würde das für uns klingen, als spielte man eine musikalische Passage, die piano sein muß, im Fortissimo. Die Freundschaft ist in ihren verbalen Ausdrücken sparsam. Bedeutet das, daß es so intime Freundschaften wie in der Vergangenheit nicht mehr gibt, daß Beziehungen wie die zwischen David und Jonathan, Orest und Pylades nicht mehr denkbar sind? Gewiß nicht. Wir hören auch heute noch oft von Beweisen wahrer Freundschaft, nicht nur an der Front, sondern auch im Zivilleben. Dennoch haben wir letzten Endes den Eindruck, daß sich die Freundschaft auch graduell von der Liebe unterscheidet. Sie hat nicht dieselbe leidenschaftliche Atmosphäre. Sie ist kühler. Sie hat nichts von dem brennenden Eifer an sich, der sich manchmal in der Liebe zeigt, nichts von der Selbstvergessenheit, der völligen Hingabe, dem Überfluß der Emotionen. Freundschaft ist gesünder. Sie kann nie mit Trunkenheit verglichen und ihre Stimmungen können nicht Wahnsinn genannt werden. Freundschaft trifft einen nicht wie eine Katastrophe, ein Erdbeben. Freunde können an ihrem Zusammensein Freude haben, aber sie sind nicht irrsinnig glücklich, entzückt oder wie von Sinnen, wie es Liebende manchmal sind. Freundschaft ist ein wärmendes Kaminfeuer, Liebe ist ein Haus, das in Flammen aufgeht.

Wenn dieser Eindruck korrekt ist, so würde das bedeuten, daß sich die beiden Emotionen im Hinblick auf die Intensität oder den Grad unterscheiden. Das führt schließlich zu qualitativen Unterschieden. Ich habe schon den Unterschied in unseren Gefühlen erwähnt, wenn wir ein Liebesobjekt oder einen Freund vermissen. Freundschaft entwickelt nicht diese ständigen, starken Sehnsüchte, die ein Liebender fühlt, wenn seine Geliebte abwesend ist. Freunde brauchen nicht aneinander zu hängen, um zusammenzugehören.

Es zeigt sich weiter, daß die für die Liebe so charakteristische Idealisierung für die Freundschaft nicht nötig ist. Man schätzt die vorzüglichen Eigenschaften eines Freundes, sieht aber auch seine Schwächen und Fehler. Freundschaft braucht nicht blind zu sein, wie es die Liebe gewöhnlich ist. Sie kann kritisch und dennoch tolerant sein, was die Liebe selten ist. Der Freund stellt nicht – wie die Geliebte – das Ichideal dar. Er ist bestenfalls ein Teil des Ichmodells. Wir sagten, daß die Liebe mit dem Wunsch beginnt: »Ich möchte du sein« – oder mit dem Wunsch, die eigene Persönlichkeit gegen die des geliebten Menschen auszutauschen. Nichts von derart possessiver Natur kann man bei der Freundschaft beobachten. Es ist offensichtlich nicht unser Wunsch, wie unser Freund zu sein. Wir wünschen uns allenfalls einige seiner Eigenschaften, die wir selbst nicht besitzen. Wollen Sie wirklich Ihr Freund oder zumindest wie Ihr Freund sein? Verspüren Sie nicht eher den Wunsch, einige seiner Züge oder Gaben zu besitzen? Sie wollen nur in einem gewissen Sinne er oder wie er sein, aber Sie würden keinen Wert darauf legen, alle seine Charakteristika zu haben, und sind ganz zufrieden damit, Sie selbst zu sein. Als der Stoiker Zeno gefragt wurde: »Was ist ein Freund?« antwortete er: »Ein zweites Ich.« Die Antwort gilt mehr für das Liebesobjekt, denn ein Freund ist nur ein bestimmter Teil eines »zweiten Ichs«. Unsere These, daß Liebe auf unbewußte Regungen von Neid, Eifersucht und Gier gegenüber dem Objekt zurückverfolgt werden kann, betraf den ganzen Menschen. Das Objekt wird bis zum letzten Stückchen begehrt. Im Falle der Freundschaft erscheinen einem nur gewisse intellektuelle, emotionale, seelische oder körperliche Eigen-

schaften wünschenswert. Nur sie betrifft unser Neid, nicht alle Eigenschaften der Person und Natur.
Ein weiterer und, wie mir scheint, sehr wichtiger Unterschied ist folgender: Wenn man liebt, hat man das Gefühl, daß einem das Objekt überlegen ist. Für den Mann ist die Geliebte sozusagen ein höheres Wesen, ein Engel. Ein solches Gefühl der Unterlegenheit, eine solche Bescheidenheit gegenüber dem Objekt, fehlt sicherlich in der Freundschaft. Man kann die Überlegenheit des Freundes in dem einen oder anderen Sinne erkennen und anerkennen, ist aber nicht der Meinung, daß er einem in jeder Hinsicht überlegen ist. Eine solche Einstellung fehlt nicht nur in der Freundschaft – sie würde Freundschaft unmöglich machen. Es scheint, daß Freundschaft nur auf der Ebene der Gleichheit gedeihen kann. Eine starke und bewußte Überlegenheit oder Unterlegenheit des einen oder anderen ist ein ernsthaftes Hindernis für die Entwicklung wahrer Freundschaft. Goethe nannte Eckermann seinen Freund, aber Eckermann würde es nicht gewagt haben, sich einen Freund Goethes zu nennen. Er war sich der Überlegenheit des anderen zu sehr bewußt. Jemand, der einem so sehr überlegen ist, kann sehr freundlich sein, aber er ist kein Freund. Von ihm als solcher bezeichnet zu werden, ist sicherlich etwas, worauf man stolz sein kann, aber eine solche Auszeichnung darf einen nicht dazu verleiten, ihn wie einen Freund zu behandeln. Die Beziehung ist einseitig. Sie kann Stolz wecken und Liebe, Achtung und Bewunderung fördern, aber nicht Freundschaft. Man kann nicht der Freund eines Genies sein, wenn man sich selbst nur ein wenig besser als mittelmäßig findet. Das Gefühl der Gleichwertigkeit ist eine notwendige Voraussetzung für eine reife Freundschaft. Wenn die Überlegenheit des Freundes betont wird, ist gegenseitige Freundschaft unmöglich. Der menschliche Abstand ist zu groß, um überbrückt zu werden.
Vergleichen wir nun Liebe und Freundschaft unter einem anderen Gesichtspunkt. Man ist in ein Mädchen verliebt. Schließt das aus, daß man gleichzeitig in ein anderes Mädchen verliebt ist? Ja, gewiß, wenn man nicht allzu neurotisch ist. Romeos Leidenschaft für Rosalind verschwindet augenblicklich, als er Julia sieht. Es gab keinen Platz für eine andere Frau, als Tristan seine schicksalhafte Liebe zu Isolde fühlte. Liebe bedeutet Einzigartigkeit des Objekts. Sie fordert wie der Gott des Alten Testaments: »Du sollst keine anderen Götter haben neben mir.« Gilt dieselbe Ausschließlichkeit auch für die Freundschaft? Nein. Freundschaft ist zwar keine Massenware. Jedermanns Freund ist niemandes Freund. Aber man kann doch gleichzeitig mehrere Freunde und gute Freunde haben. Der Unterschied zwischen den beiden Emotionen in dieser Hinsicht wird durch die verschiedenen Forderungen verursacht, die sie stellen. Die Liebe ist anspruchsvoller, sie verlangt mehr. Sie verschlingt das Opfer wie ein Mahlstrom. Die Freundschaft trägt einen wie ein stiller

Fluß. Die Liebe ergreift von Ihrem ganzen Herzen Besitz, während die Freundschaft nur einen Teil von Ihnen fordert. Sie ist keine so verzehrende Leidenschaft, nimmt einen nicht ganz für sich in Anspruch, verlangt einem nicht das letzte ab. Sie stellt keine übertriebenen Ansprüche, sie ist mehr demokratischer Natur. Sie will Sie nicht besitzen, sie möchte nur einen Platz in Ihrem Leben haben.

Sind diese Unterschiede, die in der psychologischen Analyse von Liebe und Freundschaft zum größten Teil vernachlässigt wurden, nun hinlänglich geklärt, so daß wir versuchen können, unser Problem zu lösen? Läßt die Einsicht, die wir aus diesen Eindrücken gewonnen haben, einen Schluß auf den wesentlichen, grundlegenden Unterschied zu? Liebe ist eine Reaktionsbildung auf Neid, Eifersucht und Gier. Freundschaft ist eine Reaktion auf ursprüngliche Gefühle der Rivalität und Konkurrenz, die durch die unbewußte Anerkennung gewisser Qualitäten des Objekts geweckt wurden. Einige der Züge oder Charakteristika des Freundes scheinen in einem solchen Maße attraktiv zu sein, daß man sie selbst haben möchte. Er ist eine Ergänzung der eigenen Person, aber nur in gewisser Hinsicht. Manche Züge seines Charakters oder seines Wesens sind beneidenswert. Das ursprüngliche Gefühl, das die Beobachtung seiner Person oder seiner Handlungen in einem weckt, ist ein Wunsch, ihn zu übertreffen, ihn in dieser oder jener Hinsicht zu besiegen. Er fordert Gefühle des Konkurrenzgeistes heraus. Man möchte sich mit ihm messen und der bessere sein. Dann setzt die emotionale Reaktion ein. Diese ursprünglichen Regungen werden abgelehnt, die Neigung zu kämpfen und ihn zu besiegen, verwandelt sich in den Wunsch, ihm zu helfen, die eigenen Anstrengungen mit den seinen zu verbinden, sich ihm anzuschließen und die beiderseitigen Energien zu vereinigen. Die Reaktion, die auf die anfängliche Tendenz zu kämpfen folgt, fegt die ursprünglichen Regungen beiseite und gibt den gegenteiligen Strebungen nach. Rivalität und Konkurrenzgeist verschwinden von der emotionalen Oberfläche. Sie ziehen sich ins Unbewußte zurück, wo sie am Leben erhalten werden, bereit durchzubrechen, wenn die Freundschaft endet. Die früheren Tendenzen lauern hinter der nächsten Ecke, um die man in manchen Fällen sehr leicht biegt. Die unbewußte Wirkung von Neid und Eifersucht in der Freundschaft kann nicht geleugnet werden, aber sie ist nicht so konzentriert wie in der Liebe.

Die Ingredienzien der Freundschaft sind ein wenig anders, da ihre unbewußten Wurzeln lediglich einen Anreiz zur Rivalität enthüllen und nicht sosehr zu Neid und Eifersucht, was durch den weniger leidenschaftlichen Charakter der Freundschaft zu erklären ist. Die Tatsache, daß sie erst möglich wird, wenn zwei Freunde in ihren Leistungen und Wesenszügen annähernd gleich, das heißt gleichwertig, sind, unterscheidet diese Beziehung von der Liebe.

Im Bereich der Freundschaft führt der unbewußte Wettbewerb auch zu einem Punkt, wo er feindselig zu werden droht. Wenn sich dann die Reaktion als weniger heftig erweist, so kommt das daher, daß die Spannung, die der Bildung der Freundschaft vorausging, nicht so stark war wie die der Liebe vorausgegangene. Auch vor der Bildung der Freundschaft liegt Feindseligkeit in der Luft, aber sie hat einen weniger schicksalhaften Charakter und ähnelt mehr der vor einem Ringkampf als der vor einem Duell. Nicht wer überlebt, sondern wer gewinnt, soll entschieden werden. Im Falle der Liebe beschließen die Gegner sozusagen im letzten Augenblick, nicht bis zum Tode zu kämpfen, sondern einander zu umarmen und zu küssen. Auch die zukünftigen Freunde holen zum Schlag aus, aber anstatt zu kämpfen reichen sie einander die Hände und gehen zusammen einen trinken. Was unbewußt den Boden für die Freundschaft vorbereitete, betrifft nicht die ganze Persönlichkeit. Es ist keine Entscheidung, von der Leben und Tod abhängen. Die Flut steigt nie so hoch wie kurz vor dem Beginn der Liebe. Wäre es so, würde das Ergebnis der folgenden Reaktion Verehrung oder Liebe sein, aber nicht Freundschaft. Bei der Liebe ist das Ende wirklich eine Aufgabe der eigenen Persönlichkeit, die Verschmelzung zweier Menschen. Das geschieht nicht bei der Freundschaft.

Bei der voll entwickelten Freundschaft zeigen sich die Ergebnisse der emotionalen Reaktion an der Oberfläche: Güte statt Feindseligkeit, die Neigung, den Freund zu schonen, ihm zu helfen anstelle der Regung, ihm Schaden zuzufügen, eine erfolgreiche Anstrengung, ihm bei der Erreichung seiner Ziele behilflich zu sein anstatt des Wunsches, ihn zu frustrieren.

Sind von dem alten, nun unbewußten Geist des Wettbewerbs keine Spuren übriggeblieben? Selbstverständlich. Man ist gern bereit, den Freund zu loben, ist aber nicht gar so glücklich, wenn ihn andere loben – ganz im Gegensatz zu der Einstellung des Liebenden. Der ursprüngliche Wettstreit geht in Form des friedlichen Wettbewerbs weiter. Er durchdringt sogar die christliche Freundschaft, die Bruderschaft, in der jeder mit dem andern um die Liebe Christi wetteifert und Freunde einander anfeuern, die Werke Gottes zu tun. Die höchste Form der Freundschaft wird erreicht, wenn der Wettbewerb durch die mildere Form der Nacheiferung ersetzt wird. Selbst die verborgene Feindseligkeit lebt irgendwie weiter. Man übersieht selten einen Fehler, den der Freund begangen hat. Wünscht Ihr Freund nur Ihr Bestes? Gewiß, so weit es seine bewußten Gedanken betrifft, aber vierhundert Jahre, bevor die Psychoanalyse die Ambivalenz der zwischen den intimsten Freunden herrschenden Gefühle entdeckte, bemerkte schon La Rochefoucauld, es sei etwas im Unglück unserer Freunde, was uns nicht mißfällt.

Freundschaft zwischen Frauen hat eine eigene Schattierung. In dieser

Beziehung scheinen Konkurrenzgeist oder Eifersucht stärker zu überleben als bei Männern. Die Freundschaft selbst kann so echt sein wie die zwischen Männern, aber sie enthüllt manchmal eine Spur – und manchmal mehr als nur eine Spur – der ursprünglichen Rivalität. Rivarol nannte die Freundschaft zwischen Frauen »eine Einstellung der Feindseligkeiten«. Es mag stimmen, daß die Freundschaft zwischen Frauen im allgemeinen nicht so beständig oder dauerhaft ist wie Männerfreundschaften, aber sind nicht letztere auch eine Art von Waffenstillstand? Fields bemerkte einmal boshaft, daß bei der Entstehung von Frauenfreundschaften die Schönheit nur selten eine Frau der anderen empfiehlt. Natürlich können wir alle Beispiele anführen, die als Gegenbeweise dienen. Es gibt viele Fälle, in den Frauen sich mit Frauen anfreunden, die schöner sind als sie selbst, und sich über die Erfolge und Triumphe ihrer Freundinnen freuen, als ob es ihre eigenen wären. In den Wörtern »als ob« finden wir jedoch den Schlüssel für die psychologische Erklärung einer so überraschenden Großherzigkeit. Die Frau identifiziert sich mit der hübscheren und genießt so stellvertretend die Erfolge ihrer Freundin.

Um ehrlich zu sein: Ist es bei Männern soviel anders? Die Objekte, die unbewußt den Geist der Rivalität weckten, können andere sein, aber unter dem Mantel der Freundschaft verbirgt sich immer noch der Geist des Wettstreits. Die Ziele können von weniger materialistischer oder unmittelbarer Natur sein, es geht vielleicht nicht um Kleider, Beliebtheit oder Sex-Appeal oder irgendwelche eitlen Dinge, sondern um Ehrgeiz und Bestrebungen. Das verleiht der Reaktionsbildung der beiden Geschlechter eine unterschiedliche Farbe, ändert aber nichts an ihrer Natur. Auch bei Männern besteht die Methode, den Wettstreit zu vermeiden, darin, die Triumphe eines Freundes stellvertretend zu genießen, sie als die eigenen zu empfinden. Ich muß an ein Stück Arthur Schnitzlers, *Der einsame Weg*, denken, in dem ein Mann zu einem anderen sagt: »Wir bringen einander die Stichworte so geschickt – finden Sie nicht? Es gibt pathetische Leute, die solche Beziehungen Freundschaft nennen.« Begann das Ganze aber nicht mit der Überwindung der ursprünglichen Rivalität in bezug darauf, wer der klügere, geistreichere oder gesellschaftlich erfolgreichere der beiden war? Daß sie »einander die Stichworte bringen« – ist das nicht eine Reaktion auf eine frühere Tendenz, dem anderen die Pointe wegzuschnappen? Wollte derjenige, der jetzt seinen Freund stolz vorzeigt und ins Scheinwerferlicht bringt, ihn nicht unbewußt in den Schatten stellen? Jetzt sind sie Freunde, nicht freundliche Feinde, aber sie waren nichtsdestoweniger Feinde, bevor sie Freunde wurden. Es gibt keine echte Freundschaft ohne einen solchen Hintergrund, der meist im Unbewußten existiert. »Beschütze mich vor meinen Freunden, vor meinen Feinden kann ich mich selbst schützen.« Enthüllt ein solcher Ausspruch nicht die unbewußte Existenz und Wirksamkeit feindseliger Regungen, die dem Freund unliebsame Überraschungen bescheren können?

Einsicht in die Psychologie und Genesis der Freundschaft kann uns vielleicht helfen, zwei Phänomene zu verstehen, die verwirrend bleiben und sich nicht erklären lassen, wenn man Freundschaft so auffaßt, wie sie sich nur dem bewußten Denken darstellt. Ich meine die Stärkung der Freundschaftsbande angesichts gemeinsamer Gegner und die Seltenheit der Freundschaft zwischen Männern und Frauen. Natürlich gibt es für beides genug Erklärungen, aber keine von ihnen ist befriedigend. Die Tatsachen selbst stehen außer Zweifel.

Es ist ein interessanter Aspekt, daß auch eine laue Freundschaft stärker wird, sobald ein Gegner auf der Bühne erscheint. Ein Gegner, der von den beiden Freunden gehaßt wird, scheint ihre Zusammengehörigkeit noch mehr zu festigen als gemeinsame Interessen oder eine Sache, für die sie gemeinsam eintreten. Warum kann uns ein solcher Außenseiter, für den wir Feindseligkeit empfinden, in unserer Freundschaft bestärken? Läßt uns nur die Gefahr, die er für unsere Kongenialität darstellt, gemeinsam gegen ihn vorgehen? Zweifellos wird dieser Faktor wirksam, aber es gibt noch einen anderen, stärkeren, wenn auch verborgenen, Grund. Ich sagte, daß wir auf dem Grunde jeder Freundschaft Konkurrenzgeist und eine versteckte Feindseligkeit finden, eine Art von Animosität, die durch freundliche Gefühle zugedeckt wird. Wenn ein Feind erscheint, wird die Versuchung, sich gegen den Freund zu wenden, durch ebendie Gefühle geweckt, die der Feind ihm gegenüber hegt. Auf diese Versuchung folgt die bekannte Reaktionsbildung, die der Dritte stimuliert hat. Die so erregte Feindseligkeit wird abgelenkt. Anstatt sich gegen unseren Freund zu wenden, drückt sie sich gegen den Außenseiter aus, der sich unserem Freund gegenüber feindselig verhält. Dank diesem Ablenkungsmechanismus benutzt unsere Feindseligkeit ihn als Objekt, da er eine abgelehnte psychologische Möglichkeit für uns selbst darstellt. Ich wende mich gegen ihn, weil ich die Versuchung, die er personifiziert, mit aller Heftigkeit ablehne, nämlich die, meinen Freund anzugreifen. Durch einen solchen Ablenkungsmechanismus kann sich der versteckte Antagonismus zwischen den Freunden gegen den feindlichen Dritten Luft machen anstatt innerhalb der Beziehung selbst. Der gemeinsame Feind oder, je nachdem, eine verhaßte politische Partei oder eine soziale Situation festigt die Freundschaft. Derlei Dinge stellen nicht nur ein ausgezeichnetes erhaltendes Element dar, sondern sie intensivieren auch die Gefühle der Zuneigung durch die Ableitung der Feindseligkeit, die sich im Laufe der Zeit innerhalb jeder Freundschaft bildet. Der äußere Feind übt also eine konservierende Wirkung auf die Freundschaft aus. Wir sollten ihm dankbar sein. Unsere psychologische Darstellung hat gezeigt, wie wenig es braucht, um aus einem Freund einen Feind und aus einem Feind einen Freund zu machen.

Die andere Frage, warum Freundschaft zwischen Männern und Frauen so selten ist, wurde rasch und leicht durch die sogenannte Erklärung beantwortet, daß eben das sexuelle Begehren ein störendes Element bei der Entwicklung von Freundschaft sei. Eine solche Theorie kann durch Tatsachen erhärtet werden, aber sie sind meist entstellt oder unfair ausgewählt. Es gibt Fälle, in denen aufgrund des Altersunterschiedes etc. das sexuelle Verlangen nach dem anderen fehlt oder in einem so geringen Maße vorhanden ist, daß es ignoriert werden kann. Es gibt andererseits Fälle, in denen gemeinsame Interessen die Entwicklung einer Freundschaft zu fördern scheinen und dennoch keine entsteht. Was verhindert in diesen Fällen die emotionale Bindung? Es muß etwas mit dem Geschlechtsunterschied zu tun haben, was aber nicht dasselbe ist wie die Behauptung, daß das unbewußte oder bewußte sexuelle Verlangen das einzige Hindernis sei. Wenn die Ansicht, die ich hier darlege, richtig ist, so bildet eher das Fehlen starker Gefühle der Rivalität oder des Konkurrenzgeistes zwischen zwei Menschen verschiedenen Geschlechts das Hindernis für eine solche Beziehung. Gerade der Gegensatz zwischen den Geschlechtern ist für die Entwicklung solcher Gefühle des Wettbewerbs ungünstig – außer in einem ganz allgemeinen Sinne. Wo zwischen einem Mann und einer Frau eine echte Rivalität besteht, kann sie nicht leicht durch das Gefühl der Freundschaft überwunden werden. Sie drückt sich vielmehr in bitterer Feindschaft aus und endet schließlich mit Gleichgültigkeit oder geht – sehr selten – in Liebe über.

Es scheint also, daß Liebe zwischen Mann und Frau leichter entsteht als Freundschaft, wenn eine besondere Art von Rivalität vorausgeht. Das Endergebnis einer solchen Situation hängt natürlich von vielen psychologischen Faktoren ab, aber die Liebe hat offensichtlich die besseren Chancen, sich zu entwickeln, als eine Freundschaft. In den meisten Fällen, in denen eine starke Rivalität besteht, herrschen bittere Gefühle der Feindseligkeit vor, und die folgende Reaktion ist selten Freundschaft. Andererseits habe ich Freundschaften zwischen Männern und Frauen beobachtet, die durch Emotionen der Rivalität bei einem der beiden Partner schwer beeinträchtigt und rasch zerstört wurden. Der Gegensatz der Geschlechter trägt in diesem Falle nicht dazu bei, diese Rivalität zu überwinden und die Reaktion der Freundschaft zu bilden. Es ist viel wahrscheinlicher, daß dieser Gegensatz den Geist des Wettbewerbs verschärft, da die Rivalität im Unterschied der Geschlechter eine Resonanz findet. Es ist, als kehrte man zurück zur ältesten Form der Feindseligkeit, dem Kampf zwischen den Geschlechtern. Der eine hat das Gefühl, daß der andere gewisse Privilegien in Anspruch nimmt, daß er sich zuviel herausnimmt, daß er unfair ist – nicht aufgrund seiner besonderen Leistungen, sondern weil er dem anderen Geschlecht angehört. Im Namen des Geschlechtsunterschiedes behauptet er oder sie, überlegen zu sein, oder er oder sie weigert sich, eine Unterlegenheit zu akzeptieren. Eine solche Einstellung ist äußerst ungünstig für die Entwicklung einer Freundschaft, die, wie wir gesehen haben, am besten auf der Ebene der Gleichheit gedeiht. Das Fehlen von Rivalität zwischen Menschen verschiedenen Geschlechts ist meiner Meinung nach die tiefste psychologische Ursache für die Seltenheit von Freundschaften zwischen Männern und Frauen. Selbstverständlich ist unbewußte Rivalität nur einer der Faktoren, die bewirken, daß sich ein Mensch von einem anderen angezogen fühlt. Es gibt andere Anziehungskräfte zwischen den Geschlechtern, die zu verschiedenen Beziehungen führen.

12

Die christliche Ermahnung oder das Ideal, seine Feinde zu lieben, wurde der edelste Ausdruck der höchsten Bestrebungen des Menschen genannt. Ich für mein Teil zweifle nicht daran, daß der Herr selbst es nicht so verstanden wissen wollte. Es ist eines der vielen Paradoxa Christi, die vom Christentum mißverstanden wurden. Um seine widersprüchliche Natur zu verstehen, muß man es laut vor sich hin sagen: »Liebe deine Feinde, tue Gutes denen, die dich hassen, segne die, welche dich verfluchen, und bete für die, welche deiner spotten.« Nehmen wir an, ein intelligenter, vorurteilsloser Mann, der in einer fernen, fremden Kultur geboren wurde und aufwuchs und noch keinen Kontakt mit dem Christentum hatte, hörte diese Gebote zum erstenmal. Was für einen Eindruck müßte er augenblicklich gewinnen? Ich wage zu behaupten, daß er völlig verblüfft wäre und, sobald er das Gehörte voll verstanden hätte, erklären würde: »Aber das ist unmöglich! Es widerspricht der menschlichen Natur. Niemand könnte so empfinden.« Und er hätte recht. Es widerspricht der menschlichen Natur: Es sollte ihr widersprechen. Es klingt wie unbewußter Spott, und das ist es auch. Das heißt, es ist ein masochistischer Befehl, der etwas Leidvolles in etwas Freudvolles verwandelt. Es gehört zu einem asketischen und selbstquälerischen Programm, ähnlich dem Gebot, daß ein Fakir tagelang auf einem Nagelbrett zu liegen habe.

Widerspricht es aber wirklich der menschlichen Natur? Nein, denn die menschliche Natur schließt masochistische Regungen mit ein. In einem anderen Buch* versuchte ich, den psychologischen Ursprung und die verborgenen Ziele dieser seltsamen emotionalen Einstellung zu entdekken, die aus Schmerz, Unglück und Selbsterniedrigung Freude gewinnt. Ich zeigte, daß der soziale Masochismus nicht Qual und Erniedrigung als

* *Masochism in Modern Man*, op. cit.

Endzweck sucht, sondern daß dies nur notwendige Stationen auf dem Weg zur Befriedigung der individuellen Schuldgefühle sind. In dieser Situation muß vor dem Genuß der verbotenen Freuden Strafe erduldet werden, damit es keine Selbstvorwürfe gibt. Der Schmerz wird nicht gewünscht, weil er Lust enthält, sondern weil er den Weg zur Befriedigung freimacht, der sonst vollständig blockiert wäre. Die Befriedigung unserer Wünsche und Bedürfnisse ist auch das verborgene Ziel der masochistischen Neigungen. Für diese Befriedigung wird dadurch gezahlt, daß man zuerst die nötigen Unannehmlichkeiten, die Erniedrigung und Schande akzeptiert, ja sogar genießt. Die Ziele sind dieselben wie immer. Nun werden sie erreicht, nachdem die Niederlage erlitten wurde. Der geheime, unbewußte Zweck der Forderung, unseren Feind zu lieben, ist der, ihn zu erniedrigen, ihn zu besiegen und zu zerstören, indem wir uns selbst erniedrigen und besiegen. Die letztliche Befriedigung wird in der Phantasie vorweggenommen. Wer sich selbst erniedrigt und in Schande bringt, nimmt nur die Strafe für das vorweg, was er anderen antun wollte: sie erniedrigen und bestrafen. Das Gebot, seine Feinde zu lieben, ist somit in Wirklichkeit ein Rat, wie man aus etwas höchst Unangenehmem Lust gewinnen kann, indem man die künftige Befriedigung in der Phantasie vorwegnimmt. Es folgt dem emotionalen Muster anderer paradoxer Worte Christi wie: »Wer sich selbst erniedrigt, wird erhöht werden« oder »Die Letzten werden die Ersten sein.« Die geheime Bedeutung des Gebotes, seine Feinde zu lieben, ist, sie zu ihrer Schande, zu ihrer Vernichtung zu lieben. Die hier beschriebene Einstellung hat die unbewußte Bedeutung: »Ich hasse dich nicht, wie du es verdienst, du Scheusal. Im Gegenteil, ich liebe dich. Damit beweise ich dir, wie sehr ich dir überlegen bin.« Diese Bedeutung wird aber durch das Gegenteil ausgedrückt, durch ein Paradoxon unbewußter Ironie und unbewußten Spottes, ähnlich der Sprache der älteren Propheten der Heiligen Schrift. Ist es möglich, seine Feinde zu lieben? Ja, auf diese haßerfüllte Weise, indem man sie beschämt. Man kann sie lieben, indem man sich selbst erniedrigt, indem man durch Demut seine Überlegenheit beweist. In der Ermahnung Christi wird ein raffinierter Weg gezeigt, stolz zu sein auf seine Demut, Rache zu nehmen durch Zuneigung, andere zu erniedrigen durch Selbsterniedrigung und sie durch vollkommene Unterwerfung zu besiegen. Die ganze theologische und moralistische Sophisterei, die bei der Diskussion dieses Gebotes Christi verschwendet wurde, kann die ursprüngliche unbewußte Bedeutung des Satzes nicht ändern: liebe sie, um sie schließlich zu besiegen. Hier wird wie sonst nirgendwo klar, daß Liebe und Haß nur durch eine Nuance getrennt sind, wie eins das andere vortäuschen und wie sich Besitzgier in einem Augenblick in Zuneigung verwandeln kann.

Es gibt nur eine Möglichkeit, seine Feinde zu lieben, nämlich nachdem man sie heftig und leidenschaftlich genug gehaßt hat. Nachdem man die volle Befriedigung einer erfüllten Feindschaft und Rache in der Phantasie genossen hat, kann man sich geneigt fühlen, ihnen zu vergeben, ja ihnen sogar eine gewisse Sympathie entgegenzubringen. Ich hatte einen Patienten, der sich aufrichtig darüber beklagte, daß er nach einer gewissen Zeit seine Feinde zu mögen begann. Er war nicht imstande, Gefühle unveränderten und unverminderten Hasses jahrelang mit sich herumzutragen. Er sagte im Scherz, Gott habe den Menschen gegenüber einen unfairen Vorteil, denn er könne seine Rache üben bis in die dritte und vierte Generation. Uns liebe er ganz entschieden nicht. Dieser Mann bedachte nicht, daß sich seine Feindseligkeit und sein Rachedurst in unbewußten Phantasien selbst erschöpften, daß der Haß, den er aufzubringen imstande war, verausgabt wurde, bevor er seine seltsame Zuneigung zu seinen Feinden entdeckte. Es ist durchaus möglich, den Feind zu lieben, nachdem man ihn in der Phantasie bestraft hat, auch indem man ihn im christlichen Sinne liebt.

Vor einigen Wochen hörte ich im Radio Universitätsprofessoren über das Thema diskutieren: »Ist es nötig, unsere Feinde zu hassen?« Es war natürlich keine rein theoretische Diskussion. Sie betraf den Krieg, die Einstellung der Soldaten, die zu Lande, zur See und in der Luft gegen den Feind kämpften. Die Frage war gewiß ernsthaft gemeint, aber ich kann mir vorstellen, daß viele Hörer ebenso belustigt waren wie ich. Wie könnte man kämpfen, ohne zu hassen? Ein Krieg wird nicht durch moralische Sentenzen gewonnen. Entweder kämpft man – wozu man nur imstande ist, wenn man haßt –, oder man kämpft nicht und gibt damit seine Freiheit auf, und auch das kann nur voll Haß geschehen. Aber auf eine rein vernunftmäßige, emotionslose Weise zu kämpfen, weil es notwendig ist, ist Menschen unmöglich. Kaltblütig, emotional gleichgültig Feinde zu töten, ihre Städte zu bombardieren, ihre Frauen und Kinder umzubringen und ihr Eigentum zu zerstören, wäre eine Ungeheuerlichkeit. Ist es möglich, einem Menschen in einer Stimmung wohlwollender Gleichgültigkeit ein Bajonett in den Leib zu stoßen? Wie abscheulich wäre es, aus irgendeinem wohlüberlegten Grund zu töten! Es wäre grauenhaft, Menschenleben auszulöschen ohne Leidenschaft, Haß oder Rachsucht, nur weil es nützlich ist.

Es gibt Philosophen, die sagen, wir sollten Grausamkeit und Barbarei im Abstrakten hassen, nicht aber unsere grausamen Mitmenschen; wir sollten das Übel verabscheuen, nicht aber den Übeltäter. Man kann eine abstrakte Idee ebensowenig hassen, wie man sie lieben kann. Beide Emotionen betreffen Menschen aus Fleisch und Blut. Der Feind auf dem Schlachtfeld ist nicht die Grausamkeit oder Barbarei. Er ist ein lebendiger Nazi. Sich einzureden, daß man auf eine Doktrin der Grausamkeit oder des Terrors schießt, wenn man auf ihn schießt, und daß man den

Geist der Tyrannei und der unerträglichen Anmaßung trifft, aber nicht den Mann selbst, ist blanker Unsinn. Einige der Professoren sagten, wenn wir unsere Feinde jetzt haßten, würden wir die kommenden Generationen mit dem Geist der Feindschaft vergiften. Das ist eine Überschätzung der Stabilität unserer Emotionen. So lange können wir nicht hassen.

Die ganze Frage scheint mir nicht sehr ernst zu sein. Es ist unmöglich, Menschen zu befehlen zu lieben oder nicht zu hassen. Gewisse Emotionen anzuordnen und andere zu verbieten, liegt nicht in unserer Macht. Emotionen bedürfen keiner Entschuldigung. Es ist möglich, das Gebot zu erlassen: »Du sollst nicht töten.« Aber man kann nicht befehlen: »Es soll dir nicht nach Töten zumute sein.« Emotionen gehorchen keinem Befehl. Das Thema wird hier nur im Zusammenhang mit unserer psychologischen Untersuchung des christlichen Ideals, die Feinde zu lieben, behandelt – und nur um noch einmal zu beweisen, daß Liebe ohne vorausgegangene negative Gefühle unmöglich ist. Wer seine Feinde nie gehaßt hat, wird sie auch nie lieben. Er wird kalt und gleichgültig gegenüber Freund und Feind sein, ebensowenig imstande zu lieben wie zu hassen. Christus selbst war leidenschaftlich in der Liebe und im Haß.

Es gibt ein anderes Gebot der christlichen Moral, das anscheinend leichter befolgt werden kann: Liebe deinen Nächsten wie dich selbst. Auch diese Forderung kann nur erfüllt werden, nachdem man die Emotionen des Neides, der Eifersucht und der Gier überwunden hat, die nach unserer These notwendige unbewußte Vorausbedingungen für die Liebe sind. Die ursprünglichen, primären Gefühle gegenüber dem Nächsten sind Feindseligkeit und Groll, eben weil er der Nächste ist. Bestenfalls empfindet man Gleichgültigkeit. Doch in diesem Fall bestände die geringste Chance, das Gebot Christi zu befolgen. Es führt kein Weg von der Gleichgültigkeit und emotionalen Distanziertheit zur Liebe. Liebe kann nur über die unbewußten Regungen der Feindseligkeit oder des Neides erreicht werden. Das Christentum fordert nicht Rücksichtnahme oder Freundlichkeit gegenüber dem Nächsten, sondern Liebe. Das heißt, es zieht unbewußten Haß und Groll in Betracht und setzt, wie so viele Paradoxa Christi, eine extreme Reaktionsbildung voraus. Die Feindseligkeit wird in das andere Extrem überführt: Man soll seinen Nächsten lieben wie sich selbst, als den besseren Teil oder, wie wir sagen würden, als das Ichideal. Bei diesem Gebot ist die verborgene Feindseligkeit nicht nur der stille, sondern der aktive Teilhaber. Nicht das Fehlen von Emotionen der Rivalität und des Grolls macht die Zuneigung zum Nächsten möglich, sondern die Überwindung dieser Gefühle.

Von der psychologischen Analyse dieser beiden Gebote kehren wir zurück zu dem Schluß, daß die Liebe keine Fertigware ist. Ihre Existenz ist nicht möglich ohne einen vorausgegangenen komplizierten emotionalen

Prozeß. Das Gebot, seine Feinde zu lieben, erscheint uns nun in einem neuen Licht. Man könnte paradoxerweise sagen: Man kann nur seine potentiellen Feinde lieben, die Menschen, die man einmal unbewußt als Feinde betrachtete, denn die Liebe ist nur die Überwindung dieser haßerfüllten Tendenzen. Ohne sie gäbe es keine Liebe auf dieser Welt.
In der sanften Melodie der Botschaft Christi können wir einen Unterton verborgener Ironie und überlegenen Spotts entdecken, den nicht viele Zuhörer zu vernehmen imstande sind. Es klingt manchmal, als würde die Melodie der Liebe von schmetterndem Blech und dröhnenden Becken gespielt.

13

Die Zuneigung scheint dünner, schwächer und anämischer zu werden in dem Maße, in dem die Gruppe, die sie umfaßt, größer wird. Es ist leichter, den Freund, ein Mädchen oder den Vater zu lieben als die Nation oder die Menschheit. Der Geist der Brüderlichkeit ist höher entwickelt für einen echten Bruder als für eine Gemeinschaft. Es ist ziemlich schwierig, eine Nation oder eine religiöse Sekte ans Herz zu drücken. Nur in einem bildlichen Sinne, als Analogie, können wir einen Ausdruck wie »Liebe zur Menschheit« verwenden. Wir sprechen natürlich von dieser Emotion, als hätte sie den vollen Gehalt der echten, aber sie hat ihn nicht. Wir lieben unsere Familie; das heißt, wir lieben bestimmte Mitglieder, die für uns das Ganze repräsentieren. Wir lieben unsere Nation; das heißt die Männer und Frauen, die das Beste von ihr personifizieren.
Wir können diese beiden Gruppen leicht miteinander vergleichen, wenn wir von unserer Einstellung zu ihnen ausgehen. Die Gefühle der Zuneigung, die wir für unsere Familienangehörigen und für unsere Landsleute hegen, lassen sich auf einen uns vertrauten gemeinsamen Nenner reduzieren. Das heißt, daß unsere Gefühle der Zuneigung in Wirklichkeit darauf hinauslaufen, daß wir keine Angst haben. Wir fürchten uns nicht vor der Feindseligkeit oder Bösartigkeit unserer Familie oder unserer Nation. Besser gesagt: Wir fürchten sie nicht so sehr wie die bösen Absichten derer, die sich außerhalb dieser Kreise befinden. Es scheint, daß ein Fremder ursprünglich identisch war mit einem Feind. Das Wort *Homo homini lupus* ist eine Art Verleumdung der ehrbaren Gesellschaft der Wölfe.
Dieses Fehlen von Angst und ein relatives Gefühl der Sicherheit werden oft mit Zuneigung verwechselt. Aber auch die Liebe zur Familie und zur Nation entsteht aus der Überwindung der Feindseligkeit, die man zunächst gegen sie empfindet. Ist man nicht stolz, Angehöriger seiner eigenen Familie oder Nation zu sein? Ja, manchmal vielleicht, aber das ist ein sekundäres Gefühl, nicht das Ergebnis einer ursprünglichen und echten

Zuneigung. Wenn wir uns selbst gegenüber ehrlich sind, werden wir Arthur Schnitzler zustimmen, der bemerkte, jede Rasse oder Nation erscheine einem zunächst als unsympathisch, und nur die Individuen könnten uns mit ihr versöhnen. Das bedeutet, daß jede Nation oder Rasse, die eigene selbstverständlich mitgerechnet, ihre Eigenheiten und besonderen Züge hat, die, wenn sie zu stark ausgeprägt sind, einen unangenehmen Eindruck machen. Es scheint, daß auch hier, auf dem weiteren Gebiet der völkischen und rassischen Gruppen, Gefühle der Zuneigung erst als emotionale Reaktionen auf die ursprüngliche Feindseligkeit auftreten.

Der Vergleich zwischen Nation und Familie geht noch weiter. Der Beobachter stellt verblüfft fest, daß die Zuneigung zur eigenen Familie und zur eigenen Nation in dem Maße zunimmt, in dem sich die Feindseligkeit gegenüber anderen Familien und Nationen verstärkt. Muß das so sein? Können wir uns nicht vorstellen, daß wir unserer eigenen Familie und unseren Landsleuten ergeben sind und gleichzeitig auch andere mögen? Es ist natürlich bis zu einem gewissen Grade möglich, aber die tägliche Beobachtung zeigt, daß gewöhnlich eine Wechselbeziehung zwischen Zuneigung für die einen und Feindseligkeit gegenüber den anderen besteht. Es ist, als würden positive Gefühle in eine Richtung durch starke negative Gefühle in der anderen Richtung intensiviert. Das gleiche gilt für religiöse Gruppen. Der Eifer für die eigene Religion wird durch Feindseligkeit gegenüber einer anderen kräftig geschürt. Fanatische Aggression von außen stärkt die Ergebenheit und den inneren Zusammenhalt der bedrohten Gemeinschaft.

Die Richtigkeit dieser Ansicht wird durch die Tatsache bewiesen, daß die Gefühle der Zuneigung innerhalb einer bestimmten völkischen oder religiösen Gruppe im Verhältnis zum Fehlen einer äußeren Gefahr oder äußerer Feinde abnehmen. Die lauen Gefühle zwischen den Individuen machen dann bald den alten Neigungen der Rivalität, des Neides und der Machtlust Platz, die innere Konflikte in der Gruppe verursachen. Haß gegen Außenstehende hat daher eine sehr nützliche Funktion. Er bewahrt und stärkt das Zusammengehörigkeitsgefühl zwischen den Mitgliedern einer Gemeinschaft. Gemeinsamer Haß verbindet die Individuen. Neid und Aggressivität, die in jeder Gruppe als Unterströmungen vorhanden sind, werden gegen die außerhalb der Gruppe Stehenden abgeleitet. Freundlichkeit und Güte sind die Ausnahme, nicht die Regel, wie immer das äußerliche Verhalten aussehen mag. Die Mitglieder jeder Gruppe verhalten sich wie die Iren, so wie Samuel Johnson sie sah. Er beruhigte den ängstlichen Dr. Barnard: »Sir, Sie haben keine Ursache, mich zu fürchten. Die Iren haben sich nicht verschworen, die Welt durch falsche Darstellungen ihrer Landsleute zu täuschen. Nein, Sir, die Iren sind ein ehrliches Volk. Sie sprechen nie gut voneinander.«

Wer sich eine gute Vorstellung davon machen will, was die Menschen wirklich füreinander empfinden, braucht nur kleine Kinder in einem Kindergarten zu beobachten, denn jede Gemeinschaft ist nur eine leicht verschleierte Gesellschaft von Kindern. Jeder, der beobachtet, was in einem Kindergarten oder auf einem Spielplatz vor sich geht, wird nicht mehr daran zweifeln, daß Neid, Eifersucht und Besitzgier starke und dauerhafte Emotionen sind. Die Einstellung des »Ich auch« ist allen Kindern gemeinsam. Ein dänisches Sprichwort sagt: »Wäre Neid ein Fieber, so wäre die ganze Menschheit krank.« Mit Mr. Jones – und vor allem mit Mrs. Jones – Schritt halten können, ist nur eine spezifische Form einer allgemeinen Tendenz. Wenn man ein kleines Mädchen, das drei Spielzeuge hat, bittet, eines der armen Jane zu geben, die keines hat, wird es antworten: »Aber Jane wird es kaputt machen« oder »Janes Mutter sollte ihr eines geben.« Ähnliche Ausflüchte hört man auch von Erwachsenen. Kinder sind besitzgierig, sie zerstören manchmal ein Spielzeug lieber, bevor sie es einem anderen Kind geben. Ein Kind möchte behalten, was ihm gehört, und es möchte etwas haben, was einem anderen Kind gehört. Der Ursprung der sozialen Frage ist nicht in der hochindustrialisierten Gesellschaft zu finden, sondern in der primitiven Gesellschaft der Kinder. Am Beginn der Zivilisation stehen Mein und Dein. Sie begleiten uns im Laufe unseres ganzen Fortschritts. Nur in der Liebe, nicht in der Sexualität, verschwindet die Demarkationslinie zwischen Mein und Dein. Wer die menschliche Natur kennt, weiß, daß Neid unversöhnlicher ist als Haß.

Die ursprüngliche Form allen Neides ist, wenn wir unseren im Kindergarten gewonnenen Eindrücken trauen können, der Neid auf Nahrung, der Futterneid. Der Neid auf den Besitz des anderen kommt später. Der Geldneid, der unsere Gesellschaft zerstört, ist ein späterer Ersatz für diese älteste Manifestation. Futterneid im Kindergarten zeigt schon den Charakter der Emotion, die mehr verlangt, als das Kind unmittelbar braucht. Der Neid eines Kindes kann schon dadurch geweckt werden, daß es nur sieht, daß ein anderes Kind etwas anderes oder mehr zu essen hat. Man kann auch beobachten, daß ein Kind in diesem Alter seinem Spielgefährten schon eine Speise mißgönnt, die es selbst gar nicht haben will – genau wie seine Eltern. Seine Mutter, zum Beispiel, wird nicht zu einer Party eingeladen, zu der sie ohnehin nicht gehen möchte. Wenn sie aber erfährt, daß Mrs. Brown eingeladen wurde, kann sie zu ihrer Überraschung feststellen, daß sie neidisch und eifersüchtig ist.

Ich weiß sehr wohl, daß auch im Kindergarten Zuneigung diese ursprünglichen Tendenzen der Gier und Eifersucht überwinden kann, die unser menschliches Erbe zu sein scheinen. Man sieht manchmal, wie ein Kind ein Stück von seinem Kuchen oder eine Süßigkeit seiner Mutter oder einem Spielgefährten gibt. Auf ähnliche Weise ist später das Geben von etwas, was man selbst gern behalten möchte, ein sicheres Zeichen von Liebe.

Wenn man die wesentlichen Elemente der menschlichen Natur betrachtet, so ist das Ideal der allgemeinen Bruderschaft eine spektakuläre Vision. »Arglist gegen niemanden, Barmherzigkeit für alle« ist ein Ideal, und wie alle Ideale zeigt es auch die emotionale Situation an, aus der heraus es entstand. Die verleumdete Gesellschaft der Wölfe mag vielleicht einmal die Wildheit und Brutalität der Menschen erreichen. Aber die Wölfe geben nicht vor, eine Bruderschaft zu bilden. Die ganze Menschheit zu lieben, könnte eine ausgezeichnete Entschuldigung für alle jene werden, die nicht imstande sind, eine einzige Menschenseele zu lieben.

Ein humanitäres Programm ist oft ein bequemer Ersatz für echte Taten. Luftschlösser zu bauen, kann einen davon abhalten, den Obdachlosen ein Dach über dem Kopf zu geben. Der Erlösergeist ist die stärkste Reaktion auf den Menschenhaß, die wir kennen. Er stellt zugleich die gefährlichste Versuchung dar, selbstgefällig und selbstgerecht zu werden. Man muß ungeheuer anmaßend sein, um die Menschheit retten zu wollen. Lippenbekenntnisse zu den Idealen der Menschlichkeit und Brüderlichkeit verbergen oft Haß und Zorn. Brüderliche Liebe hält die Menschen nicht davon ab, sich über das Unglück ihres Nächsten zu freuen. Wir trauen einander, ja, aber wir gehen kein Risiko ein. So ist das Leben unter Menschen.

In den letzten vierzig Jahren haben wir gesehen, daß all die hochtönenden Phrasen von menschlicher Brüderlichkeit leere Worte waren. Das ganze Programm fiel zusammen wie ein Kartenhaus. Es hat keinen Zweck über die vergossene Milch menschlicher Güte zu weinen, aber unser gedankenloser Optimismus ist zum Teil schuld daran, daß wir jetzt über Ströme vergossenen Blutes weinen müssen. Es gibt keine Liebe zur Menschheit, der nicht zuerst Haß auf die Menschheit vorausgeht. Es scheint sehr schwer zu sein, die Menschheit zu lieben, ohne wenigstens einen Teil von ihr zu hassen. Es gibt seltsame Mischungen solcher Gefühle und heftiger Feindschaft; und sie alle legen ein Programm für die Errettung der Menschheit vor.

Der Kampf für Gott und das Gute ist nur die andere Seite des Hasses auf Satan, dem Gott soviel Macht auf Erden gegeben hat. Die Liebe zur Menschheit wäre unvollständig ohne die Wut gegen die Andersdenkenden. Ihre Liebe hielt die frömmsten Kirchenfürsten nicht davon ab, Tausende von Ketzern, Ungläubigen, Mohammedanern, Juden und Christen bei lebendigem Leibe zu verbrennen, deren ewiges Seelenheil, so hofften die Eiferer, auf diese Weise gesichert wurde. Indem man die Leiber verbrannte, wollte man die Seelen für den Himmel retten. Es scheint, daß hohe Ideale äußerste Grausamkeit und Unduldsamkeit nicht ausschließen. Seinen Nächsten zu lieben – dazu gehört offenbar als Ergänzung, daß man den Nächsten seines Nächsten haßt. Die Liebe zum deutschen Vaterland und der hohe Wert, den man den Tugenden des Männlichen und Soldatischen beimaß, hatten Haß und Verachtung der sogenannten Nichtarier und verschiedener Tugenden zur Folge, die als üble Laster dargestellt wurden.

Hohe Ideale und eine erhabene Vorstellung davon, was die Menschen sein sollten, stellen eine unwiderstehliche Versuchung dar, diejenigen zu vernichten, die diesen Erwartungen nicht entsprechen. Die meisten Tyrannen, Eiferer und Diktatoren waren Idealisten mit einer hohen Meinung von der menschlichen Natur. Daher mußten sie Millionen Menschen töten, verbrennen, vernichten. Der weise alte Anatole France hatte recht: Nur wenn man eine sehr bescheidene Meinung von der menschlichen Natur hat, kann man gütig und duldsam gegenüber seinen Mitmenschen und sich selbst sein. Wer immer eine zu hohe Meinung davon hat, was die menschliche Natur im Grunde sein sollte, muß intolerant und grausam werden. Wer von den Menschen zu viel verlangt, wird sie schließlich hassen. Nur wer wenig von der Menschheit erwartet, kann sie lieben.

Wir haben hier einen interessanten Gegensatz. Die Liebe zu einem Individuum ist unmöglich, wenn wir nicht mit einer Überschätzung seiner Gaben beginnen. Die Liebe zur Menschheit ist dagegen nur möglich, wenn wir von einer mäßigen Einschätzung ihres Wertes ausgehen. Heute bekunden viele eine tiefe Liebe zu ihren Mitmenschen, und sie sind voll des höchsten Lobes der Menschheit und des Eifers für ihre Anliegen. Aber ich glaube nicht, daß es sich um echte Liebe handelt. Es ist bestenfalls eine Verliebtheit, wie man sie von der jungen Generation erwarten kann. Manchmal ist es auch nur ein ganz harmloser Flirt.

Ich weiß nicht, warum mich die zungenfertigen und salbungsvollen Predigten von der Menschenliebe, die hochtönenden Phrasen, die Anmaßung und der Idealismus einer puerilen Kultur deprimieren, während mich eine realistische Auffassung von der Natur des Menschen mit Optimismus und Hoffnung erfüllt. Der Mensch ist kein Heiliger ersten Ranges, er ist aber auch kein Schurke ersten Ranges, weil er nichts ersten Ranges ist. Wer weniger erwartet, wird oft angenehm überrascht sein durch die Güte und Freundlichkeit seiner Mitmenschen. Manchmal wird ihn ihre Aufmerksamkeit und Zuneigung sogar rühren. Wenn man seine hohen moralischen Forderungen reduziert, hat man eine bessere Chance, gute Resultate zu erzielen. Ein bißchen weniger Idealisierung würde in der Praxis sehr viel ausmachen.

Der Geist der Brüderlichkeit, der in politischen Reden und religiösen Predigten so oft beschworen wird, läßt sich nur zögernd blicken. Er wird erst erscheinen, wenn sich die Mentalität der Menschen radikal geändert hat, wenn Güte gegenüber unseren Mitmenschen nicht mehr als »moralische« Pflicht betrachtet wird, sondern als eine natürliche, spontane Reaktion. Erinnern Sie sich an die Geschichte von dem Jungen, der einen kleineren Jungen auf dem Rücken einen Hügel hinauftrug? Ein Mann kam vorbei und meinte: »Das ist aber eine recht schwere Last.« Der Junge antwortete: »Das ist keine Last. Das ist mein kleiner Bruder.«

14

An diesem Punkt kommen wir an den Grenzen unseres Themas an. Ein Versuch, die Liebe zu bewerten, gehört nicht in den Bereich der wissenschaftlichen Forschung. Man kann darüber kein Urteil fällen. Man kann allenfalls eine Meinung haben. Und Ihre Meinung ist so gut wie meine. Nach dieser Vorwarnung wage ich zu fragen: Welchen Wert hat die Liebe für den Menschen? Ich sage »Ich wage zu fragen«, weil jemand sofort sagen könnte: »Hören Sie, mein Lieber, es gibt keinen Weihnachtsmann.« Das wußten wir schon. Dennoch muß unser Skeptiker (wir sollten ihn eher einen Positivisten nennen) zugeben, daß es jemanden gibt, der den Weihnachtsmann spielt, und daß sich die Kinder über sein Auftreten und seine Geschenke freuen. Ebensowenig kann er leugnen, daß es eine Emotion gibt, die Liebe genannt wird, was immer das auch sein mag, und daß diese Emotion eine Rolle in unserem Leben spielt. Der radikale Realist mag sie Torheit oder Wahnsinn nennen, aber er kann ihre Existenz in unserer Welt nicht leugnen.
Niemand erwartet, daß es über ein solches Thema eine allgemeine Übereinstimmung gibt. Ist es aber nicht erstaunlich, daß die Liebe Gottes schönstes Geschenk und des Teufels schlimmster Fluch genannt wurde? Da eine Zusammenarbeit zwischen den alten Feinden nicht in Betracht kommt, ist es möglich, daß beide ihren Anteil daran haben. Das ganze Problem wäre leichter zu lösen, wenn wir die Antwort auf einige einfache Fragen wüßten. Zum Beispiel, warum ist Liebe nötig, wie wäre das Leben ohne sie oder was für ein Bedürfnis befriedigt Sie? Aber eine Bewertung der Liebe ist auch nicht möglich, wenn man nicht genau angibt, welche Art von Liebe man meint. Offensichtlich muß die Liebe zwischen den Geschlechtern anders bewertet werden als die Liebe zur Mutter oder zum Nächsten. Außerdem müßte ein Wertmaßstab festgesetzt werden. Soll er sich nach dem Glück des Individuums oder nach der Bedeutung für die Gesellschaft richten? Das kann zweierlei sein. Der Einfluß der Liebe kann das Individuum glücklich machen, aber den Interessen der Gemeinschaft abträglich sein. Wieder lautet die Frage: Was für eine Art von Liebe ist gemeint – Verliebtheit, romantische Liebe, die Liebe eines Jünglings oder eine reife Liebe (die nichts

mit dem Alter zu tun haben muß), eine vorübergehende Anziehung oder eine dauerhafte Zuneigung?
Wir wollen nur den Wert der Liebe zwischen den Geschlechtern diskutieren. Manche werden sagen, daß die Frage, ob sie echt ist oder nicht, nur anhand der Ergebnisse für das Individuum entschieden werden kann: An ihren Früchten sollt ihr sie erkennen. Andere werden dagegen sagen, daß man dabei von einer falschen Voraussetzung ausgeht. Wer will entscheiden, was die Frucht wert ist? Die Antwort darauf wird lauten: Die Frucht ist in der Natur des Glücks für das Individuum zu sehen. Die Liebe erreicht beinahe die Illusion dieses Phantoms, das uns ständig entwischt, des vollkommenen Ichs. Allerdings, es ist ein aufgeblasenes Ich, das durch die Einverleibung des Liebesobjekts erreicht wird. Es ist vielleicht ein falscher Reichtum, aber solange er dauert, macht er den Liebenden glücklich. Hier kann nun jemand fragen: »Ist es wirklich ein Glück, das dauert? Sollten soviel Eifer, Leidenschaft und psychische Energie nicht für etwas Besseres verwendet werden?« Doch der Liebende wird ihn ungeduldig unterbrechen: »Gibt es denn etwas Besseres?« Keine Ermahnung, vernünftig zu sein und aufzuhören, sich zum Narren zu machen, wird etwas nützen. Vernünftigkeit ist etwas sehr Gutes, aber sie macht junge Menschen nicht glücklich. Sie hindert bestenfalls Menschen daran, unglücklich zu sein. Schlimmstenfalls hält sie sie davon ab, glücklich zu werden. Die Vernunft ist oft platt, sie ist, wie Henry James einmal sagte, »ein Bett ohne Matratze«. Sich zum Narren machen, das ist in gewissen emotionalen Notlagen das Beste, was einer tun kann, und wer sich zum Narren macht, ist nicht notwendigerweise ein Narr. Ein Narrenparadies ist allemal noch ein Paradies. Ist es nicht besser, sich in der Liebe zum Narren zu machen, als sich in der Politik wie ein Esel aufzuführen? Oder in der Wissenschaft oder Literatur? Gewiß gibt es wirkliche Narren, die immer nur an das »Lieben« denken, weil sie an nichts anderes denken können. Sie sagen, alles andere sei keinen Pfifferling wert. Sie sind liebessüchtig wie andere kokain- oder morphiumsüchtig sind. Niemand, dessen ganzes Leben nur mit Romanzen ausgefüllt ist, verdient es, ein Mann genannt zu werden – aber auch der nicht, dessen Leben nie davon berührt wurde. Der Mann, der sich in der Liebe nie zum Narren gemacht hat, wird auch nie weise in der Liebe sein.
Jede Liebe gründet sich auf Unzufriedenheit mit sich selbst. Sie ist ein Versuch, sich selbst zu entkommen und ein besseres, ein ideales Ich zu finden. Der Liebende bildet sich ein, es in seinem Objekt gefunden zu haben. Ist die Liebe also eine Illusion? Natürlich ist sie das, aber das ist nicht das Wichtigste an ihr. Illusionen sind auch psychische Realitäten. Freud nannte die Religion eine Illusion, aber er leugnete nicht, daß sie ein großer erzieherischer Faktor in der Geschichte der Menschheit war. Wir

besuchen eine Theatervorstellung und geben uns freiwillig einer Illusion hin. Wir wollen dieser Illusion nicht beraubt werden, solange die Vorstellung dauert, und wir wollen nicht daran erinnert werden, daß Lady Macbeth in Wirklichkeit Peggy Smith und König Duncan ein gewisser Harry Brown ist. Wir genießen die Illusion und verfolgen die Handlung auf der Bühne mit einem so echten Interesse und so starken Emotionen, als handelte es sich um das »wirkliche Leben«. Die Liebe ist ein Versuch, ein Stück Traumwelt in Wirklichkeit zu verwandeln. Jede Studie über die Liebe steht vor der Aufgabe, die Beziehung zwischen Phantasie und Wirklichkeit und den Kompromiß zwischen den beiden aufzuspüren.

»Romantische Liebe« unterscheidet sich von anderen Arten nicht durch ihren Ursprung, sondern durch ihre Dichte und Intensität. Ihre Heftigkeit – man könnte beinahe sagen: ihre Wildheit – zeigt, daß die Ungeduld, das lästige Ich loszuwerden und seine Persönlichkeit zu verwandeln, einen hohen Grad erreicht hatte. Die Plötzlichkeit des »Sichverliebens« deutet nicht die Tiefe der Emotion an, sondern ihren Notcharakter, die Dringlichkeit der Situation des Liebenden. Es ist, als erreichte ein Schwimmer, der zu ertrinken droht, mit letzter Kraft gerade noch das Ufer. So verliebt sich Romeo, um seinem Unglück zu entgehen. Julia erschien gerade im richtigen Augenblick. Die Ekstase und die Seligkeit der romantischen Liebe haben ihre Ursache zu keinem geringen Teil in der unerwarteten Überraschung, daß man von den geheimnisvollen Kräften befreit wird, die den unglücklichen Menschen dazu zu bringen versuchen sich selbst zu vernichten. Die fiebrige Hitze im Geist und im Körper beweist, wie gefährlich die Krankheit war, die die Abwehrkräfte des psychischen Organismus bekämpfen und besiegen müssen. Die romantische Liebe ist ein verzweifelter Rettungsversuch des bedrohten Ichs.

Mit diesem Charakteristikum hängt vielleicht die kurze Dauer der romantischen Liebe zusammen. Die Phase, in der man einzig und allein auf das Du eingestellt ist, kann nicht lange währen. Eine Romanze, die viele Jahre lang dauert, ist nur in Utopia vorstellbar. Nach der Trunkenheit kommt der Kater. Der übertriebene Charakter der romantischen Liebe verlangt unweigerlich nach einer Reaktion. Niemand kann lange im Bann einer seltsamen Faszination bleiben. Keine psychische Ökonomie kann die Aufblähung des Ichs ohne Schaden ertragen. Die romantische Liebe ist ein Neuntagewunder. Eine Liebe, die unvermindert viele Jahre lang anhielte, wäre ein größeres Wunder als die in der Heiligen Schrift berichteten.

In der romantischen Liebe wird die Idealisierung des geliebten Menschen zum Götzendienst, zu einer Apotheose. Dieser heftige Charakter zeigt, wie stark die Gegenstrebungen der Feindseligkeit und des Neides sind, die überwunden werden müssen. Es ist, als würde aus dem Liebenden ein

Anbeter, der seine Zuneigung zum Wahnsinn steigert, um sie am Leben zu erhalten. Wer seinen Gott mit so fanatischem Eifer anbetet, muß unbewußte Regungen des Zweifels und der Auflehnung niederkämpfen. Er ist in größerer Gefahr, ein Ketzer oder Atheist zu werden, als andere fromme Seelen. Man spürt in dieser Übertreibung ein unechtes Element von der Art der unbewußten Schauspielerei. Dieser Zug läßt sich mit dem hysterischen Charakter vergleichen, der die Intensität einer Emotion übertreibt, weil sie innerlich auf Widerspruch stößt. Ich will gewiß nicht behaupten, daß es in der romantischen Liebe keine echte Zuneigung gibt – manche Formen der jugendlichen Romantik sind im Leben nicht so widerlich süßlich wie in Hollywood –, aber dieses Element der Übertreibung fehlt selten. Die romantische Liebe ist eine Legierung, sie besteht aus Edelmetallen und einigen weniger edlen. Sie ist halb Liebe, halb Lüge, halb Glaube, halb Selbsttäuschung. Wenn die Aufrichtigkeit der Zuneigung durch eine gewisse Zurückhaltung gekennzeichnet ist, wird Unaufrichtigkeit durch Schwärmerei und Überschwenglichkeit enthüllt. Aber wer kann die Qualität echter Gefühle messen? Wir haben kein Instrument, das die Menge anzeigt, keinen »Aufrichtigkeitsmesser«. Die romantische Liebe kann als eine Art Vorbereitung auf die wahre Liebe bewertet werden, so wie das Geplauder der Kinder eine Vorbereitung auf das Sprechen der Erwachsenen ist. Und wie reizend kann das Geplauder von Kindern sein! Es steckt etwas Seichtes und Unechtes in der romantischen Liebe, aber wie zauberhaft kann sie sein!

Was romantische Liebe wert ist, zeigt sich, wenn sie reift, wenn sie sich vom Wahn in echte Zuneigung verwandelt. Julia versichert, ihre Huld und Liebe sei grenzenlos wie das Meer. »Je mehr ich gebe, je mehr auch hab ich: beides ist unendlich.« Nach einigen Ehejahren hätte Julia – zumindest sich selbst – eingestehen müssen, daß ihre Liebe Grenzen hat. Romeo wäre dann vielleicht ihr lieber Gefährte gewesen, aber sicherlich nicht »dein edles Selbst, das Götterbild meiner Anbetung«. Reife Liebe braucht solche emotionalen Extravaganzen nicht. Ihr fehlt das Merkmal der Verzweiflung in der Flucht vor dem eigenen Ich. Das Ich fühlte sich besiegt, bevor es liebte, aber es war nicht wilder Panik ausgeliefert. Liebe macht einen glücklich, aber romantische Liebe bedeutet Augenblicke der Seligkeit, nicht gehobene Stimmung, sondern Verzückung. Wie beim Genesungsprozeß in Fällen von Hysterie wird der Übergang von romantischer zu echter Liebe durch die Verwandlung der Idealisierung in eine realistischere Einschätzung der guten Eigenschaften des Liebesobjekts und durch die Vertiefung der Zuneigung gekennzeichnet, die ihren lauten Überschwang verliert. Aus der Lüge wird langsam Wahrheit. Das Übermaß weicht dem Maß und der Mäßigung. »Und sie lebten glücklich bis an ihr seliges Ende«, heißt es im Märchen, aber es ist manchmal eine Tatsache, daß ein Paar sich einen kostbaren Teil der beiderseitigen Illusion den unausweichlichen Forderungen der Wirklichkeit zum Trotz bewahren kann.

Vielleicht ist die Liebe, wie ein Franzose sagte, *»l'ombre d'une ombre«*, der Schatten eines Schattens. Aber dieser Schatten, den unser Ich-Phantom wirft, gewinnt Substanz und Realität. Die romantische Liebe erscheint einem manchmal wie eine Art Probe. Die wirkliche Vorstellung kommt viel später. Das Alter kennt eine Liebe ohne zu viel Besitzenwollen, mit mehr Sorge um das wirkliche Wohlergehen des geliebten Menschen. Die Jugend ist grausam und rasch ernüchtert durch die Fehler und Schwächen des Liebesobjekts. Das reife Alter kann diese Unvollkommenheiten deutlich sehen und dennoch zärtlich fühlen – ja manchmal sogar die Fehler lieben. (Vielleicht ist das die seltenste Form der Liebe.) Es gibt keine Ekstase und keinen Rausch mehr, dafür aber ein Zusammengehörigkeitsgefühl, das das Band zwischen zwei Menschen festigt und eine Intimität schafft, die immer mehr zunimmt, während sie zusammen dieselben Freuden und Kümmernisse erleben.

Der soziale Wert der Liebe ist unbestreitbar. Sie überwindet die Unterschiede zwischen Klassen, Rassen und Glaubensbekenntnissen. Sie dient als große Gleichmacherin und einigt die Menschen. Wenn es eine Tatsache bleibt, daß Liebe nicht jeden Neid und jede Feindseligkeit verbannen kann, so ist es unbestreitbar, daß nur die Liebe es vermag, soweit es überhaupt getan werden kann. Sie ist einer der größten Erzieher der Menschheit. Nach Dante sind Liebe und ein sanftes Herz dasselbe. Sie wird zweifellos auch in Zukunft die Menschen zähmen, die brutalen Kräfte mildern und befriedigen, die Machtlust und den Drang zur Selbstvernichtung.

Der Wert der Liebe für das Individuum kann bestritten, aber nicht völlig geleugnet werden. Man stelle sich eine Welt vor ohne diese überzeugendste aller Emotionen, ohne die Beruhigung, die sie gibt und die wir so nötig brauchen, ohne die Ich-Befriedigung, die sie gewährt. Die Erde wäre ein einsamer Ort. Leben ohne Liebe wäre nur etwas, was man erträgt, nicht lebt, etwas, was man ohne große Hoffnungen und Befriedigungen hinter sich bringen muß. Glück und Einsamkeit können nicht nebeneinander existieren. Allein können wir eine tiefe Befriedigung nur kurze Zeit genießen. Sehr bald möchten wir sie mit einem anderen Menschen teilen, den wir uns zumindest in unseren unbewußten Tagträumen als anwesend vorstellen.

Nur für sich selbst zu leben, würde bedeuten, nur halb zu leben. Wer für andere lebt, hat am Leben vieler teil. Aber sind wir nicht alle nur höchst ungern bereit, unser kostbares Ich beiseitezuschieben? Es anderen zu übergeben? An andere mehr zu denken als an uns selbst? Sprechen wir nicht von uns selbst als von der »Nummer eins«? Ja, aber Glück kann es vielleicht nur geben, wenn Nummer eins Nummer zwei oder drei wird.

Je älter man wird, desto mehr ist man davon überzeugt, daß selbstsüchtig sein unglücklich und unerfüllt sein bedeutet. »Mir scheint, der ganze Sinn des Lebens liegt darin, sich selbst auf den zweiten Platz zu setzen«, schrieb Turgenjew einmal. Es gibt nur zwei Wege, die zu so etwas wie menschlichem Glück führen. Sie heißen Liebe und Erfolg. Beide sind sozialer Natur und schließen andere mit ein, wenn man sein eigenes Glück erlangen will. Mir fällt ein Satz einer alten, ungebildeten Frau ein, der dieselbe Grundweisheit enthält wie die Bemerkung Turgenjews. Ein neurotischer Patient, der nur für sich selbst zu leben versuchte, ohne zu lieben und geliebt zu werden, beklagte sich bei seiner Mutter darüber, daß er sich ständig einsam fühlte. Nach einem längeren Schweigen sagte die alte Dame: »Wen hast du in deinem Leben glücklich gemacht, Howard? Nicht einmal dich selbst.« Um selbst glücklich zu sein, muß man mindestens einen anderen Menschen glücklich machen. Wenn das eine Bedingung ist, stimmt es dann, daß die Menschen ganz selbstsüchtig sind? Das Geheimnis menschlichen Glücks liegt nicht darin, sich selbst zu suchen, sondern darin, sich selbst zu vergessen.

Die Liebe ist, glaube ich, der erfolgreichste Versuch, unserer Einsamkeit und Isolation zu entrinnen. Sie ist eine Illusion wie jede Suche nach menschlicher Vollkommenheit, aber sie ist eine notwendige Illusion. Sie kommt der Ich-Befriedigung, die wir alle brauchen, am nächsten, indem sie das Ich beiseiteschiebt. Sein Leben in Gedanken und Taten mit dem anderen zu verbinden, ist die einzige Möglichkeit, es lebenswert zu machen.

Weise ermahnen uns immer und immer wieder, von der Liebe kein dauerhaftes und reines Glück zu erwarten, uns daran zu erinnern, daß sie Unglück bringt, uns von einem Objekt abhängig macht, daß sie nicht nur Höhen, sondern auch Tiefen hat wie alles, was der Mensch tut. Es ist nicht die Schuld der Liebe, daß wir zuviel von ihr verlangen und alles auf diese eine Karte setzen. Wir sollten wissen, daß es keinen Himmel auf Erden gibt. Es ist sogar zweifelhaft, ob es im Himmel einen Himmel gibt.

Zweiter Teil
Die Unverheirateten

I Ein geheimer Zorn

I

Woher kommt es, daß das Problem der Junggesellen und alten Jungfern bei primitiven und halbzivilisierten Völkern nicht existiert? Und woher kommt es, daß wir von keinem Überschuß an unverheirateten Frauen in China und Japan lesen? Und warum gab es diese Frage nicht in der Kultur des Mittelalters, warum wurde sie vor zweihundert Jahren, ja noch vor etwa hundert Jahren nicht diskutiert?
Die Änderung der wirtschaftlichen Bedingungen in der westlichen Welt ist gewiß ein wesentlicher Faktor, aber es geht hier um mehr als nur die industrielle Entwicklung. Es muß sich etwas in der Natur der Ehe als Institution und als Ausdruck menschlicher Beziehungen geändert haben.
Die Ehe ist nicht mehr, was sie einmal war. Für den modernen Menschen ist an dem ganzen Problem nichts offenkundiger als die Feststellung: Die Ehe ist eine Privatangelegenheit. Allen volljährigen Männern und Frauen steht es frei zu entscheiden, ob sie heiraten wollen oder nicht und wen sie heiraten wollen und wen nicht. Das war nicht immer so, und es ist in anderen Kulturen auch heute noch nicht so.
In keiner primitiven Gesellschaft ist die Ehe eine Privatangelegenheit. Sie ist eine Angelegenheit der Familie oder Gruppe. Der Clan oder der Stamm muß der Ehe nicht nur zustimmen; er trifft die Entscheidung; er verfügt sie. Daß zwei Menschen einfach aus eigener Initiative heiraten, würde als sehr schockierend, wenn nicht noch schlimmer, empfunden werden.
Die Eingeborenen Australiens* würden eine Frau, die mit einem Mann davonläuft, um ihn zu heiraten, mehr oder weniger eine Hure nennen. Die Hidatsa-Indianer hatten einen verächtlichen Ausdruck für Ehen, die ohne Absprache unter den Familien geschlossen wurden. Die Haidas betrachten Ehen, die nicht von den Eltern ausgehandelt werden, während ihre Kinder noch Säuglinge sind, als höchst ungewöhnlich. Ein westafrikanischer Neger erklärte vor einem Gericht, ein Mann sei »ein Bastard, weil seine Eltern aus Liebe geheiratet haben«. Für die Malaien

* Das Material für die folgende anthropologische Skizze ist hauptsächlich Robert Briffaults interessantem Werk *The Mothers*, 3 Bde., Macmillan 1937, entnommen.

der Pataui-Staaten ist eine solche Ehe nicht legal. Ähnlich sieht es in allen primitiven Gesellschaften zu allen Zeiten aus.

Die Überzeugung, daß die Ehe eine Familienangelegenheit ist und nicht eine Sache, die zwei Individuen betrifft oder den Höhepunkt romantischer Liebe darstellt, herrschte auch in vielen Hochkulturen. Die römische Ehe war im wesentlichen ein Familienvertrag, und im alten Athen gab es nach dem Altphilologen und Archeologen Karl Otfried Müller »nicht einen einzigen Fall, in dem ein Mann eine freigeborene Frau liebte und aus Zuneigung heiratete«. Die moderne Auffassung, daß jeder Mensch heiraten kann, wen er will und wann er will, war den Griechen völlig fremd.

In Frankreich wurden die Ehen vor nicht allzu langer Zeit noch von den Eltern arrangiert, oft bevor das Mädchen den auserwählten jungen Mann gesehen hatte. Die Ehe war eine *affaire de famille*. In den Aristokratenfamilien Italiens galten Ehen als ein reines Geschäft, das die beiden Familien untereinander abschlossen. Braut und Bräutigam sahen einander oft am Hochzeitstag zum erstenmal. Ähnliche Bräuche herrschten in Spanien, Portugal, Rußland und anderen europäischen Ländern, nicht nur in den Kreisen der Aristokratie, sondern in allen Bevölkerungsschichten. Und das gleiche gilt noch in großen Teilen Chinas, Japans und Indiens, wo kleine Kinder miteinander verlobt werden können.

In solchen Gesellschaften war die Ehe nicht, wie bei uns, eine Frage der Gefühle, sondern der Finanzen und der Zweckmäßigkeit. Frauen wurden nicht ausgewählt, weil sie schön, leidenschaftlich, jung oder kultiviert waren, sondern weil sie hart arbeiten konnten und gesund und fleißig waren und Kinder gebären oder der Familie Reichtum, gesellschaftliche Stellung oder politische Macht verschaffen konnten. Die gegenseitige Anziehung war unwichtig; nur praktische Überlegungen zählten.

Alte Jungfern sind in primitiven und halbzivilisierten Ländern beinahe unbekannt. Die sexuellen Beziehungen werden vom Problem der Ehe getrennt; sie gehören in einen anderen Bereich. Da es bei unkultivierten Völkern vor der Ehe nur sehr wenige Verbote gibt, hat die Frage der Liebe nichts mit der Partnerwahl zu tun. Liebe in unserem Sinne existiert nicht einmal im Eheleben primitiver Stämme. Mann und Frau leben oft getrennt und essen nicht gemeinsam. Die Frauen kennen in bezug auf Schönheit und Charme keinen Wettbewerb. Sie sind weniger feminin als unsere Frauen; sie werden nicht dazu erzogen, Männer durch ihr Aussehen anzuziehen, sondern durch ihre Fähigkeiten als Arbeiterin, Wirtschafterin, Köchin und Mutter.

Die Liebe ist ein verhältnismäßig neues Element in den Beziehungen der Geschlechter, und sie war unbekannt, solange Frauen nur als Arbeiterinnen und nicht als Sexualobjekte bewertet wurden. Auf den niedrigeren Ebenen der menschlichen Evolution werden Frauen nur in bezug auf ihre

in ökonomischer Hinsicht nützlichen Fähigkeiten als verschieden betrachtet.
Mit dem Beginn des Ackerbaus und mehr noch des industriellen Zeitalters nahm der Wert der Frau als Arbeiterin ab. Als sich die wirtschaftliche Situation änderte, kam es auch zu einer radikalen Änderung der Stellung der Frau und damit des Charakters der Ehe. Während ihr relativer ökonomischer Wert abnahm, stieg der sexuelle Wert der Frauen.
Zugleich mit dieser Statusänderung der Frauen wurden die Männer anspruchsvoller und wählten ihre Ehepartnerinnen aufgrund der persönlichen Anziehung. Mit der Verbesserung der wirtschaftlichen Situation waren Zeit und Gelegenheit gegeben, die weiblichen Künste der Verführung zu pflegen.
Der Fortschritt der Zivilisation zeigt sich also auch in einer zunehmenden Unterscheidung zwischen den Angehörigen des anderen Geschlechts. Eine Frau wird nun der anderen vorgezogen. Die romantische Liebe brachte in die moderne Gesellschaft all die Leidenschaften, die Kinder der Phantasie sind, den Zauber, der die rohen sexuellen Begierden der Männer verfeinert. Dieser neue Faktor, die Liebe, wurde zum wichtigsten bei der Partnerwahl.
Romantische Gefühle und die persönliche Bevorzugung, ohne die die Menschheit viele hunderttausend Jahre lang ziemlich glücklich lebte, hat nun Männer und Frauen unziemlich glücklich und unglücklich gemacht. Bei unseren jungen Mädchen – und mehr noch bei unseren jungen Männern – ist Liebe beinahe das einzige Kriterium, das die Partnerwahl bestimmt und natürlich sehr oft dafür ausschlaggebend ist, ob ein Individuum in unserer Gesellschaft ledig bleibt oder heiratet – und wen es heiratet.
Wir haben einen Blick auf die Institution der Ehe geworfen, um zu zeigen, wie radikal sie ihren Charakter geändert hat. Radikale Änderungen haben natürlich ihre guten wie ihre schlechten Seiten. Ein neuer Wertkodex kann sich aber nur durchsetzen, wenn er die alten Werte abschafft. Ich hörte Freud einmal sagen (es war in seinen letzten Lebensjahren, und er befand sich in einer resignierten Stimmung), daß seiner Ansicht nach in unserer modernen Zivilisation nur noch zwei Werte übriggeblieben seien – Geld und Frauenschönheit. Wir meinen, daß die tapfere neue Welt der Nachkriegsgesellschaft beweisen wird, daß er unrecht hatte, aber es liegt in der menschlichen Natur, daß unsere Vorstellungen von der Zukunft beinahe unweigerlich von unseren Wünschen und Hoffnungen geprägt werden.
Wir kommen schließlich in unserer eigenen, der psychologischen, Epoche und bei einer ihrer interessantesten Manifestationen an: der Anziehung der Geschlechter.
Es braucht nicht betont zu werden, daß diese Anziehung ursprünglich

biologischer Natur ist, daß Männer und Frauen dem Diktat eines organischen Bedürfnisses, des Geschlechtstriebs, gehorchen. Das ist so offensichtlich, daß die moderne Psychologie und vor allem die Psychoanalyse das neue Phänomen der Liebe – das in der menschlichen Evolution so spät erscheint – lediglich als einen Abkömmling älterer und primärer Bedürfnisse deutete. Freud erklärte, die Liebe sei ihrem Ursprung und ihrer Natur nach Sexualität, eine Sexualität, die an der Erreichung ihres Ziels – der körperlichen Befriedigung – gehindert wird. Neue Einsichten bewiesen, daß Freuds Ansicht irrig war, und entwickelten eine andere Auffassung von romantischer Liebe.

Diese Auffassung ging nicht von der Liebe in ihrer Blütezeit, sondern von ihren Vorphasen aus. Sie untersuchte die Natur des Bodens, auf dem diese kostbare und rasch welkende Blume gedeiht. Es folgt noch einmal eine kurze Skizze der Entwicklung der romantischen Liebe, die im ersten Teil dieses Buches ausführlicher beschrieben wurde.

Bevor das Individuum seinem Liebesobjekt begegnet, bereiten es gewisse psychische Stimmungen darauf vor, sich zu verlieben. Die wichtigste ist eine innere, meist unbewußte, Unzufriedenheit mit sich selbst, ein verborgener Abscheu vor sich selbst, der oft verschoben wird und sich in Unzufriedenheit mit der Familie, der Arbeit und der Umgebung ausdrückt. Die Wurzeln dieser Stimmungen reichen tief hinunter in den Untergrund der individuellen Geschichte.

Jeder von uns hat sich in der Kindheit und frühen Jugend ein Bild von sich selbst gemacht, wie er zu sein wünschte. Wir nennen dieses Wunschbild das Ichideal. Jeder von uns hat auch eine unbewußte und unbestimmte Vorstellung davon, was er wirklich ist, und er hat einen kritischen Sinn, der ständig die Distanz zwischen diesem tatsächlichen Ich und dem Ichideal mißt. Offensichtlich nimmt das Idealbild viele Züge von Vorbildern an – von Eltern, Lehrern und anderen Personen, denen wir ähneln möchten. Wenn wir die kombinierten Eigenschaften – die attraktive Erscheinung, die Klugheit, die glänzenden Gaben – dieser bewunderten Personen besäßen, wären wir zufrieden. Da wir aber erkennen, daß wir voller Unzulänglichkeiten und Schwächen sind, empfinden wir eine Art Unzufriedenheit mit uns selbst, die uns dazu treibt, dieses Ichideal außerhalb unseres eigenen Ichs zu suchen. Wir sehnen uns nach einem besseren Ich.

Auf solche Weise psychologisch vorbereitet, finden wir einen Menschen, der all die vorzüglichen Eigenschaften zu besitzen scheint, die uns fehlen, und der im Gegensatz zu uns selbst offenbar selbstgenügsam und selbstzufrieden ist. Der Sexualtrieb weist den Weg, wenn dieser Mensch dem anderen Geschlecht angehört. Der Mann sieht in der Frau das personifizierte Ichideal, er beneidet sie, ja er haßt sie sogar (hier haben wir die psychologisch wichtige unbewußte Haßkomponente in der romantischen Liebe) und gibt schließlich ihrer überwältigenden Anziehungskraft nach, indem er sich in sie verliebt.

Die Unzufriedenheit mit sich selbst hat einem gehobenen Gefühl Platz gemacht, weil das Liebesobjekt die Stelle des Ichideals eingenommen hat, das in der Geliebten erfüllt zu sein scheint und das verwirklicht wird, indem man den anderen Menschen zu einem Teil seiner selbst macht. Je tiefer der Abscheu vor sich selbst war, desto stärker ist die Leidenschaft, die das Liebesobjekt weckt. Sie kann von den wirklichen Qualitäten und Reizen des geliebten Menschen völlig unabhängig sein. Sich in einem romantischen Sinne zu verlieben, hat daher den Charakter einer Errettung, die den durch zunehmende Unzufriedenheit gefährdeten Menschen in emotionale Sicherheit bringt, so wie der Schwimmer, der Gefahr läuft zu ertrinken, durch eine neuerliche Anstrengung das Ufer erreicht.

Die Depression, die das Individuum bedroht, kann viele Ursachen haben und die Tiefe der Melancholie erreichen wie im Fall des jungen Romeo, dessen Selbstvertrauen durch die mit Rosalind erlebte Enttäuschung schwer erschüttert ist. Er verliebt sich als Reaktion darauf in Julia. Das unbewußte Wiederauftreten dieser tiefen Melancholie und des Selbsthasses bringt die Leidenschaft des Paares zu ihrem tödlichen Ende.

Die romantische Liebe ist ein Versuch, das mit sich selbst unzufriedene Ich zu retten; aber es gibt keine Garantie dafür, daß der Versuch Erfolg hat. Oft scheitert er, entweder weil der Partner unglücklich gewählt wurde, oder weil das Ich zu schwach ist, um in der Liebe eines anderen Menschen Sicherheit zu finden.

Neid, Feindseligkeit, Besitzgier und der Wille zu erobern sind während der Periode der romantischen Liebe nicht verschwunden. Sie sind nur untergetaucht und kommen manchmal überraschend zum Vorschein.

Viele Faktoren in der Entwicklung der romantischen Liebe bestimmen ihren Ausgang. Die romantische Liebe wäre nicht möglich, wenn wir vollkommen selbstzufrieden wären. Andererseits wird romantische Liebe aber auch unmöglich, wenn das Ich zu schwach ist, so daß es sich selbst in einem solchen Maße mißtraut, daß es nicht wagt, Glück zu suchen.

Es ist nötig, seine Selbstachtung bis zu einem gewissen Grade wiederzugewinnen; andernfalls kann man nicht lieben. Wer sich nicht für wert hält, geliebt zu werden, kann nicht lieben. Nur wer sich selbst leiden kann und bis zu einem gewissen Grade schätzt, kann einem anderen Menschen Liebe geben. Lange vor der Psychoanalyse schrieb Nietzsche, wir müßten den, der sich selbst haßt, fürchten, weil wir Opfer seiner Rache sein werden; wir müßten ihn daher dazu verführen, sich selbst zu lieben.

Die tägliche Erfahrung lehrt uns, daß es Frauen oft gelingt, diese Selbsthasser so zu kurieren, daß sie wieder lieben können.
Die Fähigkeit, das andere Geschlecht anzuziehen, hängt zu einem großen Teil vom Selbstvertrauen ab, weil das den anderen anspricht, der mit sich selbst unzufrieden ist. In diesem Sinne kann ich nicht umhin, die psychologische Einsicht eines jungen Mädchens zu bewundern, das während einer psychoanalytischen Sitzung den folgenden bemerkenswerten Satz sagte: »Wenn ich schlecht gekleidet bin, hasse ich alle.«
Eine andere Patientin sagte: »Ein Mädchen, das an Schuppenflechte leidet, kann nicht lieben.« Offensichtlich meinte sie: Wenn ein Mädchen an dieser Hautkrankheit leidet, setzt sie voraus, daß sich Männer nicht zu ihr hingezogen fühlen, und sie wagt nicht, wider alle Hoffnung zu hoffen, daß das Unvorstellbare geschehen könnte.
»Ich bin nicht Manns genug, um mich zu verlieben«, sagte ein dritter Patient. »Ich bin schon geschlagen, bevor ich anfange.«
Man muß mit sich selbst wenigstens einigermaßen gut auskommen, bevor man imstande ist, mit einem Partner auszukommen. Es muß eine gewisse Selbstachtung gegeben sein, bevor man erwarten kann, daß einen andere Menschen hoch einschätzen. Eine Frau läuft oft Gefahr, voll und ganz von der Meinung des Mannes abzuhängen, den sie liebt. Ich kenne eine Frau, die in ihrer Verlobungszeit intensive Gefühle des Selbsthasses hatte, sooft ihr Verlobter eine kritische Bemerkung machte. »Ich bin so sehr an ihn gebunden«, sagte sie, »daß er das Maß meiner Sicherheit und meines Wertes ist. Wenn er nicht mit mir zufrieden ist, empfinde ich den größten Widerwillen gegen mich selbst.« Niemand sollte in einem solchen Maß von der Meinung abhängig sein, die ein anderer von ihm hat.
Männer beurteilen Frauen entsprechend deren Selbstbewertung. Eine Frau, die nicht findet, daß sie Aufmerksamkeit verdient, ist auch der Aufmerksamkeit eines Mannes nicht wert. Man kann nur Liebe annehmen, wenn man sicher ist, daß man etwas zu geben hat. Frauen fühlen das unbewußt. Sie wissen, daß sie nicht attraktiv erscheinen, wenn sie sich selbst nicht mögen – und ein Mensch braucht Mut, um er selbst zu sein.
Andererseits hebt das Gefühl, geliebt zu werden, die Selbstachtung einer Frau. Sie braucht einen Mann nicht, weil sie jemanden will, den sie lieben kann, sondern weil sie es nötig hat, gebraucht zu werden, weil sie geliebt werden will. »Sie muß heimlich verlobt sein«, sagte ein Mädchen von einem anderen, »denn sie ist so selbstsicher.«
Frauen wissen, daß der geliebte Mann stellvertretend für ihr Ichideal steht. »Ich hasse ihn«, hörte ich eine über einen jungen Mann sagen, »weil ich in seinem Leben nicht wichtig bin.« Eine junge Frau, die mit ihrem eigenen Geschlecht nicht sehr zufrieden war, verliebte sich. »Wenn ich bei ihm bin«, sagte sie, »verliere ich jeden Wunsch, ein Mann

zu sein, denn er ist jeden Zoll der Mann, der ich gern gewesen wäre.« Frauen wollen auf ihre Männer stolz sein, weil diese eine Erweiterung ihrer eigenen Persönlichkeit darstellen.

Die Partnerwahl ist daher Ausdruck einer unbewußten Selbstbewertung. Das Seltsame ist, daß eine Überbewertung des eigenen Ichs zu denselben Fehlern führt wie eine geringe Meinung von sich selbst, weil gegenüberliegende Extreme einander in unserem unbewußten Denken ersetzen können. Eine Frau weist einen Verehrer ab, weil sie auf einen Märchenprinzen wartet. Sie hat ein schwaches Ich und braucht zu viel Bestätigung in der Person eines Ehemannes. »Wenn ich schon nichts Besonderes sein kann, will ich wenigstens einen Mann haben, der etwas Bewundernswertes ist«, sagte eine dieser Frauen, die insgeheim nach Selbstbestätigung suchte. Andererseits weisen Frauen oft einen Mann ab, weil sie glauben, daß sie der Vorstellung oder dem Idealbild des Mannes nicht entsprechen können.

Daß die Wahl des Partners von der Selbstbewertung abhängt, kann sogar bewußt werden. Unlängst hatte ein Mädchen eine dieser plötzlichen Einsichten in ihre eigenen psychischen Prozesse, wie sie während der Psychoanalyse oft vorkommen. »Wenn ich mich großartig fühle«, sagte sie, »möchte ich den Herzog von Windsor oder Clark Gable heiraten. Wenn ich niedergeschlagen bin, würde ich einen analphabetischen Einwanderer von der East Side oder einen Landstreicher wählen. Wenn ich in der richtigen Stimmung bin, möchte ich einen anständigen, gesunden Mann, der mich liebt und einen guten Job und einen guten Charakter hat.«

Nicht alle Frauen sind so aufrichtig wie dieses Mädchen. Viele spielen mit sich selbst Verstecken. In zwei aufeinanderfolgenden analytischen Sitzungen hörte ich ganz verschiedene Arten von Frauen ihren Abscheu vor der bloßen Idee einer Heirat ausdrücken. Die erste, ein Mädchen von dreiundzwanzig Jahren, sagte, jede Frau müsse ihre Forderungen nach guten Eigenschaften bei einem Ehemann so weit herabsetzen, daß es unerträglich werde. Sie beendete ihre Tirade gegen das andere Geschlecht mit einem kleinen Vers, in dem sie ausdrückte, daß sie froh sei, ledig zu sein. Die zweite Patientin, eine Frau von siebenunddreißig Jahren, die einige unglückliche Liebesaffären hinter sich hatte, konnte die Vorstellung nicht ertragen, vom Willen eines Mannes abhängig zu sein. Sie kam zu dem Schluß, daß sie nicht dafür geschaffen sei, der Fußabstreifer eines Mannes zu sein, und drückte ihre Folgerung so aus: »Hochzeitsglocken können mich nicht locken. Ich bin frei und froh dabei.«

Es ist nicht Sache des Psychoanalytikers, die Qualität der von den beiden Damen zitierten Volkspoesie zu bewerten, aber er kann beurteilen, ob das darin ausgedrückte Gefühl echt ist. Die Verse illustrieren die Natur des Trostmechanismus, den wir alle anwenden, wenn wir frustriert sind.

Die beiden Patientinnen wünschten sich, was sich alle Frauen wünschen: ein Haus, einen Mann, Kinder.
Die Natur zerstört alle Vorspiegelungen. Es gibt kein Versteck.
Das Vorausgegangene erklärt die Themen unserer *Symphonia romantica*.
Zuerst erschien eine einfache, primitive Melodie, die der Ehe in unkultivierten, alten Gesellschaften, mit einigen Variationen, die auf die kommenden Veränderungen vorbereiteten. Dieses grobe Thema machte allmählich einem sanfteren Platz, das in seiner Entwicklung süß und zärtlich wurde – dem Thema der romantischen Liebe. Eine Zeitlang erklangen sie gemeinsam, bis eine neue Melodie eingeführt wurde, sich erweiterte und alle ihre Möglichkeiten entfaltete. Dissonanzen erschienen aus einer anderen Quelle und rangen mit dem dominierenden Thema, wurden übertönt und erschienen wieder. Sie sind Unterströmungen und nicht leicht aufzulösen, denn sie stellen einen Mißklang innerhalb des Ichs, innerhalb des Menschen selbst, dar. Hier beginnt das Hauptthema unserer Komposition; es ist im Grunde ein Motiv der Frustration.
Wir sagten, daß die romantische Liebe aus dem Geist der Unzufriedenheit mit sich selbst entstand und ein emotionaler Versuch ist, diese selbstzerstörerische Tendenz zu überwinden. Der Befreiungsversuch wird von anderen Kräften im Menschen unternommen, von denselben Kräften, die der Selbsterhaltung dienen und Mut geben. Das Ich, das seine hohen Forderungen selbst nicht zu verwirklichen vermag, sucht ihre Erfüllung in einem anderen Menschen, der nun zur Personifikation des eigenen Ideals wird.
Nur wer mit sich selbst unzufrieden ist, ist zur romantischen Liebe fähig, die ihm ein leider nur flüchtiges Gefühl überschwenglicher Sicherheit gibt. Nur wer es wagt, gegen die Unzufriedenheit mit sich selbst und den Abscheu vor sich selbst anzukämpfen, kann sich verlieben. Ein wenig Selbstvertrauen muß noch vorhanden sein, sonst kann sich keine romantische Liebe entwickeln. Nur die Tapferen können darum kämpfen zu lieben.

2

Mehr als fünfunddreißig Jahre psychoanalytischer Praxis und vergleichender Beobachtungen in Europa und Amerika haben mir den Eindruck vermittelt, daß Frauen im allgemeinen eine geringere Meinung von ihrem Geschlecht haben als Männer. Dieser Unterschied kann nicht auf biologische Differenzen zurückgehen. Er muß die Bewertung durch die soziale Umwelt widerspiegeln. Kein Analytiker, der Frauen, die offen und unkonventionell über ihr eigenes Geschlecht sprechen, mit dem »dritten Ohr« zugehört hat, wird leugnen, daß sie eine erstaunlich geringe Meinung von den Frauen haben. Es scheint sich eher um ein Vorurteil als um eine Meinung zu handeln, und man schreibt es Minderwertigkeitsgefühlen zu, an denen die Anmaßung der Männer schuld ist, oder Gefühlen der Unzulänglichkeit, die sich aus dem Wettbewerb mit Männern ergeben.

Der französische Philosoph Chamfort schrieb vor mehr als zweihundert Jahren: »So schlecht ein Mann auch von den Frauen denken mag, es gibt keine Frau, die nicht noch schlechter von ihnen dächte als er.« Und Madame de Staël sagte einmal: »Ich bin froh, daß ich kein Mann bin, denn sonst müßte ich eine Frau heiraten.« Eine solche Verachtung für das eigene Geschlecht ist bei Männern sehr selten.

Was für Gefühle erwarten Frauen von den Männern, wenn sie selbst Mitleid mit den Ärmsten haben, weil sie Frauen heiraten müssen? Aber wenn Männer auch Madame de Staël oft und von ganzem Herzen recht geben mögen, so tun sie es zum Glück nur auf eine theoretische oder allgemeine Weise. Weder eine abstrakte Verachtung der Frauen noch der Spott über ihre Schwächen hat jemals einen Mann davon abgehalten, eine bestimmte Angehörige des weiblichen Geschlechts zu heiraten.

In der Psychoanalyse, wo sie ihre wahre Meinung auszusprechen wagen, hören wir Frauen oft sagen: »Warum sollte ein Mann eigentlich heiraten? Warum sollte er hart arbeiten, um uns zu erhalten, und sich fürs Leben binden? Wenn ich ein Mann wäre, würde ich nie heiraten. Ich würde viele Affären haben und ein wunderbares Leben führen.«

Die Warnung: »Unterschätze nie die Macht der Frauen«, ist an Männer gerichtet. Psychologisch gesehen, sollte man es aber eher den Frauen sagen – und ständig wiederholen.

Die Frauen haben jedoch resigniert. Sie sind sich ihrer Macht nicht bewußt. Sie seufzen, dies sei eine Männerwelt, und vergessen hinzuzufügen: »Aber sie wird beherrscht von der Hand, die das Kind wiegt.«

Diese niedrige Meinung von sich selbst als Geschlecht und als Individuen findet oft einen überraschenden Ausdruck. In einer analytischen Sitzung hörte ich ein Mädchen über ihren Verlobten, mit dem sie tags zuvor eine technische Ausstellung besucht hatte, sagen: »Charles ist so lieb zu mir. Er beantwortete meine Fragen, als wären sie wirklich wichtig und nicht bloß dumme Frauenfragen.«

Ich weiß natürlich so gut wie der nächstbeste Mann (und manchmal besser als der nächstbeste Mann aufgrund meines Berufes), daß dieses Gefühl weiblicher Unzulänglichkeit von den meisten Frauen sorgfältig verborgen und oft durch Stolz überkompensiert wird. Aber Stolz ist nur nötig, wenn man sehr verwundbar ist, und die Kombination von Stolz und Sensibilität ist an sich schon aufschlußreich genug.

Es kann nicht geleugnet werden, daß die moderne Frau einen geheimen Zorn in sich trägt, eben weil sie eine Frau ist, und ich bin der Meinung, daß dieser Zorn ein Zeichen der Unsicherheit ist.

Es ist charakteristisch, daß die Ideale der Jungen von zehn Jahren an beinahe immer Männer sind und daß die Ideale der Mädchen nicht Frauen, sondern ebenfalls Männer sind. Achtzehn von hundert College-Schülerinnen erklären, daß sie lieber Männer als Frauen wären. Vor mehr als vierzig Jahren kam ein Pädagoge zu dem Schluß, daß wir, wenn sich der Trend nicht ändert, mit der Zeit ein weibliches Geschlecht ohne weiblichen Charakter haben werden.* Der Trend hat sich nicht geändert; im Gegenteil, die Identifikation der Frauen mit den Männern hat Fortschritte gemacht, und ein Wendepunkt ist nicht zu sehen.

Die geringe Meinung der modernen Frauen von ihrem eigenen Geschlecht führt nicht nur zu einer Überschätzung des Männlichen als Geschlecht, sondern manchmal auch auf seltsamen Umwegen zur Verachtung eines bestimmten Mannes, der als Verehrer in Erscheinung tritt.

Es ist gerade so, als könnte er nicht viel wert sein, wenn er eine Frau so hoch einschätzt. Eine solche Einstellung kann oft bei bestimmten Frauen beobachtet werden, die man in der Psychoanalyse als masochistische Charaktere bezeichnet. Ihre Haltung erinnert einen ein wenig an eine Anekdote, die man sich früher in Wien erzählte. Ein Herr spielte in einem Café oft Schach mit einem anderen Herrn, und ihre Partien wurden häufig durch heftigen Streit unterbrochen. Während eines solchen Streits rief einmal der eine seinem Gegner zu: »Schaun Sie, was für ein Mensch werden Sie schon sein, wenn Sie sich da hersetzen und mit einem Menschen wie mir Schach spielen?«

Mit dem eigenen Geschlecht nicht zufrieden sein – das ist die Tragödie vieler junger Frauen, und es ist um so mehr eine Tragödie, als die Lage nicht zu ändern ist! »Anatomie ist Schicksal«, sagte Freud in Abwandlung eines Ausspruchs Napoleons. Paradoxerweise verbindet sich bei vielen Frauen eine geringe Meinung von ihrem eigenen Geschlecht mit Verachtung des männlichen Geschlechts, was aber den bewußten Wunsch, ein Mann zu sein, nicht ausschließt. Das Paradoxon existiert trotz der Tatsache, daß es keine Alternative gibt.

Eine reife, gebildete Frau, die ich analysierte, wurde es nie müde, mir zu beweisen, wie wertlos Männer seien. Sie beendete jede Schilderung ihrer Minderwertigkeit mit den Worten: »Sind Männer überhaupt Menschen?« Diese Frage, die wie ein Refrain wiederholt wurde, klang so, als wäre es völlig unmöglich, daß sie sich jemals an einen Angehörigen eines so verachtenswerten Geschlechts binden könnte. Trotzdem hatte die Dame mehrere Affären und heiratete schließlich. Wenn man nicht bekommen kann, was man will (in diesem Falle hätte es ein Supermann sein müssen), will man, was man bekommt (in diesem Falle ein recht ordentlicher Mann). Die Patientin war sich übrigens ihres Wunsches, selbst ein

* Zitiert von G. Stanley Hall in *Adolescence*, Bd. II, S. 619.

Mann zu sein, oft bewußt, und sie führte diesen Wunsch auf die Rivalität mit ihren Brüdern in der Kindheit zurück. »Ich habe es satt, ein Neutrum zu sein«, klagte sie.

Der Zorn ist der Mode unterworfen. Oft läßt man ihn nicht sehen. Feindseligkeit gegenüber Männern ist ein solcher verborgener Zorn. Die Frage ist dann nicht, ob man diesen oder jenen Mann mag, sondern ob man »Männer« mag. Eine scharfsinnige Beobachterin veröffentlichte unlängst einen Artikel mit dem Titel »Amerikanische Frauen mögen keine Männer«. Vieles von dem, was die Autorin, eine hochgebildete Europäerin, die schon viele Jahre in den Staaten lebte, über ihre Schwestern zu sagen hat, kann vom Psychoanalytiker bestätigt werden – selbstverständlich mit Vorbehalten. Die Abneigung gegen Männer ist sehr oft nur ein Spiel für das männliche und weibliche Publikum, keine Überzeugung, sondern eine Vorspiegelung. Manchmal scheint es nur ein alter Trick zu sein, Männer anzuziehen – sie dazu zu bringen, so zu handeln wie Petrucchio in *Der Widerspenstigen Zähmung*. Aber leider wird dieser Köder oft vergeblich ausgelegt. Der Vorrat an Frauen, die Männer mögen, ist so gut wie unerschöpflich.

Wo Feindseligkeit gegen den Mann offenbar echt ist, ist sie der psychologische Ausdruck einer unbewußten Abneigung gegen sich selbst, ja regelrechten Selbsthasses.

Männerhaß ist bei Frauen ein Ausdruck von Gefühlen der Minderwertigkeit. Die Abneigung gegen sich selbst wird durch die Abneigung gegen das andere Geschlecht ersetzt. Das alte Thema erscheint hier wieder in einer neuen und trotzigen Variation. »Ich bin es müde zu warten, bis irgendein Mann kommt, der mich durch seine Liebe davon überzeugt, daß ich kein minderwertiges Wesen bin«, erklärte eine meiner Patientinnen. Ein solcher Protest gegen die »Ungerechtigkeit« des Wartenmüssens und der allgemeinen Rolle der Frau in unserer Kultur wird oft ausgedrückt: »Warum muß ich dasitzen und warten, bis ein Mann kommt und mir den Hof macht?«

Manifestationen der Abneigung gegen Männer helfen jedoch nichts. Männer sind eitel, und der alte Rat gilt noch immer: »Willst du geliebt werden, so liebe.« Kehren wir noch einmal zu meiner Dame mit dem Refrain: *Sind Männer überhaupt Menschen?* zurück. Nach ihrer Verlobung vertraute sie mir an: »Wissen Sie, man braucht gar keine strahlende Schönheit zu sein. Es gibt ein Geheimnis in bezug auf die Männer. Man kriegt sie nur, wenn man ihnen zeigt, daß man sie mag.«

Ich weiß nicht, ob es als Symptom ihrer emotionalen Besserung gedeutet werden kann, daß sie nachdenklich hinzufügte: »Mit ihnen ist es nicht gut. Ohne sie ist es noch schlimmer.«

Ein anderes Zeichen der Unsicherheit der Frauen ist in unserer Kultur die übermäßige Betonung der äußeren Erscheinung, die Übertreibung des

Wertes des guten Aussehens, der Kleidung, des Schmucks. Es sieht so aus, als wäre in der Vorstellung der Frauen Schönheit die einzige Attraktion für die Männer und als hätten Charme, Anmut, Güte, Intuition und feine Empfindung keinen Wert. Es ist richtig, daß Frauen wegen ihrer Schönheit bewundert werden, aber sie werden nur selten wegen ihrer Schönheit geheiratet. Wie oft sehen wir, daß Männer Mädchen vorziehen, die andere Eigenschaften haben als ihre auffällig schönen Schwestern. *Aschenputtel* ist mehr als nur ein Märchen. Psychoanalytiker bekommen seltsame Ausdrücke der übertriebenen Bewertung der Schönheit und der Selbsterniedrigung zu hören, weil viele Frauen sich als nicht schön betrachten und sich allzusehr gewisser körperlicher Unzulänglichkeiten bewußt sind, die ihnen schrecklich vorkommen.

»Ich kann nicht Schlittschuh laufen, weil ich dicke Fesseln habe«, sagte eine Patientin.

Ein anderes Mädchen verbrachte einen netten Abend mit einem jungen Mann. Plötzlich wurde sie kühl und schroff, denn sie sah den Augenblick voraus, in dem sie »Gute Nacht« sagen und weggehen würde, und dann mußte er bemerken, daß sie keine schönen Beine hatte. »Du kannst es dir leisten, einen Badeanzug zu tragen«, sagte ein Mädchen zu einer Freundin, »aber ich mit meiner Figur kann nicht an den Strand gehen.« Ein anderes Mädchen kam zu dem Schluß, daß sie ihre Verlobung auflösen mußte, denn als sie ihren nackten Körper aufmerksam im Spiegel betrachtete, war sie plötzlich davon überzeugt, daß er »keine Lust haben wird, mit mir zusammenzuleben, wenn er mich so sieht«.

Ein Mädchen, das sehr attraktiv, wenn auch nicht schlank war, sagte: »Wissen Sie, was passiert, wenn man dick ist? Man geht nicht tanzen, sondern bleibt zu Hause und macht sich und den anderen vor, daß einem gar nichts am Tanzen liegt.« Das Gefühl der Frustration, das eine solche Frau empfindet, ist oft erschütternd und für Männer schwer zu verstehen.

Auffällige Schönheit ist ein Fluch. Die schönsten Frauen erregen am dritten Tag nicht mehr die gleiche Bewunderung wie am ersten. Es scheint, daß ihre Schönheit irgendwie den Kristallisationsprozeß verhindert, der nach Stendhal für die Entwicklung der romantischen Liebe wesentlich ist. In *De l'Amour* sagt er über die schönen Frauen: »Je mehr eine allgemein bewundert wird, desto flüchtiger ist die Bewunderung.« Frauen, die nicht schön sind, aber die Anziehungskraft besitzen, die wir »Charme« nennen, machen einen Eindruck, der vielleicht nicht so heftig ist, dafür aber tiefer und dauerhafter. Es genügt nicht, daß eine Frau einen starken Zauber auf einen Mann ausübt; der Zauber muß seine Wirkung beibehalten und an Intensität zunehmen.

Die Aufgabe der Frauen auf dem Gebiet der Liebe ist im Grunde eine zweifache: Männer zu bekommen und sie zu behalten. Die Frau, die nur die erste Aufgabe erfüllt, hat versagt, ob sie es sich selbst eingesteht oder nicht. Das alte Sprichwort kann nicht umgekehrt werden. Es ist nicht wahr, daß »nur die Schönen die Tapferen verdienen«.

Viele Frauen erliegen dem Aberglauben, daß es falsch sei, einem Mann zu zeigen, daß man sich etwas aus ihm macht. Es gibt eine unbewußte oder bewußte Angst, daß Männer auf und davon gehen, sobald man ihnen Zuneigung zeigt. Extreme Zurückhaltung führt aber dazu, daß viele Frauen Männern gegenüber ihre Natürlichkeit und Spontaneität verlieren. Zu viele irregeleitete Frauen fürchten, daß der Mann nicht bei ihnen bleibt, wenn sie es wagen, sie selbst zu sein. Sie glauben, er würde wie aus einem Traum erwachen und feststellen, daß sie mittelmäßig, langweilig und unbedeutend sind. Er würde bemerken, »wie dumm und klein ich wirklich bin«. Er würde, glaubt eine solche Frau, die Achtung vor ihr verlieren, weil er erkennt, daß sie nichts Besonderes zu bieten hat – und sich eine attraktivere Frau suchen.

»Ich kann mich Männern gegenüber nur vollkommen natürlich geben, wenn keine Gefahr besteht, daß ich mich in sie verlieben könnte«, sagte eine junge Frau. Sobald sie romantische Gefühle für einen Mann zu hegen begann, war sie sicher, daß er jedes Interesse an ihr verlieren werde. Eine andere Frau übte kluge Selbstbeherrschung, um das Geheimnis nicht zu verraten, daß sie einen ihrer Bewunderer liebte. »Wenn ich ihm auch nur einen Wink gebe«, erklärte sie, »gehe ich schon zu weit, und er verläßt mich.«

Die kluge Frau weiß es besser. Ich sah sie neulich in einer Zeichnung. Zwei Mädchen sehen zu, wie ein drittes Mädchen sich mit einem jungen Mann trifft. Der Text zur Zeichnung lautet: »Ich bin sicher, daß er in sie verliebt ist. Sie ruft ihn jeden Tag an.«

Das Thema *Ich habe nichts zu bieten* kehrt in den verschiedensten Variationen als Ausdruck emotionaler Unzulänglichkeit wieder. In diesem Zweifel an sich selbst kommt die ganze Angst vor der Zukunft an die Oberfläche:

1. *Er verdient eine bessere als mich, um glücklich zu werden.*
2. *Ich kann seinen Erwartungen nicht entsprechen.*
3. *Wenn ich immer bei ihm bin, wird er meiner rasch müde werden.*
4. *Was kann ich einem Mann wie ihm bedeuten?*
5. *Er wird bald merken, daß ich eine Schwindlerin bin und daß außer diesem bißchen Glanz nichts an mir ist.*

Diese Angst, später erkannt – als unzulänglich erkannt – zu werden, haben viele Frauen, aber eine Fassade von übergroßem Selbstvertrauen und von Selbstsicherheit ist eine schlechte Tarnung für ein schwaches Ich, ein *cache-misère,* wie die Franzosen sagen. Die Angst betrifft beinahe alle – körperlichen und geistigen – Eigenschaften und hindert

Frauen daran, in Gesellschaft von Männern, die sie anziehen wollen, sie selbst zu sein. Oft verliert eine solche Frau regelrecht die Fassung, wenn sie sich ihrer wirklichen oder eingebildeten Schwächen bewußt wird. Sie glaubt dann, daß ihr Charme ein elender Ersatz für echte Wärme, daß ihre Konversation seicht und ihre Persönlichkeit oberflächlich und unbedeutend sei. Sie fürchtet, daß der Mann über sie lachen oder das Interesse an ihr verlieren wird, wenn er entdeckt, daß sie »als Frau eine Versagerin ist«.

»Ich bin nicht hübsch und ich bin nicht intelligent. Ich habe Angst davor, mit ihm über ernsthafte Dinge zu sprechen, denn ich würde mich nur blamieren, und er würde merken, daß ich eine Hochstaplerin bin. Eine falsche Fassade ist das beste, was ich zustande bringe.« Man kann nur hoffen, daß der Mann sie lieben wird, nicht weil sie so ist, wie sie ist, sondern obwohl sie so ist. Sie fühlt, daß sie nicht gut genug für ihn ist, und beendet ihr erschütterndes Geständnis mit den Worten: »Ich habe nicht einen einzigen versöhnenden Zug an mir.« Eine solche Selbsterniedrigung macht natürlich eine Abwehr notwendig.

Der Wille zu versagen, besonders in den Beziehungen zu Männern – das heißt sich ihre Chancen selbst zu verderben und frustriert zu werden – ist in unserer Zivilisation bei vielen Frauen offensichtlich.

Es ist hier nicht der Ort zu demonstrieren, was die psychoanalytische Forschung über den Ursprung und die charakteristischen Merkmale dieser emotionalen Einstellung enthüllt, wie ihre Motive in der Lebensgeschichte des Individuums zu suchen sind und wie die Kombination und das Zusammenwirken vieler emotionaler Faktoren zu dem typischen Ergebnis des Masochismus führen. Es gehört jedoch zu unserem Thema, einige der masochistischen Mechanismen zu beschreiben, die manche Frauen anwenden, wenn sie sich der Möglichkeit einer Heirat gegenübersehen.

Wir haben schon von der wesentlichen Rolle gesprochen, die Selbstzweifel, Selbstkritik und Abneigung gegen sich selbst bei der Entwicklung der unbewußten Selbstvernichtung spielen. Alle diese Züge sind manchmal bewußt, aber gewöhnlich bleiben sie (was ihr Vorhandensein und ihre emotionalen Wirkungen betrifft) dem Menschen verborgen. Sie wirken heimlich im Individuum. Die psychoanalytische Erfahrung lehrt uns, daß wir in ihr Reich eindringen können, wenn wir von ihren Wirkungen aus zurückgehen zu den unterirdischen emotionalen Motiven.

Einer der üblichen Mechanismen des masochistischen Selbstzweifels bei einer Frau ist, wie schon erwähnt, die Verschiebung des Zweifels auf den Mann. Seine Eigenschaften werden abgewertet. Mehr noch, die Frau beginnt an ihrer Liebe zu ihm zu zweifeln. Sie fragt sich, ob sie mit dem Mann, der sie heiraten will, glücklich sein kann. Sie kritisiert seine Art und seinen Charakter, findet in vielerlei Hinsicht Fehler an ihm und fragt sich, ob sie sich wirklich etwas aus ihm macht. Von der Ungewißheit hinsichtlich der Echtheit ihrer eigenen Zuneigung gequält, beginnt sie nicht selten, sie auf die Probe zu stellen, und fügt dem Mann subtile seelische Qualen zu. Sie zieht sich plötzlich zurück und scheint von Skrupeln und Vorbehalten aller Art erfüllt zu sein. Natürlich gibt es viele Fälle, in denen der Zweifel in bezug auf den Mann gerechtfertigt ist, aber jeder erfahrene Psychoanalytiker erkennt einen übermäßigen Zweifel sofort.

In einem meiner Fälle wurde die unbewußte Projektion besonders deutlich. Ein junges Mädchen begann sich plötzlich zu fragen, ob der Mann, mit dem sie verlobt war, nicht zu alt für sie sei, ob sie sich nicht langweilen würde, ob sie ihm treu bleiben könnte, ob er imstande wäre, mit anderen Männern in Wettbewerb zu treten und so weiter und so fort. Als wir die Natur dieser Zweifel analysierten, änderte sie nach kurzer Zeit ihre Richtung: Sie begann sich nun zu fragen, ob sie nicht zu unreif für den Mann sei, ob sie ihm genug Interessantes zu sagen habe, ob er ihr später nicht andere Mädchen vorziehen würde. Sie sang ihm oft einen bekannten Schlager vor: »Sperr mich nicht ein« (»*Don't Fence Me In*«) und gebrauchte diesen Titel im Gespräch als Schlagwort. Sie fürchtete, er könnte ihre Unabhängigkeit gefährden.

Die Analyse zeigte, daß sie mit Recht Angst hatte vor ihrer eigenen Besitzgier, vor ihren eigenen Neigungen, die Entscheidungs- und Bewegungsfreiheit des Mannes einzuschränken.

Es ist leicht, sich über Zweifel hinwegzusetzen, die kommen und gehen wie Wolken an einem heiteren Sommerhimmel. Aber sie können so ernsthaft werden, daß sie die Beziehung zu dem Mann gefährden und schließlich zu Fehlschlag und Frustration führen. Diese Wirkung zeigt deutlich, wie stark masochistische Neigungen unbewußter Natur bei Frauen sein können.

Ein besonderer Mechanismus in Fällen dieser Art ist die »Flucht nach vorn«. Wer sich sehr vor einer Gefahr fürchtet, der er entgehen möchte, verliert sosehr den Kopf, daß er genau das tut, was er am meisten fürchtet. Ich will ein repräsentatives Beispiel anführen. Ein reizendes junges Mädchen schilderte mir, wie alle ihre Beziehungen zu jungen Männern zu demselben unglücklichen Ergebnis führten: Ihre Verehrer verließen sie. Sie hatte deren genug, von unterschiedlichem Charakter und den verschiedensten Stellungen im Leben, aber das Ende ihrer Liebesaffären war immer das gleiche. Wenn sich der Mann von ihr angezogen fühlte und um sie warb, reagierte sie zögernd und begann Zuneigung für ihn zu empfinden. Die Beziehung wurde allmählich herzlicher, und der Mann machte ihr eine Liebeserklärung. Nach einigem Zögern verlobte sie sich mit ihm.

Dann geschah jedesmal etwas Unerwartetes. Entweder begann sie wegen irgendeiner Kleinigkeit einen heftigen Streit oder sie entdeckte, daß er vor Jahren eine Affäre mit einer ihrer Freundinnen gehabt hatte, oder er vernachlässigte sie, weil er sie nicht täglich besuchte, oder sie mußte eine Reise unternehmen, die ihn ihr entfremdete, oder was immer es sein mochte. Irgend etwas geschah unweigerlich, so daß sie die Verlobung plötzlich auflöste. In keinem Fall wollte der Mann sie verlassen. Sie selbst führte jedesmal den Bruch herbei, machte aber den Mann verantwortlich.

Es wurde klar, daß alles, was geschah, das Ergebnis ihres unbewußten Handelns war. Sobald die Ehe »drohte«, unternahm sie unbewußt jede Anstrengung, um sich selbst zu frustrieren. Solange das Verheiratetsein – ein Heim, einen Mann, Kinder haben – im Bereich der Tagträume blieb, genoß sie die Vorstellung. Wenn sich aber diese Ziele der Verwirklichung näherten, zwangen sie dunkle Kräfte in ihr selbst, etwas zu tun, was die Erfüllung unmöglich machte.

Während der ersten Zeit der Psychoanalyse wollte sie nicht zugeben, daß sie selbst der Regisseur war, der hinter den Kulissen des Bewußtseins ihr Schicksal inszenierte. Der Eindruck, den Psychoanalytiker in solchen Fällen aus den Schilderungen früherer Erlebnisse und aufgrund gegenwärtiger Ereignisse während der Analyse gewinnen, ist der, daß der Mensch unter einem Zwang handelt. Die Tatsache, daß die gleichen Erlebnisse gegen den Wunsch des Individuums immer wieder auftreten, daß sie sich wiederholen, als bestimmte eine äußere Macht ihren Lauf, rechtfertigt den Namen, den Freud dem beschriebenen Phänomen gab: *Wiederholungszwang*. Er behauptete, daß die meisten Menschen gezwungen sind, dasselbe Erlebnis zu wiederholen, wenn sie unter dem Diktat unbewußter Neigungen handeln. Sie gehorchen gewissermaßen den Befehlen eines totalitären Regimes.

Ein anderes Beispiel zeigt, wie stark dieser Zwang werden kann und daß er oft sogar die Form der Flucht nach vorn bestimmt. Die Patientin verlor als kleines Kind ihre Mutter und wurde unter der Aufsicht einer Tante, die ihr Mündel offenbar nicht sehr liebte, puritanisch erzogen. In der Pubertät wurde das Mädchen infolge einer Drüsenstörung sehr dick. Die Jungen mieden sie. Sie wurde nie zum Tanz eingeladen, und in den wenigen Fällen, in denen sie allein ging, blieb sie ein Mauerblümchen. Überzeugt davon, daß sie nicht attraktiv war, versuchte sie die Aufmerksamkeit junger Männer durch Verwegenheit auf sich zu lenken, sie gebrauchte eine vulgäre Sprache und ergriff im allgemeinen die Initiative. Diese Haltung wurde natürlich durch das Fehlen einer Mutter, die ihr weibliche Manieren beigebracht hätte, und durch ihre Abneigung gegen die strenge Tante verstärkt. Sie lernte, ihre Geheimnisse für sich zu behalten und führte ein Doppelleben.

Als meine Lady Jekyll und Mrs. Hyde, nun beinahe sechsundzwanzig

Jahre alt, zum erstenmal mein Sprechzimmer betrat, sah ich eine recht attraktive Frau, die sehr selbstsicher zu sein schien. Durch eine strenge Diät und mit Hilfe von Medikamenten hatte sie wieder eine schlanke Figur bekommen. Aber ihr Mißerfolg bei Männern wiederholte sich auf eine charakteristische Weise. Jedesmal wenn sie einen anständigen jungen Mann kennenlernte, versuchte sie bald mit allen Mitteln, ihn für sich zu gewinnen und ergriff meistens die Initiative.
Das Resultat war immer das gleiche. Der Mann wurde ihrer müde, nachdem er sie leicht erobert hatte, und verließ sie. Sie weinte oft, war stundenlang voll der besten Absichten, gab aber immer wieder ihrem geheimnisvollen Drang nach. Sie hatte bereits zwei Abtreibungen hinter sich und wußte sehr gut, daß sie sich bei den Männern »billig gemacht« hatte.
Es wurde klar, daß sie unter einem unbewußten Zwang handelte – der Notwendigkeit, sich selbst davon zu überzeugen, daß sie attraktiv war und von Männern geliebt werden konnte. Ihr scheinbares übergroßes Selbstvertrauen und ihre Aggressivität waren ein zu dünner Schleier, um ihre Gefühle der Unzulänglichkeit, ihren Kummer darüber zu verbergen, daß sie keine sorgfältige Bildung und Erziehung erhalten hatte und sich nicht zu benehmen verstand. Sie überraschte mich oft durch die vorzüglichen Eigenschaften, die sie während der Psychoanalyse zeigte – ihr feines Empfinden und ihre menschliche Güte. Nichtsdestoweniger war es sehr schwierig, ihren unbewußten Minderwertigkeitskomplex zu überwinden und sie so weit zu bringen, daß sie Männern keine Avancen mehr machte.
Mit der Zeit gewann sie glücklicherweise ihr Selbstvertrauen und ihre Selbstachtung wieder, und der »Rohdiamant«, wie ihre Freundinnen sie nannten, wurde allmählich geschliffen, trotz oder gerade wegen des Prozesses unvermeidlichen Leidens, trotz der Gefühle der Reue und Scham.
Ich könnte noch viele Fälle aufzählen, in denen der geheime Zorn Mißerfolge und Frustration im Leben von Frauen verursachte, deren bewußte Wünsche auf Glück in der Ehe gerichtet waren. Gefühle der Unzulänglichkeit, vor allem solche unbewußter Natur, spielen eine große Rolle, wenn der Wunsch einer Frau, einen Partner zu finden, frustriert wird. Ähnliche Gefühle sind natürlich auch bei vielen Männern vorhanden, aber sie sind anders geartet und ihre Bedeutung ist nicht dieselbe wie im Leben einer Frau.
Ich habe mir hier die bescheidene Aufgabe gestellt, Licht auf die Gestalt der »Dame im Dunkeln« zu werfen. Es gibt mehr solche Damen, als wir glauben, auch unter den Frauen, die in der Gesellschaft brillieren und als strahlende Schönheiten gelten. Sie tragen alle das Abzeichen dieses Geheimbundes der Frauen mit dem Zorn im Herzen.

Wenn die Menschheit nicht zugrunde gehen soll – wenn dem Interesse der Gesellschaft gedient werden soll –, muß dieses Ödland der menschlichen Beziehungen in kultivierten Boden verwandelt werden, auf dem junge Paare der Dämmerung eines neuen Tages entgegensehen können.

II Die Ehescheu des Mannes

Vor vielen Jahren zeigte mir ein Patient, der ans Heiraten dachte, eine Zeichnung von einem kleinen Jungen, der mit seinem Vater im Zoo war. Die Unterschrift gab das Gespräch zwischen den beiden wieder. Der Junge fragt: »Papa, heiraten Esel?« Und der Vater antwortete: »*Nur* Esel heiraten.«

Im vorausgegangenen Kapitel diskutierte ich die unbewußten Gefühle der Unzulänglichkeit bei Frauen und ihre Bedeutung für das Problem der Ehe.

Es ist nicht schwierig, Gefühle der Unzulänglichkeit bei Männern zu finden, aber was haben sie mit der Ehe zu tun?

Es gibt nichts, was sich mit den Zweifeln einer Frau vergleichen läßt, ob sie imstande sein wird, den Mann in späteren Jahren zu »halten«, ob sie ihm genug zu bieten hat, ob sie ihm auch später noch attraktiv und begehrenswert erscheinen wird. Männer haben ihre Zweifel hinsichtlich der Ehe, aber sie sind von anderer Art. Auch sie haben ihre Unsicherheiten, aber diese betreffen nicht ihre eigenen, persönlichen Schwächen und Gefühle. Etwas anderes fällt auf: ein gewisses Zögern angesichts des Gedankens an die Ehe selbst, ein Widerstand, den jeder Mann überwinden muß, bevor er »Ja« sagt.

Ich erinnere mich hier an die charakteristischen Merkmale vieler Fälle, in denen sich dieses Zögern deutlich zeigte, wenn Männer vor der Möglichkeit standen zu heiraten. Ich erinnere mich an das letzte Mal, als ein Patient von seiner Verlobung mit einem reizenden Mädchen und von der Bedeutung, die für ihn die Ehe hatte, sprach und ich all das mit dem verglich, was eine Frau in der gleichen Situation gesagt hatte.

Zweifel bezüglich der Zukunft wurden in beiden Fällen ausgedrückt, aber der Unterschied war offensichtlich. Die Frau hatte sich über sich selbst beklagt, sie hatte gesagt, sie habe keine Persönlichkeit, sie wisse nicht, was sie in Gesellschaft sagen solle, sie wisse überhaupt so wenig und so fort. Der Mann hatte nicht Zweifel hinsichtlich seiner persönlichen Eigenschaften ausgedrückt, sondern in bezug auf seine finanzielle Lage, die Möglichkeit, eine Familie zu erhalten, und schließlich seine Bereitschaft, alle Verpflichtungen eines verheirateten Mannes zu übernehmen. Er endete mit den Worten: »Ich kann mir nicht vorstellen, daß

Anne die letzte Frau ist, mit der ich schlafe. Das ist ein unmöglicher Gedanke.«

Der wesentliche Teil des Problems, der mir entgangen war, ist die Tatsache, daß Männer ihrer Natur nach ehescheu sind. Es geht bei ihnen nicht so sehr darum, ob sie dieses oder jenes Mädchen, sondern darum, ob sie überhaupt heiraten sollen. Und wenn die Frau die Venus von Milo und die trojanische Helena in einem wäre – heiraten oder nicht heiraten, das ist die Frage.

Es muß von Bedeutung sein, daß Frauen und Männer eine verschiedene Einstellung zur Ehe haben, und dieser Unterschied muß sich nicht nur auf soziologische, sondern auch auf psychologische Faktoren gründen. Könnten wir ihn verstehen, würden wir zusätzliches Material für einen Vergleich der Psychologie der Geschlechter finden. Es ist offensichtlich, daß viele Psychologen und Soziologen einen schweren Irrtum begehen, wenn sie ihre Erforschung des Problems der Ehe mit der Untersuchung der Situation von Ehepaaren beginnen.

Was junge Männer und Frauen hoffen und fürchten, wenn sie an die Ehe denken, entscheidet weitgehend das Schicksal ihrer Verbindung. Zwei Menschen, die geloben, beisammen zu bleiben, bis daß der Tod sie scheidet, haben sich gewisse Vorstellungen gemacht, gewisse Tagträume gehegt, sich den Zustand der Ehe in Gedanken ausgemalt. Was aus einer Ehe wird, ist nicht unabhängig von diesen Erwartungen oder von den Erfüllungen und Frustrationen dieser Zukunftsvisionen.

Es läßt sich nicht leugnen, daß diese Zukunft von Frauen und Männern unterschiedlich gesehen wird. Bevor wir die anderen Aspekte des Problems diskutieren, muß dieser im Lichte der vergleichenden Psychologie der Geschlechter behandelt werden. Ich bin mir dessen bewußt, daß ein solches Verfahren einseitig ist, aber ich sehe nicht ein, warum Einseitigkeit ein Nachteil sein soll, solange man weiß, daß ein Problem auch noch andere Seiten hat, während man nur eine von ihnen betrachtet.

Und es gibt eine Seite des Eheproblems, der die meisten Psychologen ausweichen, so als wäre es zu gefährlich, sie aufzudecken. Gerade dieser Teil des Problems muß jedoch behandelt, ja er muß überhaupt erst einmal dargestellt werden. Der Gedanke an die Ehe ist natürlich für eine Frau so natürlich wie für die Ente das Wasser. Für Männer ist dagegen etwas Fremdes in dem Gedanken an die Ehe. Männer sind ehescheu. Man braucht sich nur vorzustellen, Enteriche wären zunächst wasserscheu, und man hat die vollkommene Analogie.

Logan Clendening stellt den männlichen Standpunkt in seinem Buch *The Human Body** dar. Der Mann, sagt dieser Arzt, »ist ausdrücklich dafür geschaffen, über die Erde zu schweifen und so viele Frauen zu schwän-

* Zweite Auflage, New York 1931, S. 274.

gern, als er nur irgend kann«. Es ist »einfach albern« zu behaupten, das sei nicht der Fall, oder diesen Wunsch durch moralische Ermahnungen unterdrücken zu wollen. Das einzige, was den Mann im Zaum halten kann, ist der gesunde Menschenverstand der Frau, der Verstand, »ihn zum Altar oder aufs Standesamt zu führen, der von ihren Müttern geschaffene Verstand, ihn mit stählernen Reifen zu binden«.

Der Mann beugt seinen Nacken der Ehe nur, wenn es keinen anderen Ausweg gibt, und »er fragt sich den Rest seines Lebens, warum er es tat«. Clendening betont, daß der durchschnittliche Mann lügt, schmeichelt und drängt, um die Frau gefügig zu machen, daß er sie für immer zu lieben verspricht, um zu bekommen, was er will. Und wenn er es erreicht hat, »ist er auch schon bereit für die nächste Kandidatin, und ihn an die Mittel zu erinnern, die er angewandt hat, um es zu erreichen, oder ihn dafür zu beschimpfen, daß er sie angewandt hat, ist ebenso unsinnig, wie wenn man die Blumen dafür tadeln wollte, daß sie blühen, oder die Bienen dafür, daß sie die Blüten aufsuchen.« Das ist die biologische Wahrheit, offen ausgesprochen.

Sehen wir, was Bernard Shaw zu dem Thema zu sagen hat. In *Mensch und Übermensch* versichert Tanner, es sei die Sache der Frau, so schnell wie möglich zu heiraten, und die Sache des Mannes, so lange wie möglich unverheiratet zu bleiben. Die Ehe ist für diesen Junggesellen »Abtrünnigkeit, Profanierung des Heiligtums meiner Seele, Vergewaltigung meiner Männlichkeit, Verkauf meines Geburtsrechts, feige Kapitulation, Hinnahme der Niederlage«. Ein verheirateter Mann ist für ihn ein Mann mit einer Vergangenheit, während ein Junggeselle ein Mann mit einer Zukunft ist. Als ihn Anne daran erinnert, daß er ja nicht heiraten muß, wenn er nicht will, antwortet er: »Will denn irgendein Mann aufgehängt werden? Dennoch lassen sich Männer hängen, ohne um ihr Leben zu kämpfen, obwohl sie mindestens noch dem Kaplan ein blaues Auge schlagen könnten. Wir handeln nach dem Willen der Welt, nicht nach unserem eigenen.«

Shaw glaubt, daß eine unwiderstehlich wirkende, geheimnisvolle Lebenskraft den Mann in diese Falle treibt. Die Wissenschaft kann jedoch nichts von einer solchen biologischen Notwendigkeit entdecken. Der Geschlechtstrieb ist gewiß nicht an die Ehe gebunden. Die Ehe ist eine Institution, die die Zivilisation dem Menschen auferlegte, ein Resultat der organischen Evolution der Menschheit unter dem Einfluß gewisser kultureller Faktoren.

Es ist oft versucht worden, die Ehe bis zu den niedrigsten und primitivsten Formen der menschlichen Gesellschaft zurückzuverfolgen und sie als das Ergebnis eines monogamen Triebes des Mannes aufzufassen. Der berühmte Anthropologe Dr. Edward Westermarck ging sogar so weit, den Ursprung der Ehe beim Gorilla festzustellen, den manche Forschungsreisende als monogam beschrieben. Vertrauenswürdigere Beobachter berichten, daß die Gorillas nichts von solchen monogamen Tendenzen wissen, sondern daß sie nur in der Phantasie von Menschen mit vorgefaßten Urteilen existieren.

Westermarcks Bemühungen, die Geschichte der Ehe in der primitiven Gesellschaft nach der Vorstellung von einer monogamen Natur primitiver Männer zu konstruieren, wurden von der spätviktorianischen Gesellschaft gewürdigt und bewundert, aber sie halten der wissenschaftlichen Untersuchung nicht stand. Er versuchte die Ehe zu definieren als eine »mehr oder weniger dauerhafte Verbindung zwischen Mann und Frau über den bloßen Fortpflanzungsakt hinaus bis nach der Geburt des Nachkommen«.* Die Charakterisierung einer »mehr oder weniger dauerhaften« Verbindung zwischen den Geschlechtern läßt sich natürlich auch auf Vereinigungen sehr flüchtiger Art anwenden.

Die Anthropologen haben große Schwierigkeiten, in den meisten primitiven Gesellschaften zwischen der Ehe und anderen sexuellen Beziehungen zu unterscheiden. Wo Keuschheit unbekannt ist, wird die Ehe nicht mit sexuellem Besitz assoziiert. Bei den alten nordamerikanischen Indianern wurden Frauen »für die Nacht, eine Woche, einen Monat oder einen Winter gekauft«, berichtete Reverend D. Jones.** Die Cherokee-Indianer »wechseln gewöhnlich drei- oder viemal im Jahr die Frauen«. Einer der frühen Beobachter, La Houtan, bemerkt, daß »das, was bei den nordamerikanischen Indianern ›Ehe‹ genannt wird, in Europa als eine verbrecherische Verbindung angesehen würde«.*** Die ehelichen Bande, »wenn man sie so nennen kann, haben keine Kraft« bei den Oregon-Stämmen****, und von den Seminolen hören wir, daß die Ehe »nur die natürliche Paarung der Geschlechter zu sein scheint, die auf Wunsch der interessierten Parteien endet«.***** Pater Morice****** sagt über die zu den Athapasken gehörenden Stämme, der Ausdruck Ehe lasse sich auf ihre Verbindungen vor der Ankunft der Missionare nur sehr schlecht anwenden. »Kohabitation würde besser passen.« Wenn man in diesen frühen Berichten liest, daß ein Mann leicht vierzig- oder fünfzigmal verheiratet sein konnte, hat man den Eindruck, daß diese Indianerstämme die High Society Hollywoods übertroffen haben könnten.

Ebenso wie die nordamerikanischen Indianer vor dem Eindringen des Christentums betrachteten die Eingeborenen anderer Kontinente die

* *The History of Human Marriage*, 3. Aufl., Bd. I, London 1921, S. 71.

** D. Jones, *Journal of Two Visits to Some Nations of Indians*, New York 1865, S. 75.

*** Armand L. de la Houtan, *New Voyage to North America*, Vol. I, London 1735, S. 456.

**** George Gibbs, *Tribes of Western Washington and North Western Oregon*, Washington 1877, S. 199.

***** May MacConley, *The Seminole Indians of Florida*, Washington 1877, S. 497.

****** A. G. Morice, *The Western Denes, Their Manners and Customs*, Proceedings of the Canadian Institute, Series III, Vol. 7, Toronto 1890, S. 121.

Ehe als vorübergehende Verbindung. Es gibt alle Arten solcher Verbindungen, und es ist schwer, zwischen sexuellen Beziehungen, die nichts mit der Ehe zu tun haben, einer Art von Probeehe und dem Zusammenleben als verheiratetes Paar eine scharfe Linie zu ziehen.*

Alle, die heute primitive Bräuche studieren, kommen übereinstimmend zu dem Schluß, daß die Ehe nicht immer existierte, sondern eine Institution ist, die durch einen Häuptling oder Gesetzgeber des Volkes oder Stammes eingeführt wurde. Alle bekannten Tatsachen widersprechen der Ansicht Westermarcks, daß die Institution der Ehe tief in der menschlichen Natur verwurzelt sei. Wenn Soziologen einen ursprünglichen monogamen Trieb bei primitiven Menschen entdecken, die ihnen beinahe wie Engel vorkommen, dann sind sie lediglich Opfer eines Wunschdenkens geworden.

Die Wahrheit ist, daß die Ehe im Grunde den Instinkten der Männer widerspricht, daß sie starke Widerstände in sich überwinden müssen, um überhaupt zu heiraten, und daß sie gewisse, ihrer Natur eigene wilde und unabhängige Neigungen in sich besiegen müssen, um die Ehe zu akzeptieren.

Warum heiraten Männer, wenn das der Fall ist, wie wurde die Ehe überhaupt möglich und warum war eine solche Institution nötig? Das sind interessante Probleme, aber dies ist nicht der Ort, sie zu diskutieren. Eine Untersuchung würde aufzeigen müssen, welche ökonomischen und psychologischen Faktoren die Veränderung bewirkten, die die Ehe zu einer Notwendigkeit machten.

Es ist jedoch kaum daran zu zweifeln, daß es der Mann war, der die Ehe in die primitive Gesellschaft einführte, daß diese Institution wie die meisten sozialen und legalen Konstruktionen seine Schöpfung ist. Was ich hier hervorheben möchte, ist die Tatsache, daß die Ehe ursprünglich dem Charakter des Mannes fremd ist, daß der Mann ehescheu ist. Mehr noch: daß er Angst davor hat zu heiraten.

Solange Männer jung und kräftig und vom Geist der Männlichkeit erfüllt sind, geht ihnen die Ehe biologisch gegen den Strich. Und es gibt eine Brücke von dieser biologischen Seite zur psychologischen – zu der Seite, wo man den natürlichen Widerwillen des Mannes dagegen findet, sich an einem Ort festhalten zu lassen, seinen Widerstand dagegen, seine Eroberungs- und Abenteuerlust aufzugeben.

Der Mann will, solange er jung ist, frei sein, er will sich nicht niederlassen, er will keine feste Stellung haben, er will keine Familie haben und sie versorgen müssen. Er möchte tatsächlich »über die Erde schweifen«, er will das Leben und Frauen erobern; er ist ruhelos, und die Suche nach Glück bedeutet für ihn neue Dinge, neue Länder, neue Frauen sehen.

* Robert Briffault, *The Mothers,* 3 Bde., New York 1937.

Wie könnte er das mit Frau und Kindern tun? »Am schnellsten reist, wer allein reist.« Der Soldat, der Seemann, der Reisende, all die Männer, die gefährliche Expeditionen unternehmen, müssen allein sein und keine andere Verpflichtung haben als die, ihr Ziel oder ihren Bestimmungsort zu erreichen. Sie dürfen mit nichts anderem vermählt sein als mit dem Geist des Abenteuers. Niemand kann auf Abenteuer ausziehen, der an Frau und Kinder zu denken hat, der bedenken muß, daß sein Schicksal bestimmt, was aus seiner Familie wird.

Heiraten bedeutet in mehr als einer Hinsicht das Abenteuer aufgeben. Es heißt, der Mentalität des Jünglingsalters Lebewohl sagen.

Frauen sagen manchmal geduldig: »Jungen sind eben Jungen«, wenn sie gewisse schwierige Verhaltensweisen ihrer Ehemänner betrachten. Sie wissen nicht, wieviel von ihrer Jungenmentalität ihre Männer aufgaben, als sie heirateten, und daß das, was man ihnen noch anmerkt, nur klägliche Überbleibsel sind, ferne Echos ihrer Adoleszenz. Zwar sind nicht alle verheirateten Männer reif, aber der Zwang des Lebens ist stark genug, um sich auf die Dauer spürbar zu machen – aus Jungen werden Männer.

Die Ehe bedeutet für Männer nicht nur die Vereinigung mit einer geliebten Frau. Sie bedeutet Pflicht und Verpflichtung, sie bedeutet Verantwortung, Mühe und Arbeit – ja, manchmal bedeutet sie nur Arbeit und kein Spiel. Der Junge im Mann möchte spielen, und auch seine Arbeit ist eine Art von Spiel für ihn. Der Mann im Mann muß mehr und mehr auf sein Spiel verzichten. Wenn er verheiratet ist, muß er nicht nur für sich selbst arbeiten, sondern auch – und oft in erster Linie – für seine Frau und seine Kinder. Er muß sich bewähren. Seine ganze Erziehung ist (gegen seine Natur) auf das Ziel gerichtet, daß er seine Verantwortung ernst nimmt. Hier muß ich wieder auf die vergleichende Psychologie der Geschlechter zurückkommen. Wenn Mädchen an die Ehe denken, haben sie keine Angst; sie sehen im Zustand des Verheiratetseins ihre eigentliche Bestimmung. Männer haben Angst. Auf den ersten Blick erscheint einem eine solche Angst als mysteriös und völlig unvernünftig, unverständlich wie die Angst mancher Frauen vor einer Maus, die durch das Zimmer läuft.

Die Furcht vor der Ehe ist nicht die einzige Angst der Männer, über die sich viele Frauen wundern. Warum empfinden Männer gerade Furcht und Schrecken, wenn sie es mit Finanzbeamten zu tun bekommen? Und woher kommt dieser große Respekt vor dem Polizisten an der nächsten Straßenecke?

Hier haben wir einen Unterschied in der Psychologie der Geschlechter, der bedeutsam ist. Ein Polizist ist für Männer die Personifikation von Gesetz und Ordnung. Er sieht einen an, und sein Blick erweckt in Männern den Gedanken an das Auge des Gesetzes. Das gilt sogar für den

Verbrecher, der gegen das Gesetz rebelliert und für den der Polizist ein verhaßter Feind ist, den er töten möchte. Auch für ihn ist der Polizist die Verkörperung des Gesetzes.

Für Frauen ist ein Polizist nichts von alledem. Er ist einfach ein Mann in Uniform, dem man zulächelt und dessen Hilfe man erbittet, wenn es nötig ist – und manchmal auch, wenn es nicht so nötig ist. Er erfüllt Frauen weder mit dem Geist der Rebellion noch mit dem Respekt, den ihm Männer als Autoritätsperson erweisen. Auf diesem Wege können wir auch den verschiedenen Einstellungen von Männern und Frauen bei der Bewertung der Ehe näherkommen.

Für Frauen ist die Ehe eine Frage der Legitimität; sie ist ein Band, das durch die Konventionen und von der Gesellschaft anerkannt und gebilligt wird. Für Männer ist die Ehe mit Begriffen wie Pflicht und Verantwortung assoziiert. Sie ist ein moralisches Problem. Für Frauen ist Pflicht etwas, was getan werden muß, weil es die Gesellschaft wünscht. Für Männer ist sie die Stimme der Tochter Gottes, die man auch dann nicht vergessen könnte, wenn man Atheist wäre. Frauen handeln oft, weil sie Zuneigung empfinden, Männer häufiger, weil sie unter dem Druck der Pflicht stehen. Verpflichtung, Pflicht, Verantwortung – diese Wörter haben für männliche Ohren einen Beiklang, der für Frauen ebensowenig hörbar ist, wie Männer die emotionalen Unterströmungen wahrnehmen, die Frauen empfinden, wenn sie an Güte, Zärtlichkeit und Zuneigung denken.

Ich bin natürlich weit davon entfernt zu behaupten, daß Frauen die Pflicht nicht kennen oder anerkennen, aber ich glaube, daß der Begriff für sie nicht diesen sakrosankten, hochheiligen und unverletzlichen Charakter hat, den ihm Männer beimessen. Männer folgen der Pflicht als ihrer höchsten Autorität, während Frauen häufiger von dem Wunsch, Bedürfnisse zu erfüllen, geleitet werden.

Ich will hier nicht an die unglaublichen Opfer erinnern, die Männer im Krieg bringen, sondern nur ein einziges Beispiel anführen, das ein französischer Flieger berichtet – das Verhalten eines seiner Kameraden, eines Zivilpiloten. Man findet es in dem schönen Buch *Wind, Sand und Sterne* von Antoine de Saint-Exupéry, der 1944 von einem Aufklärungsflug nicht zurückkehrte.

Guillaumet war ein Linienpilot, der regelmäßig über die Anden fliegen mußte. Einmal war er eine ganze Woche vermißt, und man hatte die Hoffnung aufgegeben, ihn zu finden. (Die Anden geben im Winter niemanden her, sagten die Leute.) Als er schließlich doch gerettet wurde, lautete sein erster verständlicher Satz: »Ich schwöre, daß das, was ich durchgemacht habe, kein Tier durchgestanden hätte.« Er war durch einen Sturm zur Notlandung im Schnee gezwungen worden.

Dort lag er hilflos zwei Tage und zwei Nächte, dann ging er fünf Tage

und vier Nächte. Als man ihn fand, waren seine Hände gefühllos und unbrauchbar und seine Füße erfroren.
Ohne Lebensmittelvorräte und ohne Geräte war der Mann bei einer Temperatur von minus zwanzig Grad über beinahe senkrechte Eiswände gekrochen. Es wäre das Paradies gewesen, aufzugeben, sich der Seligkeit des Friedens zu überlassen, den Schnee und Kälte versprachen, und er spürte schon den Vorgeschmack der Erleichterung, diese Last des Lebens abzuwerfen, daß aus seinen eiskalten Gliedmaßen zu verströmen schien.
Aber dann dachte er an seine Frau. Sie würde mittellos dastehen, wenn sie das Geld von der Versicherung nicht bekäme. Wenn ein Mann verschwindet, wird sein Tod erst nach sieben Jahren legal anerkannt, dachte er. Diese schreckliche Einzelheit löschte alle anderen Visionen aus. Wenn er einen Felsen fände, der aus dem Schnee ragte, und wenn es ihm gelänge, sich gegen diesen Felsen zu lehnen, würde man seine Leiche im nächsten Sommer finden, und seine Frau könnte das Versicherungsgeld bekommen.
Er mußte oft haltmachen, um seine Schuhe ein Stück weiter aufzuschneiden und seine geschwollenen Füße zu massieren. Er hatte Herzbeschwerden. Er verlor sein Gedächtnis. Aber er schleppte sich weiter. Der Gedanke, der ihn vorwärts trieb, war, daß man nach einem halben Jahr seine Leiche finden würde und daß seine Frau seinen Besitz erben könnte. Sein Freund, der die Geschichte seines Abenteuers erzählt, schließt mit den schönen Sätzen: »Ein Mann sein, ist genau das: verantwortungsbewußt sein. Es besteht die Neigung, solche Männer mit Stierkämpfern und Spielern in einen Topf zu werfen. Die Leute rühmen ihre Todesverachtung. Aber ich würde keinen Pfifferling für irgend jemandes Todesverachtung geben. Wenn sie ihre Wurzeln nicht in der Übernahme von Verantwortung hat, ist diese Todesverachtung das Zeichen einer verarmten Seele oder jugendlicher Überspanntheit.«
Ebendieses hohe Verantwortungsgefühl, das unbewußte Vorauswissen, was die Ehe für sie bedeuten könnte, flößt Männern – und gerade den besten – oft Angst vor der Ehe ein.
Ihre Eroberungslust, ihr Abenteurergeist, ihre Freiheitsliebe und ihre sexuelle Labilität lassen sie vor dem Gedanken an eine Heirat zurückschrecken.
Was ihnen aber wirklich Angst macht, ist eben das: Sie wissen, daß sie ihre Verpflichtungen erfüllen müssen, daß sie ihre Verantwortlichkeiten bis zum Ende ernst nehmen müssen und werden.
Sie fürchten sich vor dem hohen Preis, den sie zahlen müssen, nicht von äußeren Autoritäten gezwungen, sondern von etwas in ihnen selbst, dem sie gehorchen müssen, ob sie wollen oder nicht, selbst wenn das Armut, Tod und Selbstvernichtung bedeutet. Die Psychoanalyse hat einen Na-

men für diesen unerbittlichen Faktor im eigenen Selbst: Sie nennt ihn das Überich. Das Überich stellt strengere und höhere Forderungen an Männer als an Frauen, die selten dieses schreckliche Pflicht- und Schuldgefühl haben, wenn eine Verpflichtung nicht erfüllt wurde.
Es ist nicht richtig, daß sich dieses Verantwortungsbewußtsein nur beim guten Bürger bemerkbar macht. Es ist in jedem Mann vorhanden, der eine Familie gründet, sogar im Taugenichts. Man denke an Liliom, den groben, ungeschliffenen Kerl in Molnars gleichnamigem Stück. Er macht sich nichts daraus, seine Frau zu schlagen, wenn er ungeduldig oder schlecht gelaunt ist, und er schlägt kräftig zu. Sie haben kein Geld, und Julie, seine arme Frau, sagt ihm, daß sie schwanger ist.
Der Grobian überfällt einen Kassierer, hat keinen Erfolg und bringt sich um. So wertlos er im allgemeinen ist, er hat doch das Gefühl, daß er für seine Frau und das Kind, das sie bekommen wird, sorgen muß, und das Gefühl der Verantwortung, die ein Mann bis zu seinem letzten Atemzug zu tragen hat, umgibt den Sterbenden so strahlend wie ein Heiligenschein einen Heiligen.
Ich glaube nicht, daß Frauen im tiefsten Grunde verstehen, was Verantwortung für einen Mann bedeutet. Sie würden sonst besser verstehen, warum sich Männer vor der Ehe fürchten.
Es ist leicht, Männern, die nicht heiraten wollen, Selbstsucht, Egoismus und Mangel an Ernst vorzuwerfen und sie zu tadeln, weil sie ihre Aufgabe innerhalb der Gemeinschaft nicht erfüllen wollen. Männer geben diese Selbstsucht oft bereitwillig zu, und ich hörte einen unverbesserlichen Junggesellen sagen: »Warum sollte ich mein Lebtag lang für die Tochter eines Mannes sorgen, mit dem ich nicht im entferntesten verwandt bin?«
Ich habe die großen Reden von Männern gehört, die stolz darauf sind, sich ihre Freiheit bewahrt zu haben, aber ich habe in ihren Stimmen auch die versteckte Furcht gehört, die Angst davor, Sklaven ihrer übergroßen Gewissenhaftigkeit, der strengen Forderungen, die sie an sich selbst stellen, zu werden, wenn sie heirateten.
Frauen sollten das verstehen und die Männer trösten, anstatt zu betonen, daß die Ehe mehr Pflichten und Verantwortlichkeiten bedeutet. Es ist nicht nötig, den Mann dazu zu bringen, daß er die Ehe auf die leichte Schulter nimmt, aber er braucht sie nicht so schwer zu nehmen, man kann ihm versichern, daß er durchaus imstande ist zu tun, was nötig ist, daß das Eheleben nicht nur eine größere Last und höhere Verantwortung bedeutet, sondern auch *geteilte* Verantwortung, daß er eine Gefährtin an seiner Seite haben wird, die imstande und gewillt ist, die Last mit ihm zu tragen, und vor allem, daß die Last nicht so schwer sein wird, wie er glaubt.
Ein junger Mann kam zu mir, kurz nachdem ihm seine Frau gesagt hatte,

daß sie schwanger war. Er sah eine düstere Zukunft voraus, er sah schon Armut und Entbehrung auf ihn warten und machte sich Sorgen, weil er so wenig verdiente und die Ausgaben immer größer wurden. Am nächsten Tag kam er in besserer Stimmung wieder und berichtete mir, seine Frau habe ihn davon überzeugt, daß ein Kind während der ersten zwei Jahre beinahe nichts kostet. Sie hatte Erfolg mit ihrer frommen Lüge, weil der Mann selbst halb und halb überzeugt werden wollte.

Was er nötiger brauchte als die Zusicherung finanzieller Sicherheit, war die moralische Unterstützung. Er brauchte die Gewißheit, daß seine Frau an seine Fähigkeiten glaubte und Vertrauen zu ihm hatte. Er muß gewußt haben, daß das, was ihm seine Frau gesagt hatte, eine gut gemeinte Täuschung war, aber er sah nun der Zukunft mutiger entgegen. Ich zog meinen Hut vor der jungen Dame, die ihren Mann so gut verstand.

»Wenn ich der Typ wäre, der heiratet, würde ich dich bitten, meine Frau zu werden.«

»Was soll ein Mädchen in einer solchen Situation sagen?« fragte eine junge Patientin. »Ich konnte ihm nicht sagen, daß er der Typ ist, der heiratet. Er muß es selbst am besten wissen.«

Ich bin nicht so sicher, daß sie recht hat. Die Feststellung »Ich bin nicht der Typ, der heiratet«, braucht nicht zu bedeuten, was sie scheinbar besagt. Sie ist vielleicht keine Feststellung, sondern ein Geständnis.

Sie bedeutet vielleicht nur: Ich habe diese oder jene Eigentümlichkeit, die mich glauben läßt, daß ich nicht heiraten sollte. Ich habe Männer diese Worte oft in einem solchen Sinne gebrauchen hören. Einer meinte, er würde mit seiner Frau nicht auskommen, weil er Frauen gegenüber zu kritisch war und beinahe Vollkommenheit verlangte. Ein anderer meinte, sein Bedürfnis nach Abwechslung beim Geschlechtsverkehr sei zu groß, um von einer einzigen Frau befriedigt zu werden. (Die Frau, der er dieses Bedürfnis gestand, antwortete mutig: »Ich weiß, daß alle Männer Abwechslung wollen. Ich bin genug Abwechslung für dich.«) Ein dritter Mann war der Meinung, daß alle Frauen untreu seien und daß eine Ehefrau ihn nur betrügen würde. (Ein Mädchen hatte ihn betrogen, und er stand noch unter dem Einfluß dieser Enttäuschung.) Ein anderer Mann wußte, daß er homosexuell war, und fand Frauen überhaupt nicht anziehend.

Der Satz: »Ich bin nicht der Typ, der heiratet« kann daher auf eine grundlegende Einsicht in den eigenen Charakter hinauslaufen (wie im Falle des Homosexuellen), er kann aber auch Ausdruck einer grundlegenden Selbsttäuschung sein. Kein Mann *ist* der Typ der heiratet, aber die meisten Männer *werden* dieser Typ.

Meine Erfahrung sagt mir, daß die sichersten Opfer dieser Selbsttäuschung die Männer sind, die sich entweder für Frauenhasser oder für Don Juans halten.

Die eingefleischten Junggesellen sind meistens Männer, die versichern, daß sie die Frauen verehren, daß sie große Idealisten seien, die die Frauen auf ein Piedestal stellen, die in Frauen das Muster aller Tugenden und reiner Volkkommenheit sehen.

Man hüte sich vor Junggesellen, die eine idealistische Anschauung von edlem, keuschem Frauentum haben und Frauen betrachten, als wären sie unerreichbare Bilder. Solche Männer stellen Frauen nicht im täglichen Leben auf die Probe. Sie ziehen es vor, sie aus sicherer Entfernung zu bewundern, und weichen der Ehe aus. Wenn ich eine Frau wäre, würde ich die Gesellschaft dieser edlen Seelen nicht nur meiden, weil ein Piedestal ein unbequemer Aufenthaltsort ist, sondern auch, weil ich ihnen nicht zu glauben vermag.

Ihre Bewunderung der Frauen als Geschlecht ist ein verborgener Versuch, eine echte Beziehung zu einer Frau aus Fleisch und Blut zu vermeiden. Sie kokettieren ihr Leben lang mit dem Gedanken zu heiraten und sind bereit, diesen Wunsch zu hegen und zu pflegen bis ans Ende eines bequemen Junggesellenlebens.

Junge Frauen sollten die Gesellschaft erklärter Weiberfeinde vorziehen. Die heiraten immer. Die Hausfrauen im alten Wien hatten ein Sprichwort, das nicht nur auf dem Markt gilt: »Wer schimpft, der kauft.«

Ein Mann, der alle Arten von Kritik an Frauen im allgemeinen vorzubringen hat, der glaubt, alles über ihre Schwächen zu wissen, wird das Opfer des ersten reizenden Mädchens, das über seine Anschuldigungen einfach lacht und erkennt, daß sich hinter seinem vorgeblichen Frauenhaß nur der Wunsch nach einer Frau verbirgt, die er lieben könnte.

Der Mann, der ein Schürzenjäger ist, gehört gewiß nicht dem Typ an, der allein bleiben möchte, aber eine Unterkategorie dieser Klasse verkörpert der Mann, der eine ganz bestimmte Frau sucht, der unter allen Frauen die eine finden möchte, die seine Wünsche erfüllt. Er glaubt, daß er die Erregung, die Jagd, das Abenteuer will. Was er aber wirklich will, ist die Verwirklichung seiner Wünsche, das Ende seiner Ruhelosigkeit, Seelenfrieden. Nicht was er sagt, ist wichtig, sondern was er unausgesprochen läßt.

Unlängst traf ich einen alten Bekannten wieder, der sich einbildete, ein rechter Don Juan zu sein, als wir beide junge Männer waren.

»Ich habe meine Mission verfehlt«, sagte er. »Ich war nicht für die Ehe gemacht.«

»Wofür warst du denn gemacht?« fragte ich.

»Für das Gegenteil«, antwortete er. »Für die Liebe.«

Ich mußte lachen, denn dieser Mann, der nun zweifacher Großvater ist, ist ein wahrer Mustergatte.

Solche Männer, die sich einbilden, sie seien dafür gemacht, große Abenteurer in der Liebe zu werden, heiraten regelmäßig. Auch die Weiberfeinde, bei denen der Frauenhaß einen regelrecht pathologischen Grad erreicht, heiraten. Sie lassen sich scheiden und heiraten wieder. Vor vielen Jahren wurde auf einer Gesellschaft in Wien eine junge Dame im Scherz gefragt: »Sie sind also Schwedin? Wann waren Sie mit Strindberg verheiratet?« Der tiefe Frauenhaß hielt dieses geisteskranke Genie nicht davon ab zu heiraten, sondern nur davon, verheiratet zu bleiben.
Freud erklärte einmal, daß einer der entscheidenden Trends unserer Zivilisation verlangt, daß der reife Mann die Bande zu seiner Familie löst, um selbst eine Familie zu gründen. In jedem Mann ist der Wunsch lebendig, den Platz, die Stellung und die Autorität des Mannes einzunehmen, den er als kleiner Junge so sehr bewunderte – seines Vaters. Die Psychoanalyse zeigt, wie viele Hindernisse auf dem Weg zu diesem Ziel liegen, wie viele unbewußte Faktoren als verbietende oder hindernde Kräfte wirken, wie gefährlich auch nur die Annäherung an das Ziel zu sein scheint.
Ein Teil dieser Angst, die in der Kindheit entsteht, macht sich in der Angst vor der Ehe bemerkbar, die man bei so vielen Männern findet. Es handelt sich zwar nur um eingebildete Gefahren, aber sie sind darum psychologisch nicht weniger wirklich.
Was könnten verheiratete Männer tun, um diese Angst bei ihren Söhnen und Brüdern zu beschwichtigen? Sie könnten sagen, daß sie selbst nicht dagegen immun waren und daß die Ehe nicht so schrecklich ist, wie sie befürchtet hatten. Wenn die Junggesellen unter ihren Freunden sie gezähmte Elefanten nennen, die beim Einfangen der wilden helfen, bleibt immer noch der Appell an den Mannesmut. Sie können keinen besseren Rat geben als Emerson: »Tu stets das, wovor du dich fürchtest.«

Dritter Teil
Die emotionalen Unterschiede zwischen den Geschlechtern

Einleitung

In der täglichen Erfahrung und in beinahe fünfundvierzig Jahren psychoanalytischer Praxis habe ich eine große Anzahl von Beobachtungen und Einsichten in bezug auf die emotionalen Unterschiede zwischen Männern und Frauen gesammelt. Nicht alle waren es wert, genauer verfolgt zu werden. Viele der beobachteten Dinge gingen auch verloren, weil sie nicht aufgezeichnet wurden. Manchmal jedoch nahm ich, in den Pausen zwischen meinen Büchern, die Mappen aus meiner Schreibtischschublade, die dieses im Laufe der Jahre gesammelte Material enthielten. Viele Blätter warf ich weg, und viele andere, auf denen ich neue Erfahrungen festgehalten hatte, fügte ich hinzu. Manche der Unterschiede zwischen den Geschlechtern, die weniger sichtbar waren und weniger klar erkannt worden waren, verlangten eine analytische Untersuchung. Manche andere wurden kurz diskutiert, weil sie der Aufmerksamkeit der Psychologen entgangen waren.
Nicht nur das Ausmaß und die Tiefe der psychologischen Untersuchung werden in den folgenden Kapiteln und Abschnitten verschieden sein, sondern auch ihr Charakter wird variieren. Manchmal war ich imstande, einen Faden bis zu seinem Ende zu verfolgen. Manchmal nahmen andere Aufgaben meine Aufmerksamkeit in Anspruch, und ich mußte mich damit zufrieden geben, Beobachtungen und Eindrücke zu notieren. Ein systematischer und vollständiger Vergleich der emotionalen Unterschiede zwischen den Geschlechtern war nicht beabsichtigt. Ein Fragment kann keine großen Ansprüche erheben. Ich weiß nicht recht, wie ergiebig die Mine sein wird, auf die wir stoßen.
Ich habe oft Gelegenheit gehabt, einige der hier behandelten Themen in Vorlesungen und Seminaren zu diskutieren, und ich habe immer festzustellen versucht, was meine Kollegen und Studenten von meinen Beobachtungen und von den Schlüssen hielten, zu denen ich gelangt war. Beobachtungen und Erfahrungen, die den meinen widersprachen, waren mir besonders willkommen. Sie sind es noch, und sie machten oft Korrekturen und Einschränkungen nötig.
Ich fragte mich, was aus diesem so reichen und vielfältigen Material werden mochte, da das Alter und meine beschränkte Zeit eine Fortsetzung der Arbeit verhindern konnten. Sollte der Schacht, den ich gebohrt hatte,

aufgegeben werden, obwohl er, wenn man weiter in ihm vordrang, zu einer verborgenen Quelle führen konnte? Ich beschloß, wenigstens das in so vielen Jahren gesammelte Material zusammenzufassen in der Hoffnung, daß es die Aufmerksamkeit der an diesen Problemen Interessierten wecken und andere Psychologen veranlassen wird, die Arbeit fortzusetzen.
Ich bat einige Männer und Frauen, Freunde und Bekannte, den ersten Entwurf meines Manuskripts zu lesen und mir ihre Meinung über die von mir geschilderten Eindrücke, Beobachtungen und Erfahrungen zu sagen. Zuerst fragte ich mehrere Männer, ob die Schlußfolgerungen, zu denen ich im Hinblick auf die unterschiedlichen Emotionen von Männern und Frauen gelangt war, den ihren entsprachen. Ich bekam selbstverständlich verschiedene Antworten zu hören. Einige stimmten mir zu, andere nicht. Manche waren nur mit einigen meiner Behauptungen einverstanden und mit anderen nicht. Ihre Reaktionen waren in allen Fällen informativ und nützlich.
Die erste Dame, die ich das Manuskript zu lesen bat, sagte lächelnd: »Viele Ihrer Eindrücke über uns (Frauen) sind richtig. Kein Mann sollte das Buch lesen!« Nach einigen Sekunden verbesserte sie sich: »Oder vielmehr, jeder Mann sollte das Buch lesen!« Sie machte so von dem Privileg ihres Geschlechts Gebrauch – auch insofern, als sie mir die Gründe für ihre plötzliche Meinungsänderung verschwieg. Doch mit dieser Episode befinden wir uns schon mitten in dem Thema, das wir behandeln wollen.
Hier ist die Ernte, die ich eingebracht habe.

New York, Mai 1957.

1. Einfache Beispiele vergleichender Beobachtung

Als Horsd'œuvre ein kleines Stück psychologischer Feldarbeit, eine alltägliche Beobachtung, die jeder wiederholen und deren Richtigkeit getestet werden kann. Ort der Beobachtung ist eine verkehrsreiche Straße in Manhattan. Wir wollen das Verhalten des nächstbesten jungen Mannes studieren, der uns begegnet. Da ist er schon: ein ganz durchschnittlicher Mann, der seinen Spaziergang an diesem schönen Tag im Vorfrühling genießt. Ein junges Paar kommt ihm entgegen. Das hübsche junge Mädchen und ihr Freund sind nun unmittelbar vor ihm, und er bemerkt sie. Unser junger Mann sieht das Mädchen an. Hat er zuerst den anderen jungen Mann angesehen? Anscheinend nicht; wenn ja, dauerte sein Blick nicht länger als eine Sekunde und richtete sich dann auf das junge Mädchen, das er sorgfältig musterte.

Nun kommt eine gutgekleidete junge Frau und geht an demselben Paar vorüber. Wen sah sie an? Wenn unsere Beobachtung korrekt ist, widmete sie dem jungen Mann nur einen flüchtigen Blick, dann aber betrachtete sie aufmerksam das Mädchen – sie prüfte es sorgfältig, dann bezog ihr Blick einen Augenblick lang den jungen Mann mit ein und kehrte wieder zu dem Mädchen zurück.

Wir haben aufs Geratewohl einen jungen Mann und eine junge Frau gewählt. Zweifellos waren ihre Reaktionen bei der Begegnung mit dem Paar verschieden. Aber hat diese Verschiedenheit eine psychologische Bedeutung? Wir können nicht sicher sein, daß das Resultat mit einem anderen jungen Mann und einer anderen jungen Frau dasselbe sein wird. Dennoch behaupten wir, daß ein aufmerksamer Beobachter, der das kleine Experiment oft genug wiederholt, feststellen wird, daß junge Männer und Frauen in den meisten Fällen ähnlich reagieren, wenn sie einem Paar begegnen. Ist das beschriebene Verhalten repräsentativ für ein sexuelles Schema?

Aller Anfang ist leicht. Es war nicht schwer zu beobachten und zu beschreiben, was wir gesehen haben. Die Aufgabe wird schwieriger, wenn wir aufgefordert werden, die beobachteten Tatsachen psychologisch zu deuten. Warum wendet der junge Mann seine Aufmerksamkeit dem Mädchen zu, während sich das Interesse der Frau nicht nur auf den Mann beschränkt? Da wir keine Gedankenleser sind, können wir nur raten, was jeder denkt, wenn er das Paar sieht. Die Gedankenassoziationen, die unsere Patienten während ihrer analytischen Sitzungen schildern, können uns helfen, die Richtung zu erraten, in die die Gedanken des jungen Mannes und der Frau gehen.

Diese Gedanken sind natürlich individuell verschieden; aber nehmen wir an, daß die des jungen Mannes nach einem kurzen Umweg bei der Sexualität anlangen, das heißt bei dem Wunsch, mit diesem hübschen Mädchen zu schlafen. Es ist unwahrscheinlich, daß die Gedanken der jungen Frau, die dem Paar begegnet, augenblicklich auf den gleichen Wunsch oder die gleiche Phantasie gerichtet wären, von einem außergewöhnlichen Fall eines geistigen Kurzschlusses abgesehen. Es kann geschehen, daß auch die Gedanken der Frau schließlich zu sexuellen Gefühlen führen. Ich kann mindestens einen Fall aus meiner analytischen Praxis zitieren, in dem die Gedanken eines jungen Mädchens in einer Situation dieser Art sich diesem Ziel näherten. Während des Krieges war sie auf der Straße einer Frau begegnet, die von einem Offizier begleitet wurde, und sie hatte beide betrachtet. Sie beschrieb in ihrer analytischen Sitzung die Frau, die sie eine »Nutte« nannte. Dann fuhr sie fort: »Er war Brite, wissen Sie, und so sah er auch aus. Seine Lippen waren trotzig wie die eines Jungen, aber er war ein richtiger Mann. Ich mußte denken, wie es wäre, von ihm geküßt zu werden.« So weit kam sie in ihren Gedanken, aber weiter nicht.

Gestehen wir, daß uns die nichtsexuellen Gedanken der beiden Menschen mehr interessieren würden, wenn wir errieten, welcher Art sie waren. Besonders interessiert uns der Unterschied, den wir hier sehen: Die Aufmerksamkeit des Mannes konzentriert sich direkt auf das Mädchen, während sich die der Frau seltsamerweise beinahe ebenso dem Mädchen zuwendet wie dem Mann. Da der Begleiter des Mädchens keinen Platz in den Gedanken des jungen Mannes hat, der an dem Paar vorbeigeht, brauchen wir uns nicht zu fragen, was für eine Rolle er in seinen Gedankenverbindungen spielt, obwohl diese Nichtbeachtung an sich schon unser Interesse verdient. Bemerkenswert ist, daß er kaum beachtet wurde; er blieb am Rande der Aufmerksamkeit des jungen Mannes. Wäre der von uns beobachtete junge Mann homosexuell, so würde das Mädchen außerhalb seiner Aufmerksamkeitssphäre bleiben, und er würde sich direkt dem anderen jungen Mann zuwenden.

Nun haben wir auch die junge Frau beobachtet, die dem Paar begegnete, und wir haben bemerkt, daß sie den Mann ansah, daß ihr Blick dann auf dem Mädchen verweilte und schließlich zu dem Mann zurückkehrte. Versuchen wir, ihre Gedanken zu erraten: »Er ist groß und sieht gut aus. Sie ist hübsch, und sie weiß es. Sie hat schöne Augen, aber ich habe eine bessere Figur. Sie muß ungefähr einundzwanzig sein.« Nun kommen ihr vielleicht Gedanken, deren spezifischen Inhalt kein Mann erraten kann, zum Beispiel: »Ob sie dieses Kleid bei Lord and Taylor gekauft hat? Ich habe ein ähnliches Kleid für neunundsiebzig fünfundneunzig bei Altman gesehen. Ja, solche Hüte trägt man jetzt, ich habe einen gesehen. In dem Laden in der Madison Avenue. Ich sehe nicht, ob sie einen Ehering trägt; vielleicht haben sie ein Verhältnis. Was hat sie, was ich nicht habe?«

Der wesentliche Unterschied in der Haltung des Mannes und der Frau ist natürlich der, daß sich die Frau zu der anderen Frau in Beziehung setzt und an ihr interessiert ist, während der Mann den anderen Mann kaum beachtet. Da uns bei diesen einleitenden Bemerkungen mehr die Phänomenologie des Unterschiedes als die psychologische Analyse beschäftigt, wählen wir eine andere Situation zu Vergleichszwecken. Diesmal soll es eine gesellschaftliche Zusammenkunft sein – es geht auf das Ende einer Cocktail- oder Dinner-Party zu. Wir haben einen jungen Mann, der im Augenblick keinen Gesprächspartner hat und bequem in der Ecke eines schön möblierten Zimmers sitzt. Ihm gegenüber, nicht zu nah, aber doch nah genug, um beobachtet zu werden, sitzt ein anderer junger Mann mit einem hübschen jungen Mädchen. Er flirtet mit ihr, hält ihre Hand und macht ihr Komplimente. Unsere Versuchsperson hat kein besonderes Interesse an dem Mädchen. Er kennt weder das Mädchen noch den Mann. Ist er an ihrem Flirt interessiert? Er hat sie gesehen und wendet nach wenigen Sekunden seine Aufmerksamkeit anderen Leuten zu. Es würde ihn langweilen, sie länger zu beobachten.

Nun wechseln wir die Person aus und haben eine junge Frau in derselben Situation. Sie ist nicht an dem jungen Mann interessiert. Sie kennt weder das junge Mädchen noch ihn. Ist sie an dem Flirt interessiert? Allerdings. Obwohl sie die beiden jungen Leute nicht kennt, beobachtet sie sie wie ein Habicht, verbirgt ihr Interesse aber sorgfältig. Sie ist fasziniert von den Mitteln und Methoden, die die andere Frau anwendet, um den Mann anzuziehen. Sie beobachtet genau, ob sie die Spröde spielt, die schwer zu bekommen ist, oder ob sie den Mann ermuntert und wie. Sie hat zwar kein persönliches, aber ein »professionelles« oder »technisches« Interesse, vergleichbar mit dem Interesse, mit dem ein Pianist die Hände eines anderen beobachtet, der eine Mozart-Sonate spielt.

Die Beobachtungssphäre in den beiden erwähnten Fällen ist die des erotischen Interesses der beiden Geschlechter, und sie ist daher beschränkt. Ich will von einer anderen Sphäre sprechen, die nichts mit sexuellem Interesse zu tun hat, und es handelt sich dabei wirklich um ein psychologisches Experiment. Es fehlt natürlich nicht an Daten, die aus Experimenten in der klinischen Psychologie gewonnen wurden. Im Gegenteil, es gibt Daten in Hülle und Fülle, aber hier haben wir ein Beispiel für ein psychologisches Experiment anderer Art. Man hört oft das Argument, die Psychologie sei keine Wissenschaft im strengen Sinne des Wortes, da menschliches Verhalten nicht in jedem Fall vorausgesagt werden kann. Es ist sehr zweifelhaft, daß Voraussagbarkeit eine der immanenten Eigenschaften einer Wissenschaft sein muß, aber ich will mich hier nicht auf diese Diskussion einlassen. Ich möchte lieber von einem Experiment berichten, bei dem das Verhalten richtig vorausgesagt wurde.

Wir kamen im Juni 1938 als Flüchtlinge aus Nazideutschland in den Vereinigten Staaten an. Wir waren in Europa verhältnismäßig wohlhabend gewesen, aber ich hatte alles verloren, was ich in dreißig Jahren analytischer Praxis erworben hatte, als Hitler in Österreich einmarschierte. Wir hatten nur ein wenig Geld bei uns und waren froh, Tod und Folter entronnen zu sein.

Kurz nach unserer Ankunft wurden wir von einem europäischen Psychoanalytiker und seiner Frau, die schon seit vielen Jahren in New York lebten, zu einer Dinner-Party eingeladen. Sie wurde für New Yorker Kollegen gegeben und war eine glanzvolle Veranstaltung, auf der wir viele Leute trafen, von denen wir einige in Wien gekannt und dann viele Jahre nicht gesehen hatten. Wir genossen wie die anderen Gäste die Großzügigkeit unseres Gastgebers, die anregenden Gespräche und die reiche Auswahl an schmackhaften Speisen und Getränken, die am Büfett serviert wurden.

Später gingen meine Frau und ich die Park Avenue hinunter, um an einer wenige Häuserblocks entfernten Ecke einen Bus zu nehmen, der uns quer durch die Stadt bringen sollte. Als wir an einen Laternenpfahl kamen, bat

ich meine Frau, ein paar Sekunden zu warten, weil ich mir auf einem Stück Papier eine Notiz machen wollte. Ich nahm einen alten Briefumschlag aus der Tasche und schrieb unter der Laterne: »Aber wenn du mir ... gäbst ...« und »Kritik am Arrangement ...«
Dann ging ich mit meiner Frau weiter und fragte beiläufig: »Was sagst du nun zu Mrs. Whites Dinner-Party? Sie hat doch wirklich alles wunderbar arrangiert. Hast du gesehen, wie viele verschiedene Sachen auf dem Tisch links standen? Zunge, Roastbeef, Huhn, Eier, Salate ...« Meine Frau lobte auch unsere Gastgeberin, die sich große Mühe bei der Vorbereitung der gelungenen Party gegeben hatte, fügte dann jedoch hinzu: *»Aber wenn du mir so viel Geld gäbst,* würde ich dir zeigen, daß man das viel besser machen kann.« Es folgten einige Bemerkungen über das Arrangement des Silbers, das ihrer Ansicht nach anders hätte sein müssen – es hatte nicht genug Tassen für den Kaffee gegeben, und viele andere Dinge hätten offenbar anders gemacht werden können.
Man könnte nun einwenden, dies sei kein gültiges Experiment im Hinblick auf die psychologische Voraussagbarkeit, weil ich meine Frau natürlich schon lange kannte und daher mit großer Wahrscheinlichkeit imstande war, ihre Reaktion auf meine Fragen vorauszusehen. Ich behaupte jedoch, daß die meisten Frauen in derselben Situation (Flüchtlinge nach einer Dinner-Party dieser Art) zwar nicht genau dieselben, aber doch ähnliche Reaktionen zeigen würden, gleich ob sie sie mit ähnlichen Worten ausdrücken oder nicht. Sie würden die Gastgeberin loben und dann hinzufügen, daß sie es besser gemacht hätten. Die spezifischen Kritiken würden natürlich entsprechend den Individuen und den Umständen unterschiedlich ausfallen. Und dazu möchte ich sagen, daß kaum ein Mann so oder auch nur so ähnlich denken würde.
Die vorausgegangenen vergleichenden Beobachtungen sind elementarer Natur, wie sie es in dieser Einleitung zu unserem Thema auch sein sollen. Sie sind einfache kleine Stücke psychologischer Feldarbeit, die jeder Deutung des Materials vorausgehen müssen. Die Rechtfertigung dafür, solche Beispiele verschiedener Verhaltensmuster der beiden Geschlechter zu notieren, ergibt sich daraus, daß nicht einmal ihre Phänomenologie gut bekannt ist. Sie werden im allgemeinen von den Psychologen vernachlässigt, die andererseits sehr gewissenhaft in Statistiken und Diagrammen die winzigen Unterschiede in der Farbwahrnehmung kleiner Mädchen und Jungen registrieren.
Jacques Loeb, einer der prominentesten Vertreter der medizinischen Wissenschaft in Amerika, sagte einmal: »Physiologisch gesehen, stellen Männer und Frauen verschiedene Spezies dar.« Die folgenden Kapitel wollen zu der Erkenntnis beitragen, daß Männer und Frauen auch in emotionaler Hinsicht so verschieden sind, als gehörten sie zwei unterschiedlichen Spezies an.

2. Emotionale Unterschiede zwischen den Geschlechtern

Um einen Gegenstand zu sehen, muß man ihn aus einer gewissen Entfernung betrachten. Hält man ihn zu nahe vor die Augen, kann man ihn nicht erkennen. Ebensowenig wird man ihn sehen, wenn man zu weit entfernt ist. Die Psychologie erkennt zwar die Tatsache an, daß Männer und Frauen auf Erlebnisse unterschiedlich reagieren, daß sie sich in gleichen Situationen unterschiedlich verhalten und daß sie deutliche Unterschiede im Fühlen und Denken erkennen lassen, aber je mehr man die beiden Geschlechter als im wesentlichen ähnliche Formen der Spezies Mensch betrachtet, desto mehr scheinen diese Unterschiede zu schrumpfen. Sie sind nicht mehr fundamentaler Natur, wenn man sie aus der Vogelperspektive betrachtet. So besehen, erinnert einen die Frage an die Schwierigkeiten, die die britische Diplomatie vor dem Zweiten Weltkrieg mit Indien hatte und über die Lord Halifax einmal sagte: »Der Reiz des Problems ist, daß es um so leichter zu sein scheint, je weiter man sich von ihm entfernt.« Geht man jedoch näher heran, so werden die Unterschiede immer größer. Die Antwort auf das Indienproblem mag einem Herrn, der darüber in seinem Londoner Club in der *Times* las, ganz leicht erschienen sein, aber sie wurde viel komplizierter und vielschichtiger, nachdem er einige Jahre im Dienst der Regierung in Indien verbracht hatte. Dem Psychologen erscheinen die emotionalen Unterschiede zwischen den Geschlechtern klein in einem Labor, aber riesengroß während eines Streites mit seiner Frau. Das tägliche Leben hat die Eigenschaft, den ganzen Umfang des Problems deutlich werden zu lassen. Um noch einmal Lord Halifax zu zitieren, der vor einigen Jahren noch britischer Botschafter in den Vereinigten Staaten war: Seine Frau besuchte einmal den Zoo in New York, und einige Reporter fotografierten sie, wie sie einen kleinen Affen in den Armen hielt. Als das Foto in den New Yorker Zeitungen erschien, wurde Lord Halifax gefragt, was die Leute in London denken würden, wenn sie das Bild sähen. Er antwortete: »Die Frauen würden Milady beneiden und die Männer den Affen.« Das ist zweifellos ein Beispiel für die verschiedenen emotionalen Einstellungen der Geschlechter.

Die Heilige Schrift sagt nicht ausdrücklich, daß sich Adam über das Verhalten Evas wunderte, aber jeder, der zwischen den Zeilen des geheiligten Textes zu lesen vermag, erkennt, daß dem so war. Dieses Erstaunen wurde an seine Nachkommen weitergegeben, die nie aufgehört haben, sich über die Töchter Evas zu wundern. Auf den Steintafeln Babylons, in den Hieroglyphentexten Ägyptens und auf den Pergamenten des alten Griechenlands stellt man fest, daß das Wesen der Frauen für unsere männlichen Vorfahren beinahe ebenso verwirrend war wie dreitausend Jahre später für den Mann in New York. Der Unterschied liegt nur darin, daß die Menschen des Altertums ihr Interesse an dem Problem in Mythen, Erzählungen und Sprichwörtern ausdrückten und nicht in Diskussionen über das andere Geschlecht, das schönere Geschlecht, das verlorene Geschlecht und so fort.

Die emotionalen Unterschiede zwischen den Geschlechtern waren immerhin so auffällig und zahlreich, daß sich die wissenschaftliche Psychologie zuletzt doch mit ihnen beschäftigen mußte, aber je mehr Aufmerksamkeit sie den Unterschieden widmete, desto zweifelhafter wurde es seltsamerweise, ob es sich hierbei überhaupt um ein psychologisches Problem handelte. Sind diese emotionalen Unterschiede zwischen männlichen und weiblichen Verhaltensmustern nicht einfach das Resultat der biologisch gegebenen Dualität der Geschlechter? Der Psychologe wurde davor gewarnt, in das Territorium fremder Wissenschaften einzudringen. Er stand vor einer Stopptafel. Er sah sich von Schildern umgeben, auf denen er »Endokrinologie« und »Genetik« lesen konnte und die die Domäne dieser Wissenschaften bezeichneten. Drehte er sich um, so sah er andere Schilder, auf denen »Soziologie« und »Anthropologie« geschrieben stand. Eine große Gruppe von Wissenschaftlern leugnet, daß es überhaupt grundlegende und klar definierbare wesentliche Unterschiede zwischen den Geschlechtern gibt. Nach ihrer Auffassung sind das, was wir als solche betrachten, nur die Ergebnisse der kulturellen Schemata, in denen das Individuum geboren und erzogen wird. Margaret Mead behauptet, zum Beispiel, daß die als weiblich und männlich geltenden Eigenschaften ebensowenig erblich an das männliche oder weibliche Geschlecht gebunden sind »wie ihre Hüte oder Kleidermoden«. Sie ist der Ansicht, daß »die menschliche Natur geradezu unglaublich formbar ist«.

Wir haben eher den Eindruck, daß die menschliche Natur nur beschränkt formbar ist und daß gewisse charakteristische emotionale Merkmale der beiden Geschlechter überall und in den verschiedensten kulturellen Schemata auftreten. Wir erkennen selbstverständlich die große Bedeutung an, die äußere und kulturelle Faktoren für die Verhaltensunterschiede zwischen Männern und Frauen haben, aber wir bezweifeln, daß diese Unterschiede nur ein Ergebnis kultureller Variationen sind. Eine so entschieden skeptische Einstellung braucht den Wert der Beiträge Dr. Meads nicht zu schmälern. Es ist wahrscheinlich, daß ihre Beobachtungen völlig richtig sind, daß aber ihre Interpretation irrig ist. Wir sind mit Anatole France der Meinung, daß die Wissenschaft unfehlbar ist, daß sich aber die Wissenschaftler ständig irren.

Auf der einen Seite von der Biologie, auf der anderen von der Soziologie und Anthropologie eingeschränkt, schrumpft das Gebiet der psychologischen Erforschung der emotionalen Unterschiede zwischen den Geschlechtern immer mehr zusammen, da die Psychologen offenbar den Urteilsspruch dieser anderen Wissenschaften akzeptieren. Die gegenwärtige psychologische Literatur ist voll von Berichten über die unterschiedlichen Leistungen von Männern und Frauen an der Schreibmaschine und über die Schnelligkeit der Reaktionen von 500 Jungen und Mädchen der dritten Schulstufe auf gewisse Geräusche. Sorgfältig durchdachte Experimente beweisen, daß Mädchen im Alter von sieben bis siebzehn Jahren den Jungen überlegen sind, wenn es darum geht, eine Perlenkette aus dem Gedächtnis zu kopieren, während Jungen derselben Altersgruppe beim Zählen von Klötzen besser abschneiden. Es sieht so aus, als erwartete man, daß ein Bericht über die Wahrnehmung bestimmter Farben durch Männer und Frauen oder ein Vergleichstest der Geschicklichkeit von Männern und Frauen am Steuer eines Autos ein entscheidendes Licht auf die grundlegenden psychologischen Unterschiede zwischen den Geschlechtern werfen wird. Zweifellos kann ein großer Teil dieser Forschung mit ihren zahllosen Ergebnissen und statistischen Daten bestimmte Fakten beweisen; die Frage ist nur, ob gerade diese Fakten überhaupt bewiesen werden müssen. Wir glauben, daß vergleichende mechanische oder schriftliche oder verbale Tests zum Kern des Problems führen könnten, wenn man sie *ad infinitum* fortsetzte, aber das Leben ist kurz, und man sollte eine bessere Methode finden. Das Ganze ist eine Frage der geistigen Ökonomie, der intellektuellen Zweckmäßigkeit. »Wirtschaft, Horatio!« möchte man seinen Kollegen zurufen.

In einer seiner letzten, unvollendeten Schriften stellt Freud fest: »In großer Rätselhaftigkeit erhebt sich vor uns die biologische Tatsache der Zweiheit der Geschlechter, ein Letztes für unsere Kenntnis, jeder Zurückführung auf Anderes trotzend. Die Psychoanalyse hat nichts zur Klärung dieses Problems beigetragen, es gehört offenbar ganz der Biologie an. Im Seelenleben finden wir nur Reflexe jenes großen Gegensatzes ...« * Diese Sätze wurden im Oktober 1938 geschrieben. Wir müssen gestehen, daß seither nicht viele dieser Reflexe entdeckt worden sind.

Auf der Suche nach einer anderen Betrachtungsweise des Problems fand ich einen neuen Ausgangspunkt und gelangte zu einigen vorerst noch vagen Mutmaßungen darüber, wohin der Weg führen wird. Der Ausgangspunkt ist eine vorgefaßte Meinung. Ich weiß, daß ein Forscher bei einem solchen Geständnis vor Scham erröten müßte, aber ich möchte hinzufügen, daß auch Wissenschaftler solche Ahnungen haben. (Immerhin gibt es da einen Unterschied. Die vorgefaßten Meinungen oder Ideen von Gelehrten sind keine Phantasieprodukte. Sie sind sozusagen wissenschaftlich vorgefaßte Ideen und müssen auf einem langen Umweg stren-

* *Abriß der Psychoanalyse,* G. W., Bd. XVII, S. 114.

ger, sorgfältiger Deduktionen und logischer Prüfungen erreicht werden.) Diese Ahnungen können für die Forschung nützlich sein, wenn sie zwei Forderungen erfüllen. Sie dürfen nicht mit wohlbegründeten Argumenten verwechselt werden, und sie dürfen nicht als Beweis bewertet und verwendet werden. Sie müssen klar und deutlich als Ahnungen oder Vorurteile identifiziert werden.

Die vorgefaßte Idee ist, daß die grundlegenden psychologischen Unterschiede zwischen Männern und Frauen klar demonstriert werden können, wenn man davon ausgeht, daß sie sich aus den verschiedenen sexuellen Funktionen ergeben. Mit anderen Worten, wir schreiben dem Unterschied zwischen Männern und Frauen in sexueller Hinsicht eine das Verhalten formende Bedeutung zu. Wenn ich somit behaupte, daß der Schlüssel für den Unterschied in den Verhaltensmustern von Männern und Frauen in ihrer Sexualität zu suchen ist, halte ich mich an die Auffassung Freuds, daß die Sexualität eines Menschen sein Verhalten auch in anderen, nichtsexuellen Richtungen formt. Zugleich bekenne ich mich aber auch zu einer zweiten vorgefaßten Meinung, nämlich zu der, daß die Sexualität eine unterschiedliche Bedeutung für die beiden Geschlechter hat. Das heißt: Sie nimmt nicht denselben Platz in ihrem Leben ein und hat nicht denselben Sinn. Anders gesagt, wenn zwei dasselbe tun, ist es nicht dasselbe, auch wenn sie es zusammen tun. Ich neige zu der Annahme, daß dieser Schlüssel die Tür zu vielen Räumen öffnen wird. Was als der grundlegende emotionale Unterschied in der Sexualität von Männern und Frauen bestimmt werden kann, wird sich auch in anderen Verhaltensbereichen, in Einstellungen und Reaktionen spiegeln, die nicht mehr sexueller Natur sind.

Ich möchte hier nur einige kleine Proben solcher Schlußfolgerungen darstellen, die zugleich Beispiele für die Reflexe sind, auf die Freud anspielte. Sie vergleichen das Verhalten von Frauen und Männern in ihren Beziehungen zueinander, aber auch ihre allgemeinen Verhaltensmuster und Einstellungen. Dazu möchte ich gleich erklären, daß ich mich hier nur mit dem durchschnittlichen Mann und der durchschnittlichen Frau unserer westlichen Zivilisation beschäftige, daß ich andere Kulturen nicht berücksichtige und im übrigen bereitwillig zugebe, daß es viele Ausnahmen gibt, die durch außergewöhnliche oder pathologische Umstände bestimmt werden. (Es scheint mir heutzutage beinahe notwendig zu sein zu betonen, daß es keine Ausnahmen ohne Regel gibt.) Ich möchte ferner hinzufügen, daß es bei Männern und Frauen immer Manifestationen rudimentärer Verhaltensmuster des jeweils anderen Geschlechts gibt und daß es zu vielen Überschneidungen kommt, so daß man nur von der Vorherrschaft gewisser charakteristischer Merkmale in der allgemeinen Psychologie von Frauen und Männern sprechen kann. Es gibt immer Fälle, in denen ein Individuum sein Geschlecht und die sekundären und tertiären Geschlechtsmerkmale zu ändern wünscht, was bis zu einem gewissen Grade auch gelingt. Die Natur selbst hat einige Möglichkeiten dieser Art vorgesehen, und man kennt Tiere, die im Laufe ihres Lebens ihr Geschlecht ändern. Was dabei vor sich geht, sollte einem Hund nicht geschehen, und das tut es auch nicht, aber es kann einem Hahn oder einer Henne und anderen Tieren niedrigerer Ordnung geschehen. Trotz allen Männlichkeitsfaktoren bei Frauen und femininen Zügen bei Männern ist der letzte Eindruck der einer unveränderlichen biologischen Tatsache, die sich in dem berühmten Satz Freuds: »Anatomie ist Schicksal« ausdrückt.

Als emotionale Reflexe dieser biologischen Determinierung erkennen wir viele bedeutsame und gegensätzliche Züge im Verhältnis der Geschlechter zueinander. Sogar in der Phase der Werbung zeigt sich schon ein charakteristischer Unterschied, der psychologisch noch nicht richtig bewertet wurde. Ein verliebter junger Mann kann im Laufe eines Tages oft heftige Anfälle von Sehnsucht oder Begehren nach einem Mädchen erleben. Aber diese oft sehr intensiven Neigungen treten periodisch auf und durchdringen nicht alles, während sie im Laufe der Zeit in einer milderen, gleichsam verdünnten Form den *ganzen* Tag des verliebten Mädchens zu begleiten scheinen. Der Mann fühlt oft: »Ich wollte, ich wäre jetzt bei ihr«. Und dieser Wunsch kann seine Tätigkeit stören und unterbrechen, während das Mädchen eher fühlt: »Ich möchte immer bei ihm sein.« Die Sehnsucht des Mannes hat den Charakter kurzer, heftiger Schübe, kräftiger Stöße, die Sehnsucht der Frau ist etwas Ununterbrochenes, Dauerhaftes, das sie stets begleitet. Sie möchte nicht nur, wie der Mann, viele Stunden mit dem Liebesobjekt verbringen, sondern immer mit ihm zusammensein. Ihre Phantasie begleitet ihn überall hin, wenn er Bridge spielt, oder wenn er eine Besprechung mit seinen Kunden hat, während die Phantasie des Mannes das Bild der Frau nur in gewissen Situationen heraufbeschwört. Selbst die Enttäuschungen, die durch die unvermeidliche Nichtübereinstimmung des Phantasiebildes des Partners mit seinem tatsächlichen Ich verursacht werden, sind bei den beiden Geschlechtern unterschiedlicher Natur. Die Enttäuschung des Mannes ist heftig und kommt einer starken Ernüchterung gleich; die der Frau tritt langsam ein und hat alle Merkmale einer schmerzlichen Verwunderung. Ein Mann sagte unlängst zu einer Frau: »Ich habe mich geirrt, als ich mich in dich verliebte«, so als hätte er das Idealbild verraten, das er sich in seiner Phantasie von ihr gemacht hatte. Aber eine Frau, die sich selbst nicht mehr verstand, sagte zu dem geliebten Mann den wunderbaren Satz: »Ich vermisse dich so sehr, wenn ich mit dir zusammen bin.« Welcher Dichter unserer Tage könnte so großartige Worte schreiben, die ganz aus der Tiefe der Empfindung kommen?

Es scheint mir, daß diese charakteristischen Züge auch die charakteristischen Einstellungen von Männern und Frauen im Geschlechtsleben widerspiegeln. Ihre Gegensätzlichkeit beruht auf dem unterschiedlichen Verhalten beim Geschlechtsverkehr. Die stoßhaften Wünsche des Mannes, die rasch ansteigen und rasch wieder absinken, und dagegen die langsamere Erregung der Frau mit ihrem Crescendo und Diminuendo. Der Gegensatz zwischen der lokalisierten und der alles umfassenden Sehnsucht entspricht dem Gegensatz der sexuellen Empfindungen während des Aktes. In einem der Romane O'Haras sagt eine Frau beim Geschlechtsverkehr zum Mann: »Ich bin ganz um dich herum.« Ihre Phantasie und ihre Gedanken umgeben gleichermaßen die Person und das Leben des Mannes, während seine sie betreffenden Gedanken mehr den Charakter des plötzlichen Eindringens und konzentrierten Angriffs haben.

Es gibt im Liebesleben der beiden Geschlechter noch einen weiteren Gegensatz, der ihre verschiedenen Rollen widerspiegelt. Jeder Analytiker, der viele Frauen behandelt hat, wird bemerkt haben, daß die meisten oft und für längere Zeit von der bewußten und oft vorbewußten Angst befallen werden, daß ihr Geliebter oder Ehemann sie aufgeben, daß er nicht bei ihnen bleiben, sondern sie zu einem bestimmten Zeitpunkt verlassen wird. Eine diesem ständigen Gedanken vergleichbare Angst ist bei Männern sehr selten. Es ist natürlich leicht, den Eindruck, den diese beinahe allgegenwärtige Angst auf den Beobachter macht, mit dem Hinweis auf die tatsächliche Situation abzutun. Geschieht es nicht oft, daß aus dieser Befürchtung Wirklichkeit wird, daß Ehemänner und Liebhaber ihre Frauen wegen einer anderen Frau oder mehreren Frauen oder aus diesem oder jenem Grunde oder auch ohne jeden Grund verlassen? Und ist die verlassene Ehefrau nicht finanziell gefährdet, ist ihre soziale Stellung nicht geschwächt, wird sie nicht oft mit Geringschätzung behandelt? Und wird das verlassene Mädchen nicht in seine Unsicherheit zurückgestoßen, wird sein Selbstvertrauen nicht stark erschüttert? All diese Überlegungen sind gerechtfertigt, die Wirklichkeit hat den Frauen gewiß Grund zu diesen Befürchtungen und Zweifeln gegeben, die durch Tradition, von Generation zu Generation, immer wieder bestätigt wurden. Nichtsdestoweniger rechtfertigt die Wirklichkeit allein nicht die Intensität und Häufigkeit dieser Angst. Warum fühlen Männer sie so selten? Und warum fühlen Frauen sie, auch wenn sie nicht den geringsten objektiven Grund für solche Gedanken haben? Und warum betrachten Frauen das Verlassenwerden so oft als etwas Vorherbestimmtes, etwas, was geschehen muß? Das geht so weit, daß ein Mädchen, das vor der Hochzeit mit einem Mann stand, der es sehr liebte, sagte: »Ich kann mit ein paar glücklichen Jahren rechnen, dann wird er mich verlassen.« Es genügt nicht, die Realitätsfaktoren für einen solchen Gegensatz in der Einstellung der Geschlechter verantwortlich zu machen. Es scheint gerade so, als ob die (im Englischen übliche) männliche Redensart »Liebe sie und verlasse sie« (»*Love them and leave them*«) ein Gegenstück in der weiblichen Warnung hätte: »Liebe sie nicht, oder sie werden dich verlassen.« Es ist am Beginn der Werbung ein deutliches Zögern der Frau zu bemerken, ihrer eigenen Neigung nachzugeben, ein Zögern, das durch bewußte und wohlüberlegte Gründe nicht zu erklären ist, sondern eher durch ein Signal, das die beschriebene Gefahr anzeigt. Nichts dergleichen existiert auf der Seite des Mannes.

Ich möchte behaupten, daß es ein Muster für diesen Gegensatz zwischen den beiden Geschlechtern in der Psychologie des Geschlechtsaktes gibt. Der Mann, der ein so plötzliches, drängendes und heftiges sexuelles Begehren gezeigt hat, verspürt sehr bald nach der Samenentleerung den Wunsch, den Körper der Frau zu verlassen. Die Frau, die zögernd und viel langsamer seinem und ihrem eigenen Begehren nachgegeben hat, verspürt dagegen den Wunsch, daß das Geschlechtsorgan des Mannes in ihr bleiben sollte. Sie fühlt nun eine gesteigerte Zuneigung für ihn und etwas der Dankbarkeit Verwandtes. Ich erinnere mich an einige Zeilen aus einem Gedichtband des österreichischen Schriftstellers Hugo Salus, in denen das Erstaunen des Mannes über diese typisch weibliche Haltung beschrieben wird. Der Mann wundert sich in den Flitterwochen über seine junge Frau, die ihm für Geschenke dankt, die er erhält. Ein solcher Wunsch der Frau, daß der Mann nach der Ejakulation ihren Körper nicht verlassen soll, wird bezeichnenderweise nur empfunden, wenn der Verkehr erfolgreich war, das heißt, wenn die Frau sexuell und emotional befriedigt wurde. Er drückt sich oft in Worten wie »Geh nicht!« oder »Bleib bei mir!« aus.

Welche Gründe kann diese unterschiedliche Einstellung der Geschlechter haben? Es kann sich nicht um eine rein sexuelle Empfindung handeln, da der Orgasmus die sexuellen Bedürfnisse der Frau befriedigt hat. Selbst wenn wir bedenken, daß das »Nachglühen« in ihrem Fall länger dauert, daß sie den Vorteil oder Nachteil der Kontinuität des Fühlens hat und daß sie langsamer und allmählicher als der Mann von einer emotionalen Phase zur nächsten übergeht, lassen sich ihre gesteigerte Zuneigung und dieses Gefühl der Dankbarkeit nicht erklären. Auch der Hinweis auf den unbewußten Peniswunsch der Frau genügt nicht, um die hier auftauchenden psychologischen Probleme zu erklären. Wenn er genügte, wie sollten wir dann verstehen, daß der Wunsch nach dem Verbleiben des Mannes in ihr nur nach einer geglückten sexuellen Vereinigung und nur nach dem Orgasmus auftritt? Warum sollte er nicht bei jedem Geschlechtsverkehr vorhanden sein, bei dem die Frau den Penis in sich fühlt und sozusagen seine stellvertretende Besitzerin wird? Wenn dieser Wunsch nur durch den Penisneid bestimmt würde, wie sollten wir dann erklären, daß die Frau, wenn sie den Verkehr nur widerwillig duldet oder dabei keinen Orgasmus erreicht, wünscht, daß der Mann ihren Körper so schnell wie möglich verläßt? Es ist nicht daran zu zweifeln, daß sie in dem Wunsch, den Körper des Mannes noch lange nach der Ejakulation in ihrem Körper zu spüren, sein Glied mit ihm, mit seiner Person identifiziert, so als wäre es nicht nur ein Teil von ihm, sondern er selbst. Aber identifiziert sie nur sein Glied mit ihm, oder ist hierbei noch ein bisher unentdeckter Faktor am Werk?

Was immer der Grund sein mag, wir erkennen in diesem kleinen Verhaltensunterschied eine entschiedene und entscheidende Abweichung in der emotionalen Einstellung der Geschlechter. Da wir durch die analytische Methode gewohnt sind, solche kleinen Merkmale psychologisch sehr hoch zu bewerten, gelangen wir zu einem sehr bedeutsamen Schluß, nämlich zu dem, daß der Geschlechtsverkehr für Frauen eine andere Bedeutung hat als für Männer. Psychoanalytisch betrachtet, spiegelt der Gegensatz von scheinbar unwichtigen kleinen Merkmalen die ganze unterschiedliche Bedeutung wider, die die Sexualität für Männer und Frauen hat. Der Mann will den Körper der Frau, in den er so heftig eingedrungen ist, nach der Samenentleerung möglichst rasch wieder verlassen. (»Hinein wie ein Löwe, heraus wie ein Lamm.«) Sein Trieb ist befriedigt, seine Spannung hat sich gelöst. Aber für die Frau bedeuten die Erreichung des Orgasmus und das Nachlassen der Spannung nicht das Ende des sexuellen Prozesses, sondern nur eine Etappe auf dem Weg. Es ist, als zeigte sich in diesem Gegensatz nicht nur ein psychologischer, sondern auch ein biologischer Unterschied. Der biologische ist dadurch gekennzeichnet, daß für den Mann die Entleerung des Samens das Ende des Aktes bedeutet. Für die Frau dagegen bedeutet der Empfang der Spermatozoen den Beginn der Befruchtung. Es ist als hätte für die Menschenfrau der Geschlechtsverkehr noch immer in jedem Fall die unbewußte Bedeutung der Schwängerung als biologische Möglichkeit, so als wäre er ein Echo der evolutionären Vergangenheit von Tieren, bei denen der Akt tatsächlich Fortpflanzung bedeutet. Der psychologische Unterschied wird klar, wenn man bedenkt, daß der Wunsch der Frau, den Mann in sich zu fühlen, neben anderen Empfindungen ein emotionaler Ausdruck ist, bei dem das männliche Glied mit dem Kind identifiziert wird, so als wäre der Mann er selbst und sein Kind, die Fortsetzung seiner selbst. In der Zuneigung und Zärtlichkeit für ihn nach dem Geschlechtsverkehr dämmert schon die Mutterliebe zum Kind als vorweggenommene Erfüllung von Wünschen, die der Frau nicht bewußt zu sein brauchen. Der tatsächliche Geschlechtsverkehr endet also für den Mann zu einem anderen Zeitpunkt als für die Frau, für ihn mit der Samenentleerung und für sie mit dem zu frühen, als bedauerlich empfundenen Rückzug des Mannes – für ihn mit einem Knalleffekt, für sie mit einem Seufzer. Ist dieses unterschiedliche Finale nicht Beweis genug für die Behauptung, daß der Geschlechtsakt für den Mann eine andere Bedeutung hat als für die Frau? Und findet man in diesem Verhaltensunterschied, in der Hast des Mannes und im Bedauern der Frau, nicht einen biologisch-psychologisch repräsentativen Ausdruck der gegensätzlichen Tendenzen der Geschlechter, der die Angst so vieler Frauen, vom Mann verlassen zu werden, und ihren Wunsch, ihn fester an sich zu binden, erklärt?

Ich möchte hier einfügen, daß auch die Kastrationsangst des Mannes ein biologisches Muster in der Evolution der Sexualität hat. Es gibt gewisse Arten von Tieren, bei denen das männliche Genitale beim Geschlechtsverkehr im Weibchen zurückbleibt, regelrecht in ihm verlorengeht. Und es gibt andere Spezies, bei denen das ganze Männchen in den Körper des Weibchens kriecht und zum permanenten Parasiten in ihm wird. In der Kastrationsangst des Mannes ist also der späte Reflex einer phylogenetisch wohlbegründeten Sorge zu sehen, obwohl vielleicht in jener frühen Phase der Evolution das Verbleiben im weiblichen Körper den Charakter eines Wunsches hatte, der später, auf der menschlichen Ebene, umgekehrt und mit einem negativen Vorzeichen versehen wurde.

Ich möchte die Reihe der gegensätzlichen Bilder durch einige Skizzen fortsetzen, in denen sich nicht nur die biologischen, sondern auch kulturelle Faktoren als wirkende Kräfte zeigen. Wir nehmen an, daß uns in unserer Kultur der Mann mehr durch seine Leistungen beeindruckt und die Frau mehr durch ihre Persönlichkeit, worunter ich eine Kombination von Schönheit oder Charme, Liebenswürdigkeit und anderen leicht definierbaren persönlichen Eigenschaften verstehe. Das Plus und Minus dieser Züge ist bei diesem Vergleich gewiß wichtig, denn wir wissen, daß auch Männer Charme besitzen und daß auch Frauen bemerkenswerte Leistungen vollbringen können. Dennoch beeindruckt uns im Grunde der Mann mehr durch das, was er tut, und die Frau mehr durch das, was sie ist. Wir betrachten einen Mann, der nur Charme hat, als feminin und eine Frau, die ihr Aussehen vernachlässigt und ihren Leistungen größere Bedeutung zuschreibt, als maskulin. In dieser Gegenüberstellung spiegelt sich die vorwiegend aktive Natur des Mannes und die größere Passivität der Frau wider, aber drückt sich darin nicht auch der Unterschied zwischen den sexuellen Verhaltensmustern der Geschlechter aus? Ist nicht auch im Tierreich die Anziehung, die das Weibchen auf das Männchen ausübt, eher passiver Art, von subtiler Natur, beispielsweise wirksam durch den Geruch, während das werbende Männchen tanzt, singt, Geschenke macht und sich in jeder Weise aktiv um das Weibchen bemüht? Letzten Endes steht hier auch der männliche Samenfaden mit seiner Ruhelosigkeit und großen Beweglichkeit im Gegensatz zu der passiv wartenden Eizelle. Es ist, als ob der einzelne Mann und die einzelne Frau in ihrem Verhalten nur Vergrößerungen dieser primären biologischen Gegensätze wären.

Ich möchte hier eine Hypothese oder vielmehr eine Ahnung spekulativer Art einfügen. Für mich ist der heftigere und in seinen Manifestationen unmittelbarere Geschlechtstrieb des Mannes vielleicht ein Ausdruck seiner schwächeren biologischen Natur, seines Lebenshungers, was seine Ruhelosigkeit erklären würde. Es scheint mir, daß eine lange und manchmal unsichtbare Linie von diesem Gegensatz zwischen der selbstzufriedeneren und passiveren Natur der Frau und dem ruhelosen und unzufriedenen Charakter des Mannes zu der kulturellen Tatsache führt, daß der künstlerische und wissenschaftliche Drang, der Abenteuer- und Forschergeist, kurz: das Streben nach Leistung bei Männern so viel stärker ist als bei Frauen. Die Männer sind die Wegbereiter der Kultur, die Frauen ihre Bewahrerinnen. Die Fortsetzung dieser Linie in der anderen Richtung wird durch individuelle Erfahrungen und kulturelle Faktoren bestimmt und scheint zu einem anderen Gegensatz zu führen. Für den Mann hat in unserer Kultur jeder Geschlechtsverkehr den Charakter eines Tests, eines Potenztests. Es ist offensichtlich, daß dieser nunmehr biologisch unnötige Charakter durch die emotionalen Reaktionen auf Kindheitserlebnisse, im besonderen auf die Kastrationsangst, erworben wird. Dieser Charakter des Geschlechtsakts, nämlich daß etwas bewiesen werden muß, daß er eine Männlichkeitsprobe darstellt, fehlt selbstverständlich bei Frauen, die keine Kastrationsangst kennen. Wenn der Geschlechtsverkehr manchmal auch für sie (in einem geringeren, wenn nicht sehr geringen Grade) die Natur eines Tests annimmt, so kann das nur auf den Zweifel zurückgehen, ob sie attraktiv genug sind, um die Potenz des Mannes zu wecken. Es besteht kein Zweifel daran, daß auch dieser zusätzliche Charakter eines Potenztests einen strukturbildenden Einfluß auf das Verhalten und die Einstellungen vieler Männer in nichtsexuellen Bereichen haben muß: Die Tendenz, sich selbst zu beweisen, daß sie männlich genug sind, drückt sich auch in dem Eifer und der Energie aus, die sie in ihren Leistungen zeigen. Daß Männlichkeit nicht nur im Bett bewiesen wird, braucht wohl nicht eigens gesagt zu werden.

Mit dieser Bemerkung komme ich zum letzten Punkt meines Vergleichs der emotionalen Einstellungen der Geschlechter und zu einem Unterschied, der sich beinahe gänzlich auf kulturelle Faktoren zu gründen scheint. Ich bin sicher, daß jeder Analytiker, der in vielen Praxisjahren Frauen und Männer beobachtet hat, einen eindeutigen Eindruck von dem Gegensatz gewinnt, der sich durch unsere ganze Gesellschaft zieht und dem ich eine präzise psychologische Formulierung in einem Satz geben möchte. Er lautet: *In unserer Zivilisation fürchten die Männer, daß sie nicht männlich genug sind, und die Frauen, daß man sie nur als Frauen betrachten könnte.* Dieser Satz, der die sozialen und emotionalen Unsicherheiten der beiden Geschlechter in unserer Kultur einander gegenüberstellt, ist keine rein theoretische und intellektuelle Konstruk-

tion, sondern das Ergebnis von mehr als vierzig Jahren psychoanalytischer Beobachtung, die Zusammenfassung einer sorgfältigen Prüfung. Dieser Unterschied zeigt die soziale Einschätzung, die Männer und Frauen von sich selbst und ihrem eigenen Geschlecht haben. Es ist klar, daß die Tendenz des Mannes, seine Männlichkeit zu beweisen (»Was für ein großer Junge bin ich doch!«), ein Echo einer kindlichen Einstellung ist, der die hohe Wertschätzung des Penis seitens des Knaben zugrunde liegt. (Ein Patient hütete noch viele Jahre, nachdem er in Frankreich gewesen war, die Erinnerung an die Bewunderung, die eine Pariserin für seinen erigierten Penis mit den Worten »*comme c'est sculpturesque!*« ausgedrückt hatte.) Die intensive Reaktion des Knaben auf die Kastrationsdrohung und die überstarke Reaktion auf unbewußte weibliche, passive Tendenzen spiegeln sich deutlich in dieser Angst der meisten Männer wider, daß sie nicht männlich genug wirken könnten. Die herablassende Haltung des Mannes, der Frauen geringer einschätzt, weil sie keinen Penis haben – eine Haltung, die Frauen oft unbewußt selbst einnehmen –, erklärt, warum Frauen das Gefühl haben, man könnte sie nur als Frauen bewerten, nicht als Menschen, als individuelle Persönlichkeiten.
Jeder Psychoanalytiker weiß, wie viele emotionale Schwierigkeiten auf diese Ängste und Unsicherheiten neurotischer Männer, die unbewußt an ihrer Männlichkeit zweifeln, und auf die Gefühle von Frauen zurückgehen, die nicht gewillt sind, ihre Weiblichkeit und die weibliche Rolle zu akzeptieren.
Diese emotionalen Unterschiede zwischen den Geschlechtern, die Ergebnisse soziologischer und kultureller Faktoren sind, haben ihre tiefsten Wurzeln auch im biologischen Unterschied. Der Schlüssel für das Verständnis der verschiedenen Verhaltensmuster der Geschlechter muß im Bereich ihrer Sexualität gesucht werden und vor allem in dieser intimsten Situation, in der »ein Körper einem Körper begegnet«.

3. Sexuelle Gleichberechtigung?

Die Befürworter der Gleichberechtigung beider Geschlechter verstummen gewöhnlich, wenn es sich um die Frage der Sexualität handelt. Es ist, als hinderte sie etwas Ungreifbares daran, die gleiche sexuelle Freiheit für Frauen und für Männer mit der gleichen bedingungslosen Energie zu verlangen, mit der sie für gleiche Rechte oder gleiche Löhne eingetreten sind. Was für Gründe hat dieses Zögern? Warum sollten Frauen nicht das gleiche Recht auf ein freies Sexualleben haben wie Männer? Warum sollte ein unverheiratetes Mädchen nicht berechtigt sein, ebenso viele Liebesaffären zu haben wie ein Junggeselle?
Es kann nicht darum gehen, ob die Frau die gleichen Rechte auch in

sexuellen Dingen haben soll oder nicht, sondern es geht darum, ob sie ebenso leben *will* wie der Junggeselle. Und mit dieser anderen Formulierung der Frage befinden wir uns auch schon mitten in der Diskussion über den Unterschied zwischen Männern und Frauen im Hinblick auf ihr Geschlechtsleben.

Gehen wir vom Standpunkt der sozialen Bewertung aus. Ein junger Mann, der viele Liebesaffären hat, wird in unserer Kultur von anderen Männern und – ob sie es zugeben oder nicht – auch von Frauen beneidet. Die Tatsache, daß man ihm Promiskuität vorwerfen kann, schadet seinem gesellschaftlichen Ruf nicht, wenn er diskret ist und sich in jeder anderen Hinsicht anständig benimmt. Eine junge Frau, die promiskuitiv ist, verliert in unserer Gesellschaft ihr Gesicht. Aber sie verliert noch mehr in ihrer Selbstbewertung. Sie macht sich »billig«. Sie degradiert oder erniedrigt sich. Die Gesellschaft hat die Vorstellung – manche würden sagen: das Vorurteil –, daß Frauen, die promiskuitiv sind, eine niedrige Meinung von ihrem eigenen Wert haben und sich mit Recht selbst gering einschätzen. Auch an Orten und auf sozialen Ebenen, wo hinsichtlich der Sexualmoral weniger strenge Maßstäbe gelten, werden Frauen, die sich sexuell wie Männer verhalten, anders bewertet als diese. Man denkt über sie und spricht von ihnen so, als wären noch Reste der alten konventionellen Auffassungen vorhanden, die sonst so verächtlich abgetan werden. Andererseits werden in keiner Gesellschaft unserer westlichen Zivilisation – vielleicht mit Ausnahme sehr religiöser Kreise – Männer, die viele Liebesaffären haben, verachtet oder ernsthaft getadelt.

Die unterschiedliche gesellschaftliche Bewertung eines freien oder promiskuitiven Geschlechtslebens gehört sicherlich einem fortgeschrittenen Stadium der Zivilisation an, aber sie muß ihre Wurzel in entscheidenden biologischen und psychologischen Unterschieden der beiden Geschlechter haben. Und es wird keiner »Bewegung« gelingen, diese Unterschiede auszulöschen, die sich aus dem biologischen Charakter der Geschlechter ergeben.

Leser, deren Gedächtnis in die frühen Jahre des *New Yorker* zurückreicht, werden sich an die Bildgeschichten erinnern, die Otto Soglow für diese Zeitschrift zeichnete. Eine seiner bekanntesten Figuren war der »Kleine König«*. Der königliche Rang und die Würde dieses kleinen Mannes sind nur eine pittoreske Verkleidung. Nimmt man die Krone und den Hermelinmantel weg, kommt ein kleiner Junge zum Vorschein, ein manchmal ungezogenes, freches, unverschämtes oder launenhaftes Kind, das sich gern über die Welt der Erwachsenen lustig macht. In einer dieser Bildgeschichten begleiten wir den Kleinen König auf einer Reise übers Meer, um eine afrikanische Königin zu besuchen. Wir sehen ihn

* Diese Cartoons wurden gesammelt in dem Buch *The Little King*, New York 1933.

auf dem anderen Kontinent landen, wo er von hohen Beamten der Regierung der Königin mit allen Ehren empfangen wird. Wir folgen ihm auf Kamelen durch die Wüste zum Palast der Königin, die ihn freundlich willkommen heißt. Sie führt ihn durch das Schloß, zeigt ihm den Thronsaal und die anderen luxuriösen Gemächer. Schließlich kommen sie am Ende eines langen Ganges zu einer Tür, vor der ein Negersklave mit blankem Schwert Wache hält. Als die Tür geöffnet wird, sieht der Kleine König viele Männer, die auf Kissen ruhen, Schach spielen, rauchen oder plaudern. Die Königin, die ihrem Besucher den Raum und seine Bewohner zeigt, scheint zu erklären: Dies ist ihr Harem.
Mit dieser imaginären Übertragung einer orientalischen Sitte in die Frauenwelt hat der Künstler die groteske Absurdität der Vorstellung von ein und derselben sexuellen Norm für Männer und Frauen ausgedrückt.

4. Phantasien während des Geschlechtsverkehrs

In einem der Stücke Arthur Schnitzlers, *Zwischenspiel*, führen zwei Freunde, ein Kapellmeister und ein Schriftsteller, ein Gespräch, das allmählich von der Diskussion alltäglicher Dinge zu Tieferem übergeht. Beide Männer sind mittleren Alters und verheiratet. Der Schriftsteller warnt seinen Freund davor, die Zuneigung zu einer schönen Sängerin zu ernst zu nehmen. Er bestreitet dabei, daß Abenteuer erlebt werden müssen. Für einen Mann, der über die Jugendtorheit hinaus ist, müßte es möglich sein, »alle Abenteuer, nach denen ihn gelüstet, im Frieden seines Heims« zu erleben. »Und wenn er Phantasie hat, bringt ihm seine Gattin, ohne daß sie es ahnt, lauter uneheliche Kinder zur Welt.« In der nächsten Szene spricht der Schriftsteller von seiner Frau, die sich in einen jungen Aristokraten verliebt hat, einen Mann, der in einem seiner Stücke in einer kleinen Rolle im Gefolge des Königs auftritt. »Früher«, sagte er, »hat sie sich wenigstens nur in die Helden meiner Stücke verliebt, jetzt werden ihr schon die Episodenrollen gefährlich.«
In diesen und anderen Dialogen Schnitzlers wird auf das Thema der Untreue in der Phantasie angespielt. So gibt es, zum Beispiel, eine Szene im *Reigen*, in der eine Frau ihren Liebhaber vor dem Geschlechtsverkehr fragt: »Nun, wem bist du in diesem Moment untreu?«
Es ist kein Zufall, daß das Gespräch, in dem dieses Thema ernst und spielerisch behandelt wird, zwischen zwei Künstlern stattfindet, und daß der Rat des Schriftstellers von der wienerischen Spielart des *esprit* gefärbt ist.
Psychoanalytiker wissen aus ihrer therapeutischen Praxis, daß Phantasien während des Geschlechtsverkehrs bei Frauen viel häufiger vorkom-

men als bei Männern, mit Ausnahme perverser Männer, die sich ihnen oft vor dem Sexualakt hingeben. Es ist nicht ungewöhnlich, daß sich ein Mann in seiner Phantasie eine bestimmte Situation vorstellt, um sexuell erregt zu werden, wenn er eine Partnerin hat, die nicht allzu attraktiv ist oder ihn nicht ausreichend inspiriert. Aber in den meisten Fällen ist der Mann mit der weniger reizvollen Wirklichkeit zufrieden. Selbst wenn die Partnerin weniger attraktiv ist, genügt es oft, daß es dunkel im Zimmer ist. Karl Kraus bemerkte einmal, in der Nacht seien alle Katzen schwarz – auch die blonden.

Frauen beschwören in ihrer Phantasie häufiger als Männer das Bild eines anderen Partners herauf, um einen Orgasmus zu erreichen. Eine Frau kann sich, zum Beispiel, vorstellen, daß sie einen aggressiveren oder potenteren Sexualpartner hat. In anderen Fällen, in denen sie mit der rein mechanischen Art des Mannes, sie zu lieben, unzufrieden ist, kann sie die Wirklichkeit durch die Phantasievorstellung von einem langen, zärtlichen Vorspiel ersetzen. In einem meiner Fälle hatte die Frau eine beinahe wahnhafte Phantasie, in der sie sich vorstellte, was ihr Mann zu ihr sagen würde. Sie stellte sich ihn vor, wie er Kosenamen gebrauchen und wie und an welchen bevorzugten Stellen (erogenen Zonen) ihres Körpers er sie streicheln würde. Die tatsächliche Situation war mehr direkter und mechanischer Natur.

In manchen dieser Phantasien erscheint ein »Mann ohne Gesicht« anstelle des tatsächlichen Partners, in anderen ist es ein »geisterhafter« Liebhaber, der gewisse Eigenschaften besitzt, die von der Frau in der Wirklichkeit vermißt werden. Manchmal erscheint eine wirkliche Person auf der Bühne der Phantasie. Der Gynäkologe, der Analytiker und manchmal auch ein bestimmter Filmschauspieler nehmen die Stelle des tatsächlichen Partners ein. So geschieht es, daß ein Mann, ohne es zu ahnen, durch die eingebildete Untreue seiner Frau zum Vater unehelicher Kinder wird.

Es steht außer Zweifel, daß Phantasien dieser Art, wenn sie jahrelang ununterbrochen fortgesetzt werden, schädlich für die emotionale Gesundheit eines Menschen sind. Sie setzen eine Aufspaltung der inneren Aufmerksamkeit voraus, und die menschliche Natur kann diese geistige Spaltung nicht lange ertragen. Ich beobachtete einen Fall, in dem die Frau immer die Phantasievorstellung hatte, sie werde von dem Liebhaber umarmt, den sie einst hatte, und nicht von ihrem Ehemann. Scheinbar übte die psychische Anstrengung, sich das Gesicht, die Worte und Gesten des anderen Mannes vorzustellen, keine große schädliche Wirkung auf sie aus. Dennoch war sie der symptomatische Ausdruck einer ernsthafteren Störung, die zu einem Nervenzusammenbruch führte. Wie ich schon sagte, scheint es, daß solche Fälle eines ständigen Ersatzes des Partners in der Phantasie oder der Begleitung des Geschlechtsverkehrs durch Bilder viel seltener bei Männern sind, denen es weniger schwerfällt, ein geeignetes Objekt in der materiellen Wirklichkeit zu finden. Die Flucht in die psychische Realität wird häufiger von Frauen unternommen, die ihre Phantasien auch viel besser verbergen können als Männer.

In meiner Praxis als Psychoanalytiker habe ich auch nur sehr wenige Fälle gefunden, in denen sich Männer vor Beginn oder während des Geschlechtsverkehrs einbildeten, jemand anders und nicht sie selbst zu sein. Phantasien dieser Art fand ich viel häufiger bei Frauen, die sich einbildeten, sie seien sehr schön und begehrenswert für den Mann. Der Gedanke: »Wie leidenschaftlich er mich begehrt!« oder: »Wie begehrenswert ich für ihn bin!« begleitet bei Frauen oft die Vorbereitungen zum Geschlechtsverkehr, und er kann sogar den Orgasmus einleiten. Die Rollenübernahme, bei der die Frau sich vorstellt, daß sie viel attraktiver sei, als sie wirklich ist, kann eine sexuell erregende Wirkung auf sie ausüben. Andererseits kann die Erkenntnis, daß sie in ihren eigenen Augen nicht sehr attraktiv ist, oder irgend etwas, was sie an sich hat – zum Beispiel ein Geruch, den nur sie selbst wahrnimmt, oder ein physisches Handicap, das der Mann gar nicht bemerkt –, die Frau in einem solchen Maße ernüchtern, daß sie außerstande ist, eine sexuelle Erregung zu empfinden. In »Liebesfreud« und »Liebesleid« sind sich Frauen ihrer selbst viel stärker bewußt als Männer.

In einem meiner Fälle kam es zu einer ungewöhnlichen Phantasie von der Art, bei der sich eine Frau während des Geschlechtsverkehrs vorstellt, jemand anders zu sein. Die Patientin war eine Witwe in mittleren Jahren, aber noch attraktiv, die einen viel jüngeren Mann geheiratet hatte. Sie hatte eine halb erwachsene Tochter aus ihrer ersten Ehe in die neue Ehe mitgebracht. Als die etwa fünfzehnjährige Tochter einmal während des Abendessens den Tisch verließ, fing die Patientin den bewundernden Blick auf, mit dem ihr Mann dem jungen Mädchen nachsah, als es zur Tür ging. In der folgenden Nacht erinnerte sich die Patientin während des Geschlechtsverkehrs an diesen Blick, und sie stellte fest, daß sie im Gegensatz zu sonst völlig uninteressiert war. Steif wie ein Holzklotz lag sie in den Armen ihres Mannes.

An den folgenden Tagen ertappte sie sich oft dabei, daß sie sich im Spiegel betrachtete, bevor sie zu Bett ging. Sie bemerkte die Runzeln in ihrem Gesicht und die tiefen Falten am Hals. Sie blieb in den folgenden Wochen frigid, bis sich eine Phantasie einstellte, wenn sich ihr Mann ihr sexuell näherte. Sie stellte sich vor, daß sie nicht die Frau war, die ihr Mann umarmte, sondern ihre Tochter. Mit anderen Worten, sie wurde in ihrer Phantasie ihre eigene Tochter und stellte sich vor, wie begehrenswert sie für ihren Mann in dieser verjüngten Gestalt sein würde. Dank dieser Phantasie erlebte sie wieder die volle sexuelle Lust und den Orgasmus.

Der Psychoanalyse gelang es in diesem Fall, der Patientin zu helfen, ihr Selbstvertrauen als Frau und Ehefrau wiederzugewinnen. Das war nicht möglich, ohne daß sie eine gewisse Toleranz für die versteckte Zuneigung entwickelte, die ihr Mann für das junge Mädchen empfand. Die Patientin lernte, ihn mit einem gewissen mütterlichen Gefühl zu betrachten, das die Möglichkeit der sexuellen Erregung, wenn er sie begehrte, nicht ausschloß. Anstatt sich in der Rolle ihrer jungen Tochter zu sehen, hatte sie nun den neuen Gedanken, daß ihr Mann der Ersatz für einen Sohn und zugleich ihr Liebhaber war.

Das Ergebnis der analytischen Behandlung war bei dieser Frau im Gegensatz zu dem oben zitierten Fall günstig. Die Entwicklung einer mütterlichen Einstellung zum Mann war dabei zweifellos ein hilfreicher Faktor. Der Fall hat selbstverständlich seine ganz besonderen Merkmale, aber neben diesen und über diese hinaus vertieft seine Analyse unsere Einsichten in die allgemeine Dynamik des Liebeslebens einer Frau.

Ich hörte Freud einmal, als er über Patientinnen sprach, sagen, der Bestand einer Ehe könne nicht als gesichert betrachtet werden, solange die Frau nicht eine gewisse mütterliche Einstellung zu ihrem Mann entwikkelt.

5. Impotenz und Schuldgefühle

Hier ist der interessante und bedeutungsvolle Traum einer Frau, die meine Patientin war, und seine Deutung: *»Ich gehe mit einem Prediger durch die Korridore eines Hotels. Er möchte die Treppe hinunter und auf die Herrentoilette gehen. Ich stelle ihm ein Bein und er fällt hin.«* Das Material, aus dem der Traum konstruiert wurde, die Tagesreste, die als Bausteine verwendet wurden, sind folgende: Die Träumerin war am Tag vor dem Traum allein durch die Korridore eines Hotels gegangen. Dort hatte sie einen Pfeil mit der Inschrift »Herren« gesehen, der nach unten zeigte. Am selben Abend hatte sie sich mit ihrem Geliebten getroffen, der einige kritische Bemerkungen über ihr Verhalten bei einer bestimmten Gelegenheit machte. Er hatte ihr »die Leviten gelesen«, wie sie sagte, und er war in der sarkastischen Ausdrucksweise des Traumes der »Prediger«. Seine Kritik hatte sie verletzt. Das waren die Tagesreste, die in den Gedankenassoziationen während der analytischen Sitzung bewußt wurden.

Der Traum nimmt eine zukünftige Situation vorweg. Der Mann will die Treppe hinunter und auf die Herrentoilette gehen. Durch die Verwendung der tags zuvor gesehenen Inschrift wird ein Doppelsinn in den Traum eingeführt. Die »Herrentoilette« symbolisiert natürlich ihre Genitalien. Der Doppelsinn, der darin liegt, daß die Vagina Herrentoilette genannt wird, erinnert uns an die von Freud besprochene Verwandtschaft von Traum und Witzbildung. Sie stellt ihm ein Bein, das heißt, sie tut etwas, um ihn zu behindern, und er »fällt hin«. Der Ausdruck bezieht sich in diesem Satz nicht einfach nur auf den Mann, sondern auf seinen Penis, eine in unbewußten Denkprozessen oft vorkommende Identifikation der Person mit den Genitalien. Die Träumerin rächt sich für die ihr zugefügte Kränkung. Im Traum bringt sie den Mann dazu, seine Erektion zu verlieren: Er »fällt hin«.

Ein Traum dieser Art spiegelt eine gewisse Stimmung oder Einstellung wider, durch die Frauen manchmal ein sexuelles Versagen des Mannes auslösen. Diese Stimmung ist oft unbewußt. Sie drückt sich nicht nur in einem Ausbleiben der sexuellen Reaktion aus, sondern auch in irgendeinem unpassenden Verhalten während des Geschlechtsverkehrs. In einem mir bekannten Fall sagte die Frau kurz vor dem Höhepunkt lachend zu ihrem Mann: »Du hast eben so komisch ausgesehen!« Die ernüchternde Wirkung dieser Bemerkung kann man sich leicht vorstellen.

Bemerkenswert ist, wie selten sich eine Frau wegen eines so grausam frustrierenden Verhaltens schuldig fühlt. Aber das ist ein besonderes Problem, das an anderer Stelle behandelt werden soll. Wir wollen uns hier mit der allgemeineren Frage befassen, welche Haltung die Durchschnittsfrau ihrer eigenen Frigidität oder mangelnden sexuellen Reaktionsbereitschaft gegenüber einnimmt, und sie mit den Emotionen des Mannes vergleichen, der gelegentlich oder immer impotent ist. Die meisten Frauen nehmen ihre Frigidität, die der Impotenz des Mannes entspricht, recht gleichgültig hin. Im Gegensatz zum Mann, der wegen seines Versagens tief deprimiert oder geradezu verzweifelt ist, beklagen sich Frauen selten über ihre Frigidität. Sie bedauern sie nur, wenn sie dem Partner nicht die volle Befriedigung geben können, die er braucht. Manchmal fühlt sich eine Frau wegen ihrer Frigidität tatsächlich schuldig, aber das kommt nicht häufig vor.

Es ist leicht, die Frage dieser unterschiedlichen Haltung durch den Hinweis zu erledigen, daß eben dem Mann die aktive Rolle im Geschlechtsleben zufällt, daß er die Initiative ergreift und in erster Linie für Erfolg oder Mißerfolg verantwortlich ist. Mit Ausnahme von Fällen wie dem im soeben besprochenen Traum gezeigten ist es daher die Frau, die frustriert zu sein scheint. In den letzten Jahren hat allerdings die moderne Frau unter dem Einfluß der durch die Lektüre von Büchern und Artikeln oder durch Vorträge erworbenen psychologischen Kenntnisse mehr und mehr das Gefühl, daß beim Geschlechtsverkehr ihre Mitarbeit nötig ist und daß sie ihre Rolle nicht erfüllt, indem sie das »Opfer« des sexuell erregten Mannes spielt. Eine mutige Frau nannte ihr unlängst erschienenes Buch *Die sexuelle Verantwortung der Frauen*. Es findet also eine allgemeine Veränderung in der Einstellung der Frau zu dieser Frage statt, und wir sehen nun manchmal Frauen, die erkennen, daß auch sie für Erfolg oder Mißerfolg in den sexuellen Beziehungen verantwortlich sind. Im großen ganzen aber kennen Frauen keine Schuldgefühle, wenn sie frigid oder unfähig sind, sexuell zu reagieren. Die Erreichung des Orgasmus hat für sie nicht, wie für Männer, den Charakter einer Leistung, einer erfüllten Aufgabe oder einer »gut verrichteten Arbeit«.

Der Mann, der beim Geschlechtsverkehr versagt, der erkennt, daß seine Peniserektion nicht stark genug ist oder zu früh nachläßt, empfindet Scham. Diese Scham ist leicht zu verstehen, denn er betrachtet sein Versagen als einen Mangel an Männlichkeit, ja in manchen Fällen ist es geradezu eine Schande. Aber woher kommt das Schuldgefühl? Ist es nicht paradox, daß der Mann eine so schmerzliche Emotion empfindet? Es ist in dieser Situation ratsam, zwischen Scham oder Bedauern und Schuldgefühl zu unterscheiden. Das Gefühl der Scham ist die Reaktion des Mannes auf sein Versagen oder, stärker ausgedrückt, auf seine Schande. Aber was für eine seltsame Reaktion ist die des Schuldgefühls wegen eines unzulänglich oder gar nicht vollzogenen Geschlechtsaktes!

Wenn Analytiker im Zusammenhang mit der Sexualität von Schuldgefühlen sprechen, meinen sie natürlich, daß der Mensch sich schuldig fühlt, weil der Geschlechtsakt als sündhaft oder verboten betrachtet wird. Hier ist jedoch genau das Gegenteil der Fall: Der Geschlechtsakt wurde durch die Schwäche oder irgendeine andere Unzulänglichkeit des Mannes frustriert oder verhindert. Dennoch fühlt er sich schuldig. Heißt das, daß er sich schuldig fühlt, weil er, theologisch gesehen, nicht »gesündigt« hat? Wir Analytiker sind es gewohnt, die Verhaltensmuster Erwachsener auf die Kindheit zurückzuführen. Fühlt sich ein kleiner Junge schuldig, weil er nicht ungezogen war?

An diesem Punkt angelangt, tun wir gut daran, uns gründlicher mit den neuen Entwicklungen und Wandlungen der analytischen Theorie zu befassen, wie sie Freud in seinen letzten Lebensjahren, vor allem in *Das Unbehagen in der Kultur* (1930) darlegte. Diese späteren, auf eine feinere analytische Beobachtung gegründeten Einsichten führten zu der Theorie, daß Schuldgefühle immer mit unbewußter Aggressivität verbunden sind. Nicht die Sexualtriebe, sondern die unerfüllten oder verdrängten aggressiven Neigungen des Mannes wecken dieses dunkle Schuldgefühl – auch in den Fällen, in denen unbefriedigte sexuelle Wünsche im Vordergrund zu stehen scheinen. Doch wenn wir dieses theoretische Postulat akzeptieren – gegen wen kann die Aggressivität gerichtet sein?

Wir werden vielleicht einige Einsichten gewinnen, wenn wir die Reaktion betrachten, die die Impotenz des Mannes bei der Frau auslöst. Erfahrene Ärzte werden uns sagen, daß eine erstaunlich große Zahl von Frauen keinerlei besondere Reaktion zeigt, vor allem wenn es sich um Frauen handelt, die zuvor noch nie einen Orgasmus erlebt haben. Sie

wissen nicht, was sie vermissen. Treue Ehefrauen, die mit einem Mann von geringer oder nur sporadischer Potenz verheiratet sind, können ihr ganzes Leben ohne besondere Enttäuschung über das wiederholte Versagen des Mannes verbringen, und zwar einfach deshalb, weil sie keine Möglichkeit haben, ihre sexuellen Erlebnisse mit befriedigenderen Erlebnissen dieser Art zu vergleichen.
Die meisten Frauen zeigen jedoch eine ganz bestimmte Reaktion: Entweder versuchen sie, ihren Partner wegen des Mißgeschicks zu trösten, oder sie werden zornig auf ihn. (Wir sprechen hier nur von ihren Reaktionen gegenüber dem Mann.) Im ersteren Fall verharmlosen sie das Versagen, so als handelte es sich um einen kleinen Verkehrsunfall, der jedem passieren kann. Das geschieht vor allem, wenn der Mann deprimiert ist oder sich entschuldigt. »Aber, mein Lieber, das ist doch nicht so wichtig. Du bist wahrscheinlich müde oder hast berufliche Sorgen. Glaub mir, das nächstemal geht es wieder ...« und so weiter. Mit anderen Worten, diese Frau behandelt die Impotenz ihres Partners als eine Bagatelle ohne große Bedeutung.
Die andere Reaktion ist die der Wut oder des Zorns, so als wäre die »Fehlzündung« eine persönliche Beleidigung für die Frau. Dieser Groll kann sich sowohl in subtilen Vorwürfen als auch in keineswegs so subtilen Anklagen ausdrücken. In einem Falle der ersten Art sagte eine Patientin zu ihrem Liebhaber: »Du hast mir schon lange keine Freude mehr gemacht.« Wiederholt sich das Versagen, so kann es geschehen, daß sich die Frau vor dem Geschlechtsverkehr zu fürchten beginnt und eine Abneigung gegen ihn empfindet, weil sie voraussieht, daß sie sexuell erregt, aber nicht befriedigt wird. Eine Frau drückte ihre Gefühle wegen der unbefriedigenden sexuellen Beziehungen zu ihrem Mann in dem drastischen Satz aus: »Lieber würde ich mir einen Zahn ziehen lassen.« Der Groll wird manchmal noch verstärkt, wenn die Frau den Verdacht hat, daß der Mann versagte, weil er sie nicht begehrenswert findet. Eine Patientin verglich einmal voll Entrüstung den Mangel an Begeisterung ihres Geliebten, der sich in einer zu schwachen Erektion ausdrückte, mit einem Zeremoniell am britischen Hof: »Wenn die Königin in ihrem Wagen vor dem Buckingham Palace ankommt, hat die Wache das Gewehr zu präsentieren.«
Der Geschlechtsverkehr ist eine soziale Handlung, und die beschriebenen Reaktionen von Frauen auf das Versagen des Mannes müssen psychologisch ausgewertet werden, weil sie die unbewußte Bedeutung des Versagens ebenso getreulich enthüllen wie ein Echo die Worte, die es wiedergibt. Bei der positiven, tröstenden oder ermutigenden Reaktion ebenso wie in der negativen Form des Grolls oder Zorns wird die psychische Impotenz des Mannes als Beleidigung der Frau oder Aggression behandelt, das heißt als eine symptomatische Manifestation von Feindse-

ligkeit gegen sie. Der Zorn oder Ärger der Frau als entsprechende Reaktion ist zu offensichtlich, um diskutiert werden zu müssen. Aber auch die gleichgültige oder tröstende Haltung entspricht der unbewußten Feindseligkeit des Mannes. Sie verzeiht sie nur, während die andere Haltung sie verurteilt; sie reagiert nachsichtig oder mütterlich, während die andere anklagend oder vorwurfsvoll ist.

Es wäre nun aber ein schwerer Fehler, das Schuldgefühl des Mannes nach einem mißglückten Geschlechtsakt nur auf die Frau oder auch auf alle Frauen zurückzuführen. Der verborgenere Teil dieser unbewußten Aggressivität richtet sich gegen die Autoritäten, die einst die sexuelle Betätigung verboten oder verurteilt haben, das heißt gegen den Vater und gegen Vaterfiguren. Das Versagen beim Geschlechtsverkehr bedeutet soviel wie einem unbewußten Verbot von dieser Seite nachgeben. Es ist in sich selbst die Strafe für das Auftreten verbotener sexueller Wünsche. Ihre Verdrängung hat die Versuchung lebendig erhalten, diese Autoritätsfiguren anzugreifen. Das Schuldgefühl des Mannes reagiert auf diese Versuchung, die aufgestaute Aggressivität freizusetzen. Wir haben nicht vergessen, daß im unsichtbaren Hintergrund des sexuellen Tabus die Begierde nach der Mutter oder Schwester steht, die inzestuöse Objekte darstellen. Ein wenig von der Mutter oder Schwester ist in jeder Frau.

Woher kommt es, daß sich Frauen nicht schuldig fühlen, wenn sie in sexuellen Beziehungen versagen? Warum gibt es so selten ein Schuldgefühl wegen Frigidität? Es ist offensichtlich, daß die passive Rolle der Frau in der Sexualität von Bedeutung ist, wenn man diesen Unterschied der emotionalen Reaktionen der Geschlechter untersucht. Es ist auch richtig, daß die Erreichung des Orgasmus von der Frau nicht, wie vom Mann, als eine Aufgabe oder Leistung begriffen wird. (Vielleicht wäre es besser zu sagen: »bis vor kurzem nicht als solche begriffen wurde.«) Aber neben diesen Elementen und über sie hinaus muß noch ein biologischer oder konstitutioneller Faktor am Werk sein. Es scheint, daß die Aggressivität der Frau nicht so heftig oder nicht so voll entwickelt ist wie die des Mannes. Wahrscheinlich ist der verhältnismäßig kleinere Anteil an aggressiver Energie in ihrer Natur der entscheidende Faktor für ihren Mangel an Schuldgefühl in sexuellen Dingen, denn Schuldgefühl ist eine Versuchungsangst-Reaktion auf das Wiederauftauchen feindseliger und aggressiver Neigungen.

Allerdings verbinden auch Frauen sexuelle Aktivitäten mit Schuldgefühlen, weil sie, wenn auch in einem geringeren Grade, ebenso aggressive und feindselige Neigungen haben wie Männer. Frauen haben manchmal ein Schuldgefühl, das dem Mann fremd ist. Seine Ursache ist nicht Frigidität, sondern Unfruchtbarkeit. In der unbewußten Vorstellung der Frau ist der Geschlechtsverkehr noch mit der Schwängerung verbunden. Bei der Analyse von Fällen, in denen sich die Unfruchtbarkeit auf emotionale Faktoren gründet, kann ein solches Schuldgefühl sogar bewußt werden. Manche Frauen können keine empfängnisverhütenden Mittel ertragen oder sie können den Geschlechtsverkehr wegen der Vermeidung der Schwangerschaft nicht genießen. Gewiß gibt es viele Männer, deren sexuelles Vergnügen durch die Verwendung empfängnisverhütender Mittel beeinträchtigt wird, aber der durchschnittliche Mann wird sich keineswegs schuldig fühlen, wenn er die Frau bei einem befriedigenden Geschlechtsverkehr nicht geschwängert hat.

Und noch ein Schuldgefühl gibt es, das Frauen häufiger empfinden als Männer: ein Orgasmus bei einem Geschlechtsverkehr, bei dem der Mann keine Ejakulation hatte, wird von vielen Frauen unbewußt als Versagen aufgefaßt. Eine Patientin sagte einmal, eine solche Situation sei für sie »so einsam wie Masturbation«. Sie versicherte auch, daß sie sich, wenn sie einen Orgasmus allein erreichte, frustrierter fühlte, als wenn sie vor dem Orgasmus im Stich gelassen wurde.

Der Unterschied im Inhalt des Schuldgefühls weist wieder auf den unterschiedlichen Charakter hin, den der Geschlechtsakt für den Mann und für die Frau hat. Ich behaupte nicht, daß die vorausgegangenen Betrachtungen und Überlegungen das Problem der emotionalen Ungleichheit von Mann und Frau in ihrer Einstellung zum sexuellen Versagen lösen. Einleitende Bemerkungen dieser Art können jedoch unsere Aufmerksamkeit auf die oft vernachlässigte Tatsache lenken, daß es beim Geschlechtsverkehr vieles gibt, was nicht nur sexuell ist.

6. Die Untreue der Frau

Der Kinsey-Report und die Untersuchung Hamiltons* haben uns eine gute Vorstellung von der Zunahme der ehelichen Untreue in Amerika geliefert. Die Untersuchungen von Frank Capri** und anderen Psychiatern vervollständigten das Bild und fügten die psychopathologischen Aspekte der Promiskuität verheirateter Männer und Frauen hinzu.

Mir scheint, daß die Autoren, die dieses Thema behandeln, den psychologischen Bedeutungsunterschied der Untreue von Männern und Frauen vernachlässigen. Der Faktor unerfüllter Sexualwünsche ist zweifellos eine der Hauptursachen für Untreue bei beiden Geschlechtern. Von pathologischen Fällen abgesehen, spielt er jedoch als emotionale Determinante bei Frauen eine geringere Rolle als bei Männern. Der Wunsch nach neuen Eroberungen und das Bedürfnis nach Abwechslung in den sexuellen Erlebnissen sind bei Männern stärker entwickelt als bei Frauen.

* G. V. Hamilton, *A Research into Marriage*, New York 1939.
** *Marital Infidelity*, New York 1953.

Wir haben keine Möglichkeit, die Intensität und Dringlichkeit der sexuellen Begierde der beiden Geschlechter zu messen und zu vergleichen, aber die Vorstellung, daß der Sexualtrieb der Frau im allgemeinen schwächer ist als der des Mannes, entspricht vielleicht dem wirklichen emotionalen und biologischen Sachverhalt. Die in den Schriften aus dem Nachlaß enthaltene Bemerkung Freuds, daß die Sexualität auch bei Frauen männlich sei, trifft den Kern des Problems. Wir wissen jedenfalls, daß die Sexualität für die Frau sowohl weniger als auch mehr bedeuten kann als für den Mann. Sie bedeutet weniger, wenn die Frau nur genommen wird. Sie bedeutet mehr, wenn sie selbst gibt.

Der Unterschied in der Einstellung des Mannes und der Frau wird klarer, wenn wir bedenken, daß Frauen selten aus rein sexuellen Gründen, oder weil sie sexuell ausgehungert sind, untreu werden. Eine meiner Patientinnen versicherte mir, sie könne sich nicht mit der Hauptfigur in D. H. Lawrences Roman *Lady Chatterley* identifizieren, weil eine Frau, die sich von ihrem Mann geliebt fühlt und ihn liebt, nicht so leicht für einen Mann zu haben ist, der sie nur sexuell erregt.

Andererseits ist eine Frau viel empfänglicher für das Werben eines anderen Mannes, wenn sie sich von ihrem Ehemann gedemütigt und verachtet fühlt. Wenn sie den Eindruck hat, nicht mehr geliebt zu werden und für ihn nicht mehr begehrenswert zu sein, ist ihre verletzte Selbstachtung ein starkes Motiv für Untreue.

Eine Patientin erklärte, es bestehe ein sehr bedeutender Unterschied in der Grundsituation, aus der heraus verheiratete Männer und Frauen Ehebruch begehen. Nachdem sie Dr. Capris Buch gelesen hatte, bemerkte sie kritisch, der Psychiater behandle die Untreue des Mannes und der Frau so, als handle es sich um dasselbe. Sie meinte, der grundlegende Unterschied in dieser Situation sei der, daß die Frau sexuell von der Begierde des Mannes abhänge. In ihrer passiven Rolle verweigert sie sich ihrem Mann nur selten, wenn er sexuelle Befriedigung sucht, während er sich ihr nähern oder sie vernachlässigen kann, wie es ihm beliebt. Er kann leicht anderswo Gelegenheit finden, sich sexuelle Befriedigung zu verschaffen, während sie sich im allgemeinen viel länger an ihn gebunden fühlt, auch wenn sie sexuell nicht befriedigt wird.

Andere Patienten wiesen darauf hin, daß die Untreue von Männern und Frauen auch in anderer Hinsicht eine verschiedene psychologische Bedeutung hat. In den meisten Fällen verbinden Frauen den Ehebruch mit der Hoffnung, bei einem Liebhaber die Aufmerksamkeit, die Wertschätzung und die Geborgenheit zu finden, die ihnen ihr Ehemann nicht geben konnte. Diese Hoffnung oder dieser Wunsch ist aber nur selten ein starker Anreiz bei der Untreue von Männern. Der Mann läßt sich mehr von Neugier und von dem Bedürfnis nach Abwechslung in seinen sexuellen Erlebnissen leiten, wenn er auf Abenteuer ausgeht. Sehr oft

wünscht er sich nur eine »Balgerei im Heu« und gibt sich damit zufrieden.
Ein weiterer Unterschied ist der, daß wiederholte Untreue oder Promiskuität bei Frauen in den meisten Fällen ein Ausdruck von psychischem Masochismus ist. Das mit der Untreue verbundene Gefühl ist im allgemeinen das der Selbsterniedrigung, der Zerstörung der Selbstachtung, auch wenn etwa der Wunsch, sich am untreuen Ehemann zu rächen, das Verhalten der Frau scheinbar rechtfertigt. Bei einer außerehelichen Affäre, und vor allem bei mehreren Affären, hat eine Frau mehr zu verlieren als zu gewinnen. Bei einem Mann dagegen ergibt sich aus der Tatsache, daß er einen Ehebruch begangen hat, keine solche negative Wirkung auf seine Selbstbewertung. Manche Männer haben sogar das Gefühl, daß viele außereheliche Affären ihr Ich stärken und ihre Selbstachtung heben.
Schließlich muß hervorgehoben werden, daß die größere Treue der verheirateten Frau auch biologische Ursachen hat. Sie stellt die Fortsetzung der instinktiven Haltung des weiblichen Tieres dar, das alle anderen Männchen abweist, sobald es trächtig ist. Vielleicht ist ein Überbleibsel dieser Grundhaltung noch bei Frauen erhalten, die ihren Männern treu bleiben, auch wenn sie nicht schwanger sind. Natürlich hindert sie sie nicht immer daran, untreu zu werden, aber sie erklärt vielleicht ihr längeres Zögern und Widerstreben, wenn sie sich durch andere Männer versucht fühlen.
Die Moralisten, die sich mit dem Problem der Untreue befassen, müssen diese psychologischen Umstände in Betracht ziehen, die für die untreue Frau mildernde Umstände sind. Das letzte Wort über die Untreue von Ehefrauen kann nicht das Moralgefühl sprechen, sondern das Mitgefühl. Ihr Bedürfnis, gebraucht zu werden, ihr Wunsch, geliebt zu werden, spielt gewiß eine größere Rolle in der Psychologie der Untreue der Frau als in der der Männer. Jesus Christus sprach zwar nicht von einer Ehebrecherin, sondern nur von einer Sünderin, aber er sagte: »Ihr sind viele Sünden vergeben, denn sie hat viel geliebt.«

7. Eifersucht

Es gibt in der psychologischen und psychiatrischen Literatur eine Fülle von beschreibendem und deutendem Material. Freud und seine Anhänger haben wertvolle Beiträge zum Verständnis der pathologischen Eifersucht geleistet, die nur eine vergrößerte Karikatur des normalen Erlebnisses der Eifersucht ist. Ein Überblick über das wissenschaftliche Material vermittelt jedoch den überraschenden Eindruck, daß gewisse Aspekte des Problems beinahe gänzlich vernachlässigt worden sind. Da ist, zum Beispiel, die Tatsache, daß die schmerzlichen Emotionen der Eifersucht für den Mann einen anderen Charakter und Gehalt haben als für die Frau. Es scheint, daß die Psychiater und Psychologen das Phänomen der Eifersucht als Einheit betrachten und nicht darauf eingehen, wie unterschiedlich sie von Männern und Frauen empfunden wird. Der Unterschied ist jedoch nicht nur bemerkenswert, sondern auch von beträchtlichem psychologischem Interesse.

Der emotionale Charakter der Eifersucht kann vielleicht allgemein am besten beschrieben werden als eine Mischung von Depression, Aggressivität und Neid. Während beim eifersüchtigen Mann in dieser Mischung Wut vorherrscht, ist Neid die dominierende Komponente bei der eifersüchtigen Frau. Eine oberflächliche Beobachtung könnte den Eindruck erwecken, daß der Mann das Gefühl hat, von seinem Rivalen seines Besitzes beraubt zu werden, daß er im anderen Mann einen Eindringling sieht, der seine Privilegien verletzt. In Wirklichkeit ist es aber die Frau, bei deren Eifersucht der Gedanke an Besitz die größte Rolle spielt. Für den Mann ist die Eifersucht wie eine Krankheit, eine Schwäche, die ihm seine Sicherheit gegenüber der Welt nimmt. Er kämpft mit aller Kraft gegen den Eindringling wie ein Organismus, der schädliche Bakterien abwehrt. Für die Frau ist die Eifersucht ein Stimulus, der ihr Kraft gibt, ein Anreiz, die Rivalin mit allen Mitteln zu bekämpfen, die ihr zu Gebote stehen. Und diese Mittel sind vielfältig und sehr eindrucksvoll; das Ziel wird mit einer Hartnäckigkeit verfolgt, deren der Mann nicht fähig wäre.

Was für ein Ziel ist das? In den meisten Fällen von weiblicher Eifersucht, die ich beobachten konnte, besteht das Ziel darin, die Pläne der Rivalin zu durchkreuzen und den geliebten Mann zurückzugewinnen. In diesem Kampf gilt alles als fair, kein Mittel ist zu niederträchtig. Trotz allen Zorns auf den untreuen Ehemann oder Liebhaber läßt sich die eifersüchtige Frau nur selten von ihren Gefühlen zu Gewalttätigkeit und Verbrechen hinreißen. Ein weiblicher Othello würde nicht fühlen: »Die Sache will's, die Sache will's, mein Herz!« Aber ist ein weiblicher Othello überhaupt vorstellbar? Ist das, was die eifersüchtige Frau fühlt, mit dem zu vergleichen, was der Mann im Sturmwind seiner Gefühle erlebt? Hat sie dieses ständige Kaleidoskop verhaßter Bilder vor Augen? Ist auch sie das hilflose Opfer eines Wahns, gequält von einer grenzenlosen Phantasie, aufgewühlt von unaufhörlichen inneren Stimmen, im Innersten von Schmerz zerrissen? Sehr selten. Nur sehr maskuline Frauen erleben etwas den Gefühlen des eifersüchtigen Mannes entfernt Verwandtes. Wo ist die Frau, die vor der Leiche ihres treulosen Liebhabers steht, den sie getötet hat, und fühlt, was Männer in derselben Situation so oft sagen: »Besser so, denn nun wird niemand sie besitzen, die ich so liebte.«

Nein, es kann keinen weiblichen Othello geben, denn die Phantasie der

Frau läuft nicht Amok, wenn sie eifersüchtig ist. Sie reicht nicht so weit und sie geht nicht in diese Richtung. Anders als beim Mann steht im Vordergrund ihrer Phantasievorstellungen nicht das lebhafte Bild des Geschlechtsverkehrs, den ihr Mann mit der anderen Frsu hat, sondern das Bild der Zuneigung, die er an die Rivalin verschwendet, die Vorahnung des Verlassenwerdens, des Verlustes seiner Liebe und ihrer emotionalen – und oft genug auch finanziellen – Sicherheit. Die Frau ist realistischer als der Mann, und ihre Vorstellungskraft hat auch in pathologischen Manifestationen engere Grenzen. Ein weiblicher Othello ist aus denselben Gründen undenkbar, aus denen wir uns keinen weiblichen Don Quijote vorstellen können. Frauen können zwar närrisch genug sein, aber sie sind selten Närrinnen.
Andere psychologische Unterschiede in der Eifersucht von Männern und Frauen gehen auf die unterschiedliche Rolle zurück, die die Sexualität in ihrem Gefühlsleben spielt. Eine mir bekannte Frau ging mit ihrem Mann in ein Kino. Der Mann begeisterte sich für Rita Hayworth und war so unklug, auf dem Heimweg von ihren weiblichen Reizen zu schwärmen. Seine Frau nahm ihm diese flüchtige Vernarrtheit übel. Ihren kritischen Bemerkungen über die andere Frau folgten scharfe Angriffe gegen ihren Mann, die sich nicht nur gegen seinen sexuellen Geschmack, sondern gegen seinen Charakter, sein ganzes Leben, seine Verwandten und Freunde richteten. Am Ende des Streits war er in ihren Augen ein ausgemachter Schurke. Daheim machte sie sich auf der Couch im Wohnzimmer ein Bett zurecht. All das aus Eifersucht auf eine Frau, die ihr Mann gar nicht kannte und nur auf der Kinoleinwand gesehen hatte! Kehren wir die Situation um und nehmen wir an, daß die Frau auf dem Heimweg vom Kino voll Bewunderung von einem Filmstar spricht, dessen Männlichkeit und Charakterstärke sie rühmt. Würde ihr Mann ähnlich reagieren? Das ist höchst unwahrscheinlich. Er wird vielleicht ein paar abfällige Worte über diesen Kerl brummen, aber er würde sich nicht so gekränkt fühlen wie die Frau, und er würde vor allem keinen Grund sehen, sich aus dem ehelichen Schlafzimmer zu entfernen. Er kann auf den Mann eifersüchtig sein, der seiner Frau körperlich nahe kommt, aber er kann nicht auf einen Schatten auf einer Leinwand eifersüchtig sein.
Zeigt aber dieser Gegensatz nicht, daß die eifersüchtige Frau ebenso phantasiereich ist wie der eifersüchtige Mann, wenn nicht noch mehr? Keineswegs. Er zeigt nur, daß ihre Phantasie andere Wege einschlägt oder daß sie auf andere Dinge eifersüchtig ist. In diesem Fall fürchtet die Frau andere Gefahren als der eifersüchtige Mann. Die emotionale Bindung des Mannes ist für sie wichtiger als die sexuelle oder vielmehr sinnliche. Liebe aus der Entfernung macht einen Mann selten eifersüchtig. Der zweifache Maßstab, der unsere Sitten regiert, spiegelt sich auch in dem

unterschiedlichen Charakter der weiblichen und männlichen Eifersucht wider. Eine Frau erfährt beispielsweise, daß ihr Ehemann oder Geliebter ihr bei einer bestimmten Gelegenheit, etwa auf einer Geschäftsreise, untreu war. Ihr augenblicklicher Kummer oder ihre Eifersucht kann nicht geleugnet werden, aber sie ist oberflächlich und kurzlebig, so als wäre dieses Erlebnis nur eine physische Entspannung gewesen, eben *»une affaire de canapé«*, wie Napoleon einmal sagte. Was sie befürchtet, ist, daß es mehr als nur das gewesen sein oder werden könnte, daß der Ehemann oder Geliebte eine Gefühlsbindung eingehen oder daß das Objekt dieses sexuellen Abenteuers auch das Liebesobjekt werden könnte. Es ist ihr lieber, daß er sich mit Sex beschäftigt, als daß ihn ein Sexualobjekt völlig in Anspruch nimmt.

Der Mann dagegen würde nicht in Wut geraten, wenn er erführe, daß seine Frau oder Geliebte ein tiefes emotionales Interesse für einen anderen Mann hegt, den sie nie gesehen hat. Aber wer hat je von einem Mann gehört, den ein gelegentlicher Seitensprung seiner Geliebten mehr oder weniger kalt läßt? Ein solcher Mann wäre entweder pervers oder ein Verrückter in emotionaler Hinsicht. Wo ist der Mann, der von seiner Frau und ihrem Liebhaber so sprechen kann, wie unlängst eine Frau von ihrem Mann und seiner Geliebten sprach? Sie sagte: »Er kann mit ihr schlafen, aber sprechen kann er nur mit mir.« Und das wurde weder in einem bitteren noch in einem resignierten Ton gesagt, sondern mit dem Gefühl triumphierender Überlegenheit, beinahe stolz.

Es wäre nun jedoch ein schwerer Irrtum, diesen Unterschied in der Einstellung der Geschlechter nur kulturellen Faktoren zuzuschreiben und nicht tiefer im Untergrund der unterschiedlichen Bedeutung zu suchen, die die Sexualität für die beiden Geschlechter hat. Dieser Unterschied reicht bis zu den Wurzeln des Problems hinunter und erklärt, worauf eine Frau und worauf ein Mann eifersüchtig ist. Der Mann weiß auf unbestimmte Weise und versteht oft unbewußt, daß der Geschlechtsverkehr mit einem anderen Mann für die Frau im allgemeinen mehr bedeutet als nur die Berührung zwischen Haut und Haut, daß eine Frau nur selten mit einem Mann schlafen würde, ohne emotional beteiligt zu sein. Die Frau ist sich andererseits sehr wohl der Tatsache bewußt, daß der Geschlechtsverkehr für einen Mann nicht viel bedeuten muß.

Einen weiteren Unterschied in der Eifersucht der Geschlechter findet man nur selten in der psychiatrischen und psychoanalytischen Literatur. Ich meine die unterschiedliche Rolle, die Selbstachtung und narzißtische Bedürfnisse im Wesen der männlichen und der weiblichen Eifersucht spielen. Bei der normalen wie bei der paranoischen Form der Emotion werden Impulse zur Untreue und homosexuelle Neigungen abgewehrt, wie Analytiker bei der Darstellung klinischer Fälle oft demonstriert haben. Das gilt für beide Geschlechter, aber es ist sehr charakteristisch, daß ein Mann wütend eifersüchtig auf einen Rivalen sein kann, ohne persönlich an ihm interessiert zu sein. Das heißt natürlich nicht, daß es ihm gleichgültig ist, wer der andere Mann ist. Aber wie er ist, ob er ledig oder verheiratet ist oder wie er aussieht, ist für ihn nur von geringem Interesse.

Wir können uns aber nicht viele eifersüchtige Frauen vorstellen, die sich nicht intensiv für die andere Frau interessieren würden, das heißt für ihr Aussehen, ihr Alter, ihre besonderen Reize. Es ist leicht, das mit dem alten Refrain »Was hat sie, was ich nicht habe?« zu erklären, aber dieser Versuch einer Aufhellung des Sachverhalts ist doch eine zu grobe Vereinfachung. Dieses Interesse hat ganz entschieden persönlichere Züge. Wenn man einer Frau zuhört, die genauere Auskünfte über ihre Rivalin haben möchte, gewinnt man beinahe den Eindruck, daß sie alles über sie wissen will, daß sie sie sehen und hören und sich selbst mit der anderen Frau vergleichen möchte. Kein Mann – der diesen Namen verdient – zeigt ein deutliches Interesse dieser Art.

Ich behaupte, daß sogar die Phänomenologie dieses Unterschiedes völlig vernachlässigt wurde. Ich wüßte im Augenblick kein einziges psychoanalytisches Werk zu nennen, in dem diese Frage ausführlich erörtert oder psychologisch erklärt worden wäre. Ich rufe als Zeugen für die Bedeutung dieses Unterschiedes eine hervorragende Autorität auf dem Gebiet der psychologischen Beobachtung und einen der größten Psychologen außerhalb der Fachkreise auf: William Shakespeare. Es folgen zwei repräsentative Beispiele. In *Die beiden Veroneser* betrachtet Julia das Bildnis ihrer Rivalin (IV, 4):

... Laßt mich sehn, ich denke,
Hätt ich nur solchen Aufputz, mein Gesicht,
Es wäre ganz so lieblich wie das ihre;
Doch hat der Maler etwas ihr geschmeichelt,
Wenn ich nicht allzuviel mir selber schmeichle.
Ihr Haar ist bräunlich, meins vollkommen blond;
Wenn das den Ausschlag gibt in seiner Liebe,
So trag ich falsches Haar von dieser Farbe.
Ihr Aug ist klares Blau, und so das meine;
Doch ihre Stirn ist klein und meine groß.
Was ist es, was ihn hier bezaubern kann,
Das nicht durch mich denselben Zauber übte,
Wär kind'sche Liebe nicht ein blinder Gott?
So nimm denn, Schatten, diesen Schatten mit,
Er ist dein Nebenbuhler. Leblos Bild!
Du wirst verehrt, geküßt und angebetet;
Und fühltest du bei seinem Götzendienst,

Mein Wesen möchte Bild statt deiner sein.
Ich will dir freundlich sein der Herrin wegen,
So war sie mir; sonst, bei dem Jupiter,
Kratzt ich dir die gemalten Augen aus,
Daß nicht mein Herr sich mehr in sie vergafft.

Dies ist ein Meisterstück der Beobachtung weiblicher Art zu denken und zu fühlen, besonders im Vergleich der eigenen Person mit der anderen Frau. Ein einziges charakteristisches Merkmal fehlt vielleicht, das sich in so vielen Situationen zeigt. Es ist bezeichnend, daß so viele Frauen, die andere beobachten und sich mit ihnen vergleichen, in Gedanken kompensieren; zum Beispiel: »Sie hat schönes Haar, aber ich habe eine bessere Figur«, oder: »Sie hat hübsche Beine, aber ich habe schönere Augen«, oder: »Mit mir kann man sich besser unterhalten.«
Es ist gewiß übertrieben, wie Anatole France in *Die rote Lilie* zu sagen, daß Eifersucht bei einer Frau nichts anderes sei als »verwundete Eigenliebe«. Aber dieser Faktor ist sicherlich stärker ausgeprägt als bei der Eifersucht des Mannes, die, wiederum mit den Worten von Anatole France, »eine Qual von der Heftigkeit seelischen Leidens und der Hartnäckigkeit körperlichen Schmerzes« ist. Der leidenschaftliche Charakter der Emotion ist gewiß auch bei der eifersüchtigen Frau vorhanden, aber die Empfindung ist anderer Art. Wenn die Eifersucht, wie ein Psychologe* sagt, »ein Rätsel (ist), die am wenigsten bekannte aller Emotionen, die am wenigsten erklärte menschliche Reaktion«, muß dieser Unterschied in Betracht gezogen werden. Hier können wir nun die eifersüchtige Kleopatra (*Antonius und Kleopatra*) hören, die von Octavia erfahren hat:

Geh zu dem Boten, mein Alexas, heiß ihn
Octavias Züge schildern, ihre Jahre,
Ihr ganz Gemüt; er soll dir nicht vergessen
Die Farbe ihres Haars; gib schnell mir Nachricht.
... sag dem Alexas,
Er melde mir, wie groß sie ist. (II, 5)

Dann die Szene in Kleopatras Palast:

Hast du Octavia selber gesehn?
...
Ist sie so groß wie ich?
...
Und ihre Sprache? Ist sie tief oder hell?

* Boris Sokoloff, *Jealousy*, New York 1947, S. 14.

Als der Bote sagt, Octavia habe eine tiefe Stimme, überlegt Kleopatra:

> Dann klingt's nicht gut, dann liebt er sie nicht lang.

Und wieder fragt sie:

> Ist Majestät in ihrem Gang? Besinn dich,
> Wenn je du Majestät gesehn!
> ...
> Wie alt wohl mag sie sein?
> ...
> Schwebt dir ihr Antlitz vor? Lang oder rund?

Nun ein kritischer Gedanke über das runde Gesicht Octavias:

> Solche Gesichter verraten meist auch Einfalt.
> Was für Haar?

Nachdem der Bote gegangen ist, fällt Kleopatra noch eine Frage ein, und sie bestellt ihn noch einmal zu sich. Ihre Neugier, ihr Wunsch, alles über die andere Frau zu wissen, ist unersättlich. Selbst als sie später zu sterben beschließt, spielt die Möglichkeit, von der siegreichen Rivalin gedemütigt zu werden, noch eine Rolle:

> Eur Weib Octavia mit dem kalten Blick
> Und stillen Gleichmut soll nicht Ehr empfangen,
> Indem sie streng mich ansieht.

In dieser Hinsicht fühlt eine Frau wie die andere. Ist das noch die stolze Königin von Ägypten, die so spricht?

> Nichts mehr als jeglich Weib und untertan
> So armen Schmerz wie jede Magd, die melkt
> Und niedern Hausdienst tut.

8. Über Sexualerziehung

Die Erziehung kann in zweierlei Hinsicht versagen: Sie kann weit hinter dem gesteckten Ziel zurückbleiben, oder sie kann über das Ziel hinausschießen. Dies sind natürlich auch die Gefahren der Sexualerziehung. Freud hat uns gezeigt, daß es einen Typ von Mann gibt, der seine Potenz nur bei Frauen erreichen kann, die er verachtet oder auf die er herabsieht. Er ist impotent bei Frauen, die er bewußt oder unbewußt als Angehörige der Mutter- oder Schwestergruppe betrachtet. Freud führt diese oft unbewußte Einstellung auf die ursprüngliche Mutterfigur zurück, auf die sowohl die affektiven als auch die ersten sexuellen Triebe gerichtet waren. Die Schranke gegen die Inzestversuchung machte diese Figur oder Personen, die sie vertraten, tabu, unberührbar im sexuellen Sinne. Wir haben es alle verabsäumt, in Betracht zu ziehen, wie sehr die spätere Erziehung des Knaben dazu führt, daß das weibliche Geschlecht in »gute« und »schlechte« Frauen eingeteilt wird. Viele Patienten erinnern sich, wie ihre Mütter und Väter sie ermahnten, anständige Mädchen so zu behandeln, als wären sie ihre Schwestern, das hieß, jede Annäherung zu vermeiden, die auch nur im entferntesten als sexuell gedeutet werden konnte. Eine unbewußte Hemmung wurde dadurch verstärkt, denn bei der harmlosesten Liebkosung tauchte beim Mann das Bild seiner Schwester auf. Durch die Verschiebung und Verallgemeinerung dieses unbewußten Tabus fühlen sehr viele der »guten« Mädchen, die dann diese Knaben, aus denen Männer wurden, heiraten, die nachteiligen Wirkungen dieser frühen Ermahnungen. Oder vielmehr sie fühlen nichts beim Geschlechtsverkehr. Auch für den Geschlechtsakt gilt:

Der angebornen Farbe der Entschließung
Wird des Gedankens Blässe angekränkelt;
Und Unternehmungen voll Mark und Nachdruck,
Durch diese Rücksicht aus der Bahn gelenkt,
Verlieren so den Namen Handlung.

Jeder Psychoanalytiker kennt Fälle, in denen eine zu große Achtung vor Frauen und eine zu große Rücksichtnahme indirekt für Impotenz oder für eine sporadische Potenz verantwortlich sind. Schließlich kann dieses Versagen verallgemeinert werden und bei allen Frauen eintreten, denn etwas von der Mutter oder Schwester ist in jeder Frau. Es ist ein seltsamer Gedanke, daß gerade eine zu große Achtung vor einer Frau zu dem beklagenswerten und schädlichen Resultat führen kann, daß sie »auf dem Trockenen« gelassen wird.

In mehreren meiner Fälle verging die anfängliche sexuelle Erregung der Frau, weil sie das Versagen ihres Ehemannes oder Geliebten voraussah. Manchmal vermeidet sie die Erregung und beginnt den Geschlechtsverkehr zu hassen, der sie unbefriedigt läßt. Eine Frau, die mit einem Mann von sehr labiler Potenz verheiratet war, schilderte mir, daß sie jedesmal Angst empfand, wenn ihr Mann sich ihr sexuell näherte. Sie wandte sich vom Geschlechtsverkehr ab wie von etwas Schmerzhaftem und Erschreckendem. Eine andere Frau erklärte mir, daß sie gewöhnlich darüber nachdachte, was sie am nächsten Tag kochen sollte, während sie in der schwächlichen Umarmung ihres Mannes lag. Gleichzeitig war sie aber imstande, sexuelle Lust vorzutäuschen – eine recht bemerkenswerte Leistung.

Um auf die falsche Sexualerziehung des Mannes zurückzukommen: Die Wirkung des Verbots nimmt nicht immer die Form der sexuellen Befriedigung mit Prostituierten oder promiskuitiven Frauen an. Ich kenne einen Fall, in dem der Ehemann nur potent sein konnte, wenn er seine Frau während des Vorspiels mit den ordinärsten Ausdrücken beschimpfte. Dadurch, daß er seine Frau so anredete, wie man seiner Meinung nach mit einer Straßendirne sprechen würde, verwandelte er seine Frau unbewußt in den Frauentyp, dem man sich sexuell nähern konnte. Ansonsten stand sie für ihn viel zu »hoch«, als daß er es gewagt hätte, sich ihr sexuell zu nähern. Er mußte sie verbal erniedrigen, um ein geeignetes Sexualobjekt aus ihr zu machen. Seiner Frau mißfielen, nebenbei gesagt, diese verbalen Einleitungen keineswegs.

Das weibliche Gegenstück dazu: Eine Frau, die mit einem in sexueller Hinsicht eher schüchternen Mann verheiratet war, konnte nur den Orgasmus erreichen, wenn sie sich vorstellte, daß ein anderer, unbekannter Mann sie umarmte, der sehr aktiv und aggressiv war. Sie schlief also mit einem anderen Mann, während sie ihrem Ehemann treu blieb. In einem anderen Fall verhielt sich der Ehemann so prüde, daß er seine Frau dazu brachte, sich zu schämen, wenn sie den Geschlechtsverkehr vollzog oder sexuelle Erregung zeigte. Sie war zuletzt so gehemmt, daß sie den Geschlechtsverkehr mit ihrem Mann als eine Art Schande betrachtete. Immer wenn ihr Mann verreist war, ließ sie sich in Bars und so weiter von allen Arten von Männern mitnehmen und genoß den Geschlechtsverkehr mit diesen beinahe unbekannten Männern, die sie verachtete. Sie konnte nicht in demselben Satz von ihrem Ehemann, den sie achtete und bewußt liebte, und von den verachtenswerten Typen sprechen, die sie nie wiedersah, nachdem sie eine orgiastische Nacht mit ihnen verbracht hatte.

Kehren wir für einen Augenblick zu dem Mann zurück, der seine Frau erniedrigen mußte, um eine Sexualpartnerin in ihr sehen zu können. Ich erinnere mich an einen Fall, in dem sich die zu hohe Achtung vor Frauen in einer ganz unerwarteten Hinsicht als hemmend erwies. Vor vielen Jahren verbrachte ich die Sommermonate in Asheville, North Carolina, wo ich psychoanalytischer Berater am psychiatrischen Highland Hospital war. Einmal bat mich die Psychiaterin in dieser Klinik, mit einem jungen Seemann zu sprechen, den sie mehrere Monate lang ohne rechten Erfolg behandelt hatte. Die Ärztin drückte die Hoffnung aus, daß ich vielleicht einige Geheimnisse entdecken könnte, die der junge Mann ihr nicht anvertraut hatte. Ich hatte ein langes Gespräch mit dem Seemann, der wegen seiner emotionalen Störungen aus der Marine entlassen worden war. Wir sprachen selbstverständlich auch von seinem Liebesleben. Er war ungefähr achtundzwanzig Jahre alt. In einem bestimmten Augenblick erzählte er mir folgendes: »Ich sagte oft zu Doktor Brown (der Psychiaterin, die ihn zu mir geschickt hatte), daß ich, immer wenn ich eine intime Vereinigung mit einem Mädchen hatte ...« Ich unterbrach ihn: »Was sagten Sie eben? Intime Vereinigung? Ich habe noch nie gehört, daß ein Seemann das so nennt!« – »Aber Doktor Brown ist eine *Dame*!« sagte der Seemann vorwurfsvoll. Der Respekt, den junge Männer, vor allem in den Südstaaten, vor Damen haben, hatte ihn daran gehindert, das Kind beim rechten Namen zu nennen und von sexuellen Betätigungen und Funktionen in dem bei der amerikanischen Marine üblichen Jargon zu sprechen. Ich legte Doktor Brown dringend nahe, den Patienten einem männlichen Psychiater im Highland Hospital zu übergeben. Und ich möchte hier wiederholen, daß bei Jungen wie bei Mädchen die Sexualerziehung versagen oder zu erfolgreich sein kann – was ebenso auf ein Versagen hinausläuft.

9. Periodizität

Die Evolution emanzipiert den Mann im allgemeinen mehr und mehr von der Periodizität der Instinkte, aber sie befreit die Frau in geringerem Maße und zögernder als den Mann vom Rhythmus der Veränderung. Männer können jederzeit gewalttätig sein und zu Mördern werden. Einige neuere Studien zeigen aber, daß siebzig bis achtzig Prozent der Gewaltverbrechen von Frauen unmittelbar vor und kurz nach dem Beginn der Menstruation verübt werden.* Während Männer in ihren sexuellen Regungen Spuren des biologischen Rhythmus zeigen, wird die Sexualität der Frau ganz eindeutig von den periodischen Naturgesetzen beherrscht. Die meisten Frauen sind am leichtesten wenige Tage vor, während und kurz nach der Menstruation erregbar.

Da eine Empfängnis während dieser Zeit unwahrscheinlich ist, scheint hier ein Gegensatz zwischen Fruchtbarkeit und sexuellem Verlangen zu bestehen. Es sieht so aus, als hätte die Natur einmal den Versuch unternommen, in der Entwicklung der Frau einen Zustand zu erreichen, der dem des Mannes näherkommt, und als wären die erwähnten Tage sozusagen eine Erinnerung an diesen gescheiterten Versuch. Das ist natürlich eine biologische Spekulation, aber man kann sich des Eindrucks nicht erwehren, daß psychologische Veränderungen auf biologische Faktoren in den Lebensphasen einer Frau zurückgeführt werden müssen. Die prämenstruelle Spannung, die mit Recht für so viel Streit und Unglück in der Beziehung der Geschlechter verantwortlich gemacht wird, ist oft als symptomatischer Ausdruck einer Frustration erklärt worden, die man mit dem folgenden Satz ausdrücken könnte: »Ich habe weder einen Penis noch ein Kind.« Aber die Natur der Reizbarkeit und der gegen den Mann gerichteten Streitsucht scheint eher eine Art von Groll anzudeuten, so als wäre er an ihrer Frustration schuld. Ich habe mich oft gefragt, warum

* Maxine Davis, *The Sexual Responsibility of Woman*, New York 1956, S. 245.

Psychoanalytiker nie darauf hinweisen, daß die prämenstruelle Spannung ein symptomatischer Ausdruck des unbewußten Penisneides der Frau ist. Karl Kraus beklagte sich einmal darüber, daß die Männer für den Mangel leiden müßten, mit dem der Schöpfer die Frauen ausgestattet hat, und er fragte sich, warum wir (Männer) verbluten müßten, weil sie jeden Monat an ihre Unvollständigkeit erinnert werden.

Es ist richtig, daß Männer oft »irgendeine Frau« – nicht diese oder jene bestimmte Frau – begehren. Das heißt, daß sie in sexuellen Nöten einfach eine Frau haben wollen und daß die persönliche Objektwahl weniger wichtig ist als der biologische Drang. Es ist auch richtig, daß das sexuelle Verlangen bei Frauen im allgemeinen viel stärker von der persönlichen Beziehung zu diesem oder jenem Mann abhängt. Aber in diesen Tagen, in denen das sexuelle Verlangen der Frau ein wenig den Charakter der männlichen Sexualität annimmt, wird der persönliche Faktor der Objektwahl psychologisch beinahe unbedeutend. Wenn Frauen ganz aufrichtig wären, würden sie zugeben, daß ihnen in diesen kurzen, jeden Monat auftretenden Phasen jeder beliebige Mann willkommen wäre. Sogar der Mann im Mond wäre ihnen recht.

10. »Was will das Weib?«

Ernest Jones schreibt, daß Freud die Psychologie der Frauen rätselhafter fand als die der Männer. Er zitiert eine Bemerkung, die Freud einmal Marie Bonaparte gegenüber machte: »Die große Frage, die nie beantwortet worden ist und die ich trotz dreißig Jahre langem Forschen in der weiblichen Seele nicht habe beantworten können, ist die: ›Was will das Weib?‹« * Der Ausdruck »Weib« läßt keinen Zweifel an der allgemeinen Natur der Frage zu. Freud denkt nicht an diesen oder jenen Typ von Frau, sondern an alle Frauen und ihr Ziel im Leben. Es bedarf keines großen Scharfsinns, um zu erraten, daß die Frage die Ziele der Frauen im Gegensatz zu denen der Männer betrifft. Wir können außerdem erraten, daß die in Freuds Frage angedeuteten Lebensziele nicht die engeren, begrenzteren sind, sondern die wesentlichsten Ziele, die Frauen unbewußt und bewußt anstreben.

Es kann kein Zufall sein, daß die Frage einer Frau gestellt wurde, einer Frau von außergewöhnlichem psychologischem Wahrnehmungsvermögen und Verständnis. In Paris und Wien, wo ich das Vergnügen hatte, Marie Bonaparte zu begegnen, bewunderte ich immer ihren durchdringenden analytischen Scharfblick und ihre Offenheit in Diskussionen

* Ernest Jones, *The Life and Work of Sigmund Freud,* New York 1955; dt.: *Das Leben und Werk von Sigmund Freud,* Hans Huber, Bern und Stuttgart 1962, Bd. II, S. 493.

über die psychologischen Probleme der Frauen. Die Bücher, die sie später schrieb, beweisen, daß sie die Gabe hatte, diese Probleme in einer sehr deutlichen und oft schönen literarischen Form darzustellen. Freud betrachtete Marie Bonaparte als eine seiner meistversprechenden Schülerinnen. Wir bedauern, daß Jones uns nicht sagte, was die Prinzessin ihrem Lehrer und Freund bei diesem Gespräch antwortete.

Die Frage selbst ist bemerkenswert, vor allem da sie einer der größten Psychologen aller Zeiten stellte: ein Psychoanalytiker, der Hunderte von Frauen als Patientinnen studiert hatte, ein Mann, der von den Frauen seiner Familie, Studentinnen und Verehrerinnen, Ärztinnen und Psychologinnen umgeben war. Die Suche und Forschung richtet sich nicht auf das Ewig-Feminine, sondern auf das »Ewigweibliche«, auf das Ziel der Frau jenseits aller Grenzen von Klasse, Religion oder Nationalität. Es wird gefragt, wonach sie jetzt strebt und vom Anbeginn der Zeiten an strebte.

Freud stellt die Frage, aber er beantwortet sie nicht. Eine solche Antwort müßte die Ziele, die bewußten wie die unbewußten, aller Frauen umfassen. Möglicherweise gibt es keine Antwort auf eine so allgemeine Frage, die alle biologischen und psychologischen Bedürfnisse der Frauen in Betracht ziehen würde.

Wenn eine solche Antwort möglich ist, hat sie vielleicht Nietzsche gegeben, der in vielerlei Hinsicht ein Vorläufer Freuds war und unter anderem einige psychologische Einsichten in die Ich-Psychologie gewonnen hatte, die der Psychoanalyse noch verschlossen sind. Zarathustra, der »scheu durch die Dämmerung schleicht«, birgt diese »kleine Wahrheit« unter seinem Mantel: »Alles am Weibe ist ein Rätsel, und alles am Weibe hat eine Lösung: sie heißt Schwangerschaft.« *

11. Das Weibliche und das Feminine

Im vorausgegangenen Kapitel wurde auf einen Gegensatz zwischen dem »Ewig-Femininen« und dem »Ewigweiblichen« angespielt. Als ich diese Zeilen schrieb, war mir nicht bewußt, daß sie durch einige Bemerkungen beeinflußt wurden, die ich einmal von einer Dame gehört hatte. Sie hatte Teile des ersten Entwurfs dieses Buches gelesen und sagte: »Ihre Kommentare in diesem Kapitel betreffen das Feminine, aber nicht das Weibliche.« Erstaunt über diese Unterscheidung, bat ich sie zu erklären, was sie meinte. Sie sagte mir, daß sie in Gedanken schon lange diesen Unterschied machte. Das Feminine bedeutete für sie alles Anziehende und Verlockende, alles, was – wie es nur eine Frau sagen kann – sagte: »Geh

* Nietzsche, *Also sprach Zarathustra,* Erster Teil, »Von alten und jungen Weiblein«.

näher weg!« – mit dem Ziel, den Mann in Versuchung zu führen und zu reizen; all die Tricks, Ränke und Listen der Frau. Das Weibliche hat für sie die Bedeutung des Gebens: das Bedürfnis, für andere zu sorgen, das instinktiv Liebevolle oder Mütterliche. Es scheint, daß wir alle diese Unterscheidung treffen, ohne uns dessen bewußt zu sein, obwohl wir in unserer ungenauen Alltagssprache die beiden Dinge nicht auseinanderhalten.

Es ist offensichtlich, daß die beiden Eigenschaften oft in ein und derselben Frau vereint sind und zwei Facetten ihrer Natur darstellen. Bezeichnend ist jedoch, daß, wenn sich die eine zeigt, die andere in den Hintergrund tritt. Die Natur kann das Arsenal des Femininen zu dem geheimen Zweck benutzen, das Weibliche zu entwickeln. Andererseits kann mitten in einem sehr femininen Verhalten plötzlich das Weibliche durchbrechen.

Oft können wir das Weibliche ebenso wie das Feminine schon sehr früh beim kleinen Mädchen beobachten. Als meine Tochter Miriam fünf Jahre alt war, verstand sie es schon sehr gut, kokett zu sein und sich bei den Erwachsenen – Frauen wie Männern – einzuschmeicheln. Sie konnte sogar auf eine sehr feminine Weise kleine Tricks anwenden, um zu bekommen, was sie wollte. Aber aus derselben Zeit erinnere ich mich an den folgenden Zwischenfall. Wir verbrachten unseren Sommerurlaub auf einer Farm in Kanada. Miriam und ich gingen in die Scheune. Hoch oben auf einem Balken sah sie ein Schwalbennest, wo die Schwalbenmutter ihre Jungen in Sicherheit großzog. Wir konnten das Zwitschern der kleinen Vögel hören. Bald darauf verließen wir die Scheune wieder und gingen weiter. Plötzlich ließ Miriam meine Hand los und lief zurück, um das Scheunentor zu schließen, das wir aus Versehen offengelassen hatten. Sie hatte eine Katze auf der Straße gesehen, und so klein sie war, fürchtete sie, sie könnte die jungen Schwalben töten. Das Weibliche zeigte sich schon in dem kleinen Mädchen.

Eine Patientin von mir erinnerte sich, daß sie in ungefähr demselben Alter ein Paar Meerschweinchen bekommen hatte. Sie hatten zu ihrem Entzücken eine Familie gegründet, über die sie wie ein Habicht wachte. Eines Tages kam eine Freundin ihrer Eltern zu Besuch und brachte eine Bulldogge mit. Während niemand auf den Hund achtete, stürzte er sich auf die kleinen Tiere und biß sie tot. Das Mädchen wurde hysterisch, und auf ihre Schreie hin kamen die Erwachsenen herbeigelaufen. Die Besitzerin des Hundes war ganz gebrochen und begann zu weinen. Plötzlich lief das kleine Mädchen zu ihr hin und sagte: »Weinen Sie nicht! Es war ja nicht Ihre Schuld!« Die Patientin hatte als kleines Mädchen Feingefühl bewiesen, aber auch Mütterlichkeit, das Weibliche.

Das Mütterliche ist der wichtigste Bestandteil dessen, was wir das Weibliche nennen, und es ist unabhängig von der physischen Tatsache, ob die

Frau wirklich Mutter ist oder nicht. Ich erinnere mich, daß ich als kleiner Junge eine Erzählung einer österreichischen Schriftstellerin – war es Marie Ebner-Eschenbach? – las, die mir Nahrung für einige sehr seltsame Gedanken gab und mich meine Lehrerin in der Volksschule mit neuen Augen sehen ließ. Wenn mich mein Gedächtnis nicht trügt, handelt die Erzählung von einer jungen Frau, einer Lehrerin, die während der Sommerferien ein romantisches Erlebnis hat. Enttäuscht kehrt das Mädchen, das von der Ehe, einem Mann, einem Kind und einem Heim geträumt hat, im Herbst nach Hause zurück und geht niedergeschlagen wieder in ihre Schule. Als sie sich von den vielen Kindern ihrer Klasse umgeben fühlt, erholt sie sich schon am ersten Tag langsam von ihrer Verzweiflung und ihrem Kummer. Die Erzählung schließt mit einem Satz, den ich sechzig Jahre lang nicht vergessen habe: »Die kinderlose Frau kann die meisten Kinder haben.« Hier können wir den Ausdruck weiblich im besten Sinne anwenden.

Es ist seltsam, daß in den Kindheitserinnerungen von Männern das Feminine an ihrer Mutter eine so geringe Rolle spielt, während das Weibliche in ihrem Gedächtnis weiterlebt. Ein Unterschied besteht auch in den emotionalen Aspekten der Erinnerungen von Männern und Frauen in bezug auf ihre Mutter in der Kindheit. In den Erinnerungen der Frauen bleibt meistens der feminine Charakter der Mutter erhalten. Eine Patientin berichtete mir, ihr sei in ihrer frühen Kindheit bewußt geworden, daß ihre Mutter eine »Telefonstimme« hatte.

Die Verdrängungswirkungen des Inzest-Tabus haben sicherlich den Hauptanteil an der Vermeidung dieses Teils der Kindheitserinnerungen von Männern. Es ist bemerkenswert, daß die Idealisierung der Mutter so eng mit der Erinnerung an ihren weiblichen Charakter verbunden ist. Daß diese Seite ihrer Natur auch im Hinblick auf die Ich-Entwicklung des kleinen Jungen von Bedeutung ist, ist klar.

Hier ist eine kleine Erinnerung, die diesen analytischen Schluß zu bestätigen scheint: Es spricht vieles dafür, daß ich ein verträumter, beinahe träger kleiner Junge gewesen sein muß. Aus meiner Kindheit ist keines dieser »klugen Worte« überliefert, die stolze Mütter gern von ihren Kindern berichten. Der einzige Satz, den meine Mutter manchmal mit einem Lächeln zitierte, war alles andere als »gescheit« oder »intelligent«. Immer wenn sie ausging, um Besorgungen zu machen oder jemandem einen Besuch abzustatten, begann ich zu weinen und schluchzend zu fragen: »Wer wird mich aufheben, wenn ich hinfalle?« Ich muß in einem Alter gewesen sein, in dem ich noch nicht sehr gut gehen konnte. Meine besorgte Frage zeigt nicht nur die krasse Selbstsucht des kleinen Jungen, sondern auch seinen völligen Mangel an Phantasie. Es scheint, als wäre ich nicht imstande gewesen, mir vorzustellen, daß mich jemand anders aufheben könnte, wenn ich hinfallen sollte. Aber die Beschränkung die-

ser Funktion auf die Mutter war vielleicht nicht das Ergebnis meiner Dummheit, sondern der Ausdruck meines Wunsches, nur von ihr aufgehoben zu werden.
Der Glaube an die Allmacht des Weiblichen war so hartnäckig, daß er mir irgendwie, unbeeinträchtigt durch die Enttäuschungen, die das Leben jedem Mann bringt, erhalten blieb. Ich erinnere mich noch an das Echo dieser aus der Kindheit stammenden Überzeugung. Es hallte in mir nach auf dem Gymnasium, als ich zum erstenmal die wunderbaren Verse las, mit denen Goethe seinen *Faust* beendet:

> Das Unbeschreibliche,
> Hier ist es getan;
> Das Ewigweibliche
> Zieht uns hinan.

Was ich als kleiner Junge empfunden hatte, war hier in seiner erhabensten und geheimnisvollsten Form wiedererschienen.
Können wir uns vorstellen, daß in diesen feierlichen Versen das »Ewigweibliche« ersetzt werden könnte durch das »Ewig-Feminine«? Gewiß nicht. Die erhebende Funktion des »Ewig-Femininen« beschränkt sich auf den Penis. Anfangs ist zwar die Mutter das Objekt der sinnlichen ebenso wie der zärtlichen Sehnsüchte des kleinen Jungen, aber die Inzestschranke ist rasch errichtet. Die Sexualstrebungen suchen sich bald ein anderes Objekt, und die Mutter bleibt das Objekt nur der zärtlichen Gefühle.
Das Feminine ist sicherlich alt, aber es ist ganz gewiß nicht ewig. Man kann sich nicht vorstellen, daß das Feminine bei der Frau der Altsteinzeit stark ausgeprägt war. Es ist vielleicht nicht älter als die Jungsteinzeit, in der die menschliche Kultur begann. Die Frau und die Tochter des Mannes von damals hatten sicherlich sehr wenige feminine Züge. Aber ebenso sicher ist, daß sie schon weibliche Eigenschaften hatte.
Nein, es gibt kein »Ewig-Feminines«, denn die femininen Charakterzüge erscheinen auch beim kleinen Mädchen erst in einer gewissen, wenn auch frühen Entwicklungsphase. Genau genommen gibt es auch kein »Ewigweibliches«, denn es kann bestenfalls bis zum Beginn der sexuellen Differenzierung zurückverfolgt werden. Äonen lang machte die Evolution keinen Unterschied zwischen männlich und weiblich, und viele Arten von Protozoen leben heute noch in glücklicher Unkenntnis dieses bedeutsamen Unterschiedes. Aber sobald die Menschenfrau auf diesem kleinen Planeten erschien, waren auch schon Spuren des Weiblichen vorhanden, während das Feminine die Welt erst betrat, als sie aus ihrem langen Schlaf erwachte. In diesem Sinne, in dem sich die biologischen mit den psychologischen Ursprüngen vereinen, kann man sehr wohl vom Weiblichen als dem Beginn und dem Endziel der Frau sprechen, deren

Femininität ein vorübergehendes Phänomen ist. Das Weibliche an der Frau ist das Dauerhafte, während das Feminine nur ihre, wie Charles Darwin sagte, »flüchtige« Anziehung ausmacht.
In ihren besten Augenblicken wird sich auch die femininste Frau des Weiblichen in ihr bewußt. Dieser wesentliche Teil bleibt außerhalb des Wettbewerbs mit dem Mann. Er ist erhaben über den Kampf der Geschlechter, *»hors de la mêlée«*. Er ist das Element, auf dem die Kraft und die Glorie der Frau beruhen. Er wird weder durch die Machtlust noch durch den Kampf um die Unabhängigkeit der Frau berührt. An dieses Ewigweibliche dachte Anatole France, als er einmal bemerkte, daß eine Frau, die auf Gleichheit besteht, auf ihre Überlegenheit verzichtet.

12. Männer, Frauen und Kleidung

Eine systematische und vollständige Rekonstruktion der Entwicklung geistig-seelischer Phänomene im Sinne einer genetischen Psychologie gehört nicht zu den Zielen der Psychoanalyse. Aber einen bestimmten emotionalen Prozeß oder geistig-seelischen Zustand zu verstehen, bedeutet auch für den Analytiker, seinen Ursprung und seine Evolution zu begreifen. Seine Methode erlaubt ihm das Eindringen in tiefe Schichten, die der historischen Methode der genetischen Psychologie nicht zugänglich sind. Sie befähigt ihn, Spuren einer längst vergessenen Vergangenheit in den letzten Stadien der Entwicklung zu entdecken. Früh verdrängte Eindrücke hinterlassen unauslöschliche Spuren im Leben des Individuums. Sie sind durch eine Art von geistiger Mimikry geschützt. Sie nehmen eine Schutzfärbung an, die ihrer Umgebung ähnelt, das heißt den Umständen einer späteren Situation im Leben des Individuums. Andere Spuren werden unkenntlich durch Verschiebung oder verschiedene Mittel der Entstellung und erscheinen in den Formen der Rationalisierung. Manche frühe Spuren können jedoch noch intakt und nicht entstellt entdeckt werden, wenn man von ihrer Anpassung an eine neue Situation absieht. Sie sind unverdächtig und bleiben als psychologische Zeichen der ursprünglichen Phase unerkannt, weil sie sehr gut als natürlicher und angemessener Ausdruck neuerer Phasen angesehen werden können. Ihre oberflächliche Ähnlichkeit mit benachbarten Phänomenen ist eine defensive Tarnung und hindert den Untersuchenden daran, sie zu identifizieren. Sie werden für einen gegenwärtigen Ausdruck gehalten, weil sie unter anderen, ähnlichen mitten in erwachsenen Verhaltensmustern erscheinen. Es ist, als entdeckte man in dem Wechselgeld, das man eben in einem Geschäft erhalten hat, eine Drachme aus der Zeit Alexanders des Großen. Die Münze ist vielleicht durch viele Hände gegangen und mit einer gängigen Münze verwechselt worden, der sie ähnlich sieht. Ihr Wert für den Sammler und Kenner ist natürlich viel höher, und man fragt sich, wie sie so lange unerkannt bleiben konnte.

In den folgenden Abschnitten werden zwei Beispiele für solche unauffällige und noch unerkannte Überbleibsel in Form von zwei alltäglichen Sätzen dargestellt, die man hört, ohne lange darüber nachzudenken.

Die Wiener Schauspielerin Adele S. besuchte ihre Nichte in der Gebärklinik, wo die junge Frau gerade ein Kind zur Welt gebracht hatte. Als man es ihr zeigte, sagte die alte Schauspielerin: »Wenn mich mein Gedächtnis nicht trügt, ist das ein Bub.«

Diese Bemerkung bezieht sich natürlich auf die Erinnerungen an die zahlreichen Affären, die die Schauspielerin in ihrer Jugend gehabt hatte, aber sie könnte auch auf viel frühere Erinnerungen angespielt haben. Das kleine Mädchen entdeckt schon früh, daß der Körper eines Jungen anders beschaffen ist als ihr eigener. Da sie wie alle Kinder an den Funktionen des Urinierens interessiert ist, wird ihr bewußt, daß der Junge gewisse Vorteile genießt. Ein kleines Mädchen, das einen Jungen vor einem Baum stehend urinieren sah, bemerkte: »Wie praktisch!« Das männliche Glied wird aber vom kleinen Mädchen nicht nur als nützlich, sondern auch als ornamental betrachtet. Der bekannte Kinderarzt Dr. Benjamin Spock berichtete, daß ein kleines Mädchen, das einen nackten Jungen betrachtet hatte, sich bei der Mutter beklagte: »Er ist so verziert und ich bin so einfach.«

Wir wollen hier das Auftreten des typischen Penisneides und seine späteren Reaktionen nicht weiter verfolgen. Es ist bekannt, daß sich das Mädchen bald benachteiligt fühlt und daß der körperliche Unterschied zwischen den Geschlechtern in seinen Augen zu einer Minderwertigkeit des weiblichen Geschlechts wird. Die Psychoanalyse hat herausgearbeitet, wie dieses frühe Handicap zumindest zu einem großen Teil emotional überwunden wird. Das Mädchen wird stolz auf seine Figur und die anderen körperlichen Gaben, mit denen es die Natur ausgestattet hat. Freud zeigte uns jedoch, daß die weibliche Eitelkeit immer noch eine Reaktion auf das unbewußte Gefühl ist, benachteiligt worden zu sein. Die Frau begreift ihre körperlichen Reize als spätere Kompensation für das ursprüngliche Gefühl sexueller Minderwertigkeit. Sie muß diese körperlichen Gaben um so höher schätzen, je schwerer sie sich einst wegen ihrer Penislosigkeit behindert fühlte.

All das ist bekannt, aber was vielleicht analytisch noch nicht deutlich genug erkannt wurde, sind die Wirkungen der Verschiebung dieser Kompensation vom weiblichen Körper auf die Kleidung, den Schmuck, den attraktiven Vorhang, der das Bild bedeckt. Es ist offensichtlich, wieviel von der Aufmerksamkeit, die ursprünglich dem Körper gewidmet war, auf das Kleid verschoben wird. Die so typisch weibliche Freude am Stoff, an seiner Glattheit, an der Qualität und Festigkeit des Gewebes muß gewiß als eine solche Übertragung des Interesses vom zarten weiblichen Körper auf das Gewand verstanden werden. Eine tiefergehende analytische Untersuchung könnte erklären, warum sich jede Frau anders kleiden möchte als andere Frauen und dennoch dem Modetrend gehorchen will. Sie könnte auch die kleinliche Rivalität und Eifersucht der Frauen in bezug auf ihre Kleidung und dazu die Tatsache erklären, daß sich eine Frau als eine andere Persönlichkeit vorkommt, wenn sie ein neues Kleid anzieht. Stolz und Scham im Hinblick auf Kleider müssen ihre unbewußten Wurzeln in dem Versuch haben, durch die Verschiebung vom Körper auf das Kleid zu trösten und zu kompensieren.

Es ist leicht, der Versuchung zu widerstehen, diese interessanten Fäden durch die ganze Psychologie des Frauentums zu verfolgen, denn wir haben zumindest eine kleine und unauffällige Spur entdeckt, in der die verdrängte Klage über das anatomische Handicap erstaunlicherweise in einer Verschiebung auf das Kleid wiedererscheint. Es scheint, daß das Gefühl der Benachteiligung, das das kleine Mädchen einst empfand, erfolgreich kompensiert wird, wenn die reife Frau ihren Verlust anerkannt hat und wenn ihre Eitelkeit durch die Entwicklung ihres Körpers zur Schönheit hin befriedigt wird. Auch ihre Kleidung, die ihre Schönheit im besten Licht zeigt, hat ihr geholfen, das frühe Gefühl der persönlichen Benachteiligung zu vergessen und zu vergeben.

Es gibt jedoch zumindest einen typischen Zug der erwachsenen Frau, in dem diese alte Klage auch in der Verschiebung auf die Kleidung unerkannt weiterlebt. Sie ist beinahe überall zu hören, und in ihr ist das Gefühl der sexuellen Unvollkommenheit in allen Klassen und Lebensaltern erhalten geblieben. Sie lautet: »Ich habe nichts anzuziehen.« Dieser Satz wird ausgesprochen, dieser Gedanke wird gedacht, gleich ob die Frau wirklich zu wenige Kleider hat oder ob sie die für jeden gesellschaftlichen Anlaß nötige Garderobe doppelt und dreifach besitzt. Es ist ein Gedanke, der die Solidarität aller Frauen ausdrückt. Eine Dame, die als eine der bestangezogenen Frauen dieses Landes gilt, vertraute mir an, daß sie sich bei demselben Gedanken ertappte, obwohl sie weiß, daß sie genug Kleider, Abendkleider und so fort für jede Gelegenheit hat. Es scheint, daß der Gedanke eine beinahe automatische Reaktion ist, eine Art von geistigem Reflex, den jede Frau hat. Wir vermuten, daß er eine unbewußte Motivation haben muß, die es der Frau ermöglicht, die Wirklichkeit außer acht zu lassen.

»Ich habe nichts anzuziehen« – das scheint mir die alte, vergessene Klage in einer neuen Form zu sein, verkleidet als Kummer darüber, daß man nicht genug Kleider hat. Die alte Klage des kleinen Mädchens über das Fehlen des Penis lebt in der reifen Frau weiter und drückt sich in diesem typisch weiblichen Satz aus. Sie hallt wider in der späteren Entwicklung, in der die Klage vom Körper auf das Gewand verschoben wurde. Von der

Frau selbst unerkannt, ist diese Klage über ihre Mangelhaftigkeit unsterblich geworden und verkündet in neuer Form den Satz: »Schwachheit, dein Nam' ist Weib.«

Frauen sagen manchmal, daß sie sich für Männer anziehen, aber ganz gewiß nicht für Männer allein. Sie ziehen sich auch für andere Frauen an und vor allem für sich selbst. Es scheint, daß ihnen gefallen muß, was sie im Spiegel sehen, bevor sie hoffen können, für andere attraktiv zu sein. Der Eindruck, den sie selbst von ihrem Aussehen haben, ist zweifellos einer der entscheidendsten Faktoren bei der Beurteilung des Eindrucks, den sie auf andere zu machen hoffen. Die Frau, die in den Spiegel blickt, sieht sich mit den Augen anderer, manchmal auch nur mit den Augen eines einzigen Menschen. Es läßt sich nicht leugnen, daß der Eindruck, den sie bei dieser »Kostümprobe« gewinnt, von größter Bedeutung für die Entscheidung ist, ob sie später anderen attraktiv erscheinen wird oder nicht. Wenn sie mit ihrem Aussehen zufrieden ist, stärkt das ihr Selbstbewußtsein, und sie wird gewissermaßen in voller Schönheit erblühen. Eine Frau, die für andere attraktiv sein möchte, muß zuerst einmal sich selbst gefallen. Eine junge Patientin von mir sagte einmal während einer psychoanalytischen Sitzung etwas, was man in jedem Kleidergeschäft auf ein Schild schreiben sollte: »Wenn ich schäbig angezogen bin, hasse ich alle.« Dieser Satz enthält eine der grundlegenden psychologischen Wahrheiten, die allgemein vernachlässigt werden. Die Schlußfolgerung, die er ausdrückt, sollte, wenn schon nicht aus ästhetischen Gründen, im Namen der Liebe zu den Menschen berücksichtigt werden. Eine Frau, die weiß, daß sie gut gekleidet ist, wird im allgemeinen liebenswürdig sein und sich nicht anstrengen müssen, um ihr Ziel zu erreichen, nämlich zu gefallen.

Keine vernünftige Frau wird leugnen, daß sie sich auch für Männer anzieht, das heißt, um für Männer attraktiv zu sein – nicht unbedingt für den eigenen Mann, in manchen Fällen sogar für alle anderen Männer, nur nicht für den eigenen. In einer der Erzählungen von Dorothy Parker (*The Lovely Leave*) erwartet eine junge Frau ihren Mann, der auf Urlaub nach Hause kommt. Sie hat sich schön gemacht und eines dieser einfachen, schwarzen Kleider gekauft, die so teuer sind, denn sie weiß, daß ihm einfache, schwarze Kleider gefallen. Sie fragt ihn, ob es ihm auch wirklich gefällt.

»O ja«, sagte er, »in diesem Kleid hast du mir immer gefallen.« Sie stand wie erstarrt. »Dieses Kleid«, sagte sie mit beleidigend scharfer Aussprache, »ist nagelneu. Ich habe es in meinem Leben noch nie getragen. Falls es dich interessiert, ich habe es eigens für diesen Anlaß gekauft.«

»Es tut mir leid, Liebling«, sagte er. »Natürlich, jetzt sehe ich, daß es nicht das andere ist. Ich finde es wunderbar. Ich mag dich in Schwarz.«

»In Augenblicken wie diesem«, antwortete sie, »wünschte ich mir beinahe, ich hätte es aus einem anderen Grunde an.«
Der grimmige Wunsch, Witwe zu sein, weil ihr junger Ehemann das neue Kleid nicht zu schätzen wußte, ist für uns Männer psychologisch nicht leicht verständlich, aber wir erkennen, daß das Gefühl, so tief gekränkt worden zu sein, sich nicht allein auf dieses besondere Kleid beziehen kann. Die Emotionen der Frau haben ihre Wurzeln in dem Bewußtsein, daß der Mann ihre körperliche Schönheit und den Körper unter dem Kleid nicht schätzt. Das alte, vergessene Gefühl, benachteiligt zu sein, unter dem das kleine Mädchen wegen seiner Penislosigkeit litt, verstärkte die Empfindlichkeit der Frau wegen des Mangels an Aufmerksamkeit, den der Mann im Hinblick auf ihr Kleid verriet. Sie empfindet diesen Mangel um so stärker, als sie sich ja für ihn schön gemacht hat. Sie könnte sich auch gekränkt fühlen, wenn sie ihm ein köstliches Abendessen zubereitet hätte, das er nicht zu schätzen weiß und verschlingt, ohne ihre Mühe zu beachten. Aber die Verletzung ihres Stolzes im Falle des neuen Kleides ist anderer Natur, weil sie ihre Resonanz findet in der unbewußten Erneuerung des kindlichen Gefühls, daß der Junge den Körper des kleinen Mädchens nicht bewundert oder vielmehr, daß sie sich unzulänglich fühlte, wenn sie ihren eigenen Körper mit dem des Mannes verglich. In der Szene, die Dorothy Parker beschreibt, sprechen ein reifer Mann und eine reife Frau über ein neues Kleid, aber ihr Gespräch hat Untertöne, in denen die Stimmen eines kleinen Mädchens und eines kleinen Jungen hörbar werden. In der Enttäuschung der jungen Frau kommt die Enttäuschung des kleinen Mädchens durch die Verschiebung auf das Kleid als Ersatz wieder zum Vorschein.
Es scheint, daß die Hoffnung der Frauen, daß der Mann die Schönheit ihres Körpers auch in seiner Kleiderhülle schätzen wird, unauslöschlich ist. Der Todeswunsch der jungen Frau gegen ihren Mann, der so interesselos von ihrem neuen Kleid sprach, erinnert uns an ein altes französisches Lied, in dem eine junge Witwe getröstet wird: »Weine nicht: Schwarz steht dir so gut!« (*Ne pleure pas: le noir te va si bien.*)
Doch wenden wir uns von dem ewigen und stets aktuellen Thema der weiblichen Eitelkeit ab und der Psychologie des Mannes zu. Warum widmet der junge Ehemann dem neuen Kleid so wenig Aufmerksamkeit, das seine Frau eigens gekauft hat, um ihm zu gefallen? Sollen wir ihr zustimmen, daß er gedankenlos und rücksichtslos ist, eine Art gefühlloses Scheusal? Wenn wir ein wenig nachdenken, kommen wir darauf, daß jeder von uns gelegentlich ebenso gedankenlos und unaufmerksam in bezug auf ein neues Kleid der Frau oder Geliebten war. Sind wir, da dieser Mangel an Aufmerksamkeit oder Interesse für die meisten Männer typisch ist, alle miteinander Ungeheuer, wenn wir einem neuen oder geänderten Kleid gegenüber gleichgültig zu sein scheinen oder wenn wir

einen neuen Hut, eine neue Frisur nicht bemerken? Frauen nehmen es als selbstverständlich hin, daß wir nicht viel vom Schnitt und Stil eines Kleides verstehen und daß wir die Farbe und die Stoffe ihrer Kleidung nicht richtig zu würdigen wissen, aber warum ist es für sie so notwendig, unsere Aufmerksamkeit auf die Tatsache zu lenken, daß sie eine neue Bluse tragen oder daß ihr Kleid einen neuen Kragen hat? Sie erwarten, daß wir so etwas selbst bemerken und sind enttäuscht, wenn es uns nicht auffällt. Unser Mangel an Interesse und Aufmerksamkeit geht sogar so weit, daß wir oft nicht einmal die Namen der verschiedenen Stoffe und Stile kennen und manchmal nur schwer begreifen, was sie meinen, wenn sie von Details der weiblichen Kleidung sprechen.

Wir erinnern uns, daß es gewisse Männer gibt, die sich in dieser Hinsicht vom Durchschnittsmann unterscheiden. Sie besitzen eine ausgezeichnete Kenntnis dieser Dinge und interessieren sich sehr für sie. Sie sind bereit und imstande, die besonderen Qualitäten der weiblichen Kleidung zu schätzen. Ich spreche von einem gewissen Typ von homosexuellen Männern. Unlängst hörte ich, daß viele Damen ihre neuen Kleider gern Homosexuellen zeigen, die soviel Geschmack und Interesse haben, daß man sie als Experten betrachten muß, die imstande sind, die besonderen Qualitäten der Kleider zu bewerten und ihre Unvollkommenheiten zu kritisieren. Es ist nicht verwunderlich, daß eine größere Anzahl von männlichen Modeschöpfern und Experten und Verkäufern in der Modebranche dieser Gruppe angehören oder zumindest starke latente homosexuelle Neigungen haben.

Wenn das Kleid, psychologisch gesehen, eine Erweiterung des Körpers der Frau ist, wie ist es dann zu erklären, daß diese Art von Homosexuellen der weiblichen Kleidung soviel Aufmerksamkeit widmet und in dieser Hinsicht soviel Geschmack und feines Urteilsvermögen beweist? Diese Männer begehren Frauen nicht sexuell und haben sie als Liebesobjekte überflüssig gemacht. Sie identifizieren sich unbewußt mit der Frau, die das Kleid trägt, sehen sich selbst in dem Kleid und gelangen so zu einem stellvertretenden Bild von sich selbst als Träger des Kleides. Sie interessieren sich für Frauenkleidung durch diesen verborgenen Umweg ihrer weiblichen Identifikation.

Eine andere Gruppe von Männern widmet der Frauenkleidung, wenn auch selten ganzen Kleidern, besondere Aufmerksamkeit. Ihr Interesse ist von besonderer Art: Es scheint übertrieben zu sein, ja es ist geradezu eine Verehrung bestimmter Teile der Frauenkleidung wie Slips, Büstenhalter, Strümpfe oder Schuhe. Wir meinen die Gruppe der männlichen Fetischisten. (Bei Frauen ist der Fetischismus eine Seltenheit.) Man sollte erwarten, daß diese Männer, die ein so leidenschaftliches Interesse und eine beinahe religiöse Verehrung für weibliche Kleidungsstücke bekunden, den Körper der Frau lieben. Tatsächlich aber betrifft ihre Idolatrie in den meisten Fällen das vom Körper losgelöste fetischistische Objekt. Es ist isoliert und unpersönlich. Ein Fußfetischist wird nicht durch die Schuhe sexuell erregt, die eine bestimmte Frau trägt, sondern durch die Schuhe ohne die Frau. Seine Leidenschaft für das Objekt gilt nicht der Frau, die es trägt, sondern dem von der Frau getrennten Fetisch.

Die Psychoanalyse läßt keinen Zweifel daran zu, daß die Perversion des Fetischismus nicht eine Verehrung des weiblichen Körpers in seiner Schönheit bedeutet, sondern eine imaginäre Verleugnung seiner wirklichen Natur. Der Fetisch ist das Symbol und der Ersatz des Penis, den dieser Körper nicht besitzt; er wird unbewußt als männliches Genitale begriffen. Die verdrängte Bedeutung beinahe aller Fälle von Fetischismus entpuppt sich in der Psychoanalyse als die energischste Verleugnung und Nichtanerkennung der Tatsache, daß die Frau keinen Penis hat. In der Verschiebung auf den Fetisch als Ersatz drücken diese Männer den unbewußten Gedanken aus, daß eine Frau *doch* einen Penis besitzt. Das wesentlichste Motiv für eine so erstaunliche Überzeugung ist die Abwehr der unbewußten Kastrationsangst des Mannes. Es ist, als klammerte sich der Fetischist an den kindlichen Glauben, daß auch alle Frauen einen Penis haben, weil er die Tatsache nicht zugeben will, daß es Menschen ohne Penis gibt, also solche, die wirklich »kastriert« sind. Wenn die Kastration möglich ist, dann droht die potentielle Gefahr der Kastration auch ihm.

Wir kommen also zu dem erstaunlichen Ergebnis, daß die beiden Arten von Männern, die großes Interesse für Frauenkleidung zeigen, der Homosexuelle und der Fetischist, den Körper der Frau nicht für sehr attraktiv und begehrenswert halten. Ihre sexuellen Interessen gehen in andere Richtungen: Der Homosexuelle sucht andere Männer und der Fetischist leblose Objekte. Der durchschnittliche Mann, der sich von Frauen angezogen fühlt, zeigt einen bemerkenswerten Mangel an Interesse für die besonderen Stile der weiblichen Mode und für die verschiedenen Teile der Frauenkleidung. Er langweilt sich gewöhnlich, wenn sich Frauen ausführlich über Kleider unterhalten, und betrachtet einen Besuch beim Schneider, der ein Kleid anpaßt, oder den Aufenthalt bei Lord & Taylor, wo seine Frau eine neue Ausstattung kaufen möchte, als reine Geduldsprobe. Es kann geschehen, daß ein Mann, der von seiner Frau gescholten wird, weil er das Material ihres Pelzes mit einem anderen verwechselt, einen gewissen Grad von fatalistischer Resignation oder völliger Gleichgültigkeit in bezug auf solche Vorwürfe erreicht. Schaf, Lamm oder Nerz – ihm ist alles einerlei.

Aber ist es wirklich wahr, daß der Durchschnittsmann der Frauenkleidung nicht viel Aufmerksamkeit widmet? Ein Mann, der sich die Figur einer Frau, die er auf einer Dinner-Party sehr bewundert hat, vor Augen führt, erinnert sich natürlich auch an ihr Kleid. Er sieht in seiner Vorstellung, wie sie in den Raum trat und wie geschmackvoll sie gekleidet war. Wenn man ihn fragte, was sie trug, könnte er sogar sagen: »Ein schwarzes Abendkleid«. Und er würde sich erinnern, daß sie einen langen Rock mit sanft gleitenden Falten trug. Fragt man ihn nach dem Material und dem Schnitt dieses Kleides, so wird er außerstande sein, Auskunft zu geben, oder er wird in unbestimmten Worten antworten, die seine Unwissenheit oder mangelnde Aufmerksamkeit verraten. Dabei besitzt dieser Mann eine ausgezeichnete Beobachtungsgabe, und es steht außer Zweifel, daß er sich von dieser Dame sehr stark angezogen fühlt. Man kann nicht behaupten, er habe das Kleid nicht bemerkt, das sie anhatte, aber sein Interesse galt eben nicht dem, was sie trug, sondern der Trägerin selbst. Das Kleid ist für ihn so etwas wie der gut gewählte und passende Rahmen des Bildes, das er bewunderte. Von einem völligen Mangel an Interesse für Frauenkleidung kann nicht die Rede sein, denn eine solche Annahme wird durch mehrere Tatsachen widerlegt. Im Falle dieses Mannes, zum Beispiel, kann erwähnt werden, daß der anziehende Eindruck, den eine junge Dame bei einem gewissen gesellschaftlichen Anlaß auf ihn gemacht hatte, irgendwann einmal durch die Beobachtung gestört wurde, daß die Nähte ihrer Nylonstrümpfe schief waren. Andererseits hat sein Gedächtnis die Gestalt des jungen Mädchens, das er liebte, als er auf die Zwanzig zuging, so deutlich aufbewahrt, daß er sich an das Kleid erinnert, das sie bei ihrem ersten Rendezvous trug. Er weiß noch genau, daß er sie zum erstenmal in einem weiten blauen Rock sah und daß er damals ein Gedicht schrieb, in dem er das Mädchen mit einer Glockenblume verglich. Wir können daher annehmen, daß die Aufmerksamkeit und das Interesse dieses Mannes – und der meisten Männer – für Frauenkleidung von besonderer Art ist, und von besonderer Art ist auch sein Mangel an Aufmerksamkeit und Interesse. Es scheint, daß Kleider und Accessoires Eindruck auf ihn machen oder den Eindruck verstärken, den ihre reizende Trägerin auf ihn machte, aber sie betreffen ihn in ihrer Gesamtheit, nicht als einzelne Objekte. Man hat den Eindruck einer allgemeinen Wirkung, alle Teile werden zugleich gesehen. Die Kehrseite dieser Art von Aufmerksamkeit ist, daß die einzelnen Teile der weiblichen Kleidung an den Rändern des Beobachtungsfeldes bleiben, nicht oder nur undeutlich gesehen werden, verschwommen erscheinen.

Wir sind mit der vorausgegangenen allgemeinen Charakterisierung der geistigen Einstellung des Mannes zur Kleidung der Frau noch lange nicht zufrieden. Es muß gewisse Aspekte dieser Einstellung geben, die in diesem flüchtigen Überblick noch nicht einmal erwähnt wurden. Unlängst sagte der Besitzer eines unserer elegantesten Modegeschäfte, ein Kleid sei erfolgreich, wenn es in dem Mann, der die Frau betrachtet, den Wunsch weckt, sie auszuziehen. Diese sexuelle Seite der Einstellung des Mannes zur Frauenkleidung wurde bisher nicht in Betracht gezogen, aber sie kann nicht unwichtig sein. Frauenkleidung als Mittel, die Aufmerksamkeit und das Interesse von Männern anzuziehen, das Kleid, das sich den Formen des weiblichen Körpers anschmiegt, diese Formen verlockend enthüllt und verbirgt – wie konnten wir diesen wichtigsten Teil des Problems außer acht lassen? Die einzige Entschuldigung, die wir vorbringen können, ist, daß dieses Thema die engen Grenzen, die uns gesetzt sind, überschreitet, aber wir wissen sehr gut, wie bedeutsam dieser Aspekt für die Beurteilung der psychologischen Einstellung der Männer zu Frauenkleidern ist. Er muß etwas zu tun haben mit der allgemeinen Aufmerksamkeit, die Männer Frauen widmen, und mit dem Mangel an Aufmerksamkeit, den sie beweisen, mit dieser Mischung aus Interesse und Unaufmerksamkeit zugleich. Die tägliche Erfahrung läßt keinen Zweifel daran, daß diese paradoxe, in sich widersprüchliche Einstellung die typische Einstellung des Durchschnittsmannes zur Frauenkleidung ist. Wir nehmen an, daß bei der Entstehung dieser Einstellung unbewußte Motive neben den bewußten und dem natürlichen Mangel an Kenntnissen am Werk sind. Und wir betrachten es als selbstverständlich, daß Frauen mehr über ihre Kleidung wissen, mehr Interesse daran haben und einen besseren Geschmack dafür entwickeln als Männer, aber die typische männliche Einstellung ist zu komplex und zu auffällig in ihren Manifestationen, um durch diese oberflächlichen Faktoren erklärt werden zu können.

Wo können wir die unbewußten Kräfte finden, die diese Einstellung des Durchschnittsmannes bestimmen? Eine direkte Befragung verspricht nicht viel Hoffnung auf ausreichende Information. Nur die Psychoanalyse könnte vielleicht diesen weißen Fleck auf der Landkarte erkunden. Die Untersuchung der psychologischen Eigentümlichkeiten von Homosexuellen und Fetischisten hat ein interessantes Seitenlicht auf das Problem oder vielmehr seine Randgebiete geworfen. Aber die Einsichten, die wir der analytischen Untersuchung der Perversionen verdanken, waren negativer Art. Sie zeigten uns, daß sich Männer, die ein intensives Interesse an weiblicher Kleidung bekunden, ihrer Männlichkeit nicht sicher sind. Die Homosexuellen wünschen unbewußt, selbst Frauen zu sein, und die Fetischisten suchen nach dem Penis am Körper der Frau und haben unbewußt Angst vor der Kastrationsdrohung. Diese Männer unterscheiden sich in ihrer Einstellung zur Kleidung zu sehr von uns. Ihr starkes Interesse an weiblicher Kleidung ist nicht nur atypisch, sondern pathologisch. Wir müssen nach analytischen Einsichten in die Psychologie von Männern suchen, die sich in dieser Hinsicht normal oder jedenfalls nicht pathologisch verhalten. Die analytische Praxis bietet uns reichlich Gelegenheit, solche Männer zu beobachten.

Eine erstaunlich große Anzahl von Männern ist der Meinung, daß nur teilweise bekleidete Frauen oder Frauen *en déshabillé* attraktiver sind als nackte. Sie ziehen den Anblick einer halb entkleideten Frau dem einer nackten vor. In vielen Fällen wird die sexuelle Erregung durch den nackten Körper verzögert oder geschwächt, während der Anblick des teilweise entkleideten Körpers einer Frau diese Männer stark erregt. Jeder Analytiker kennt Fälle, in denen Männer ihre volle sexuelle Potenz nur erreichen, wenn die Frau zumindest teilweise angezogen bleibt. Wenn ihre Sexualpartnerinnen völlig nackt sind, werden Männer dieses Typs impotent oder sie haben nur eine schwache Potenz. Da sie sich vom nackten Körper weniger angezogen fühlen, bestehen diese Männer darauf, daß die Frauen ihren Büstenhalter, ihre Schuhe oder Strümpfe beim Geschlechtsverkehr anbehalten. Die Radierungen des berühmten flämischen Malers Felicien Rops (1833–1898) zeigen, daß der Künstler diesem Typ von Mann angehörte, für den der halb entkleidete weibliche Körper anziehender ist als der nackte. Seine schönen weiblichen Akte stellen immer Frauen dar, die entweder einen Hut oder Strümpfe und Schuhe tragen.

Es ist offensichtlich, daß für diesen Typ die Entblößung der Nacktheit vorzuziehen ist, weil sie gewisse Forderungen der sexuellen Erregbarkeit erfüllt, und daß diese Bedingung ihrer Sexualität von verschiedenen Faktoren bestimmt wird, beispielsweise von unbewußten Erinnerungen an Beobachtungen sexueller Natur in der Kindheit. Die psychologische Bewertung dieser stimulierenden Faktoren schließt nicht aus, daß noch ein anderes wichtiges Moment in Betracht gezogen werden muß. In den Fällen, in denen der Anblick des nackten weiblichen Körpers sich störend oder hemmend auf die sexuelle Potenz des Mannes auswirkt, konnte die Psychoanalyse beweisen, daß die unbedeckte Vagina den Mann unbewußt an die kindliche Auffassung vom weiblichen Genitale als Wunde erinnerte und seine latente Kastrationsangst weckte. In den meisten Fällen muß die Nacktheit des weiblichen Körpers wenigstens stellenweise bedeckt sein, um ein Gegengewicht zu diesem alten Eindruck herzustellen. Der Büstenhalter oder die Schuhe liefern die Illusion, daß die Frau sozusagen »intakt« ist. Dieses kompensatorische Moment verwandelt allein oder in Verbindung mit alten voyeuristischen Neigungen die Lust beim Anblick der Nacktheit in die der Entblößung. Frauen spüren diese besonderen Bedingungen der männlichen Sexualität oft und reagieren auf sie mit ihrem feinen sexuellen Instinkt, indem sie sie akzeptieren oder ablehnen. Eine typisch weibliche Reaktion dieser Art findet man in einer Liebesszene zwischen einer Frau und einem Mann in dem Roman *Monsieur Bergeret à Paris* von Anatole France: »Er näherte sich ihr wieder, nahm sie in die Arme und überwältigte sie mit Liebkosungen. Nach kurzer Zeit sah sie ihre Unterwäsche in solcher Unordnung, daß – von anderen Gefühlen ganz zu schweigen – allein die Scham schon verlangt haben würde, sie auszuziehen.«

Die analytische Untersuchung der männlichen Einstellung, die den halb entblößten dem nackten weiblichen Körper vorzieht, legt trotz aller offensichtlichen Unterschiede eine psychologische Verwandtschaft dieses Typs von Männern mit den Fetischisten nahe. Aber diese Männer verhalten sich sonst in ihrem Sexualleben normal: Sie unterscheiden sich von anderen Männern weder in der Wahl ihrer Objekte noch in den Zielen ihrer Sexualität. Oberflächlich betrachtet, scheint ihre Vorliebe eine Geschmacksfrage zu sein, aber wir müssen sie als unbewußtes Überbleibsel eines Widerstrebens betrachten, den weiblichen Körper ganz nackt zu sehen. Bei der analytischen Untersuchung zeigt sich, daß das Kleidungsstück, das die Frau anbehalten soll, seine geheime Funktion hat: Es soll dem Mann helfen, die alte Kastrationsangst zu überwinden und die kindliche Vorstellung zu widerlegen, daß Frauen kastriert sind. Das kleine Stückchen weiblicher Kleidung versichert dem Mann, daß ihm keine Kastration droht. »Es kann hier nicht geschehen.« In der Verkleidung des ästhetischen Genusses oder der stärkeren sexuellen Stimulierung dient diese kleine Vorliebe dazu, eine alte Angst des kleinen Jungen zu erleichtern oder zu beseitigen, einen alten Kindheitseindruck zu verwischen, der so lange begraben war, daß man nicht einmal mehr weiß, wo er zur Ruhe gelegt wurde. Wir haben jedoch entdeckt, daß er unbewußt vom Anblick des weiblichen Körpers auf den seiner Hülle, vom Körper der Frau auf ihr Gewand verschoben worden war.

Wir haben die These dargelegt, daß ein entscheidender Faktor für das größere Interesse und die größere Aufmerksamkeit, die Frauen für Kleider zeigen, der ist, daß diese Kleider unbewußt als Ersatz und Kompensation für den Mangel eines Penis betrachtet werden. Die psychologische Notwendigkeit müßte uns annehmen lassen, daß es ein entsprechendes unbewußtes Bild auf seiten der Männer, ein männliches Gegenstück zu dieser Einstellung geben muß. Das heißt, daß gewisse emotionale oder geistige Reaktionen von Männern verraten müßten, daß auch sie unbewußt diese geheime Bedeutung der Frauenkleidung kennen. Die Psychologie des Fetischisten scheint eine solche Annahme zu bestätigen, aber wir können sie nicht als Beweis verwenden, weil sie einen pathologischen Typ betrifft und zur Symptomatologie der sexuellen Perversion gehört. Die Bevorzugung des teilweise bekleideten weiblichen Körpers gegenüber dem nackten liegt zwar innerhalb der Grenzen der normalen Sexualität des Mannes, aber das Phänomen kann trotz seiner Häufigkeit nicht als psychologischer Indizienbeweis verwendet werden, weil so viele Männer diese Vorliebe nicht teilen.

Es gibt nicht die geringste Spur in den bewußten Gedanken des durchschnittlichen Mannes, die in seinen Assoziationen Kleider intim mit den weiblichen Genitalien verbindet. Doch wir haben noch immer den unerklärten Mangel an Aufmerksamkeit und Interesse des durchschnittlichen

Mannes für die Einzelheiten der weiblichen Kleidung. Viele in Jahren analytischer Beobachtung gewonnene Eindrücke führen zu der Annahme, daß unbewußte Faktoren bei diesem Mangel an Aufmerksamkeit eine Rolle spielen und daß oft Zweifel oder Ungewißheiten hinsichtlich der Formen, Funktionen und Materialien weiblicher Kleidung hinzukommen. Die Gleichgültigkeit, mit der der Durchschnittsmann das Kleid einer Frau betrachtet, scheint anzuzeigen, daß neben den offensichtlichen und bewußten Elementen eine unbekannte emotionale Kraft für dieses typisch männliche Verhalten verantwortlich ist. Die genauere Beobachtung zeigt, daß die Beschreibung dieses Verhaltens als Mangel an Aufmerksamkeit und Interesse eine zu grobe Vereinfachung ist. Es ist eher eine seltsame Mischung aus Gleichgültigkeit und einem gewissen Widerstreben, so als wollte der Mann der Kleidung der Frau keine große Aufmerksamkeit widmen, zugleich aber auch einer gewissen Neugier. Man hat den Eindruck, daß er wissen und zugleich nicht wissen will. Es wäre selbstverständlich nicht schicklich, wenn ein Mann das Kleid einer Frau anstarrte oder auch nur so gründlich musterte, wie manche Frauen die Kleider anderer Frauen prüfen. Aber dieser beiläufige Blick des Durchschnittsmannes auf die Kleidung der Frau hat etwas Eigentümliches an sich; er ist zugleich ein Hinsehen und ein Wegsehen.

Wenn sich Eindrücke ansammeln, die deutlich sind und doch nicht mit Worten ausgedrückt werden können, schafft oft ein zufälliger Satz, den ein anderer sagt, Klarheit. Eine solche zufällige Bemerkung, die ein Patient fallenließ, öffnete den Weg zum analytischen Verständnis der oben beschriebenen typisch männlichen Einstellung.

Ich erinnere mich noch an diesen Satz, obwohl er vor beinahe fünfundzwanzig Jahren ausgesprochen wurde, weil seine Formulierung so komisch klang. Ich praktizierte damals in Berlin, und viele Ausdrücke und Wendungen der Umgangssprache waren mir unbekannt, denn ich war in Wien geboren worden und aufgewachsen. Der Patient hatte von seiner Frau erzählt, die ihm ein Kleid, das sie sich kaufen wollte, mit vielen Worten in allen Einzelheiten beschrieben hatte. Er schilderte mir seine wachsende Ungeduld und beschloß seinen Bericht mit einer dieser Wendungen der Berliner Mundart: »So jenau woll'n wa det janich wissen.« * Dieser Satz wird oft gebraucht, wenn man sich weigert, gewisse unangenehme Aspekte der Wirklichkeit zur Kenntnis zu nehmen. Ich hörte ihn, zum Beispiel, als Kommentar zu einem Dokumentarfilm, in dem der Verdauungsprozeß dargestellt wurde. Der Mann, der damals »so genau wollen wir das gar nicht wissen« sagte, drückte mit diesem Satz sein Mißfallen an den unappetitlichen Bildern aus. Die Bedeutung

* Deutsch im Original.

ist klar. Sie ähnelt dem Rat, den wir in einem französischen Sprichwort finden, nämlich das Leben nicht zu genau zu betrachten, wenn man es genießen will. (»*Pour rendre agréable la vie, n'y regardons pas de trop près.*«)

Der Patient, der diese Redewendung in bezug auf die weitschweifige Beschreibung des Kleides seiner Frau gebrauchte, äußerte die typisch männliche Interesselosigkeit in drastischer Form. Er drückte seine Ungeduld darüber aus, daß seine Frau den Einzelheiten ihrer Kleidung so viel Aufmerksamkeit widmete. Aber ich hörte aus dem Satz noch etwas anderes heraus. Seine Beiläufigkeit konnte seine psychologische Bedeutung nicht verbergen. Er enthielt das Schlüsselwort, nach dem ich so lange gesucht hatte. Es ist *nicht* einfach nur ein Mangel an Interesse oder Aufmerksamkeit, der die typisch männliche Einstellung zur Kleidung der Frau bestimmt. Es ist vielmehr ein Unwillen oder ein Widerstreben, alle Einzelheiten zu wissen. Was kann der Grund für eine so »unvernünftige« Einstellung sein?

Wir brauchen nur den Faden wiederaufzunehmen, den wir fallengelassen haben, und zu der Annahme zurückkehren, daß es ein unbewußtes Gegenstück zur weiblichen Einstellung zu Kleidern auf seiten des Mannes geben muß. Der Faktor, den wir gefunden haben, ist negativer Natur: die Weigerung des Mannes, »das« so genau zu wissen. Der Satz meines Patienten könnte als Ausdruck einer Verleugnung charakterisiert werden, als Mechanismus, der versucht, die Kenntnisnahme unangenehmer Tatsachen zu verhindern. Durch die Verneinung einer solchen unangenehmen Tatsache wird ein Kompromiß zwischen der Anerkennung einer Wahrheit und ihrer Zurückweisung erreicht.

Wenn das Kleid eine Erweiterung des weiblichen Körpers ist, so betraf die Verleugnung gewisser Kenntnisse ursprünglich auch den Körper der Frau. Der Knabe, der die Existenz der Vagina erkannte, hatte eine unbewußte Neigung, abzuleugnen, was er gesehen hatte, nämlich daß Frauen keinen Penis haben. Diese Neigung hatte gegen Impulse aus dem Bereich der Sexualität anzukämpfen. Das Ergebnis dieses Kampfes ist, daß die Wahrheit vom Verstand und vom bewußten Teil des Ichs akzeptiert und anerkannt wird, während sie in Phantasien und unbewußten Gedanken geleugnet wird. Diese unbewußte Verleugnung wird vom Körper der Frau auf das Kleid verschoben, das sie verrät, und sie drückt sich in dieser auffälligen Interesselosigkeit gegenüber der Kleidung aus. Das kindliche Verhaltensmuster des Wunsches zu wissen, wie der weibliche Körper aussieht, und der entgegengesetzten Tendenz (»So genau wollen wir das gar nicht wissen«) wurde im Erwachsenenalter beibehalten und auf die Kleidung verschoben, die den nackten Körper der Frau bedeckt. Durch die teilweise Verleugnung weigert sich der Mann, alle Einzelheiten der Kleidung zu kennen, die ein verschobener Ersatz für den weiblichen

Körper ist, so als würde eine solche Kenntnis, ein solches Interesse, zu der alten unangenehmen und unbewußt erschreckenden Entdeckung führen, daß die Frau keinen Penis hat.
Selbstverständlich geht diese Verleugnung nicht so weit wie im Falle des Fetischisten. Sie ist nur ein kleines, isoliertes Überbleibsel des Versuches des Knaben, die Tatsache zu leugnen, daß Frauen keinen Penis haben, und sie beschränkt sich auf den Mangel an Aufmerksamkeit und Interesse für weibliche Kleidung. Sie ist ein Teil der männlichen Einstellung zu Kleidern, die einen Kompromiß zwischen den Neigungen zu Neugier und Verleugnung darstellt und den bewußten beiläufigen Blick auf ein Kleid zur Folge hat, den wir so oft bei Männern beobachten. In der Gesamtwirkung, die ein Kleid auf einen Mann ausübt, ist eine Spur von Verleugnung enthalten, denn die Neigung geht dahin, ein oberflächliches Bild zu erhalten, ohne die Details genau zu betrachten.
Die wegwerfende Redewendung enthüllte uns also ein letztes Überbleibsel der ursprünglichen Einstellung des Mannes durch den Ersatz seiner alten Auffassung vom Körper der Frau. In dieser Einzelheit und in ähnlichen (ein Patient hatte immer unbehagliche Empfindungen, wenn der »Schnitt« eines Kleides erwähnt wurde) wird die Spur einer alten Angst bis ins Mannesalter verfolgt. Diese Spur war nicht leicht aufzufinden, denn sie war getarnt als natürlicher und rationaler gesellschaftlicher Ausdruck des Durchschnittsmannes, und sie war weit von dem Ort entfernt, an dem sie sich ursprünglich gezeigt hatte. Sie war beinahe nicht wahrnehmbar, weil sie einfach zu dem üblichen männlichen Verhaltensmuster zu gehören schien und weil wir nicht vermuteten, daß unbewußte emotionale Faktoren hinter dieser Tarnung am Werk sind.
Wenn wir diese Zusammenfassung der psychologischen Unterschiede zwischen den Geschlechtern in ihrer Einstellung zur Kleidung noch einmal überblicken, stellen wir erstaunt fest, daß entscheidende Mißverständnisse auf beiden Seiten eine unbewußte Kommunikation nicht ausschließen. Trotz so vieler Zweifel und Irrtümer besteht auch hier ein Geben und Nehmen zwischen Männern und Frauen.

13. Die Sexualisierung der Kleidung (Kontrapunkt)

Gibt es Fetischistinnen – Frauen, die eine abnorme Neigung erotischer Natur auf ein lebloses Objekt projizieren? Wenn es sie gibt, so sind sie sehr selten, und Psychiater und Psychoanalytiker begegnen nicht vielen von ihnen in ihren Sprechzimmern. Tatsächlich kann man eine erotische oder sexuelle Überbewertung der Schuhe oder der Jacke eines Mannes

nur sehr selten bei Frauen finden. Warum ist das so? Wir wollen uns dem Problem aus einem ungewöhnlichen Blickwinkel nähern.
Eine Studentin behauptete einmal allen Ernstes in einem Seminar, daß Frauen nicht soviel Aufmerksamkeit auf ihre Kleidung verwenden würden, wenn Männer weniger darauf achteten, was Frauen tragen. Das klingt paradox, da Männer der allgemeinen Erfahrung nach nicht sehr an den Kleidern interessiert sind, die Frauen tragen, wenn man von Modeschöpfern und Arbeitern in der Bekleidungsindustrie absieht. Nichtsdestoweniger ist die Behauptung der Studentin sinnvoll; nicht in der primitiven Form, ob es für Männer wichtig ist, daß Frauen angezogen oder nackt sind, sondern in dem Sinne, daß Männer unbewußt von weiblicher Kleidung fasziniert sind. Ich meine nicht Fetischisten und Transvestiten, sondern normale Durchschnittsmänner. Diese besondere Art von Interesse kann im Gegensatz zum Fetischismus am besten als Sexualisierung der Kleidung beschrieben werden. Das bedeutet, daß der Anblick und manchmal sogar die visuelle Phantasievorstellung der Kleider einer Frau im Mann das Bild ihres Körpers viel häufiger erweckt, als der Anblick der Kleidung eines Mannes das Bild seines Körpers bei einer Frau entstehen läßt.
Im allgemeinen gehören Frauenkleider zum »Körperbild«, das der Mann vom anderen Geschlecht hat. In vielen Sprachen bedeutet »Rock« oder »Schürze« soviel wie »Frau«. Für viele Männer ist ein Rock nicht einfach ein Kleidungsstück, das den unteren Teil des Körpers einer Frau bedeckt, sondern vielmehr der untere Teil des Körpers einer Frau, der in ein Kleidungsstück verwandelt wurde. Die sexuelle Neugier des Mannes ist zweifellos entscheidend für diese unbewußte Auffassung. August Strindberg, dieser Monomane in bezug auf Frauen, sowohl was die Liebe als auch was den Haß anbetraf, suchte immer und immer wieder nach einer Partnerin und wurde immer wieder enttäuscht. Ein Freund des unglücklichen oder bemitleidenswerten Schriftstellers berichtete, daß er ihn oft stöhnen hörte: »Die Röcke! ... Die Röcke!« Diese Kleidungsstücke scheinen tatsächlich für viele Männer ein Geheimnis zu verbergen und zugleich die Herausforderung zu enthalten, es zu enthüllen.
Warum sind Frauen nicht von einer ähnlichen Neugier in bezug auf diesen verborgenen Teil des männlichen Körpers besessen? Die nächstliegende und einfachste Antwort wäre wohl, daß die Lage der weiblichen Genitalien und die Tatsache, daß sie verborgen sind, den Grund für die Suche des Mannes bilden. Die psychoanalytische Forschung bestreitet das nicht, aber das analytische Eindringen in die Kindheitserinnerungen Erwachsener und die direkte Beobachtung von Knaben führen zu viel tieferen Einsichten. Der kleine Junge nimmt zunächst an, daß Mädchen ebenso beschaffen sind wie er (ursprünglich glaubt er sogar, daß auch leblose Gegenstände – beispielsweise ein Tisch – einen Penis haben).

Wenn er – nehmen wir an, durch zufällige Beobachtung – die Wahrheit entdeckt, hält er hartnäckig an seiner kindlichen Auffassung fest. Er leugnet, was er gesehen hat. Das scheint merkwürdig zu sein, aber es ist nicht seltsamer als das Verhalten vieler Gelehrter oder Wissenschaftler, die eine Wahrnehmung leugnen, weil sie einer vorgefaßten Idee widerspricht. Im Falle des kleinen Jungen, der den nackten Körper einer Frau betrachtet hat, heißt Sehen nicht Glauben. Doch warum dieses Leugnen? Es können nicht, wie im Falle der Wissenschaftler, rein theoretische Gründe sein, die den kleinen Jungen dazu bewegen, an seiner ursprünglichen Theorie festzuhalten, daß Frauen einen Penis haben wie er selbst. Unter den geheimen Gründen für die Hartnäckigkeit dieser Annahme ist der wichtigste die Kastrationsangst. Diese Angst suggeriert ihm, daß er seines eigenen Penis beraubt werden könnte, wenn Frauen diesen wertvollen Körperteil nicht besitzen. Er könnte so werden wie sie. Unbeeinflußt durch späteres und besseres Wissen, lebt diese alte kindliche Angst unbewußt im Manne weiter.

Die intimen und verborgenen Verbindungen, die zwischen der Kastrationsangst und der Einstellung der Männer zu Frauenkleidern bestehen, wurden von J. C. Flugel untersucht und in einem interessanten und amüsanten Buch dargestellt.* Auch andere Psychoanalytiker haben sich mit diesem komplizierten Problem beschäftigt. Mir scheint, daß einer der Aspekte dieses Problems von der Forschung vollkommen vernachlässigt wurde, und ich will mich der Frage von dieser Seite her nähern.

Es scheint mir, daß die Psychoanalytiker beinahe nie untersucht haben, in welchem Maße ein gewisser Grad von Fetischismus in den Bereich der sexuellen Anziehung gehört. Nach Freud** kann ein solcher normaler »Fetischismus« im Liebesleben eines Mannes beobachtet werden, besonders in den Stadien, in denen das sexuelle Ziel vorerst nicht erreicht werden kann und seine Verwirklichung unmöglich ist. Die Psychoanalyse, die ihr Forschungsgebiet mehr und mehr auf das Pathologische beschränkt, hat, zum Beispiel, die charakteristischen Verschiebungen dieses normalen Fetischismus nicht beachtet. Woher kommt es, zum Beispiel, daß ein Frauenschuh mit hohen Absätzen viel attraktiver wirkt als ein flacher Schuh? In einer der Erzählungen von Anatole France wundert sich ein skeptischer Philosoph in den Salons von Paris darüber, daß die Anziehungskraft einer Frau davon abhängt, welchen Winkel ihre Schuhsohle zu dem Boden bildet, auf dem sie geht. Es ist natürlich übertrieben anzunehmen, daß der Reiz einer Frau von diesem Umstand abhängen soll, aber er bildet dennoch eines der winzigen Elemente, die ihren Reiz ausmachen.

* *The Psychology of Clothes*, The Hogarth Press, London 1930.
** *Gesammelte Schriften*, Bd. V, S. 27.

Wenn Byron heute in London, New York oder Paris lebte, würde er vielleicht von einer gewissen schönen Frau nicht gesagt haben, daß sie »in Schönheit schreitet«, wenn er gesehen hätte, wie sie in Schuhen mit niedrigen Absätzen dahinschlendert. Pascal bemerkte, daß die Geschichte der Welt eine andere Wendung genommen hätte, wenn Kleopatras Nase ein wenig anders geformt gewesen wäre. Ist es absolut unvorstellbar, daß auch heute noch irgendwelche nationalen oder auch internationalen Entwicklungen durch die Tatsache beeinflußt werden könnten, daß eine gewisse Dame hohe Absätze oder reine Nylonstrümpfe trägt? Die Sexualisierung der Kleidung der Frauen durch die Männer ist im allgemeinen ein unbewußter Prozeß oder, anders gesagt, er findet auf einer vorbewußten Ebene statt. Eine neue Behandlung des Problems bringt neue Einsichten in diese verborgenen Prozesse mit sich, und man findet neue, überraschende Faktoren. Frauenkleider erwecken im männlichen Betrachter vorbewußt das »Körperbild« der Frau. Indem sie den Körper bedecken, enthüllen sie seine Form. Einer der führenden französischen Modeschöpfer ging so weit zu sagen, gut sei ein Kleid, das im Mann den Wunsch weckt, die Frau möge es nackt tragen. Er meinte damit sicherlich nicht, daß das Kleid sehr tief ausgeschnitten oder auf andere Weise »sexy« sein soll. Man könnte beinahe das Gegenteil behaupten: Ein konservatives und damenhaftes Kleid von erlesenem Geschmack kann oft einen solchen Wunsch wecken, während ihn ein sehr gewagtes Kleid manchmal beinahe erfüllen und dadurch überflüssig machen kann. Ein Wiener Schriftsteller bemerkte einmal, eine gewisse Dame sei gewagt, aber enttäuschend dekolletiert.

Störungen in der Sexualisierung von Frauenkleidern (das heißt im normalen, unbewußten Körperbild der bekleideten Frau) sind keineswegs auf das Kleid allein beschränkt. Sie können durch Umstände zustande kommen, die den günstigen Eindruck beeinträchtigen, den ein Kleid sonst machen würde. Ein Beispiel dafür: Vor dem Schlafengehen folgte eine junge Frau plötzlich dem Impuls, ihrem Mann das neue Kleid zu zeigen, das sie sich gekauft hatte. Sie zog es rasch an und ging ins Wohnzimmer, wo er saß. Er sagte: »Wie kann ich etwas über das Kleid sagen, wenn ich sehe, wie du es mit ungekämmtem Haar und heruntergerutschten Strümpfen trägst?« Ein anderer Mann schalt seine Frau, die Büstenhalter, Schlüpfer und Strümpfe achtlos auf einen Stuhl im Schlafzimmer geworfen hatte. »Wenn die Sachen wenigstens hübsch wären!« fügte er entrüstet hinzu. Wie weit kann ein solcher Ausspruch mit dem angeblichen Mangel an Interesse der Männer an Frauenkleidung in Verbindung gebracht werden?

Doch zurück zu unserem Thema! Eine Laufmasche im Strumpf einer Frau oder auch nur eine auffällige Falte kann die Sexualisierung der Kleidung stören. Ein Rock, der nicht richtig sitzt, kann die Täuschung ebenfalls beeinträchtigen. Was für eine Täuschung? Die kindliche negative Täuschung, daß es keine Vagina gibt, das unbewußte Leugnen des kleinen Jungen, daß sich die Geschlechtsorgane der Frau von den seinen unterscheiden. Es ist, als wäre die Überbetonung der Vollkommenheit der Kleider einer Frau eine Reaktionsbildung auf ein tieferes Gefühl ihrer Unvollkommenheit und als fände der Mann in dieser Vollkommenheit eine gewisse Beruhigung.

Die Schwierigkeit, die Rolle zu erkennen, die der normale Fetischismus im Liebesleben eines Mannes spielt, erklärt sich daraus, daß wir der Verschiebung des Interesses von Körperteilen auf die Bedeckung des Körpers, die weibliche Kleidung, nicht genug Aufmerksamkeit widmen. Karl Kraus schrieb einmal, er könne eher einen häßlichen Fuß verzeihen als einen häßlichen Strumpf.

Warum gibt es bei Frauen so wenig Fälle von Fetischismus? Man kann dafür verschiedene Gründe finden. Der erste ist der, daß der Weg der Frau zur sexuellen Erregung nicht so direkt ist wie der des Mannes. Ihre Neugier wird auch durch die Genitalien des Mannes weniger erweckt, die nicht geheim oder verborgen sind. Das kleine Mädchen ist sich des morphologischen Unterschiedes zwischen ihm und dem kleinen Jungen sehr bald bewußt. Und es wird durch diesen Unterschied vor allem nur selten erschreckt. Die Frau ist frei von der Kastrationsangst, die den Mann in verschiedenen Formen sein Leben lang verfolgt. Auch sie hat viele Sorgen, aber diese gehört nicht dazu.

14. Männer, Frauen und Häuser

Es ist nicht viel mehr als anderthalb Jahrhunderte her, seit Friedrich Schiller das berühmte *Lied von der Glocke* schrieb, in dem er ein wunderbares Bild des menschlichen Lebens zeichnete. Heute sind die Rollen der beiden Geschlechter nicht mehr so eindeutig und in ihrer sozialen Funktion so gegensätzlich, wie sie in der Sicht Schillers erschienen:

> Der Mann muß hinaus
> Ins feindliche Leben,
> Muß wirken und streben
> Und pflanzen und schaffen,
> Erlisten, erraffen ...

Und drinnen waltet

> Die züchtige Hausfrau,
> Die Mutter der Kinder,
> Und herrschet weise

Im häuslichen Kreise,
Und lehret die Mädchen ...

Der Gegensatz zwischen dem »feindlichen Leben« für den Mann und dem Haus als Mittelpunkt der Welt für die Frau ist heute nicht mehr so ausgeprägt wie in den Tagen, in denen unsere Großeltern jung waren. Unter dem Einfluß der Industrialisierung und Mechanisierung des modernen Lebens hat das Haus, das Heim, für Männer und Frauen viele seiner alten Funktionen verloren. Es ist nicht mehr Zuflucht und Schutz vor äußeren Gefahren. Der Mann hat nicht mehr das Gefühl, daß sein Haus sein Schloß ist, und ebensowenig sieht sich die Frau als Königin in ihrem Heim. Einige seiner Funktionen sind jedoch erhalten geblieben und haben allen sozialen und psychologischen Änderungen standgehalten. So viele Funktionen man ihm auch genommen hat, das Heim hat immer noch die unbewußte Bedeutung seiner Fortsetzung des ersten Heims des Menschen, das der Mutterschoß war. In unseren Träumen hat das Haus oder das Zimmer noch die symbolische Bedeutung des Frauenkörpers. Diese symbolische Darstellung wurde nicht von der Psychoanalyse entdeckt. Sie war schon den alten Völkern, den Ägyptern, Hebräern und Griechen, bekannt.

Es besteht die Gefahr, daß wir diesen symbolischen Ausdruck als eine esoterische Einsicht behandeln, als ein Wissen, das nur dem Verständnis von Träumen und Mythen dient. Diese unbewußte Darstellung ist jedoch nicht ein isolierter, zusammenhangloser Ausdruck des Traumzustandes oder der Märchen und Sagen. Sie ist stets gegenwärtig und gehört unserem täglichen Leben an. Das Zimmer oder das Haus wird noch von jeder Frau unbewußt als Erweiterung ihres eigenen Körpers empfunden. Dieser repräsentative Wert hat seine gültigen Gründe im Bau und in der Funktion ihres Körpers. Soziale Veränderungen können diese Bedeutung nicht beeinträchtigen, solange die Körper der Frauen noch Kinder austragen und gebären. Das Heim, der Raum, in dem sie lebt, ist für eine Frau die Fortsetzung ihres Körpers, ihr wahres Selbst, das, was sie, physisch erweitert, ist. Frauen haben daher ein großes Interesse daran, daß ihr Heim nicht nur bequem ist, sondern auch schön. Die vier Wände repräsentieren sie in der Projektion. Wer ihr Zimmer betritt, befindet sich in ihrer Gegenwart, ob sie tatsächlich anwesend ist oder nicht.

Der Psychoanalytiker, der erkannt hat, daß das Heim in den unbewußten Gedanken der Frau mehr als nur eine stellvertretende Bedeutung hat, daß es als beinahe identisch mit ihr selbst betrachtet wird, versteht weibliche Eigentümlichkeiten und Denkweisen, die Männern fremd sind. Das gilt für normale ebenso wie für pathologische Phänomene, es betrifft tägliche Überlegungen durchschnittlicher Frauen ebenso wie symptomatische Ausdrucksweisen neurotischer und psychotischer Persönlichkeiten. Es folgen einige Beispiele für solche Ausdrucksweisen, deren Verständnis ohne die Kenntnis dieser unbewußten Bedeutung unmöglich ist.

Trotz aller bewußten Bemühungen kann eine Patientin die Ordnung und Sauberkeit nicht herstellen, die ihr Mann in der Wohnung verlangt. Immer herrscht eine gewisse Unordnung, Spielsachen und Geräte liegen auf den Stühlen und Teppichen herum, ein Kleidungsstück oder ein Paket, das geliefert wurde, ist in der Diele vergessen worden. Es ist nicht meine Absicht, eine psychoanalytische Diskussion dieses Falles oder der unbewußten Motivationen und instinktmäßigen Wurzeln dieses Verhaltens zu beginnen. Auf der oberflächlicheren Ebene, auf die diese Erörterung beschränkt ist und die doch einen Vorstoß in tiefere Schichten erlaubt, wurden Einsichten in die Verhaltensweise der Patientin gewonnen, die erstaunlich genug sind. Die psychoanalytische Untersuchung zeigte, daß ihre Nachlässigkeit und Achtlosigkeit einen unbewußten Zweck verfolgten und gewisse Ängste abwehren sollten, die sie nicht einmal sich selbst eingestand. Einige davon betrafen offensichtlich die Möglichkeit eines frühen Todes, denn die Patientin, die von Nonnen erzogen worden war und als Kind eifrig die Heilige Schrift gelesen hatte, dachte oft voll Entsetzen an die biblische Wendung »das Haus bestellen«, die so oft für das Tun des Menschen vor seinem letzten Aufbruch gebraucht wird. (Man vergleiche die Baßarie der Kantate Nr. 106 von Bach: *»Bestelle dein Haus! Denn du wirst sterben ...«*) Die Wohnung aufräumen, das bedeutete für die Patientin unbewußt, sich zum Sterben bereiten. Ihre Unordentlichkeit diente daher dazu, das Auftauchen dieser Angst zu vermeiden.

Die unbewußte Identifikation ihres Körpers mit dem Haus wurde auch in einem anderen Gedankengang sichtbar. Sie hatte sich einmal sehr verletzt gefühlt, als ihr Mann ihr Vorwürfe machte, weil sie die kleine Trompete ihres Sohnes auf dem Teppich liegengelassen hatte, anstatt sie wegzuräumen. Als sie an diesen Vorfall dachte, wurde ihr bewußt, daß sie ein starkes Widerstreben empfand, das kleine Spielzeug wegzuräumen. Ihre Gedanken führten sie zu dem Schluß, daß sie diese kleine Unordnung beibehalten wollte, weil sie anzeigte, daß das Kind noch klein und noch zu Hause war. Sie dachte voller Bangen an die Zukunft, in der die Kinder erwachsen sein und das Haus verlassen würden, in dem dann eine unerbittliche und vollkommene Ordnung und Sauberkeit herrschen würde. Die Fortsetzung dieser Überlegungen führte selbstverständlich zu unwillkommenen Gedanken an die Wechseljahre und das Alter, in dem Frauen keine Kinder mehr haben können. Das auf die Wohnung erweiterte weibliche Körperbild erscheint in diesem Gedankengang deutlich genug.

Eine andere Manifestation der gleichen unbewußten Identifikation zeigt sich in der Symptomatologie der sogenannten Hausfrauenneurose, in dem unaufhörlichen Eifer, mit dem so viele Frauen reinigen, putzen, abstauben und polieren.

Das Heim oder das Haus, das dieser ständigen Reinigung bedarf, ist nicht so sehr ein Ersatz für den Körper der Frau, sondern seine Fortsetzung. Es ist, um einen Ausdruck zu gebrauchen, den Daphne du Maurier auf ihr eigenes Haus anwandte, *La belle maison sans merci*, und es will ständig aufgeräumt und ausgefegt und geputzt und gereinigt werden. Die Psychoanalytiker erkennen, daß dieser Zwang ursprünglich den Körper der Frau betrifft und den Charakter einer Reinigung und Sühne für masturbatorische und anale Betätigungen hat, die später auf das Haus verschoben wurden.

Manche Züge, die man bei vielen Frauen findet, gehören in den psychologischen Bereich der unbewußten Identität von Körper und Wohnung. Der erste, der selten bei einer Frau fehlt, ist die gedankliche Beschäftigung mit ihrem Heim, die bildliche Vorstellung von den Zimmern, den Möbeln, den Gardinen, Vorhängen etc. Ein junges Mädchen, das an Schuppenflechte litt und sich für sehr unattraktiv hielt, hatte, zumindest unbewußt, den Gedanken an die Möglichkeit aufgegeben, daß Männer irgend etwas Schönes an ihrer äußeren Erscheinung entdecken könnten. Sie glaubte, daß sie durch die Hautkrankheit entstellt war, und war frei von weiblicher Eitelkeit in bezug auf die Kleidung. Aber sie konnte stundenlang davon träumen, wie schön und elegant sie ihre Wohnung einrichten, wie sorgfältig sie jedes einzelne Stück aussuchen wollte, und sie sah im Geiste jede Einzelheit der Einrichtung jedes Zimmers. Sie stellte ihr ganzes ästhetisches Empfinden, ihren guten Geschmack und ihre künstlerischen Fähigkeiten in den Dienst der imaginären Einrichtung, die sie für den nur in ihrer Phantasie existierenden Fall plante, daß sie Millionärin würde. Die Psychoanalyse dieses Falles würde jeden vorurteilsfreien Beobachter davon überzeugen, daß das Mädchen den Wunsch, körperlich anziehend zu sein, auf die Wohnung verschoben hatte. Dieser Wunsch ist in Wirklichkeit in allen Frauen unzerstörbar, solange sie jung sind – und auch wenn sie nicht mehr jung sind.

Ein zweiter typisch weiblicher Zug ist der Wunsch, das Aussehen der Wohnung zu verbessern. Ein Vergleich zwischen der männlichen und der weiblichen Einstellung zu den Zimmern, in denen Menschen wohnen, zeigt, daß Männer der Ansicht sind, Möbel sollten passend und bequem sein und ihre Funktion erfüllen, am richtigen Platz stehen und leicht zu erreichen sein. Für Frauen muß ein Zimmer vor allem einmal schön aussehen. Eine zweckmäßige Aufstellung der Möbel ist Frauen gewiß nicht fremd, aber das dekorative Element ist in erster Linie wichtig. Die beiden Gesichtspunkte des Nützlichen und des Schönen können sehr gut nebeneinander existieren, aber wenn sie sich nicht vereinbaren lassen, wird es häufiger die Frau sein, die auf dem Aussehen besteht, und der Mann, der in der Anordnung der Möbel das Vorteilhafte und Zweckmäßige sucht. Dieser psychologisch bedeutsame Gegensatz zwischen dem Funktionellen und Dekorativen führt oft zu Reibungen im Leben junger und nicht mehr ganz so junger Ehepaare.

Einen typischen Fall dieser Art berichtete ein Patient, der Musiker ist. Neben seinem Piano steht ein Musikschrank mit Noten und einem großen Tonbandgerät. Seiner Frau gefällt die häßliche Maschine dort nicht – sie sieht in dem Zimmer nicht hübsch aus –, und sie möchte sie anderswo haben. Sie möchte auch das Piano in einem anderen Winkel aufstellen, und zwar vor dem Bücherregal. Das Ergebnis dieser »Ortsveränderungen« wäre, daß das Tonbandgerät zu weit weg wäre, so daß der Mann in ein anderes Zimmer gehen müßte, um es zu benutzen, daß das Piano kein so gutes Licht mehr hätte und daß das Bücherregal schwer zu erreichen wäre, weil das Piano davorsteht. »Herrgott!« rief der Mann während seiner psychoanalytischen Sitzung. »Meine Frau sollte inzwischen begriffen haben, daß sie mit einem Musiker verheiratet ist. Was nützt mir ein Tonbandgerät, das nicht neben dem Piano steht, auf dem ich spiele, und was soll ich mit Büchern, die ich nicht erreichen kann?« Hier haben wir ein drastisches Beispiel für den Gegensatz zwischen dem männlichen und dem weiblichen Standpunkt. Der arme Mann bringt wirklich nicht viel Verständnis und Toleranz für die Einstellung seiner Frau auf. Er betrachtet das Zimmer nicht mit ihren Augen; obwohl er dieselben Dinge sieht, sieht er sie von einem anderen »Blick«-Punkt aus, das heißt mit einem anderen Blick.

Ein weiteres Beispiel für die Unvereinbarkeit der Anschauungen mit einigen psychologischen Seitenlichtern: Der Mann hatte in seinen Junggesellentagen im Flur seiner Wohnung einen Hutständer gehabt, den er auch im Flur haben wollte, als er geheiratet hatte. Ist ein Heim nicht der Ort, wo man seinen Hut aufhängen kann? Seine Frau mochte diesen Ständer nicht. Sie wollte einen Spiegel an der Wand gegenüber der Eingangstür haben, in dem sich Besucherinnen betrachten konnten, bevor sie wieder gingen. War ihr Wunsch nicht verständlich? Das Bemerkenswerte ist nur, daß dieser so dringend benötigte Spiegel nun, ein halbes Jahr später, noch immer mit der Glasfläche nach unten auf der Nähmaschine liegt. Stellen wir uns vor, wir könnten die Dame danach befragen und den Fall mit ihr diskutieren. Sie würde vielleicht sagen: »Ja, ich wollte den Spiegel aufhängen, aber ich hatte im Geiste das Bild eines Spiegels mit zwei Kristallampen an den Seiten vor mir, die ich mir zur Zeit nicht leisten kann. Ich warte lieber, bis ich alles zusammen haben kann.« Das ist ein sehr weibliches Argument. Mit einer ähnlichen Begründung würde die Frau ein Kleid nicht kaufen, zu dem sie sich die passenden Accessoires nicht leisten kann. Aber warum hängt sie den

Spiegel nicht doch einstweilen schon einmal auf? Sie würde vielleicht antworten, das würde bedeuten, daß sie die Hoffnung aufgibt, jemals die Kristallampen zu bekommen. Sie würde sich vielleicht an den Spiegel ohne die Lampen gewöhnen und ziehe es deshalb vor, ihn nicht aufzuhängen und zu warten. Wenn sie ihn täglich auf der Nähmaschine liegen sieht, wird sie an das erinnert, was sie sich wirklich wünscht und was sie sich in einer nicht zu fernen Zukunft, wie sie hofft, auch leisten kann. Solche Spitzfindigkeiten könnten einen Mann zum Trinker machen, aber sie sind vom weiblichen Standpunkt aus vernünftig. Und der Hutständer? Wenn wir die Frau fragen könnten, würde sie vielleicht sagen: »Hutständer gehören in Restaurants und öffentliche Gebäude. Ich hätte gern einen Schrank im Flur, aber ich wage es nicht, meinen Mann darum zu bitten, weil er zur Zeit das Geld dafür nicht aufbringt. Aber keine Frau möchte einen Hutständer im Flur ihrer Wohnung haben.«

Solche häuslichen Szenen können psychologisch nicht verstanden werden ohne Einsicht in die sehr intime Beziehung zwischen der Wohnung und der Frau. Ohne ein solches Verständnis steht der Durchschnittsmann gewissen Phänomenen des weiblichen Verhaltens, die für jede Frau augenblicklich verständlich sind, hilflos gegenüber. Da gibt es, zum Beispiel, den Wunsch, die Möblierung in periodischen Abständen zu wechseln, alte Stücke hinauszuwerfen und neue zu kaufen, die Zimmer in einer anderen Farbe ausmalen zu lassen oder den berühmten »Osterputz« zu machen. Es ist offensichtlich, daß man es hier mit unbewußten Versuchen zu tun hat, am Aussehen der Frau selbst etwas zu verändern. Ähnlich muß die Gewohnheit vieler Frauen beurteilt werden, ihre Zimmer ständig zu verändern, das heißt, die Möbel anders aufzustellen, weil sie so besser aussehen. Diese Verbesserungen sind selten von Dauer, und sie beschränken sich auch nicht auf ein einziges Möbelstück. Das Piano wird, zum Beispiel, auf die andere Seite geschoben, weil das Zimmer so hübscher aussieht, aber das bedeutet, daß nun die Couch in einem anderen Winkel aufgestellt werden muß, der Tisch und die Stühle müssen einen anderen Platz bekommen, und mehrere Bilder müssen an anderen Stellen aufgehängt werden. Diese weiblichen Experimente sind kosmetische Prozeduren, um die eigene Erscheinung zu verbessern, denn die Frau ist mit ihrem Aussehen nicht zufrieden, verschiebt aber ihre Gefühle auf die Wohnung.

Eine sehr amüsante Kurzgeschichte von Nunnally Johnson, die 1930 erschien, *There Ought to Be a Law* (Es müßte ein Gesetz geben), schildert lebhaft solche Versuche, die Möblierung zu ändern. Ein Mann entdeckt kurz nach der Hochzeit, daß seine Frau von dem geheimnisvollen Drang besessen ist, Möbel umzustellen, so daß sie an einem bestimmten Platz stehen, wenn er morgens aus dem Haus geht, und an einem ganz anderen, wenn er aus dem Büro heimkommt. Eine solche Leidenschaft verwirrt einen jungen Mann, und als das Möbelkarussell kein Ende nimmt, beschließt er, einen alten Onkel um Rat zu fragen. Als er aber beiläufig bemerkt, daß seine Frau »Möbel transportiert«, mißversteht ihn der Onkel und fragt: »Um Geld zu verdienen?« Der Ehemann entdeckt jedoch, daß er viele Leidensgenossen hat. Da gibt es, zum Beispiel, einen Mann, dessen Frau eine Ausstellung moderner Möbel besucht, einen Sessel aus Stahl kauft und seinen alten durch dieses sehr unbequeme Stück ersetzt. Die häuslichen Szenen, die sich aus dieser sonderbaren Neigung ergeben, die Möbel ständig auszuwechseln, sind komisch und rührend – besonders wenn man bedenkt, daß die junge Frau von dem Wunsch getrieben wird, ihrem Mann ein gemütliches Heim zu schaffen. Ist es ihre Schuld, wenn er die unaufhörliche Wanderung der Möbel mit Unbehagen betrachtet oder sich verletzt, als er spätabends aus dem Büro nach Hause kommt und sich im Dunkeln dorthin fallen läßt, wo sonst das Bett stand?

Im Gegensatz zu solchen Versuchen, unbewußt das Aussehen zu verbessern, stehen andere Fälle, in denen eine Frau ihre Wohnung völlig vernachlässigt. Ich kenne einen Fall, in dem es eine junge Ehefrau fertigbrachte, die Zimmer nur mit den allernötigsten Möbeln auszustatten, obwohl ihr genug Geld zur Verfügung stand und ihr Mann darauf drängte, daß sie Möbel kaufte. Der Mann fühlte sich nicht zu Hause. Die Frau weigerte sich unbewußt, die Wohnung zu möblieren, weil sie insgeheim wußte, daß ihre Ehe nicht von langer Dauer sein konnte.

Die unbewußte Gleichsetzung von Wohnung und Frau kommt in diesen symptomatischen Manifestationen klar zum Ausdruck. Die biologischen und psychologischen Wurzeln der unbewußten Identifikation machen verständlich, warum Frauenhände den Charakter und die Atmosphäre ebenso wie das Aussehen der Räume, in denen wir leben, verändern können. Durch ihre unbewußte Ausdehnung auf die Wohnung gelingt es einer Frau, ein Haus in ein Heim zu verwandeln.

In mehr als vier Jahrzehnten psychoanalytischer Praxis habe ich bei Frauen nur wenige Fälle von Klaustrophobie kennengelernt. Es ist vielleicht ein Zufall, daß die meisten Fälle dieser pathologischen Angst vor geschlossenen Räumen, denen ich in meiner Praxis begegnete, Männer betrafen, aber Anfragen bei anderen Analytikern scheinen zu bestätigen, daß die Klaustrophobie bei Männern häufiger vorkommt als bei Frauen. Das wäre analytisch gesehen verständlich, wenn wir die Theorie akzeptieren, daß sich klaustrophobe Gefühle als Reaktion auf Phantasien, im Mutterschoß zu sein, entwickeln. Diese Phantasie von der Rückkehr in den Schoß wird in den Gedanken der Männer oft ersetzt oder begleitet von dem Gedanken, in der Vagina gefangen oder festgehalten zu werden, was eine besondere Art der Kastrationsangst ist. Es gibt natürlich nichts Vergleichbares in der Psychologie der Frau. Die Phantasie von der Rückkehr in den Mutterschoß hat für Frauen eher etwas Angenehmes, Behagliches, und sie wird fortgesetzt durch eine imaginäre Identifikation mit der Mutter, anders gesagt, durch den Gedanken, selbst ein Kind im Schoß zu tragen.

Der Raum, in dem sie sich befinden, erfüllt Frauen nicht oft mit diesem panikartigen Eindruck einer erschreckenden Enge, mit der Angst, daß die Wände auf sie zukommen, sie einschließen ohne Hoffnung auf ein Entkommen. Die Tatsache, daß sie ihren eigenen Körper unbewußt mit dem Zimmer identifizieren, erklärt, warum sie eine andere Einstellung haben als der Mann, dem eine solche Gleichsetzung fremd ist. Frauen fühlen sich »daheim« in ihrem Haus wie in ihrem Körper, der für sie nichts Erschreckendes hat, da sie die Kastrationsdrohung nicht kennen.

Der letzte Fall einer Patientin, die als klaustrophob diagnostiziert wurde – am Highland Hospital in Asheville –, entpuppte sich bei gründlicherer Beobachtung als ein Fall von Angsthysterie. Es handelte sich um eine Farmerfrau, die Symptome von beschleunigtem Herzschlag, Atemlosigkeit und panikartigen Empfindungen hatte, wenn sie allein zu Hause war. Diese qualvollen Reaktionen blieben aus, wenn jemand – zum Beispiel ihre dreijährige Tochter – bei ihr im Zimmer war. Bei der analytischen Untersuchung wurde klar, daß die Angst, allein im Haus zu sein, einen sexualisierten Charakter hatte. Das Alleinsein stellte nämlich eine Versuchung zur Masturbation dar. Die Frau, die sexuell unbefriedigt war, weil ihr Mann nicht sehr potent war, erlebte unbewußt diese Versuchung, der sie in jüngeren Jahren erlegen war und die durch ihre religiöse Erziehung als verboten empfunden wurde.

Dieselbe Patientin zeigte auch deutliche Symptome einer Agoraphobie. Ihre Angst vor freien, offenen Plätzen betraf ursprünglich nur ein bestimmtes Stück Strand nahe der Stadt, in der sie als junges Mädchen gelebt hatte. Später wurde sie auf die Straßen dieser Stadt verschoben, in die sie oft fahren mußte, um einzukaufen und Verwandte zu besuchen. Bei der Analyse stellte sich bald heraus, daß ihre phobische Angst vor dem Strand, an dem sie auf dem Weg zur Stadt vorbeifahren mußte, mit der Erinnerung an ein Erlebnis während der Pubertät verbunden war. Sie hatte einen Nachmittag und einen Abend mit einem Jungen an diesem Strand verbracht, in den sie verliebt war und den sie in ihren Tagträumen als zukünftigen Ehemann sah. Während des »heftigen Pettings«, auf das sich die beiden jungen Menschen einließen, erlebte sie ihren ersten Orgasmus. Der Junge heiratete später ein anderes Mädchen, und meine Patientin nahm ihren gegenwärtigen Ehemann, aber sie vergaß nie diese Szene am Strand und bedauerte oft, daß sie nicht »bis zum äußersten« gegangen war. Den ersten Anfall von Angst erlebte sie einige Jahre später, als sie, nach einem unbefriedigenden Geschlechtsverkehr mit ihrem

Mann, in ihre Heimatstadt fuhr und am Strand vorbeikam. Sie muß unbewußt an den Abend mit dem Jungen gedacht und ein sexuelles Verlangen nach ihm gehabt haben. In ihrer Angst wehrte sie diese Wünsche ab, die sie als verboten und sündhaft betrachtete. Die phobischen Reaktionen, die sie später entwickelte, gingen über solche flüchtigen Angstzustände hinaus. Sie traten auf, wenn sie in ihrer Heimatstadt einkaufte oder Besuche machte und eine Straße oder einen Platz überquerte. Bei der Analyse stellte sich heraus, daß ihre Agoraphobie begann, als sie dachte, daß sie möglicherweise ihrem früheren Liebesobjekt begegnen könnte, das, wie sie gehört hatte, nach Hause zurückgekehrt war. Die Fortsetzung ihrer Gedanken kann man sich leicht vorstellen. Sie muß phantasiert haben, dem Geliebten ihrer Mädchenjahre wieder zu begegnen und mit ihm die volle sexuelle Befriedigung zu erreichen. Sie reagierte mit einem schweren Anfall auf diese Versuchung, die anfänglich mit einer bestimmten Straße der Stadt verbunden war, später aber auf alle Straßen und Plätze verschoben wurde. Nachdem sie diese qualvollen Empfindungen mehrere Male erlebt hatte, wenn sie eine Straße überqueren mußte, weigerte sie sich, allein in die Stadt zu fahren. Ein Verwandter oder Nachbar mußte sie begleiten. Nur wenn sie mit einem anderen Menschen zusammen war, fühlte sie sich sicher genug, um über die Straße gehen zu können. Sie war dann gegen die Versuchung geschützt, die in ihrer Phantasie geweckt wurde, nämlich die Versuchung, ein sexuelles Abenteuer mit dem Mann, nach dem sie sich noch sehnte, zu erleben und ihrem Ehemann untreu zu werden.

Dieser Fall, der erfolgreich behandelt wurde, weckte eine Erinnerung an Freud, die zeigt, wie früh schon einer der entscheidendsten Faktoren bei der psychologischen Genese der Agoraphobie von ihm entdeckt wurde. Neben ihrem wissenschaftlichen Wert mag die kleine Anekdote einen Beitrag zur Biographie des großen Mannes darstellen, der sich damals gerade in einer zynischen Stimmung befand. Wenn ich mich recht erinnere, erzählte Freud die Geschichte 1912, ich weiß nicht mehr, ob mir allein oder auch anderen Studenten. Während seines Aufenthalts in New York im Jahre 1909 lehnte er es ab, Patienten zu sehen und zu behandeln; er schickte sie alle zu Dr. Brill und anderen amerikanischen Psychoanalytikern. Ein Herr, dessen Frau an Agoraphobie litt, bat Freud mehrere Male, seine Frau zu empfangen. Freud lehnte ab, aber der Mann ließ nicht locker und bat um Rat, was man tun könnte, um das Auftreten der Anfälle zu verhindern. Freud hatte keine Geduld mit dem Mann, der darauf bestand, eine rasche Kur für die agoraphobischen Ängste seiner Frau zu finden, und er erzählte, er hätte ihm am liebsten geraten: »Lassen Sie Ihre Frau nur mit schmutziger Unterwäsche ausgehen.«

Es hieße die Genese agoraphobischer Anfälle bei Frauen übermäßig vereinfachen, wenn man sie nur auf Reaktionen auf unbewußte Phantasien

von sexueller Versuchung zurückführen wollte. Dennoch ist nicht daran zu zweifeln, daß solche Reaktionen zumindest einer der entscheidenden unbewußten Faktoren sind.
Wir kommen damit wieder auf unsere anfängliche Frage zurück, warum die Agoraphobie bei Frauen viel häufiger auftritt als die Klaustrophobie. Man kann das Problem auch in den Begriffen Haus und Straße darstellen. Frauen fühlen sich zu Hause viel sicherer vor sexuellen Versuchungen als auf der Straße, wo sie von Männern angesprochen werden können.* Vergessen wir nicht, daß der Gegensatz zwischen zu Hause und auf der Straße auch in unserer Alltagssprache zum Ausdruck kommt, die damit verschiedene Frauentypen bezeichnet. Die tugendhafte Hausfrau und das »anständige« Mädchen sind »häuslich«, während man von anderen, in sexueller Hinsicht verdächtigen Frauen sagt, sie hätten sich »herumgetrieben«. Und schließlich nennen wir die niedrigste Art von Prostituierten »Straßenmädchen«.
Eine schöne Sammlung künstlerischer Fotografien von Henri Cartier-Bresson enthält einige Bilder von Prostituierten an ihren Fenstern in Mexico City. Diese vulgäre Schaustellung ihrer Reize erinnerte mich daran, daß die Franzosen den Ausdruck *faire la fenêtre* im Sinne von Prostitution gebrauchen. Eine schrullige Erzählung von Guy de Maupassant behandelt dieses Thema. Im Gegensatz dazu stehen typische Szenen aus Romanen der viktorianischen Ära. Dort wird oft beschrieben, daß ein Mädchen, selbst verborgen, hinter einem Vorhang steht und einen bewunderten Mann mit den Blicken verfolgt. Eine kaum wahrnehmbare Bewegung des mit Rüschen besetzten Stoffes verrät manchmal die Anwesenheit des schüchternen Mädchens. Der Gegensatz zwischen dem Verhalten der Prostituierten, die ihre sexuellen Reize im Fenster anbieten, und der Verborgenheit des »anständigen« Mädchens, ein Gegensatz zwischen hemmungsloser Exhibition und bescheidenem Verbergen, wird durch das Fehlen oder Vorhandensein von Fenstervorhängen symbolisiert.
Die Fortsetzung dieses Gedankens führte zum analytischen Verständnis des psychologischen Unterschiedes zwischen den Einstellungen des typischen Mannes und der typischen Frau zu Vorhängen. Ich wurde an eine Szene erinnert, die mir ein Patient tags zuvor in seiner analytischen Sitzung geschildert hatte. Er hatte vor einigen Wochen geheiratet, und das junge Paar, das nicht viel Geld hatte, war damit beschäftigt, seine

* Nach der Niederschrift dieser Abhandlung wurden Freuds Briefe an Wilhelm Fließ veröffentlicht (*Aus den Anfängen der Psychoanalyse 1887–1902. Sigmund Freud, Briefe an Wilhelm Fließ*, London 1950, S. Fischer Verlag, Frankfurt a. M. 1962). Freud schrieb seinem Freund am 17. Dezember 1896, er habe »eine lang gehegte Vermutung über den Mechanismus der Agoraphobie bei der Frau bestätigt« gefunden: »Es ist die Verdrängung des Vorsatzes, sich den Ersten Besten auf der Straße zu holen.«

bescheidene Wohnung einzurichten. Der Mann war überrascht, als seine junge Frau darauf bestand, daß eines der ersten Dinge, die angeschafft werden mußten, Fenstervorhänge waren. Seiner Ansicht nach wurden Möbel, einige zusätzliche Stühle und Kommoden, viel dringender gebraucht. Die Meinungsverschiedenheit führte zum ersten Streit im Leben des jungen Paares. Die Frau weinte, weil ihr Mann so wenig Verständnis für ihre Ansichten zeigte. Er wiederum sah nicht ein, warum sie Geld, das für wichtigere Dinge gebraucht wurde, für Rüschenvorhänge ausgeben wollte. Sie schien sich über seinen Vorschlag, diesen Kauf aufzuschieben, unmäßig zu erregen. Er konnte nicht verstehen, daß sie es beschämend fand, im Eßzimmer noch einige Wochen lang keine Vorhänge zu haben.

Die unbewußten Untertöne dieser Meinungsverschiedenheit in bezug auf die Wichtigkeit und Funktion von Vorhängen wurden in der analytischen Sitzung hörbar. Es war offensichtlich, daß Fenstervorhänge in den Gedanken des Mannes und seiner jungen Frau eine verschiedene Stellung einnahmen. Für ihn war ein Vorhang nur ein Stück Stoff, das ein Fenster verdeckte, und nichts weiter. Für Frauen wie für Männer sind Fenster Öffnungen, die Licht und Luft hereinlassen, aber für Frauen bedeuten sie nicht nur das. Das Haus oder die Wohnung ist für eine Frau eine unbewußte Erweiterung ihres Selbst, das Zimmer ist eine Fortsetzung ihres Körpers. Im Deutschen gibt es den Ausdruck Frauenzimmer, der ursprünglich Zimmer der Frau(en) bedeutete, dann aber – noch zur Goethezeit und später – für die Frau selbst verwendet wurde, so als wäre Frau und Zimmer dasselbe. In der symbolischen Sprache des Traums hat Haus oder Zimmer die unbewußte Bedeutung Frau. Fenster haben in dieser Sprache oft die Bedeutung einer Öffnung im Körper, der Vulva der Frau.

Die Vorhänge vor dem Fenster nehmen die Stelle der Unterwäsche ein, die die weiblichen Geschlechtsteile verdeckt und verbirgt. Diese unbewußte Bedeutung der Vorhänge erklärt nicht nur die besondere Aufmerksamkeit, die Frauen ihrem Material, ihrer Verarbeitung und Farbe und ihrem Stil widmen; sie erklärt auch die Wichtigkeit, die Vorhänge in den Augen der Frau für die Gesamtheit des Zimmers haben. Neben dekorativen und praktischen Gründen läßt diese unbewußte Rolle Fragen der Art, ob die Vorhänge glatt oder gerüscht, einfach oder doppelt, aus Baumwolle oder Kunstfaser sein sollen, für die Frau sehr wichtig erscheinen. Vor allem findet die Notwendigkeit, Vorhänge an den Fenstern zu haben, ihre geheime Rechtfertigung in dem verborgenen emotionalen Faktor, der psychologisch mit der Sittsamkeit verwandt ist. Wir verstehen nun besser, warum die junge Frau während des Streites das Wort »beschämend« gebrauchen konnte, als sie von den fehlenden Vorhängen im Speisezimmer sprach.

Mit Ausnahme von Innendekorateuren, die an der Gestaltung von Fenstern interessiert sind, können Männer die große Bedeutung, die Frauen den Vorhängen in einem Zimmer beimessen, nicht begreifen. Der psychologische Unterschied zwischen der weiblichen und der männlichen Einstellung zur Rolle von Vorhängen wird sehr schön wiedergegeben in einer Szene in *Cannery Row* (dt.: *Die Straße der Ölsardinen*) von John Steinbeck: Mr. und Mrs. Malloy sind so arm, daß sie in einen alten Kessel übersiedeln müssen, der nicht mehr gebraucht wird. Sie sind glücklich, diese elende Unterkunft gefunden zu haben, die immerhin trocken und sicher ist. Mrs. Malloy sieht später im Geiste »echte Spitzengardinen, blau und rosa gesäumt – 1.98 Dollar das Set mit Gardinenstangen als Draufgabe«. Mr. Malloy setzt sich auf seiner Matratze auf und fragt: »Wozu, in Gottes Namen, willst du Gardinen haben?« Mrs. Malloy, deren Unterlippe zu zittern beginnt, sagt, sie wollte immer hübsche Dinge für ihn haben. Sie wirft ihm vor, ihr das Geld nicht zu gönnen, aber er versichert ihr, daß das nicht stimmt, und sagt: »Um Christi willen, was tun wir mit Gardinen? Wir haben keine Fenster.« Mrs. Malloy weint und weint und behauptet: »Männer verstehen einfach nicht, wie eine Frau empfindet.« Sam versucht vergeblich, sie zu trösten. Sie schluchzt: »Männer versuchen nie, sich an die Stelle einer Frau zu versetzen.«

Wir kehren zurück zu dem Gegensatz zwischen den beiden Verhaltensmustern, der unser Ausgangspunkt war. Haben wir nicht die Bilder der Prostituierten, die an ihren Fensterbänken lehnen und sich schamlos anbieten, der Erinnerung an viktorianische Frauen gegenübergestellt, die sich hinter den Vorhängen versteckten und durch den gekräuselten weißen Stoff schüchtern auf die Straße blickten? Der Gegensatz zwischen der Schaustellung im vorhanglosen Fenster und dem Verbergen hinter den Vorhängen erhält nun, da der sexuelle Symbolismus der Vorhänge verstanden und psychologisch ausgewertet wird, erst seine rechte Bedeutung.

Als Anhang zu dieser Reihe häuslicher Szenen folgt eine Erinnerung, die beinahe vierzig Jahre zurückliegt und zu den anderen erwähnten Beispielen symbolischer Natur paßt. Das Mißverständnis der Bedeutung des Falles erscheint mir heute beinahe komisch, aber damals bereitete es mir viel Kopfzerbrechen. Ich war ein junger Analytiker und allzu eifrig darauf bedacht, die unbewußte Bedeutung neurotischer Symptome so rasch wie möglich zu verstehen. Freud hatte mir ein junges Mädchen zur analytischen Behandlung geschickt. Sie kam aus Bukarest und sprach sehr schlecht Deutsch. Sie war in einer französischen Privatschule erzogen worden, und ihre Analyse mußte daher zum größten Teil auf französisch vorgenommen werden, das ich damals recht gut sprach.

Die Patientin zeigte alle Symptome einer Zwangsneurose. Außer dem

Waschzwang füllte eine ganze Anzahl von Zeremoniellen und scheinbar absurden kleinen Tätigkeiten den größten Teil ihres Tages aus. Ein Beispiel für die vielen Symptome dieser Art, der Zwang, unzählige Male den Wasserhahn auf- und zuzudrehen, wurde schon früh in ihren analytischen Sitzungen besprochen. Sie klagte darüber, daß sie sich immer und immer wieder davon überzeugen müsse, ob der Hahn im Badezimmer zugedreht sei. Dazu mußte sie den Hahn zuerst aufdrehen, weil sie sichergehen wollte, daß sie ihn sehr fest zugedreht hatte. Was die geheime Bedeutung dieses Zwanges war, dämmerte mir erst, als sie mir einige Wochen später von den sexuellen Intimitäten zwischen ihr und ihrem Verlobten erzählte. Die beiden jungen Leute betrieben ein langes Petting, bei dem sie alles taten, »*tout excepté ça*« (alles außer dem), wie die Patientin sich ausdrückte. Der Mann rieb seinen Penis außen an ihrer Vagina, bis er den Orgasmus erreichte. Es war leicht zu erraten, daß die Patientin oft befürchtete, etwas von seinem Sperma könnte in sie eindringen und sie schwängern. Ihr Zwang hatte daher die unbewußte Bedeutung, daß sie sich davon überzeugen mußte, daß der Mann nicht in sie hinein ejakuliert hatte. Durch die Verschiebung auf den Wasserhahn wollte sie sich vergewissern, daß nicht ein Tropfen Sperma in ihre Vagina gelangt war. Der Gegenzwang enthüllt natürlich ihren unbewußten Wunsch, das Sperma des Mannes in sich zu spüren.
In einer analytischen Sitzung, in der sie wieder von ihrem lästigen und ermüdenden Zwang, den Wasserhahn auf- und zuzudrehen, gesprochen hatte, erwähnte sie, daß sie oft den elektrischen Knopf berühren müsse, nachdem ihr Verlobter sie verlassen hatte, und daß ihr die Berührung jedesmal einen Schlag versetzte. Ich nahm natürlich an, dies sei ein weiterer Zwang im Zusammenhang mit ihren neurotischen Symptomen, ein Zeremoniell wie so viele andere, von denen sie mir berichtet hatte. Ich dachte, sie müsse vielleicht auf den Knopf drücken, um das Dienstmädchen zu rufen, das in einem Zimmer unter dem ihren schlief. Ihre nächsten Sätze zeigten mir aber, daß ich mich geirrt hatte. Der »*bouton électrique*«, von dem sie sprach, war ihre Bezeichnung für die Klitoris, nicht ein elektrisches Gerät. Sie masturbierte oft, nachdem ihr Verlobter gegangen war, weil sie sich sexuell erregt, aber nicht befriedigt fühlte.
Die Lektion, die aus diesem Mißverständnis zu lernen ist, ist natürlich die, daß wir uns vor der Neigung hüten müssen, zu logisch zu denken und aus allem, was uns unsere Patienten in den analytischen Sitzungen berichten, eine Synthese zu machen. Zuerst machte ich die sprachlichen Schwierigkeiten dafür verantwortlich, daß ich den Ausdruck der Patientin, *le bouton électrique*, mißverstanden hatte, aber ich mußte mir schließlich eingestehen, daß ich die intime, unbewußte Verbindung in den Gedanken der Frau zwischen dem Raum und den darin befindlichen Gegenständen und ihrem Körper übersehen hatte.

15. Eine Ausnahme

Die folgenden Seiten stellen eine Abweichung vom Schema dieses Buches in zwei Richtungen dar. In den meisten vorausgegangenen Abschnitten wurden Bilder von charakteristischen weiblichen und männlichen Verhaltensweisen nebeneinandergestellt und verglichen. Im Mittelpunkt dieser Erörterung stehen einige typisch weibliche Züge, die bei einem Mann beobachtet wurden, und die Untersuchung der entscheidenden Faktoren für diese psychologische Anomalie. Während in den vorausgegangenen Kapiteln der Gang der Untersuchung der in wissenschaftlichen Beiträgen übliche ist, folgen die nächsten Abschnitte einem anderen Weg. Ihr Ausgangspunkt ist eine Reihe von Gedanken des Psychoanalytikers selbst, die verfolgt werden, bis sie ein bestimmtes Problem und seine mögliche Lösung erreichen. Diese andere Art der Darstellung ist ungewöhnlich im Rahmen dieses Buches, aber nicht in anderen Werken dieses Autors. Dieselbe Methode wurde schon in mehreren früheren Büchern angewandt.*

Der hier beschriebene Gedankengang hatte als Ausgangspunkt ein ganz gewöhnliches, alltägliches und bedeutungsloses Ereignis. Meine Schwester Margaret hatte mir eine Tasse Kaffee gebracht. Ich hatte das Tablett achtlos auf einen Tisch neben meinem Schreibtisch gestellt und dabei versehentlich ein wenig Farbe abgekratzt. Meine Schwester machte sich sofort daran, den kleinen Schaden auszubessern. Während sie mit dieser undankbaren Aufgabe beschäftigt war, machte sie mir Vorwürfe wegen meiner Unachtsamkeit und Gedankenlosigkeit. Ich war darüber ein wenig verärgert.

Ich werde nun versuchen, meine Gedanken, während ich ihr zuhörte, zu rekonstruieren: »Merkwürdig, wie sie sich über eine solche Kleinigkeit aufregen kann ...! Dieser Tisch ist doch wertlos ... Was macht es schon, ob ein Kratzer darauf ist oder nicht? Was ist daran so wichtig? Und wenn ich hundert Kratzer machte, wäre das nicht gleichgültig? Frauen sind seltsame Wesen ... Ihr Herz hängt an solchen materiellen Dingen ... Der kleinste Schaden tut ihnen weh, selbst wenn der Gegenstand gar nicht ihnen gehört ...«

Die nächsten Assoziationen wurden dadurch bestimmt, daß ich in diesem Augenblick zufällig ein Bild betrachtete, das meinem Schreibtisch gegenüber an der Wand hing. Es stellt folgende Szene dar: Ein Holzfäller hat seine Axt gehoben, um einen Baum im Wald zu fällen. Der schöne Körper einer Nymphe taucht aus dem Baumstamm hervor, dessen Äste von ihren ausgestreckten Armen gebildet werden. Ihr Gesicht hat einen kummervollen oder traurigen Ausdruck. Dieses Bild war das Abschieds-

* *Listening with the Third Ear*; *The Secret Self*; *The Haunting Melody*.

geschenk einer holländischen Patientin, einer erfolgreichen Künstlerin. In diesem Werk hatte sie einige Phantasien gestaltet, die sie in ihren analytischen Sitzungen oft beschrieben hatte. Diese Phantasien kreisten um die Defloration in der Hochzeitsnacht. Die Mutter des Mädchens war früh gestorben, aber sie hatte oft von der Brutalität der Männer gesprochen und der Tochter geraten, nicht zu heiraten. Die Patientin hatte später viele masochistische Phantasien, in denen immer wieder die Szene der Entjungferung durch einen grausamen und brutalen Mann auftauchte. Ihr Bild stellt diese Szene im mythologischen Gewand dar. Indem sie mir das Bild schenkte, hatte die Patientin ihre Dankbarkeit gegenüber der Psychoanalyse ausgedrückt, der es gelungen war, ihr die Angst vor dem Geschlechtsverkehr zu nehmen.

Der Blick auf das Bild weckte eine flüchtige Erinnerung an das Gesicht meiner ehemaligen Patientin, das in den Zügen der aus dem Baum auftauchenden Nymphe deutlich zu erkennen war. Von dort aus gingen meine Gedanken, was ganz logisch war, zu einer Schrift Freuds, die das geheimnisvolle Phänomen des Tabus der Virginität bei primitiven und halbzivilisierten Völkern behandelt.* Einer der wichtigsten Gründe für dieses Tabu ist nach Freuds Ansicht der Umstand, daß die Frau dazu neigt, sich an dem Mann zu rächen, der sie defloriert und ihre körperliche Unversehrtheit verletzt hat. Sie hegt unbewußt bittere und grollende Gefühle gegen den Mann, so als hätte er ihren Körper verwundet. Diese feindseligen Reaktionen lassen sich auf ältere und primitivere Regungen des kleinen Mädchens zurückführen, das den Jungen um seinen Penis beneidet und sich verglichen mit ihm wegen der anatomischen Unvollständigkeit benachteiligt fühlt.

An die Stelle der Gedanken an die Schrift Freuds traten augenblicklich andere, die eine Patientin betrafen. Sie war vor einigen Jahren zur Analyse bei mir gewesen, ein fünfzehnjähriges Mädchen, bei dessen Behandlung viele komplexe masochistische und sadistische Phantasien zum Vorschein kamen. Das zentrale Thema der wichtigsten dieser Phantasien war die Hochzeitsnacht. Die Mutter hatte die Patientin nach den modernen Richtlinien aufgeklärt. Schon als Kind wußte die Patientin, wie Kinder geboren werden und wie sie in den Körper der Mutter kommen. Das Mädchen, das sich sehr intellektuell gab und alles über die Sexualität zu wissen behauptete, hatte phantastische Vorstellungen vom ersten Geschlechtsverkehr. Diese grotesken Ideen kamen während der späteren analytischen Sitzungen unter großem Widerstreben an die Oberfläche des Bewußtseins. Am Abend nach der Hochzeit geschah ihrer Ansicht nach folgendes: Der Mann kniet vor seiner Frau und entjungfert sie mit

* S. Freud, *Beiträge zur Psychologie des Liebeslebens, III, Das Tabu der Virginität*, G.W., Bd. XII, S. 159.

der Hand. Er stillt das heftig strömende Blut und wäscht sie. Dann wäscht er sich selbst die Hände in zwei Schüsseln mit Wasser, die zu beiden Seiten des Bettes stehen, und trocknet sich und seine Frau mit bereitliegenden Handtüchern gründlich ab. Darauf folgt der Geschlechtsverkehr. Es war leicht zu erraten, daß der erste Teil dieser Phantasien durch die Nachwirkungen einer frühen Masturbation des Mädchens beeinflußt waren.

Meine Gedanken kehrten zu dem Bild zurück. Ich erinnerte mich, das unbestimmte Gefühl gehabt zu haben, daß mir die dargestellte Szene schon vertraut war, als ich das Geschenk von meiner holländischen Patientin erhielt. Mein Eindruck war, daß ich diese Szene oder eine ähnliche schon auf einem anderen Bild gesehen hatte, aber ich konnte mich nicht erinnern, wo. Dann fiel es mir wieder ein. Ich hatte als Junge ein illustriertes Buch mit Sagen und Legenden, das vor allem von den Taten der Ritter im Mittelalter handelte. In diesem Buch befand sich das Bild eines Ritters, der mit seinem Schwert auf einen Baum einhieb. Die Baumnymphe erschien aus dem Stamm und klagte ihn an, ihr eine tödliche Wunde zuzufügen.

Viele Jahre später fiel mir bei einem gründlichen Studium von Goethes *Torquato Tasso* dieses Bild aus dem Buch meiner Kindheit wieder ein, denn es stellte eine Szene aus Tassos 1581 erschienenem Epos *La Gerusalemme liberata* dar. Der dreizehnte Gesang schildert, wie der Ritter Tankred einen Zauberwald betritt und eine Zypresse sieht, in deren Rinde Symbole eingeritzt sind. Sie warnen den Eindringling davor, die Ruhe der heiligen Bäume zu stören. Er zieht sein Schwert und schlägt mit ganzer Kraft auf den Baum ein. Aus dem Stamm »sprang Blut hervor und rötete den Boden«. Tankred hört ein tiefes Stöhnen und die Nymphe des Baumes, die zu ihm spricht. Sie sagt ihm, sie sei Clorinda, und bittet ihn, sie nicht zu töten.

Die Erinnerung an das Bild des Ritters und der Nymphe wurde von einigen etymologischen Gedankenassoziationen abgelöst: Wald ... Holz ... Materie ... Material ... das Wort leitet sich von *mater*, lateinisch Mutter, her ... die im Grunde weibliche Natur der Materie. Haben wir hier eine psychologische Verbindung zu der Sorgfalt, der behütenden Aufmerksamkeit, die die durchschnittliche Frau materiellen Dingen gegenüber empfindet? Ist dieser bedeutsame Zug im Kastrationskomplex der Frau verwurzelt und stellt er ihre späte und verschobene Reaktion auf den frühen Eindruck des kleinen Mädchens dar, daß es von Geburt an genital benachteiligt ist?

Während ich noch über diese Theorie nachdenke, wenden sich meine Gedanken seltsamerweise Mr. L. und dem Dinner zu, das ich einige Tage zuvor in seinem Haus eingenommen habe. Mr. L. ist ein Mann mittleren Alters, ein erfolgreicher, recht bekannter Fabrikant, mit dem ich oft gesellschaftlich verkehrte. Mein Eindruck war, daß er und seine Familie luxuriös und über ihre Verhältnisse lebten, im Sinne von Veblens »auffälligem Konsum«. Er konnte sehr liebenswürdig sein, benahm sich aber oft recht hochmütig und war verschlossen und mißtrauisch. Ich hatte Gelegenheit gehabt, den Mann zu beobachten, und gewisse Eigenheiten seines Verhaltens verwirrten mich, weil sie anderen zu widersprechen schienen, die in seinem Charakter offensichtlich vorherrschten. Ein lebhaftes Interesse an mehreren Sportarten und eine etwas betonte Männlichkeit vertrugen sich beispielsweise nicht mit seiner mimosenhaften Empfindlichkeit und Sentimentalität.

Ein Zug zeigte sich besonders auffällig, und das war die ungewöhnliche Aufmerksamkeit, die er dem geringsten Schaden widmete, der an seinen Möbeln oder anderen Gegenständen in seinem Haus angerichtet wurde. Er geriet, zum Beispiel, in Wut, wenn er den geringsten Kratzer an einem Stuhl oder Tisch oder einen winzigen Fleck auf dem Teppich entdeckte. Diese intensive Beschäftigung mit Materialien beschränkte sich nicht auf wertvolle Gegenstände oder Möbel; sie erstreckte sich auch auf Kleider, Handtücher etc. Er war sehr ungehalten, wenn seine Frau ein Kleid achtlos über einen Stuhl warf, und hielt lange Vorträge darüber, welcher Schaden dem Stoff durch eine solche Behandlung zugefügt werden und wie rasch er dadurch ruiniert werden könne und so fort. Er hatte gelegentlich Zornausbrüche, die sich gegen seine Frau und seine Kinder richteten und in denen er ihnen heftig eine kriminelle Achtlosigkeit gegenüber ihren Sachen – und seinen eigenen – vorwarf. Bei der geringsten Nachlässigkeit nannte er die Wohnung einen »Saustall«, und er beschimpfte seine Familie wegen ihrer unzivilisierten oder barbarischen Lebensweise. Verschüttetes Wasser und andere katastrophale Ereignisse dieser Art versetzten ihn in einen Zustand der Verzweiflung, die alles übertraf, was Lady Macbeth empfand, als sie ihr »Fort, verdammter Fleck!« rief.

Diese Bekanntschaft fiel mir zu dem angegebenen Zeitpunkt im Laufe meiner Gedankenassoziationen ein. Bei dem erwähnten Dinner machte er mich sarkastisch darauf aufmerksam, daß seine Frau ein Glas Wein ohne Untersetzer auf den Tisch gestellt hatte. Das Glas hatte einen feuchten Ring auf der Tischplatte hinterlassen, und darüber war er wütend. Die Szene war um so peinlicher, als sie sich in Gegenwart seiner Frau und seiner Gäste abspielte. Der kleine Schaden brachte ihn so in Rage, daß er jedes Taktgefühl und jede Rücksichtnahme vergaß.

Was für eine Verbindung bestand möglicherweise zwischen meinen vorausgegangenen Gedankenassoziationen, die zu einer provisorischen Theorie über Frauen geführt hatten, und der Erinnerung an den Abend, den ich im Hause des Fabrikanten verbrachte? Es scheint keine Brücke zu geben. Eine aufmerksame Weiterverfolgung der Gedankenfäden führt

jedoch zu der folgenden Rekonstruktion: Der Ausgangspunkt sind die Vorwürfe meiner Schwester wegen meiner Nachlässigkeit. Dort beginnende Gedanken brachten mich dazu, versuchsweise eine Theorie über den Ursprung der Sorgfalt aufzustellen, die Frauen materiellen Dingen widmen. Ihre Einstellung wird bestimmt durch eine Reaktion auf die Anschauung des kleinen Mädchens, daß es körperlichen Schaden erlitten habe. Die Neigung, materielle Dinge zu bewahren und zu erhalten, und die Aufmerksamkeit und Sorgfalt, mit der sie behandelt werden, wären somit ein später und verschobener Versuch einer Wiederherstellung. Die materiellen Dinge haben unbewußt die Stelle des beschädigten weiblichen Körpers eingenommen.
Es gibt noch eine andere Möglichkeit, die größere Sorgfalt zu erklären, die Frauen im allgemeinen für materielle Dinge aufbringen. Sie könnte auch durch biologische Faktoren bestimmt und in konstitutionellen Neigungen verwurzelt sein, in den gleichen Neigungen, aus denen heraus sich Frauen um den Embryo und den Säugling kümmern. Die beiden Hypothesen ergänzen sich eher, als daß sie einander widersprechen, da die eine das biologische Fundament betreffen könnte, dem sich psychologische Motive überlagern.
Mein Gedankengang spiegelt den Versuch wider, eine Bestätigung im analytischen Material zweier Fälle und eine theoretische Unterstützung in Freuds Schrift über das Tabu der Virginität zu finden. Die Erinnerung an Tankreds Abenteuer im Zauberwald scheint eine Bestätigung von der anderen Seite her zu bringen, denn es stellt die parallele männliche Einstellung dar.
Soweit folgt mein Gedankengang einer logischen Linie, aber mit dem plötzlichen Auftauchen der Erinnerung an dieses Dinner scheinen meine Assoziationen vom Gegenstand abzuweichen. Der Schein trügt jedoch. Der vorausgegangene und der neue Gedankengang haben einen gemeinsamen Nenner: die übertriebene Sorge wegen einer möglichen Beschädigung von Möbeln. Könnte es noch andere Verbindungsglieder geben?
Ich war soweit gekommen, versuchsweise eine Theorie über die größere Aufmerksamkeit und Sorgfalt der Frauen gegenüber Möbeln aufzustellen: Sie fühlen sich unbewußt beschädigt oder benachteiligt und entwickeln eine späte Reaktion auf den imaginären Schaden, den sie erlitten haben, in der ersatzweisen Verschiebung auf Möbel und andere materielle Objekte, die als Erweiterungen ihres eigenen Körpers aufgefaßt werden. Wenn an diesem kritischen Punkt meiner sich entwickelnden Theorie der Gedanke an meinen Bekannten auftaucht, kann das nur eine Bedeutung haben: Er ist ein Einwand, der gegen meine Theorie erhoben wird. Der Kern des Arguments ist klar: Hier ist ein Mann, der sich Möbeln gegenüber unzweifelhaft wie eine Frau verhält – er zeigt

dieselbe Empfindlichkeit und übertrieben besorgte Einstellung zu materiellen Objekten.
Doch zusammen mit dem widersprüchlichen Argument erscheint auch der Versuch einer Lösung. Sie ist vorbewußt schon in der Formulierung dieses Satzes enthalten: »Er verhält sich wie eine Frau.« Das heißt natürlich, »als ob er eine Frau wäre«, anders gesagt, er erfüllt die psychologischen Bedingungen, die man als unbewußte Voraussetzung für diese typisch weibliche Einstellung betrachtet. Er verhält sich, als ob er physisch beschädigt oder kastriert wäre. Es ist klar, daß dieses »als ob« im psychologischen Sinne als eine verdrängte Wirklichkeit betrachtet werden muß, die sehr wohl im Gegensatz zu widersprüchlichen bewußten Neigungen stehen kann. Das große Interesse dieses Mannes am Sport und seine herablassende Haltung gegenüber Männern, die es nicht teilen, kommt einer Überkompensation der unbewußten Selbstverachtung gleich – einem Versuch, sie zu korrigieren. Dagegen kommt in seiner besonderen Empfindlichkeit für die geringste Beschädigung an einem Möbelstück die verleugnete weibliche Einstellung an die Oberfläche. Ich möchte noch hinzufügen, daß mein Eindruck von dem betont weiblichen Charakter meines Bekannten später durch zusätzliche Beobachtungen bestätigt wurde.
Jeder theoretische Versuch der beschriebenen Art muß immer wieder durch das lebendige klinische Material, durch Erfahrungen in der analytischen Durchdringung von Menschen verifiziert werden. Bis jetzt habe ich noch keine elementaren Tatsachen gefunden, die meiner Auffassung widersprechen, daß die besondere Sorgfalt, mit der Frauen mit Möbeln umgehen, den auf den vorausgegangenen Seiten beschriebenen unbewußten Ursprung hat. Dennoch muß meine Theorie auf Bestätigung und Verifikation durch andere Beobachter warten. Die Empfehlung, die Longfellow in einem seiner Gedichte gibt, gilt auch für den Analytiker: daß man weiterstreben und lernen müsse, sich zu mühen und zu warten.

16. Die Wohnung der anderen Frau

In Tausenden von Fällen zeigt uns die tägliche Erfahrung, daß Frauen in ein und derselben Situation anders reagieren als Männer. Wenn wir diesen Unterschied nicht immer klar erkennen, so liegt das daran, daß wir nicht darüber nachdenken, daß wir uns die grundlegenden emotionalen Muster nicht klarmachen. Hier ist ein Testfall, eine der zahllosen Situationen, in denen wir diesen Unterschied deutlich sehen. Der Mann einer Patientin hatte sich in eine andere Frau verliebt. Nach langem Kampf hatte er die Scheidung von seiner Frau durchgesetzt. Bei der Regelung der Vermögensangelegenheiten wurde bestimmt, daß die Frau die schön eingerichtete Wohnung dem Mann überlassen und nur ihren persönlichen Besitz mitnehmen sollte. Die Patientin sagte in ihren analytischen Sitzungen, daß ihre Rivalin nach der Rückkehr von der Hochzeitsreise sofort mit ihrem Mann in die Wohnung einziehen werde. Der Gedanke, daß diese andere Frau die Küche und das Schlafzimmer in Besitz nehmen und ihre Küchengeräte, ihre Bettwäsche benutzen werde, war für meine Patientin sehr schmerzlich. All das verstand ich sehr gut, aber was mich verblüffte, war der Schluß, den sie aus der skrupellosen Art zog, mit der sich die neue Frau die Wohnung aneignete. Ihr erster Kommentar lautete: »Nur eine Broadway-Hure bringt das fertig!« und der zweite: »Sie kann ihn nicht lieben« (das heißt, den geschiedenen Mann der Patientin).

Ich begriff nicht, wie die unmittelbare Inbesitznahme der freien Wohnung die junge Frau in die Kategorie der Straßenmädchen verweisen konnte. Sie hätte meiner Ansicht nach in die Wohnung einziehen können, wenn sie so sittenrein gewesen wäre wie Cäsars Frau. Auch die andere Schlußfolgerung, daß die neue Frau ihren Mann nicht liebte, entging mir. Meiner Ansicht nach handelte es sich hier um einen der zahllosen Fälle von mangelnder Logik, die uns (Männer) an den Frauen immer so verwirrt. Meine Patientin erklärte mir nicht, was sie meinte, aber es kam zum Ausdruck und wurde verständlich in den folgenden Gedankenassoziationen: Jede anständige Frau in der Lage der zweiten Frau würde auf einer neuen Wohnungseinrichtung bestehen und nicht inmitten von Dingen leben wollen, die den persönlichen Geschmack der ersten Frau widerspiegelten. Sie würde nur mit dem größten Widerstreben dieselbe Bettwäsche und dasselbe Geschirr benutzen. All das würde die neue Frau auf eine höchst unangenehme Weise an ihre Vorgängerin erinnern, besonders wenn es sich um Gegenstände intimer Natur handelt. Wie könnte eine Frau, die auch nur die geringste Selbstachtung besitzt, die Handtücher verwenden, in die noch die Initialen der früheren Herrin des Hauses eingestickt sind?

Ich verstand natürlich, was meine Patientin fühlte, sobald sie es mir so lebhaft geschildert und ihren Abscheu vor dem Verhalten der siegreichen Rivalin enthüllt hatte. Die Bedeutung ihrer zweiten Behauptung wurde mir auch klar, als sie erklärte, daß nur eine Frau, die ihren Mann nicht liebt, die »Gegenwart einer Dritten« in ihrem neuen Heim ertragen kann. Sie meinte damit die Erinnerungen an die erste Frau, die alle Dinge im Haus benutzt hatte. Nur eine Frau, die sich von finanziellen oder materiellen Überlegungen leiten läßt, würde diese Erinnerung nicht beachten, die unvermeidlich in ihrem Mann geweckt werden, wenn er von Dingen umgeben ist, die mit seiner früheren Ehe zusammenhängen.

Ich habe mich seither gefragt, ob ein Mann in der gleichen Situation ähnlich empfinden würde, und die offene Antwort lautet: Nein. Seine Gedanken sind nicht so intim an die materiellen Gegenstände der Wohnung und des Haushalts gebunden. Nehmen wir an, ein Mann zieht in die Wohnung ein, in der seine Frau lange mit ihrem ersten Mann gelebt hat, von dem sie geschieden ist. Es ist sehr zweifelhaft, daß ihn die Dinge des täglichen Lebens an die frühere Ehe seiner Frau erinnern würden – und wäre es so, würde er deshalb nicht deprimiert sein oder leiden. Es könnte ihn stören, die Pantoffeln oder die Pfeifen des ersten Mannes zu sehen, aber mehr als ein flüchtiges Gefühl des Unbehagens würde er nicht empfinden.

Der Hauptunterschied in den emotionalen Reaktionen der Frau kommt daher, daß die Wohnung und alle Gegenstände in ihr viel intimer mit dem Körper der Frau als mit dem des Mannes verbunden sind. Die Wohnung ist, wie wir gesehen haben, die unbewußte Erweiterung des Körpers der Frau, ihres Ichs. Wenn die andere Frau sie übernimmt, noch dazu mit all ihren persönlichen Dingen, so trifft sie sie in ihrem innersten Wesen.

17. Ist alles erlaubt?

Eine Patientin erzählte mir von dem Verhalten einer anderen Frau, die ihr den Mann abspenstig zu machen versuchte. Sie wußte, daß ihr Mann schon seit einigen Monaten ein Verhältnis mit der anderen Frau hatte. Es war ihr auch klar, daß er eine Scheidung wünschte und daß ihre Rivalin alle weiblichen Listen anwandte, um den Mann an sich zu fesseln. Das machte ihr natürlich sehr viel aus. Aber was ihren Zorn erregte, waren nicht so sehr die Mittel, die ihre Rivalin anwandte, um ihren Mann für sich zu gewinnen, sondern die Verachtung, die sie – ihrer Meinung nach – direkt oder indirekt ausdrückte. Meine Patientin hörte die Stimme der anderen Frau sehr deutlich aus einigen Bemerkungen heraus, die ihr Mann machte. Sie spürte auch die Kritik, die in Gesprächen an ihr geübt wurde, deren Inhalt sie nur erraten konnte.

Während sich der Mann noch nicht entschließen konnte, schien die andere Frau alle ihr zu Gebote stehenden Mittel einzusetzen und ihre Anstrengungen zu verdoppeln, um das Eheleben des Paares zu stören. Sie rief den Mann an, während er mit seiner Frau beim Essen saß, hinterließ dem Dienstmädchen geheimnisvolle Botschaften für ihn und versuchte, alles in allem, die verzweifelte Frau auf eine subtile oder auch alles andere als subtile Weise zu demütigen. Bei einer bestimmten Gelegenheit wußte sie, daß das Paar ins Theater gehen wollte. Der Wagen des Mannes stand vor dem Wohnhaus. Als sich die beiden in den Wagen setzten, lasen sie, mit Lippenstift auf die Windschutzscheibe geschrieben: »Ich liebe Dich,

Jane.« Der Wutanfall, den die Patientin bei diesem Anblick hatte, ist schwer zu beschreiben. Sie fühlte sich tief gedemütigt durch die andere Frau, die so niederträchtige Mittel anwandte, um ihr ihre Verachtung und Herausforderung zu zeigen.

Wir wollen uns nicht einmal mit der Frage beschäftigen, ob solche Taktiken gegen einen Rivalen bei Männern vorstellbar seien. Wir wissen alle, daß Männer nicht solche Mittel, sondern vielleicht offenere, brutalere oder gewalttätigere Methoden anwenden würden, um einander herauszufordern. Es gibt ein Sprichwort, das sagt, im Krieg und in der Liebe seien alle Mittel erlaubt. Mir scheint, dieser Spruch muß in zwei Teile zerlegt werden: Im Krieg ist alles erlaubt – wenn es sich um Männer handelt; und in der Liebe ist alles erlaubt – wenn es sich um Frauen handelt. Aber auch dieser Spruch ist nur beschränkt gültig. Immerhin gibt es die Genfer Konvention, die die Rechte der Nichtkämpfenden, der Verwundeten und der Ärzte schützt. Allem Anschein nach gibt es keine entsprechende Konvention oder Regelung in dem Krieg, den Frauen um einen Mann führen. Der Ausdruck »erlaubt« ist hier fehl am Platz. Alle Mittel dürfen angewandt werden. Die Genfer Konvention verfolgt das Ziel, unnötige Grausamkeiten zu verhindern und sicherzustellen, daß der Krieg auf faire Weise geführt und der Sieg von den überlegenen Streitkräften davongetragen wird. In dem Wettstreit zwischen zwei Frauen, die um einen Mann kämpfen, wird das weibliche Arsenal oft ohne Rücksicht auf die Gefühle der anderen Frau eingesetzt. Ein unsichtbares Wettrüsten findet statt, bei dem die eine Frau zeigen muß, daß sie etwas hat, was die andere nicht hat.

18. Projektion in der Homosexualität

In einem früheren Buch* wies ich darauf hin, daß viele homosexuelle Männer nicht gänzlich blind und taub für weibliche Reize sind, sondern ihre anfängliche Wirkung ablenken. Sie sind nicht unempfänglich für die Lockung der Frau, wehren sich aber unbewußt gegen sie. Es gibt symptomatologische Zeichen, die beweisen, daß eine erotische Stimulierung einsetzen und unmittelbar auf eine Person desselben Geschlechts übertragen werden kann. Ich habe darauf hingewiesen, daß diese Verlagerung der Aufmerksamkeit und der Anziehung die Funktion eines Abwehrmechanismus hat.

Bei der Darstellung mehrerer Fälle dieser Art versäumte ich es, einen anderen Abwehrmechanismus in Betracht zu ziehen, dessen Wirkung in anderen Fällen offenbar wurde. Ich meine den Mechanismus der Projek-

* *Psychology of Sex Relations*, New York 1945.

tion, durch den das Individuum versucht, Emotionen zu leugnen, die als unangenehm oder unwillkommen erlebt wurden.
Die Projektion ist vielleicht der älteste psychische Mechanismus. Sie macht sich schon beim Säugling bemerkbar, der unangenehme Empfindungen in die Außenwelt verlagert. Die Neigung zu projizieren zeigt sich von einem frühen Alter an bei dem Versuch, Schuldgefühle zu erleichtern. Später werden viele Erregungen dadurch abgewehrt, daß man sie als außerhalb des eigenen Ich befindlich sieht. Der Mensch befreit sich von unwillkommenen Regungen und Empfindungen, indem er sie in die Außenwelt verlegt oder projiziert, ähnlich wie in unseren Kinos ein Bild auf eine Leinwand geworfen wird. Die Projektion ist nicht nur ein archaischer Mechanismus, sie begleitet vielmehr die Entwicklung des Individuums bis ins reife Alter. Die primitive Auffassung von der Welt, durch die wir unsere Gefühle auf die Natur um uns her projizieren, lebt fort in der animistischen Phase der frühen Religionen und erscheint heute noch in den Metaphern unserer Dichter.
Bei der analytischen Behandlung mehrerer Homosexueller beobachtete ich ein Phänomen, das mich zunächst verwirrte. Während diese Männer oft ihre Feindseligkeit oder Gleichgültigkeit gegenüber Frauen betonten und bei dem Gedanken an einen Geschlechtsverkehr mit ihnen entsetzt waren, behaupteten sie oft, daß viele Frauen sexuelle Absichten mit ihnen hätten. In manchen Fällen klang diese Behauptung ganz unglaublich, vor allem als ein Patient erklärte, daß ihn verschiedene Frauen »umlegen« wollten. Die Reihe dieser angeblichen Verfolgerinnen seiner Tugend reichte von einigen Schulmädchen bis zu seiner siebzigjährigen Zimmerwirtin. Er beschrieb bereitwillig, daß diese Frauen subtile und weniger subtile Mittel anwandten, um ihn anzulocken.
Das analytische Verständnis dieser Klage wurde durch die Tatsache erschwert, daß der Patient mehreren Mädchen den Hof machte, um gesellschaftlich oder in sexueller Hinsicht über jeden Verdacht erhaben zu erscheinen. In einem Fall, in dem seine Chancen seiner eigenen Ansicht nach sehr schlecht waren, machte er einem jungen Mädchen sogar einen Antrag. Durch einen der Zufälle, die sich in der analytischen Praxis manchmal ergeben, erschien die junge Dame als Patientin in meinem Sprechzimmer. Während ihrer Behandlung erwähnte sie auch den jungen Mann und die Tatsache, daß er ihr einen Antrag gemacht hatte. Sie wußte sehr wohl, daß er nicht ernst gemeint war und sagte: »Der arme Junge! Er würde in Ohnmacht fallen, wenn ich ja sagte!«
Während die Natur seiner Annahme, daß ihn viele Frauen »umlegen« wollten, unzweifelhaft eine Projektion war, wurde die Dynamik dieser Abwehr nicht klar. Sie war durchsichtig in einem anderen Fall. Ein Künstler von etwas über dreißig Jahren konsultierte mich, weil er das Gefühl hatte, seine Arbeit werde durch die Ablenkungen beeinträchtigt,

die durch andere Männer verursacht wurden. Diese Männer belästigten ihn ständig durch Zeichen ihrer Liebe. Wohin er auch ging, klagte er, ja selbst wenn er zu Hause blieb, drängten sich ihm viele Männer auf, indem sie ihm ihre unwillkommene Zuneigung zeigten. Um seine Behauptung zu beweisen, führte er mich ans Fenster meines Sprechzimmers im fünften Stock und zeigte auf Straßenpassanten. Er sagte: »Sehen Sie den Mann dort auf der anderen Straßenseite? Den, der sich gerade die Krawatte glattstreicht? Er weiß, daß ich ihn ansehe, und will sich für mich hübsch machen. Sehen Sie den jungen Mann da drüben? Da, er bewegt seine Hand, um mich zu grüßen.« Nach einigen Sekunden rief er: »Da ist wieder ein anderer, der direkt zum Fenster heraufsieht! Er flirtet ganz schamlos mit mir!«

Wahnvorstellungen dieser Art, bei denen Gesten als auf den Patienten bezogen gedeutet werden, gehören in die Kategorie der Erotomanie. Bei dieser Form der Paranoia haben die Patienten das Gefühl, von der Liebe verfolgt zu werden. In ihren wahnhaften Neigungen weisen sie *durch Projektion* die Versuchungen zurück, denen sie sich durch andere ausgesetzt fühlen. Es war offensichtlich, daß mein Patient versuchte, seine eigenen unbewußten Neigungen abzuwehren, indem er alle Männer verdächtigte, sexuelle Absichten in bezug auf ihn zu haben. Diese Art von erotomanen Wahnvorstellungen sind natürlich bei Frauen häufiger als bei Männern, und sie können zugleich mit einem Verhalten auftreten, das in anderer Hinsicht relativ normal ist.

Es ist leicht zu erraten, daß derselbe Projektionsmechanismus, der hier als Abwehr gegen verdrängte homosexuelle Neigungen des Patienten verwendet wurde, auch dazu dienen kann, die restliche Hinneigung abzuwehren, die homosexuelle Männer für Frauen empfinden. Männer dieser Art projizieren ihre eigenen heterosexuellen Wünsche, die neben ihrem Interesse für das eigene Geschlecht noch lebendig geblieben sind, auf Männer, manchmal ganz wahllos. In ihren Wahnvorstellungen, in denen sie behaupten, daß alle Frauen hinter ihnen her seien, enthüllen – oder vielmehr gestehen – sie, daß sie in verschiedenen Graden die Lockung aller Frauen spüren. Das ist um so interessanter, als sie bewußt leugnen, daß sie in irgendeiner Form vom anderen Geschlecht angezogen werden, und versichern, ihr Liebesleben konzentriere sich auf Männer.

Ein Seitenblick zeigt uns, daß eine erotomane Wahnvorstellung dieser Art bei Frauen viel schwieriger zu entdecken ist, weil sie eine Zeitlang als eine Übertreibung von etwas erscheinen kann, was nur Wunschdenken der Frau ist, die sich vorstellt, der Gegenstand des Liebesbegehrens aller Männer zu sein. Wahnvorstellungen der paranoischen Art, bei denen Frauen davon überzeugt sind, daß jeder Mann, dem sie begegnen, sie mit Liebe verfolgt, haben oft die Funktion, unbewußte homosexuelle Neigungen abzuwehren. Die Bedeutung des psychologischen Unterschieds zwischen den Geschlechtern wird jedoch durch die analytische Einsicht vermindert, daß Männer in vielen Fällen, in denen sie wahnsinnig in eine bestimmte Frau verliebt sind, oft den unbewußten Abwehrmechanismus gegen ihre Versuchung, einen Mann zu lieben, anwenden.

19. Gemischte Gefühle gegenüber homosexuellen Männern

Ein Mann, der mit einer Frau ausgeht, von der er weiß, daß sie homosexuell ist, wird sie selbstverständlich mit der Rücksicht behandeln, die er ihrem Geschlecht schuldet. Er wird nicht versuchen, sich ihr zu nähern, und er wird jede Anspielung auf ihre sexuelle Vorliebe vermeiden. Das Phänomen der lesbischen Liebe hat für den durchschnittlichen Mann nichts Faszinierendes. Es hat allenfalls etwas leicht Unheimliches für ihn. Das Weibliche bleibt ihm aber auch im maskulinen Charakter dieser Frau bewußt. Sie kann in seinen Augen eine vollkommene Dame sein, und er denkt oder spricht von ihrer sexuellen Abweichung mit der Toleranz, die wir Frauen gegenüber aufbringen, die uns gleichgültig sind: *»Tous les goûts sont dans la nature.«*

Frauen scheinen, nach allem, was ich von ihnen zu hören bekam, gemischte Gefühle zu haben, wenn sie mit einem Mann ausgehen, von dem sie wissen, daß er homosexuell ist. Manche können sich sehr für das interessieren, was er ihnen anvertraut. Wir wissen alle, daß solche Männer gute Freundinnen und Bekannte unter den Frauen haben, denen sie »alles« erzählen – oder beinahe alles. Mit einer charakteristischen Mischung aus Mitleid und Verachtung spielen diese Frauen die Rolle der guten Samariterin und lassen sich in den Liebesangelegenheiten und Sorgen dieser Männer konsultieren. Aber sind diese Männer in ihren Augen wirklich Männer? Vielleicht nur in einem streng anatomischen Sinne. Die meisten Frauen haben nicht den Wunsch, sie auch nur dadurch in Versuchung zu führen, daß sie sich attraktiv und begehrenswert machen.

Dennoch habe ich andere Frauen das genaue Gegenteil sagen hören. Eine Patientin sagte, sie fürchte sich immer ein wenig vor homosexuellen Männern, weil sie mit der subtilen Bosheit, die man allgemein nur bei Frauen findet, eine Frau an ihrer schwachen Stelle treffen und alle ihre Fehler entdecken können. In einem gewissen Sinne rivalisieren sie mit Frauen wie andere Frauen, aber ihr Angriff hat etwas Überraschendes – man erwartet ihn nicht von einem »Mann«. Dieselbe Frau sagte, sie achte in Gegenwart solcher Männer ebenso sorgfältig auf ihr Aussehen wie in Gegenwart von Frauen. Sie fühlte auch den unbewußten Neid dieser

Männer auf ihre Weiblichkeit, und er reizte sie dazu, »andere auszustechen« und sich von ihrer besten Seite zu zeigen.

Eine andere junge Frau hatte wiederum eine andere Einstellung. Sie sagte: »Ich frage mich immer, warum er einen so schlechten Geschmack hat. Wir sind doch ganz bestimmt attraktiver. Ich denke, bei mir wird er vielleicht anders empfinden.« Sie sagte, sie fühlte sich versucht, mit ihm zu flirten, und hoffte, daß er sich ändern könnte. Aber die durchschnittliche Frau scheint eher zu denken: »Wozu eine Anstrengung unternehmen, die scheitern muß?« Es ist in psychologischer Hinsicht lohnenswert, den Unterschied im Verhalten einer Frau zu beobachten, die von einem Mann ausgeführt wird, der als »Möglichkeit« betrachtet wird, und von einem anderen, der homosexuell und somit »unmöglich« ist. Oberflächlich betrachtet, ist natürlich alles das gleiche. Ja die Frau kann sich sogar in Gegenwart des homosexuellen Mannes in einem gewissen Sinne viel wohler fühlen. Sie braucht weniger auf der Hut zu sein. Ihr Rock kann ein wenig zu hoch über das Knie rutschen, und es braucht ihr nichts auszumachen. Sie kann in Gegenwart dieses Mannes sorgloser in ihren Bewegungen und weniger befangen sein. Sie kann beim Zusammensein mit ihm subjektiv keine Spannung fühlen. Sie ist vielleicht sogar völlig entspannt. Es ist, als wäre sie mit einer anderen Frau zusammen. Es ist angenehm, einen männlichen Begleiter zu haben, wenn man ein Restaurant oder einen Nachtklub betritt. Das gilt für beide Seiten: Oft ist es für eine Frau unmöglich, gewisse Lokale ohne Begleitung aufzusuchen, und manchmal ist eine Frau eine willkommene Tarnung für einen Mann, der nicht möchte, daß jemand seine sexuellen Neigungen ahnt. Für die Frau ist er letzten Endes ein Mann, nur eben kein potentieller Liebhaber oder Sexualpartner.

Aber gerade dieser Mangel an Befangenheit, dieses Fehlen der leichtesten Spannung in Gegenwart des Mannes und die Entspanntheit, die man genießen kann – gerade das verringert das Vergnügen, das man in anderer Gesellschaft empfinden würde, beträchtlich. Es fehlt die Erregung der als Gejagtwerden getarnten Jagd. Im Kampf der Geschlechter tritt eine Pause ein, nicht ein Waffenstillstand, sondern Frieden, eine Art von Frieden, die man nicht einmal in Gesellschaft anderer Frauen genießt, sondern eher so etwas wie ein Rückzug. Die Frau fühlt sich sicher beim Homosexuellen – sicher vor ihm, aber vor allem sicher vor sich selbst. Es ist kein Kompliment für einen Mann, wenn sich eine Frau in seiner Gegenwart so völlig sicher fühlt.

Eine Frau, die mit einem homosexuellen Mann ausgegangen ist, kann, wenn sie von ihren Freundinnen gefragt wird, sagen: »Er war natürlich ein vollendeter Gentleman.« Derselbe Satz klingt, bei anderen Gelegenheiten ausgesprochen, anders und hat eine andere Bedeutung. Die Feststellung ist dieselbe, aber der Grundton, den man heraushört, ist ein anderer. In manchen Fällen kann er Bedauern oder Verwunderung ausdrücken – oder sogar die Enttäuschung darüber, daß der Begleiter ein »vollendeter Gentleman« war. Aber nach einem Abend, den die Frau mit dem Mann verbracht hat, von dem sie wußte, daß er homosexuell ist, handelt es sich einfach um die Feststellung einer Tatsache, nicht einmal einer bedauerlichen Tatsache, sondern einer einfachen Realität. Die Frau wußte, worauf sie sich einließ, als sie mit ihm ausging. Er war ein vollendeter Gentleman: Er hätte beim besten Willen nichts anderes sein können.

20. Die Homosexuellen und das andere Geschlecht

Es ist bekannt, daß es einen auffälligen Unterschied in der Einstellung der Gesellschaft zur männlichen und zur weiblichen Homosexualität gibt. Dieser Unterschied spiegelt sich nicht nur in unserem Strafgesetz wider, sondern auch in der Bewertung dieser abweichenden Gelüste durch die Gesellschaft. Selbst im toleranten Frankreich ist der Mann, von dem man sagt, *»il n'est pas orthodoxe«*, Gegenstand schlecht verhohlener Verachtung. Auf den Bühnen unserer Nachtklubs wird männliche Homosexualität offen verspottet und lächerlich gemacht. Die lesbische Liebe wird nur selten so behandelt.
Dieser charakteristische Unterschied der Einstellung zeigt sich auch deutlich in den Meinungen, die man über Angehörige desselben Geschlechts zu hören bekommt, wenn sie Liebespartner suchen. Diese Reaktionen sind natürlich unterschiedlich und reichen vom Mitleid bis zum Abscheu, aber es ist signifikant, daß sowohl Frauen als auch Männer die weibliche Homosexualität milder beurteilen als die männliche. Die vorherrschende emotionale Reaktion von Männern gegenüber Lesbierinnen ist Verwunderung. Es ist mehr Mitgefühl als Spott in der Einstellung des durchschnittlichen Mannes zu Frauen, die als Sexualobjekte andere Frauen vorziehen. Frauen scheinen im allgemeinen diese Gefühle gegenüber den Flüchtlingen aus ihren eigenen Reihen zu teilen. Vielleicht ist in ihrem Urteil eine etwas schärfere oder kritischere Note festzustellen, aber auch ihnen tun diese Frauen leid, so als hätten sie auf jeden Wettbewerb und die emotionale Belohnung, von Männern geliebt zu werden, verzichtet.
Männer sehen im allgemeinen auf männliche Homosexuelle herab, als wären sie Mißgeburten oder Eunuchen. Homosexuelle haben, unserer oft unbewußten Ansicht nach, auf die Privilegien ihrer Männlichkeit verzichtet. Man betrachtet sie gleichsam als entmannt. Gewöhnlich wird die ganze männliche Mißachtung und Streitlust gegen Homosexuelle mobilisiert, die sich einem »normalen« Mann nähern. Je klarer der Charakter

dieser Werbung einem Mann wird, desto stärker wird sie als Beleidigung und Herausforderung seiner eigenen Männlichkeit empfunden. Kein normaler Mann kann den Gedanken ertragen, sich auf weibliche Art einem anderen Mann zu ergeben.

Der homosexuelle Mann ist Gegenstand der Verachtung nicht nur von Männern, sondern auch von Frauen. Frauen sind natürlich zu höflich oder zu diplomatisch, um diese Gefühle zu zeigen, aber wenn sie unter sich sind, und in analytischen Sitzungen kichern sie über die angebliche Femininität homosexueller Männer. Wenn sie einen Homosexuellen und seine unnatürliche Art zu sprechen nachahmen, benehmen sie sich, als parodierten vorzügliche Schauspieler Schmierenkomödianten, die versuchen, die Rolle Hamlets oder Fausts zu spielen – mit dem Unterschied freilich, daß die Komödianten in diesem Fall versuchen würden, die Rolle Ophelias oder Gretchens zu spielen.

Männer nehmen manchmal an, daß manche Frauen auf männliche Art fühlen, sprechen und handeln können, aber Frauen werden nie zugeben, daß ein Mann wirklich wie eine Frau fühlen, sprechen oder handeln kann. Er hat eben nicht das Zeug, eine Frau zu sein. Es gibt einige verwirrende Situationen, die in unserer Kultur möglich werden. Während einer Konsultation beklagte sich eine Frau, eine erfolgreiche Theaterregisseurin, über das Benehmen eines Schauspielers, der auf der Bühne und privat eine Menge Schwierigkeiten machte. Die Dame beschrieb mir lebhaft einen Streit, den sie mit dem Schauspieler gehabt hatte, und machte mit den Händen seine Gesten nach. »Und dann kam er weiblich auf mich zu ...!« rief sie. Ich war einen Augenblick lang verwirrt. Man stelle sich eine Frau vor, die von einem Mann sagt, er habe sich ihr gegenüber feminin verhalten!

Ich hatte Gelegenheit, die Reaktion einer Frau auf einen Homosexuellen zu beobachten, der ihr den Hof machte. Sie bemerkte oft, sie fühle sich versucht, ja zu sagen, um ihn laufen zu sehen – fort! Sie sagte, er erinnerte sie an einen kleinen Hund, den sie als Kind hatte. Ihr Vater schimpfte oft mit dem jungen Hund, wenn er hinter Motorrädern herrannte, und sagte: »Kleines Hündchen, was würdest du denn damit anfangen, wenn du eins erwischtest?«

Diese wenigen Bemerkungen helfen uns vielleicht, uns die verschiedene Einstellung bewußt zu machen, die Männer und Frauen zu ihren eigenen unbewußten homosexuellen Neigungen haben. Der Unterschied bestätigt den Eindruck, daß Homosexualität bei Männern viel energischer verdrängt wird als bei Frauen.

21. Männer, Frauen und das ungeborene Kind

Es scheint mir, daß wir noch zu wenig Gebrauch von den sehr aufschlußreichen Irrtümern, Versprechern und anderen symptomatischen kleinen Handlungen des täglichen Lebens machen. Wir begreifen sie als Ausdruck widersprüchlicher und gegensätzlicher innerer Kräfte, aber wir betonen nicht stark genug, daß sie einen Durchbruch verdrängter oder verleugneter Neigungen darstellen. In einem vor mehr als fünfundzwanzig Jahren veröffentlichten Buch* versuchte ich zu zeigen, daß die meisten dieser symptomatischen Irrtümer eine andere, bis dahin noch nicht erörterte Funktion haben: Sie werden diktiert von einem unbewußten Zwang zu gestehen, einem Drang, der sich auch in vielen anderen normalen und pathologischen Phänomenen manifestiert.

Wie sollte man, beispielsweise, anders als durch das Wirken dieser verborgenen Neigung den verräterischen Rechtschreibfehler erklären, der unlängst einem Mann unterlief? Er schrieb seiner Frau begeistert von einer längeren Geschäftsreise nach Kalifornien, daß es ihm ausgezeichnet gehe und er wünschte, »you were her« = »Du wärst sie« (statt »you were here« = »Du wärst hier«). Dieser Geständniszwang zeigte seine unbewußte Wirksamkeit noch stärker in dem Brief eines Patienten. Er hatte sich von seiner Frau getrennt, als offenbar wurde, daß ihre Charaktere unvereinbar waren. Der Patient, der es nie müde wurde, die Schuld am Zerwürfnis seiner Frau zuzuschieben, schrieb ihr einen Brief, in dem er einen bedeutungsvollen Fehler machte. Er schrieb: »Wenn Du zurückkommst, *it will me the same again*«, d.h. etwa: »werde *ich* wieder derselbe sein«. Er wollte natürlich schreiben: »*It will be the same again*«, d.h. »wird *es* wieder dasselbe sein«. Gestand er durch diesen Fehler nicht, daß er ebenfalls schuld war am Scheitern ihrer Ehe? Sagte er nicht: Wir können nicht zusammenleben; ich fürchte, ich werde wieder derselbe sein?

In unserer Literatur sind nur wenige analysierte Fälle einer anderen Art der kleinen Psychopathologie des Alltagslebens zu finden, nämlich das unbewußte Sichverhören, das Mißverstehen dessen, was der Gesprächspartner gesagt hat. Aber diese Irrtümer sind in der psychologischen Analyse ebenso verräterisch wie die Versprecher oder Schreibfehler.

Der in den folgenden Abschnitten berichtete Fall ist nur deshalb bemerkenswert, weil sich die verschiedenen emotionalen Einstellungen von Männern und Frauen zu einem wichtigen Problem in der Psychoanalyse dieses Fehlers deutlich zeigen. Ich verdanke die Mitteilung dieses signifikanten Beispiels eines Sichverhörens einem Studenten, einem jungen Psychiater, der mit mir in der sogenannten »Kontrollanalyse« Neurose-

* *Geständniszwang und Strafbedürfnis*, Wien 1925.

fälle besprach, die er gerade behandelte. Er erlaubte mir, seine Mitteilung zu verwenden, wenn ich seine Identität und die seiner Patientin nicht preisgebe.

Die Patientin des Psychiaters, eine junge Frau, sprach in ihrer psychoanalytischen Sitzung von einer ihrer Kusinen, die schwanger geworden war und dann den Vater des Kindes, das sie erwartete, geheiratet hatte. Dieser junge Mann hatte dem Wunsch seiner Geliebten zu heiraten lange widerstanden und ihrem Drängen erst nachgegeben, als sie von ihm schwanger geworden war. Die Patientin, die von der unlängst erfolgten Heirat ihrer Kusine sprach, drückte die Meinung aus, daß eine Frau in einer solchen Situation sicherlich Groll gegen den Mann empfindet, der nur unter dem Druck einer moralischen Verpflichtung dazu gebracht werden kann, sie zu heiraten. Der Psychiater, der ihr zuhörte, mißverstand bezeichnenderweise, was seine Patientin gesagt hatte. Statt »Groll der Frau« verstand er »Groll gegen die Frau«. Während der folgenden Sätze seiner Patientin wurde ihm dann bewußt, daß er sich verhört hatte, denn sie drückte deutlich genug ihre Ansicht aus, daß Frauen in solchen Fällen mit Recht Groll gegen den widerstrebenden Mann empfinden.

Um die unbewußten Motive für dieses Sichverhören zu verstehen, müssen wir einen Teil der Lebensgeschichte sowohl der Patientin als auch des Psychotherapeuten skizzieren. Mit anderen Worten, wir müssen uns mit der emotionalen Situation der Person, die diese Sätze aussprach, und der Person, zu der sie gesagt wurden, das heißt der Sprecherin und des Zuhörers, befassen.

Wie der Psychiater nach vielen Monaten der analytischen Behandlung wußte, hatte die Patientin selbst vor einigen Wochen nach einem langen Verhältnis mit ihrem Liebhaber gebrochen. Dieser Mann hatte ihr mehrere Male einen Heiratsantrag gemacht, aber sie hatte sich stets geweigert, ihn zu heiraten. Ein Jahr vor dem Bruch war sie von ihm schwanger geworden und hatte eine Abtreibung vornehmen lassen, weil er sie damals nicht heiraten konnte. Ihre Beziehung zu ihm hatte sich seither merklich verändert. Spannungen und Streitigkeiten waren häufig und nahmen immer ernsthaftere Formen an, bis sie die Beziehung abbrach. Es war leicht zu erraten, daß einer der entscheidendsten unbewußten Faktoren der Entfremdung die tief empfundene Enttäuschung oder Bitterkeit der Patientin war, die auf das Kind hatte verzichten müssen, das sie sich wünschte. Diese Skizze der emotionalen Voraussetzungen genügt, um uns psychologisch verstehen zu lassen, warum die Patientin in einem Fall, der ihrem eigenen ähnelte, vom »Groll der Frau« sprach.

Aber warum mißverstand der Psychoanalytiker seine Patientin? Als er mir zum erstenmal von seinem Irrtum erzählte, fügte er hinzu, er sei »komisch«. Er wurde jedoch nachdenklich, als ich ihn darauf aufmerksam machte, daß er unbewußt gehört haben mußte, was die Patientin sagte, denn er gab zu, daß sie deutlich genug gesprochen hatte. Ist es vorstellbar, daß er unbewußt die Ansicht der Patientin ablehnte, daß Frauen in solchen Situationen Groll gegen einen Mann empfinden? In diesem Falle würde sein Mißverstehen einer Ablehnung der Anschauung gleichkommen, daß Frauen mit Recht so empfinden. Eine solche verborgene Neigung mit der Wirkung einer Ablehnung oder Verleugnung ist gewiß nicht auszuschließen, aber im vorliegenden Fall war ein persönlicher Faktor ausschlaggebender als eine allgemeine Neigung.

Der junge Psychiater vertraute mir an, daß er selbst vor einigen Jahren eine Frau geheiratet hatte, die nach einem langen Verhältnis, während dessen Verlauf er oft den Wunsch hatte, sie zu verlassen, von ihm schwanger geworden war. Seine Ehe war so gut und so schlecht wie andere auch, aber der Psychiater muß noch eine unbewußte Feindseligkeit gegen die Frau empfunden haben, die er nicht geheiratet hatte, weil er sie liebte, sondern weil er sie anständigerweise heiraten mußte. Es ist analytisch leicht zu verstehen, welche ihm selbst verborgene Tendenz dazu führte, daß er die Worte der Patientin, »Groll der Frau«, mißverstand und »Groll gegen die Frau« hörte. Mit anderen Worten, er hörte den Satz der Patientin falsch unter dem Einfluß von Gedanken, die sich auf das bezogen, was ihm selbst widerfahren war. Es ist sehr wahrscheinlich, daß er akustisch ganz richtig hörte, was die Patientin gesagt hatte, sie zugleich aber im Sinne dieser verborgenen Neigungen mißverstand. Anders gesagt: Er mißverstand sie mit einer unbewußten Absicht.

Es war, als weigerte er sich anzuerkennen, daß Frauen unter solchen Umständen Groll gegen den Mann empfinden. Indem er den Satz durch »Groll gegen die Frau« ersetzte, drückte er seine unbewußte Opposition aus: Nicht die Frau hat das Recht, Groll gegen den Mann zu empfinden; vielmehr kann *er* Feindseligkeit gegen *sie* hegen. Der Bezug zu seiner eigenen Geschichte und die unbewußte Bitterkeit gegen seine Frau, die er heiraten mußte, weil er sie geschwängert hatte, ließen ihn den korrekt wahrgenommenen Satz durch einen anderen, falsch gehörten, ersetzen, das heißt durch einen Satz, den er in sich selbst hörte.

Wir widerstehen der Versuchung, die Psychodynamik solcher symptomatischer Fehler des Analytikers zu erörtern. Sie beweisen nur, daß verdrängte und verleugnete Neigungen auch im Analytiker am Werk sind, während er seine therapeutische Arbeit verrichtet. Wir beschränken uns auf die Bemerkung, daß die analytische Erforschung einer solchen Psychodynamik sehr aufschlußreich auf einem scheinbar sehr fernliegenden Gebiet zu sein verspricht: dem der Entstellungen und Veränderungen von Wörtern und ganzen Sätzen, die man in der Psychopathologie von Paranoikern beobachten kann. Das Falschhören und Mißverstehen von Teilen eines Gesprächs wird in den Dienst unbewußter Neigungen gestellt. Sätze, die absichtlich falsch gehört wurden, werden in den Gedanken des paranoischen Patienten wiederholt, sie nähren seinen Verdacht und bekräftigen seine Wahnvorstellungen. Vorsätzlich falsch gehörte Worte werden als Beweis für die feindseligen oder boshaften Pläne der imaginären Feinde des Patienten gedeutet, so wie harmlose Gesten als Zeichen ihrer bösen Absichten aufgefaßt werden. Pathologisch vergrößert und entstellt, erscheinen die gleichen kleinen Irrtümer des Alltaglebens in Wahnvorstellungen als Indizienbeweise. Die Patienten erzählen sich selbst immer wieder dieselbe Geschichte und machen in ihren Gedanken Gebrauch von mißverstandenen Sätzen oder einzelnen Wörtern, die sie gehört haben. Das Gebiet des pathologischen Sichverhörens in der Paranoia ist noch unerforscht, aber uns interessiert im Augenblick mehr ein anderer Aspekt des durch die Analyse dieses Falles von Mißverstehen eingeführten Problems.

Wir wissen alle, daß das ungeborene Kind für die Frau eine andere Bedeutung hat als für den Mann. Es ist beinahe immer ein gewisser Beweis für ihre Liebe oder große Bewunderung für einen Mann, wenn sich eine Frau ihn gern als künftigen Vater ihres Kindes vorstellt. Männer denken sehr selten auf ähnliche Weise an eine Frau: Der Gedanke, daß sie die Mutter seiner Kinder sein wird, fällt durch seine Abwesenheit auf, wenn ein Mann sehr in eine Frau verliebt ist. Während der Wunsch, Kinder zu haben, sehr wohl auftreten kann, besonders wenn der Mann auf die mittleren Jahre zugeht, stellt die Phantasie der Vaterschaft als sehr intensiver Wunsch bei einem Mann einen femininen Zug dar. Es ist nicht ungewöhnlich, daß junge Leute, die von ihrer künftigen Ehe sprechen, Kinder erwähnen, aber es ist beinahe immer der Mann, der zuerst von dieser Möglichkeit spricht, als wäre sie die Fortsetzung seiner Werbung, obwohl er nicht den besonderen Wunsch verspürt, Vater zu werden. Das Mädchen, das sich im allgemeinen mehr für dieses Thema interessiert, muß sich in dieser Situation zieren, nicht wegen der Möglichkeit der Mutterschaft, sondern weil sie an das denkt, was ihr notwendigerweise vorausgeht. Aber sie hat beinahe gewiß schon lange, bevor er auf diesen Gedanken kam, daran gedacht und davon geträumt, ein Kind mit diesem Mann zu haben.

Es ist bezeichnend, daß die Phantasien der beiden Geschlechter über den Zustand des Embryos stark divergieren. Während die schwangere Frau realistisch an den Zustand des Embryos denkt und von der Ankunft des Kindes träumt und sich sein Aussehen und Verhalten in den schönsten Bildern ausmalt, wird der künftige Vater oft von katastrophalen oder bedrohlichen Bildern verfolgt. Einer meiner Patienten sah in seinen Phantasien den Embryo in einer dunklen Höhle, und er mußte geheimnisvolle, mit Wasser gefüllte Tunnels durchqueren, an deren Ausgang die Gefahr des Todes lauerte. Wir haben hier natürlich eine Erneuerung kindlicher Theorien über die pränatale Situation, aber die Phantasien enthüllen auch Reaktionen auf unbewußte Todeswünsche, die sich gegen das ungeborene Kind richten. Die häufige Angst des Vaters während der Niederkunft weist in dieselbe Richtung. Das scherzhafte Telegramm »Mutter und Kind in ausgezeichneter Verfassung, Vater so leidlich« spiegelt die Nachwirkung der panikartigen Stimmung dieser Stunden des Wartens wider.

Obwohl sich Männer der wichtigen Rolle bewußt sind, die sie bei der Befruchtung spielen, machen sie unbewußt die Frau dafür verantwortlich, daß sie schwanger wurde, wenn das Kind unerwünscht ist. Es ist, als schrieben sie der Frau die Rolle des Schicksals zu: Sie hätte die Schwangerschaft durch irgendwelche magischen oder mechanischen Mittel verhindern müssen. Sie behandeln die Frau, als wäre die Schwangerschaft nur die Verwirklichung ihres Wunsches, ganz in Übereinstimmung mit dem französischen Sprichwort, wonach Gott tut, was die Frau will (»*Ce que veut la femme, Dieu le veut*«). Unlängst erfuhr ein junger Mann, der schon zwei Kinder hat, von seiner Frau, daß sie wieder schwanger war. Er wollte gerade ein Paar Schuhe zur Reparatur schicken und nutzte die Gelegenheit, seine Frau durch eine Abwandlung eines alten Kinderreims zu necken:

»War einst eine alte Frau,
Die wohnte in zwei Schuhn.
Sie hat so viele Kinder,
Denn sie wußte nicht, was tun.«

Auf diesem Umweg kehren wir zum Problem des ungeborenen Kindes zurück – und zu der emotionalen Bedeutung, die die Abtreibung für die beiden Geschlechter hat. Die analytische Erfahrung zeigt, daß eine Liebesbeziehung oft zugrunde geht, wenn die Frau eine Abtreibung vornehmen lassen muß. Es ist, als ob die Frustration ihres Wunsches, von dem geliebten Mann ein Kind zu haben, eine tiefe und dauerhafte Wirkung auf sie ausübte, die zum entscheidenden Faktor in der Verschlechterung der Beziehung wird. Hier liegt vielleicht der Kern des religiösen Glaubens, daß Gott das Paar mit einem Kind »segnet«. Das Kind ist sozusagen die Sanktion der jungen Liebe durch das Schicksal.

Für den durchschnittlichen Mann, der eine Frau geschwängert hat, die er nicht heiraten kann oder will, ist die Abtreibung eine Operation, die ihn von Verantwortlichkeiten und unwillkommenen Sorgen befreit. Der Embryo hat für ihn beinahe keine emotionale Bedeutung. Für die Frau, die den Mann liebte, ist das ungeborene Kind mehr als sein Produkt. Es ist seine Reproduktion, er selbst in ihr, um von ihr wiedergeboren zu werden. Sie sieht in ihrer Phantasie den Mann in seinem Kind, wie sie sein Kind im Mann sieht. In den Gedanken eines Mädchens, das von einem Matrosen schwanger geworden war, der während des Krieges in den Fernen Osten abkommandiert wurde, nahm das ungeborene Kind die Stelle des abwesenden Geliebten ein. Das Warten auf die Geburt bedeutete beinahe das Warten auf seine Rückkehr. Der Mann, der eine Abtreibung wollte, freute sich auf die Zeit, in der er sich wegen des Mädchens keine Sorgen mehr zu machen brauchte. Er ahnte, daß die Abtreibung nicht unwillkommen war, weil sich mit ihr eine Zukunft ankündigte, in der er überhaupt nicht mehr an das Mädchen zu denken brauchte.

Der Eingriff selbst erscheint dem Mann nur zu oft als einziger Ausweg aus einer bedrückenden Lage für die Frau und ihn selbst. Aber für die Frau hat er eine unbewußte Bedeutung, die sich am besten mit der vergleichen läßt, welche die Kastration für den Mann hat. Obwohl die Frau vielleicht die von der Vernunft gebotene Notwendigkeit der Abtreibung bewußt sehr wohl versteht, ist sie unbewußt gegen den Mann verbittert, so als wäre er für diese Notwendigkeit verantwortlich. Er seinerseits fühlt unbewußt einen Groll gegen die Frau, so als hätte es in ihrer Macht gestanden, die Notlage zu verhindern, in der sie sich nun befinden.

Auf Umwegen kommen wir auch zu dem Gegensatz zwischen der männlichen und der weiblichen Einstellung zur Frage des unehelichen Kindes und der Abtreibung, wie sie sich bei der Analyse dieses Falles eines Mißverständnisses zeigte.

Anstatt mich auf die Diskussion des wichtigen psychologischen Problems einzulassen, warum die Schwangerschaft der Frau so viel mehr bedeutet als der Zeugungsakt dem Mann, möchte ich lieber einen Abschnitt aus einem Stück von Arthur Schnitzler, *Der einsame Weg*, zitieren, in dem dieser Gegensatz klar dargestellt wird. In einer Episode dieses Stücks begegnet Irene Herms, eine ältere Schauspielerin, die sich schon lange von der Bühne zurückgezogen hat, dem Künstler Julian Fichtner, der vor vielen Jahren ihr Geliebter gewesen war. Ihr zunächst oberflächliches Gespräch gerät in das tiefere Wasser der Erinnerung an die Vergangenheit. Irene denkt daran, daß sie damals, vor vierundzwanzig Jahren, Selbstmord begehen wollte, als ihr Geliebter sie verstieß, weil er erfahren hatte, daß sie ihm auf einer Tournee untreu gewesen war. Nun gehört auch emotional alles der Vergangenheit an, aber Irene fragt den Mann: »Was glaubst du: Wär' das damals geschehen – meinst du, ich hätt' so was anstellen können, wenn wir – ein Kind ... wenn wir *das* Kind gehabt hätten?« Sie meint, daß sie ihm nicht untreu gewesen wäre, wenn sie sich das Kind nicht hätte müssen nehmen lassen. Dann erzählt sie, daß sie vor kurzem eine Art von Vision hatte, als sie über ein Feld ging. Einen Augenblick lang war ihr, als wäre er bei ihr und als hielten sie beide das Kind, ihr Kind, an der Hand. Doch dann fällt ihr ein, daß das »Kind« jetzt dreiundzwanzig Jahre alt sein müßte und vielleicht »ein Lump oder ein schlechtes Mädel« geworden wäre. Laut denkend sagt sie zu dem

Mann: »Eine Frau, die kein Kind hat, ist gar nie eine Frau gewesen. Aber eine, die einmal eins hätte haben können, haben müssen, und die – nicht Mutter geworden ist, das ist eine ... ah!« Sie läßt den Satz unbeendet: »Aber das kann ja kein Mann verstehen!« Und dann sagt sie die bezeichnenden Worte: »Der beste von euch ist in diesen Dingen noch immer eine Art von Schuft.«*

22. Kopien

Freud nannte den Traum die Via Regia zum Verständnis unbewußter Prozesse. Aber auch ein Königsweg kann manchmal blockiert sein. Nicht alle Träume, die bei der analytischen Behandlung zur Sprache kommen, lassen sich auch deuten. Die Wirkung intensiver Widerstände hindert uns oft daran, in die unbewußten Gedanken einzudringen, die zur Traumproduktion führten. In manchen Fällen müssen wir uns damit zufrieden geben, nur einen Zipfel des Schleiers zu lüften, der die hinter dem Traum stehenden Regungen und Ideen verbirgt. Manchmal scheint auch die ganze Erfahrung, die man in vielen Jahren analytischer Praxis gesammelt hat, nichts zu nützen.

Nehmen wir als Beispiel das folgende Traumfragment, dessen Bedeutung mir lange entging, weil ich einen typisch weiblichen Gemütszustand nicht in Betracht zog. Die Patientin, eine geschiedene Frau in mittleren Jahren, träumte: »Ich habe einen großen Bilderrahmen, in den ich Bilder von unbekannten Künstlern stecke.« Es gab keine Gedankenassoziationen zu dem Traum außer der Erklärung, daß es sich um einen dieser Rahmen handelte, in denen man mehrere Fotos nebeneinander aufziehen kann. Die Patientin interessiert sich für Kunst und sammelt gute Reproduktionen aus Kunstzeitschriften und anderen Quellen. Der Traum spiegelte offenbar diese Tätigkeiten wider. Im Laufe dieser analytischen Sitzung sagte mir die Frau noch, daß sie mit großer Bitterkeit an ihren geschiedenen Mann gedacht hatte, der nun mit einer anderen Frau zusammenlebte. Der nächste Gedanke führte zu ihren Kindern, die erwachsen sind, und deren Fotos sie betrachtet hatte. Mit diesen Tagesresten ist der Weg zur Deutung des Traums gepflastert. Die verborgene Bedeutung des Traums kann gefunden werden, wenn man die Lücken zwischen ihnen schließt und die Emotionen errät, die sie in der Träumerin weckten.

Zuerst konnte ich das Traumfragment nicht verstehen, weil ich die symbolische Bedeutung des Wortes »Bild« nicht erkannte. Der Gedankengang, der zur Traumproduktion führte, begann damit, daß die Patientin die Fotos ihrer Kinder betrachtete. Die Kinder sind Kopien ihres Vaters.

* Schnitzler, *Der einsame Weg*, II, 3.

Wir sagen von einem Kind, es sei »ganz der Vater« oder »dem Vater wie aus dem Gesicht geschnitten«, wenn wir ausdrücken wollen, daß die beiden einander sehr ähnlich sehen. Die bitteren Erinnerungen an den untreuen Ehemann führten zu den unbewußten Regungen, die im Traum der Patientin verwirklicht wurden. Vom Unbewußten in die Sprache des bewußten Denkens übertragen, zeigt der Traum eine gedachte Möglichkeit als Wirklichkeit. Der rachsüchtige, in Form eines Wunsches ausgedrückte Gedanke war: »Ich möchte Kinder von vielen Männern haben und nie wissen, wer welche Kinder zeugte!« Der symbolische Ausdruck »Bild« hat eine zweite Bedeutung. Der Rahmen ist natürlich der Körper der Frau. Der Künstler ist der Vater des Kindes.

Es ist in diesem Zusammenhang nicht unwichtig, daß der im Traum ausgedrückte Zweifel auch den Charakter einer Hemmung oder eines Skrupels hatte. Daß der Traum den Vater eines Kindes mit einem Künstler vergleicht, zeigt, was für eine große Rolle die Vaterschaft im Denken der Frauen spielt. Das ist ein weiblicher Zug, der im Gegensatz zur Einstellung des normalen Mannes steht, denn dieser überlegt sehr selten, wie es wäre, mit einer ganz bestimmten Frau ein Kind zu haben. Man kann sagen, daß eine Frau einen Mann nicht wirklich liebt, wenn sie nicht davon träumt, ein Kind mit ihm zu haben.

Ein weiterer Unterschied in den Einstellungen der zukünftigen Mutter und des zukünftigen Vaters läßt sich in bezug auf gewisse Ängste während der Schwangerschaft und sogar schon davor beobachten. In dieser Zeit sind nur sehr wenige Frauen frei von Angst im Hinblick darauf, wie das Kind geraten wird. Der zukünftige Vater dagegen macht sich selten Sorgen der Art, daß das Kind nicht normal sein oder Mißbildungen aufweisen könnte. Es kommt häufig vor, daß Frauen auf die Mutterschaft verzichten, weil sie fürchten, das Kind könnte schlechte Anlagen erben oder krank sein. Das Verantwortungsgefühl des Mannes reicht nicht oft so weit. Die verschiedenen Rollen, die die beiden Geschlechter bei der Zeugung des Kindes spielen, kommen in diesen unterschiedlichen Einstellungen zum Ausdruck. Die Mutter hofft, daß ihre Tochter oder, stellvertretend, ihr Sohn einmal alles erreichen wird, was sie für sich selbst erstrebt hat. Solche Hoffnungen hegt auch der durchschnittliche Vater, aber sie haben nicht dieselbe Intensität und Hartnäckigkeit wie bei der Mutter.

Der Augenblick der Schwängerung steht im Gegensatz zur langen Periode der Schwangerschaft. Nach der Geburt des Kindes wird die Mutter nie müde, es zu beobachten, es mit anderen zu vergleichen. Die ekstatische Freude über das Neugeborene zeigt, daß die Frau das Kind nun als Teil »ihrer Eingeweide« betrachtet, wie eine Patientin einmal erklärte.

In einem meiner Fälle geriet dieses Gefühl des Stolzes der Frau auf ihr Kind in direkten Konflikt mit der Einstellung des Vaters. Dieser Mann hatte ein ernsthaftes Verhältnis mit einer anderen Frau. Bei einer gewissen Gelegenheit wollte er seiner Geliebten seine Kinder zeigen. Seine Frau widersetzte sich dieser Idee heftig und untersagte ihm, die Kinder mitzunehmen. Sie reagierte mit Recht auf eine feminine Einstellung in dem Wunsch ihres Mannes. Während des folgenden Streits mit ihm sprach sie den folgenden schönen Satz aus: »Es war kein Mann, der sagte: ›Dies sind meine Juwelen‹.« Indem sie die Worte Cornelias, der Mutter der Gracchen, zitierte, bestand sie nicht nur auf einer weiblichen Tradition, sondern auch auf den unzerstörbaren Rechten der Frau.

23. Das nichtsexuelle Element im Wunsch nach einem Kind

Wenn man gewisse Werke der neueren Fachliteratur liest, wünscht man sich manchmal, diese kritischen Psychologen und Psychiater, die Freud Pansexualismus vorwerfen, wären bei einigen Gelegenheiten dabeigewesen, bei denen Freud in den Jahren zwischen 1913 und 1920 auf den Vortragsabenden der Wiener Psychoanalytischen Vereinigung über bestimmte Fälle von Neurose sprach. Ich erinnere mich lebhaft an einen solchen Abend, an dem Freud von der Phantasie einer Patientin sprach, die nicht viel älter als zehn Jahre war. Das Mädchen hatte noch nie einen Geschlechtsverkehr erlebt, aber ihre Phantasie hatte einen offensichtlich sexuellen Charakter, mehr noch: Sie war unzweifelhaft lasziv oder pervers. Der Tagtraum bestand darin, daß das junge Mädchen sich vorstellte, es sauge am Penis eines unbekannten Mannes.

Freud erklärte uns, er habe ähnliche Phantasien schon mehrere Male bei sehr jungen Mädchen kennengelernt. Solche Phantasien offensichtlich sexuellen Inhalts haben, wie Freud erklärte, eine ganz harmlose Bedeutung. Sie drücken den unbewußten Wunsch des Mädchens aus, ein Kind zu haben. Das Mädchen nimmt in dieser Phantasie die Stelle des Kindes ein, das an der Brust saugt. Der Penis des Mannes ersetzt in der Phantasie die Brustwarze. Die Tagträumerin spielt somit zwei Rollen: die der Mutter, die das Kind stillt, und die des Kindes, das gestillt wird. Es ist dieselbe Doppelrolle, die die Mutter spielt, wenn sie mit ihrem Kind »Babysprache« spricht. Aber was hat es mit dem Penis in der Phantasie auf sich? Es ist ganz offensichtlich, wie das männliche Genitale ins Bild kommt. Das junge Mädchen weiß, daß damit Kinder gemacht werden. Die Verdichtung der beiden Gedanken: »Ich möchte spüren, wie ein Kind an meiner Brust saugt«, und: »Ein Kind kann ich durch den Penis bekommen«, führt zu diesem Bild, das beinahe grotesk erscheint, wenn man seine volle sexuelle Interpretation nicht in Betracht zieht.

Tiefere psychologische Betrachtungen würden sehr wahrscheinlich bei primären biologischen Schichten dieser typischen Phantasie ankommen; bei einer Schicht, wo Befruchtung und Essen beinahe identisch waren, einem Stadium der Evolution, in dem die Schwängerung noch nahe mit der Einverleibung eines anderen Protozoons zusammenhing. Hier handelt es sich also um die Phantasie, ein Kind zu haben, und dieser Wunsch wird in einem offenbar sexuellen und perversen Bild ausgedrückt. Dennoch gestattet diese präpubertäre Phantasie eine harmlose Deutung in Übereinstimmung mit einer kindlichen Vorstellung.

Die intime Gedankenverbindung, die wir zwischen der Tatsache, ein Kind zu haben, und dem Geschlechtsverkehr herstellen, ist keineswegs immer gegenwärtig und manchmal sogar bei Frauen, die an ein Kind denken, unbewußt. Die narzißtischen und die Ichgewinne stehen oft im Vordergrund der Tagträume von Frauen. Aber überall in den Gedanken der Frau ist das Kind mit seinem Erzeuger verbunden; der sexuelle Faktor bleibt oft im Hintergrund, und Zuneigung oder Bewunderung für den Mann ist das starke Motiv für den Wunsch nach einem Kind. Es kommt dagegen nur selten vor, daß ein Mann eine Frau betrachtet und denkt: »Von ihr möchte ich ein Kind haben.« Er kann natürlich einen solchen Wunsch verspüren, aber in den meisten Fällen ist es dann nur ein Gedanke, der auf sexuelles Begehren folgt. Bei einer Frau kann der Wunsch, ein Kind von einem bestimmten Mann zu haben, unabhängig von sexuellen Neigungen auftreten. Die falschen Analogieschlüsse, die von Männern gezogen werden, die die Gedankenvorgänge von Frauen auf diesem Gebiet beobachten, tragen zum Mißverständnis zwischen den Geschlechtern bei, wie die Annahme der Frau dazu beiträgt, die ihre eigene Art zu denken auf den Mann projiziert.

Ein Beispiel dieser Art aus meiner eigenen Erfahrung: Einige Tage nach der Premiere des *Rosenkavaliers* in der Wiener Oper sprach ich mit Ella – dem jungen Mädchen, mit dem ich heimlich verlobt war und das drei Jahre später meine Frau wurde – über Richard Strauss. Ella bewunderte das Genie des Komponisten sehr. Nachdenklich bemerkte sie: »Von ihm würde ich gern ein Kind haben.« Ich war entsetzt, denn ich dachte natürlich an die sexuelle Bedeutung dieser Feststellung. Sie war sehr erstaunt, als ich meine Entrüstung über das, was sie gerade gesagt hatte, ausdrückte. In ihrer jungfräulichen Art leugnete sie energisch, daß ihr Wunsch etwas mit einem sexuellen Verlangen nach dem Komponisten zu tun habe, den sie persönlich gar nicht kannte. Sie bestand darauf, daß er nur der Ausdruck ihrer Bewunderung war. Sie sagte auch, daß er von dem Gedanken inspiriert war, ein Kind von ihr sollte eine so geniale musikalische Begabung haben wie der Komponist. Zweifellos würde die unbewußte Fortsetzung dieser Gefühle der Bewunderung und hohen Wertschätzung schließlich in den Bereich der sexuellen Wünsche führen; aber für eine Frau kann das ein langer, gewundener Weg sein.

Analytiker begegnen solchen Wünschen oft in den Phantasien ihrer Patientinnen. Aber kein erfahrener Analytiker wird so töricht sein anzunehmen, daß ein Wunsch dieser Art eine persönliche Bedeutung habe. Er ist einfach der Ausdruck von aus der Übertragungsliebe entstehender Bewunderung oder Ergebenheit. Diese Neigung muß, wenn die Analyse erfolgreich ist, zuletzt auf einen Mann übertragen werden, der im Gefühlsleben der Patientin an die Stelle des Analytikers tritt. Das ist der ideale und wünschenswerte Fall, aber unsere Erfahrung zeigt, daß der Wunsch, ein Kind vom Analytiker zu haben, die Zeit der Behandlung überdauern und sogar in der Wahl des Namens, den eine Patientin noch Jahre nach Beendigung ihrer Analyse ihrem Kind gibt, wieder zum Vorschein kommen. In einem bestimmten Fall, in dem die Analyse aufgrund äußerer Umstände abgebrochen werden mußte, erschien dieser Wunsch als Symptom einer ungelösten Übertragungsliebe überraschenderweise noch einmal am Ende der letzten analytischen Sitzung der Patientin. Sie war eine junge Frau, etwa halb so alt wie ich, und kam wegen mehrerer emotionaler Störungen zur Analyse. Zu diesen Störungen gehörte eine psychisch bedingte Unfähigkeit zu empfangen. Wir hatten während der analytischen Behandlung oft von meiner Rolle als Vaterersatz gesprochen. Als nun die Analyse vorzeitig beendet wurde, wünschte ich meiner Patientin viel Glück und sprach die Hoffnung aus, bald von ihr zu hören, daß sie mich zum Großvater gemacht hatte. »Lieber hätte ich Sie zum Vater gemacht«, sagte sie ohne die Spur eines Lächelns, als sie ging.

24. Kochen

Die Frage, ob das Kochen, soziologisch und psychologisch gesehen, eine rein weibliche Beschäftigung sei, wird nun wieder gelegentlich diskutiert. In unserer westlichen Kultur ist es im allgemeinen noch der Mann, der den Speck nach Hause bringt, und die Frau, die ihn zubereitet und serviert. Aber Forscher, die sich mit der Evolution des Menschen beschäftigen, weisen darauf hin, daß die prähistorischen Jäger die Tiere, die sie erlegten, auch selbst kochten. Und von Anthropologen erfahren wir, daß bei nicht wenigen prähistorischen Stämmen das Kochen Männersache ist. (Dr. Murdocks Berechnung, die in Amram Scheinfelds Buch* zitiert wird, beweist jedoch, daß auf einen Stamm, bei dem die Männer kochen, dreißig kommen, bei denen die Frauen die Mahlzeiten zubereiten.) Auch das alte Argument, daß die besten Köche Männer sind – die berühmten *chefs* und Meister der *haute cuisine* –, ist immer wieder zu hören.

* *Women and Men*, New York 1943.

Ohne sich an der Diskussion zu beteiligen, kann der Psychoanalytiker vielleicht zum Verständnis einiger diese Frage betreffender Faktoren beitragen. Er wird, zum Beispiel, darauf hinweisen, daß die Zubereitung des erlegten Wildes durch den prähistorischen Jäger selbst eine religiöse Bedeutung hatte. Das tote Tier wurde noch als der totemistische Ahn der Stammesangehörigen betrachtet. Es zu kochen, gehörte zur heiligen Handlung des Totem-Mahls. Mit dem langsamen Verschwinden des Totemismus verlor die Funktion des Kochens den Charakter des Heiligen oder des Opfers. Nur Überreste wie, zum Beispiel, das Privileg des Mannes, Fleisch vorzuschneiden und auszuteilen, und andere Rituale erinnern die Tischgenossen noch an die religiöse Natur des primitiven Mahls. Wahrscheinlich überleben bei den Stämmen, bei denen die Männer kochen, noch Erinnerungsspuren dieser Art. Und es ist vielleicht kein Zufall, daß beim Grillen oder bei Festen, bei denen das ganze Tier in einem Stück gebraten wird, oft Männer als Köche auftreten.

Die Psychoanalyse kann aber einen noch wichtigeren Beitrag zur Lösung des Problems liefern, indem sie einige »interne« Beweise anführt. Ich meine damit Ausdrücke in der Sprache, die ererbter Besitz der ganzen Menschheit ist und deren Ursprung uns nur selten bewußt wird, nämlich in der Sprache der Symbolik. In dieser vergessenen Sprache, in der das Unbewußte eine Stimme erhält, erscheinen die Dinge in ihrer ursprünglichen Bedeutung. In den meisten Träumen hat die Küche die unbewußte Bedeutung des weiblichen Körpers. In vielen Produktionen, in denen das Unbewußte eine vorherrschende Rolle spielt, wird das Kochen – die Kunst der Zubereitung von Nahrung aller Art für den menschlichen Verbrauch – verglichen mit den zyklischen Veränderungen des weiblichen Organismus und in Verbindung gebracht mit der Produktivität und Aktivität der Geschlechtsdrüsen. Die Aufgabe, die Frauen bei der Zubereitung der Mahlzeiten in der Küche erfüllen, wird mit dieser anderen, vitaleren Funktion der Frauen verglichen.

Es wird uns nicht überraschen, daß die metaphorische Sprache diesen Vergleich auch auf Schwangerschaft und Niederkunft ausdehnt. Eine Patientin, die wegen eines Tumors im Unterleib operiert worden war, berichtete mir, daß der Gynäkologe, der sie während ihrer Rekonvaleszenz täglich im Krankenhaus besuchte, immer fragte: »Was kocht im Herd?« Die Bedeutung des »Herdes« (oder »Ofens«) als Symbol des Schoßes und der Produktivität der Geschlechtsdrüsen ist augenblicklich klar und bedarf keiner analytischen Deutung.

Ebenso verstehen wir augenblicklich die verborgene sexuelle Bedeutung gewisser Vergleiche. In Niederösterreich pflegte man zu sagen, »ihr Ofen ist ausgegangen«, und meinte damit, daß eine Frau ihre Schwangerschaft beendet und ein Kind geboren hatte. Mrs. Ruth Wolfson danke ich für eine Mitteilung, die ein Licht auf den Ursprung dieser Verbindung im Denken eines vierjährigen Kindes wirft. Mrs. Wolfson plauderte mit dem kleinen Jungen einer Nachbarin und sagte ihm, daß sie die Ankunft ihres Enkels erwartete, der mit ihm spielen werde. Der Junge fragte sie: »Kochst du Kinder?« Als sie die Frage verneinte, sagte er: »Meine Mutter schon.« Im weiteren Verlauf des Gesprächs wurde klar, daß der kleine Junge dachte, Mütter kochten Kinder, bereiteten sie in ihrem Leib zu, so wie Frauen Mahlzeiten zubereiten.

Solche kindlichen Vorstellungen schlagen eine Brücke zu der unbewußten Idee, daß Kochen eine magische Bedeutung hat. Eine scharfsinnige Frau, Simone de Beauvoir, beschrieb diese magische Funktion der Zubereitung des Essens in ihrem Buch *Le deuxième sexe*, in dem sie sagt, sobald das Feuer brenne, werde die Frau zur Zauberin; durch eine einfache Bewegung wie das Schlagen von Eiern oder durch die Magie des Feuers bewirke sie die Verwandlung von Substanzen: Aus Stoff werde Nahrung. Die Alchimie der Küche geht ihren Gang, aus Nahrung wird Darmlymphe und Blut. Die kochende Frau erscheint als die Zauberin, die dem Mann ewige Jugend geben und seine Wiedergeburt bewirken kann. Die Hexe in Goethes *Faust* kann dem alternden Mann die Jugend zurückgeben. Das seltsame Gebräu, das sie Faust kredenzt, ist das Ergebnis ihrer geduldigen Hausarbeit:

»Der Teufel hat sie's zwar gelehrt;
Allein der Teufel kann's nicht machen.«

Der Trank, den Faust erhält, würde ihn töten, wenn er nicht entsprechend vorbereitet wäre. Die kochende Frau kann schwarze Magie ebenso anwenden wie weiße. Die Zauberin Medea der griechischen Mythologie kann durch ihre Kenntnis der Kräuter Wunden heilen, aber sie kann auch jene vergiften, die sie haßt. Die Nachfolgerin der mythischen Zauberin lebt weiter in der Hexe unserer Märchen. Sie stellt in »Hänsel und Gretel« die Mutter in ihrer gefürchteten und gehaßten Form dar, die Mutter, die die Kinder kochen und essen will.

Wir verstehen es augenblicklich, wenn der Ausdruck »Kochen« in der Alltagssprache in einem sexuellen Sinn gebraucht wird. Eine Patientin sprach von einer jungen Frau, die allem Anschein nach bei einem jungen Mann mehr Erfolg hatte als sie. Sie stellte sich die alte Frage: »Was hat sie, was ich nicht habe?« Doch sie fand keine befriedigende Antwort und wußte sich nicht zu erklären, warum die andere Frau so viel mehr sexuelle Anziehungskraft besaß. Sie tröstete sich schließlich mit der alten deutschen Redewendung: Sie kocht auch nur mit Wasser. Dieser Vergleich, der hier von der Küche auf das Gebiet der sexuellen Attraktivität übertragen wird, bedeutet natürlich, daß die andere Frau auch nur die üblichen weiblichen Mittel anwendet, um Männer anzuziehen, und keine außer-

gewöhnlichen Fähigkeiten besitzt, die ihre Anziehungskraft erklären würden.
Diesen Beispielen, die der Alltagssprache, dem kindlichen Denken, der Mythologie und Folklore entnommen sind, sollte ein repräsentativer Ausdruck derselben symbolischen Bedeutung in der Poesie hinzugefügt werden.
In Richard Beer-Hofmanns schönem Versdrama *Der Graf von Charolais* entdeckt der Titelheld, daß seine junge Frau die Ehe gebrochen hat. Der Graf denkt an seinen kleinen Sohn und schwört, ihn so zu erziehen, daß er niemals einer Frau vertraut. Als der Sohn erwachsen ist, sagt ihm der Graf, er dürfe sich seines Geschlechtstriebs ebensowenig schämen wie seines Hungers. Er könne Frauen gebrauchen, wie er wolle, aber wenn er aus dem Bett aufstehe, müsse er bedenken:

> »Du stehst vom Mahl auf – mehr darf's dir nicht sein!
> Such nicht bei ihnen dunkler Träume Deutung,
> Ewiger Sehnsucht Rast, bei ihnen nicht!
> Was sie mit Worten, Blicken dir kredenzen –
> Mit wieviel Namen sie dir's auch benennen –
> Dieselbe Speise bleibt's, gebraut da unten,
> In ihrer dunklen Küche, drin bei Tag
> Und Nacht ihr Feuer nicht verlischt!« (V)

Alle diese Beispiele, in denen das Kochen dieselbe symbolische Bedeutung hat wie in der Traumsprache, erinnern uns daran, daß der Schoß nicht nur der erste Aufenthaltsort des Menschen ist, sondern auch seine erste Küche.

25. Prioritäten

Der Denker, der gewohnt ist, unter die Oberfläche der Dinge zu blicken, wird nicht daran zweifeln, daß die Priorität, die im Denken der Frau dem Kind eingeräumt wird, dem Vorrang entspricht, den im Denken des Mannes die Arbeit hat. Es gibt keinen Mann, der nicht in gewissen Augenblicken gedacht hat, daß die Frau ein »Ding für irgend einmal« und daß das wichtigste Ziel in seinem Leben die Arbeit ist. Ein Mann, dessen Gedanken unaufhörlich um Frauen kreisen, taugt nicht viel als Mann. Ein Kind, das wohlgestalt und gesund geboren wurde, hat für den Mann sein Gegenstück in einer gut verrichteten Arbeit. Vielleicht ist die Annahme vieler Psychoanalytiker richtig, daß dem Penisneid, den kleine Mädchen erleben, ein heimlicher Neid des Mannes auf die Frau entspricht, die Kinder zur Welt bringen kann.
Es ist richtig, daß es Frauen gibt, die ihre Kinder vernachlässigen, deren

Interessen oft anderen Dingen gelten – auch während die Kinder noch klein sind und sehr von ihrer Fürsorge abhängen. Es gibt Mütter, die sehr wenig Zuneigung für ihre Kinder empfinden und denen sie nur eine Last und ein Ärgernis sind. Doch das ist nicht die Regel; es ist die Ausnahme. Selbst schlechte Mütter kümmern sich um ihre Kinder, wenn ein Notfall eintritt. Es gibt auch Männer, die ihre Arbeit nicht mögen und vernachlässigen, die davon träumen, alles los zu sein und ein müßiges Leben zu führen. Aber wenn sie gerufen werden, sind sie an ihrem Platz.

Die biologische Lösung des Lebens einer Frau ist, scheint mir, nicht der Mann, sondern das Kind. Das biologische Ziel des Mannes ist nicht die Frau, sondern die Arbeit. Was für eine Arbeit es sein mag, ist unwichtig: die Präsidentschaft der Vereinigten Staaten oder die Arbeit eines Tischlers. Das Gewissen des Mannes fordert, daß die Arbeit so gut wie möglich getan wird, gleich ob es sich um ein Abkommen mit einem anderen Staat handelt oder um die Herstellung eines Tisches.

Die Geschlechter würden einander viel besser verstehen, wenn sie diese tiefverwurzelten biologischen und psychologischen Prioritäten in ihren Lebenszielen erkennen könnten. Viele ihrer Mißverständnisse gründen sich auf falsche Auffassungen von diesen primären Funktionen. Ein Mann wird nie wirklich und wahrhaftig verstehen, daß die Frau ein Bild von ihm in dem Kind sieht, das sie ihm schenkt, und nicht nur von ihm, sondern von allen Männern. Unlängst beklagte sich eine Frau bei einer anderen Frau über die Ungezogenheit ihres kleinen Jungen und fügte hinzu: »Alle Eigenschaften, die wir an Männern bewundern, ihre Energie, ihre Zielstrebigkeit und Tatkraft, ihren Schwung und ihren starken Willen – was für eine Plage sind sie doch, wenn man einen kleinen Jungen erziehen muß!« Nur verstandesmäßig, aber nicht gefühlsmäßig kann ein Mann verstehen, was für einen Trost es für eine Frau bedeutet, von einem Ehemann schwanger zu sein, der während des Krieges nach Übersee gehen muß. Das Kind, das sie im Schoß trägt, ist nicht nur ein Ersatz für ihn, sondern er selbst. »Eine Taschenausgabe von ihm«, wie eine Patientin sagte.

Es gibt eine Art von instinktiver Bewunderung für die Funktion des anderen Geschlechts. Eine Frau, die nicht einmal eine klare Vorstellung von der Arbeit hat, die ihr Mann im Büro verrichtet, betrachtet ihn mit einem gewissen Gefühl der Ehrfurcht, wenn er pünktlich aus dem Haus geht und abends müde heimkehrt. Eine Frau, die gerade ein Kind geboren hat, wird von ihrem Mann mit einer gewissen Bewunderung und Verwunderung betrachtet, so als hätte sie etwas Außergewöhnliches und Wunderbares vollbracht. Frauen empfinden anderen Frauen gegenüber nichts dergleichen. Meine Mutter sagte oft: »Jede Kuh kann Mutter werden.«

Die Priorität des Kindes im Leben einer Frau und der Arbeit im Leben eines Mannes gibt Anlaß zu Gefühlen der Verwunderung; aber dieser Unterschied der Ziele wird vom anderen Geschlecht oft nicht verstanden und geschätzt. Eine Patientin berichtete mir voller Entrüstung von dem folgenden Vorfall: Ihr Geliebter hatte ihr die erste Fassung eines soeben beendeten Romans gegeben und sie gebeten, sie durchzusehen und zu korrigieren. Auf dem Heimweg wurde ihr plötzlich sehr schlecht, sie fiel in Ohnmacht und wurde beinahe von einem Wagen überfahren. Ein Polizist brachte sie zu einem Arzt, der sie behandelte und nach Hause schickte. Eine Freundin der Frau berichtete ihrem Geliebten kurz danach von dem Unfall. Er wurde blaß und war einen Augenblick lang unfähig zu sprechen. Dann aber lautete seine erste Frage: »Was ist ... aus meinem Manuskript geworden?«

26. Frühe Vorstellungen von der Ehe

Es gibt heute in der psychoanalytischen Literatur eine erstaunliche Fülle von Daten über das Sexualleben von Kindern und über die Theorien, die Kinder aufstellen. Die Bedeutung dieser frühen Vorstellungen, die oft eine groteske Mischung aus Tatsachen und Phantasie sind, steht außer Zweifel. Ich möchte jedoch einige der Vorstellungen hinzufügen, die sich Kinder von der Ehe und vom Eheleben machen. Wir haben den Eindruck, daß diese Ideen der Kinder tiefe Spuren im späteren Gefühlsleben hinterlassen.

Jemand sagte einmal, daß sich Mädchen ständig Sorgen machen, bis sie heiraten, und daß sich Jungen nie Sorgen machen, bis sie verheiratet sind. Auf was für ein frühes Alter können wir diese unterschiedliche Einstellung zurückverfolgen? Vielleicht bis zu dem frühen Stadium, in dem Jungen Krieg spielen und Mädchen Hausfrau. Ein Patient erinnerte sich in der Analyse, daß er mit seiner Schwester und ihren Freundinnen Indianer und Trapper spielen wollte, aber sie hatten keine Lust, und er mußte die Rolle des Ehemanns spielen, der aus dem Büro nach Hause kommt. Während der Analyse bemerkte er lächelnd, daß diese Situation seiner frühen Kindheit ein Muster für die Rolle war, in die er später als Mann gedrängt wurde. Als er viel später seine ersten Verabredungen mit Mädchen hatte, erlebte er eine große Befriedigung, als seine Mutter zu einer Freundin, die davon gesprochen hatte, daß der Junge mit verschiedenen Mädchen ausging, sagte: »Warum sollte ich mir Sorgen wegen meiner Söhne machen? Sollen sich doch diese Mütter Sorgen wegen ihrer Töchter machen.« Es machte jedoch Eindruck auf ihn, daß seine Mutter manchmal wegen seiner Schwester besorgt war, die nur wenige Verehrer hatte, während sie nie ihre Zeit oder ihre Gedanken an seine zukünftige Ehe verschwendete.

Die Regel, die besagt, daß sich Jungen nie Sorgen machen, bis sie verheiratet sind, hat sehr viele Ausnahmen. Ich kenne einen kleinen Jungen, der zuerst erklärte, er werde seine Mutter oder seine Schwester oder gelegentlich auch die Köchin heiraten. Später begann er sich deshalb Sorgen zu machen, und im reifen Alter von sieben Jahren machte er sich Gedanken über andere Tatsachen, die die Ehe betrafen. Er fragte seine Mutter, was sie tun werde, wenn er heiratete, und fühlte sich nicht wohl in seiner Haut, als sie antwortete, sie werde zu ihm ziehen. Er drückte seine Zweifel aus, ob seine Frau etwas dagegen haben werde oder nicht, beschloß dann aber, seiner Mutter ein kleines Zimmer unter der Treppe zu geben, in dem sie wohnen konnte. Die einzige Schwierigkeit war, daß es keine Toilette für sie gab. Einige Tage später hatte er Angst wegen der Steuern, die er für ein so großes Haus zahlen müßte – so lebendig ist der Eindruck, den Gespräche im Rundfunk oder Fernsehen auf Kinder machen. Im allgemeinen sorgen sich Jungen nicht viel wegen ihrer zukünftigen Ehe. An diese Brücke werden sie denken, wenn sie sie erreichen ... und sie haben es nicht eilig. Kleine Jungen verbinden viel häufiger als Mädchen Gedanken an die Ehe mit Sexualität. Und nicht nur kleine Jungen, sondern auch große. Vor dreihundert Jahren wurde der berühmte Dichter Jean de La Fontaine, als er schon ein alter Mann war, gefragt, ob er nie daran gedacht habe zu heiraten. »Manchmal«, antwortete er. »Am Morgen.«

Im Gegensatz zu der sorglosen Haltung der Jungen denken kleine Mädchen früh an die Ehe und das Eheleben. Eine Patientin erinnerte sich an einen Streit, den sie mit ihrer Mutter hatte, als sie elf Jahre alt war. Sie sollte bei einer Vorstellung, die ihre Klavierlehrerin mit ihren Schülerinnen gab, ein kleines Stück spielen und bestand darauf, bei diesem ersten Auftreten in der Öffentlichkeit ein langes Kleid zu tragen. Ihre Mutter blieb hart trotz all ihrer Bitten. Schluchzend rief das Kind schließlich: »Du willst ja nur, daß ich eine alte Jungfer werde.« Die Mutter antwortete gelassen: »Das Risiko nehme ich auf mich.«

27. Geschenke

Eine Dame, die ich kenne, behauptete einmal, ihr Mann habe ihr in den letzten Jahren keine Geschenke gemacht. Ich erinnerte sie daran, daß er ihr eine kostbare Nadel, Ohrringe, ein Armband und ein Kollier gegeben hatte, jeweils zu einem bestimmten Anlaß. Zu meiner Überraschung wiederholte sie ihre Behauptung und erklärte, als ich Einspruch erhob, daß sie ihn gebeten hatte, ihr die Nadel zum Geburtstag zu kaufen, daß sie den Wunsch ausgesprochen hatte, das Kollier zu haben, und daß sie sich das Armband zum Hochzeitstag erbeten hatte. Sie betrachtete also diese Gegenstände nicht als Geschenke, weil sie ihren Mann gebeten hatte, sie für sie zu kaufen. Ihre Behauptung war daher nicht die Folge eines schlechten Gedächtnisses, sondern sie ging auf eine Verleugnung zurück.

Ich bezweifle, ob alle Frauen eine solche Ansicht frei ausdrücken würden, aber ich zweifle nicht daran, daß die meisten Frauen ähnlich empfinden würden. Geschenke von ihren Ehemännern sind Dinge, die sie bekommen, ohne darum zu bitten. Nicht Dinge, von denen sie ihm sagen, daß sie sie gern hätten, sondern Dinge, von denen er möchte, daß sie sie haben. Dinge, um die man bitten muß, verdienen nicht, Geschenke genannt zu werden. Das ist zweifellos eine weibliche Anschauung.

Nur für das Verständnis Erwachsener sind Geschenke Dinge, die man kauft. Für kleine Kinder sind Geschenke Teile des eigenen Körpers. Diese kindliche Auffassung geht auf die Einstellung des Kindes zu den einzigen Geschenken zurück, die es den Eltern oder dem Kindermädchen geben kann: Kot und Urin. Diese Ausscheidungen werden hoch geschätzt, weil sie Teile des Körpers des Kindes sind. Psychoanalytische Beobachtungen bestätigen die Theorie, daß die Kotentleerung sozusagen der früheste Prototyp dessen ist, was wir unter einem Geschenk verstehen. Sogar der Säugling beschmutzt vorzugsweise die Personen, die er am meisten liebt. Kleine Kinder, die böse auf ihre Mutter oder ihr Kindermädchen sind, sitzen oft lange auf dem Topf, ohne etwas zu »liefern« – was nach der analytischen Theorie ein Ausdruck von kindlichem Trotz oder Starrsinn ist. Und viele Eltern wissen, daß Kinder ihnen oft den vollen Topf als Beweis ihrer Liebe und in der Erwartung, gelobt zu werden, bringen.

Es scheint, daß diese elementare kindliche Auffassung von einem Geschenk von Frauen unbewußt getreulicher und länger beibehalten wird als von Männern. Dieser unbewußte Charakter von Geschenken wird von der Sphäre der Ausscheidungen in die des Sexuallebens übertragen. In den Empfindungen und Gedanken der Frauen ist das Geschenk viel enger mit dem Körper des Schenkenden verbunden und behält dadurch seinen »persönlichen« Charakter. Die Frau »schenkt« sich beim Geschlechtsverkehr, sie übergibt zuerst ihren Körper und »schenkt« dann dem Mann ein Kind.

Eine Frau nimmt unbewußt an, daß ein Geschenk für den Mann denselben persönlichen Charakter hat, den sie ihm in ihren Gefühlen beimißt. Sie nimmt Geschenke von einem Mann nicht als schmückende oder nützliche Dinge an sich an, sondern als einen Tribut, der ihrem Charme oder ihrer Schönheit gezollt wird, als Ausdruck der Liebe oder Zuneigung. Geschenke haben daher für Frauen oft neben dem objektiven Wert und über diesen hinaus eine große subjektive Bedeutung: Sie sind

Liebespfänder, Symbole des Sichselbstverschenkens. Daher kann Ophelia sagen: »Dem edleren Gemüte verarmt die Gabe mit des Gebers Güte.«

In den Augen einer Frau bedeutet die Tatsache, daß ein Mann ihr ein größeres Geschenk macht, die Bereitschaft, eine gewisse Form von Verantwortung zu übernehmen. Wenn eine Frau einem Mann ein größeres Geschenk macht, bedeutet das, daß sie glücklich wäre, wenn er sich für sie verantwortlich fühlte.

Die Psychologen haben noch nicht darauf hingewiesen, daß Geschenke somit eine unterschiedliche unbewußte Bedeutung für Frauen und Männer haben. Dabei könnte sie die tägliche Erfahrung lehren, daß ein Mädchen, das Freundinnen einen Ring zeigt, den es von einem Mann bekommen hat, emotional etwas erlebt, was einem Mann beinahe völlig fremd ist. Die persönliche Auffassung vom Geschenk geht bei Frauen manchmal so weit, daß die Geschenke selbst personifiziert werden, als wären sie Lebewesen und nicht leblose Gegenstände. (»Diamanten sind eines Mädchens bester Freund.«)

Frauen sind beinahe nie verlegen oder ungehalten, wenn sie Geschenke von Männern bekommen, sondern nur erfreut, oder sie fühlen sich geschmeichelt. Männer sind oft verlegen. Sie sind schlechte Geschenkempfänger, weil sie die Gegenstände als solche betrachten und nicht den Gebenden und den Geist, in dem etwas gegeben wird. Auf einem von Helen Hokinsons Cartoons im *New Yorker* fragt eine ältere Frau den hochnäsigen Verkäufer: »Was können Sie mir für einen alten Herrn empfehlen, dem nichts gefällt?« Es ist kaum möglich, eine alte Dame in eine solche Kategorie einzureihen.

28. Die beiden Typen

Es gibt einen amüsanten Film, *Captain's Paradise*, mit Alec Guinness in der Titelrolle. Dieser Schauspieler mit seiner unerschütterlichen Miene spielt die Rolle des Kapitäns eines Schiffes, das nach einem regelmäßigen Fahrplan zwischen Gibraltar und Nordafrika hin und her fährt. Daheim in Gibraltar hat der Kapitän eine Frau, die sehr gut für ihn sorgt. Sie ist langweilig und sehr »häuslich«. Sie ist das Muster einer Frau, deren Interesse sich ganz auf ihr Heim und ihren Mann konzentriert und die kein anderes Leben kennt.

In einem Hafen in Nordafrika hat der Kapitän eine Geliebte, die in allem das genaue Gegenteil ist. Sie tanzt und flirtet gern, zieht durch die Nachtklubs; mit anderen Worten, sie ist eine bessere Schnapsdrossel. Der Kapitän pendelt in einem regelmäßigen Rhythmus, der vom Fahrplan seines Schiffes bestimmt wird, glücklich und zufrieden zwischen den beiden

Frauen hin und her. In seiner Kabine hängt das Foto seiner Frau, das im Handumdrehen gegen das Bild seiner Geliebten ausgetauscht werden kann, sobald sich das Schiff der anderen Seite des Mittelmeers nähert. Sobald Gibraltar in Sicht ist, erscheint wieder das Foto seiner Frau im Rahmen. So führt der Kapitän ein glückliches Doppelleben, um das ihn jeder Mann im Kinopublikum beneidet.
Er wird beneidet, weil alle Männer gern beide Typen von Frauen zu ihrer Verfügung haben möchten, zugleich oder nacheinander, in einem bestimmten Rhythmus. Leider wird aber der Kapitän aus diesem Paradies zu beiden Seiten des Meeres vertrieben. Wie Adam wird er das Opfer der unberechenbaren Eva. Zu seinem Entsetzen muß er feststellen, daß eines Tages seine pflichtgetreue Ehefrau eine flotte Dame geworden ist, die tanzt, Nachtklubs besucht und ihr Heim und die Sorge für ihren Mann einer alten Haushälterin überläßt. Im nordafrikanischen Hafen hat seine Geliebte eine ebenso radikale Metamorphose durchgemacht. Sie verabscheut nun das Tanzen und das liederliche Leben. Sie möchte nur noch zu Hause bleiben, für ihn kochen, die Wohnung sauber halten und als vorzügliche Hausfrau für ihn sorgen. Die Überraschung über den verwandelten Charakter der beiden Frauen im Gesicht von Alec Guinness zu sehen, ist allein schon die Eintrittskarte wert.
Kurz nachdem ich *Captain's Paradise* gesehen hatte, traf ich auf einer Dinnerparty Dr. Stauber, einen Herrn, der in Wien vor der Hitler-Zeit den Ruf genoß, einer der besten Gynäkologen zu sein. Er ist nun gut über siebzig, aber noch sehr rüstig, und er praktiziert immer noch. Während sich die jungen Leute um uns her amüsierten, saßen wir alten Herren in einer Ecke und tauschten im besten Wienerisch Erinnerungen an Menschen und Orte in dieser schönen Stadt aus, die einmal unsere Heimat gewesen war. Ich weiß nicht mehr, wie das Gespräch auf Frauen kam. Vielleicht, weil wir über das »süße Mädel« sprachen, Schnitzlers typische Wiener Mädchenfigur. Ich legte dem Doktor einige meiner psychologischen Theorien über Frauen dar. Der alte Herr hörte sich mein weitschweifiges Gerede geduldig, aber vielleicht nicht gerade wohlwollend an. Dann sagte er mit einer etwas müden Stimme: »Ich werd' Ihnen was sagen. Ich habe Tausende von Frauen beobachtet. Es gibt nur zwei Typen: die faden und die verrückten.« (Er sagte wörtlich im Jargon: »die meschuggenen«.)
Ich täuschte mich vielleicht, aber mir war, als ließe er seine Blicke von einer der anwesenden Frauen zur nächsten schweifen, so als versuchte er, sie in einer seiner beiden Kategorien unterzubringen. Später wurde mir klar, daß er zur zweiten Gruppe alle Arten von emotionalen Störungen zählte, nicht nur Psychosen und Neurosen, sondern auch die nervöse Reizbarkeit und die flüchtigen Stimmungsschwankungen und den Wankelmut der Frauen.

Ich verglich diesen Satz mit der Behauptung George Merediths, daß die Frauen das letzte sein werden, was der Mann zivilisiert – auch eine dieser zweifelhaften, aus der Frauenverachtung geborenen Feststellungen. Ebensogut könnte man sagen, daß der Mann das letzte ist, was die Frauen zivilisieren werden. Sind die Frauen nicht unser aller Erzieherinnen? Lehren sie die ungehobelten, ungeschliffenen Männer nicht, sich in einer zivilisierten Gesellschaft zu benehmen? Aber Meredith meinte »Zivilisation« in einem spezifisch britischen Sinn, und Dr. Stauber meinte Verhalten in einem rein rationalen Sinn, jedenfalls »rational« in den Augen von uns Männern. Die verborgenen Möglichkeiten der gegensätzlichen Charaktertypen sind in jeder Frau enthalten, und es hängt oft nur von äußerlichen Faktoren oder Umständen (oder dem Alter, in dem etwas geschieht) ab, welcher der beiden Typen zum Durchbruch kommt.
Es ist seltsam, dachte ich auf dem Heimweg nach dieser Party, daß es keine Spur einer so klaren Unterscheidung bei der Mehrheit der durchschnittlichen Männer gibt, keine so eindeutige Einteilung in Gruppen. Ich dachte an Freunde, Kollegen und Bekannte, Männer der verschiedensten sozialen Schichten. Nein, man kann keine so kühne Unterscheidung treffen. Viele Männer fielen mir ein, als ich über all das nachdachte. Manche waren langweilig (»fad«) und verrückt zugleich, andere waren total verrückt und Langweiler obendrein. Frauen, die geistesgestört oder neurotisch sind, sind wenigstens interessant. Die es nicht sind, mögen stumpfsinnig, schwerfällig und langweilig sein, aber dann sind sie zumindest vernünftig ... soweit man das von einer Frau erwarten darf.

29. Jungen sind eben Jungen

Das Paar, von dessen Streit ich berichten will, wurde zur Geburtstagsparty des fünfjährigen Sohnes von Freunden eingeladen. Unterwegs beschlossen sie, eine kleine elektrische Eisenbahn als Geburtstagsgeschenk für den Jungen zu kaufen. Der Junge freute sich über das Spielzeug und ging damit in sein Zimmer. Kurz darauf erschien er wieder und bat den Gast, mit ihm zu kommen und ihm zu zeigen, wie der Zug funktionierte. Der Gast blieb lange im Zimmer des Jungen. Als er nicht und nicht zurückkam, gingen seine Frau und die Gastgeberin ins Kinderzimmer. Der kleine Junge hatte mittlerweile das Interesse an der Eisenbahn verloren und spielte mit etwas anderem. Der Besucher lag auf dem Boden und beschäftigte sich mit dem Zug, den er in Gang zu setzen versuchte. »Sehen Sie!« rief seine Frau. »Nicht das Kind spielt damit, sondern der große Junge. Ich glaube nicht, daß Väter jemals ihren Söhnen Geschenke bringen. Sie kaufen sie für sich selbst! Jungen sind eben Jungen.«

Der Patient, der mir diese kleine Episode schilderte, protestierte mit Nachdruck gegen das, was seine Frau gesagt hatte, und die verächtliche Bedeutung, die er aus ihren Worten heraushörte. Er versicherte, es sei das Wertvollste für einen Mann, daß er zuzeiten wieder ein Junge werden kann. Wir wollen hier nicht über seine Beurteilung einer solchen Regression diskutieren oder in die Kindheit zurückkehren. Wir stimmen ihm jedoch zu, daß bei den meisten Männern die Möglichkeit einer solchen Rückkehr gegeben ist, gleich ob sie Kaufleute, Juristen oder Bankiers sind. Es ist ein kurzlebiges Wiedererscheinen des Jungen im Mann oder eine flüchtige Rückkehr zum spielenden Kind.
Hier besteht jedoch ein Unterschied zwischen Männern und Frauen. Die Männer fallen in solchen abrupten Intervallen in die Kindheit zurück. In unserem Fall bildete die Spielzeugeisenbahn eine Brücke zu einer fernen Vergangenheit, in der der Mann mit Eisenbahnen spielte oder Ingenieur werden wollte. Wir haben es hier mit einer Episode im Leben eines erwachsenen Mannes zu tun.
Frauen verharren im Grunde in einem Stadium, das dem des Kindes viel näher ist. Keine Verwandlung ist nötig – man braucht nur einen Schleier zu lüften: Im Gesicht einer Frau ist noch das Kind zu sehen. Man höre einer Frau zu, die mit ihrem Kind spricht, während sie es füttert oder mit ihm spielt. Die »Babysprache« klingt ganz natürlich in ihrem Mund – sie »spricht zu sich selbst«, wie sie einmal war. Und dann höre man einem Mann zu, der einem kleinen Kind gegenüber die Babysprache gebraucht. Es klingt höchst komisch, wenn nicht lächerlich. Es stimmt: Jungen sind eben Jungen. Aber Frauen hören nie auf, kleine Mädchen zu sein.

30. Zur Verteidigung der Frauen

Die Deutung des Traums einer jungen Hausfrau bietet mir die Gelegenheit, einiges zum Thema »Die Arbeit der Frau ist nie zu Ende« zu bemerken. Der Trauminhalt ist ein einziges Bild. Die junge Frau sieht ihren Mann mit Ketten an den Armen und Beinen im Gefängnis sitzen. Er hält das Kind in den Armen.
Hier sind die Tagesreste oder die Umstände, aus denen sich der Traum ergab: Der Mann der Patientin kam übel gelaunt aus dem Büro nach Hause. Nach dem Abendessen bat ihn seine Frau, ihr bei einigen Haushaltsarbeiten zu helfen. Er kam ihrer Bitte nach, beklagte sich aber später darüber, daß er sehr müde war, daß der Tag im Büro sehr anstrengend gewesen war und daß er viel zu viel zu tun gehabt hatte. Er verglich seine erschöpfende Arbeit mit der der Frauen im allgemeinen: sie »haben es gut«. Sie können den ganzen Tag zu Hause bleiben und ihrer

Arbeit nachgehen, die schließlich leicht ist und mit Muße erledigt werden kann – ein bißchen Kochen, Waschen, und das Kind ist zu versorgen. Was ist das alles schon? Männer dagegen schuften wie Kulis.
Der Traum ist offensichtlich die Reaktion der Frau auf seine Bemerkungen, die sie stillschweigend hinnahm. Er drückt den Wunsch aus: »Ich möchte dich einmal an meiner Stelle sehen!« Und er zeigt die Verwirklichung dieses Wunsches im Traumbild.
Ein anderer Fall eines Mannes, der sich über seine Frau beklagt: Er war auch müde aus dem Büro nach Hause gekommen. Nach dem Abendessen äußerte seine Frau den Wunsch, in ein Kino zu gehen, während er sich gerade bequem niederließ, um eine Zeitschrift zu lesen. Er klagte, es sei jeden Abend dasselbe: Er wollte sich nach der Arbeit zu Hause hinsetzen und seine Freizeit genießen, aber seine Frau – die viel jünger war – wollte ins Kino gehen, Freunde besuchen oder Bekannte einladen. Gestern abend, sagte er, hatte es deshalb einen kleinen Streit gegeben. Dabei hatte ihm seine Frau vorgeworfen, er sei schuld daran, daß sie dick wurde. Der Vorwurf ist leicht zu erklären: Wenn er nicht mit ihr ausgeht, gerät sie in Versuchung, Süßigkeiten zu essen oder sich mit Sachen aus dem Kühlschrank vollzustopfen.
An dieser Situation ist gewiß nichts Ungewöhnliches. Es ist nicht uninteressant, daß der Eindruck, den sie in mir weckte, sich in meinen Gedanken durch eine musikalische Assoziation ausdrückte. Während ich mir die Klagen meines Patienten anhörte, vernahm ich in mir eine längst vergessene Melodie. Mir fielen auch beinahe augenblicklich die Worte dazu ein: »Bei Tage bin ich hektisch, bei Nacht bin ich elektrisch ...« Das Lied muß aus einer alten Wiener Operette stammen, die ich selbst nie gesehen habe, aber ich hatte meinen Vater den Text singen oder zitieren hören, als ich ein kleiner Junge war. Ich wußte, daß er damit meine Mutter necken wollte, die damals oft den Wunsch äußerte, abends mit ihm auszugehen. Diese musikalische Assoziation bedeutet natürlich: »Das Lied kennen wir von den Frauen.«
Psychologisch gesehen, ist dieser Wunsch der Frauen leicht zu verstehen. Viele Frauen müssen während des Tages eine ziemlich monotone Hausarbeit verrichten, und sie haben oft niemanden, mit dem sie sprechen können. Sie warten darauf, daß ihr Mann aus dem Büro heimkommt, und hoffen, daß er Neuigkeiten und Gesprächsstoff mitbringt. Und sie möchten ihm gern alles erzählen, was sie im Lauf des Tages gedacht und erlebt haben. Viele von ihnen werden jedoch Tag für Tag enttäuscht. Der Mann kommt müde oder übellaunig nach Hause und möchte sich ausruhen und die Zeitung lesen. (Erinnern Sie sich an die Zeichnung im *New Yorker*, in der eine Witwe beim Abendessen zu sehen ist, ihr gegenüber der leere Stuhl, auf dem früher ihr Mann saß? An der Wand hängt, hübsch eingerahmt, sein Bild oder vielmehr sein Bild, wie sie es in Erin-

nerung hat: Man sieht nur ein kleines Stück seiner Stirn – alles übrige ist von der Zeitung verdeckt, die er liest.)
Es ist klar, warum die Frau meines Patienten ihm vorwirft, er treibe sie dazu, Süßigkeiten zu essen. Sie ist frustriert, weil er nach dem Abendessen kaum mit ihr spricht und auch nicht ins Kino gehen oder Freunde besuchen möchte. Die junge Frau ist versucht, zur frühesten Art der Befriedigung zu regredieren: dem Essen, und sie fürchtet die verheerenden Wirkungen auf ihre Figur.

31. Weibliche Verwundbarkeit

Männer geben im allgemeinen viel bereitwilliger als Frauen zu, daß sie Schwächen und Fehler haben – oder daß sie einen Fehler gemacht haben. Dieser Unterschied könnte von der vergleichenden Psychologie außer acht gelassen werden, aber die tägliche Erfahrung lehrt uns hier mehr als alle Gelehrsamkeit. Die durchschnittliche Frau ist nicht imstande zuzugeben, daß sie falsch gefahren ist oder daß sie eine üble Laune hat. Besonders schwierig wäre es für eine Frau, so etwas einem Mann zu gestehen, vor allem einem Mann, dem sie eng verbunden ist. Männer sind, weiß Gott, dickschädelig, streitsüchtig und stur genug, aber im allgemeinen sind sie durch Kritik nicht so leicht verwundbar wie Frauen.
Warum ist das so? Man ist versucht, den Unterschied durch die größere Sensibilität der Frauen zu erklären. Auch ihr größerer Narzißmus wäre in Betracht zu ziehen. Aber diese beiden Gründe reichen nicht aus. Der zweite kann auch gar nicht zur Diskussion gestellt werden – jedenfalls nicht in dem Sinne, in dem wir primären Narzißmus als Selbstliebe verstehen. Eine solche Einstellung wäre eher ein ausgezeichneter Schutz gegen Verletzungen durch Kritik. Wirklich narzißtische Menschen sind durch Krittelei und negative Bemerkungen nicht aus der Fassung zu bringen.
Eine tiefere Beobachtung führt zu einem anderen Resultat. Man höre sich eine Diskussion zwischen einem Mann und einer Frau an, in der der Mann nicht einmal eine kritische Bemerkung macht, sondern nur etwas sagt, was als Kritik aufgefaßt werden könnte. Wenn es die Frau nicht vorzieht zu schweigen, wird sie sich augenblicklich verteidigen und sehr oft auch zur Offensive übergehen. Sie unternimmt einen Gegenangriff auch, wenn sie weiß, daß sie einen Fehler gemacht hat. Trotz der Tatsache, daß der Beweis nicht zu leugnen ist, wird sie alles auf ihren Partner projizieren, wovon sie annimmt, daß man es ihr vorwerfen könnte. Beim geringsten Anzeichen, daß sie getadelt werden könnte, wird sie ihn, noch bevor der Streit beginnt, schon angreifen. Sie wird ihm Vorwürfe machen, um sich im voraus zu schützen, und dabei nimmt das Gespräch

noch einen scheinbar ganz freundlichen Verlauf. Es ist so, als ob sie in aller Eile ihren Schirm aufspannte, weil sie Wolken am Himmel sieht, die vielleicht ein nahendes Gewitter bedeuten könnten. Der Gegenangriff verhindert vielleicht den Angriff.

Eine solche überstürzte Reaktion, ein solcher oft überflüssiger Selbstschutz hat manchmal den Charakter einer weiblichen List, aber eines der wichtigsten Motive ist Angst. Angst wovor? Die allgemeine Antwort lautet: Angst davor, in den Augen des Mannes »das Gesicht zu verlieren«. Doch eine solche Reaktion ist das Gegenteil der Reaktion, die man von Menschen mit einem starken Selbstvertrauen erwarten würde. Die größere Empfindlichkeit der Frau gegenüber der Kritik, ihre Verwundbarkeit, ist daher das Ergebnis eines Mangels an Selbstachtung oder Selbstvertrauen. Wer sich stark fühlt, kann es sich leisten, Fehler zuzugeben, er kann Schwächen und Unzulänglichkeiten eingestehen, weil er weiß, daß er Eigenschaften hat, die sie wieder ausgleichen. Nicht bereit sein, kleine Fehler und Schwächen zu bekennen, bedeutet, daß man wenig Selbstvertrauen hat. Eine so große Verwundbarkeit zeigt, wieviel geschützt werden muß und als gefährdet betrachtet wird. Auf eine so übertriebene Weise vor einer möglichen oder tatsächlichen Kritik auf der Hut zu sein, verrät Zweifel an den eigenen Qualitäten und Unsicherheit.

Die Brüchigkeit und Zerbrechlichkeit des weiblichen Selbstvertrauens ist die eigentliche Ursache für die Überempfindlichkeit der Frau in bezug auf Kritik von seiten des Mannes. Das verborgene und verleugnete Gefühl der Unzulänglichkeit macht oft Entstellungen, Vorwände, Leugnen und sogar Lügen notwendig. Abwehr und Verbergen können in gewissen Fällen einen beinahe automatischen Charakter annehmen. Viele Männer sind daran gewöhnt. Unlängst begann ein Patient seine analytische Sitzung mit dem folgenden Bericht: »Ich weiß, daß es dumm ist, von Frauen Fairneß zu verlangen. Man hat ihnen nicht beigebracht, fair zu sein. Aber wie erklären Sie sich das? Gestern rief mich Anne und sagte: ›Das Mittagessen ist fertig.‹ Ich ging in die Küche, wo sie gerade Frikadellen gebraten hatte, setzte mich ruhig hin und aß. Dann sagte ich: ›Übrigens, meine Liebe, würdest du mir in Zukunft meine Frikadellen lieber kochen als braten?‹ Das war nur eine Bemerkung. Ich dachte daran, daß mich mein Arzt vor fetten Speisen gewarnt hatte. Ich sagte das nur, um sie daran zu erinnern, erwähnte diesen Grund aber natürlich nicht. Sie hätten sehen sollen, wie sie sich aufregte und mich anschrie! Wo, das möchte ich wissen, sah sie in einer so ruhigen, harmlosen Bemerkung eine Beleidigung? Erklären Sie mir das!«

Vielleicht hielt ihn seine Frau für einen Hypochonder, oder sie glaubte nicht an die Vorschriften des Arztes. Vielleicht faßte sie seine ruhige Bemerkung als Vorwurf und Anklage auf, als ungerechtfertigte Kritik an

ihr und ihrer Kochkunst. Sie wurde wütend auf ihn, aber auch auf sich selbst und dann wieder auf ihn.
Eine alte Dame sagte einmal: »Dem durchschnittlichen Mann ist eine ehrliche Frau verdächtiger als eine Zigeunerin, die aus der Hand liest.«
Die konsequent aufrechterhaltene Abwehrstellung der Frau kann zu einer regelrechten subjektiven Verneinung der Tatsache führen, daß Frauen überhaupt irgendwelche Fehler haben. Irgendwo sah ich eine Karikatur, in der sich eine Frau bitter über den Starrsinn ihres Mannes beklagt. Sie sagt: »Das Schwerste auf der Welt ist, ihn davon zu überzeugen, daß ich immer recht habe.«
Es gibt gute psychologische Gründe dafür, daß Frauen bei der geringsten Kritik sofort in die Defensive gehen. Sie sind mißtrauisch und vorsichtig, weil sie das intensive Bedürfnis des Mannes erkannt haben, sie zu idealisieren – besonders des Mannes, der sie liebt. Ideale können es sich nicht leisten, Fehler und Mängel zu haben, sonst sind sie keine Ideale mehr. Was göttlich ist, kann – zumindest in den Augen des modernen Menschen – keine Fehler haben. Es muß vollkommen sein. Eine Frau kann die Fehler und Schwächen eines Mannes sehr klar erkennen und ihn dennoch weiter lieben. Aber sie fürchtet, daß er sie nicht mehr lieben würde, wenn er ihre Fehler und Unzulänglichkeiten entdeckte. Ihr Wunsch ist, daß er wenigstens, »bis daß der Tod uns scheidet«, davon überzeugt ist, einen Engel geheiratet zu haben.
Was die Vollkommenheit angeht, ähnelt die Einstellung der Frau jener der katholischen Kirche. Die Kirche erklärt, daß die Heilige Schrift unfehlbar ist. Wenn es in der Bibel den geringsten Irrtum geben könnte, und sei es nur in bezug auf die Datierung eines Ereignisses, wäre sie nicht göttlich inspiriert. Sie wäre bloßes Menschenwerk.
Man nimmt an, daß der Anspruch der Frau auf Makellosigkeit oder Unfehlbarkeit seine Wurzeln in dem Bewußtsein einer verborgenen Unvollständigkeit des Körpers hat, das später vom Körper abgelöst und verallgemeinert wurde. Welcher Mann, der von einer Frau geboren wurde, würde es wagen, zu seiner Geliebten zu sagen: »Liebling, du bist wunderschön, aber du hast häßliche Ellenbogen«?

32. Ehrgeiz und Eitelkeit

Die Erfahrungen vieler Jahre analytischer Beobachtung und Praxis scheinen uns zu dem Schluß zu drängen, daß gewisse Emotionen miteinander unvereinbar sind. Es hat den Anschein, daß sie in der psychischen Sphäre nicht koexistieren können. Aber dieser Eindruck ist nicht ganz korrekt. Er berücksichtigt die Geräumigkeit und Tiefe unserer Gefühlswelt nicht.

Man kann jedoch mit Recht annehmen, daß eine Emotion weichen oder verdrängt werden muß, wenn eine andere vorherrscht. Ich will einige Beispiele für solche widerstreitenden Emotionen anführen, die oft miteinander verwandt sind. In solchen Fällen ähnelt ihr Kampf um die Vorherrschaft dem zweier verwandter Völker. Depression und Wut sind beinahe unvereinbar innerhalb desselben Gefühlshaushalts. Ein Mensch, der tief deprimiert war, erleidet einen Anfall heftiger Wut: In diesem Augenblick ist die Depression verschwunden. Der Ersatz der einen Emotion durch die andere wird dadurch ermöglicht, daß die Depression oft das Ergebnis einer gegen das eigene Ich gerichteten Aggressivität ist. Ein Bedürfnis nach Selbstbestrafung und ein bewußtes Schuldgefühl treten selten gleichzeitig auf. Es ist, als machte das bewußte Gefühl, sehr schuldig zu sein, einen unbewußten Drang nach Selbstbestrafung überflüssig. Aufrichtige Trauer, beispielsweise nach dem Tod eines uns nahestehenden lieben Menschen, scheint sexuelles Begehren auszuschließen. Wenn sich der Sexualtrieb bemerkbar macht, hat die Trauer für eine Weile zu weichen. Es gibt eine gute alte jüdische Anekdote, die dieser Behauptung offenbar widerspricht, sie aber, genauer besehen, durch ihre skeptische Darstellung bestätigt. Der Mann einer Frau, die begraben werden soll, ist nirgends zu finden, als die Prozession zum Friedhof beginnt. Endlich findet ihn sein Schwager mit dem Dienstmädchen im Bett. Empört ruft er: »Du Schuft! In dem Augenblick, in dem deine Frau begraben wird, schläfst du mit einem Mädchen!« Der verwirrte Mann antwortet: »Weiß ich denn, was ich tu in meinem Schmerz?«
Viele Beobachtungen ließen uns zu dem Schluß gelangen, daß großer Ehrgeiz und körperliche Eitelkeit in einem Menschen nicht gleich stark entwickelt sein können. Wie ich schon andeutete, heißt das nicht, daß ein Mensch, der sehr ehrgeizig ist und leidenschaftlich nach Ruhm oder gesellschaftlicher Anerkennung strebt, nicht auch eitel in bezug auf sein Äußeres sein kann. Es bedeutet aber, daß das eine oder das andere Gefühl die Oberhand gewinnen wird. Das ist um so erstaunlicher, als Ehrgeiz und Eitelkeit ihre emotionale Verwandtschaft nicht leugnen können. Es ist, als stellten die beiden Neigungen zwei Seiten eines einheitlichen Ganzen dar, als wären sie sozusagen zwei Äste desselben Baumes, die in entgegengesetzte Richtungen wachsen.
Auf die beiden Geschlechter angewandt, nimmt dieser Gegensatz eine klare psychologische Bedeutung an. Der allgemeine Eindruck ist der, daß Männer ehrgeiziger sind als Frauen und daß Frauen im körperlichen Sinne eitler sind als Männer. Auf die emotionalen Ursachen zurückgeführt, würde dieser Unterschied bedeuten, daß Männer im allgemeinen Gefühle der Unsicherheit oder Unzulänglichkeit durch Leistungen zu überwinden versuchen, während Frauen danach trachten, das anfängliche Gefühl der Unzulänglichkeit der frühesten Mädchenzeit dadurch

zu bemeistern, daß sie sich so attraktiv wie möglich machen. In den Begriffen der psychoanalytischen Theorie: Der Junge möchte etwas Bemerkenswertes leisten und sich selbst beweisen, daß die Kastrationsangst gebannt ist. Das Mädchen, das das Handicap akzeptiert hat, durch das die Natur es seiner Meinung nach benachteiligte, will zeigen, daß es sehr attraktiv ist. Es macht aus der anatomischen Not eine Tugend.

Wenn unser Eindruck psychologisch korrekt ist, wird ein Mann, der sehr großen Wert auf sein Aussehen legt und den Eindruck, den sein Äußeres auf andere macht, sehr hoch einschätzt – und ihn mit allen Mitteln zu verbessern trachtet –, nicht sehr ehrgeizig sein, er wird nicht nach Ruhm streben und seine Energien nicht darauf konzentrieren, etwas Wertvolles zu leisten.

Andererseits wird eine Frau, die nach Ruhm strebt und den Wunsch hat, etwas zu leisten – beispielsweise eine Schriftstellerin oder Malerin –, nicht ebensosehr an ihrem Aussehen interessiert sein. Sie wird nicht viel Zeit und Aufmerksamkeit darauf verwenden und keinen großen Wert auf Kleider, Schmuck, Sorge für ihren Teint und so fort legen. Es ist, als ob das Interesse für das eine auf Kosten des anderen zunähme, als ob die beiden Neigungen sich umgekehrt proportional verhielten.

Auf den ersten Blick könnte es so scheinen, als hätten wir hier den Sonderfall eines psychologischen Gesetzes, das besagt, daß, wo eine intensive Emotion vorherrscht, alle anderen zurücktreten müssen. Ein Beispiel aus einem benachbarten Bereich: Ein Wiener Schriftsteller behauptete einmal, daß eine Frau, die sehr verzweifelt ist, nicht gut gekleidet sein kann und daß eine Frau, die gut gekleidet ist, nicht sehr verzweifelt sein kann. Wir wollen uns nicht mit diesem Bonmot auseinandersetzen, das die weibliche Tarnung außer acht läßt, sondern lieber zu unserem Eindruck zurückkehren, daß ein stark entwickeltes Gefühl der Eitelkeit mit dem Drang, etwas zu leisten, unvereinbar ist. Das gilt jedenfalls in den meisten Fällen. Schönheit und Charme werden von Frauen als Leistungen an sich betrachtet. Das Ziel, allen zu gefallen, wird höher gestellt als das vorübergehende Ziel, berühmt zu sein. Nicht danach zu streben, bedeutet keinen Verzicht. Die meisten Frauen sind eitel, aber nur wenige sind prahlerisch.

Sehr viele Frauen entwickeln eine Art von stellvertretendem Ehrgeiz. Sie möchten, daß ihr Ehemann oder Geliebter etwas Bemerkenswertes vollbringt. Sie sind stolz auf ihn und haben das Gefühl, Bewunderung zu verdienen, weil er sie liebt. Seine Leistung erhöht sozusagen ihren Wert, so als wären sie Verlängerungen seiner Persönlichkeit. Selbst Frauen, die Ruhm und große gesellschaftliche Anerkennung erreichen, weisen gern auf die noch größeren Verdienste ihres Ehemannes oder Geliebten hin. Menschen, die Madame Curie, eines der wenigen weiblichen Genies auf dem Gebiet der Naturwissenschaften, kannten, berichteten, daß diese

Frau, die in den Salons von Paris wie eine Göttin gefeiert wurde, nach der Verleihung des Nobelpreises versuchte, den Ruhm ihrem Mann zukommen zu lassen, dem Physiker, mit dem sie zusammengearbeitet hatte. (»*Pas moi! C'est Pierre* ...«) Frauen sind im allgemeinen nicht stolz auf das, was sie leisten, sondern auf das, was sie sind. Der Ehrgeiz ist ihrem tiefsten Wesen fremd. Durch diese Sünde kommen diese Engel nicht zu Fall. Sie können ehrgeizig für ihren Mann und noch mehr für ihre Kinder sein, streben aber selbst nur selten höheren Zielen nach. »Wir haben etwas Besseres zu tun«, sagte eine Frau in einer Diskussion. »Wir müssen für den Fortbestand der Menschheit sorgen.«

Beim Ehrgeiz des Mannes spielt der unbewußte Wunsch, anderen bewunderten Männern nachzueifern, eine große, oft unbewußte Rolle. Der Wettbewerb, der Vergleich der eigenen Leistungen mit denen anderer Männer ist beinahe immer als unbewußter Begleiter des Ehrgeizes zu erkennen. Der Vergleich der Verkaufsstatistiken, der Anzahl und gesellschaftlichen Bedeutung der Kunden, des eigenen materiellen oder geistigen Erfolgs mit dem anderer Männer ist ein Prüfstein für die Leistungen eines Mannes. In der Eitelkeit, die Frauen entwickeln, ist eine andere, verwandte Form des Wettbewerbs beinahe immer vorhanden. Spiegel dienen nicht nur der Selbstbewunderung. Frauen fragen: »Spieglein, Spieglein an der Wand, wer ist die schönste im ganzen Land?«

33. Befangenheit bei beiden Geschlechtern

Das Phänomen der Befangenheit ist, soviel ich weiß, in der psychologischen Literatur noch nicht getrennt behandelt worden. Es wird oft in Zusammenhang mit Themen wie soziale Reife, Eitelkeit, Mangel an Spontaneität und dergleichen erwähnt. Befangen sein bedeutet im Grunde »sich seiner selbst bewußt sein«, und zwar als Gegenstand der Beobachtung durch andere. Dabei ist zu unterscheiden zwischen bloßer Befangenheit im Sinne dieser Bewußtwerdung und einer selbstkritischen Einstellung, das heißt der Erkenntnis der eigenen Ungeschicktheit, der Fehler und Schwächen in den sozialen Beziehungen etc. Ein Mensch kann befangen sein, ohne selbstkritisch zu sein. Junge Frauen sind selten unbefangen, aber sie sind nicht immer selbstkritisch. (Anmerkung des Übersetzers: Hier und im folgenden ergibt sich eine gewisse Schwierigkeit, den Gedankengang des Autors ohne Umschreibungen exakt zu übertragen. Für »Befangenheit« kennt die englische Sprache zwei Ausdrücke: *self-awareness* und *self-consciousness*. Beide wären wörtlich mit »Selbstbewußtsein« zu übersetzen, was im Deutschen soviel wie »Selbstvertrauen« bedeutet – engl. *self-confidence*. Der Autor unterscheidet ferner, dem allgemeinen Sprachgebrauch folgend, zwischen *self-awareness* = »Selbst-Bewußtsein« im Sinne von: Verlust des unbewußten Handelns, unkritische Bewußtwerdung der eigenen Person, Unsicherheit und *self-consciousness* = »Selbst-Bewußtsein« im Sinne von: kritische Bewußtwerdung der eigenen Person, der eigenen Schwächen, Minderwertigkeitsgefühl.)

Das Phänomen der Befangenheit macht sich auffällig bemerkbar als symptomatische Manifestation bei der Behandlung von schüchternen oder verschlossenen neurotischen Persönlichkeiten. In der pathologischen Übertreibung erscheint es in den Symptomen des Beziehungswahns in der Psychopathologie der Paranoia und in Depersonalisationszuständen, die oft als Anfangssymptome psychotischer Störungen erkannt werden. Man ist versucht, diese Symptome als Ausdruck eines erhöhten »Selbst-Bewußtseins« (siehe obige Anmerkung) zu betrachten. Typisch für die Paranoia sind in dieser Hinsicht eine selbstkritische Einstellung oder ein Bewußtwerden der Kritik anderer (Verfolgungswahn) und ein Gefühl der eigenen Bedeutung oder eine Übertreibung der eigenen hervorragenden Eigenschaften (Größenwahn). In Depersonalisationszuständen ist keine solche Vergrößerung des Ichs zu beobachten. Statt dessen hat das »Selbst-Bewußtsein« den Charakter einer überscharfen Beobachtung der eigenen Person, der eigenen Handlungen, der Sprache und des allgemeinen Verhaltens. Kein kritischer Unterton begleitet dieses »Selbst-Bewußtsein« bei der Depersonalisation.

Eine meiner Studentinnen, Mrs. Marion Lynton, die liebenswürdigerweise anerkennt, daß ich sie zu diesem Forschungsprojekt anregte, arbeitet an einer These, die sich mit den Unterschieden des Grades der Befangenheit bei Männern und Frauen befaßt. Sie gelangte zu folgenden Hypothesen:

1. Die Befangenheit der Frauen ist vergleichsweise größer als die der Männer.
2. Dieser Unterschied ist durch die verschiedenartige Erziehung und Schulbildung von Jungen und Mädchen bedingt.
3. Diese Erziehung und Bildung führt dazu, daß das Mädchen sich selbst, verglichen mit Jungen, als schwächer, unselbständiger und stärker benachteiligt sieht.
4. Der vergleichsweise höhere Grad von Befangenheit beim Mädchen wird auch durch die Tatsache bestimmt, daß es seine persönliche Erscheinung und seine Persönlichkeit stärker als der Junge als Gegenstand der kritischen Aufmerksamkeit seitens der Menschen in seiner Umgebung empfindet.
5. Dieser höhere Grad von Befangenheit ist das Ergebnis der Kultur und hat kaum irgendeine biologische Grundlage.

Mrs. Lynton, die mir erlaubte, Auszüge aus dem Entwurf ihrer Darstellungen zu machen, verweist auf folgendes: Befangenheit (»Selbst-Bewußtsein«) ist ursprünglich das Bewußtsein, im Mittelpunkt der Aufmerksamkeit zu stehen, oder die Bewußtwerdung der Reaktionen anderer auf das eigene Ich; ob diese Aufmerksamkeit positiv oder negativ ist, ist zunächst unwichtig.

Es ist paradox, daß die Psychologie der Befangenheit soviel bedeutet wie: sich der Reaktionen anderer auf die eigene Person bewußt werden – sich selbst sehen, hören und sogar riechen, wie man von anderen gesehen, gehört oder gerochen werden könnte. Sehr oft wird der Inhalt dieser auf sich selbst konzentrierten Aufmerksamkeit nicht klar wahrgenommen. Es ist nur das Bewußtsein der Aufmerksamkeit anderer ohne klare Definition ihres Charakters vorhanden. Ob eine Situation der beschriebenen Art tatsächlich gegeben ist oder nur in der Phantasie des Menschen existiert, spielt keine Rolle. Daher ist es möglich, daß jemand befangen sein kann, wenn er allein ist. Die psychologische Voraussetzung für das Erscheinen dieses Gefühls ist die – tatsächliche oder imaginäre – Anwesenheit anderer. In Situationen, in denen die Befangenheit in der Isolation auftritt, bildet die imaginäre Anwesenheit von mindestens zwei Menschen ihren unbewußten Ursprung. Der Zustand der Befangenheit entbehrt ursprünglich der selbstkritischen Note, aber sie erscheint im allgemeinen als Bewußtsein der persönlichen Eigenheiten, Unzulänglichkeiten, Schwächen oder körperlichen Defekte. Ein Mensch kann befangen sein, wenn er an seinen zu kleinen oder zu großen Wuchs, an seine rote Nase oder an einen kleinen Sprachfehler denkt.

Die aus der Befangenheit resultierenden Verhaltensmuster gehören zwei klar definierten Kategorien an. Eine Tendenz kann gekennzeichnet werden als Bemühung, die Fehler oder persönlichen Eigenheiten, die – tatsächlich oder nur in der Einbildung des Betroffenen – Aufmerksamkeit erregen, zu verbergen oder wenigstens abzumildern. Diese Tendenz zur Verbergung steht im Gegensatz zu einer anderen Tendenz, die gewisse überlegene Eigenschaften hervorhebt und die Aufmerksamkeit anderer auf die stärkeren Seiten der Person lenkt – man zeigt sich von seiner »besten Seite«. Das Nebeneinander und der Gegensatz dieser beiden widersprüchlichen Tendenzen und ihre Kompromißbildungen bestimmen das soziale Verhalten des Menschen, das entweder schüchtern oder forsch oder sogar eine Mischung aus beidem sein kann: eine schüchterne Forschheit oder eine forsche Schüchternheit.

Die Grundhypothese, die Mrs. Lynton testen will, ist, daß die Befangenheit von Frauen im allgemeinen größer ist als die Befangenheit von Männern. Im Sinne ihrer Charakterisierung dieser Emotion würde diese Behauptung bedeuten, daß sich Frauen in gewissen Situationen mehr als Männer als Gegenstand der gesellschaftlichen Aufmerksamkeit betrachten. Wenn das zutrifft, müßten wir erwarten, daß die beiden Tendenzen, die wir als Reaktionen auf die Befangenheit betrachtet haben, bei Frauen stärker ausgeprägt wären als bei Männern. Das ist auch tatsächlich der Fall. Selbst eine oberflächliche Beobachtung wird zeigen, daß Frauen größere Anstrengungen unternehmen als Männer, um gewisse kleinere körperliche Unvollkommenheiten oder Beeinträchtigungen zu verbergen. Es ist selten, daß Frauen, die einen körperlichen Makel haben, nicht versuchen ihn zu verbergen, selbst wenn er gar nicht weiter auffällt. Andererseits weiß jeder, daß Frauen mehr Geschicklichkeit und Talent entwickeln und mehr Zeit und Geld aufwenden, um ihr Aussehen zu verschönern und ihre körperlichen Eigenschaften nicht nur zur Geltung zu bringen, sondern auffällig zu zeigen. Ja in gewissen Fällen verstehen sie es sogar, aus der Not eine Tugend zu machen, und sind imstande, einen kleinen Makel so zu verschönern, daß er zu etwas besonders Attraktivem wird.

Der Unterschied im Grad der Befangenheit wird nicht nur subjektiv erlebt, sondern er wird in Verhaltensmustern offenbar. Wenn man eine Situation vergleicht, in der ein junger Mann und eine junge Frau einen Raum betreten, in dem viele Menschen versammelt sind – eine Party, einen Tanzsaal oder eine Konzerthalle –, so wird der geringere Grad der Befangenheit des jungen Mannes durch die Tatsache bestimmt, daß er im allgemeinen nicht das Gefühl hat, jeder wende seine Aufmerksamkeit ihm zu. Die größere Befangenheit der jungen Frau gründet sich auf die – reale oder imaginäre – Tatsache, daß sie von allen beobachtet wird. Bei dem folgenden Gespräch wird der junge Mann weniger befangen sein als die junge Frau, und sie wird befangener als er sein, selbst wenn sie weiß, daß sie sowohl was ihr Aussehen als auch was ihre Persönlichkeit betrifft, attraktiv ist.

Hinsichtlich der Ursache dieser unterschiedlichen Befangenheit kann man sich nur schwer vorstellen, daß sie biologisch determiniert sein sollte. Beobachtungen männlicher und weiblicher Säuglinge führen nicht zu dem Schluß, daß ein kleines Mädchen einen höheren Grad von Befangenheit entwickelt, solange es nicht dem erzieherischen Einfluß der Mutter oder des Kindermädchens ausgesetzt ist. Die Erziehung, deren Beginn je nach Kultur und sozialer Schicht variiert, formt die Persönlichkeit des kleinen Mädchens wie des kleinen Jungen und führt zu einem entschieden höheren Grad von Befangenheit beim Mädchen. Unter diesen erzieherischen Einflüssen ist vor allem die Entwicklung eines früher beginnenden und stärkeren Schamgefühls beim Mädchen hervorzuheben.

Die Erziehung zum Schamgefühl betrifft die Organe und Funktionen der Ausscheidung und später der Sexualität stärker beim Mädchen als beim Jungen. In der frühen Kindheit führt dieses Gefühl der Befangenheit in

bezug auf die Organe und Funktionen der Ausscheidung und der Sexualität zu einem höheren Grad des Verbergens und der Verschwiegenheit bei Mädchen. Wir beobachten, daß diese Befangenheit weniger entwickelt oder sogar abwesend ist beim Jungen, der eine Tendenz zum Exhibitionismus zeigt.
Der erzieherische Faktor ist auch bei der Entwicklung einer anderen Tendenz leicht zu beobachten, nämlich dem Bemühen, schön oder attraktiv zu erscheinen, was bei der Erziehung von Jungen keine Rolle spielt.
Als letzten und entscheidendsten Faktor der größeren Befangenheit bei Mädchen erkennen wir die kulturelle Auffassung, daß Frauen im Vergleich mit Männern körperlich benachteiligt sind. Das bedeutet, daß Mütter ebenso wie Mutterersatzfiguren dem kleinen Mädchen den Eindruck vermitteln, seine Genitalien seien denen des Jungen unterlegen. Die unbewußte Fortsetzung dieser Vorstellung führt das Mädchen zu der Überzeugung, daß es, verglichen mit dem Jungen, körperlich benachteiligt sei. Wir schließen daraus, daß die übergroße Befangenheit bei Frauen ihren Ursprung in dem hat, was die Psychoanalyse den Kastrationskomplex nennt. Er ist nicht angeboren (mit der potentiellen Ausnahme eines archaischen Erbes) und ist ein Ergebnis der Kultur. Die Erziehung durch die Mutter und durch Mutterersatzfiguren übernimmt auch die andere Aufgabe, die als Trost für dieses reale oder imaginäre Handicap aufgefaßt werden kann – die Bemühung, das Aussehen des Mädchens sehr attraktiv zu gestalten. Wir wissen aus der klinischen Analyse, daß das kleine Mädchen, das das Selbstbild hat, benachteiligt zu sein, einen kompensatorischen Trost in der Tatsache findet, daß sich sein Körper zu Schönheit und Attraktivität entwickelt. Der letzte Trost dafür, nicht so privilegiert wie der Mann zu sein, wird schließlich in der schöpferischen Handlung, ein Kind zu gebären, gefunden. Darin liegt die größte Kompensation und Belohnung der Frau.
Gewisse Verhaltensformen wie Freimütigkeit, Kühnheit, Aggressivität und sexuelle Initiative werden bei der Erziehung von Mädchen energisch unterdrückt. Jede Übertretung wird gesellschaftlich mißbilligt und bestraft. Der Gehorsam gegenüber diesen gesellschaftlichen Regeln und das Streben nach Konformität des Verhaltens tragen ebenfalls zu größerer Befangenheit bei. Es ist, als wären die Frauen gezwungen, sich vor der Versuchung jeder Übertretung der Regeln zu hüten und in bezug auf ihr eigenes Verhalten ständig wachsam zu sein.
Mrs. Lynton versucht, ihre Behauptungen durch Experimente und Fragebögen in der klassischen Art der klinischen Psychologie zu verifizieren. Mit Hilfe dieser Methoden kann nachgewiesen werden, daß bei Mädchen die Befangenheit im allgemeinen in der kritischen Zeit der Pubertät zunimmt. Die Fragebogen scheinen indirekt die Behauptung zu

bestätigen, daß der Ursprung der größeren Befangenheit des Mädchens in der genitalen Differenzierung und der emotionalen Reaktion darauf zu finden ist.

Ein weiterer signifikanter Faktor in der vergleichenden Diskussion ist, daß Frauen nicht nur Männern gegenüber befangener sind, sondern daß sie auch in Gesellschaft anderer Frauen befangener sind als Männer in Gesellschaft anderer Männer. Die Fragebogen, die von verschiedenen Altersgruppen ausgefüllt wurden, bieten interessante Information über die Unterschiede in der Befangenheit von Männern und Frauen mit zunehmendem Alter. Während ein Vergleich zeigt, daß die Befangenheit von sechzigjährigen Frauen noch merklich größer ist als die der entsprechenden Altersgruppe bei den Männern, nimmt der Abstand dann allmählich ab, so daß, nachdem ein gewisses vorgeschrittenes Alter erreicht wurde, die Einstellung der Frauen sich der der Männer annähert.

Bemerkenswert ist, daß der homosexuelle Mann, verglichen mit dem heterosexuellen, eine größere Befangenheit zeigt, die sich mit der Befangenheit der durchschnittlichen Frau vergleichen läßt. Andererseits ist, relativ gesehen, eine Abnahme der Befangenheit bei weiblichen Homosexuellen eines gewissen Typs festzustellen.

Wenn man diese interessanten Vergleiche weiterverfolgt und systematisch verifiziert, werden sie sicherlich ein Licht auf die psychologischen Unterschiede zwischen den Geschlechtern werfen. Das Phänomen der Befangenheit ist jedenfalls eines der wenigen Charakteristika von Frauen, die eindeutig auf gesellschaftliche Einflüsse und erzieherische und traditionsbedingte Faktoren zurückzuführen sind.

Die psychologische Forschung beginnt, sich mit einem Thema zu befassen, das bisher nur gelegentlich in Romanen und Theaterstücken diskutiert wurde. Aber diese beiläufigen Betrachtungen und Bemerkungen gut beobachtender Schriftsteller, die Vorläufer der Psychologen waren, sollten nicht verlorengehen. Kitty Foyle in Christopher Morleys Roman* protestiert gegen die Unfairneß der Männer, die soviel mehr Zeit zum Denken haben. Sie haben sozusagen »Zeiten zwischen den Zeiten«, die eine Frau nie hat. Männer »brauchen sich nicht jedesmal ein Kleid unter die Knie zu stecken, wenn sie sich in einer zugigen U-Bahn hinsetzen«. Kitty bemerkt mit Recht, daß ein Mann »mehr Gelegenheiten hat, davon loszukommen, ein Mann zu sein«.

Es ist offensichtlich, daß die größere Befangenheit der Frau ihr Verhalten beeinflußt und färbt, auch wenn sie allein ist. Karl Kraus stellte allerdings scherzhaft in Zweifel, daß es so etwas gibt wie eine Frau, die allein ist, das heißt eine Frau, die nicht von sich selbst beobachtet wird.

* New York 1939, S. 178.

Plötzliche Befangenheit beeinträchtigt natürlich die Spontaneität und Natürlichkeit eines Menschen.
Anatole France erwähnt in *Der Garten des Epikur* die Geschichte der Äbtissin von Vermont, die im Ruf einer Heiligen stand, als sie starb. Die Nonnen, die an ihren frommen Werken teilgenommen hatten, glaubten, sie sei im Himmel und beteten um ihre Fürsprache. Eines Tages erschien sie ihnen – bleich und mit flammendem Gewand. »Betet für mich!« flehte sie sie an. »Als ich noch lebte und meine Hände zum Gebet faltete, betrachtete ich sie einmal und fand sie schön. Heute büße ich für diesen sündhaften Gedanken in den Qualen des Höllenfeuers!«
Wenn es wünschenswert ist, uns so zu sehen, wie uns andere sehen, so erreichen Frauen dieses Ziel häufiger als Männer, jedenfalls wenn sie vor einem Spiegel stehen.

34. Unterschiede in der Überich-Bildung

Wenn wir etwas lesen, was vage Gedanken und Gefühle, die wir selbst nicht auszudrücken imstande waren, in Worte faßt, erleben wir eine besondere Befriedigung, manchmal sogar ein Erstaunen. Warum sind wir nicht fähig gewesen, diese Idee auszudrücken, obwohl sie so nahe vor der Schwelle des bewußten Denkens stand, ohne sie überschreiten zu können? Es ist dabei gleichgültig, ob es sich um eine Einsicht in einen psychologischen Zusammenhang oder eine allgemeine Beobachtung handelt, ob sich die Schlußfolgerung, zu der der Autor gelangte, auf klinisches Material gründet oder das Ergebnis vieler Beobachtungen ist, die zuletzt in einem einzigen Satz von besonderem Interesse zusammengefaßt wurden. Das Gefühl beim Anhören oder Lesen einer solchen Idee ist: »Irgendwie habe ich das schon immer gewußt, aber warum konnte ich es nicht in einer so klaren und originellen Formulierung sagen?« Das war der Fall, als Freud die Ansicht ausdrückte, daß »Charakterzüge, die die Kritik seit jeher dem Weibe vorgehalten hat, daß es weniger Rechtsgefühl zeigt als der Mann, weniger Neigung zur Unterwerfung unter die großen Notwendigkeiten des Lebens, sich öfter in seinen Entscheidungen von zärtlichen und feindseligen Gefühlen leiten läßt«*, größtenteils auf einen Unterschied in der Überich-Bildung zurückzuführen sind.
Das gleiche Gefühl, einem vertrauten Gedanken zu begegnen, erlebte ich, als ich die Schlußfolgerung von Hanns Sachs las, daß das Überich der Frau nicht dieselbe Strenge entwickelt und nicht so hohe Anforderungen stellt wie das des Mannes. Die Flexibilität und Toleranz des Gewissens

* S. Freud, *Einige psychische Folgen des anatomischen Geschlechtsunterschieds*, G.W., Bd. XIV, S. 29f.

der Frau steht im Gegensatz zur Starrheit und Grausamkeit des Gewissens des Mannes. Ich hatte darüber oft nachgedacht, ohne diesen Gegensatz mit biologischen und psychologischen Unterschieden in Verbindung zu bringen. Ja ich hatte diese Unterschiede in ihren äußerlichen Manifestationen klar erkannt, ohne näher – das heißt hier psychoanalytisch – darüber nachzudenken. Für einen Mann ist ein Polizist unbewußt die Personifikation des Gesetzes – selbst für den Gangster, der ihn niederschießt. Für die durchschnittliche Frau ist ein Polizist ein Mann in Uniform und weiter nichts.

Durchdringende und überraschende psychologische Einsichten findet man in den Schriften vieler Autoren, die weit davon entfernt waren, psychologische Probleme wissenschaftlich ergründen zu wollen. Unlängst stieß ich zufällig auf einen Satz, den Joseph Joubert einmal schrieb. Er ist wieder eine dieser psychologischen Beobachtungen, die man im täglichen Leben machen kann und die von den Vertretern der vergleichenden Psychologie übergangen werden. Der französische Schriftsteller stellt fest, Frauen glaubten, daß alles, was sie zu tun wagten, unschuldig sei. (*»Les femmes croient innocent tout ce qu'elles osent.«*) Mit anderen Worten, Frauen sind vorsichtig, ängstlich und voller Zweifel, wenn sie etwas tun möchten, was gegen die guten Sitten verstößt, aber wenn sie einmal diese Ängste oder Skrupel überwunden und getan haben, was sie zu tun fürchteten, fühlen sie, daß sie im Recht sind – daß sie unschuldig sind. Nur selten fühlen sie sich nachher schuldig. Die Zeit der Zweifel und der Skrupel kam vor der Tat.

(In einem der Romane von Anatole France, *Der Aufruhr der Engel*, überrascht ein junger Aristokrat seine Geliebte mit seinem besten Freund im Bett. Sie gewinnt rasch ihre Fassung wieder und sieht ihren früheren Geliebten mit einem Blick beleidigter Tugend an. Als er sie wegen ihrer Treulosigkeit beschimpft, wird sie sehr zornig und wirft ihm vor, sie in die Arme des anderen Mannes getrieben zu haben. Sie verlangt einen Wagen, und als sie geht, streift sie Maurice – ihren offiziellen Liebhaber – mit jenem Blick der Verachtung, der dem Mann gebührt, den eine Frau gerade betrogen hat.)

Wir werden gleich darüber sprechen, wie viele Ausnahmen dieser allgemeinen Behauptung zu widersprechen scheinen. Diese Einschränkungen ändern nichts an ihrer Richtigkeit. Aber bedeutet das, daß sich Frauen im allgemeinen schuldlos fühlen, nachdem sie die der Tat vorausgehenden Zweifel und Ängste überwunden haben, während Männer vor der Tat nicht eine solche Phase durchmachen und diese Emotionen erst später fühlen? Stürmen Männer voran, wo diese Engel den Fuß auf den Boden zu setzen fürchten? Das scheint der Satz Jouberts im Grunde tatsächlich zu bedeuten. Wir haben also das Bild von zwei verschiedenen Verhaltensmustern der Geschlechter: Männer handeln und tun oft ohne zu

zögern Dinge, die sie später bereuen und deretwegen sie Schuldgefühle haben. Frauen warten und schieben die Handlung auf, wenn sie aber gehandelt haben, sind sie davon überzeugt, daß sie recht getan, und daß sie unschuldig sind, selbst wenn sie ein Verbrechen begangen haben.
Diese beiden verschiedenen Reaktionen nach der Tat kann man oft beobachten, beispielsweise in den Schuldgefühlen oder Gewissensbissen eines Mannes, nachdem er ein Verbrechen begangen hat, und in dem Trotz und Starrsinn einer Frau unter den gleichen Umständen. Der Analytiker stellt oft überrascht fest, daß Frauen, die etwas sehr Unkonventionelles oder ihrer Erziehung und ihrem früheren Verhalten Widersprechendes getan haben, hartnäckig behaupten, recht zu haben, und sich eigensinnig gegen jedes andere Gefühl oder Argument verschließen.
Die beiden Verhaltensmuster zusammen erschöpfen alle Möglichkeiten einer Reaktion auf etwas, was ursprünglich abgelehnt wurde, auf eine Tat, die als unmoralisch oder verbrecherisch betrachtet wird: Auflehnung gegen die Gesellschaft und dann Zusammenbruch unter der Last der Schuldgefühle auf der einen Seite und Hartnäckigkeit und Trotz nach der Tat auf der anderen.
Der Leser wird sich sofort an mehrere Fälle erinnern, in denen Männer und Frauen anders handelten und nicht dem Lauf der beschriebenen typischen Reaktionen folgten. Die Biographien vieler historischer Gestalten und die Lebensläufe zeitgenössischer Männer und Frauen liefern genug Fälle, in denen Männer zuerst zögerten und ängstlich waren, nach der Tat aber trotzig auf ihrem Recht bestanden, und Fälle, in denen sich Frauen in eine Situation stürzten und nachher große Schuldgefühle hatten. Diese Fälle beschränken sich selbstverständlich nicht auf neurotische Charaktere. Sie gehören in den Bereich normaler Menschen. Doch dieses Verhalten ist so atypisch, daß es Aufmerksamkeit oder besonderes Interesse erregt und Gegenstand der Bewunderung oder der Kritik wird. Die Zweifel und das Zögern Hamlets und die Entschlossenheit Lady Macbeths sind vollkommene Beispiele aus der Literatur, aber es gibt auch viele historische Persönlichkeiten, die hier angeführt werden können. Der römische Konsul Quintus Fabius Verrucosus Cunctator, der 203 v. Chr. starb, erhielt seinen Beinamen Cunctator (»der Zauderer«), weil er stets die offene Feldschlacht gegen Hannibal vermied. Als er sich dann aber endlich für einen Plan entschieden hatte, führte er ihn kraftvoll und erfolgreich aus. George Sand und andere Frauen gehören zum entgegengesetzten Typ, der ohne zu zögern direkt auf sein Ziel zugeht und alle konventionellen Überlegungen beiseiteschiebt.
Psychologische Verallgemeinerungen wie die in Jouberts Satz enthaltene verlieren durch solche Beispiele für das Gegenteil nichts von ihrer Gültigkeit und Bedeutung. Die eindeutige Einteilung in Männer und Frauen berücksichtigt nicht die psychologischen Charakteristika des Individu-

ums und entspricht nicht dessen Verhaltenszügen. Es ist viel Weibliches in Männern und Männliches in Frauen. Abgesehen von der Bisexualität im allgemeinen, ist nicht daran zu zweifeln, daß einzelne Männer einen ererbten oder erworbenen höheren Grad von Weiblichkeit mit allen psychologischen Begleiterscheinungen zeigen als andere Männer, und einzelne Frauen die entsprechenden männlichen Züge.

Es ist verlockend, diese Behauptung durch literarische Beispiele auf die Probe zu stellen, die ihr widersprechen, indem sie den Gegensatz zwischen dem Verhalten eines Mannes und dem einer Frau in der Situation eines Verbrechens zeigen. Von allen Tragödien Shakespeares ist *Macbeth* die rascheste und am einfachsten angelegte. Radikale Charakterveränderungen Macbeths und der Lady finden in etwa einer Woche oder zehn Tagen statt. Als wir Lady Macbeth zum erstenmal begegnen, ist sie fest entschlossen und strebt ihrem Ziel mit ungeteilter Energie zu, eine Frau, die bereit ist, ihre Weiblichkeit ihrem Mordplan zu opfern. Sie fordert von den Dämonen: »Sperrt jeden Weg und Eingang dem Erbarmen ...«

> »Kommt an die Weibesbrust,
> Trinkt Galle statt der Milch, ihr Morddämonen.«

Sie wird als Gegensatz ihres Gatten dargestellt, der ehrgeizig ist, aber sanftere Gefühle hegt und zögert. Lady Macbeth spricht die Befürchtung aus: »Er ist zu voll von Milch der Menschenliebe.« Würde das Paar heute in New York leben, hätte die Frau ihn vielleicht sarkastisch »Casper Macbeth Milquetoast« genannt.* Bis zum Zeitpunkt der Tat ist sie es, die ihn ermutigt und stahlhart bleibt. Ein Psychiater sagte unlängst von der Mutter eines Patienten: »Aber das ist keine Frau, das ist eine Dampfwalze.« Das ist auch Lady Macbeth bis zu der großartigen Szene, in der sie zusammenbricht, und wir sehen, wie sie ihre blutigen Hände zu waschen versucht.

Macbeth zweifelte, zögerte, war »ohne Ehrgeiz nicht; doch fehlt die Bosheit, die ihn begleiten muß« (I,5). Doch nach der Tat kennt er kein Erbarmen mehr. Er ist skrupellos, verwegen, ohne Reue. Er erfährt, daß die Königin tot ist, und reagiert auf die Nachricht mit dem beiläufigen Satz:

> »Sie hätte später sterben können; es hätte
> Die Zeit sich für ein solches Wort gefunden.«

Er, der so sanft gewesen war, sagt: »Verloren hab ich fast den Sinn der Furcht« (V,5). Aus Casper Milquetoast ist ein Ungeheuer geworden.

Freud hat versucht, die Veränderung der beiden Hauptcharaktere der

* *Milquetoast* = Hasenfuß.

Tragödie zu erklären, indem er analytische Einsichten anwandte, die er bei der Analyse ähnlicher Charaktertypen gewonnen hatte.* Er glaubte, der Schlüssel für die Verwandlung sei in dem kurzen Satz Macduffs enthalten: »Er hat keine Kinder.« Er ahnte jedoch, daß das Problem Macbeths und der Lady durch das Verständnis der Technik gelöst werden müsse, die Shakespeare manchmal anwendet. Ludwig Jekels hatte bemerkt, daß der Dichter oft einen Charakter in zwei Figuren teilt und Züge, die ursprünglich in einer Person zu finden wären, zwei Charakteren eines Stückes zuordnet. Vielleicht verhält es sich mit Macbeth und Lady Macbeth ebenso. Sie bereute nach der Tat, er wurde trotzig. Zusammen erschöpfen sie die Möglichkeiten der Reaktion auf das Verbrechen. Freud verfolgte diese Spur nicht weiter, hielt sie aber für vielversprechend. Wir wollen uns hier nur einige Schritte über den Punkt hinaus wagen, den er erreichte.

Selbst wenn wir die Auffassung von Freud oder Jekels akzeptieren, konzentriert sich immer noch ein gewisses psychologisches Interesse auf die Frage, warum Shakespeare die Skrupellosigkeit und Unbarmherzigkeit, auf die nach der Tat der Nervenzusammenbruch folgte, der weiblichen Figur zuschrieb, während er dem Mann die entgegengesetzte emotionale Sequenz zuteilte. Shakespeares Quellen, vor allem die Chroniken Holinsheds, enthalten so gut wie nichts, was in die Richtung einer solchen Entwicklung zweier Figuren weist. Mir scheint, es gibt zwei Möglichkeiten, die erklären könnten, warum Lady Macbeth eine so atypische Haltung zugeschrieben wird. Shakespeare dachte vielleicht an wirkliche zeitgenössische Frauen, die keine Kinder haben konnten und einen ungewöhnlichen Anteil an männlichen Charakterzügen aufwiesen. In diesem Falle hatte die unerschütterliche Entschlossenheit und Unbarmherzigkeit Lady Macbeths ihren Prototyp im Leben, in einer weiblichen Gestalt der Shakespearezeit: Die jungfräuliche Königin Elizabeth selbst war vielleicht das Vorbild für Lady Macbeth. Es muß aber auch noch eine zweite Möglichkeit, eine zweite Erklärung dafür, daß die typisch männliche Reaktion einer Frau zugeschrieben wird, in Betracht gezogen werden.

Die Rollenumkehr könnte das Ergebnis der homosexuellen Neigungen des Dramatikers oder der feindseligen Haltung Frauen gegenüber sein, die sich dadurch ausdrückt, daß sie als Verführerinnen dargestellt werden, die den Fall des Mannes verursachen wie in der biblischen Geschichte von Adam und Eva.

Das Leben bestätigt, was Friedrich Schiller in dem Satz ausdrückt, daß eine Tat, nachdem sie begangen wurde, ein anderes Gesicht hat als vorher. Jouberts geistreicher Satz betraf diese beiden Gesichter, welche die

* S. Freud, *Einige Charaktertypen aus der psychoanalytischen Arbeit*, G. W., Bd. X, S. 363.

Tat der durchschnittlichen Frau zeigt, und wir haben seine Feststellung vervollständigt, indem wir das gegensätzliche Bild des Mannes hinzufügten. Trotz der vielen sozialen und ökonomischen Veränderungen, die in den über hundertzwanzig Jahren, seitdem der französische Moralist seinen Satz niederschrieb, stattgefunden haben, reagieren die Frauen im allgemeinen noch auf die gleiche Weise. Sie fühlen sich noch immer unschuldig bei allem, was sie zu tun wagen, und sie fühlen sich gerechtfertigt, nachdem sie ihre anfänglichen Zweifel und Ängste überwunden haben. Oft weigern sie sich, nachdem die Tat begangen wurde, hartnäckig, Argumente anzuhören, die zeigen, daß das, was sie getan haben, nicht richtig war.

Was eine solche typisch weibliche Haltung bestimmt, kann nicht einfach nur Trotz, Starrsinn oder Stolz sein. Es ist, als nährten sich ihr Glaube daran, das Richtige getan zu haben, und ihre Überzeugung, berechtigt oder gerechtfertigt zu sein, etwas zu tun, was allgemein als unrecht – oder schlecht – betrachtet wird, aus irgendeiner verborgenen Quelle. Von der Natur körperlich benachteiligte Menschen verhalten sich oft so, als schuldete ihnen die Welt einen Ausgleich oder eine Sonderstellung. Sie haben das Gefühl, eine besondere Behandlung erwarten zu dürfen. Sie weigern sich hartnäckig, sich zurechtweisen oder korrigieren zu lassen. Gibt es eine analoge subjektive und unerschütterliche innere Grundlage für die Überzeugung der Frauen, daß sie im Recht sind? Ja, sie glauben unbewußt, daß die Natur sie benachteiligte, indem sie sie zu Frauen machte und ihnen die beneideten männlichen Genitalien verweigerte. In ihrem unbewußten Denken ist für sie die Menschheit in zwei Teile geteilt: die »Besitzenden« und die »Habenichtse«.

35. Die Interessensphäre

Die Grundtechnik dieser Studie ist die Darstellung der gegensätzlichen Bilder, die die Verhaltensmuster von Männern und Frauen zeigen. Nicht alle Bilder sind gleichermaßen entwickelt. Manche sind sorgfältig ausgewählt, andere erfassen sozusagen den Gegenstand nur in gewissen Situationen und unter besonderen Umständen. Der allgemeine Trend geht jedoch in Richtung des Typischen in den verschiedenen Sphären des Denkens und Fühlens der Geschlechter. Innerhalb dieses Rahmens gibt es genug Spielraum für individuelle Unterschiede und Abweichungen. Der Vergleich der Bilder, die unter wechselnden Bedingungen aufgenommen wurden, liefert deutliche Eindrücke von der Menschenfamilie, die Männer und Frauen umfaßt. Kulturelle Unterschiede sind natürlich zu berücksichtigen. Die Verschiedenartigkeit der diversen Kulturen beeinflußt die Sitten, die Erziehung und schließlich das Verhalten, aber nur

bis zu einem gewissen Grade. Das Grundmuster wird nicht beeinträchtigt. »*Plus que ça change, plus c'est la même chose.*« Auch in der entscheidenden Einstellung von Männern und Frauen.
Man betrachte das folgende Beispiel: Eine junge Patientin erzählte mir, daß sie tags zuvor einen amüsanten Abend auf einer Party erlebt hatte, die ihre Schwägerin gab. Diese Frau interessierte sich zufällig für einen jungen Künstler, dem auch meine Patientin schon mehrere Male bei gesellschaftlichen Anlässen begegnet war. Das Interesse ihrer Schwägerin war ihr nicht entgangen, und da sie selbst verlobt war, fühlte sie mit ihr. Eine Stunde vor der Party zogen sich die beiden Frauen zusammen um und plauderten miteinander. Meine Patientin berichtete ihrer Schwägerin von einigen Bemerkungen, die der junge Künstler einer Freundin gegenüber gemacht hatte. Diese Bemerkungen betrafen die Schwägerin, von deren Gefühlen er nichts ahnte. Er hatte gesagt, daß sie eine steife Person zu sein scheine, daß sie in politischer Hinsicht ziemlich reaktionär sei und daß er wenig Sympathie für ihre Einstellung aufbringe. Meine junge Patientin beschrieb in ihrer analytischen Sitzung die Wirkung, die diese Bemerkungen auf ihre Schwägerin hatten, und deren deutlich verändertes Verhalten vor und während der Party.
Sie zog sich sofort noch einmal um und wählte ein ziemlich buntes Kleid, dann brachte sie ihr sorgfältig frisiertes Haar ein wenig in Unordnung. Lachend beschrieb mir meine Patientin die radikale Verwandlung ihrer Schwägerin, die wirklich einen strengen Charakter hat und in einer sehr reichen Familie konventionell erzogen wurde. Die junge Dame schlug nun während der Party in einer recht auffälligen Weise die Beine übereinander, sprach mit lauter Stimme und gestikulierte lebhaft. Sie benahm sich entgegen allen Gewohnheiten auf eine Weise, die sie für bohemienhaft hielt. Während des Gesprächs warf sie den privilegierten Klassen geradezu leidenschaftlich vor, die Armen zu vernachlässigen, und setzte sich für soziale Gerechtigkeit ein – alles, um dem Künstler zu gefallen. Meine Patientin, die sie fasziniert beobachtete, äffte ihre verwandelte Schwägerin nach und sagte: »Ich habe mich beinahe totgelacht.« Eine so aufmerksame und intensiv interessierte Haltung wäre dem durchschnittlichen jungen Mann gewiß fremd, ganz zu schweigen davon, daß ihm eine Verwandlung, wie sie meine Patientin beschrieb, kaum möglich wäre.
Das stellvertretende Interesse, das eine Frau für andere Frauen aufbringt, ändert seinen Charakter natürlich mit zunehmendem Alter, aber es wird immer um die Beziehungen anderer Frauen zu Männern und die nächsten Angehörigen kreisen. Ein Mann kann oft mit einem anderen Mann sprechen, ohne zu wissen – mehr noch: ohne sich dafür zu interessieren –, ob dieser Mann ledig oder verheiratet ist, ob er Kinder hat und so fort. Eine Frau, die eine andere Frau öfter sieht, wird höchst-

wahrscheinlich wissen, ob ihre neue Bekannte verheiratet ist, wie viele Kinder sie hat, wie diese heißen, wie alt sie sind und so weiter.
Männer, die alt werden, verlieren mehr und mehr ihr Interesse an den persönlichen Angelegenheiten anderer Männer – sofern jemals ein nennenswertes Interesse vorhanden war. Sie werden in ihrer eigenen Interessensphäre immer starrer, geradezu versteinert in dem engen Bereich ihres Berufs, ihres Besitzes, ihrer politischen Anschauungen. Frauen bleiben immer stärker an menschlichen Angelegenheiten interessiert. Es wäre überflüssig, einer Frau (mit Lessings Worten) zu sagen, daß des Menschen edelste Beschäftigung der Mensch sei. Sie wird sich im Grunde niemals für etwas anderes interessieren.

36. Abstrakt und konkret

Frauen sind durchaus imstande, abstrakt zu denken, aber leicht fällt es ihnen nicht, und sie mögen es auch nicht. Sie haben kein tiefes Interesse an fernliegenden Dingen. Die Phasen des Mondes betreffen zwar ihre biologischen Funktionen, aber die Landschaften des Mondes und die Möglichkeit, ihn zu erreichen, sind keine Gegenstände, um die ihre Gedanken kreisen.
Ihre Tagträume haben die verschiedensten Inhalte, aber sie betreffen selten die Vorgeschichte der Menschheit oder ihre fernere Zukunft. Ich habe den Verdacht, daß sie nur ein Lippenbekenntnis zu dem christlichen Glauben an ein Jenseits als Teil der religiösen Lehre ablegen. In Wirklichkeit sind sie Geschöpfe der Gegenwart. Ihr Reich ist von dieser Welt.
In einem gewissen Sinne sind die Äonen der Vorgeschichte, bevor aus dem Menschen der *Homo sapiens* wurde, und die ferne Zukunft, die wir nicht voraussehen können und in der aus dem Menschen wahrscheinlich etwas anderes werden wird, auch etwas Abstraktes. In den Gedanken der Frau wird diese Vergangenheit vor allem Menschengedenken nicht lebendig, und eine Zukunft, in die wir nicht blicken können, ist für sie nicht vorstellbar. Nur wenige Frauen interessieren sich leidenschaftlich für die Geheimnisse der paläolithischen Vergangenheit, und noch weniger machen sie sich utopische Vorstellungen von dem Jahrtausend, in dem die Enkel ihrer Enkel leben könnten.
In *Das Unbehagen in der Kultur* weist Freud darauf hin, daß die menschliche Sexualität allmählich abnehmen und schließlich verschwinden wird, weil der Mensch – in seinem Existenzkampf, mit seinen kulturellen Aufgaben, die sein Interesse von der Familie ablenken – immer weniger sexuelle Bedürfnisse empfinden wird. Eine solche Voraussage kann vielleicht einen Augenblick lang dunkle Ängste in Frauen wecken, aber wenn sie das nächstemal darüber sprechen, werden sie vollkommen da-

von überzeugt sein, daß die Sexualität weiterbestehen wird. Freilich betrifft Freuds Mutmaßung nicht die vorhersehbare Zukunft. Die von ihm angedeutete Situation erinnert mich an eine kleine Geschichte, die ich einmal in Paris hörte. Ein bekannter französischer Schriftsteller besuchte das Observatorium. Dort erklärte ein mit ihm befreundeter Astronom die Wunder des gestirnten Himmels über ihm. Der Gelehrte erwähnte auch, daß in einer Million Jahren die Wärme der Sonne abnehmen und daß alles Leben auf der Erde zugrunde gehen werde. Während er sich diese Voraussage aufmerksam anhörte, wurde der Schriftsteller sehr traurig. Sein Freund, der ihn zum Ausgang des Observatoriums begleitete, bemerkte seine Stimmung und sagte: »Einstweilen aber sollten Sie lieber aufpassen, wenn Sie über die Place de la Concorde gehen. Sie könnten von einem Auto überfahren werden!« Eine solche Ermahnung oder Warnung wäre überflüssig, falls eine Frau das Observatorium besuchen sollte. Sie würde vor allem einmal dem Astronomen gar nicht glauben. Ihr Selbsterhaltungstrieb ist stärker als der des Mannes, weil er die Erhaltung der Art mit einschließt.

Frauen, die vor dem Mann da waren und sein Geschlecht vielleicht überleben werden, brauchen sich nicht theoretisch mit der fernen Vergangenheit und Zukunft der Menschheit zu befassen. Viele Männer der Wissenschaft wenden ihr Interesse zurück in die dunkle Vergangenheit und vorwärts in die unvorhersehbare Zukunft der Menschheit. Nicht wenige Gelehrte und Schriftsteller, die auf die Siebzig zugehen oder sie schon hinter sich gelassen haben, wenden ihre Aufmerksamkeit der Zukunft zu und träumen gern von einer künftigen Welt. Das Seltsame ist, daß dieses lebhafte Interesse an der Zukunft besonders von Männern empfunden wird, die sich einst mit der fernen Vergangenheit, ja mit der Prähistorie beschäftigten. Ernest Renan, der das Zeitalter der Phönizier und des alten Israels erforschte, versuchte, die Zukunft des Menschen vorauszusagen. H. G. Wells, der eine Geschichte der Menschheit schrieb, schuf Visionen von der Gestalt künftiger Dinge. Freud, der in *Totem und Tabu* die ersten Ursprünge der Religion und der gesellschaftlichen Organisation rekonstruierte, wandte in seinen späteren Schriften den Blick der Zukunft der Menschheit zu (*Die Zukunft einer Illusion* und *Das Unbehagen in der Kultur*). Anatole France, der das alte Griechenland und Rom als Schauplätze vieler seiner Romane wählte, zeichnete das Bild der Vernichtung der gegenwärtigen Kultur und einer neuen Menschheit in *L'Ile des pingouins*.

Nicht einmal die Kleider, die von Frauen in der fernen Vergangenheit getragen wurden, interessieren die Damen unserer Zeit besonders. Die Mode vor der Zeit ihrer Großmütter fasziniert sie nicht. Anatole France gestand einmal seinem jungen Sekretär aus der Provence, J. J. Brousson, was die Damen in sehr fernen Zeiten einmal tragen würden, errege seine

Neugier mehr als die Romane, die dann von den Schriftstellern geschrieben würden. An seine Jugendzeit denkend, sagte der achtzigjährige Weise der Villa Saïd zu seinem Freund Michel Corday, die Damenmode sei vor dreißig Jahren für die Liebhaber sehr grausam gewesen. Die Kleider hatten damals achtzig Knöpfe. (»*Il y a trente ans, les modes feminines étaient bien cruelles pour les amants. Les robes avaient quatre-vingt boutons.*«)*

37. Maschinen

Es ist nun schon mehrere Male geschehen, daß ich in der wissenschaftlichen Literatur über ein bestimmtes Problem nachlesen wollte, ohne eine wesentliche Hilfe zu finden, und dann eine Nummer des *New Yorker* zur Hand nahm, um das Ganze zu vergessen, und durch eine Karikatur oder eine Kurzgeschichte angeregt wurde, die meine Gedanken wieder auf das Problem zurücklenkte, nun aber in einer anderen Richtung. Es wäre von psychologischem Interesse zu wissen, ob der zufällige Blick auf eine Karikatur oder die Lektüre einer Kurzgeschichte schlafende Gedanken weckte, die schon der Bewußtseinsschwelle nahe waren. In manchen Fällen berührte das Thema der Karikatur oder der Geschichte die Ränder des Problems, aber in anderen ließ sich kein solches Verbindungsglied finden. Ich beeile mich hinzuzufügen, daß es in der Mehrzahl dieser Fälle ein Zeitintervall zwischen der Wahrnehmung und der neuen Idee gab, oder vielmehr daß kein unmittelbarer Gedankenkontakt bestand. Die Karikatur oder die Kurzgeschichte fiel mir auf meinem Weg zu einer neuen Einsicht ein. Um einige halbpsychologische Ausdrücke zu gebrauchen: Es war kein Aha-Erlebnis, keine plötzliche Klarheit oder Erkenntnis, sondern eher eine zweifelhafte Erinnerung: »War da nicht eine Karikatur im *New Yorker* ...?« Oder ein Gedanke dieser Art.

Hier sind zwei Beispiele dafür: Ich hatte mir einige Mühe gegeben nachzulesen, was die neuere psychologische und psychoanalytische Literatur über Ursprung und Wesen der Intuition zu sagen hatte. Besonders interessierte mich die Frage, warum wir diese problematische Fähigkeit viel eher Frauen zuschreiben als Männern – eine Frage, zu der ich in meiner analytischen Praxis eine ganze Menge Material gesammelt hatte. Die beste oder allgemeinste Charakterisierung der Intuition war »Kenntnis oder Einsicht, deren Quelle unbewußt bleibt«. Das war letzten Endes beinahe genau das, was das Wörterbuch sagte: Wahrnehmung von Wahrheiten oder Tatsachen ohne verstandesmäßiges Erfassen. In der einschlägigen Literatur fand ich nicht wenige anschauliche Beispiele für den in-

* Michel Corday, *Anatole France d'après ses Confidences et ses Souvenirs*, Paris 1927, S. 223.

tuitiven Prozeß und einige sehr passende Bemerkungen zu der Frage, warum Frauen mehr Intuition besitzen müssen als Männer. Das Material war gewiß lehrreich, aber ich war unbefriedigt. Etwas – und zwar etwas Wesentliches – fehlte in den verschiedenen ausgezeichneten Beschreibungen und Charakterisierungen intuitiver Prozesse durch Psychologen. Ja, es fehlte etwas, aber ich wußte nicht, was es war.

Dann fiel mir eine Karikatur ein, die ich vor mehreren Monaten im *New Yorker* gesehen hatte. Sie stellt eine Szene in einem Gerichtssaal dar, und eine Dame auf der Geschworenenbank sagt zu ihrer Freundin: »Ich höre nie auf Zeugenaussagen.« Das ist zweifellos komisch, aber was hat es mit dem Problem der weiblichen Intuition zu tun? Die Karikatur macht sich über einen gewissen Frauentyp in einer bestimmten Situation lustig. Sie sagt, nicht mit so vielen Worten – tatsächlich nur mit fünf Wörtern –, daß Frauen nicht nach rationalen und logischen Gründen urteilen, sondern indem sie ihrem Gefühl folgen. Wenn man die Bedeutung der Karikatur übertreibt, kann sie zu einem erschreckenden Schluß führen: daß diese Frau als Geschworene, wenn ihr danach zumute ist, einen Mörder für unschuldig erklären würde, selbst wenn man ihn auf frischer Tat ertappt hätte. Oder daß sie einen Unschuldigen zur strengsten Strafe verurteilen würde, wenn sie das Gefühl hätte, daß er schuldig ist, selbst wenn die Beweise dafür sprächen, daß er es nicht ist. Die Ablehnung tatsächlichen Beweismaterials zugunsten einer auf Emotionen basierenden Entscheidung würde sich besonders katastrophal in der Sphäre auswirken, die in der Karikatur dargestellt ist: im Gerichtssaal. Hier, wenn überhaupt irgendwo, ist der Beweis von höchster Bedeutung. Alle emotionalen Elemente, alle Vorurteile und vorgefaßten Meinungen sollten verbannt und nur rationale Überlegungen sollten berücksichtigt und gehört werden. »Nüchtern wie ein Richter«, sagt man im Englischen. Und die Geschworenen sind sozusagen seine Assistenten, die ihm bei seiner schwierigen Aufgabe helfen. Ein Urteil, das das Beweismaterial nicht berücksichtigt, ist nicht zu rechtfertigen.

Die Frau in der Karikatur gelangt zu ihrer Entscheidung im Gerichtssaal durch intuitives Denken. Damit sind wir zu unserem Problem zurückgekehrt: zum Wesen der weiblichen Intuition. Sie achtet nicht auf die Zeugenaussagen und die daraus abgeleiteten Schlüsse. Der Beitrag zur Definition der Intuition, den die Karikatur liefert, ist also folgender: Eine wesentliche Voraussetzung intuitiven Denkens ist der Ausschluß rationaler, auf Tatsachen gegründeter Überlegungen. Hier ist also bei der Entstehung der Intuition ein negativer Faktor am Werk. Die Außerachtlassung oder Vernachlässigung der rationalen, logischen Prozesse ist die Vorausbedingung, ohne die Intuition unmöglich ist. Ich glaube nicht, daß dieser unbewußte Ausschluß, diese Unterdrückung dessen, was man allgemein Vernunft nennt, in den psychologischen Beschreibungen

des intuitiven Prozesses, die ich in der wissenschaftlichen Literatur fand, hinlänglich hervorgehoben wurde.
Es wäre verlockend, sich eine »Gegenkarikatur« vorzustellen, die sich über Männer lustig macht, besonders in Situationen, in denen sie die geringste Beeinträchtigung ihrer rationalen Denkweise von der emotionalen oder unbewußten Seite her ausschließen. Wir könnten uns beispielsweise einen Psychoanalytiker vorstellen, der nur mit Tatsachen und Zahlen arbeitet und nur das äußerlich erkennbare Beweismaterial in den Konflikten seiner Patienten berücksichtigt. Oder wir könnten uns einen Schriftsteller denken, der einen Roman nur nach einem intellektuellen, rationalen Plan schreibt, ohne auf eine Stimme in sich selbst zu horchen. Dennoch hat es Fälle im Gerichtssaal gegeben, wo die Zeugenaussagen aufmerksam angehört und dennoch im Namen der reinen Vernunft Justizirrtümer begangen wurden. In solchen Fällen wurden Ahnungen und Warnungen, unbewußte Botschaften aus dem Reich der Intuition vernachlässigt, und das Ergebnis war oft ein schrecklicher Irrtum, der sich auf trügerische Indizienbeweise gründete.
Eine Kurzgeschichte im *New Yorker* half mir, ein anderes Problem der vergleichenden Psychologie zu klären. Ich wurde darauf aufmerksam während eines Besuchs bei Freunden, die einen kleinen Sohn hatten. Später, als sich mir das Problem stellte, fiel mir die Kurzgeschichte im *New Yorker* wieder ein. Ich hatte mit dem Jungen gescherzt, der mir mit großem Stolz eine Spielzeuguhr zeigte, die er geschenkt bekommen hatte. Ich erzählte ihm, daß alle Uhren in der Nacht eine »Uhrenschule« besuchen, wo ihnen ein Lehrer beibringt, wie sie die Zeiger bewegen müssen, um die Zeit anzuzeigen. Abends um halb neun holt ein Schulbus all die kleinen Uhren ab, bringt sie zu dieser Schule und so weiter. Der kleine Junge war ziemlich skeptisch, und bald sah ich, wie er seine Uhr auseinandernahm, um herauszufinden, wie sie funktionierte.
Seine Mutter erzählte mir später, daß er eine mechanische Begabung hatte und sich von seinem Spielzeugauto bis zur Geschirrspülmaschine für alles Technische interessierte. Als ich bemerkte, daß seine um einige Jahre ältere Schwester nie Interesse an Maschinen zeigte, erklärte sie mir, dieses Interesse werde den Jungen beigebracht oder gefördert, während Mädchen dazu erzogen werden, ihre Aufmerksamkeit Puppen und so fort zuzuwenden.
Dieses besondere Problem des Interessenunterschiedes tauchte während meiner vergleichenden Studie der Geschlechter immer wieder auf, vor allem die Frage, warum sich Jungen im allgemeinen viel mehr für Maschinen interessieren als Mädchen. Zusammen mit der Erinnerung an diese kleine Szene führten Beispiele aus der psychoanalytischen Praxis zu einer vorläufigen Theorie, die mir zunächst nur in undeutlichen Umrissen erschien.

Als ich mit meinen Gedankenassoziationen an einem gewissen Punkt ankam, erinnerte ich mich an die schon erwähnte Kurzgeschichte, *Less Said* von Louise Field Cooper. Ich hatte sie einige Wochen zuvor im *New Yorker* (vom 9. März 1957) gelesen. Ein Ehepaar ist vom Schlafzimmer im ersten Stock seines Hauses in das Gästezimmer im Parterre übersiedelt. Daneben befindet sich der artesische Brunnen mit der elektrischen Pumpe, deren endloser Lärm sie stört. Die Frau interessiert sich nicht für das, was in den Rohren und Ventilen des Leitungssystems und in dem geheimnisvollen Sicherungskasten vor sich geht. Sie ist nur wütend und frustriert, weil ihr Mann darauf besteht, ihr das Installationssystem zu erklären, während sie schlaflos daliegt und auf den Lärm der Pumpe horcht. An manchen Abenden stellt er die Pumpe ab, und dann läßt er sich um drei Uhr morgens vom Wecker aus dem Schlaf läuten, um die Pumpe wieder einzuschalten. Die unterbrochene Nachtruhe stört die Frau, die ihren Mann fragt, warum er sich soviel um die Pumpe kümmern muß. Er antwortet grimmig: »Weil sie einen hohen Kolben und ein kleines Bohrloch hat.« Um die Dichtungen zu schonen, die sich abnutzen, denkt er daran, die Geschirrspülmaschine aufzugeben und die Wassermenge für die Bäder einzuschränken. Er ruft den Installateur an. Die Autorin beschreibt amüsant, wie zwei oder drei Arbeiter ankommen, ihre öligen Werkzeuge auf den weißen Teppich legen, überall hin Zigarettenasche streuen, alles überprüfen, ernst in die Öffnungen der Rohre blicken, als wären sie mysteriöse Orakel, und ihr zurufen: »Kommen Sie her und schauen Sie, wie sie leckt und leckt.« (»Sie!« denkt die Frau.*)
Zuletzt kommen sie zu dem Schluß, daß eine Graphitschmierung nötig sein wird. Vorher aber erklären sie der Dame, daß das Innengewinde (im Englischen das »weibliche Gewinde«, A. d. Ü.) ausgeschliffen ist. Sie werden also einen Gewindeschneider brauchen, müssen aber zuerst in die Stadt zurückfahren, um einen zu holen. Die Dame kommt zu der Überzeugung, daß keine von einer Frau geborene Frau etwas von Ventilen und Siphons und Knieverbindungen wissen will ... und von der Ursache der ganzen Schererei. Sie hat das Gefühl, daß das alles sehr unfair ist. Wann hat sie je einen Elektriker oder ihren Mann gezwungen, zu ihrem Nähkörbchen zu kommen, und zu ihm gesagt: »Siehst du, bevor ich einen Knopf an diesem Hemd annähen kann, muß ich mit dem Faden *das* machen« – und ihn dann zusehen lassen, wie sie etwas macht, was dazu führt, daß sich am Ende des Fadens ein Knoten befindet? Sie hat nie den Inhalt ihres Nähkörbchens über den ganzen Fußboden ausgestreut und erklärt, das müsse nun so liegen bleiben, während sie in die Stadt geht, um einen Knopf zu holen, weil dieser Knopf nicht ins Knopfloch paßt.

* Im Englischen ungewöhnlich, da die Pumpe als lebloser Gegenstand an sich *it* = »es« sein müßte (Anm. d. Übers.).

Die Dame überlegt: »Von wegen hoher Kolben und kleines Bohrloch! Wohl eher hoher Kolben und großer Langweiler.« (Ein Wortspiel: das englische *bore* kann sowohl »Bohrloch, Bohrung« als auch »Langweiler« bedeuten, A. d. Ü.)

Die amüsante Skizze stellt launig den Gegensatz zwischen der männlichen Beschäftigung mit Maschinen und der weiblichen Gleichgültigkeit gegenüber Maschinen dar. Aber mehr als das: Sie zeigt ungewollt und unbewußt die psychologischen Gründe für diese verschiedenen Einstellungen.

Ich würde einen Eid auf einen ganzen Stapel Bibeln schwören, daß die Autorin keine Ahnung davon hatte, daß ihre Skizze eine Art Geheimfach, eine verborgene Bedeutung besitzt. Aber jeder, der gelernt hat, mit dem dritten Ohr zu hören und die vergessene Sprache der Symbolik zu verstehen, wird imstande sein, die verborgene Bedeutung in den soeben beschriebenen Ereignissen zu entdecken. Man braucht die Geschichte nur aus der Sphäre des aus der Welt kindlichen Denkens verdrängten Unbewußten in die Ausdrücke der Alltagssprache zu übertragen, um diese zweite Bedeutung zu rekonstruieren. Mit dem Wechsel des Schlafzimmers beginnen die Schwierigkeiten. Der Mann macht sich Sorgen wegen der unterirdischen Pumpe. Wenn wir die ganze Szene vom Erwachsenenleben auf die Ebene der Gedanken eines Jungen übertragen, ergibt sich folgendes: Ein Junge ist mit dem Geheimnis des Geschlechtsverkehrs und mit der rätselhaften Form und Funktion der weiblichen Genitalien beschäftigt. Die auf die unterirdische Pumpe verschobenen unbewußten Sorgen des Mannes werden analytisch transparent. Auf die sexuelle Neugier des Jungen zurückgeführt, ergeben seine Gedanken über den »hohen Kolben und das kleine Bohrloch« einen Sinn. Hinter diesen technischen Ausdrücken für die Pumpe verstecken sich natürlich sexuelle Ausdrücke. Sie betreffen den erigierten Penis und die kleine weibliche Öffnung. Es ist kein Zufall, daß die Dame sich darüber wundert, daß die Installateure von einem »weiblichen Gewinde« (s. o.) sprechen und die Pumpe als weibliches Wesen behandeln. Die Frau beschäftigt das nicht. Sie bemerkt mit Recht, daß keine Frau etwas von den Kompliziertheiten einer Maschinerie wissen will; sie macht sich keine Gedanken wegen »ihres« Funktionierens. Für sie ist es etwas Selbstverständliches – und sie empfindet nicht das Bedürfnis, Männern zu erklären –, wie sie eine Nadel einfädelt und einen Knopf annäht … wieder eine unbewußte Anspielung auf den Geschlechtsakt. Die Einführung des Penis in die Vagina hat für sie nichts Geheimnisvolles an sich; sie befürchtet nicht, daß der Knopf nicht passen könnte. Sie wundert sich über die typisch männliche Beschäftigung mit dem Problem eines »hohen Kolbens und kleinen Bohrlochs«, das für sie kein Problem ist. Die letzte Zeile der kleinen Geschichte, ihre Pointe sozusagen, ist dann ein Wort-

spiel, und wörtlich aufgefaßt lautet der Satz: »Wohl eher ein hoher Kolben und ein großes Bohrloch.«
Der Abscheu und der Zorn der Dame über das übermäßige und überflüssige männliche Interesse an Maschinen kommt hier lebhaft zum Ausdruck. Und wenn sie das Wort *bore* auch im übertragenen Sinne gebraucht und »Langweiler« meint, so kann es ebensogut auch seine Grundbedeutung haben, und die Frau sagt unbewußt: »Ihr dummen Männer! Ihr braucht euch keine Sorgen zu machen; der ›hohe‹ (erigierte) Penis wird schon in das Loch passen. Das Loch ist nicht so klein, wie ihr denkt. Es ist tatsächlich groß.« Hätte die Autorin eine Ahnung von dieser unbewußten Unterströmung und der zweiten Bedeutung ihrer Skizze gehabt, so würde sie sie vielleicht nicht geschrieben haben, und wir wären um ein kleines literarisches Juwel ärmer.
Wir haben uns gefragt, warum Männer sich soviel mehr für Maschinen interessieren als Frauen. Diese Skizze im *New Yorker* liefert unbeabsichtigt einen psychologischen Beitrag zur Lösung des Problems. Ihr Wert beruht hauptsächlich darauf, daß sich die Autorin ihres unbewußten Wissens nicht bewußt ist. Zwar gibt sie uns nicht die ganze Antwort, aber was sie zu bieten hat, ist immer noch besser als die seichten Antworten, die wir in vielen Lehrbüchern der vergleichenden Psychologie finden können.

38. Männer und Geld

Die unbewußten Verbindungen zwischen den Begriffen Liebe und Geld sind dem Analytiker wohlbekannt. Er hat viele Fälle gesehen, in denen die Angst vor der Armut eine Manifestation der unbewußten Wahrnehmung der nachlassenden Liebesfähigkeit ist. Auch andere Fälle, in denen diese Angst auf Zweifel an der Potenz eines Mannes zurückzuführen war, sind keine Seltenheit in den Sprechzimmern der Psychiater. Die Komplexität und Vielfalt der Verbindungen zwischen den beiden Begriffen Liebe und Geld rechtfertigen die folgenden Bemerkungen, die einen einzelnen Faden aufgreifen und ein kurzes Stück verfolgen. Sprechen wir von der unbewußten Bedeutung des Ärgers, den viele Männer empfinden, wenn sie an das Geld denken, das ihre Frau ausgibt. Es ist natürlich schwierig zu entscheiden, ob der Vorwurf, daß die Frau verschwenderisch sei, gerechtfertigt ist oder nicht, und wir befassen uns hier nicht mit den bewußten und objektiven Faktoren der individuellen Situation.
Bei der Analyse mehrerer Fälle, in denen dieser Vorwurf auf zwanghafte Weise auftauchte, wurde sichtbar, daß die Anklage nur eine Tarnung war, hinter der sich ein anderer Vorwurf verbarg. Der fortwährende Ärger über die Frau und ihre zu hohen Ausgaben wurde in der unbewußten

Wirklichkeit durch den Eindruck motiviert, daß die Frau dem Mann Macht nimmt – vor allem sexuelle Potenz. Mit anderen Worten, der unbewußte Inhalt der Anklage ist der, daß die Frau ihren Mann entmannt. Sie ist ein symptomatischer Ausdruck der Kastrationsangst, die auf einen materiellen Ersatz für Liebe oder ihre Vertretung in Form von sexueller Macht verschoben wurde. Der unbewußte Inhalt des Vorwurfs lautet: Sie, die Frau, nimmt mir meine sexuelle Kraft, sie kastriert mich. Der Widerstand gegen die verschwenderische Frau wird verstärkt durch das Einfließen unbewußter Trends, die ihren Ursprung in der Kastrationsangst des Mannes haben. Die unbewußte Bedeutung des Geldes als Ersatz oder Ausgleich für Liebe liefert die psychologische Erklärung für den Übergang von einer Sphäre in die andere und zeigt uns, wie diese Verschiebung möglich wurde. Viele Männer geben ihren Frauen Geld statt Liebe, und viele andere geben selbst diesen Ersatz für Zuneigung nur ungern.

Die Wege des Unbewußten sind dunkel wie die des Herrn, aber wohin sie führen, ist klar erkennbar. Die Kommunikation zwischen dem Unbewußten zweier Menschen kann auch auf dem Gebiet ihrer finanziellen Interessen verstanden werden. Sehr viele Frauen verhalten sich so, als ob – und in diesem »als ob« ist die unbewußte Bedeutung enthalten – die Befürchtungen ihrer Männer in bezug auf das Geldausgeben psychologisch sehr wohl auf die Wirklichkeit gegründet wären. Diese Frauen begreifen das Geld unbewußt als Ersatz für Liebe. Sie verschwenden das Geld, geben es ohne Sinn und Verstand aus und rächen sich auf diese Weise an ihren Männern, die ihnen Liebe vorenthalten. Sie kastrieren sie unbewußt, indem sie ihr Geld ausgeben und ihnen die materielle Macht nehmen, die von so vielen Männern unbewußt als gleichbedeutend mit sexueller Potenz betrachtet wird.

So wie sie es sehen, haben Frauen das Gefühl, daß ein Mann, der Geld für sie ausgibt, anstatt ihnen seine Liebe zu geben, nur das Zweitbeste bietet. Aber das scheint ihnen ein armseliger Ersatz zu sein und nicht gut genug – oder gerade gut genug, um achtlos ausgegeben zu werden.

39. Feinde

Wir hören oder lesen in den Lobreden auf viele Männer, daß sie keine Feinde hatten, und nehmen dann an, daß sie mit anderen Menschen gut auskamen und allgemein beliebt waren. Der Biograph, der das zum Ruhme eines Mannes sagen kann, wird aber wahrscheinlich auch nur wenig über seine Leistungen und Erfolge zu sagen haben. Es gibt kaum einen großen Mann oder Wohltäter der Menschheit auf irgendeinem Gebiet, der keine Feinde hatte. »Viel Feind, viel Ehr«, lautet ein deutsches Sprichwort.

Gilt das gleiche für Frauen? Es scheint so, daß wir gut von Frauen denken, die sowohl bei Männern als auch bei Frauen beliebt sind. Wir haben eine unbewußte vorgefaßte Meinung, daß Frauen keine Feinde haben sollten. In Männern erwacht sogar ein Vorurteile, gegen eine Frau, wenn sie hören, daß viele andere Frauen sie nicht mögen.

Hier liegt ein Gegensatz in unserer Einstellung vor, der oberflächlich leicht zu erklären ist. Männer stehen im Trubel des Berufslebens, sie müssen miteinander konkurrieren, bis zu einem gewissen Grad miteinander kämpfen, um sich einen Platz in der Welt der Männer zu sichern. Ein Mann muß sich gegen andere behaupten und sie besiegen können. Der Wettbewerb unter Frauen hat nicht diesen aggressiven und emotional geladenen Charakter. Besonders nicht nach der Heirat, wenn eine Frau einen Mann, ein Heim und Kinder hat. Damit wird ein großer Stolperstein auf dem Weg einer Frau durch das Leben beseitigt. Die unterschiedliche Stellung von Frauen und Männern im gesellschaftlichen Leben ist gewiß einer der entscheidenden Gründe dafür, daß sich Frauen weniger Feinde machen. Der psychologische Unterschied ist somit soziologisch bedingt. Weitere bestimmende Faktoren sind in dem konstitutionell geringeren Grad von Aggressivität der Frau zu finden. Und selbst diese schwache aggressive Komponente wird noch durch die Erziehung des kleinen Mädchens energisch unterdrückt. Das und die organischen Veränderungen der pubertären Entwicklung begünstigen die größere Umgänglichkeit und Geselligkeit der Frauen. Diese Faktoren mildern die feindseligen, neidischen und auf Konkurrenz gerichteten Gefühle oder zumindest ihren Ausdruck. Die Kombination von äußeren Einflüssen und inneren Veränderungen unterstützt die Entfaltung der guten Umgangsformen.

Um von einem Nebenproblem auf diesem Gebiet zu sprechen: Es besteht kein Zweifel daran, daß die besondere Eigenschaft oder Gabe, Menschen zu entzücken, die wir Charme nennen, bei Frauen unter den beschriebenen Einflüssen entwickelt wird. Ist Charme ein spezifisch weiblicher Zug? Ich glaube, ja. Um die Richtigkeit dieses Eindrucks zu überprüfen, braucht man nur ein einfaches Experiment in Gedanken anzustellen. Wenn wir sagen, eine Frau habe Charme, so ist das sicherlich ein Lob. Wird aber das gleiche von einem Mann gesagt, ist das nicht immer ein Kompliment. Es könnte bedeuten, daß er *nur* Charme besitzt oder sogar, daß er gewisse feminine Züge aufweist. (Eine Gegenstimme soll nicht verschwiegen werden: Unlängst versicherte eine Frau, es gebe eine weibliche und eine männliche Art von Charme. Sie korrigierte sich jedoch, indem sie hinzufügte: »Bei Männern sollte man es eigentlich ›Magnetismus‹ nennen.«) Der letzte König von Großbritannien sagte von seiner Tochter Margaret, sie könne mit ihrem Charme einer Auster die Perle abgewinnen. Das war zweifellos ein Tribut an die Weiblichkeit der Prinzessin.

Alles, was hier in bezug auf Feinde unter den eigenen Geschlechtsgenossen gesagt wurde, ist mehr oder weniger bekannt. Ein Faktor, der bei der Beurteilung der Unterschiede zwischen Männern und Frauen in dieser Hinsicht beinahe vergessen wurde, ist die größere Toleranz, mit der die Gesellschaft die Manifestation sublimierter Homosexualität bei Frauen behandelt. Wenn wir sehen, wie Frauen einander bei der Begrüßung küssen, fassen wir das als selbstverständlichen Ausdruck der Zuneigung auf. Wir wären jedoch sehr erstaunt, wenn wir sähen, wie sich zwei Männer bei der Begrüßung küssen – außer, selbstverständlich, in Frankreich. Diese größere gesellschaftliche Toleranz gegenüber der weiblichen Homosexualität in ihrer sublimierten Form spiegelt natürlich die Einstellung wider, die einzelne Frauen zu den Angehörigen ihres eigenen Geschlechts haben. Es ist nicht schwer, diesen Unterschied dadurch zu erklären, daß man auf die größere Geselligkeit von Frauen hinweist, auf die Vertraulichkeit, mit der sie miteinander umgehen. Aber diese Erklärung vereinfacht die psychologische Situation. Sie geht von einer falschen Voraussetzung aus.

Stellen wir uns zwei Frauen vor, die an einem Sommernachmittag müßig auf einer Bank im Park sitzen. Es wird nicht lange dauern, und sie werden miteinander sprechen. Daß sie sich in bezug auf ihr Alter oder ihre soziale Stellung unterscheiden, spielt dabei kaum eine Rolle. Zwei Männern in derselben Situation wird es schwerer fallen, miteinander ins Gespräch zu kommen. Sie könnten es vorziehen, davon Abstand zu nehmen. Zwei Engländer könnten endlos oder mindestens bis zur Wiederkehr des Erlösers warten, bevor sie miteinander reden.

Ich bin geneigt, einen negativen psychologischen Faktor für diese größere Zurückhaltung des Mannes – verglichen mit der gesellschaftlichen Flexibilität der Frau – verantwortlich zu machen. Die Homosexualität stößt auch in ihren sublimierten Formen auf größere Hindernisse bei Männern als bei Frauen, weil sie den Mann mit dem Verlust oder der Schwächung seiner Männlichkeit bedroht, auf die er stolz ist. Sie bedeutet Unterwerfung unter einen anderen Mann und somit die Einnahme einer gewissen weiblichen Haltung gegenüber Männern. Die Starrheit dieser Position des Mannes in der Gesellschaft wird bis zu einem hohen Grade durch den intensiven Widerstand erklärt, den eine solche vermeintlich unterwürfige oder weibliche Haltung im Manne weckt. Andererseits kann keine Gesellschaft ohne eine gewisse Geschmeidigkeit oder Lenksamkeit des Mannes existieren. Sie würde im Kampf aller gegen alle zugrunde gehen.

Jeder erwachsene Mann ist vor der Möglichkeit auf der Hut, in eine unterwürfige Rolle gedrängt zu werden. Wir haben aus dem Studium der Neurosen und Psychosen gelernt, daß ein besonders heftiger Widerstand gegen das eigene Geschlecht in Form eines nörgelnden und streitsüchtigen Verhaltens oft eine Reaktion auf eine zu energisch verdrängte Homosexualität ist. In der Symptomatologie der Paranoia erscheint die Ablehnung unbewußter homosexueller Neigungen als extremes Mißtrauen gegenüber Männern und als Wahn, von einem Mann oder einer Gruppe von Männern verfolgt zu werden.

Bei Frauen kann im allgemeinen keine so heftige Reaktion gegen die unbewußte Möglichkeit der Homosexualität beobachtet werden. (Wo sie auftritt, können wir sicher sein, daß die sexuelle Anziehungskraft anderer Frauen besonders stark ist.) Es gibt gewiß mehrere Gründe für diese unterschiedliche Einstellung. Der entscheidende Faktor ist, daß der Widerstand gegen die Homosexualität bei Frauen nicht so stark entwickelt ist wie bei Männern, weil sie ihre Ichgefühle nicht verletzt und sie nicht mit dem Verlust all dessen bedroht, was ihrem Empfinden nach die besten Eigenschaften ihres Geschlechtes sind. Eine Frau kann sich sehr gut vorstellen, das Liebesobjekt einer anderen Frau zu sein und sich dennoch weiblich fühlen. Der durchschnittliche Mann würde vor der Vorstellung zurückschrecken, sexuell von einem anderen Mann geliebt und besessen zu werden, weil das den Verzicht auf seine Männlichkeit bedeuten würde. Wir erkennen wieder in der analytischen Erforschung dieses Unterschiedes in der sexuellen Einstellung die Bedeutung der Rolle verborgener Ichinteressen innerhalb der sexuellen Vorstellungswelt und Wirklichkeit.

Die männliche Homosexualität ist in ihrer passiven Form unbewußt mit dem Verlust dieses »kleinen Apparats« verbunden (um einen Ausdruck zu gebrauchen, den unlängst eine meiner Patientinnen verwendete, als sie ihrem Ärger über die Überlegenheit des männlichen Geschlechts Luft machte), auf den der Junge so stolz ist. Das Mädchen hat in dieser Hinsicht nichts zu fürchten. Ihre Ängste sind ganz anderer Art. Der Analytiker, der Gelegenheit hat, immer wieder die Wirkungen dieses emotionalen Unterschieds zu beobachten, wundert sich nichtsdestoweniger über die übertriebenen Folgerungen, zu denen beide Geschlechter aufgrund eines kleinen anatomischen Unterschieds gelangen.

40. Übertragungsschwierigkeiten

In manchen Stadien ähnelt die Psychoanalyse einer Maschine, die erst funktioniert, nachdem sie gewisse Widerstände überwunden hat. Von diesen Gegenkräften ist die wichtigste die Übertragung – die Wiederholung emotionaler Einstellungen, die früh im Leben erworben wurden und auf den Analytiker übertragen werden. Die Ausdrucksformen der Übertragung in der Psychoanalyse zu erkennen, ist relativ einfach. Mit den verschiedenen Problemen fertigzuwerden, die als Übertragungswiderstand auftreten, ist oft eine sehr schwierige Aufgabe. Es ist selbstverständlich ausgeschlossen, daß der Analytiker auf diese Manifestationen durch Formen der Gegenübertragung, das heißt der Zuneigung oder Feindseligkeit, der Liebe oder des Unmuts reagiert. Er muß die Einstellungen des Patienten als Wiederbelebungen und Wiederholungen unbewußter Regungen auffassen und sie als solche interpretieren. Die Behandlung der Übertragungsschwierigkeiten in der Psychotherapie, in präpsychotischen und borderline Fällen, unterscheidet sich von der in der Psychoanalyse üblichen.

Obwohl Übertragung als Widerstand bei der analytischen Behandlung beider Geschlechter auftritt, sind ihre Symptome nicht dieselben. Es folgen zwei Beispiele für die Überwindung von Übertragungsschwierigkeiten auf eine analytisch unorthodoxe Weise. Beide Fälle wurden vor vielen Jahren behandelt, als ich psychoanalytischer Berater am Highland Hospital in Asheville, North Carolina, war. In beiden Fällen handelte es sich um Patientinnen, die in der Klinik ambulant behandelt wurden und eine analytische Psychotherapie durchmachten. Die erste Patientin war mißtrauisch und litt unter starken Minderwertigkeitsgefühlen, besonders weil man ihr oft gesagt hatte, daß sie nicht attraktiv sei. Einmal mußte sie fünf Minuten warten, während ich eine analytische Sitzung mit einer anderen Patientin, einer sehr hübschen blonden Frau, hatte. Meine Entschuldigung für die Verspätung half nichts. Die Patientin begann ihre Sitzung mit heftigen Beschuldigungen, weil ich ihrer Ansicht nach die andere Frau ihr vorzog. Die ganze Therapiestunde war mit Vorwürfen und Beschimpfungen ausgefüllt. Dieses Crescendo der Kritik richtete sich nicht nur gegen mein »unberufsmäßiges Verhalten« und meine therapeutischen Fähigkeiten, sondern auch gegen meinen Charakter, und die Frau sprach ernsthafte Zweifel an meinen Funktionen als Mann und Ehemann aus, ganz zu schweigen von meiner fragwürdigen Abstammung. Sie war davon überzeugt, daß ich mich viel mehr für »dieses blonde Flittchen« interessierte als für sie. Ich hatte während der Sitzung geschwiegen, aber als sie von der Couch aufstand, sagte ich: »Es ist nicht immer angenehm, Ihnen zuzuhören, aber es ist immer angenehm, Sie anzusehen.« Als sie so dastand und lächelte, während ihr die Tränen über die Wangen liefen, war sie wirklich attraktiv. Sie sagte: »Das ist sehr lieb von Ihnen.« Solche Komplimente sind im Falle einer kurzfristigen Psychotherapie nicht unangebracht.

Das Wesen eines Übertragungswiderstandes läßt sich aber nicht immer so leicht vermuten wie in diesem Fall. Eine andere Patientin zeigte ein Verhalten, das mir eine Zeitlang rätselhaft war. Wenn sich die Sitzung ihrem Ende näherte, wurde sie unruhig, als hätte sie eine unsichtbare Uhr. Gelegentlich fragte sie: »Wie spät ist es?« Sie konnte die Wanduhr hinter ihr nicht sehen. Ich dachte zuerst, sie wollte die Sitzung verlängern oder fürchtete, sie hätte nicht mehr genug Zeit, mir gewisse Dinge zu sagen. Dieser Eindruck mußte jedoch korrigiert werden, denn ihre Frage nach der Uhrzeit wurde bald zu einer regelmäßigen Gewohnheit, sobald das Ende der Sitzung nahte. Wenn sie die Frage nicht stellte, stand sie manchmal einige Minuten früher von der Couch auf und verabschiedete sich. Ich begriff schließlich, daß es die stolze junge Frau nicht ertragen konnte, sich sagen zu lassen, daß sie gehen sollte, oder sozusagen entlassen zu werden. Sie zog es daher vor, die Sitzung selbst zu beenden. Als sie wieder einmal fragte, wie spät es sei, sagte ich: »Es ist ein Unterschied zwischen Ihnen und der Uhr. Die Uhr erinnert mich an die Zeit, und Sie lassen sie mich vergessen.« Dieses Kompliment änderte übrigens nichts an ihrer Gewohnheit, die Sitzung selbst zu beenden, aber ich zweifle nicht daran, daß es eine bedeutende emotionale Wirkung hatte.

Die Behandlung des Übertragungswiderstandes gehört zu den heikelsten Operationen der psychoanalytischen Technik. Es ist offensichtlich, daß der Analytiker hier vor einer sehr ungewöhnlichen Situation steht. Nehmen wir an, daß die Übertragungsliebe einer Frau zu einem ernsthaften Widerstand in ihrer Behandlung geworden ist, daß sie den Weg zu freien Assoziationen blockiert und zu langen Schweigeperioden führt. Der Analytiker hat diesen geheimnisvollen Widerstand zu deuten. Er muß der Frau sagen, daß das, was die gemeinsame Arbeit verhindert, die Tatsache ist, daß sie sich in ihn verliebt hat. Man stelle sich einen Zahnarzt vor, der eine technische Assistentin hat. Sie war sehr tüchtig, verrichtete aber plötzlich ihre Arbeit nicht mehr zufriedenstellend. Der Zahnarzt muß ihr sagen, er glaube, daß das plötzliche Nachlassen ihrer Tüchtigkeit daher komme, daß sie sich in ihn verliebt habe. Das wäre in gesellschaftlicher Hinsicht unmöglich, und er müßte taktlos sein, um so zu handeln. Wenn eine solche Situation unvorstellbar ist, so wird sie noch unmöglicher, wenn die folgende Wirkung angestrebt wird: daß die Erkenntnis der Gefühle der Assistentin ihr helfen soll, sie zu überwinden, und daß die Enthüllung ihren Stolz nicht verletzen und ihre Tüchtigkeit als Arbeitskraft verbessern soll. Vor genau dieser Aufgabe steht aber der Analytiker. Er muß eine so unmögliche Situation möglich machen. Es hilft ihm nicht viel, der Patientin zu erklären, daß ihr Gefühl keine wirkliche Liebe ist, sondern etwas, was sie einmal für ihren Vater oder Bruder empfunden hat und was nun von diesen Personen ihrer Kindheit auf ihn übertragen wird.

Die Bestimmung des richtigen Zeitpunkts für eine solche Erklärung oder Deutung ist sicherlich wichtig, aber die Durchführung dieser Operation an sich ist ein großes Problem. Es gibt kaum eine Möglichkeit der Umschreibung. Man muß das Kind beim richtigen Namen nennen, aber der Satz kann so oder so formuliert werden. Es ist beispielsweise vorteilhafter zu sagen: »Sie kämpfen dagegen an, sich in mich zu verlieben«, als: »Sie haben sich in mich verliebt.« Nicht nur, weil man damit dem Stolz der Frau nicht zu nahe tritt, sondern auch weil es psychologisch richtiger ist – warum würde sonst die Übertragung die Form eines Widerstandes annehmen?

Ich sagte zuvor, daß bei der Behandlung des Übertragungswiderstandes die direkte Methode der Deutung die beste sei. Es gibt jedoch Ausnahmen. Gewisse heikle Situationen und Charakterzüge des Patienten, gewisse Erscheinungen im Verlauf der analytischen Behandlung und schließlich auch Phasen der nicht voll beherrschten Gegenübertragung des Analytikers lassen eine subtilere oder indirektere Methode angezeigt erscheinen.

Hier ist ein Beispiel für eine solche ungewöhnliche Technik, die sicherlich durch persönliche Faktoren seitens des Analytikers bestimmt wurde. Vor vielen Jahren behandelte ich ein junges Mädchen, dessen emotionale Probleme seinen gesellschaftlichen Umgang zu ruinieren drohten. Während der ersten Wochen verliefen die analytischen Sitzungen friedlich. Die Patientin erlebte in lebhaften Erinnerungen ihre Kindheit und die ersten Jahre ihres zweiten Jahrzehnts wieder. Sie erwies sich als intelligent und arbeitete bereitwillig mit. Zu einem gewissen Zeitpunkt änderte sich ihr Verhalten radikal. Sie wurde mir gegenüber sarkastisch, kritisierte alles, was ich sagte, äffte meine Sprechweise und meine Bewegungen nach und so fort. Die analytische Arbeit schien unterbrochen zu sein. Ihr ganzes Interesse war darauf gerichtet, mich herabzusetzen und zu demütigen. Die analytischen Sitzungen wurden vom Geist unbarmherzigen Spotts beherrscht. (Ein Beispiel: »Ihr Hirn muß noch ganz neu aussehen. Sie benutzen es nie.«)

Ich war durch diese Verhaltensänderung des Mädchens verwirrt, das zunächst zutraulich gewesen war und gut mit mir zusammengearbeitet hatte. Nichts in dem Material, das sie mir bis dahin mitgeteilt, und nichts in den wenigen Deutungen, die ich gegeben hatte, konnte diese Veränderung verursacht haben. Die Haltung der Patientin war während mehrerer analytischer Sitzungen auffällig, ohne daß ich imstande gewesen wäre, sie mir zu erklären. Ich schwieg daher die meiste Zeit.

Es wäre verlockend, hier die unbewußten Wege zu diskutieren, auf denen ich zum Verständnis dessen gelangte, was diese Änderung im Verhalten meiner Patientin bedeutete. Aber eine solche Diskussion gehört in den Problemkreis der unbewußten Determinanten der analytischen Technik und würde uns zu weit von dem spezifischen Problem wegführen. Während ich der Patientin zuhörte, die mich wieder einmal durch die Mangel ihrer Kritik drehte, fiel mir der Name Booth Tarkington zusammen mit einem visuellen Bild eines Buches dieses amerikanischen Schriftstellers ein. Zuerst konnte ich mich nicht an den Titel des Buches

erinnern. (Es war sicherlich kein Zufall, daß ich ihn vergaß. Er lautete: *The Fascinating Stranger* – Die bezaubernde Fremde.)
Anstatt meine Selbstanalyse weiterzuverfolgen, will ich lieber berichten, was ich zu meiner Patientin nach einem peinlichen Schweigen, das auf ihre letzte kritische Bemerkung gefolgt war, sagte. Es schien keinen Zusammenhang mit ihrer Kritik zu haben und wurde beiläufig gesprochen, so als erzählte ich eine Geschichte: »Als ich ein junger Mann war, hatte ich keine Ahnung, daß es so etwas wie eine zeitgenössische amerikanische Literatur gab. Einmal nahm ich in einem Antiquariat in Wien zufällig ein Buch von Booth Tarkington in die Hand. Es war eine Sammlung von Kurzgeschichten. Ich weiß noch, daß ich einige Schwierigkeiten hatte, die Slang-Ausdrücke zu verstehen. Eine der Geschichten gefiel mir besonders. Sie hieß ›Ladies Ways‹. Die Handlung ist sehr einfach. Zwei junge Menschen, die gerade das College hinter sich haben, wohnen in einer Stadt im Mittelwesten einander gegenüber. Der junge Mann macht dem Mädchen auf eine ungeschickte und schüchterne Art den Hof. Sie sagt ihm, wie sehr sie ihre Heimatstadt haßt, die sie als ›kulturelle Wüste, absolut fade‹ betrachtet. Sie empfindet die ganze Atmosphäre des Ortes als viktorianisch, und ebenso altmodisch und verstaubt sind auch alle Menschen, die dort leben, der junge Mann mit inbegriffen. Sie erklärt, daß sie mit keinem einzigen Menschen etwas gemein hat, nicht so denkt wie die anderen und nicht einmal dieselbe Sprache wie sie spricht. Sie reagiert auf seine schüchterne Werbung sarkastisch und macht ihm Vorwürfe, weil er mit seinem Verstand nichts Lohnenswertes anzufangen weiß. Später geht der junge Mann, durch die Abweisung sehr niedergeschlagen, in den Garten seines Hauses und setzt sich unter einem Nußbaum in einen Korbsessel. Im Garten spielt ein halbes Dutzend sehr lebhafter Kinder, darunter Daisy, die kleine Schwester des jungen Mannes. Die acht und neun Jahre alten Jungen und Mädchen spielen rauhe und laute Spiele. Ein zierliches kleines Mädchen, Elsie, wird zum Schiedsrichter gewählt. Sie ist besonders streng zu einem Jungen, den sie dazu verurteilt, von allen anderen Kindern einen Schlag aufs Gesäß zu bekommen. Die aufgeregte und laute kleine Bande weckt den jungen Mann aus seinen Tagträumen. Der kleine Lawrence wendet sich hilfesuchend an Elsie, aber sie ist unnahbar. Er hatte ihr die Wahl des Spiels überlassen, das gespielt werden sollte, und seine Worte und Gesten zeigen deutlich, wie sehr er sie bewundert. Es kommt zu einem regelrechten Handgemenge, und die schrillen Schreie der Kinder unterbrechen die Gedanken des jungen Mannes, die um das Mädchen kreisen.
Nachdem die anderen Kinder gegangen sind, wendet er sich an seine kleine Schwester, die an einem Löwenzahn kaut. Er hofft, daß sie ihm etwas erklären kann, was ihn verwirrte, während er den Kindern beim Spielen zusah. Warum war Elsie so ekelhaft zu dem armen kleinen Law-

rence, der so nett zu ihr war und sie so sehr bewunderte? Warum ergriff sie die erste Gelegenheit, um die anderen Kinder auf ihn zu hetzen? ›Ach‹, sagt Daisy gleichgültig, ›sie mag ihn am meisten von allen Jungen in der Stadt.‹ Dann fügt sie, während sie einige Blütenblätter des Löwenzahns schluckt, hinzu: ›Sie behandelt ihn schrecklich.‹ Der junge Mann sieht seine Schwester nachdenklich an, dann wandert sein Blick langsam hinauf zu dem Fenster des Hauses, in dem dieses Mädchen, Muriel, wohnt. ›Sie mich auch‹, sagt er.«

Ich bin sehr kritisch gegen diese Art von indirekter Deutung eingestellt, die meine Gegenübertragung verriet, aber darauf kommt es in diesem Zusammenhang nicht an. Meine Patientin schwieg eine Weile, aber sie lächelte. Dann sagte sie etwas der Art, daß Booth Tarkington sehr veraltet und daß mein literarischer Geschmack beklagenswert sei. In dieser Stimmung endete die Sitzung, aber ihre Bemerkungen hatten offenbar den Charakter eines Rückzugsgefechts. Als sie zur nächsten Sitzung kam, war sie wieder eine »gute Patientin«, freundlich in ihrer Art und bereit mitzuarbeiten. Für den Augenblick schien ihr Übertragungswiderstand überwunden zu sein. Er kehrte viel später wieder, wurde aber »durchgearbeitet«, und ihre Analyse konnte zu einem sehr befriedigenden Ende gebracht werden. Die Erzählung der Geschichte hatte ihre Wirkung getan, und sie brachte den Vorteil eines Zeitgewinns in einem frühen Stadium der Analyse.

Die vorausgegangene Diskussion war Teil eines Seminars, in dem meine Studenten mit mir die Techniken der Behandlung von Übertragung und Widerstand durchgingen. Daß ich diese technischen Probleme hier darstellte, wird vielleicht durch eine Frage gerechtfertigt, die ein Student in diesem Seminar stellte. Er fragte nämlich, ob eine Technik, wie ich sie in diesen Fällen skizziert habe, auch bei der Analyse männlicher Patienten angewandt werden könne. Kein Mann, sagte er, würde sich so leicht wie diese junge Frau in Asheville durch ein Kompliment versöhnen lassen – und kein Mann würde die Anspielung in meiner Geschichte akzeptieren. Wie dem auch sei, feststeht, daß die Technik der Behandlung eines Übertragungswiderstandes bei Männern eine andere sein muß als bei Frauen. Bei beiden Geschlechtern muß sie jedoch flexibel sein, ohne die Grundprinzipien aufzugeben.

41. Die Religion

Die Überlegung wie die Beobachtung führt zu dem Schluß, daß Männer eine ganz andere Einstellung zu Gott haben als Frauen. Wie ich schon andeutete, glaube ich nicht, daß die Idee der Unsterblichkeit von einer Frau stammt. Sie braucht diesen Begriff nicht, denn ihr Leben setzt sich

in ihren Kindern fort. Die Idee eines »Jenseits« ist für ihre Art zu denken unnötig. Paradies und Hölle der Frau sind von dieser Welt. Nur Männer konnten genug Vorstellungskraft haben oder vielmehr unrealistisch und phantasievoll genug sein, um sich Engel auszudenken, die keinen Körper haben. Diese Vorstellung ist ein Widerspruch in sich selbst für Frauen, für die ein Wesen ohne Körper kein Engel wäre. Für sie nehmen sehr irdische Wesen aus Fleisch und Blut die Stelle dieses imaginären Begriffs der Männer ein. Frauen akzeptierten und anerkannten selbstverständlich die religiösen Überzeugungen ihrer Männer und die Überlieferungen, die sie von ihren Müttern mitbekamen. Sie wurden später sogar viel treuere und frömmere Gläubige als die Männer. Aber mit der instinktiven Gewißheit, die ihnen eigen ist, wissen sie tief innerlich, daß die einzige, Sterblichen gewährte Form des Fortlebens in ihren Nachkommen zu sehen ist.
Die Verschiedenartigkeit des religiösen Glaubens und der Frömmigkeit bei Männern und Frauen kann anhand ihrer Beziehung zu Gott, Christus und der Heiligen Jungfrau beobachtet werden. Frauen haben vollkommenes Vertrauen zur Mutter Jesu; sie ist eine Frau und versteht, was Frauen fühlen. Sie erhört Gebete einer Art, die Männer nicht verstehen würden. Christus ist der Sohn Gottes, und die Nonnen betrachten sich in ihrer Phantasie als Bräute Christi. Ihr Gewand kann ihnen in ihren Tagträumen als Hochzeitskleid erscheinen. Ihre Beziehung zu Gottvater ist nach dem Muster der emotionalen Einstellung zu ihrem Vater geformt, dessen erhöhtes und sublimiertes Bild in der Gestalt Gottes fortlebt. Es liegt auf der Hand, daß dieses Bild für Mädchen ein anderes ist als für Jungen. In der Entwicklung des Mädchens fehlt die Phase des rebellischen Trotzes gegen den Vater, oder sie ist nur von sehr kurzer Dauer.
Die Reaktionen intensiver Schuldgefühle und das dringende Sühnebedürfnis sind bei Frauen nicht so stark entwickelt wie bei Männern. Es gibt weniger Märtyrerinnen, und die Selbstqual des religiösen Geistes ist Frauen beinahe fremd. Andererseits neigen Frauen nicht so sehr zur Blasphemie, zu verbalen oder geistigen Formen der Auflehnung gegen Gott und Seine Gebote. Luther warf sein Tintenfaß nach dem Teufel, der ihn in Versuchung führte. Die heilige Teresa, der der Böse vor etwa vierhundert Jahren einmal erschien, berichtet in ihrer Autobiographie, daß sie ihren rechten Daumen zwischen Zeige- und Mittelfinger steckte, um Satan anzudeuten, was er mit sich selber machen könne. Das war sicherlich nicht vulgär gemeint. Die Heilige folgte nur den Sitten ihrer Zeit, und die Geste hatte in ihrem bewußten Denken vielleicht nicht einmal eine sexuelle Bedeutung. Es ist auch zweifelhaft, daß sich die spanische Heilige des sinnlichen Charakters ihrer Religiosität bewußt war, die nach William James »ein endloser verliebter Flirt – wenn

man das ohne Respektlosigkeit sagen darf – zwischen der Gläubigen und der Gottheit gewesen zu sein scheint«.
Die Beibehaltung religiöser Zeremonien ist für Frauen etwas Natürliches und Ausdruck ihrer konservativen Geisteshaltung. Die gleiche Neigung zeigt sich in der Tatsache, daß Frauen viel eher gewillt sind, abergläubische Vorstellungen zusammen mit ihrer Religion lebendig zu erhalten – ja sogar beides zu kombinieren, so als hätten die Vorstadien der Religion das Recht, Seite an Seite mit den fortgeschritteneren Glaubensformen zu existieren. Es fällt Frauen eben schwer, etwas wegzuwerfen, was man im Notfall gut brauchen könnte.
Der Kirchgang ist für Frauen mehr als für Männer eine innere Verpflichtung – nicht nur ein religiöses, sondern auch ein gesellschaftliches Bedürfnis. Gott sieht, was in ihren Herzen ist, aber es ist auch wichtig, von Ihm gesehen zu werden, wenn man schön gekleidet ist. Den Gottesdienst zu besuchen, ist wichtig für die Seelenruhe. Dieses Ziel schließt nicht aus, daß das Erscheinen in der Kirche nebenbei auch den Seelenfrieden anderer stören, den Neid der Frauen und die Begierde der Männer erwecken könnte und sollte. Die junge, hübsche Clarence in dem Roman *L'Ile des Pingouins* von Anatole France besucht den Gottesdienst mit ihrer Mutter und bleibt lange knien, weil »die Haltung des Gebets den Jungfrauen natürlich ist und die Rundungen des Körpers vorteilhaft zur Geltung bringt«.
Doch zurück zu der unterschiedlichen Einstellung der Frauen zu Gott, dessen Bild unbewußt als das einer erhabenen Vaterfigur aufgefaßt wird. Das unsichtbare Denkmal der Eltern, das wir alle, ohne es zu wissen, in uns errichten, ragt nicht so hoch und drohend über das tägliche Leben der Frauen empor wie über das der Männer. Das Gesicht dieser Gestalten hat nicht einen so einschüchternden und erschreckenden Ausdruck wie in der Phantasie der Männer. Das Mädchen fürchtet den Vater weniger als der Junge. Sie fühlt sich auch weniger dazu getrieben, seine Autorität zu bekämpfen, und sie lernt schon früh, durch andere Mittel als durch offenen Trotz und Ungehorsam zu bekommen, was sie möchte. Von dieser Einstellung und der Möglichkeit, ihren Willen durchzusetzen, indem sie ihren Vater »herumkriegt«, bleibt ein Rest erhalten, und daher ist die Frau davon überzeugt, daß Gott sie mit größerer Milde und Nachsicht behandelt als Männer. Sie erkennt sehr früh, welche Macht ihr Charme über ihren Vater hat. Als erwachsene Frau hofft sie, daß etwas von diesem Zauber den Willen des Allmächtigen beugen oder besänftigen kann. Und so als sollten die Wunder niemals aufhören, werden ihre Gebete oft erhört. Dieser heimliche Glaube der Frauen muß auch den Männern bewußt geworden sein, weshalb sie das Wort prägten, daß das, was die Frau will, auch Gott will. (*»Ce que veut la femme, Dieu le veut.«*)

42. Sind Frauen witzig?

Ich kann mich nicht mehr erinnern, wie wir, eine Gruppe von Soziologen, Psychiatern und Psychologen, darauf zu sprechen kamen, ob Frauen witzig (oder geistreich) sind oder nicht. Eine zufällige Bemerkung, die einer von uns machte, führte zu dieser Abschweifung, die dann plötzlich zum Hauptthema unserer Unterhaltung wurde. Es herrschte einige Verwirrung, bis wir beschlossen, daß wir zwischen Witz und Humor unterscheiden müssen, wie es Freud in seinem Buch über den Witz getan hatte. Nachdem dies geregelt war, wurden Beispiele für witzige Frauen zitiert, um zu beweisen, daß Frauen ebenso witzig sind wie Männer.

Eine der anwesenden Damen erinnerte uns an viele weibliche Figuren in den Komödien Shakespeares, die wahre Meisterinnen an Schlagfertigkeit sind. Auch Dorothy Parker, Tess Schlesinger und einige andere wurden erwähnt, und es wurde darauf hingewiesen, daß die Damen am Hof Ludwigs XV. für ihre witzigen Bemerkungen berühmt waren. Ein Wiener Psychologe erinnerte sich an eine Szene aus einem Stück von Schnitzler, *Das weite Land*, in der eine Frau ihrem Liebhaber vorwirft, er kokettiere auf geradezu unverschämte Weise mit einem sehr jungen Mädchen. Der Mann erklärt einen solchen Verdacht für lächerlich. »Du bringst einen wirklich erst auf Ideen. Ein Mädel, das ich auf den Knien geschaukelt hab'.« Die Antwort lautet: »Das beweist nichts. Solche Mädeln gibt's wahrscheinlich in den verschiedensten Altersklassen.« Ein anderer berichtete, daß er und seine Frau unlängst zu einem Dinner eingeladen waren, daß aber die Gastgeberin noch nicht zu Hause war, als sie ankamen. Sie erschien einige Minuten später, entschuldigte sich, eilte hinaus, um die Cocktails zu holen, und servierte sie ihren Gästen. Eine Weile später sagte eine ihrer Freundinnen zu ihr: »Es ist warm hier, Mildred, und wir haben genug Gelegenheit gehabt, deinen neuen Pelzmantel zu bewundern. Du kannst ihn jetzt ausziehen.« Wir kamen zu der Ansicht, daß diese und einige andere Bemerkungen, die noch zitiert wurden, eher boshaft als witzig waren. Wir mußten jedoch zugeben, daß es sich bei dem folgenden Beispiel, das einen jungen, gut aussehenden Rechtsanwalt betraf, wirklich um einen geistreichen Witz handelte. Der junge Mann war in einer Sommerfrische überall der Hahn im Korb. Einmal die Woche fuhr er nach New York, angeblich um seine Frau zu besuchen, die aus dem einen oder anderen Grunde in der Stadt bleiben mußte. Eines Tages fragte ihn eine der jungen Damen mit der unschuldigsten Miene: »Sagen Sie, Mr. Harding, ist Ihre Frau verheiratet?« Wir lachten sehr über die witzige Form, in der sie ihren berechtigten Zweifel ausdrückte. Auch das folgende Beispiel für weiblichen Witz wurde noch angeführt: Eine Dame sagte von einer anderen Frau, daß sie sich »in den besten Kreisen be-

wegte«. Die Antwort lautete: »Du kennst dich nicht gut in der Geometrie aus; du meinst in den besten Dreiecken.« Wir stimmten alle darin überein, daß Frauen ebenso witzig sein können wie Männer, daß sie es aber aus irgendwelchen geheimnisvollen Gründen vorziehen, nicht witzig zu sein. Dorothy Parker und die anderen genannten Autorinnen wurden als Ausnahmen betrachtet, die die Regel bestätigen.
Was für Motive hindern Frauen daran, witzig zu sein? Als ich versuchte, diese Frage zu beantworten, erinnerte ich mich an zwei Fälle, in denen Frauen witzig waren, ohne sich dessen bewußt zu sein. Beide stammen aus meiner psychoanalytischen Praxis. Bei dem ersten handelte es sich um ein junges Mädchen, das von einer Tante sprach und sie mit den folgenden Worten charakterisierte: »Sie ist eine echte Lady. Sie hat in ihrem ganzen Leben kein ehrliches Wort gesagt.« Das kam ganz spontan, ohne die Absicht, komisch zu sein, aber die Bemerkung klingt, als wäre sie von Oscar Wilde. Ein anderes junges Mädchen erzählte von seinen Freundinnen, die es kritisierte: Mary war eine Klatschbase, Jane eine Angeberin, Ann ging mit zu vielen Männern aus, und Dorothy war gemein und neidisch. Das Ganze endete mit der Feststellung: »Ich kann von meinen besten Freundinnen keine leiden.« In beiden Fällen war sich die Sprecherin des witzigen Charakters dessen, was sie gesagt hatte, nicht bewußt, und beide waren sehr überrascht, als sie mich lachen hörten.
Gerade solche Beispiele gewähren uns eine ausgezeichnete Einsicht in die Psychologie des Witzes, weil sie die unbewußten Motive enthüllen, die zur Entstehung des unfreiwilligen Witzes führen. Die Atmosphäre des freien, ungehinderten Sprechens während der psychoanalytischen Sitzungen begünstigt und erleichtert natürlich solche Aussagen.
Die Psychoanalyse versichert, daß unsere Freude am Witz zweifacher Natur ist: Wir genießen die sprachliche Form und zugleich die verborgene Bedeutung des Witzes, die wir plötzlich erkennen. Die witzige Form erfüllt eine Funktion als Prämie oder als Köder, als Lockmittel, das uns Feststellungen akzeptieren und sogar billigen läßt, die wir sonst nicht akzeptieren würden. Der Witz ist ein versteckter Angriff auf Personen oder soziale Institutionen wie die Ehe, die Religion und so fort. Wenn solche Angriffe in einer ernsten, nicht witzigen Form ausgedrückt würden, könnten sie uns mißfallen: Wir würden uns vielleicht sogar abgestoßen fühlen. Sie würden einen Widerspruch in uns wecken oder uns das Gefühl geben, gegen die Brutalität oder Bösartigkeit der Kritik protestieren zu müssen. Schwächen von Menschen, die wir respektieren, Fehler und Mängel von sozialen Institutionen, die wir sonst als wertvoll betrachten, werden durch den Witz unbarmherzig bloßgestellt. Für einen Augenblick sind wir von der Last der Hemmung befreit, und Gefühle der Ehrfurcht, des Mitgefühls oder des Respekts werden aufgehoben. Das besondere Vergnügen am Witz resultiert aus der plötzlichen Beseiti-

gung von Hemmungen, die wir sonst sehr stark beachten. Der Witz enthüllt die verborgenen Schwächen und Fehler von Männern und Frauen, die Mängel der ganzen Menschheit, die Unzulänglichkeiten sozialer Einrichtungen. Der Witz besticht durch seine Form und bringt uns dazu, über Angriffe auf Menschen und Institutionen zu lachen und sie gutzuheißen, was wir unter anderen Umständen nicht tun würden. Eine andere Form des Witzes ist ein mehr oder weniger versteckter Ausdruck sexueller Tendenzen, ein verbaler Angriff auf soziale Konventionen oder Sitten, eine Bloßstellung gesellschaftlicher Heuchelei und Lüge.

Solche Einsichten in die unbewußten Voraussetzungen des Witzes lassen uns leichter verstehen, warum die Frau im allgemeinen selten witzig ist. Tradition und Erziehung haben sie gelehrt, Ausdrücke aggressiver und feindseliger Neigungen zu beherrschen. Takt und Geschmack hindern sie daran, Personen und anerkannte gesellschaftliche Institutionen anzugreifen. Frauen werden durch die Verhaltensmuster, die unsere Gesellschaft ihnen diktiert, davon abgehalten, Aggressivität auszudrücken. Wenn auch destruktive und aggressive Tendenzen in der Veranlagung der Frau nicht fehlen, so erreichen sie doch nicht dieselbe Intensität wie bei Männern. Es besteht kein Zweifel daran, daß der Witz, der die verborgenen Schwächen anderer aufzeigt und bloßstellt, Frauen mit ihrer gesellschaftlichen Aufgabe, mit ihrem Ziel zu gefallen, in Konflikt bringen kann. Witzig sein heißt sich Feinde machen.

Es ist offensichtlich, warum sich Frauen keine zotigen Geschichten und obszönen Witze erlauben, die ihr eigenes sexuelles Interesse verraten und andere Menschen sexuell bloßstellen könnten. Eine Frau, die auf vulgäre Weise unterhaltsam sein möchte und schmutzige Witze reißt, erscheint Männern nicht attraktiv. Gelächter und Frivolität in sexuellen Dingen stören den Wunsch des Mannes, die Frau in einem romantischen Licht zu sehen. Männer können bei Frauen einen gewissen Sinn für nicht ganz salonfähige Witze schätzen, aber nur solange sich diese nicht zu sehr dem Bereich des Schlafzimmers und der Toilette nähern. Ein junger Mann, der sich zu einem Mädchen hingezogen fühlte, nahm es zu einer Party mit, wo die junge Dame ein wenig mehr trank, als gut für sie war. Er erzählte mir in der psychoanalytischen Sitzung am folgenden Tag, daß sie über einige gewagte Geschichten laut gelacht hatte, die ihm peinlich waren, und er war über diese Reaktion ein wenig entsetzt. »Mag sie so etwas wirklich?« Später, als sie selbst eine nicht ganz stubenreine Geschichte erzählte, empfand er Abscheu vor ihr, so als hätte sie sich in der Öffentlichkeit ausgezogen. Unlängst drückte eine Dame der New Yorker Gesellschaft ihr Vergnügen an einer Party in einem Nachtklub mit den Worten aus: »Es ist der größte Spaß, den ich je mit dem Hut auf dem Kopf hatte.« Die anwesenden Männer lachten, aber es ist fraglich, ob die sexuelle Anspielung ihren Respekt vor der witzigen Dame erhöhte.

Es scheint, daß selbst heutzutage ein so herausforderndes Benehmen eine ernüchternde Wirkung auf Männer hat, da es mit ihren Vorstellungen von den gesellschaftlichen Umgangsformen, die man von einer Frau erwartet, in Konflikt gerät. Es ist bezeichnend, daß Männer schon ein gewisses Gelächter einer Frau über einen gewagten Witz als »schamlos« empfinden. Wir können diese Reaktion leicht verstehen: Obszöne Witze, die in Gegenwart von Frauen erzählt werden, sind ein Ersatz für den sexuellen Angriff, sie sind verbale Aggressionen grober sexueller Art. Die Frau, die laut über sie lacht, scheint sie zu billigen und die Bloßstellung zu genießen.
Ein weiterer Faktor hält die Frauen davon ab, witzig zu sein, nämlich die gesellschaftliche Reaktion. Männer betrachten witzige Frauen nicht als attraktiv, auch wenn sie Schlagfertigkeit und treffende Antworten zu schätzen wissen. Sie finden Frauen von scharfem Witz nicht begehrenswert, weil sie Aggressivität bei Frauen nicht mögen. Es sieht beinahe so aus, als übten Natur und Gesellschaft zugleich einen Druck auf die Frauen aus, um sie dazu zu bringen, das Reich des Witzes, der Satire und des Sarkasmus den Männern zu überlassen. Und die Frauen selbst? Sie betrachten andere Frauen, die gern schmutzige Geschichten erzählen, als vulgär, und sie meiden Frauen, deren Kritik an anderen durch die Schärfe ihres Witzes gekennzeichnet ist, beinahe so, als fürchteten sie sich vor ihren Angriffen. Frauen, die zu dieser Art von Witz neigen, gehören in ihren Augen einer anderen Sorte an.

43. Boshaftigkeit

Es gibt vorgefaßte Meinungen, die alle Männer über Frauen haben; sie sind natürliche Annahmen. Wenn ihnen ein einziger Fall widerspricht, scheint plötzlich alles aus den Fugen zu geraten. Wir nehmen auf diese Weise an oder halten es für selbstverständlich, daß jede Frau nähen oder kochen kann. Das heißt nicht, daß wir von ihr erwarten, daß sie es täglich oder auch nur gelegentlich tut; aber es heißt, wir erwarten, daß sie es kann, wenn es nötig ist. Obwohl nichts in unserer Erfahrung tatsächlich beweist, daß die Fähigkeit des Nähens oder Kochens ein tertiäres Geschlechtsmerkmal ist, erwarten wir von einer Frau, daß sie imstande ist, einen Knopf anzunähen oder ein Ei zu kochen. Sollte sie gestehen, daß sie dazu nicht imstande ist, würden wir sie ansehen, als hätte sie gesagt, daß sie nicht die geringste Spur einer Brust hat – beinahe so, als wäre sie eine Mißgeburt.
Zu diesen selbstverständlichen Annahmen gehört auch der Glaube, daß Frauen boshaft sein können. Nicht, daß jede Frau immer boshaft wäre, aber daß sie es, wenn nötig, sein kann. Die meisten Frauen, die ich

kenne, sind freundliche, sanfte Wesen, aber ich weiß intuitiv, daß jede von ihnen in einem emotionalen Notfall boshaft sein kann. Es ist etwas Seltsames oder Unnatürliches an Frauen, die nicht wenigstens in Gedanken boshaft sein können. Es scheint unserer elementaren teleologischen Vorstellung von der Natur zu widersprechen. Es ist beinahe so, als wollte jemand behaupten, daß gewisse Katzen Krallen haben, aber niemanden kratzen können.

Ich habe in der analytischen Praxis einige Frauen kennengelernt, denen die Fähigkeit, boshaft zu sein, fehlte. Sie waren entweder emotional pervers, masochistisch oder homosexuell oder neurotisch und sogar präpsychotisch. Eine junge Frau, die ich in der Analyse beobachtete, zeigte eine auffällige Unfähigkeit, auch nur im geringsten Grade boshaft zu sein. Die Patientin hatte noch einen anderen emotionalen Wesenszug, den ich zunächst nicht damit in Verbindung brachte: Sie weinte über jedes noch so geringe Unglück oder Elend, das sie sah oder von dem sie auch nur gehört hatte. Sie weinte über den Sohn der Nachbarin, der hingefallen war und sich das Knie aufgeschlagen hatte, und sie weinte, als sie von einer Hungersnot in irgendeiner chinesischen Provinz las. Ich war nicht überrascht, als sie in späteren analytischen Sitzungen berichtete, daß sie und ein anderes junges Mädchen – in ihren frühen Teenager-Jahren – in Tagträumen von unerhörter Grausamkeit geschwelgt hatten. Die beiden jungen Mädchen wurden es nicht müde, sich die grauenvollsten und raffiniertesten Foltern auszudenken, denen sie ihre Verwandten und Freundinnen in ihren gemeinsamen Phantasien unterwarfen. Ihr extremes Mitleid und Mitgefühl mit allen leidenden Kreaturen hatte alle Anzeichen einer emotionalen Reaktionsbildung auf intensiv grausame Regungen.

Frauen können boshaft zueinander sein, wenn ein Mann anwesend ist, der davon vielleicht überhaupt nichts bemerkt. Er hört, was die eine Frau zur anderen sagt, er versteht die Wörter, die ausgesprochen wurden, aber er erfaßt ihre Nebenbedeutung nicht. Dennoch handelte es sich um keine Geheimsprache. Die Wörter gehörten der gewöhnlichen, alltäglichen Umgangssprache an. Eine verborgene Bedeutung war da und wurde von der anderen Frau verstanden wie in den besten Spionageromanen. Erklärt man es später einem Mann, ist er überrascht. Ein Mann war bei einem Dinner anwesend, als eine der Freundinnen seiner Frau zu ihr sagte: »Weißt du, Anne, ich bewundere dich immer in diesem Kleid.« Er hatte nicht die leiseste Ahnung, daß das Kompliment eine Kritik enthielt, und konnte zuerst seiner Frau nicht glauben, die diesen kleinen Zwischenfall zum Anlaß nahm, ihm Vorwürfe zu machen, weil er nicht bereit gewesen war, ihr für dieses Dinner ein neues Kleid zu kaufen.

Man könnte sich fragen, warum Frauen die boshaften Bemerkungen anderer – und ihre eigenen – nicht diskutieren und häufiger zitieren. Es läßt sich vielleicht dadurch erklären, daß diese Bemerkungen nichts Ungewöhnliches sind, wenn Frauen miteinander sprechen, sondern einfach zu ihrer täglichen Konversation gehören.

Männer reagieren unterschiedlich auf solche boshaften Bemerkungen: Sie sind entweder gelangweilt oder verärgert, erstaunt oder entzückt. Sie sollten jedoch diese Fälle von tatsächlicher und potentieller (nur gedachter) Boshaftigkeit genau studieren, denn sie gehört zu den tertiären Geschlechtsmerkmalen der Frau.

Frauen verstehen boshafte Bemerkungen nicht nur, wenn sie sie hören, sondern sie sind beinahe immer auch imstande, mit gleicher Münze zurückzuzahlen. Es gibt natürlich Ausnahmen. Hier ist eine: Vor einiger Zeit saß ich auf einer Dinner-Party neben einer jungen Frau. Eine ältere Dame ging an unserem Tisch vorbei und sagte mit einem freundlichen Lächeln: »Du siehst heute abend so hübsch aus, Muriel; ich hätte dich beinahe nicht erkannt.« Meine Nachbarin war wirklich hübsch, aber in diesem Augenblick (ich sah sie an) war ihr Gesicht beinahe wie versteinert. Es kam keine Antwort. Ich habe seither viele Frauen gefragt, was eine passende Antwort auf diese Bemerkung gewesen wäre. Keine vermochte sich eine auszudenken, die witzig oder geistreich gewesen wäre.

Die Fähigkeit, boshaft zu sein, ist zweifellos eine erworbene. Sie wurde zu einer Notwendigkeit im Kampf um das weibliche Dasein. Aber diese Erwerbung ist vielleicht mit einigen konstitutionellen Faktoren der Weiblichkeit verbunden.

Zweifellos drückt sich in den individuellen Manifestationen der Boshaftigkeit nicht nur das Temperament, sondern auch die Erziehung aus. Sie ist eine mit weiblichen Verhaltensweisen verbrämte Aggression.

Hier meine Frage: Können Männer boshaft sein? Gewiß könnte man Männer lehren zu häkeln und Röcke zu tragen. Es würde aber ihrer Natur nicht entsprechen. Betrachten wir einen Testfall. In einer Cafeteria in der Gegend der Columbia University wurde das folgende Bruchstück eines Gesprächs zwischen zwei College-Studentinnen mitgehört:

Erstes Mädchen: »Sag mal, was hältst du von Jane?«

Zweites Mädchen: »Na ja, Jane ist ein sehr nettes Mädchen.«

Erstes Mädchen: »Ach, ich bin so froh, daß du sie auch nicht magst!«

Meine Frage lautet noch immer: Ist es vorstellbar, daß ein Mann so sprechen oder, was noch wichtiger ist, so denken könnte? Mit aller Phantasie Shakespeares nicht! Und wenn man Männern beibrächte, so zu sprechen, würden sie uns verblüffen wie Affen, die Geige spielen.

Ich habe das Gefühl, daß die Phänomenologie der Boshaftigkeit nicht einmal von der Psychologie richtig studiert wird. Gewisse Berufe und Handwerke haben eine eigene Sprache, einen Fachjargon, der von Außenstehenden nicht leicht verstanden wird. Sprachwissenschaftler und Psychologen haben diese Terminologien studiert. Warum hat noch nie-

mand den Dialekt untersucht, den Frauen heute noch untereinander gebrauchen? Eine Sammlung von »boshaften Ausdrücken« wäre für Männer nicht nur sehr amüsant, sondern auch sehr lehrreich. Ja, es besteht ein dringendes Bedürfnis, so viele Ausdrücke dieser Art wie möglich für Studenten der Psychologie zu sammeln. Schon ein Elementarwörterbuch boshafter Ausdrücke wäre als Einführung willkommen.
Wir sagen oft, daß wir nicht wissen, wie die andere Hälfte der Menschheit lebt. Wir wissen nicht einmal, wie sie unter sich kommuniziert. Das Studium der Boshaftigkeit ist nur ein kleiner Teil der weiblichen Massenkommunikation. Bei dem Versuch, diese Bereiche der Welt einer Frau zu verstehen, ist ein Mann verloren wie ein Matrose, der auf einem fremden Kontinent gestrandet ist.

44. Männer und Frauen sprechen verschiedene Sprachen

John P. Marquand ist sicherlich weder ein großer Schriftsteller noch ein scharf beobachtender Psychologe. Da er jedoch ein Ohr für die Sprechweise einer gewissen Gesellschaftsschicht und einen Blick für ihre Sitten hat, kann er sehr wohl als ein repräsentativer Autor zitiert werden, der gewisse Phasen des amerikanischen Lebens darstellt. In einer Rückblende in einem seiner Romane* schildert er zwei junge Leute, die als Nachbarskinder aufgewachsen sind und einander nach mehreren Jahren wiedersehen. Bos Tasmin, Angestellter in einer Anwaltskanzlei, bemerkt, daß Polly ein großes Mädchen geworden ist. Sie sagt: »Ja, ich bin ... ich denke, ich werde schon zu groß für meine Hosen.« Bobs Antwort zeigt, daß es da ein Problem gibt. »Es ist ein derber Ausdruck, nicht wahr?« sagt Polly. »Entschuldige bitte. Mädchen gebrauchen heute auf dem College die schrecklichsten Wörter.«
Dieser kleine Dialog, der vor etwa zwanzig Jahren stattfand, erinnert uns daran, daß Mädchen, die heute vom College kommen, sich kaum entschuldigen oder diesen Ausdruck für derb halten würden. Sie gebrauchen heutzutage viel mehr »schreckliche Wörter«. Doch es gibt Männer und Frauen, die sich noch daran erinnern, daß Hosen einmal von Frauen die »Unaussprechlichen« genannt wurden. Polly Fulton in Marquands Geschichte gebraucht diesen Ausdruck der Umgangssprache, ohne zu zögern, wird sich dann aber seines derben Charakters bewußt. Der Ausdruck läßt sich nicht vermeiden, aber es ist noch etwas von dem Bewußtsein übriggeblieben, daß er im Gespräch mit einem jungen Mann vermieden werden sollte. Hört man heute, in dieser fortschrittlichen Zeit, gut

* *B. F.'s Daughter.*

erzogenen Mädchen und jungen Männern zu, so muß man sich fragen, ob dergleichen Gefühle ganz verlorengegangen sind, oder ob noch Spuren eines solchen Bewußtseins geblieben sind, gut verborgen und von der gegenwärtigen Generation bewußt verleugnet. Eine junge Dame, die vom College nach Hause zurückgekehrt war, wurde von ihrem Vater oft ermahnt, keine unanständigen Wörter zu gebrauchen. Als sie wieder einmal »Scheiße« sagte, entschuldigte sie sich: »Tut mir leid. Ich dachte eben, ich rede mit den Mädchen.«

Polly Fulton gebrauchte einen Ausdruck, den man (im Englischen) oft von Männern hören kann. Es ist gewiß nichts Unanständiges oder Frivoles an der Feststellung, daß einer zu groß für seine Hosen wird. Weshalb also die Entschuldigung? Warum hält Polly den Ausdruck für derb? Es kann nicht sein, daß das Wort »Hosen« diesen Charakter annimmt, wenn es von einer Frau ausgesprochen wird. Die tägliche Erfahrung zeigt, daß Frauen dieses Wort ohne die geringste Befangenheit verwenden. Könnte die Derbheit etwas damit zu tun haben, daß ein Mädchen den Ausdruck von sich selbst oder in bezug auf sich selbst gebraucht? Ganz entschieden nicht. Nehmen wir an, ein Mädchen, das beispielsweise in einer Theateraufführung die Rolle der Porzia zu spielen hätte, würde sagen, daß sie zu groß für die Hosen wird, die sie in ihrer Verkleidung als Rechtsgelehrter in der Gerichtsszene zu tragen hat.* Daran wäre nichts Derbes. Und wir würden es auch nicht als derb empfinden, wenn eine Frau von einer anderen sagte, daß sie zu Hause die Hosen anhat.

Machen wir in Gedanken ein Experiment und stellen wir uns vor, Polly hätte gesagt: »Ich denke, ich werde zu groß für meine Höschen.« Diese Feststellung würde seltsamerweise noch derber, ja sogar schlüpfrig klingen. Die Bedeutung, die Polly ihrer Äußerung beimißt, hängt damit zusammen, daß ein umgangssprachlicher Ausdruck, der allgemein von Männern gebraucht wird, hier von einem Mädchen im Gespräch mit einem jungen Mann angewandt wird.

Die Bedeutung dieser Tatsache wird augenblicklich klar, wenn wir unser semantisches Experiment fortsetzen und uns die umgekehrte Situation vorstellen. Polly, die Tom eine Weile nicht gesehen hat, drückt ihr Erstaunen darüber aus, wie groß der junge Mann geworden ist, und er sagt: »Ich denke, ich werde schon zu groß für meine Hosen.« Oder eine andere Situation: Tom erzählt seiner früheren Spielgefährtin, daß er nach dem Abschluß seines Jurastudiums in die Firma Barstow, Barstow & Bryce eingetreten ist und hofft, eines Tages Juniorpartner zu werden. Dann gebraucht er diesen Ausdruck. Niemand würde ihn für derb halten, gleich ob er einem Mädchen oder einem Mann gegenüber verwendet wird. Der Sinn des Satzes ist nicht zweideutig.

* Shakespeare, *Der Kaufmann von Venedig*, IV, 1. (A. d. Ü.)

Nun wird uns aber auch klar, daß die Feststellung, die Tom in bezug auf sich selbst trifft, und dieselbe Feststellung aus dem Mund Pollys nicht dasselbe ausdrückt. Sagt Tom diese Worte, so deuten sie an, daß er eingebildet oder zu ehrgeizig wird, daß er mehr vorgibt, als er sein oder leisten kann. (Denn das ist die eigentliche – übertragene – Bedeutung der englischen Wendung *to get too big for one's pants*. Sie mußte hier, da »Hosen« wörtlich aufgefaßt wird, auch wörtlich übersetzt werden, und dabei geht ein Detail verloren: daß nämlich *Polly* diese Wendung im buchstäblichen Sinne gebraucht. Sie wächst aus ihren Hosen heraus. Ihre Befangenheit rührt daher, daß sie an das Kleidungsstück im konkreten Sinne denkt. Anm. des Übers.) Derselbe Satz aber kann, wenn ihn Polly ausspricht, Assoziationen ganz anderer Art bei dem jungen Mann wecken, mit dem sie sich unterhält. Er kann ihn an den unteren Teil des Körpers des Mädchens denken lassen, der von den Hosen bedeckt wird. Von Polly ausgesprochen, hat der Satz nichts mehr mit Vortäuschung oder zu hohen Ambitionen zu tun, sondern er kann in Toms Geist ein sexuelles Bild hervorrufen. Er hat einen sinnlichen oder lasziven Charakter angenommen. Dieselben Worte haben also, von dem jungen Mann und der jungen Frau ausgesprochen, eine unterschiedliche Bedeutung in den Gedanken des Gesprächspartners. Sie haben für die beiden Geschlechter verschiedene Nebenbedeutungen wegen des unterschiedlichen geistigen Bildes, das beim Zuhörer erweckt wird. Derselbe Satz bezeichnet verschiedene Dinge, wenn ihn Polly Fulton zu Bob Tasmin und wenn ihn Bob Tasmin zu Polly Fulton sagt.

Als ich diesen Abschnitt in Marquands Roman las, mußte ich an einen gewissen Fall in meiner analytischen Praxis denken, in dem der Gebrauch einer ähnlichen Redewendung beinahe katastrophale Wirkungen hatte und ernsthafte Störungen im Leben eines Ehepaars verursachte. Meine Patientin war eine noch attraktive Witwe in den späten Vierzigern, die einen viel jüngeren, gut aussehenden Mann geheiratet hatte. Schon bald nach den Flitterwochen erlebte Ethel die ersten intensiven Gefühle von Eifersucht und die ersten Zweifel an der Treue ihres Mannes. Ohne greifbare Ursache hatte sie den Verdacht, daß der Mann mit mehreren Frauen heftig flirtete, und kurz darauf war sie davon überzeugt, daß er heimliche Affären mit einigen Ehefrauen seiner Freunde hatte. Sie machte zu Hause wilde Szenen, in denen sie ihrem Mann, der unschuldig war, wiederholte Untreue vorwarf, und die junge Ehe schien zum Scheitern verurteilt zu sein. Bei ihrer psychoanalytischen Behandlung zeigte es sich bald, daß sich die pathologische Eifersucht, unter deren Qualen sie litt, nicht auf jüngere oder attraktivere Frauen beschränkte, sondern oft auch ältere und reizlose Angehörige ihres Geschlechts betraf. Der paranoide Charakter ihrer Einstellung zeigte sich in verschiedenen Formen von Beziehungswahn, in vielen Mißdeutungen und Entstellungen kleiner Eigenheiten des Verhaltens ihres Mannes und seiner imaginären Geliebten. In ihrer Eifersucht machte sie Gebrauch von ihrer scharfen Beobachtungsgabe, um logische Schlüsse aus harmlosen Worten und Gesten zu ziehen, die sie als psychologische Indizienbeweise für ihren Verdacht verwendete, daß ihr Mann sexuelle Beziehungen zu dieser oder jener Frau unterhielt. Die Argumente, die sie in ihren Grübeleien und in den turbulenten Szenen mit ihrem Mann anwandte, waren oft von jener großen Findigkeit und Genauigkeit, die man bei paranoischen Systembildungen so häufig findet. Ihre sehr scharfe Beobachtung ebenso wie ihre Intelligenz machten es sehr schwierig, die Logik ihrer Argumente zu widerlegen und ihr zu beweisen, daß die Schlüsse, die sie zog, falsch waren. Alle Unschuldsbeteuerungen des Mannes waren machtlos gegen die dynamische Kraft der unbewußten Projektionen, durch die sie ihre eigenen heimlichen homosexuellen Neigungen auf ihn übertrug.

Es folgt ein Beispiel für einen solchen Streit, der auf einer Reihe von Ereignissen beruhte, die sich während ihrer psychoanalytischen Behandlung zutrugen. Sie und ihr Mann waren in das Haus eines Ehepaars eingeladen worden, das sie seit einiger Zeit kannten. Während des Essens und davor und danach tranken die vier Leute eine beträchtliche Menge harter Getränke, und während sich Ethel nur ein wenig angeregt fühlte, betrank sich die Gastgeberin, eine junge, schöne Frau, regelrecht, sie wurde überschwenglich und redselig und verlor schließlich das Bewußtsein. Ihr Mann und Ethels Mann trugen die ohnmächtige Frau in ihr Schlafzimmer und legten sie, völlig bekleidet, auf das Bett. Nach wenigen Minuten kehrten die beiden Männer zusammen in das Eßzimmer zurück. Einige Tage nach dieser Szene saßen Ethel und ihr Mann in einem eleganten Restaurant, als unerwartet das andere Ehepaar erschien. Die beiden gingen an dem Tisch vorbei, an dem Ethel und ihr Mann saßen, sahen und begrüßten sie, tauschten ein paar Sätze mit ihnen aus und setzten sich zu Leuten an einen anderen Tisch. In der Stunde nach ihrer Heimkehr machte Ethel eine ihrer wütendsten Szenen. Sie beschimpfte ihren Mann nicht nur, sondern griff ihn auch körperlich an. Die Ursache dieses Ausbruchs war natürlich ihre Eifersucht, die schon während der Party vor einigen Tagen geweckt und durch eine beiläufige Bemerkung verschärft worden war, die die Gastgeberin jenes Abends gemacht hatte, während sie mit Ethels Mann im Restaurant sprach. Die junge Frau hatte auf das Ende des Trinkgelages und ihre Bewußtlosigkeit angespielt und frivol gesagt: »Na, neulich haben Sie mich aber mit den Hosen 'runter erwischt.« (Die hier wieder wörtlich übersetzte Wendung bedeutet: in einer peinlichen oder unangenehmen Lage überrascht werden. Anm. des Übers.)

Diese Bemerkung wurde zum Mittelpunkt des wütenden Streits, bei dem

Ethel sie wortwörtlich auffaßte und als unwiderlegbaren Beweis dafür betrachtete, daß sexuelle Beziehungen zwischen ihrem Mann und dieser Frau bestanden. Ethel behauptete, ihre Rivalin würde diese Worte nicht gebraucht haben, wenn ihr Mann sie nicht nackt gesehen hätte. Die Patientin wußte natürlich, daß die andere Frau vollständig bekleidet gewesen war, als die beiden Männer sie in ihr Schlafzimmer trugen. Dennoch bestand Ethel darauf, daß sich diese Frau ihrem Liebhaber nackt gezeigt hatte, und sei es nur für ein oder zwei Minuten. Wie könnte sie sonst gesagt haben, er habe sie »mit den Hosen 'runter« erwischt? Die Patientin faßte den Satz wortwörtlich auf und präsentierte ihn als eindeutigen Beweis für die Existenz sexueller Beziehungen zwischen ihrem untreuen Ehemann und dieser Frau.

In einem späteren Stadium ihrer psychotherapeutischen Behandlung war Ethel bereit, in diesem Punkt nachzugeben und einzusehen, daß die von ihrer Rivalin gebrauchte Redewendung nicht bewies, daß sie bei dieser Gelegenheit nackt gewesen war. Aber die bloße Tatsache, daß sie, eine gut erzogene Frau, diesen Ausdruck überhaupt verwendet hatte, wurde nun als Beweis dafür angesehen, daß *vor* der Party sexuelle Beziehungen zwischen ihr und Ethels Mann bestanden hatten. Die Patientin änderte also ihren mißtrauischen Gedankengang nur oberflächlich und ersetzte einen Tatsachenbeweis durch einen psychologischen. Sie betonte nun, daß sich die andere Frau vielleicht nicht auf dieser Party, aber bei früheren Gelegenheiten nackt gezeigt hatte. Sie würde sonst nie diesen vulgären Ausdruck gebraucht haben.

Rein psychologisch betrachtet, ist die Tatsache, daß der Ausdruck verwendet wurde, natürlich nicht nur als psychologischer Beweis ungeeignet; sie könnte sogar als Gegenbeweis dienen. Wenn eine sexuelle Beziehung zwischen der Frau und Ethels Mann bestanden hätte, würde sie gerade diesen Ausdruck nicht verwendet haben, vor allem nicht in Gegenwart der Frau ihres Liebhabers. Der frivole Satz weist vielmehr in die andere Richtung: Er drückt Verlegenheit beim Wiedersehen mit dem Mann aus, der sie im demütigenden Zustand der Trunkenheit gesehen hat, und Feindseligkeit gegen den Mann, *weil* er sie in erniedrigenden Umständen gesehen hat. Die frivole Verwendung dieses typisch männlichen Ausdrucks verbirgt nicht nur die Gefühle des Unbehagens und der Scham auf seiten der Frau, sondern sie erinnert den Zeugen ihrer schwachen Augenblicke daran, daß auch Männer ihre Fehler und Schwächen haben. Sie läuft auf einen versteckten Angriff gegen den Mann hinaus, der im allgemeinen viel mehr trinkt als die Frau.

Aber warum soll eine Frau nicht sagen: »Sie haben mich mit den Hosen 'runter erwischt«? Und warum sollten wir – und vielleicht auch sie selbst – diesen Ausdruck als frivol, derb, ja vulgär auffassen, wenn er, von einem Mann gebraucht, nichts von alledem ist? Eben weil dieser Satz zwei Bedeutungen hat, je nachdem ob ihn ein Mann oder eine Frau ausspricht. Im Mund eines Mannes bedeutet er lediglich, daß er unangenehm und unvorbereitet überrascht wurde, in einem Zustand der Wehrlosigkeit und Hilflosigkeit. Von einer Frau gebraucht, erinnert derselbe Ausdruck an den unteren Teil ihres Körpers. Dieselbe Situation weckt, durch diesen Ausdruck beschrieben, verschiedene Bilder im Zuhörer. Eine gut erzogene Frau wird diese Redewendung vermeiden, weil sie beim Zuhörer das Bild ihres entblößten Körpers hervorrufen kann. Sie würde verbal eine Situation heraufbeschwören, für die sie sich in der materiellen Wirklichkeit schämen würde. Wir müssen zugeben, daß ein Körnchen Wahrheit in Ethels Behauptung steckt, diese Frau habe sich ihrem Mann nackt gezeigt – wenn auch nur mit Worten.

Die beiden hier beschriebenen Beispiele, das Pollys und das Ethels, das normale und das pathologische, haben das eine gemeinsam, daß eine Frau eine Redewendung gebraucht, die sonst nur unter Männern üblich ist und die in ihrem Mund eine Bedeutung annimmt, die sie nicht hat, wenn sie ein Mann verwendet. Die beiden Fälle scheinen zu zeigen, daß es nicht dasselbe ist, wenn die beiden Geschlechter dasselbe sagen. Anders ausgedrückt: Die beiden Geschlechter sprechen verschiedene Sprachen.

Wenn jemand sagt, daß Männer und Frauen verschiedene Sprachen sprechen, meint er das nicht wörtlich. Er denkt an ihre verschiedene Art, ein und dasselbe Wort zu deuten, beispielsweise ein Wort wie »Liebe«. Es gibt aber viele Gesellschaften, in denen Männer und Frauen tatsächlich verschiedene Wörter gebrauchen, wenn sie von Dingen sprechen, die Männern oder Frauen gehören, und je nach ihrem Geschlecht unterschiedliche Pronomina und Verben verwenden. Das heißt, es gibt Sprachen, in denen wirklich zwischen einer »Männersprache« und einer »Frauensprache« unterschieden wird.

Vor mehr als dreißig Jahren gab ich einer meiner Studentinnen in Wien, Frau Flora Kraus, die Anregung, ein analytisches Studium des verblüffenden Phänomens der verschiedenen Frauensprachen bei primitiven Stämmen in Afrika, Amerika und Australien zu unternehmen. Im folgenden wähle ich mehrere Beispiele aus der 1924 erschienenen Abhandlung* aus, denen ich einige eigene Kommentare hinzufüge.

Bei den Cakchipeles in Guatemala nennt ein Mann seinen Schwiegersohn *ali*, seinen Schwiegervater *himmu* und seine Schwiegermutter *hi-te*, während eine Frau diese Verwandten als *ali*, *alumum* und *alite* bezeichnet. Die Frauen haben eine ganze Anzahl von Ausdrücken, die nie von Männern verwendet werden, und die Männer haben für dieselben Dinge andere Bezeichnungen. Bei den Caraja-Indianern am Rio Araguya in Brasi-

* Flora Kraus, *Die Frauensprache bei den primitiven Völkern*, Imago X, Heft 215, 1924.

lien und den Stämmen der Quaicurus und Chiquintanos sprechen Männer und Frauen verschiedene Sprachen. Tatsächlich ganz verschieden sind zwar nur wenige Wörter, aber die meisten Wörter werden in der Frauensprache abgewandelt. Wenn beispielsweise in der Männersprache zwei Vokale aufeinanderfolgen, wird in der Frauensprache ein »k« eingeschoben. Die Männer nennen einen Neger *bi-u*, die Frauen *biku*. Ein deutscher Forscher, Paul Ehrenreich, veröffentlichte ein vierzehn Seiten langes Vokabular von Ausdrücken der Frauensprache, in der sich vor allem die Bezeichnungen der Körperteile wie Lungen, Haare, Rücken und so fort gänzlich von den Wörtern unterscheiden, die die Männer gebrauchen. Spuren einer abweichenden Frauensprache findet man bei den meisten amerikanischen Stämmen. Die Frauen der Chiglit-Eskimo haben Ausdrücke, die nie von Männern gebraucht werden. Bei den Choctaw-Indianern gibt es Wörter wie *ehwak* (pfui!), die ein Mann niemals ausspricht. Bei den Chiquitos sprechen Männer und Frauen dieselbe Sprache, aber viele von den Frauen verwendete Wörter haben andere Endsilben. Bei den Ubaya ändert sich die Bedeutung mehrerer Wörter, manchmal aber auch das Wort selbst, je nachdem ob ein Mann oder eine Frau spricht. Dobrizhoffer berichtet 1783 von den mittlerweile ausgestorbenen Abipones, daß die alten Frauen des Stammes die Aufgabe hatten, neue Wörter für eine eigene Frauensprache zu erfinden, die von den Männern nicht verstanden werden konnte. Eine Kaffernfrau darf kein Wort aussprechen, das eine Beziehung zu dem Namen eines mit ihr durch Heirat verwandten Mannes hat. Bei den Zulu darf eine Schwiegertochter nicht den Namen ihres Schwiegervaters oder seiner Brüder aussprechen. Wenn im Gespräch ein ähnlich klingendes Wort oder auch nur eine Silbe auftaucht, die in dem verbotenen Namen enthalten ist, muß die Zulu-Frau ein anderes Wort erfinden. Eine Frau, beispielsweise, deren Schwager einen auf *ja* endenden Namen hat, wird nie das Wort *kenja* (Junggeselle) aussprechen, weil die Silbe *ja* darin vorkommt. Sie sagt statt dessen *kekipi*, was an sich »Holz« bedeutet. Missionare berichten, daß eine andere Zulu-Frau in einem solchen Fall »das mit dem Schwanz« statt »Schaf« sagen mußte, weil in dem Wort für Schaf die verbotene Silbe vorkam. Solche Umschreibungen für verbotene Namen sind manchmal sehr poetisch. So kann die Sonne »das, was scheint«, und die Straße »das, worauf man tritt« heißen. Die Vermeidung bestimmter Wörter oder Namen ist weit verbreitet. Die Kirgisen in Zentralasien, die so weit von den afrikanischen Negern entfernt leben, halten es für unanständig, wenn eine Frau den Namen eines männlichen Angehörigen des Haushalts ausspricht. Den Frauen der Warramumgo in Mittelaustralien ist es nicht erlaubt, den gewöhnlichen Namen eines Mannes auszusprechen, auch wenn sie ihn kennen. Die Suaheli-Frauen haben eine symbolische Sprache für die intimen Körperteile. Die Vagina, beispielsweise, wird in der Frauensprache Garten, Muschel oder Frau genannt. Spezielle Vokabulare dieser Art sind weit verbreitet. In Samoa haben junge Mädchen einen euphemistischen Namen für Penis, das Wort *analuma*, das sonst nicht gebräuchlich ist. In Northwest Central Queensland (Australien) gibt es ein anständiges und ein unanständiges Vokabular für die Geschlechtsteile, und die Frauen verwenden nur Ausdrücke der erstgenannten Art. Die Insel-Karaiben haben zwei Vokabulare: Eines wird von Männern und Frauen verwendet, die zu Männern sprechen, das andere von Frauen, die unter sich sind, oder von Männern, wenn sie Gespräche von Frauen zitieren.

Der Eindruck, den wir aus diesem reichlichen Material gewinnen, ist ein zweifacher: All diese Sitten primitiver und halb primitiver Stämme in Amerika, Afrika und Australien erscheinen uns seltsam und merkwürdig. Dennoch kommt es uns so vor, als hätten wir etwas Ähnliches in unserer eigenen Kultur. Diese beiden Eindrücke betreffen sowohl die Wort-Tabus selbst als auch die Formen der Vermeidung, die Umschreibungen, Entstellungen und Verstümmelungen von Ausdrücken. Was haben die Anthropologen, Kulturhistoriker, Sprachwissenschaftler und Semantiker zu diesem verblüffenden Phänomen einer eigenen Frauensprache zu sagen? Es gibt historische, soziologische, religiöse und allgemein psychologische Theorien über diese sprachlichen Konventionen und Sitten. Flora Kraus, die einen Überblick über diese Theorien gibt, bevor sie einen psychoanalytischen Erklärungsversuch unternimmt, erkennt an, daß viele Elemente in den Theorien von Frazer, Crawley und anderen gültig sind, betont aber, daß die analytische Methode einen neuen Weg zu diesem Problem öffnet, der diesen Gelehrten noch nicht zugänglich war. Sie drückt aber eine berechtigte Kritik an den meisten bis heute unternommenen Deutungen aus.

In dem von Anthropologen und Missionaren vorgelegten Material werden Beispiele, die ganz verschiedenen Gruppen von sprachlichen Konventionen angehören, unterschiedslos in einen Topf geworfen. Nehmen wir einige Beispiele für unterschiedliche primitive Wortvermeidungen: Bei den Guadays in Queensland und den Kowraregas auf dem Prince of Wales Island vermeidet es ein Mann sorgfältig, den Namen seiner Schwiegermutter auszusprechen, und eine Frau nennt ihren Schwiegervater nicht beim Namen. Bei vielen Stämmen in Victoria (SO-Australien) darf ein Mann nicht mit seiner Schwiegermutter sprechen. Wenn er (oder auch eine Frau) zu einer anderen Person in Gegenwart dieser Verwandten spricht, gebraucht er (oder sie) eine besondere Art von Sprache, die die Briten »verdrehte Zunge« nannten. J. Dawson, der die australischen Eingeborenen studierte, bemerkt dazu, daß dies nicht mit der Absicht geschieht, die Bedeutung der Wörter zu verschleiern, denn diese Art von Sprache kennt jeder. Die Abwandlung der gewöhnlichen Sprache wird in diesem Fall durch die familiäre Beziehung bestimmt.

Fragen wir uns zunächst, was der Grund dafür sein kann, die Namen von Verwandten nicht auszusprechen. Wenn Frauen die Namen ihres Vaters, ihrer Schwäger oder sogar der Großväter ihres Mannes nicht aussprechen dürfen, müssen wir daran denken, daß Namen für primitive Völker viel bedeutungsvoller sind als für uns. Wer einen Namen erwähnt, nimmt sozusagen eine magische Berührung mit der Person selbst auf. Diese Namensvermeidungen sind Schutzmaßnahmen gegen die Gefahr, mit verbotenen Objekten in Kontakt zu geraten. Man denke an das positive Gegenstück dieser Einstellung: Liebende, die den Namen der abwesenden Geliebten aussprechen, bringen sie in ihre Nähe, sie beschwören sie herbei durch die Magie des lieben Namens, der ein Teil von ihr ist. Das Tabu in bezug auf die Namen angeheirateter Verwandter beschränkt sich nicht auf Frauen. Es wird auch von Männern beachtet, obwohl Frauen in dieser Hinsicht gewissenhafter sind. Ein repräsentatives Beispiel liefert der Bericht eines Anthropologen über einen Melanesier: Dieser Mann sprach mit ihm von seiner Schwiegertochter, er vermied aber ihren Namen und deutete auf sein Haus, weil ihr Name in dem Wort für Haus enthalten war. Als dieser Wink nicht verstanden wurde, berührte er das Dach mit der Hand. Als auch das nicht verstanden wurde, sah sich der Eingeborene scheu um und flüsterte nicht den Namen seiner Schwiegertochter, sondern eine respektvolle Umschreibung: *amen mulegona* (die mit meinem Sohn ist).

Gibt es etwas mit dieser Vermeidung der Namen von Verwandten Vergleichbares in unserer Kultur? Man kann Beispiele ähnlicher Art als Symptome bei unseren neurotischen Patienten beobachten. Flora Kraus zitiert in ihrer Abhandlung einen meiner Fälle. Ein junger Mann vermied es während seiner Psychoanalyse, den Namen seiner Schwägerin auszusprechen. Der Patient gebrauchte Umschreibungen wie »die Frau meines Bruders«. Als ich ihn schließlich energisch aufforderte, mir den Namen seiner Schwägerin zu nennen, weigerte er sich und bat mich an die weibliche Hauptrolle in Wagners *Lohengrin* zu denken. Elsa war also der gefährliche Name. Aber es gibt viele Spuren von Namensvermeidungen auch im nichtpathologischen Bereich, im täglichen Leben normaler Männer und Frauen – und auch hier scheinen die Frauen eifriger darauf bedacht zu sein, den Brauch einzuhalten, der beinahe den Charakter einer Etikette in einer gewissen Gesellschaftsschicht annimmt. Wir kennen viele Fälle, in denen Mann und Frau es vermeiden, einander mit dem Namen anzusprechen. Im Leben vieler Ehepaare wäre es ratsam, die Namen angeheirateter Verwandter nicht zu erwähnen, und es wird oft auch tatsächlich strikt vermieden. Wenn in diesen Parallelen zu primitiven Sitten unbewußte Feindseligkeit und Ablehnung die entscheidenden Faktoren sind, so ist in der Vermeidung der Namen bei Mann und Frau auch eine Neigung vorhanden, dem Bewußtsein von Intimität auszuweichen.

Seltsamerweise betrifft diese Vermeidung auch nur die Vornamen. Frauen einer gewissen Gesellschaftsschicht sprechen von ihrem Mann als von Mr. Smith, und Männer bezeichnen ihre Frau als Mrs. Smith, anstatt Bill oder Jane zu sagen. (Für den deutschen Sprachraum gelten ähnliche Regeln mit – z. T. regionalen – Variationen. Da Vornamen seltener oder weniger rasch gebraucht werden als im Englischen und Amerikanischen, bezieht sich die bei Frauen zu beobachtende Vermeidung nicht so sehr auf den Vornamen des Ehemannes als vielmehr auf den Ausdruck »mein Mann«. Anstelle von »Herr Schmidt« – »Mr. Smith« – wird in der entsprechenden Gesellschaftsschicht »der Herr Doktor« – Professor, Direktor etc. – gegenüber Dienstboten und anderen sozial niedriger Eingestuften verwendet, und im ländlichen Raum sagt »die Moserin« z. T. heute noch auch Verwandten und Freundinnen gegenüber »der Moser« anstelle von »Josef« oder »mein Mann«. Unter Eheleuten mit Kindern ist eine Vermeidung der Vornamen durch die Anrede mit »Vati« und »Mutti« oder äquivalenten Ausdrücken nicht selten. Anm. des Übers.)

Bei der Verschiebung und Verallgemeinerung der primitiven Vermeidung dürfen sogar Silben, die in verbotenen Namen vorkommen, nicht ausgesprochen werden. Das Gegenstück dazu finden wir im Vergessen von Wortteilen, die den Sprecher an verbotene Gegenstände erinnern. Man vergleiche das berühmte Beispiel mit dem lateinischen Wort *aliquis* in Freuds *Zur Psychopathologie des Alltagslebens**. Robert Lasch, der die linguistischen Prozesse der primitiven Sprachen studierte und die Bedeutung von Wortveränderungen durch Inversion, Einschiebung und Verdopplung von Konsonanten und Silben hervorhob, vergleicht die Frauensprache mit den Geheimsprachen, die Kinder erfinden, um von den Erwachsenen nicht verstanden zu werden. Diese Entstellungen haben eine neurotische Analogie. Ein Patient Dr. Karl Abrahams sagte Partrerre und Kodolenz statt Parterre und Kondolenz, um die Wörter Pater und Kondom zu vermeiden. Ein anderer fühlte sich immer versucht, Angora statt Angina zu sagen, weil ihn letzteres Wort an Vagina erinnerte. Das ist die Analogie zur Vermeidung von Silben, die wir in der Frauensprache gefunden haben.

Auch die »verdrehte Zunge« hat eine Analogie in unserer Kultur: Diese affektierte oder unnatürlich beherrschte Sprechweise kann sehr gut mit den Gesprächen unter Verwandten verglichen werden, die eine höchst ambivalente Einstellung zueinander haben und durch die Konvention gezwungen sind, in Gegenwart Fremder miteinander zu sprechen.

Eine andere Gruppe von Beispielen für die Frauensprache wird von einer Vielfalt von Wörtern gebildet, die Körperteile oder intime Funktionen

* G. W., Bd. IV.

des weiblichen Organismus bezeichnen. Wenn Frauen über sexuelle Dinge sprechen wollen, verwenden sie andere Ausdrücke, wenn sie unter sich sind, als in Gegenwart von Männern. Viele dieser Ausdrücke betreffen nicht nur sexuelle Funktionen, sondern auch die Körperausscheidungen, zum Beispiel die Umschreibung »sich die Nase pudern gehen« für »auf die Toilette gehen«. Auch der Zustand der Schwangerschaft wurde – und wird teilweise noch – vor Männern nicht direkt, sondern nur durch Anspielungen erwähnt. Diese Umschreibungen sind oft sehr geschickt. Eine junge Dame fragt eine Freundin, der sie auf einer Party begegnete: »Hat sich diese Woche was getan?« Sie wollte wissen, ob ihre schwangere Freundin schon die ersten Bewegungen des Kindes gespürt hatte. Als ich jung war, sagten die Mädchen in Wien: »Meine Tante kommt am Donnerstag«, wenn sie anderen Frauen in Gegenwart von Männern mitteilen wollten, daß sie an diesem Tag den Beginn der Menstruation erwarteten. Früher war es üblich gewesen, die Befürchtung auszudrücken, daß am Donnerstag schlechtes Wetter sein wird. Flora Kraus zitiert zwei Französisch sprechende Patientinnen von mir. Diese jungen Mädchen hatten eine Geheimsprache erfunden, die sie untereinander gebrauchten. Der Penis hieß *l'affaire*, die Vagina *le labyrinthe* und so weiter.

Wir Psychoanalytiker sind oft überrascht und manchmal verblüfft über die indirekte und oft zu delikate Art, in der Patientinnen in ihren analytischen Sitzungen über sexuelle Dinge sprechen. Einige Beispiele: »Sie leben zusammen« statt sie schlafen miteinander, »Ich hatte eine gute Zeit« statt ich hatte einen Orgasmus; »Er hat sich so angestrengt, aber es ist ihm nicht gelungen«, wurde von einem Mann gesagt, der die Penis-Erektion nicht lange genug halten konnte, und »Er nimmt nicht genug Rücksicht auf mich« oder »Er hat es immer so eilig« bedeutet einen vorzeitigen Samenerguß. Die Romane und Theaterstücke der zwanziger und dreißiger Jahre unseres Jahrhunderts, die die Sitten der Zeit widerspiegeln, enthalten viele Beispiele für eine solche ausweichende Frauensprache voller Anspielungen. Ich erinnere mich an eine Szene aus einem französischen Stück – war es Henri Lavedans *Le lit*? –, in der ein Paar nach dem Geschlechtsverkehr im Bett liegt. Der Mann fragt die Frau, ob sie ihn liebe, und sie antwortet: »Wie kannst du daran zweifeln nach allem, was wir zueinander gesagt haben?« (… *»après ce que nous avons dit l'un à l'autre?«*) Selbst wenn Frauen die sexuelle Initiative ergreifen, verstehen sie es, ihre Wünsche dem Mann auf eine indirekte und delikate Art mitzuteilen. Eine junge Frau fragte ihren Mann vor dem Einschlafen: »Bist du müde?« Als er ja sagte, schwieg sie ein paar Minuten und fragte dann zögernd: »Bist du zu müde?«

Wenn wir auf die sprachlichen Konventionen unserer primitiven Vettern in Australien und Afrika zurückblicken, erkennen wir, daß viele ihrer

sprachlichen Sitten in unserer Kultur noch erhalten sind: nicht nur die Zurückhaltung der Frauen, wenn sie über sexuelle Dinge sprechen, sondern auch das Tabu gewisser Wörter. Auch bei uns bilden die Frauen eine eigene »Sprachgemeinschaft«. Wir fanden einige verborgene Gründe in dem magischen Glauben an das Tabu von Wörtern bei diesen primitiven Völkern. Zweifellos steckt auch etwas von einem magischen Glauben in der Begründung, die wir zivilisierten Menschen für unsere sprachlichen Konventionen anführen. Die Etikette der australischen und afrikanischen Eingeborenen in bezug auf die Sprechweise der Frauen ist ebenso streng wie die einer europäischen Gouvernante alten Stils. Sicherlich werden auch die Mädchen im australischen Busch manchmal ermahnt, »ihre Zunge zu hüten«, denn Sprechen bedeutet Handeln mit Worten.
Anthropologen berichten von vielen primitiven Stämmen, bei denen die Männer oft die Bedeutung vieler von Frauen verwendeter Ausdrücke nicht kennen. Andererseits sagt Rochefort von den Insel-Karaiben, daß die Frauen Wörter haben, die die Männer kennen, aber nicht verwenden, *»à moins que de se faire moquer«*. Auch Männer in unserer Gesellschaft verwenden weibliche Ausdrücke, wenn sie die Sprechweise von Frauen nachahmen oder sich über die Art der Frauen, sich auszudrücken, lustig machen wollen.
Wir wissen, daß Männer in Gegenwart von Frauen vorsichtig in der Wahl ihrer Worte sind und daß sich die Rücksicht, die sie auf gut erzogene Angehörige des anderen Geschlechts nehmen, auch in der Vermeidung derber oder vulgärer Ausdrücke zeigt.
Eindrücke, die ich bei einer zugegebenermaßen begrenzten Lektüre semantischer Literatur sammelte, deuten darauf hin, daß die Vertreter dieser jungen Wissenschaft von der Bedeutung der Wörter der sexuellen Differenzierung der sprachlichen Konventionen und Sitten noch nicht genug Aufmerksamkeit gewidmet haben. Bei den Choctaw-Indianern wird der Ausdruck *ehwak*, wie schon erwähnt, nur von Frauen gebraucht, ähnlich wie das englische *shame on you*, das deutsche *pfui* und das französische *fi donc* weit häufiger von Frauen als von Männern ausgesprochen werden.
Wir wissen, daß es »Männergespräche« und »Frauengespräche« gibt. Das bedeutet, daß Männer und Frauen gewöhnlich von verschiedenen Dingen reden, aber dieser Unterschied betrifft den Inhalt der Gespräche. Ich glaube, man hat die Tatsache noch zu wenig beachtet, daß es auch eine männliche und eine weibliche Sprechweise gibt. Adjektive, die in den Gesprächen von Frauen oft vorkommen, werden von Männern seltener oder gar nicht verwendet. Ein Mann kann im Gespräch mit seiner Geliebten das Eigenschaftswort »süß« gebrauchen, aber er wird kaum sagen: »Ein süßes Kleid«. Er wird auch Menschen oder Dinge nicht so leicht »himmlisch« oder »hinreißend« finden. Männer vermeiden im all-

gemeinen sehr gefühlsbetonte Ausdrücke und finden manche von Frauen gebrauchte übertrieben. (»Ich hätte schreien können ...« oder: »Ich dachte, ich falle in Ohnmacht.«) Andererseits zögern Männer nicht, »verfluchter Mist« oder »verdammte Schweinerei« zu sagen, während Frauen einen Ausdruck wie »Es riecht schlecht« dem einfachen »Es stinkt« vorziehen. Männer verwenden viel seltener als Frauen Verkleinerungs- und Koseformen, und sie sagen nicht so leicht »ich liebe«, wenn sie »ich mag gern«, »ich esse gern« oder »mir gefällt« ausdrücken wollen. (»Ich liebe Mozart.« – »Ich liebe Tomatensalat.«)

Ein aufmerksamer und gut beobachtender Semantiker könnte leicht ein Vokabular der verschiedenen Ausdrücke und Redewendungen veröffentlichen, die Männer und Frauen auf den Straßen von New York, Boston, San Francisco und Denver gebrauchen.*

Wenn wir sagen, daß Männer und Frauen verschiedene Sprachen sprechen, so beschränkt sich »Sprache« nicht auf gesprochene oder geschriebene Wörter. Sprache wird hier als ein Mittel, Gedanken oder Gefühle auszudrücken, aufgefaßt. Männer und Frauen haben unterschiedliche Gedanken und Gefühle, die sich mit denselben Wörtern und den durch sie ausgedrückten Ideen verbinden. Wenn ein Mann und eine Frau von Ehe sprechen, verwenden sie zwar dasselbe Wort, aber der emotionale Charakter, die Idee der Ehe, ist anders. Das gleiche gilt für Wörter wie Liebe, Sexualität, Heim, Kinder und so fort.

Das semantische Problem reicht somit vom Unterschied der Wörter, die von den beiden Geschlechtern verwendet werden, bis zum Unterschied der Emotionen und Gedanken, die sich mit *denselben* Wörtern verbinden. Und diese Seite des Problems scheint interessanter zu sein als die Existenz einer Frauen- und einer Männersprache in primitiven und zivilisierten Gesellschaften. Anders gesagt: Es ist für den Psychologen interessanter, den Gedanken zu verfolgen, daß Männer und Frauen auch dann verschiedene Sprachen sprechen, wenn sie dieselben Wörter gebrauchen. Das Mißverständnis zwischen Männern und Frauen ist viel weniger ein Resultat der linguistischen oder semantischen Unterschiede, sondern eine Folge der emotionalen Unterschiede, wenn die beiden Geschlechter dieselben Ausdrücke verwenden. (Es ist vielleicht nicht überflüssig zu bemerken, daß eine Frau, die längere Zeit einem Gespräch unter Männern zuhört, unter Umständen verwirrt ist und sich schließlich langweilt – obwohl sie sehr gut versteht, was die Männer mit ihren Worten sagen wollen. Ebenso fühlen Männer, die mehrere Stunden lang Frauen zuhören, die sich miteinander unterhalten, den al-

* Dieser Abschnitt – eine Seite im Original – wurde leicht gekürzt, da der Autor als Beispiele häufig englische Wendungen anführt, für die es im Deutschen keine Entsprechungen gibt, beziehungsweise da er einen bestimmten Zustand der englischen (amerikanischen) Sprache zu einem gegebenen Zeitpunkt (Mitte der fünfziger Jahre) fixiert. Anm. des Übers.

ten Drang, vor alledem zu flüchten, obwohl sie jedes gesprochene Wort verstehen.)
Vor mehr als zweihundertfünfzig Jahren gestand der berühmte französische Schriftsteller Bernard de Fontenelle, auf sein Leben zurückblikkend, daß er immer Frauen und Musik geliebt habe, ohne viel davon zu verstehen. Das Bonmot des alten Schriftstellers erinnert uns Männer daran, daß es vielleicht wichtiger ist, Musik und Frauen zu schätzen, als sie zu verstehen. Die Frage ist nur: Würden wir sie nicht noch mehr schätzen und genießen, wenn wir sie besser verstünden?

45. Worte und Gesten

Es gibt einen amüsanten kleinen Text von Franklin P. Adams mit dem Titel *A Pair of Sexes*, in dem das halbe Dutzend Wörter, die ein Mann braucht, um sich mit einem Freund zum Mittagessen zu verabreden, verglichen wird mit dem drei oder mehr Seiten langen Monolog, der für eine Frau nötig ist, um die gleiche Verabredung mit einer Freundin zu treffen.* Auf eine liebenswürdige, wenn auch etwas ironische Art zeigt der Autor, daß es so etwas wie eine wortkarge Frau nicht gibt. Uns interessiert hier nur die Frage, ob die Psychologie kompetent ist, den Fall zu erklären oder nicht. Es scheint kein Zweifel daran zu bestehen, daß zwischen den Geschlechtern kein großer Unterschied besteht, solange es sich um kleine Kinder handelt. Ein Kind unter fünf oder sechs Jahren erweckt den Eindruck, daß es alles ausspricht, was es denkt oder fühlt. In diesem Alter ist Denken beinahe identisch mit Sprechen. Einige Jahre später hat das Kind gelernt zu denken, ohne seine Gedanken in Worte fassen zu müssen. Wir haben alle den konzentrierten Ausdruck im Gesicht eines Kindes beobachtet, das über etwas nachdenkt, aber darauf verzichtet, seine Gedanken auszusprechen. Fragt man es, was es denkt, so reagiert es oft zornig oder verlegen. Manchmal versteckt es sich sogar hinter einem Möbel oder unter einem Tisch und gibt vielleicht von diesem sicheren Ort aus laute, aber sinnlose Töne von sich: »Bla, bla, bla« etc. Es ist offen zu sehen, daß das Kind unter den widersprüchlichen Wünschen leidet, sich auszusprechen und zu schweigen, und bei all dem unglücklich ist.
Dieses Verhalten gilt für Kinder beider Geschlechter bis zu einem gewissen Punkt. Aber an ebendiesem Punkt zeigt sich ein wesentlicher Unterschied zum erstenmal – und zwar was die Reaktion des Mädchens anbetrifft. Anstatt durch einen inneren Konflikt aus der Fassung gebracht zu werden, nimmt es im zarten Alter von fünf oder sechs Jahren von irgend-

* In: *The Column Book of F. P. A.*, New York.

woher die Kraft, sich durch die betörendste Unaufrichtigkeit zu schützen. »Ich dachte gerade an meine Puppe«, oder: »Ich mußte denken, wie lieb ich dich habe.« Der typische Junge ist außerstande, sich auf diese Weise zu schützen. Er ist vielmehr dazu ausersehen, das natürlichste Opfer dieses weiblichen Wesenszuges zu werden, denn er wird durchs Leben gehen und annehmen, daß eine Frau, so wie er, das denkt, was sie zu denken behauptet. Wenn er ein sehr sensibler Mann wird oder genug Erfahrungen sammelt, wird er wissen, daß das bei einer Frau nicht immer der Fall ist. Dennoch wird er praktisch nie imstande sein, herauszubekommen, was sie insgeheim denkt. Es ist selbst für einen Mann mit großem Verständnis absolut unmöglich, sich vorzustellen, daß weibliche List die dümmsten und trivialsten Dinge verbergen kann. Für einen Mann, für jeden Mann, bedeutet Verschweigen und Verbergen, daß es etwas gibt, was der Mühe wert ist, verheimlicht zu werden – etwas, was mit Sex oder Geld zu tun hat oder gegen ihn gerichtet ist. Er kommt nie darauf, daß das, was er für einen Rauchvorhang hält, nur ein Nebel von Gedanken sein könnte, die um das Ausmalen der Küche, eine neue Frisur oder eine zu hohe Wäschereirechnung kreisen.

Andererseits ist es für eine Frau ebenso unmöglich zu erkennen, daß ein Mann nicht genau weiß, was sie wirklich denkt. Frauen glauben absolut daran und finden Trost in dem Gedanken, daß Männer genau wissen, was sie mit ihren scheinbar absurden oder unvernünftigen Bemerkungen sagen wollen. Dieser Umstand hat schon Stoff für tausend abgedroschene Witze geliefert. Eine Frau sagt, zum Beispiel, zu ihrem Verlobten oder Ehemann: »Mach dir bitte wegen meines Geburtstags keine Gedanken; spar dir dein Geld, mein Lieber.« Sie hat nicht die Absicht, etwas zu verbergen, oder gar still zu leiden. Sie nimmt an, daß das von ihm deutlich als chiffrierte Sprache verstanden wird, als Hinweis darauf, daß sie von ihm eine wunderbare Überraschung erwartet, eine, die nur ein wenig mehr kostet, als er sich leisten kann. Man könnte ein ganzes Buch mit solchen Beispielen in Form von Witzen und Karikaturen füllen, auf denen zuletzt immer ein Mann mit verwirrter Miene dasteht, während die Frau, alt oder jung, ihr Gesicht im Taschentuch vergräbt und schluchzt: »Du verstehst mich nie!«

Psychologen, die beobachtet haben, daß Frauen im allgemeinen mehr sprechen als Männer, kamen bei der Beurteilung dieses Unterschieds zu dem Schluß, daß die Sprache auch die Funktion hat, Gedanken zu verbergen. Aber es ist vielleicht voreilig, das Problem von der psychologischen Seite her zu untersuchen, solange wir es noch nicht vom biologischen Standpunkt aus betrachtet haben. Kleine Mädchen sind gewöhnlich den Jungen in der Entwicklung der Sprechfähigkeit voraus, so wie sie sich allgemein rascher entwickeln als Jungen gleichen Alters. Die

Biologen neigen zu der Annahme, daß die spätere Entwicklung des Mannes über den anfänglichen undifferenzierten Zustand hinausgeht und in eine neue Phase der Evolution führt, während die Frau biologisch in dem einmal erreichten Stadium verbleibt. Der entsprechende psychologische Aspekt verweist auf den Gedanken, daß die Frau in mancherlei Hinsicht kindlicher bleibt als der Mann. Manche Soziologen, wie beispielsweise Ashley Montagu, sehen in diesem Unterschied eine Manifestation der natürlichen Überlegenheit der Frau.

Man kann mutmaßen, daß sich der Unterschied auch in der Beziehung zwischen Denken und Sprechen ausdrückt. Das würde bedeuten, daß die Frau, von den zuvor erwähnten Ausnahmen abgesehen, noch viel mehr wie ein Kind reagiert, das alles, was ihm einfällt, verbalisiert. Denken und Sprechen sind bei der Frau viel enger miteinander verbunden als beim Mann. Wir hätten damit einen entscheidenden Faktor gefunden, der für den Unterschied in der fundamental kindlichen Natur der Frau verantwortlich ist. Ich brauche nicht eigens darauf hinzuweisen, daß dieser Zug sehr wohl mit größerer Reife in anderer Hinsicht koexistieren kann. Frauen mögen oft kindlicher sein, während Männer manchmal kindisch sind. Der entscheidende Eindruck ist aber der, daß die Entwicklung der Frau sowohl psychologisch als auch anatomisch in einer gewissen Phase der Evolution stehenblieb. Vor mehr als zweihundert Jahren schrieb Lord Chesterfield in seinen Briefen: »Frauen sind nur größer gewachsene Kinder.«*

Es wäre verlockend anzunehmen, daß eine andere unleugbare, ja sogar statistisch bewiesene Tatsache durch diese Art von »stehengebliebener Entwicklung« erklärt werden kann. Frauen stottern sehr selten. Das heißt, die Zahl der weiblichen Stotterer ist viel kleiner als die der männlichen. Da wir wissen, daß das Stottern in den meisten Fällen aus dem Konflikt zwischen unterdrückten Gedanken und Neigungen mit der Funktion des Sprechens entsteht, führt dieser Unterschied zwischen Männern und Frauen zu gewissen Schlüssen. Entweder sind diese Impulse, deren Auftreten zur Sprachstörung führt, bei Männern stärker, oder sie können von Frauen leichter überwunden werden. Im zweiten Falle besitzen die widerstreitenden, zensierenden, abweisenden Tendenzen nicht die gleiche Kraft wie bei männlichen Stotterern. Eine andere Überlegung verdient, berücksichtigt zu werden: das Alter oder die Phase der individuellen Entwicklung. Es ist offensichtlich, daß auch das Alter, in dem die unterdrückenden Kräfte zu wirken beginnen, in Betracht gezogen und psychologisch ausgewertet werden muß. Es ist sehr wahrscheinlich, daß die Kombination all dieser Elemente erklären wird, warum auf jede Frau, die stottert, fünf stotternde Männer kommen.

* September 1748.

Zweifellos sind Frauen das stärkere Geschlecht, wenn es darum geht, die verschiedenen Schwierigkeiten des Sprechens zu überwinden.
Doch kehren wir zurück zur größeren »Redseligkeit« der Frauen. Es scheint, daß wir bei unserem Erklärungsversuch mehrere Faktoren vernachlässigt haben, die alle Mischungen von konstitutionellen und kulturellen Determinanten in verschiedenen Proportionen sind. Rein kulturell bedingt ist zum Beispiel die Tatsache, daß Frauen in den Südstaaten (der USA) gewöhnlich mehr sprechen als Frauen in den Nordstaaten. Montagu, der sich darüber Gedanken macht, vermutet eine Verbindung zwischen dieser Gesprächigkeit und der »raffinierteren« Form der Unterwerfung der Frauen im Süden.* Ich bin da eher skeptisch. Dieser Soziologe ist auch der Ansicht, daß Frauen gesprächiger sind, weil sie im Sprechen das am leichtesten verfügbare und befriedigendste Mittel sehen, Spannung zu lösen. Das ist natürlich wahr, und viele Ehemänner wissen von den Streitigkeiten mit ihren Frauen her, wie befriedigend diese Lösung von Spannung sein kann. Einer von ihnen sagte einmal, seine Frau habe sogar bei einem Echo immer das letzte Wort. Montagus sogenannte psychologische Erklärung geht jedoch von falschen Voraussetzungen aus.
Wenn wir diese allgemeine Funktion des Sprechens als selbstverständlich akzeptieren und die Frage unter dem Blickwinkel der Kommunikation betrachten, wäre es sinnvoller zu sagen, daß Frauen ganz allgemein geselligere Wesen sind als Männer. Man muß sich dann allerdings fragen, warum das so ist. Die Antwort wird zunächst lauten, daß die Gruppe Mutter und Kind den Kern der Gesellschaft bildet und eine Gesellschaft zu zweit ist. Dieses Zusammensein mit dem Kind macht die Mütter mitteilsamer, da eine Erziehung ohne zu sprechen so gut wie unmöglich ist. Es ist leicht vorstellbar, daß Mann und Frau zusammenleben, ohne viel miteinander zu sprechen. Sagte ich, es ist vorstellbar? Es gibt genug Beispiele, die beweisen, daß die beiden zu gewissen Zeiten »nicht miteinander sprechen«, und der Beobachter mancher Ehepaare könnte gelegentlich an Mitglieder des Trappisten-Ordens erinnert werden. Man kann sich aber nicht eine Mutter vorstellen, die nicht mehr oder minder regelmäßig mit ihrem Sohn oder ihrer Tochter spricht. Die psychologische Notwendigkeit, in ihrer Situation zu sprechen, befriedigt ein starkes Bedürfnis der Mutter.
Zwei weitere Faktoren fördern die Mitteilung durch Sprechen bei Frauen mehr als bei Männern. Worte sind in den meisten Fällen ein Ersatz für Taten. Sprechen ist ein versuchsweises Handeln, ein Handeln durch Hervorbringung kleiner Lautquantitäten. Frauen, deren Betätigungsfeld so viel kleiner ist als das des Mannes und die den Drang zu handeln nicht

* Ashley Montagu, *The Natural Superiority of Women*, New York 1953, S. 97.

so stark und dauerhaft verspüren wie der Mann, gelangen leicht dahin, in dieser Vorphase des Sprechens zu verbleiben. Das Sprechen wird so oft zum Ersatz für das Handeln, und die Energie der Frau erschöpft sich manchmal im Sprechen, während ein Mann dazu getrieben wird, Dinge zu tun, Situationen zu ändern, seine Ziele zu verwirklichen. Hamlets Hemmung hat die von ihm selbst beklagte Folge, daß er »mit Worten nur wie eine Hure muß [sein] Herz entladen«. In diesem Sinne verstehen wir Feststellungen, in denen das Handeln des Mannes dem Reden der Frau gegenübergestellt wird.

George Herbert ging sogar so weit zu schreiben: »Worte sind Frauen, Taten sind Männer.«

Der innere Drang des Mannes nach unmittelbarem Handeln, ein Drang, der sehr wahrscheinlich konstitutionelle Ursachen hat, macht die Kommunikation durch Sprache oft überflüssig. Ein weiteres Moment schränkt sie ein: Die größere Aggressivität des Mannes begünstigt und erleichtert die Geselligkeit nicht, während die von Natur aus schwächere und kulturell stärker unterdrückte Aggressivität der Frau sie nicht daran hindert, leicht mit jemandem ins Gespräch zu kommen. Frauen sind im Grunde Schwestern, Männer sind feindliche Brüder.

Es gibt, wie ich hier nur angedeutet habe, eine Reihe von Faktoren, die dafür verantwortlich sind, daß Frauen gesprächiger sind als Männer, aber der erste unter ihnen ist die biologische Tatsache, daß die Frau dem Kind näher steht als der Mann. (Eine anatomische Begleiterscheinung ist, daß der weibliche Schädel mehr wie der kindliche aussieht als der männliche.)

Ich vermute, daß die größere biologisch-psychologische Nähe der Frau zum Kind einen wesentlichen Beitrag zum Verständnis, wenn schon nicht eine Erklärung, anderer Charakteristika der Frau liefern kann, die die Männer für sie einnehmen und manchmal in Rage bringen. Um nur ein Beispiel der ersten Art zu nennen: Frauen haben lebhaftere Gesten und ein lebhafteres Mienenspiel als Männer. Eine Frau mit einem Pokergesicht habe ich noch nicht gesehen.

Man macht sich oft über Italiener, Griechen und andere mediterrane Völker lustig wegen der vielen Gesten und des lebhaften Gesichtsausdrucks, der jeden gesprochenen Satz begleitet. Der Jude, der unter nordischen Völkern lebt, wird oft wegen dieser typischen Merkmale verspottet. Es mag kulturelle und soziologische Unterschiede in den Reaktionen verschiedener nationaler Gruppen und Individuen auf eine solche Lebhaftigkeit der Sprache geben. Aber wer hat je von einem Einwand gegen die Gesten und die Pantomime und den raschen Wechsel des Gesichtsausdrucks gehört, die die Rede der Frauen begleiten? Niemand wird leugnen, daß Frauen über eine reichhaltigere und vielfältigere Kommunikation durch Gesten und Mienen verfügen.

Auch Männer gestikulieren und zeigen durch ihr Mienenspiel, was sie meinen und fühlen, aber in einem geringeren Grade und gewiß nicht mit der für die sprechende Frau charakteristischen Überzeugungskraft. Die Gesten von Mann und Frau sind im allgemeinen verschiedener Natur. Die des Mannes bezeichnen oder beschreiben Gegenstände, während die meisten Gesten von Frauen Gefühle – ihre eigenen oder die anderer – ausdrücken. Der Vergleich mit der Zeichensprache des Dirigenten, des Künstlers, der mit den Händen spricht, liegt nahe: die Gesten des Mannes ähneln denen der rechten Hand, die den Takt schlägt. Die Gesten der Frauen sind mehr wie die der linken Hand, die den Satz untermalt.

Wir Männer sind so sehr an die Gebärdensprache und an den Wechsel des Gesichtsausdrucks der Frau gewöhnt, daß wir uns des Unterschieds der Geschlechter kaum noch bewußt sind. Oder, um bei dem obigen Vergleich zu bleiben, wir nehmen sie ebensowenig wahr, wie wir die einzelnen Zeichen des Dirigenten beachten, während wir entzückt eine Mozart-Sinfonie hören. Wenn wir auf die Gesten und das Mienenspiel einer Frau aufmerksam werden, erfreuen sie uns in den meisten Fällen. Kommt es daher, daß diese Gesten nicht nur so ausdrucksvoll, sondern auch so anmutig sind, daß wir sie selten mit kritischen Augen beobachten? Es muß so sein, daß sie uns vorbewußt an die lebhaften Zeichen erinnern, mit denen Kinder die Schilderung dessen, was sie erlebt, gesehen oder gehört haben, begleiten. Wir halten die Lebhaftigkeit, mit der sich Frauen ausdrücken, für selbstverständlich, aber wenn wir auf sie aufmerksam werden, gefällt sie uns. »Oh, wüßt ich doch den Weg zurück, den Weg ins Kinderland«, heißt es in einem Lied von Brahms. Die Gesten und das Mienenspiel der Frauen sind einer der Wegweiser zu diesem verlorenen Paradies.

Unlängst hörte ich in der U-Bahn dem Gespräch mehrerer Schulmädchen zu. Ich vernahm nur Bruchstücke von dem, was gesagt wurde, beobachtete aber die Bewegungen ihrer Hände und die Änderungen des Tonfalls und des Mienenspiels. Die Beobachtung sprechender Frauen ist beinahe immer angenehm für Auge und Ohr und manchmal auch lohnend für den Geist. Einige meiner Freunde versichern mir, es habe eine geistig anregende Wirkung zuzuhören, wenn Frauen sprechen, und mit anzuhören, was sie sagen. Ein solches Mithören, bei dem einem viele Wörter entgehen, kann dazu beitragen, Gedanken an die Oberfläche zu bringen. Beethoven, der auf das Murmeln des Schreiberbachs bei Heiligenstadt lauschte, schuf danach das schöne Motiv seiner »Pastorale«. Die obigen Bemerkungen sind natürlich frauenfeindlich und boshaft. Wir alle wissen, daß die Gespräche von Frauen voll von gesundem Menschenverstand und Klugheit sind und daß es sich lohnt, genau hinzuhören. Aber manchmal, unter gewissen Umständen, in gewissen Stimmungen und Situationen, tun kluge Männer gut daran, nicht allzu sorgfältig darauf zu hören, was Frauen sagen, sondern zu beachten, wie sie es sagen, und ihre Gesten und Mienen zu beobachten. Ein solches Bild ist tausend Worte wert.

46. Lügen

Lügen sind Waffen, die im Kampf der Geschlechter oft verwendet werden: Lügen in ihren verschiedenen Formen von offener Unwahrheit, Halbwahrheiten, Entstellungen und Auslassungen des Wesentlichen, indem man bestimmte Dinge verschweigt, und so fort. In manchen Fällen wird der Sinn des Ausdrucks »Lüge« für den Psychologen mehrdeutig.

Freud erzählte uns einmal bei einer der berühmten Mittwoch-Gesellschaften in seinem Haus von einer Lüge, an die sich eine Patientin erinnerte, als sie in ihren analytischen Sitzungen zu Kindheitserlebnissen zurückgekehrt war. Sie erinnerte sich, daß sie auf dem Gymnasium den anderen Kindern erzählt hatte, sie hätten zu Hause drei Eisschränke. Ein anderes Mädchen hatte von einem Eisschrank gesprochen. Die Patientin hatte nie von so etwas gehört und wußte gar nicht, was das Mädchen meinte. Im Gegensatz zu den anderen Kindern kam sie aus einer sehr armen Familie. Ihre Angst, daß die anderen ihre Armut entdecken könnten, veranlaßte sie zu behaupten, ihre Eltern hätten drei Eisschränke in ihrer Wohnung. Es ist offensichtlich, daß hier der Wunsch der Vater des Gedankens und daß die Behauptung sachlich betrachtet eine Lüge ist. Doch es geht hier nicht um die sachliche, sondern um die psychische Realität: Das Mädchen, das sich der Armut zu Hause schämte, wünschte so sehr, es wäre anders, daß es sich vorstellte, es sei anders.

Frauen neigen wie die Menschen im Orient mehr dazu, souverän mit der materiellen Wirklichkeit umzugehen. »Es könnte so gewesen sein« wird leicht verwechselt oder vertauscht mit »Es war so«. Bei der Diskussion des Falles bemerkte Freud, daß die Grenzen zwischen Lüge und Wahrheit in einem psychologischen Sinne fließend sind. Die Ansicht des Psychologen in diesem Bereich könnte mit der Anschauung eines Menschen verglichen werden, der alle großen Veränderungen, die die Erde in Millionen Jahren durchgemacht hat, mit einem einzigen Blick überschauen würde. Für einen solchen Beobachter, der alle geologischen Verwandlungen in einem Augenblick sieht, würden Berge und Täler, Land und Meer ineinander übergehen und alle Grenzen fließend werden.

Frauen lügen mehr in bezug auf Tatsachen, Männer mehr in bezug auf Gefühle. Frauen sehen in Lügen einen Ausweg. Sie lügen aus Eitelkeit oder um etwas zu verbergen, das ihnen peinlich ist oder dessen sie sich schämen. Während Männer aufrichtiger im Hinblick auf Tatsachen sind, behandeln Frauen sie so beiläufig wie kleine Kinder, die nicht zwischen Wirklichkeit und Phantasie unterscheiden. Was sind schließlich Tatsachen? Dinge, wie sie uns in einem gegebenen Augenblick erscheinen. Es ist gut möglich, daß sie im nächsten Augenblick ganz anders aussehen. Die Hauptsache sind Gefühle. Frauen lügen weniger in bezug auf ihre Gefühle als Männer.

Hier folgen zwei Beispiele, die beweisen, daß Frauenlügen eine Korrektur einer unangenehmen Wirklichkeit im Sinne der Wunscherfüllung sind. Vor einigen Jahren sagte mir eine junge Frau in ihrer analytischen Sitzung, daß sie sich ein neues Kleid gekauft hatte, das ihr gefiel. Sie freute sich schon auf das Essen mit ihrem Verlobten an diesem Abend. Als er sie sah, bemerkte er, daß ihr das Kleid nicht sehr gut stehe, und fragte, ob es neu sei. »Natürlich nicht«, antwortete sie. »Ich habe es seit zwei Jahren in einer Schublade liegen und dachte mir nur, ich ziehe es eben noch einmal an.« Da sie es am selben Morgen erst gekauft hatte, war das offensichtlich eine Lüge. Aber können wir es psychologisch als Lüge betrachten? Die Patientin wünschte, sie hätte das Kleid nicht gekauft, da es ihrem Verlobten nicht gefiel. Sie wünschte, daß es, wie sie sagte, ein altes Kleid sei, das sie nur eben noch einmal trug.

Das andere Beispiel betrifft eine Frau, die zu Macy gegangen war, um Schutzüberzüge für ihre Couch und ihre Sessel zu kaufen, um ihr Wohnzimmer ein wenig heller und farbiger zu machen. Die Verkäuferin empfahl einen bestimmten Stoff, weil er praktisch war – besonders wenn Kinder im Haus sind. »Das ist wahr«, sagte meine Patientin. »Meine Kinder springen immer auf der Couch und auf den Sesseln herum.« Sie hatte nie Kinder gehabt. Nach einer Hysterektomie durfte sie nicht einmal hoffen, jemals Kinder zu haben. War das, was sie sagte, eine Lüge? Gewiß, aber psychologisch gesehen ist es ein rührender Versuch, die Wirklichkeit zu verbessern. Viele Frauenlügen sind von dieser Art. Sie sind »nur eine verkleidete Wahrheit«, um einen Ausdruck Lord Byrons zu gebrauchen.*

In Situationen, in denen sie beschämt werden oder in Verlegenheit geraten könnten, lügen Frauen viel leichter als Männer. Der Mann ist aufrichtiger in bezug auf Tatsachen und weniger aufrichtig, was Gefühle anbetrifft. Er wird nicht zögern, in bezug auf seine Gefühle zu lügen. Er wird schwören, daß er eine Frau liebt, wenn er sie nur begehrt.

Frauen lügen weniger im Hinblick auf ihre Gefühle. Zumindest wird das, was sie sagen, in dem Augenblick, in dem sie es sagen, ehrlich empfunden. Es ist das Privileg ihres Geschlechts, ihre Laune oder Stimmung zu ändern, und sie sind viel stärker als Männer Stimmungsumschwüngen

* *Don Juan*, XI.

unterworfen. Es ist für sie schwieriger, ein Gefühl auszudrücken, das sie nicht wirklich erleben. Ich erinnere mich an die schönen Worte, die ein Mädchen zu seinem Verehrer sagte: »Ich kann nicht sagen: ›Ich liebe dich‹, solange es sich nicht von selbst sagt.« Andererseits sind Frauen sehr gut darin, etwas *nicht* zu sagen. Sie verstehen sich darauf sogar viel besser als Männer.
Geben wir zu, daß es sich mit einer romantischen Liebe so verhält, daß es beinahe unvermeidlich für beide Geschlechter ist, manchmal in bezug auf die Tiefe und Allgegenwärtigkeit ihrer Liebesgefühle zu lügen. Ein altes, längst vergessenes Wienerlied beschreibt den Zustand romantischer Liebe in einfachen Worten:

A bisserl a Liab
Und a bisserl a Treu
Und a bisserl a Falschheit
Is' auch immer dabei.

47. Lächeln

Warum lächeln Frauen häufiger als Männer, und warum lächeln sie, wo Männer nicht lächeln würden? Das scheint eine müßige Frage zu sein, aber die Antwort darauf könnte einen Beitrag zur vergleichenden Psychologie der Geschlechter liefern. Jemand nannte die Frauen »Schwestern des Lächelns«, und jeder weiß, daß sie bei Gelegenheiten lächeln, bei denen das Gesicht eines Mannes nicht diesen erfreuten und freundlichen Ausdruck annehmen würde. Ein Lächeln ist für sie ein Gruß (»Sie hat mir zugelächelt – sie begrüßte mich mit einem Ausdruck des Willkommens und der Billigung«) oder ein Ausdruck des Danks. Es ist für Frauen allgemein eine Manifestation von Liebenswürdigkeit oder Freundlichkeit – in viel stärkerem Maße als für Männer. Wenn wir sagen »Das Glück lächelte ihm«, meinen wir damit, daß es jemandem seine Gunst erwies. Das Lächeln einer Frau kann viele Bedeutungen haben, und jede Frau bringt ein Lächeln zustande, das ebenso rätselhaft ist wie das der Mona Lisa, während uns das Lächeln eines Mannes nur selten nachdenklich stimmt. Es kommt aber nicht sehr häufig vor, daß eine Frau sardonisch oder boshaft lächelt, denn das würde ihr nicht gut stehen.
Warum lächeln Frauen so viel häufiger als Männer? Sollen wir sagen, daß sie eben geselliger und freundlicher sind? Man würde es gern annehmen – auch in der richtigeren Formulierung, daß ihre Aggressivität weniger entwickelt ist oder erfolgreicher unterdrückt wird.
Es scheint mir mehr dem Geist der psychoanalytischen Forschung zu

entsprechen, solche Verallgemeinerungen oder vorgefaßten Meinungen außer acht zu lassen und einen spezifischeren Gedanken zu verfolgen. Unser Ausgangspunkt soll die Psychologie des Lächelns sein. Das Lächeln ist eine mildere oder gemäßigtere Form des Gesichtsausdrucks des Lachens. An diesem Punkt können wir an eine analytische Theorie über den Humor anknüpfen, die ich vor mehr als fünfundzwanzig Jahren in zwei Büchern darlegte.* Ich wies darauf hin, daß die erste Reaktion beim Anhören einer witzigen Bemerkung ein unbewußtes Erschrecken ist. Es kann als eine Steigerung der frei flottierenden Angst aufgefaßt werden, die in latentem Zustand in uns vorhanden ist. Warum wird diese potentielle Angst mobilisiert und vergrößert? Ein Witz, der Personen oder Institutionen angreift, weckt im Zuhörer die Versuchung, das gleiche zu tun – und damit kommt auch schon die Angst vor Vergeltung oder Strafe. Doch diese Bereitschaft, sich zu ängstigen, wird augenblicklich als überflüssig oder verspätet erkannt. Ein anderer hat schon Personen oder Institutionen angegriffen, die unseren Respekt verdienen; wir selbst haben es nicht getan.

Die komische Wirkung des Witzes geht somit in hohem Grade auf eine plötzliche Beseitigung von Angst zurück, die einen Augenblick lang unbewußt empfunden wurde, von Angst, die freigesetzt wurde. Verfolgt man diese Theorie in der Richtung emotionaler Manifestationen, so wird es möglich, den Ursprung und die Natur des Lachens zu definieren. Lachen ist der faziale und vokale Ausdruck einer plötzlichen Entspannung der Gesichtsmuskeln, die durch Angst, Spannung oder auch nur Aufmerksamkeit angespannt oder verhärtet waren. Das Spiel der Muskeln kann wie folgt beschrieben werden: ein Eindruck, der Furcht erregen oder die Abwehren mobilisieren würde, wird als ungefährlich erkannt, und die Befreiung von der überflüssigen emotionalen Belastung spiegelt sich in der Entspannung der Gesichtsmuskeln wider.

Das Lächeln ist eine mildere Form des Lachens. Aus dieser Charakterisierung können wir schließen, daß vor dem Lächeln Angst, Furcht, Verlegenheit oder ähnliche unangenehme Emotionen in einem geringeren Grade vorhanden sind. Die Befreiung von höheren Graden von Angst würde sich in einem Auflachen zeigen.

Zurück zu unserem Thema: Wir können nun vielleicht auf die Frage antworten, warum Frauen viel mehr lächeln als Männer. Es muß mehr Gelegenheiten oder Anlässe geben, die in ihnen Furcht, Spannung oder Emotionen ähnlicher Art wecken. Der Ausbruch dieser häufig auftretenden Gefühle wird rasch durch eine Lösung der von ihnen verursachten Spannung ersetzt, und der Übergang zu einer neuen Phase drückt sich in einem Lächeln aus. Diese Hypothese wird noch plausibler, wenn wir

* *Lust und Leid im Witz*, Wien 1929, und *Nachdenkliche Heiterkeit*, Wien 1933.

hinzufügen, daß es viele gesellschaftliche Anlässe gibt, die diese Gefühle in Frauen, nicht aber in Männern wecken. Im übrigen müssen wir annehmen, daß Frauen ähnliche Emotionen empfinden wie Männer, jedoch in einer schwächeren Form, so daß die von ihnen verursachte Spannung nicht so stark ist wie bei Männern.

Dies ist wahrscheinlich der richtige Ort, um noch einmal darauf hinzuweisen, daß Frauen weniger aggressiv sind als Männer. Ihre emotionale Reaktion in Form der Angst vor Vergeltung ist daher weniger intensiv. Die kombinierte Wirkung dieser Faktoren genügt vielleicht, um zu erklären, warum Frauen häufiger lächeln als Männer. Eine erschrockene Spannung wird von Frauen aufgrund ihrer sozialen Unsicherheit unbewußt häufiger erlebt. Der Eindruck, von anderen Frauen ebenso wie von Männern beobachtet zu werden, erhöht noch ihre Befangenheit und Angst.

Aufgrund unserer psychologischen Abnahme können wir nun leicht verstehen, daß das Lächeln bei den Frauen zu einer Grußform wurde. Die Begegnung mit jemandem, den sie kennen, erweckt in ihnen ein flüchtiges Gefühl von Angst (wegen der Möglichkeit, kritisch gemustert zu werden). Dieses leichte Angstgefühl oder diese erhöhte Spannung wird überwunden, und ein Lächeln erscheint als Gesichtsausdruck der emotionalen Erleichterung. Die größere Häufigkeit des Lächelns bei Frauen würde somit allgemein einer größeren Anzahl sozialer Situationen entsprechen, die Spannung oder Verlegenheit wecken, und diese werden überwunden, indem man die Fassung wiedergewinnt. Auch das Phänomen des »gefrorenen Lächelns«, das man bei Männern selten beobachtet, würde seine psychologische Erklärung in dem ständigen Versuch finden, Angst oder Unsicherheit zu bemeistern.

Bei den vorausgegangenen psychologischen Überlegungen haben wir zwei Tatsachen nicht berücksichtigt, die von jedermann bereitwillig zugegeben werden: die größere Wärme, die sich im Lächeln einer Frau ausdrückt, und die verschönernde Wirkung des Lächelns auf das Gesicht der Frau. Bei unserer Beurteilung dieses Lächelns erleben wir vielleicht noch einmal in einer verborgenen Erinnerung das erste Lächeln, das jeder sieht: das Lächeln einer Mutter, die sich über eine Wiege beugt. Dieses Lächeln hat mehr dauerhafte Erinnerungsspuren hinterlassen als irgendein anderer Eindruck, den der Säugling empfängt. Es ist das Vorbild für die Schönheit, die wir unbewußt in den Anblick eines vertrauten Gesichtes legen. Es ist möglich, daß wir das Lächeln unserer Mutter im Lächeln jeder Frau suchen. Jedenfalls wünschen wir, daß sie »immer nur lächelt« – nicht nur weil wir mehr Freundlichkeit um uns her sehen möchten, sondern auch mehr Schönheit auf der Welt.

48. Sind Frauen bessere Psychologen?

»Mein lieber Theodor«, sagte mein Besucher, Dozent für klinische Psychologie an einer Universität im Mittelwesten. Während er mich so anredete, legte er mir herzlich die Hand auf die Schulter, aber seine Stimme klang herablassend. Er weiß sehr gut, daß er mir in Dialektik überlegen ist und mich in so manchem Streitgespräch besiegte. »Mein lieber Theodor, du denkst ja gewiß recht originell, aber gelegentlich bist du, milde ausgedrückt, einfach komisch. Was du da sagst, kann nicht dein Ernst sein, nämlich daß Frauen bessere Psychologen sind. Du kennst die Geschichte unserer Wissenschaft vielleicht besser als ich. Würdest du mir bitte die großen Frauen auf dem Gebiet der Psychologie nennen?«

»Du hast mir nicht aufmerksam zugehört, George«, antwortete ich. »Deshalb schaffst du Schwierigkeiten, wo es gar keine gibt, ich meine semantische Schwierigkeiten. Jedes Wörterbuch wird dir sagen, daß das Wort Psychologie zwei Bedeutungen hat. Psychologie ist die Wissenschaft vom Verhalten. Sie erklärt, warum Menschen so handeln, denken und fühlen, wie sie handeln, denken und fühlen. Psychologie bedeutet aber auch die geistigen Zustände und Prozesse eines Menschen oder der Menschen, ihr geistiges und emotionales Verhalten. Ein Beispiel. Mrs. Jones hat keine Ahnung von experimenteller Psychologie, und sie würde Experimente zur Erforschung der funktionellen Eigenschaften der Wahrnehmung nicht verstehen. Mrs. Jones versteht aber die Stimmungen ihres Mannes, wenn er aus dem Büro nach Hause kommt, das heißt seine Psychologie. Diese beiden Sätze widersprechen einander nicht.«

»Weiche mir nicht aus«, sagte George. »Ich habe dich gebeten, mir die prominenten Psychologinnen unserer Zeit zu nennen. Du mußt zugeben, daß selbst auf dem beklagenswert kleinen Gebiet der psychoanalytischen Forschung die wichtigsten Beiträge von Männern stammen. Es gibt ein paar bekannte Psychoanalytikerinnen: Anna Freud, Marie Bonaparte, Helene Deutsch. Mehr fallen mir wirklich nicht ein.«

»Darüber ließe sich streiten«, antwortete ich, »aber die Frage selbst ist nicht korrekt formuliert. Du sagst: ›Nenne mir die Namen von Psychologinnen.‹ Das ist es eben. Es gibt keine Namen. Ich meine alle Frauen oder, wenn du willst, die Durchschnittsfrau, die Frau ohne Namen. Sie sind bessere Psychologen als der durchschnittliche Mann.«

»Geben wir das um des Argumentes willen für einen Augenblick zu – was ich wohlgemerkt nicht wirklich tue, aber mir soll's recht sein. Wie erklärst du dir dann aber, daß so wenige Frauen bemerkenswerte Beiträge zur wissenschaftlichen Psychologie geleistet haben?«

»Mit dem gleichen Recht könntest du fragen: Warum sind so wenige Frauen prominente Physiker, Astronomen, Sprachwissenschaftler oder

Mathematiker? Das ist ein weites Feld, und die Antwort würde sich mit vielen Aspekten des sexuellen Mentalitätsunterschiedes und besonders mit den Formen der Kreativität bei Männern und Frauen befassen müssen.«
George bestand auf der Behauptung, daß Frauen, die meiner Meinung nach bessere Psychologen sind, wohl irgendwie daran gehindert werden müßten, es zu beweisen. Er versuchte sogar, mir zu helfen, Gründe dafür zu finden. Wir entdeckten zwei hauptsächliche Unterschiede zwischen männlichen und weiblichen Einstellungen auf diesem Gebiet – ganz abgesehen von dem allgemeinen Unterschied zwischen den Geschlechtern, was Forschung und wissenschaftliche Arbeit betrifft. Wir kamen gemeinsam zu der Ansicht, daß Frauen nicht das Bedürfnis empfinden, die psychologische Einsicht, die sie in emotionale und geistige Prozesse gewinnen, zu verbalisieren. Die meisten dieser Einsichten sind entweder vorbewußt, oder sie bleiben unbewußt, denn nur was in die Darstellung durch Worte verwandelt wird, wird klar und bewußt gedacht. Manchmal drücken Frauen, besonders wenn sie eine innere Notwendigkeit treibt, die Ergebnisse ihrer intuitiven Erkenntnis in Worten aus, und wir sind dann oft über ihr Wahrnehmungsvermögen erstaunt.
»Die Damen sind doch sonst um Worte nicht verlegen«, meinte George. »Wie erklärst du dir ihre Zurückhaltung, oder fehlen ihnen in dieser Hinsicht die Begriffe?« Ich hatte keine Antwort bereit, oder vielmehr ich hatte so viele, daß ich die richtige nicht finden konnte, und wir entschieden, daß dies ein Nebenproblem sei, über das wir ein andermal sprechen wollten. Welcher Art auch immer die soziologischen oder psychologischen Gründe sein mochten, Frauen im allgemeinen – darin waren wir uns einig – drücken selten mit Worten aus, was sie von der Psychologie anderer erraten oder verstanden haben.
»Es gibt für sie noch ein weiteres Hindernis, um Psychologen in dem wissenschaftlichen Sinne, in dem du es meinst, zu werden«, bemerkte ich. »Frauen sehen oder empfinden nicht die Notwendigkeit, alle Phänomene zu begreifen oder zu erfassen und die Gesetze zu entdecken, die emotionale und geistige Prozesse regieren. Sie geben sich mit Mutmaßungen und Einsichten in Einzelfälle zufrieden. Sagen wir, es genügt Mrs. Brown zu verstehen, was in Mrs. White vorgeht, und Mrs. Black will nur wissen, was es mit Mrs. Jones auf sich hat; aber psychologische Prozesse als solche in ihrem gesetzmäßigen Verlauf sind für sie nicht interessant.«
»Es ist nicht spezifisch für das Gebiet der Psychologie«, warf George ein, »zu einem Bereich zurückzukehren, der unseren emotionalen oder geistigen Problemen fernliegt. Ich kann mir gut vorstellen, daß eine Frau vom Abendstern fasziniert ist und dabei Gott weiß was für Phan-

tasien hat, sich aber kaum von den Gesetzen angezogen fühlt, die die Astronomen entdeckt haben.«

»Frauen sind eben praktischer veranlagt und mehr erdgebunden als Männer«, sagte ich. »Sie blicken zum gestirnten Himmel hinauf und haben ihre eigenen Gedanken über den Lauf der Planeten. Was für Gedanken das sind, ist für uns schwer zu erraten. Ich erinnere mich, daß ich einmal ein modernes Stück am Broadway sah. Da sitzt an einem Sommerabend ein junges Paar auf einer Bank. Nach einem verlegenen Schweigen sagt das Mädchen: ›Heute abend ist Vollmond. Ich muß mir die Haare waschen.‹«

Wir lächelten beide überlegen, wie ältere Männer so oft lächeln, wenn sie über die seltsamen Wege der Frauen sprechen, und George, der sich manchmal gern als Frauenfeind gebärdet, riskierte ein Bonmot: »Offenbar sollte man den Kosmos der Frauen kosmetisch nennen.«

Ich weiß nicht mehr, wie wir danach auf das besondere psychologische Verständnis zu sprechen kamen, das Frauen für Angehörige ihres eigenen Geschlechts haben. George zitierte eine Bemerkung von – wenn ich mich recht erinnere – Wilson Mizner, der sagte: »Frauen durchschauen einander augenblicklich, und es ist erstaunlich, wie wenig Angenehmes sie dabei entdecken.«

Wir schwiegen einige Augenblicke, so als wären wir beide ein wenig verlegen, weil unsere theoretische und akademische Diskussion auf das Niveau der Frivolität abgerutscht war. George schlürfte seinen Kaffee, und ich zündete mir eine neue Zigarette an. »Weißt du, George«, sagte ich, »es gibt da eine psychologische Tatsache, die wir beide übersehen haben. Frauen durchschauen einander, aber sie blicken selten in sich selbst hinein. Ich meine, sie neigen nicht zur Selbstanalyse, zur Suche nach unbewußten Motiven und verdrängten Neigungen in sich selbst. Ich glaube nicht, daß viele von ihnen wie Pascal fühlen, daß das Selbst hassenswert sei; und keine Frau könnte die Technik der Selbstanalyse im Sinne Freuds entdeckt haben. Sie sind nicht neugierig auf das, was in ihren unbewußten Tiefen vor sich geht. Sie fürchten sich vielleicht vor dem, was sie über sich selbst herausbekommen könnten, oder sie schämen sich deswegen.«

»Sie schämen sich vielleicht nicht wegen ihrer Tiefen, sondern eher wegen ihrer Seichtigkeit. Die Sphinx hatte kein Rätsel für sich selbst.« Ich lächelte und antwortete:

»Ich bin sicher, daß du dich mit solchen Bemerkungen bei den Damen beliebt machen wirst. Aber im Ernst: Frauen entwickeln selten diese selbstsuchenden und manchmal selbstquälerischen Neigungen, die schließlich zur Selbstanalyse führen. Sie scheuen vor den geheimen Winkeln ihrer Seele zurück.«

»Du meinst, sie haben eine Art von innerlichem Zartgefühl?«

»Wenn du es so nennen willst. Aber was wichtiger ist, sie betrachten ihre eigenen Emotionen und Denkprozesse nicht im Geist der objektiven oder wissenschaftlichen Forschung.«

»Trotzdem behauptest du, sie seien ›bessere Psychologen als die Männer‹. Ich möchte gern von dir wissen, was überhaupt ein psychologisches Interesse in ihnen erwecken würde.«

»Ich kann dir mindestens ein Moment nennen, das dieses Interesse fördert: Sie sind das schwächere Geschlecht insofern, als sie von den Männern abhängen. Wer aber schwächer ist, muß vor der Brutalität und dem Despotismus des Stärkeren auf der Hut sein, er muß sich selbst schützen. Im Falle der Frauen hatten sie eine größere Sensibilität hinsichtlich der sexuellen Begierden des Mannes zu entwickeln, da ihnen die passive Rolle zufällt. Der Mann hatte von der Frau nichts zu befürchten, wenigstens solange er nicht erkannt hatte, daß das Weibchen seiner Spezies gefährlicher ist als er. Eine Keule in der Hand ist eine viel primitivere, aber auch wirksamere Waffe als psychologische Beobachtung. Tatsächlich macht sie die Psychologie überflüssig. Die Position der Schwäche, Abhängigkeit und Unsicherheit fördert die Gabe der psychologischen Beobachtung. Der Mann brauchte sie nicht in dem gleichen Grade zu entwickeln wie die Frau.«

»Verlieren wir uns nicht in der Vorgeschichte. Beschränken wir uns auf das Leben des Individuums. Du wirst nicht behaupten wollen, daß Frauen konstitutionell bessere Psychologen sind, daß sie dieses Talent mitbringen, wenn sie geboren werden?«

»Darüber weiß ich wirklich nichts, obwohl ich glaube, daß es so etwas wie ein Rassengedächtnis gibt und daher auch Gedächtnisspuren der Vergangenheit von Mann und Frau. Aber ganz abgesehen davon gibt es Phasen im Leben des Mädchens, in denen organische und emotionale Veränderungen zur Entfaltung dieser psychologischen Begabung beitragen. Das bringt mich übrigens auf eine zweite allgemeine Voraussetzung für die Entwicklung einer psychologischen Begabung, nämlich die Abwendung von der Handlung und die Hinwendung zur Introversion. Wenn die Aufmerksamkeit immer auf die Umwelt gerichtet ist und alle Energie darauf verwendet wird, sie den eigenen Wünschen gemäß zu ändern oder umzuformen, entwickelt sich kein psychologisches Interesse. Extreme Aktivität ist unvereinbar mit großer Aufmerksamkeit auf die eigenen Gedanken und Gefühle. Die Introversion tritt erst auf, nachdem das aktive individuelle Interesse an den Vorgängen in der Umgebung nachgelassen hat.

Apropos, hier ist ein Beispiel für die psychologische Einsicht einer prominenten Analytikerin. Helene Deutsch hat mutig den Glauben analysiert, daß Jungen in der Pubertät eine große Aktivität entwickeln, während sich Mädchen in demselben Alter in sich zurückziehen und passiv werden. Das sieht ganz nach einem wissenschaftlichen Aberglauben aus. Mädchen entwickeln in diesen Jahren, wie die Jungen, durchaus eine intensivere Aktivität, aber diese Aktivität kehrt sich nach innen. In diesem Alter entwickeln sie Intuition, Zartgefühl, gesellschaftlichen Takt, Sinn für gutes Benehmen und andere Talente, die wir bei Frauen bewundern und schätzen. Auch diese Introversion fördert die Entfaltung psychologischer Talente.«

»Das kann ich dir nicht durchgehen lassen«, unterbrach mich George. »Vor ein paar Minuten hast du selbst noch behauptet, daß Frauen nicht geneigt sind, in sich hineinzusehen, daß sie vor der Selbstanalyse zurückscheuen, und das heißt, daß sie sich selbst nicht kennen. Jetzt sagst du mit einemmal, sie seien introvertiert und hätten großes Interesse an ihren eigenen emotionalen Prozessen. Du kannst deine Theorie nicht zugleich beweisen und widerlegen.«

»Der Widerspruch läßt sich leicht beseitigen, weil er nur scheinbar besteht. Ich sagte nur, daß sich Frauen im allgemeinen nicht gern selbst analysieren oder ihre Emotionen analytisch erforschen, aber das schließt eine besondere Vertrautheit mit ihrem eigenen psychologischen Leben oder dem anderer nicht aus. Diese Kenntnis oder, wenn du willst, Ahnung ist vielleicht in unseren Psychologie-Lehrbüchern nicht zu finden, aber es ist dieselbe, die große Schriftsteller in ihren Romanen und Theaterstücken verraten. Es gibt eine Fülle psychologischer Einsichten, die nicht durch objektive Analyse gewonnen werden, sondern durch die Projektion der eigenen, unbewußt wahrgenommenen, emotionalen Prozesse auf andere Menschen.«

»Diese Art von Psychologie meinst du also! Gut, ich will nicht leugnen, daß die Einsichten der großen Schriftsteller einen gewissen beschränkten Wert haben, aber ich wollte, sie hätten sie in eine wissenschaftliche, verifizierbare Form gebracht, die weniger impressionistisch und personalisiert ist.« Er lächelte sardonisch, als er sein nächstes Argument ins Feld führte.

»Wenn mich mein Gedächtnis nicht trügt, waren diese großen Schriftsteller von Shakespeare und Goethe bis zu den modernen, die uns das Wesen der Frau verstehen lehrten, Männer, nicht Frauen, nicht wahr? Touché, oder?«

»Nur ein wenig, George. Diese großen Schriftsteller, die Frauen so gut verstanden, machten Gebrauch von ihrer Weiblichkeit oder ihren weiblichen Gaben, um psychologisch an die Frauen heranzukommen. Es wird für dich vielleicht paradox klingen, aber ich glaube, daß Schriftsteller, die sehr maskulin oder, sagen wir, zu maskulin sind, beinahe unfähig sind, weibliche Charaktere zu porträtieren, und ein geringes Verständnis für weibliche Emotionen verraten. Denk, zum Beispiel, an Friedrich Schiller.«

»Mit anderen Worten, du meinst, daß Romanciers und Dramatiker, die ausgezeichnete Einsichten in die weibliche Art zu denken und zu fühlen besitzen, latent homosexuell sind. Was für eine Behauptung! Ich bewundere den moralischen Mut deiner Feststellungen.«

»Wenn du den Ausdruck durch ›betonte Bisexualität‹ ersetzt, glaube ich das wirklich.«

»Du sagtest zuvor, daß diese Schriftsteller bei ihrem psychologischen Verständnis der Frauen von weiblichen Talenten Gebrauch machen. Meinst du damit, daß sie mit Intuition, Ahnungen und Vorahnungen arbeiten, daß sie ungewöhnliche Wahrnehmungen haben, die Gabe des feinen Gespürs für unbewußte Prozesse und die verleugneten Tatsachen des Gefühlslebens? Du wirst zugeben, daß dieser Bereich wissenschaftlicher Forschung sehr begrenzt ist, verglichen mit dem weiten Feld des Greifbaren, Sichtbaren und experimentell Verifizierbaren oder, mit einem Wort, der klinischen Psychologie.«

»Aber Frauen sind an wissenschaftlichem Stöbern nicht interessiert. Sie sind pragmatisch. Sie sind als praktizierende Psychologen vielleicht nicht so gut wie Männer, aber sie sind im allgemeinen viel besser als praktische Psychologen. Ich kann auch deiner Feststellung in bezug auf die Geräumigkeit oder Weite der beiden Gebiete nicht zustimmen. Wenn du schon einen Vergleich anstellen willst, dann ist das Gebiet der klinischen Psychologie, wie du es definierst, wie der Bereich der großen Planeten, der Erde, der Sonne und der am besten bekannten Sterne, die wir mit astronomischen Instrumenten beobachten können. Aber die Gebiete, auf denen feinere Wahrnehmung und Intuition nötig sind, die Bereiche der unbewußten Kommunikation zwischen Menschen und Menschengruppen sind mit einer Galaxis von hunderttausend Millionen Sonnen und Sternen im Universum zu vergleichen.«

Unsere Diskussion ging weiter und weiter, sie verlor sich in Versuchen zu definieren, was Intuition und Kommunikation ohne Worte ist, und so fort. Ich mußte oft seiner überlegenen Kenntnis der Psychologie und seiner größeren didaktischen Begabung weichen, aber manchmal gelang es mir auch, ein Stück von dem verlorenen Boden zurückzuerobern. Zuletzt nahm ich meinen ganzen Mut zusammen:

»Sag mir, George, versteht deine Frau andere Frauen besser als du? Gibst du zu, daß sie und alle anderen Frauen Kinder besser verstehen als du?«

»Das gebe ich zu.«

»Gut, George. Sieh dich um. Wir sind allein. Niemand hört uns außer Gott. Ich appelliere an deine berufliche Aufrichtigkeit als Psychologe. Versteht deine Frau dich besser, als du sie verstehst?«

Er nickte beinahe widerwillig, beeilte sich aber, sich sofort zu widersprechen. »Hör mal, Theodor, das kannst du nicht machen. Das ist ein Argument *ad hominem.* Wenn du beweisen willst, daß Frauen bessere Psychologen sind als Männer, mußt du eine Reihe sorgfältiger Experimente vorbereiten und wissenschaftliche Methoden anwenden, insbesondere die der Statistik und ...«

»Das wollen wir George überlassen«, sagte ich boshaft.

49. Ausklang

Einem Besucher von einem anderen Planeten, der versuchen wollte, sich über die Erdbewohner zu orientieren, würden die Unterschiede der Rassen, Hautfarben und Religionen äußerst gering erscheinen. Der bedeutendste Unterschied innerhalb der menschlichen Spezies, der ihm auffallen würde, wäre vielleicht ihre Einteilung in Männer und Frauen. Er würde beobachten, daß die beiden Geschlechter das Leben auf unterschiedliche Weise bewältigen, daß sie verschieden fühlen, denken und handeln. Nachdem er aber das Leben hier unten eine Weile betrachtet hätte, würde der außerirische Besucher erkenen, daß diese Unterschiede zu schrumpfen scheinen, wenn man sie aus großer Entfernung sieht. Frauen und Männer werden geboren und sterben auf die gleiche Weise, sie sind den gleichen Lebensnotwendigkeiten auf unserem kleinen und armen Planeten unterworfen.

Wir haben einen Überblick über die emotionalen Unterschiede zwischen Männern und Frauen gegeben. Nun, da diese Variationen zu unserem Thema am Ende angelangt sind, lösen sich die zahlreichen Unterschiede zwischen den Geschlechtern in der Einheit der Menschheit auf. Das erste Kapitel der Heiligen Schrift berichtet, daß Gott Menschen schuf – »und schuf sie, einen Mann und ein Weib«. Zuvor aber heißt es: »Und Gott schuf den Menschen.«

Namenregister

Theodor Reik

1888 in Wien geboren, studierte Psychologie, Philosophie, Literatur- und Religionswissenschaft. 1910 nahm er Kontakt zu Freud auf und wurde einer seiner besten Schüler. Von 1918 bis 1943 arbeitete Reik an den Psychoanalytischen Instituten von Wien und Berlin. 1934 emigrierte er nach Holland, 1938 in die Vereinigten Staaten. 1948 gründete er die National Psychological Association for Psychoanalysis. Bis zu seinem Tode im Jahre 1969 war er in New York als analytischer Praktiker tätig.